KB055544

성격심리학

김완일 · 김옥란 공저

학지사

머리말

이 책이 나오기까지 매 순간 힘 주시고 이끌어 주신 하나님께 모든 영광을 돌린다. 필자가 대학원에서 상담심리학 공부를 시작한 이후로 어느덧 25년이 넘는 세월이 지나고 있다. 필자가 상담을 전공하게 된 것은 지금은 작고하신 이수원 선생님께서 대학원에 입학한 필자에게 상담전공을 권유한 것이 계기가 되었다. 김재환 선생님께서는 필자가 상담전문가로 거듭날 수 있도록 가르침을 주시고 학위논문을 지도해 주셨다. 석사와 박사 과정 동안 작고하신 장성수 선생님께서 필자를 연구자로 키워 주셨다. 세 분의 스승님이 계셨기에 오늘이 있다는 생각에 머리 숙여 감사를 올린다. 또한 한양대학교에서 상담 공부와 수련을 함께한 구본용 선배님, 류진혜 선생, 이희경 선생, 김택호 선생에게 감사한 마음을 전한다.

박사학위를 취득한 후 성격심리학 강의를 해 온 지도 15년이 되어 간다. 성격심리학을 강의하면서 늘 성격심리학 책을 집필하고자 하는 열망은 있었으나 여러 핑계로 집필을 미루어 오면서 미해결 과제를 끌어안고 지내오다가 일 년 반 전부터 집필을 시작했다. 이 책을 출간하게 되어 그 기쁨을 말로 다 표현하지 못할 정도로 감개무량하다.

이 책은 14장으로 구성되어 있다. 서론인 1장은 성격의 이해와 연구를, 결론인 14장은 성격이론의 종합적인 고찰과 전망을 다루고 있다. 본론인 2장부터 13장은 5가지 성격의 대표적 관점, 즉 정신역동, 성향, 현상학, 학습 그리고 인지적 관점에 해당하는 12가지 대표적인 이론을 다루고 있다. 12가지 이론은 정신역동적 관점의 프로이트, 아들러, 융, 에릭슨의 이론, 성향적 관점의 올포트와 커텔의 이론, 현상학적 관점의 매슬로와 로저스의 이론, 학습적 관점의 스키너와 반두라의 이론, 인지적 관점의 엘리스와 벡의 이론이다. 각 이론들은 크게 세 가지 내용으로 구성되어 있다. 첫째는 이론이 출현하게 된 배경과 그 이론에 영향을 미친 이론 그리고 이론가의 생애 등의 서론이다. 둘째는 인간관과 성격의 구조 및 발달 그리고 핵심 개념 및 도식화 등의 주요 개념이다. 셋째는 성격 연구와 적용, 공헌점 및 비판점 그리고 타 이론과 비교 등의 이론에 대한 평가다.

이 책의 특징은 다음과 같다. 첫째, 각 이론들이 출현하게 된 배경을 이해할 수 있도록 시대 배경과 그 이론에 영향을 미친 이론 그리고 이론가의 성장 과정이 이론에 미친 영향을 제시하였다. 둘째, 각 이론의 핵심 개념들을 쉽고 재미있게 이해할 수 있도록 실생활의 다양한 사례와 예시 그리고 필자의 상담 사례와 경험담을 제시하였다. 셋째, 각 이론들의 핵심 개념 간 관계를 도식으로 제시하여 개념 간의 상호 연관성을 파악하고 전체적인 틀 속에서 이해할 수 있도록 도왔다. 넷째, 여러 가지 이론을 성격의 정의와 인간관 그리고 행동의 원천 등과 같은 여러 측면에서 상호 비교하여 각 이론 간의 공통점과 차이점을 이해할 수 있도록 하였다.

이 책은 심리학을 공부하는 동학도들이 성격의 대표적인 이론들에 대하여 흥미를 가지고 보다 깊이 있게 이해할 뿐만 아니라 각 이론들을 전체적인 틀 속에서 조직화하여 이해하는 데 도움이 되었으면 한다. 그리고 자신에 대한 깊이 있는 이해를 바라는 일반인에게도 이 책이 도움이 되기를 기대한다.

이 책은 많은 사람들의 도움으로 나오게 되었다. 첫 페이지부터 마지막 페이지까지 모든 노력과 수고를 아끼지 않고 열정을 쏟아 집필을 위해 애쓴 김옥란 박사와 함께 15년의 미해결 과제를 해결한 기쁨을 함께 하고 싶다. 집필 기간 동안 관심과 응원을 아끼지 않은 김상경 님에게 각별한 감사를 드린다. 필자와 함께 상지대학교 상담심리학과를 키워가며 늘 힘이 되어 주는 조영아 교수님과 상지대학교 평화안보 · 상담심리대학원 상담심리학과 졸업생과 재학생들에게 감사한 마음을 전한다. 특히 문장을 다듬느라 애써 준 정윤미 님 그리고 필자의 연구실의 일원이자 평생 학문의 동역자인 심윤기 박사님, 김호준 님, 김성호 님, 백명화 님, 권소영 님, 정성한 님, 최은숙 님, 김동준 님, 김경숙 님, 조은영 님, 이호진 님과 기쁨을 함께하고 싶다. 이 책의 편집부터 출판까지 모든 과정을 맡아 준 학지사 김진환 사장님과 김순호 편집 부장님 그리고 이규환 과장님께 감사를 드린다. 인생의 중요한 순간마다 기도로 도와주신 손동균 목사님께 깊은 감사를 드린다. 30여년의 우정을 함께 해 온 정기수 님과 김병철 님에게 진심어린 감사를 전한다. 친부모처럼 늘 사랑과 기도로 함께 해 주시는 장인어른과 장모님께도 진심으로 감사드린다. 예쁘고 지혜로운 딸 채현이와 든든하고 총명한 아들 범현이 그리고 늘 정신적인 힘이 되어 주는 동생에게 이 기쁨을 나누어 주고 싶다. 집필하는 일 년 반 동안 한결같은 사랑으로 감동과 힘의 원천이 되어 주어 이 책이 나오도록 도와준 사랑하는 아내에게 이 책을 바친다. 이 책이 필자의 평생의 꿈인 상지대학교 상담학과의 초석이 되기를 간절히 소망한다.

2015년 9월 상지대학교 다산관에서

저자 대표 김완일

차 례

제2부 정신역동적 관점

제3부 성향적 관점

제4부 현상학적 관점

제8장 자아실현이론 243

제9장 인간중심이론 271

제5부 학습적 관점

제6부 인지적 관점

제7부 성격이론의 종합 고찰 및 전망

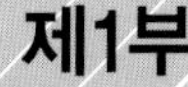

성격의 이해 및 연구

제1장 성격의 이해 및 연구

제1장
성격의 이해 및 연구

제1절 성격심리학의 이해

1. 성격의 정의

우리는 한 번도 본 적이 없는 누군가에 대하여 이야기를 나눌 때, 흔히 "그 사람 성격은 어때?" 하며, 성격에 대한 이야기를 주고받곤 한다. 그리고 결혼 적령기가 되어 배우자를 선택할 때, 경제력이나 외모, 학력 등의 여러 조건을 따지기도 하지만 무엇보다 "성격이 좋아야 해." 라든지 "둘이 성격이 맞아야 해." 라는 말을 한다. 이처럼 인간의 성격은 우리의 일상생활에서나 인생에서 중요한 결정을 해야 할 때 매우 중요한 위치를 차지한다.

성격을 가리키는 'personality'는 희랍어의 'persona'에서 유래한다. 이 용어는 고대 희랍의 연극에서 배우들이 사용하던 가면을 지칭하는 말이다(이훈구 역, 1998, p. 18). 이처럼 페르소나는 겉으로 드러나 남에게 보이는 사회적인 얼굴을 의미한다. 즉, 한 개인이 주위 사람들에게 나타내는 공적인 모습이라고 볼 수 있다. 우리가 한 개인의 성격이 어떠한지를 이야기할 때, 그 개인의 내면을 속속들이 들여다보고 말하기는 쉽지 않다. 단지 그 사람의 행동으로써 성격을 추측하여 '깐깐하다' 혹은 '원만하다'라고 말할 뿐이다. 또한 이 세상의 수많은 사람 중에 성격이 비슷한 사람은 있으나 똑같은 사람은 없다. 즉, 사람들의 수만큼 성격의 유형과 내용이 다양하다고 볼 수 있다. 지금까지 많은 성격이론가들이 인간의 성격에 대해 연구해 오고 있지만 한마디로 성격을 정의하기는 쉽지 않다. 성격이론가들마다 인간을 바라보는 관점이 달라 성격을 정의하는 내용이 다르기 때문이다.

대표적인 성격이론가들이 성격에 대해 내린 정의를 살펴보면, 첫째, 정신역동적 관점의 정신분석이론에서는 인간의 성격을 이드(id)와 자아(ego) 그리고 초자아(super-ego)의 역동으로 정의하고 있다. 둘째, 성향적 관점의 특질이론에서는 성격을 '특질(traits)'로 보고 있다. 셋째, 현상학적 관점의 인간중심이론에서는 성격을 매순간 경험하고 지각하는 현상적 장에서 분화되어 자신의 특성으로 받아들인 '자기(self)'로 보고 있다. 넷째, 학습적 관점의 조작적 조건형성이론에서는 인간의 성격 그 자체를 부정하고 있으며, 성격을 굳이 표현한다면 '행동의 집합체'로 볼 수 있다. 마지막으로 인지적 관점의 인지·정서·행동치료이론(이하 REBT이론)에서는 성격을 신념이나 사고체계로 보고 있다.

이러한 이론들의 관점을 종합해 보면, 다음과 같은 몇 가지 공통된 특성이 있다.

첫째, 성격은 인간의 행동과 관련이 있다. 즉, 성격은 겉으로 드러나는 행동을 관찰함으로써 알 수 있다는 것이다. 예를 들면, 여러 사람들과 어울리기를 꺼려하고 혼자 있는 것을 좋아하는 사람을 보면서 "저 사람은 내성적인 사람이야." 혹은 "사교성이 없는 사람이야."라고 그 사람의 성격 특성을 말한다. 이는 그 사람의 행동으로 성격 특성을 추측하고 있음을 의미한다.

둘째, 성격은 개인 간에 차이가 있다. 즉, 개인마다 가지고 있는 고유한 독특성이 고려되어야 한다는 것이다. 예를 들면, 한 학급에 30명의 학생이 있다고 하자. 이러한 경우에 30명의 학생이 모두 똑같은 패턴으로 학교생활을 하지는 않는다. 그중에는 출석을 잘하거나 공부에 집중하는 학생이 있는 반면에, 지각을 하거나 공부에는 전혀 관심 없이 학교생활을 하는 학생도 있을 수 있다. 이처럼 똑같은 상황에 처해도 각 개인이 대처하는 행동은 다르게 나타나며, 각 개인들의 차이를 뚜렷하게 설명할 수 있는 것이 그 사람의 독특성이라고 할 수 있다.

셋째, 성격은 각 상황에서 일관성 있게 나타난다. 즉, 어떤 모습이 특정한 상황에서만 나타나는 것이 아니라 모든 상황에서 일관성 있게 나타날 때, 그 사람의 성격으로 특징지을 수 있다는 것이다. 예를 들어, 과거 고등학교 때의 한 친구를 떠올려보자. 그 친구에 대하여 '활발했었지.' 아니면 '이기적이었지.' 라는 생각이 떠오른다면, 그것이 그 친구의 성격 특성을 나타낸다고 볼 수 있다. 고등학교 3년 동안 그 친구의 활발하거나

이기적이었던 행동이 한두 번의 일시적인 행동이었다면 그런 생각이 떠오르지 않았을 것이다. 아마도 3년 동안 그 친구가 학교생활 대부분의 상황에서 그런 행동을 일관성 있게 보였기 때문에 그런 생각이 떠올랐을 것이다.

마지막으로 성격은 전체적인 맥락에서 보다 잘 이해될 수 있다. 즉, 생물학적인 측면, 환경적인 측면, 그리고 개인 내적인 측면 등 전체적인 측면을 고려해야 한다는 것이다. 이 말은 인간의 성격은 생득적인 측면을 포함하여 가족이나 물리적인 환경 등의 다양한 환경으로부터 영향을 받고 있음을 의미한다. 예를 들어, 얼굴이 기형으로 태어난 사람이 있다고 하자. 이 사람은 어릴 때부터 남들 앞에 나서는 것이 창피하고 부끄러워 친구들과 어울리지 못하고 혼자서 지내게 될 것이다. 성장할수록 다양한 경험을 하는 것에 제약을 받아서 점점 더 모든 일에 소극적이며 주저하는 성격이 될 것이다. 물론 모든 경우에 다 그런 것은 아닐 수도 있다. 만약에 경제적으로 넉넉하여 의료 혜택을 받아 성형수술을 할 수 있다면 달라질 수도 있을 것이다. 이처럼 한 개인의 성격은 어느 한 부분으로 설명할 수 있는 것이 아니다.

앞에서 살펴본 바와 같이 인간의 성격은 행동을 통해 알 수 있고, 개인마다 독특성을 가지며, 모든 상황에서 일관성 있게 나타나며, 전체적인 맥락에서 보다 잘 이해할 수 있다.

2. 성격심리학의 목표

심리학은 인간의 행동과 정신 과정을 과학적인 접근을 통하여 이해하려는 학문이다. 성격심리학 역시 일반적인 심리학이 추구하는 목표를 지향한다. 이런 관점에서 성격심리학의 목표는 다음과 같다.

첫째, 성격심리학은 인간의 본질을 이해하는 데 목적이 있다. 인간의 성격에 관한 연구는 심리학의 중요한 주제 중의 하나가 되어 왔다. 성격 연구는 과학적인 방법을 사용하는 것을 전제로 하고 있으며, 그동안 인간을 이해하려는 다양한 관점에 입각한 이론이 출현하였다. 이를테면, 정신역동적인 관점이라든지 성향적 관점, 현상학적 관점, 학습적 관점, 인지적 관점 등이 그것이다. 그리고 인간을 지(知)·정(情)·의(意)의 측면에서 이해하려는 시도도 있었다. 인지적인 측면에서는 REBT이론이 대표적이며, 정서적인 측면에서는 인간중심이론, 의지적인 측면에서는 조작적 조건형성이론이 대표적이다. 이러한 관점의 다양성은 인간을 더 잘 이해하기 위한 시도의 결과라고 볼 수 있다.

둘째, 성격심리학은 인간의 부적응적인 행동을 개선하고, 더 나아가 개인의 행복을 증진하는 데 목적이 있다. 대부분의 사람이 원하는 것은 건강하고 행복하게 사는 것이다.

때문에 많은 성격이론가들은 인간의 부적응적인 증상이 어디서부터 시작되는지, 그리고 어떻게 하면 더 잘 적응할 수 있는지에 대해 끝없는 질문을 던지며 인간을 탐구한다. 또한 개인의 성격과 부적응 증상은 어떻게 관련이 있으며, 어떠한 성격을 가진 사람이 부적응 증상을 많이 일으키는지를 밝히고자 노력하고 있다. 예를 들어, 세상을 바라보는 인지 도식이 부정적으로 형성되어 있는 사람은 긍정적인 인지 도식을 가진 사람보다 같은 상황에서도 더 많은 스트레스를 느끼며, 부적응적인 문제 증상이 나타날 수 있다는 것이다. 이처럼 성격심리학은 인간이 보다 더 행복하게 살아갈 수 있도록 돕는 것에 목적이 있다.

셋째, 성격심리학은 각각의 이론들에서 중요시하는 변인들 간의 관계를 밝혀 성격과 관련된 후속 연구를 촉진시키는 데 목적이 있다. 초기의 성격 관련 연구들은 인간의 부적응적인 측면의 변인들에 초점을 두었지만, 최근에는 인간의 긍정적인 측면에 초점을 둔 연구가 활발하게 진행되고 있다. 예를 들어, 긍정심리학의 등장으로 인간의 강점을 찾아 개발함으로써 보다 행복한 삶을 살아가기 위한 연구가 이루어지고 있다. 뿐만 아니라 인간의 성격을 파악하는 다양한 측정도구의 개발과 아울러 양적 · 질적 그리고 혼합적인 다양한 관점의 연구 방법이 활용되고 있다.

3. 성격이론의 평가

특정한 성격이론이 있다고 할 때, 그 이론이 얼마나 인간의 성격을 잘 설명하는지를 평가하기란 참으로 어려운 일이다. 따라서 각 이론들을 비교할 수 있는 체계적인 준거가 필요하다. 이 책에서는 릭맨(Ryckman, 2000), 페르빈과 존(Pervin & John, 2001) 등이 제안한 포괄성, 검증성, 경제성, 경험적 타당성, 탐구성, 적용성의 측면을 적용하여 각 이론을 비교하여 설명하고자 한다(노안영 공저, 2013, p. 38).

1) 포괄성

포괄성(comprehensiveness)이란 한 이론이 인간을 얼마만큼 종합적으로 설명하고 있느냐 하는 정도를 의미한다. 보다 좋은 성격이론은 인간의 성격에 대한 단편적인 지식을 제공하는 것이 아니라 광범위한 측면에서 인간을 이해할 수 있도록 풍부한 자료를 제공하여야 한다. 성격이론의 포괄성이 크면 클수록 그 이론은 더 많은 행동 영역을 다룰 수 있게 된다. 하지만 한 이론 속에서 인간의 복잡하고 다양한 측면을 모두 다루기에는 한계가 있다. 가령 한 사람의 성격을 이해하는 데에는 인지, 정서, 행동의 세 가지 측면이 있다고 할 때, 이들 세 가지 측면을 모두 파악하여 그 개인의 성격을 설명하기는 매우 어렵다는 것이다.

2) 검증성

검증성(testability)이란 이론에서 제시되는 개념들이 명확하게 기술되어 있으며 측정 가능한지의 정도를 말한다. 검증성이 높은 이론을 좋은 이론이라고 할 수 있다. 복잡한 인간의 내적인 현상을 측정하려면 특정 개념에 대한 조작적 정의(operational definition)가 필요하다. 이 조작적 정의는 측정이 가능한 구성 개념을 밝히는 절차이기 때문에 중요하다. 이와 같이 핵심 개념에 대한 조작적 정의가 잘 되어 있는 이론이 과학적이고 객관적이라고 할 수 있다.

3) 경제성

경제성(parsimony)이란 인간의 성격과 심리 현상을 얼마나 간단명료한 개념으로 설명할 수 있느냐 하는 정도를 의미한다. 즉, 간단하고 명료하게 설명할 수 있는 이론이 좋은 이론이라는 것이다. 경제성이 중요한 이유는 개인의 특정 영역에서 발생하는 현상을 복잡하고 난해한 개념으로 설명한다면 혼란에 빠질 수 있다. 따라서 경제성이 중요한데, 문제는 그 경제성을 판단하는 객관적인 기준을 규정하기가 어렵다는 한계가 있다. 그럼에도 불구하고 경제성은 한 이론을 전반적으로 평가하는 데 중요한 역할을 한다.

4) 경험적 타당성

경험적 타당성(empirical validity)은 연구자가 주장하는 이론이 여러 연구에서 지지되고 있음이 확인되는 정도를 말한다. 즉, 그 이론을 뒷받침하는 경험적인 연구가 많이 있어야 좋은 이론이라는 것이다. 타당성은 가설검증으로 결정되는데, 새로운 이론은 세상에 알려진 후 여러 연구로 검증이 되어야 그 이론의 타당성이 높아질 수 있다. 하지만 후속 연구를 통해 일관성 있게 한 이론이 지지되는 결과가 나타나기는 쉽지 않은 일이다.

5) 탐구성

탐구성(heuristic value)이란 이론이 연구 분야의 새로운 아이디어와 후속 연구를 얼마만큼 촉발할 수 있느냐의 정도를 의미한다. 탐구성이란 기존의 시각과는 다르게 인간 행동을 설명하고자 하는 새로운 시도이기 때문에 참신성과 관련이 있다. 아무리 좋은 이론이라 하더라도 절대적인 진리라고 말하기는 곤란하다. 어떤 이론이든지 나름의 한계를 지니기 때문이다. 탐구성이 높은 이론의 하나로 프로이트(Sigmund Freud)의 정신분석이론을 들 수 있다. 이 이론은 많은 도전과 비판을 받기도 했지만, 다른 수많은 성격이론을 탄생시키는 초석이 되었다는 점에서 높이 평가된다. 오늘날까지 무수히 많은 성격이론이 나왔지만 이 이론처럼 후속 연구를 촉발시킨 이론은 흔하지 않다.

6) 적용성

적용성(applied value)이란 이론을 인간의 삶과 여러 현상에 폭넓게 적용할 수 있는 정도를 의미한다. 즉, 이론이 인간의 실제 생활에 유용하게 사용될 수 있어야 좋은 이론이라는 것이다. 적용성이 높은 성격이론을 접하면 자신의 내면을 먼저 들여다보게 되고, 그 이론을 통해 자신의 성격이나 혹은 주위 사람들의 성격에 대한 통찰력을 가질 가능성이 높다. 또한 그 이론의 개념들이 인간 이해뿐만 아니라 문학, 예술, 영화 그리고 광고 등의 여러 영역에 적용될 수 있다. 그러나 인간의 여러 가지 현상에 폭넓게 적용할 수 있는 이론은 소수에 불과하다.

제2절 성격 연구의 역사

인간의 성격에 대한 연구는 아주 오래전 고대 그리스 시대부터 시작되었다. 그 당시에는 인간이 서로 다른 이유를 별자리나 계절 그리고 태어난 시간 등과 같은 외적인 자연 현상과 관련지어 설명하려 하였다. 즉, 한 사람이 태어나는 상황을 자연 현상이 어떠한지와 결부시켜 인간이 서로 다르다는 것을 이해하려 한 것이다.

혈액형으로 성격을 구분하기도 하였다. 독일의 황제인 빌헬름 2세는 제1차 세계대전 직전에 자국에 있는 학자들에게 최초로 혈액형을 통해 성격을 구분하는 연구를 하도록 했다. 그는 카를 란트슈타이너(Karl Landsteiner)가 수혈을 위해 고안한 ABO식 혈액형 이론을 우생학적으로 악용하여, A형과 O형이 많은 백인종은 우월하고, B형이 많은 황인종은 열등함을 밝히고자 했다. 이 연구에 참여했던 키마타 하라가 제1차 세계대전 때 일본으로 건너가서 혈액형과 성격에 대한 논문을 발표하였으며, 그 후 1927년 후루카와 다케지가 「혈액형에 따른 기질 연구」라는 논문을 발표하여 일본에서 혈액형 붐이 일어났다. 그 뒤 1970년 방송 프로듀서인 노미 마사히코가 쓴 『혈액형과 기질』이라는 책이 인기를 끌면서 혈액형에 따른 성격이 다시 유행하였다. 각 혈액형의 특성을 간략하게 살펴보면 다음과 같다. A형은 세심하고 감수성이 풍부하며 성실한 편이다. 하지만 고지식하며 자신의 감정을 억제하는 경향이 있다. B형은 활발하며 사교성이 좋고 낙천적이다. 반면에 자유분방하며, 감정의 변화가 심하다. O형은 적극적이고 추진력이 강하며 리더의 기질이 있는 반면에, 승부욕이 강하고 신중하지 못하다. AB형은 가치관이 뚜렷하고 논리적이며 합리적인 면이 있지만, 냉정하고 변덕스러우며 엉뚱한 경향을 보인다. 하지만 학계에서는 혈액형과 성격이 관련이 있다는 주장을 과학적 근거가 없는 것으로 보아 인정하지 않고 있다.

고대부터 이루어진 대표적인 성격 연구는 크게 유형론과 특질론적인 접근으로 양분할 수 있다. 유형(type)이란 공통되는 특징을 묶어서 범주화한 것을 말하며, 서로 다른 유형은 관련성이 전혀 없기 때문에 비연속적인 특징이 있다. 반면에 특질(traits)은 하나의 연속선상에서 정도의 차이로 이해하기 때문에 연속적인 특징이 있다. 먼저 유형론의 대표적인 연구로는 신체에 대한 생리학적인 접근을 한 체액론, 체형론, 인상학 및 필적학 등이 있다. 다음으로 특질에 대한 대표적인 연구에는 올포트(Gordon Allport)와 커텔(Raymond Bernard Cattell)의 특질이론, 아이젱크(Hans J. Eysenck)의 생물학적 유형론, Big 5요인 등이 있다. 인간의 성격을 유형과 특질의 관점에서 알아본 연구는 다음과 같다.

1. 유형론

1) 체액론

성격에 대한 최초의 연구로 B. C. 400년경 히포크라테스(Hippocrates)의 체액론(體液論)을 들 수 있다. 의사였던 그는 인간 신체 내에 4가지 체액, 즉 혈액(blood), 흑담즙(black bile), 황담즙(yellow bile), 점액(phlegm)이 있다고 가정하였다.

뒤이어 서기 200년경 갈렌(Galen)은 히포크라테스의 체액론을 구체화시켜 체액에 따라 다르게 나타나는 4가지 기질(temperament)로 성격을 설명하였다. 기질이란 개인의 특징적인 감정 반응 양식을 의미하는데, 인간에게는 4가지 기질, 즉 다혈질(sanguine), 우울질(melancholic), 담즙질(choleric), 점액질(phlegmatic)이 있다는 것이다(박아청, 1999, p. 21). 각 기질에 따른 성격적인 특징을 살펴보면 다음과 같다.

첫째, 다혈질은 살이 찐 편이며, 혈색이 좋고 눈빛이 반짝이는 특징이 있다. 이들은 쾌활하고 사교성이 있으며 낙천적인 장점이 있으나, 감정의 변화가 빨라 외부 자극에 민감하고 흥분하기 쉬우며 참을성이 부족한 단점이 있다. 이들에게 적합한 직업 유형은 세일즈맨, 병원 종사자, 교사, 지도자 등이다.

둘째, 우울질(흑담즙)은 얼굴빛이 창백하고 대체로 허약한 편이다. 이들은 분석적인 기질이 있어 비판적이며 창의적이고 상상력이 풍부한 장점이 있는 반면에, 소심하고 근심과 걱정이 많은 단점이 있다. 직업 유형은 미술가, 음악가, 발명가, 철학자, 이론가 등이 많다.

셋째, 담즙질(황담즙)은 마른 편이고 깔끔한 인상을 주며, 눈에 광채가 나는 특징이 있다. 이들은 자신감이 많고 진취적이며 리더십이 있고 모험을 두려워하지 않는 장점이 있는 반면에, 쉽게 흥분하고 감정에 둔감하며 화를 잘 내는 단점이 있다. 직업 유형은 정치가, 기획자, 독재자 등이 많다.

넷째, 점액질은 지방이 많으며 피부 빛은 거무스름하고 목이 짧은 특징이 있다. 이들은 냉정하고 침착하며 행동은 느리지만 한 번 시작한 일은 끝까지 하는 장점이 있다. 반면에 게으르고 우유부단하며 마음속으로 걱정을 많이 하는 단점이 있다. 직업 유형은 상담가, 교수, 교사, 관리자 등이 많다.

체액에 근거한 이러한 기질이론은 철학자 칸트(Kant, 1798)에 의해 더 구체적으로 체계화되었다. 칸트는 인간의 성격을 사고 양식으로 보고, 기질을 감각 양식으로 보아 다혈질을 경혈(頸血), 우울질을 중혈(重血), 담즙질을 온혈(溫血), 점액질을 냉혈(冷穴)로 구분하여, 앞의 둘은 인간의 감정과 관련된 것이고, 뒤의 둘은 인간의 행위에 관련된 것으로 설명하였다. 물론 근대 이후에는 고대의 체액과 관련한 성격 연구가 부정되기는 했지만, 그 기본 사상은 성격의 심리학적 · 현상학적 기술에 여전히 적용되고 있다(이수연 공저, 2013, p. 21).

2) 체형론

인간의 체형(體刑)으로 성격을 연구한 크래츠머(Ernst Krestchmer, 1888~1964)는 독일의 정신과 의사였는데, 그는 인간의 성격이 체형과 체격에 따라 다르다고 하였다. 그는 인간의 기본적인 체형을 비만형(pyknic), 근육형(athletic), 쇠약형(asthenic)으로 구분하였다. 각 체형에 따른 성격을 살펴보면, 첫째, 비만형(조울 기질)은 대체로 둥근 체형으로 살이 찐 편이며 목이 짧고 키는 큰 편이 아니다. 이들은 사교적이며 대인관계가 원만한 장점이 있는 반면에, 감정의 기복이 심한 단점이 있다. 둘째, 근육형(분열 기질)은 튼튼한 체격을 가지고 있으며 어깨가 넓고 신체의 아래 부분으로 갈수록 크기가 점점 작아지는 체형을 가지고 있다. 이들은 온화하고 순종적인 장점이 있는 반면에, 비사교적이며 민감하고 흥분을 잘하는 단점이 있다. 셋째, 쇠약형(점착 기질)은 마르고 긴 체형으로 어깨가 좁고 뼈가 가는 편이다. 이들은 신중하고, 약속이나 규칙을 잘 지키며 끈기가 있는 장점이 있는 반면에, 융통성이 부족한 단점이 있다. 그의 연구는 체형과 성격의 관계를 명확하게 밝히기에는 한계가 있었지만, 체형심리학 연구의 기초가 되었다(Pervin, Cervone, & John, 2006; 이수연 공저, 2013, p. 27).

크래츠머의 신체 유형 연구와 같은 맥락으로 미국의 심리학자이자 의사인 셸돈(William Sheldon, 1899~1977)은 신체 유형에 따른 체질론(體質論)을 제안하였다. 그는 체격을 단순히 분류하거나 기술하는 수단으로 간주하지 않았다. 그는 유전과 생물학적 결정 요인이 개인의 발달에 결정적 역할을 한다고 가정하였다. 그는 약 4,000명의 남자

대학생들의 표준 사진을 통해 세 가지 체형, 즉 외배엽형(ectomorphy type), 내배엽형(endormorphy type), 중배엽형(mesomorphy type) 등을 추출하였다. 각 체형의 특징을 살펴보면, 첫째, 외배엽형은 비교적 쇠약한 체격으로, 억제적이고 지적이고 내향적이며 초조한 성격 특성을 가지고 있으며 자의식이 강한 기질인 대뇌 긴장형이다. 둘째, 내배엽형은 소화기관이 발달된 비만형으로, 사교적이고 온화한 성격 특성을 보이며 차분한 기질인 내장 긴장형이다. 마지막으로, 중배엽형은 근육이 발달한 체격으로, 힘이 넘치고 공격적이고 경쟁적인 성격 특성을 보이며 대범한 기질인 신체 긴장형이다(노안영 공저, 2013, p. 23). 셀돈의 체질론은 연구 방법이 과학적이지 않다는 한계가 있지만, 인간의 성격이 생물학적 요인으로 결정된다는 그의 관점은 오랫동안 성격심리 분야에 영향을 미쳤다(이수연 공저, 2013, p. 28). 셀돈의 체질론에 따른 체형은 [그림 1-1]과 같다.

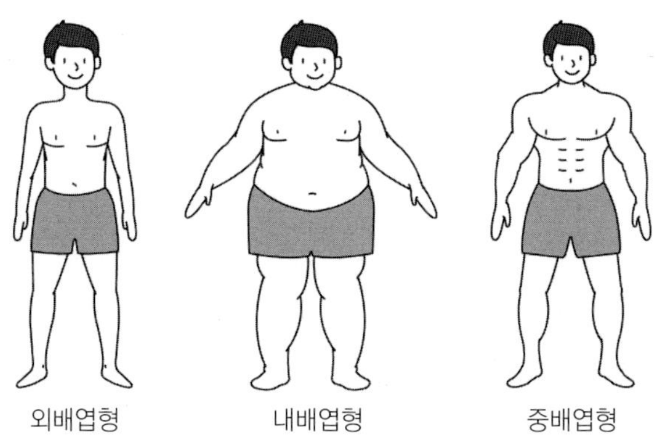

• 그림 1-1 • 셀돈의 체형론

3) 인상학

인상학(physiognomy)은 겉으로 드러나는 얼굴의 형상이나 표정으로 인간의 성격을 이해하려는 접근 방법이다. 예를 들면, "눈이 가운데로 몰렸거나 얼굴이 여우같이 생긴 사람은 교활하고 음흉하다."와 같이 개인의 성격을 추리하는 것이다(홍숙기 역, 2008, p. 219). 이와 같은 접근법은 객관적인 증거는 없지만, 꽤 인기가 있었던 방법이었다. 이러한 인상학에 대한 연구는 고대 아리스토텔레스(Aristotle)의 '인상학(Physiognomonica)'으로 거슬러 올라간다. 중세를 지나며 18세기의 영국에서는 인상학을 맹신하는 것에 대하여 처벌하는 법률까지 생길 정도로 인상학이 성행하였다.

골상학(phrenology)은 인상학보다 늦게 발전한 것으로 두개골의 형상을 보고 그 사람의 성격이나 심적 특성, 운명 등을 추정하고 연구하는 접근 방법이다. 독일의 두상학

(cranioscopy) 전문가이며, 뇌 생리학자였던 갈(Franz Joseph Gall)은 인간의 정서나 행동의 이상 증상이 뇌의 특정 영역과 관련이 있다고 하였다. 그는 임상 장면에서 많은 사례를 통하여 뇌와 두개골이 성격과 어떻게 관련이 있는지에 대하여 연구하였다. 그의 연구는 오늘날의 신경과학 분야와 성격심리학 분야에 공헌한 바가 크다고 볼 수 있다(이수연 공저, 2013, p. 23). 사람의 얼굴 모양에 따른 성격적인 특성은 [그림 1-2]와 같다.

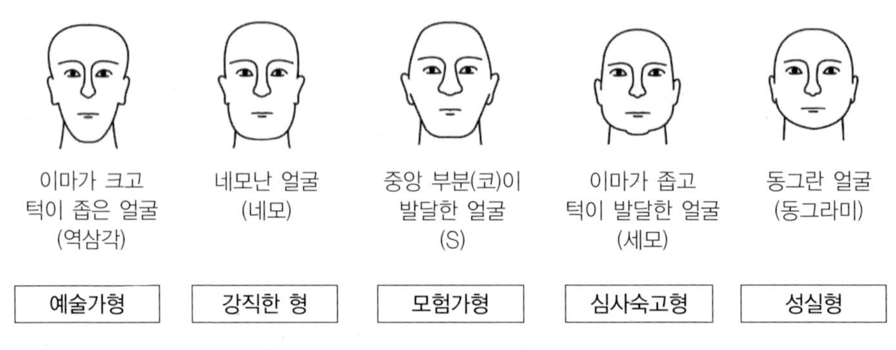

• 그림 1-2 • 얼굴 모양에 따른 특성

4) 필적학

필적학(graphology)은 글씨를 통하여 개인의 성격을 파악하려는 접근 방법으로 점술과도 관련이 있다. 필적학 연구자들은 글자의 크기, 기울기, 장식, 각도, 굴곡의 정도 등이 어떠한가에 따라 성격을 파악한다. 개인의 필적을 보고 성격을 파악하는 예를 들면, 글자가 비교적 큼직큼직하다면 야망이 크다거나, 글자가 작으면 소심하다는 등으로 해석한다. 필적학에 대한 연구는 오래전부터 이루어져 왔는데, 1622년 이탈리아 볼로냐 대학교 교수인 발도(C. Baldo)에 의해 처음으로 필적학과 관련한 서적이 출간되었다. 같은 시점에 나폴리의 의사 세베리노(M. A. Severino)도 논문을 발표하였으며, 뒤이어 철학자인 라이프니츠(Leibniz, G. W. 1646~1766)뿐만 아니라 라바터(J. K, Lavater)는 『인상학 단편(Physiognomische Fragmente zur Beforderung der Menschhenkenntnis und Menschenliebe)』이라는 저서에서 필적과 성격의 관련성을 소개하였다(박아청, 1999, p. 23).

18세기 말부터 필적학에 대한 연구가 프랑스에서 활발하게 이루어졌다. 대표적인 연구자는 미숑(Michon)으로 『필적학 체계(Systeme de graphologie)』라는 저서를 통하여 필적학이라는 용어를 공식적으로 사용하였다. 그의 제자인 크레피의 자맹(Crepieux-Jamin)은 『필적과 성격(L'écriture et le Caracterère)』이라는 저서를 통해 필적을 7가지 차원으로 분류하고, 성격과의 연관성을 파악하고자 하였다. 그리고 독일의 클라게스(Klages, L. 1872~1956)는 『필적학의 제 문제(Die Problem der Draphologie, 1910)』라는 저서를 통해 표현의 차원을 넘어 기능적인 차원을 강조하는 접근을 시도하였다. 필적학은 오늘날에도 핸드라이팅(handwriting)이라 불리며, 투사법의 하나로 성격 측정에 사용되고 있다. 또한 뇌의 기능적인 측면을 반영하고 있기 때문에 신경생리학적인 측면에서도 주목을 받고 있다(박아청, 1999, p. 24).

5) 심리유형론

칼 융(C. G. Jung)은 자신의 분석심리이론에서 인간의 성격을 태도 유형과 기능 유형으로 구분하여 설명하였다. 먼저 태도 유형은 자신의 관심이 외부로 향하는 것을 의미하는 외향성(extroversion)과 자신의 내부로 향하는 내향성(introversion)으로 나뉜다. 그리고 그는 개인이 세상을 경험할 때 사용하는 기능을 4가지로 나누고 있다. 이러한 기능 유형에는 외부의 정보를 인식할 때의 감각(sensing)과 직관(intuition), 어떤 일을 판단하여 결정할 때의 사고(thinking)와 감정(feeling)이 있다. 이러한 융의 심리 유형론은 최근에 인간의 성격을 이해하는 가장 대표적인 검사 중 한 가지로 활용되고 있는 MBTI(Myers-Briggs Type Indicator)의 이론적 근거가 되었다.

6) 동양의학의 유형론

서양뿐만 아니라 동양에서도 일찍부터 인간을 몇 가지 유형으로 분류하여 이해하려는 관점이 존재하였다. 중국을 중심으로 살펴보면, 동양의학의 체질론은 기원전 3세기경에 완성된 것으로 추정되는 『황제내경(皇帝內徑)』을 효시로 꼽는다. 『내경 · 통천론(內徑 · 通天論)』의 오태인론에서는 인간을 음양생리 면에서 체형, 성질, 음양 등에 따라 태양인(太陽人), 소양인(少陽人), 태음인(太陰人), 소음인(少陰人), 음양화평지인(陰痒和平之人)의 5가지 유형으로 분류하였다. 『음양이십오인론(陰痒二十五人論)』에서는 인간을 금(金), 수(水), 목(木), 화(火), 토(土)의 오행인(五行人)으로 분류하고, 오음(五音)과 연관시어 이를 다시 25가지 체질로 세분하였다.

한편 인도 아유르베다의 체질론은 인간을 하나의 소우주로 보아 대우주로부터 분리되어 존재할 수 없다고 하였다. 건강과 질병의 문제도 우주와 인간의 상호작용으로 규정하여 인간의 외형, 성정, 맥, 음식, 약물 등을 이용하여 분류하였다. 이와 같이 동양의학의 유형론은 신체 외형과 성격 중심으로 구분되어 전해져 오고 있다(노환옥 공저, 2010; 이수연 공저, 2013, p. 29).

7) 사상의학과 성격

사상의학(四象醫學)은 이제마가 창시한 체질의학론(體質醫學論)이다. 이제마는 그의 저서인 『동의수세보원(東寶壽世保元, 1894)』에서 현실적인 측면에서 독특한 '사상구조론'을 바탕으로 태양인(太陽人), 소양인(少陽人), 태음인(太陰人), 소음인(少陰人)의 4가지 체질을 설정하여 각기 체질에 따른 성격, 심리 상태, 내장의 기능과 이에 따른 병리, 생리, 약리, 양생법과 음식의 성분까지 분류하였다.

『동의보감(東醫寶鑑)』으로 대표되는 기존 한의학이 '자연 대 사람'의 관계를 다룬다면, 사상의학은 '사람 대 사람' 혹은 한 사람의 '정신 내면의 편차'에 초점을 맞추고 있다. 동의보감이 도교적 자연조화사상이라면, 사상의학은 유교적인 심신 수양론이 한의학과 융합된 것이다. 사상의학은 소모적인 철학 논쟁에 그치지 않고 의학적인 실천으로 이론을 구체적으로 입증한 점에서 동서고금의 그 어떤 인문·철학적 가치에 뒤지지 않는다. 사상의학은 정신분석 그 자체로 그치는 것이 아니라, 각 체질에 맞는 생리와 병리, 진단, 약물 처방에 이르기까지 실제를 다루고 있다. 이는 특히 한국인의 정서와 긴밀한 유교철학에 이론적 바탕을 두고 있어 한국인 고유의 문화적·정신적 갈등을 이해하고 대안을 제시해 준다는 장점이 있다. 사상의학에서는 모든 사람은 사상체질 중 한 가지를 가지고 태어난다고 주장한다. 즉, 인간의 성격은 타고난다는 것을 가정하고 있다. 사상의학에서 구분한 인간의 체형별 특성은 [그림 1-3]과 같다.

태양인
용모가 뚜렷하고
목과 가슴이 발달함

태음인
체격이 좋고 허리가 실해
선 자세가 굳건함

소양인
가슴 부위가 충실하고
몸가짐이 민첩함

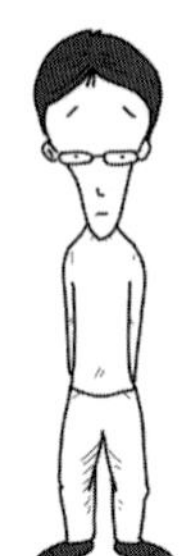

소음인
상체보다 하체가 발달,
대개 체격이 작음

• 그림 1-3 • 이제마가 구분한 인간의 체형

2. 특질론

특질(traits)이란 한 개인의 독특한 특성이나 특징을 가리키는 용어다. 이러한 특질은 뚜렷이 구분되는 것이 아니기 때문에 연속적인 차원에서 이해해야 한다. 유형과 특질의 이해를 돕기 위한 예를 들면, 한 개인의 '공격성'을 설명할 때, "공격성을 나타내는 특질(예: 성급함, 초조함 등)을 많이 가지고 있다."고 말하지 "어떤 공격성 유형을 가지고 있다."라고 말하지는 않는다(홍숙기 역, 2008, p. 220).

특질이론은 다양한 성격이론 중에서 인간의 성격을 가장 잘 설명하고 있는 이론이라고 해도 과언이 아니다. 앞에서 제시한 성격의 정의에서 나타나는 공통적인 특징들, 즉 한 개인의 독특성과 일관성 그리고 인간의 전체성이 전제되어야 한다는 것은 특질이론과 거의 맥락을 같이한다. 대표적인 특질이론가로 올포트와 커텔, 아이젱크 등이 있으며, 이들은 인간의 성격을 설명하는 데 초점을 두었다. 이들 특질이론가들은 개인의 독특한 특질을 밝히려고 노력한 점에서는 같지만, 성격을 연구하는 방법에 있어서는 서로 다르다. 올포트는 한 개인을 심층적으로 연구하여 독특성을 밝히려는 사례 연구 방법을 사용한 반면에, 커텔은 많은 사람을 대상으로 통계학적인 방법을 사용하여 인간의 보편적인 특질을 파악하려고 하였다. 그리고 아이젱크는 인간의 생리학적인 요인과 성격 차원의 관련성을 밝혀내고자 하였다. 이러한 특질이론들은 성격심리학의 발달에 지대한 영향을 주었는데, 대표적인 특질이론들은 다음과 같다.

1) 올포트의 특질이론

올포트는 인간의 성격을 '인간 내부에 존재하며 역동적이고 조직화된 것'이라고 정의하였다. 그는 성격을 이루는 구성요소를 그 개인이 가지고 있는 특질로 보았다. 그는 특질이란 '다양한 종류의 자극에 대하여 같거나 유사한 방식으로 반응하는 경향성'이라고 보아 이것이 개인의 성격을 형성하는 데 기여한다고 하였다. 뿐만 아니라 올포트는 개인이 가지고 있는 고유한 특질은 다른 사람과 구별되는 독특성을 가지고 있으며, 개인의 행동과 사고에 영향을 미친다고 하였다. 또한 그는 인간의 특질을 대부분의 사람이 가지고 있는 공통 특질과 특정 개인만이 가지고 있는 개인 특질로 구분하였으며, 공통 특질보다는 개인 특질을 중시하였다.

2) 커텔의 특질이론

커텔은 성격을 '한 사람이 특수한 상황에서 무엇을 할지를 예측해 주는 모든 것'이라고 보았다. 올포트와 마찬가지로 그는 특질이 성격을 구성하는 기본 요소라고 하였다. 하지만 올포트는 특질이 인간 내부에 실제로 존재하는 것이라고 본 반면에 커텔은 특질을 행동으로부터 추론되어 행동을 예측하고, 행동의 일관성을 설명하는 가설적인 구성 개념으로 보았다. 커텔은 인간에게 보편적으로 존재하는 특질을 밝히고자 했는데, 이는 커텔 이론이 지니는 또 하나의 특징이다.

3) 아이젱크의 특질이론

영국의 심리학자인 아이젱크는 미국의 특질이론가들의 연구를 보완하여 성격 차원에 대한 탐색을 이상행동 분야까지 확장시켜 신경증과 같은 특성을 연구하였다. 그는 인간의 성격을 단순히 기술하는 차원을 넘어서서 검증이 가능한 연구 모델로 설명하고자 하였다. 그리고 각성과 홍분 등과 같은 인간의 생리적 특성을 요인 분석을 사용하여 탐구하였다. 이러한 접근의 예를 들면, 인간의 생리적 기능이 내향성과 외향성 유형에 영향을 미친다는 것이다. 코코란(Corcoran, 1964)의 실험에서는 레몬즙 없이 분비되는 침의 양을 조사한 결과, 내향적인 사람들이 외향적인 사람들보다 훨씬 더 많은 침을 분비하는 것으로 나타났다. 또한 내향적인 사람들은 홍분제에 보다 더 민감하고, 외향적인 사람은 진정제에 더 민감한 것으로 나타났다(노안영 공저, 2013, p. 287). 아이젱크의 특질이론을 유형론으로 구분하기도 하지만, 그의 연구에서의 초점은 차원적인 특징을 가진 특질에 있었다. 그는 다양한 특질이 합해져서 유형을 이루지만, 이 유형은 완전히 구분되는 것이 아니라 차원적인 구조로 이루어진다고 하였다. 아이젱크는 인간의 주된 유형이 두 가지 차원, 즉 내향성과 외향성의 차원, 안정성과 불안정성의 차원으로 이루어지고, 이 두 차원이 합해져 인간행동의 주요 부분을 설명한다고 보았다(홍숙기 역, 2008, p. 243). 그는 후에 충동통제와 정신증 차원을 추가하여 인간의 주 유형을 세 가지 차원으로 구분하였다.

4) Big 5요인

최근에 인간의 성격을 이루는 특질의 차원에 대한 연구가 많이 이루어져 왔는데, 그중에서 가장 대표적인 것으로 인간의 성격이 5가지 요인으로 구성되었다는 주장이다. 피스크(Fiske, 1949), 크리스털(Tupes Christal, 1961), 노먼(Norman, 1963), 보가타(Borgatta, 1964), 스미스(Smith, 1967) 등이 주요 이론가들이다. 이러한 이론가들 가운데 골드버그(Goldberg, 1981)는 많은 실험 연구를 통하여 성격의 5가지 대표 요인을 밝혀내고, 이 5가지 요인을 'Big Five' 라고 칭하였다. 여기서 'Big' 이란 5가지 요인이 수많은 특질을 포함하고 있다는 의미를 내포하고 있다. 5가지 요인은 신경증(Neuroticism: N), 외향성(Extroversion: E), 개방성(Openness: O), 우호성(Agreeableness: A), 성실성(Conscientiousness) 등이다. 5요인과 각각의 하위 요인들을 〈표 1-1〉에 제시하였다.

• 표 1-1 • 5요인과 각각의 하위 요인

요 인	하위 요인
외향성	사교성, 활동 수준, 주장성, 흥분 추구, 긍정적 정서, 따뜻함
우호성	솔직성, 신뢰성, 이타성, 겸손, 마음이 여림, 순응성
성실성	자제심, 의무감, 유능감, 질서, 신중함, 성취 노력
신경증	불안, 자의식적임, 우울, 상처를 잘 받음, 충동성, 공격성
개방성	공상, 미를 추구함, 감정, 아이디어, 행위, 가치

출처: 노안영 공저, 2013, p. 292.

지금까지 설명한 성격 연구의 역사를 정리하면 〈표 1-2〉와 같다.

• 표 1-2 • 성격 연구의 역사

년 도	내 용
B. C. 400년경	히포크라테스의 체액론(혈액, 흑담즙, 황담즙, 점액)
B. C. 300년경	동양의학의 체질론 『황제내경』
200년 경	갈렌의 체질론(다혈질, 우울질, 담즙질, 점액질)
1800년 경	갈과 슈푸르츠하임(Johann Spurzheim)의 골상학
1873년	분트(Wunt)의 성격유형론
1875년	미숑, 『필적학의 세계』 출판
1884년	갈톤(Galton)이 단어 연상기법 발표
1894년	이제마, 『동의수세보원』 출판
1900년	프로이트, 『꿈의 해석』 출판
1905년	융, 단어 연상검사, 최초의 개인용 지능검사인 Binet-Simon검사 개발
1920년	로르샤하(Rorschach)검사 개발
1921년	융, 『심리학적 유형』 출판
1925년	크레츠머의 체형론(비만형, 근육형, 쇠약형)
1935년	머레이(H. A Murray)와 모건(C. D. Morgan)이 주제통각검사(TAT) 개발
1937년	올포트, 『성격: 심리적 해석』 출판
1938년	스키너, 『유기체의 행동』 출판(스키너 상자 실험)
1939년	웩슬러(Wechsler)가 Wechsler-Bellevue 지능검사 개발
1942년	셀돈의 체질론(외배엽형, 내배엽형, 중배엽형)
1943년	헤서웨이(Hathaway)와 매킨리(McKinley)가 MMPI 개발
1946년	커텔, 『성격의 기술과 측정』 출판
1950년	달라드와 밀러(Dollard & Miller), 『성격과 심리치료』 출판
1951년	로저스(Carl Rogers), 『내담자 중심 치료』 출판
1952년	미국정신의학회에서 『정신장애의 진단 및 통계편람 1(DSM-Ⅰ)』 출판
1955년	엘리스(Albert Ellis)의 합리적 치료 등장, 켈리(George A. Kelly)가 『개인 구성 개념 심리학』 출판

1961년	반두라(Albert Bandura)의 사회인지이론으로 '인지혁명' 시작, 벡(Aaron Beck)이 우울척도(BDI) 개발
1967년	아이젱크의 생물학적 유형론(내향과 외향, 정서적 불안정과 안정)
1970년	매슬로(Abaham H. Maslow), 『동기와 성격』 출판
1970~1990년	성격검사의 실시, 채점 및 해석에 컴퓨터 사용
1975~1980년	행동평가 기법 개발
1975년	마이어스와 브릭스(Myers & Briggs), MBTI 개발
1981년	골드버그, 'Big 5' 모델
1989년	MMPI-II 출판
2008년	WAIS-IV 개발
2013년	DSM-5 출판

제3절 성격 연구의 관점 및 논쟁점

1. 성격 연구의 5대 관점

성격심리학에는 인간의 성격을 바라보는 다양한 관점이 있다. 이 책에서는 성격이론을 크게 5대 관점, 즉 정신역동적 관점, 성향적 관점, 현상학적 관점, 학습적 관점, 인지적 관점으로 나누어 살펴보고자 한다. 각 관점들에 속하는 대표적인 이론들의 특징을 성격의 개념을 중심으로 살펴보면 다음과 같다.

1) 정신역동적 관점

정신역동적 관점에 속하는 이론으로 프로이트의 정신분석이론, 아들러의 개인심리이론, 융의 분석심리이론, 에릭슨의 심리사회이론 등이 있다. 정신역동적 접근의 최초 이론은 프로이트의 정신분석이며, 이후의 이론가들은 정신분석을 수정하거나 확장하여 자신의 이론을 발전시켰다. 정신역동적 관점은 인간의 내적인 정신 구조와 발달 과정에 초점을 둔다. 프로이트와 융은 의식 너머에 무의식이 존재하고 그 무의식에 인간을 움직이게 하는 힘(forces)이 존재한다고 보았다. 아들러와 에릭슨은 무의식보다는 의식 속에 인간을 움직이는 힘이 있다고 보았다. 이들은 인간의 행동을 유발하는 근원적인 에너지가 무엇인지에 관심을 두고 있다. 이들은 성격을 인간 내부에서 일어나는 정신 과정의 역동으로 설명하고 있다.

2) 성향적 관점

성향적 관점에 속하는 이론으로 올포트와 커텔의 특질이론이 있다. 특질이론에서는 모든 인간은 각자가 가지고 있는 독특하고 안정적인 특질들이 있으며, 그 특질들이 성격을 이루는 기본 요소가 된다고 하였다. 때문에 특질이론가들은 인간의 성격을 파악하는 데 그 개인의 특질들을 찾아내고 조직화하는 데 주력하였다. 다양한 성격이론이 문제 증상의 치료에 관심을 둔 반면, 성향적 관점의 이론들은 단지 인간의 성격을 파악하는 것에만 관심을 둔 것도 특징 중의 하나다. 올포트는 사례 연구와 같은 질적 연구 방법을 통해 인간의 독특한 특질을 밝히려고 한 반면에, 커텔은 통계적인 기법인 요인분석을 통하여 인간의 보편적인 특질을 밝히려한 점이 주목할 만하다.

3) 현상학적 관점

현상학적 관점에 속하는 이론으로 매슬로의 자아실현이론과 로저스의 인간중심이론이 있다. 현상학적인 접근은 각 개인이 지각하는 주관적 현실을 중시하기 때문에 과거가 아닌 현재, 지금과 여기를 강조한다. 같은 상황이라도 개인이 세상을 바라보는 시각이 어떠한가에 따라 상황에 대한 해석이 달라진다는 것이다. 그리고 모든 인간은 존엄하고 무한한 가능성이 있으며 자신의 삶을 창조해 나가는 긍정적인 존재라는 인간관에 기초하고 있다. 매슬로는 인간의 성격을 일종의 욕구나 동기로 보았으며, 로저스는 성격이란 매순간 경험하는 장면에서 자신의 것으로 받아들인 특성이라고 하였다.

4) 학습적 관점

학습적 관점에 속하는 이론으로 행동주의의 대표적인 이론인 스키너의 조작적 조건형성이론과 반두라의 사회인지이론이 있다. 이 접근의 특징은 인간의 내적인 정신 과정보다 겉으로 표현되는 인간의 행동에 연구의 초점을 두는 것이다. 행동주의이론가들은 인간의 성격에 대한 개념 자체에는 관심을 두지 않는다. 다만, 인간은 강화를 통해 자극에 대한 반응을 학습할 뿐이라고 보았다. 하지만 후기 행동주의의 흐름은 인간의 행동에 선행되는 인지 과정을 강조하였는데, 반두라의 사회인지이론이 대표적인 예다.

5) 인지적 관점

인지적 관점에 속하는 이론으로 엘리스의 REBT이론과 벡의 인지치료이론이 있다. 인지적 접근이란 인간의 행동을 이해하는 데 인지가 중요하다는 입장이다. 즉, 사람들이 같은 상황을 바라보더라도 어떻게 생각을 하는지에 따라서 행동이 달라진다는 것이다. 다시 말하면, 현재 개인에게 주어진 상황보다 그 개인의 내적인 인지 구조가 어떠한가에 따라 상황에 대한 해석이 달라진다는 것이다. 이 접근에서는 인간의 성격을 한마디로 정의하고 있지는 않지만 엘리스는 신념체계를, 벡은 인지 도식을 성격으로 보고 있다.

2. 성격 연구의 논쟁점

인간이라는 존재는 너무도 복잡하기 때문에 인간의 성격을 논하는 것은 어려운 문제다. 지금까지 성격에 대해 많은 논쟁이 이루어졌으며, 그 과정에서 끊임없이 의문점이 제기되었다. 대표적인 논쟁점을 살펴보면, 인간의 본성은 어떠한지에 대한 측면, 인지와 정서 그리고 행동 사이의 관계, 개인 차 대 개인 내 기능의 관계, 무의식과 의식의 관계, 과거와 현재 그리고 미래가 행동에 미치는 영향 등이 있다.

1) 인간관

많은 성격심리학자들은 인간 본성에 대한 가정을 달리하고 있다. 인간 본성에 대한 가정은 주장하는 이론적인 개념에 영향을 미치며, 그에 따라 성격에 대한 정의도 달라진다. 대표적으로 거론되는 젤리와 지글러(Hjelle & Ziegler, 1992), 슐츠와 슐츠(Schultz & Schultz, 1998), 그리고 매디(Maddi, 1996)의 인간관에 대한 준거 틀을 살펴보면 다음과 같다. 먼저 젤리와 지글러(1992)는 준거 틀로서 9가지를 제시하였다. 자유론 대 결정론, 합리성 대 비합리성, 전체주의 대 요소주의, 체질론 대 환경론, 가변성 대 불변성, 주관성 대 객관성, 발생성 대 반응성, 평형성 대 불평형성, 가지성 대 불가지성이 그것이다. 다음으로 슐츠와 슐츠(1998)는 자유의지 대 결정론, 유전 대 환경, 과거 대 현재, 독특성 대 보편성, 평형 대 성장, 낙관론 대 비관론의 6가지를 제시하였다. 마지막으로 매디(1996)는 좀 더 포괄적으로 갈등모델(conflict model), 충족모델(fulfillment model), 일관성 모델(consistency model) 등을 제시하였다(노안영 공저, 2013, pp. 33-34).

이 책에서는 상기한 학자들의 인간관에 대한 준거 틀을 참고하여 인간관을 4가지 유형의 준거를 통하여 살펴보고자 한다. 즉, 낙관론 대 비관론, 자유론 대 결정론, 유전론 대 환경론, 전체론 대 요소론의 측면으로 제시하고자 한다. 각 측면이 어떠한 내용을 포함하고 있는지는 다음과 같다.

(1) 낙관론 대 비관론

낙관론(optimism) 대 비관론(pessimism)은 인간을 긍정적인 존재로 보는지 아니면 부정적인 존재로 보는지에 대한 견해다. 대표적인 예를 들면, 정신역동적 관점 중 정신분석이론에서는 인간은 본능, 특히 성 본능의 지배를 받는 존재로 보아 인간에 대해 부정적인 입장을 취하고 있다. 반면에 현상학적 관점의 자아실현이론이나 인간중심이론에서는 인간을 잠재력을 실현하는 긍정적인 존재로 보았다. 로저스는 인간은 자신의 잠재력을 계발하고 성장시키는 선천적인 경향성, 즉 자아실현 경향성이 있다고 하였다. 이처럼 인간의 본성을 긍정적으로 보느냐 아니면 부정적으로 보느냐에 따라서 성격이론의 핵심 개념들이 달라질 수 있다.

(2) 유전론 대 환경론

유전론(hereditism)과 환경론(environmentalism)은 인간의 성격이 생득적인 요인인 유전에 더 영향을 많이 받는다고 보는지 아니면 한 개인을 둘러싼 환경의 영향을 더 받는다고 보는지를 의미한다. 유전론은 체질론(constitutionism)이라고도 하며, 대표적으로 정신분석이론이 있다. 정신분석이론에서는 인간이 출생할 때, 이드(id)라는 본능을 가지고 태어난다고 하여 유전을 강조하고 있다. 이와는 반대로 환경론의 대표적인 이론으로 조작적 조건형성이론이 있다. 이 이론에서는 인간의 모든 행동을 어떤 강화가 주어지는가? 즉, 개인이 어떤 환경에 처하는지에 따라 결정된다고 보고 있다. 하지만 유전론과 환경론에 대한 가정은 어느 한쪽으로 단정하기 어렵다. 미드(Margaret Mead)에 의해 제기된 인간 대 상황의 논쟁은 지금도 계속되고 있다. 최근에는 인간을 상호작용론적 관점에서 이해하는 추세다. 즉, 인간은 유전과 환경 모두의 영향을 받는 존재라는 것이다.

(3) 자유론 대 결정론

자유론(libertarianism)과 결정론(determinism)이란 인간이 유전적 특성이나 외부 환경에 영향을 받지 않고, 얼마나 자신 스스로의 의지로 살아가느냐의 관점이다. 즉, 인간이 유전이나 환경 등의 영향을 받는다면 결정론이라고 볼 수 있고, 유전이나 환경의 영향을 초월한다면 자유론이라고 볼 수 있다. 자유론의 대표적인 예인 개인심리이론에서는 인간을 유전과 환경을 뛰어넘는 창조적인 존재라고 가정한다. 반면에 정신분석이론에서는 5세 이전의 성과 관련된 경험에 의해 인간의 성격이 결정된다고 보고 있다. 또한 조작적 조건형성이론에서는 인간을 주어진 환경에 의해 결정되는 존재로 보고 있다. 하지만 인간이 자유로운 존재인지 아니면 결정되어진 존재인지를 어느 한쪽으로 단정 짓는 것도 무리가 있다. 인간은 두 가지 측면을 다 가지고 있을 수 있는 바, 성격이론가들의 주장은 다만 인간을 이해하는 하나의 틀로 활용할 수 있다.

(4) 전체론 대 요소론

전체론(holism)과 요소론(elementalism)은 인간을 이해할 때 인간의 성격을 요소로 나누어서 이해하느냐 아니면 요소로 나누지 않고 전체적인 측면에서 이해하느냐를 의미한다. 먼저 전체론은 형태심리학(gestalt psychology)에서 강조하는 '전체는 부분의 합 이상이다.' 라는 명제로 가장 잘 설명될 수 있다. 예를 들면, 하나의 퍼즐로 구성된 그림이 있다고 할 때, 낱개의 퍼즐 조각은 한낱 조각에 불과하다. 하지만 그 조각들을 맞추어 놓으면 의미가 담긴 하나의 그림으로 태어난다는 것이다. 또한 쉴린(Shlien)은 "백묵 반 조각은 역시 백묵이다. 다만, 작아졌을 뿐이다. 하지만 사람의 반쪽은 결코 사람이 아니다."라고 하였다(이훈구 역, 1998, p. 33). 즉, 인간은 전체론적인 측면으로 바라보아야 한다는 것이다. 다음으로 요소론은 과학적인 접근에서 시작되었다고 볼 수 있다. 인간의 행동을 살펴볼 때, 각 부분을 분석하여 이해할 필요가 있다는 것이다. 요소론의 대표적인 예는 조작적 조건형성이론이다. 인간에 대한 이해는 인간이 보이는 무수히 많은 자극에 대한 반응으로 가능하다는 것이다.

인간관에 대한 대표적인 4가지 준거의 틀로 각 성격이론가들의 견해를 정리하면 〈표 1-3〉과 같다.

• 표 1-3 • 각 성격이론가들의 인간관 비교

<table>
<tr><th>낙관론</th><th>중립</th><th>비관론</th></tr>
<tr><td>아들러, 융, 에릭슨, 올포트, 매슬로, 로저스</td><td>커텔, 스키너, 반두라, 엘리스, 벡</td><td>프로이트</td></tr>
<tr><th>유전론</th><th>유전과 환경론(양자론)</th><th>환경론</th></tr>
<tr><td rowspan="3">프로이트, 융, 매슬로, 로저스</td><td>올포트, 커텔, 엘리스</td><td rowspan="3">에릭슨, 스키너, 반두라, 벡</td></tr>
<tr><th>유전과 환경론(양비론)</th></tr>
<tr><td>아들러</td></tr>
<tr><th>자유론</th><th>자유와 결정론(양자론)</th><th>결정론</th></tr>
<tr><td>아들러, 융, 올포트, 매슬로, 로저스, 엘리스, 벡</td><td>커텔, 반두라</td><td>프로이트, 에릭슨, 스키너</td></tr>
<tr><th>요소론</th><th></th><th>전체론</th></tr>
<tr><td>스키너, 반두라</td><td></td><td>프로이트, 아들러, 융, 에릭슨, 커텔, 올포트, 매슬로, 로저스, 엘리스, 벡</td></tr>
</table>

2) 인지, 정서, 행동 간의 관계

대부분의 성격이론가들은 인간의 행동을 지 · 정 · 의의 세 가지 측면에서 설명하고 있다. 지(知)란 인지 또는 사고를 의미하고, 정(情)이란 감정, 정서를 의미하며, 의(意)는 의지와 행동을 의미한다. 예를 들면, 인간중심이론은 인간의 정서를 중시하였고, 조작적 조건형성이론은 인간의 행동에 초점을 두었다. 그리고 REBT이론이나 인지치료이론은 인간의 사고에 초점을 두고 있다. 하지만 지 · 정 · 의라는 세 가지 측면 중에 어느 한 측면이 더 중요하다고 단정 짓기는 어렵다.

3) 개인 간 대 개인 내적 기능의 관계

인간을 이해하는 데 개인 간의 차이에 초점을 둘 것인지, 한 개인의 내적인 측면에 초점을 둘 것인지에 따라 이론적인 접근이 다르다. 먼저 개인 차란 한 개인만이 가지고 있는 독특성의 측면이다. 다른 사람과 다른 그 사람만의 고유한 특성이 무엇인가를 밝히는 데 초점을 둔다. 예를 들면, 특질이론이 대표적이다. 특질이론가들은 개인에게 자신만의 독특한 특질뿐만 아니라 보편적인 특질도 있음을 밝히고자 노력하였다. 다음으로 개인 내적 기능의 측면이란 한 개인의 내적인 정신 과정에 초점을 두기 때문에 오로지 한 개인에게 관심이 있다. 예를 들면, 정신역동적 관점의 이론들은 주로 인간의 무의식이나 의식의 차원에서 일어나는 정신 과정에 관심을 두고 있다. 프로이트는 세 가지 정신 구조의 역동에, 아들러는 우월성의 추구에, 융은 원형들의 조화와 균형에 관심을 두었다. 또한 인지적 관점의 이론도 마찬가지로 인간의 내적인 신념체계나 인지 도식에 초점을 두어 인간의 행동을 설명하였다. 이러한 논쟁도 결론을 내리기는 어려운 문제라고 본다.

4) 무의식과 의식의 관계

무의식과 의식은 현실에서 자각되는지의 여부로 구분할 수 있다. 의식은 개인이 현재 경험하고 기억하는 내용이다. 하지만 무의식은 현재 기억하려고 노력해도 기억나지 않는 내용이다. 무의식의 중요성을 주장한 대표적인 성격이론가에는 프로이트가 있다. 그는 인간의 무의식이 인간의 행동에 강력한 영향을 미친다고 하였다. 하지만 현상학적 관점의 이론가들은 의식을 중요시하였다. 인지적 관점의 이론들은 초기에는 무의식에 관심을 두지 않았으나 최근에 와서는 무의식에 관심을 기울이고 있다. 인간의 무의식과 의식 중 어느 영역이 인간의 행동에 더 영향을 미치는지를 밝히는 것이 쉽지 않은 만큼 이는 끝임 없는 논쟁거리 중 한 가지다.

5) 과거, 현재, 미래의 관계

각 성격이론가들마다 중요시하는 시점이 서로 다르다. 이는 인간의 현재 행동에 영향을 미치는 원인과 동기의 출발을 언제로 보는가와 관련이 있다. 예를 들면, 정신분석이론은 인간의 현재 행동을 과거의 외상이나 경험에 의한 것이라고 보기 때문에 과거를 중시한다. 반면에 현상학적 관점의 이론들은 지금과 여기의 현재가 중요하다고 보고 있다. 그리고 개인심리이론이나 올포트의 특질이론에서는 인간에게 미래의 목적이 중요하다고 보았다. 이와 같은 논쟁도 결론을 내리기 어려운 문제 중 한 가지라고 본다.

제4절 성격 평가 및 연구 방법

1. 성격 평가 기법

성격이론에 따라 성격을 평가하는 기법들이 다르다. 이를테면 정신역동적 관점에서는 내적인 정신 과정에 집중하기 때문에 직접적인 면접법이나 투사검사 등을 주로 사용하며, 학습적 관점에서는 행동 관찰을 주로 사용한다. 물론 한 가지 평가 기법보다는 여러 평가 기법을 대상과 상황에 맞게 절충하여 사용하는 것이 더 유용할 수 있다. 성격에 대한 평가 기법들은 크게 관찰법, 면접법, 질문지법, 투사검사 등으로 나누어 볼 수 있다. 각 평가 기법을 구체적으로 살펴보면 다음과 같다.

1) 관찰법

관찰법(observation method)이란 사물의 현상이나 사건을 주의 깊게 살펴보는 방법을 의미한다. 이 방법은 말 그대로 한 개인이 보이는 행동을 관찰하여 평가하는 것을 말한다. 관찰이 자료 수집의 수단으로 쓰이기 위해서는 타당하고 신뢰할 수 있으며, 객관적인 관찰이 가능해야 한다. 이러한 관찰법은 주로 연구 대상 자신이 자료 수집을 위한 활동이나 보고 능력이 부족한 경우 혹은 다른 측정 방법을 사용하면 연구 대상의 사회적 상호작용 과정을 방해할 염려가 있는 경우에 유용하다. 관찰법은 연구 대상의 조사 결과가 심리 상태에 따라 달라지지 않는다는 점, 연구 대상자가 자신의 생각이나 느낌을 정확히 표현할 수 없어도 자료 수집이 가능하다는 장점이 있다. 하지만 겉으로 드러나지 않는 특성은 관찰이 불가능하며, 연구 대상의 지극히 사적인 행동이나 혹은 피험자가 타인에게 관찰되기를 원치 않는 행동은 관찰하기가 어렵다는 단점이 있다.

관찰의 유형은 자연적 관찰, 통제적 관찰, 참여 관찰, 비참여 관찰 등이 있다.

첫째, 자연적 관찰은 관찰의 상황을 조작하거나 인위적으로 어떤 특별한 자극을 주는 일 없이 자연적인 상태에서 일어나는 현상이나 사건을 있는 그대로 관찰하는 방법이다.

둘째, 통제적 관찰은 관찰의 시간 · 장면 · 행동 등을 의도적으로 설정해 놓고 이러한 조건하에서 나타나는 행동을 관찰하는 방법이다.

셋째, 참여 관찰은 연구자가 관찰하고자 하는 상황 속에 직접 뛰어들어 연구 대상과 같이 생활하며 관찰하는 것을 말한다.

넷째, 비참여 관찰은 연구자가 연구 대상의 생활에 참여하지 않고 관찰하는 것을 말한다(이종승, 2010, pp. 212-217).

2) 면접법

면접(interview method)이란 필요한 자료를 수집하기 위하여 면접자와 피면접자 간에 언어를 매개로 상호작용하는 것을 활용하는 방법이다. 면접을 통하여 연구 대상의 경험담이나 생활사, 조사 항목에 대한 응답 등 언어적 진술 내용뿐만 아니라 감정, 태도, 표정, 어투 등 비언어적 특성도 파악할 수 있다. 이 기법은 보다 개인적이고 심층적인 자료를 얻는 데 목적이 있다. 그러나 이 방법은 피험자에 대해 전체적이고 역동적인 정보를 얻을 수 있는 반면, 연구자의 주관성이나 측정치를 수량화할 때의 한계를 피할 수 없다.

면접의 과정과 사전 계획의 수립 정도에 따라 구조화 면접, 비구조화 면접, 반구조화 면접 등으로 구분할 수 있다. 먼저 구조화 면접은 질문의 내용, 방식, 순서 등을 미리 정해 놓고 모든 대상에게 사전에 준비한 질문을 중심으로 면접하는 방식이다. 다음으로 비구조화 면접은 질문 방식이나 내용을 미리 정해 놓지 않고, 면접자가 상황에 맞추어서 유연하게 진행하는 방식을 말한다. 마지막으로 반구조화 면접은 구조화 면접과 비구조화 면접의 장점을 살리기 위한 절충식 면접법이다. 즉, 어느 정도 질문 내용을 정해 놓은 상태에서 면접자가 유연하게 진행하는 방식이다(이종승, 2010, pp. 228-230). 구조화된 면접법은 질문의 내용과 순서가 정해져 있기 때문에 면접자가 쉽게 접근할 수 있으며, 수량화나 자료 정리가 수월하다는 장점이 있다. 반면에 비구조화된 면접법은 일정한 형식에 구애 받지 않아서 상황의 변화에 따라 적절한 정보를 얻을 수 있다는 장점은 있지만, 면접자의 능력이 요구되며, 수집한 정보의 자료 정리가 쉽지 않은 한계가 있다.

3) 질문지법

질문지법(questionnaire method)이란 어떤 문제나 사물에 대해 필요한 사항을 알아보

기 위하여 만든 일련의 문항들을 체계적으로 조직화하여 만든 조사 도구를 사용하는 방법을 말한다. 일반적으로 이 기법은 어떤 문제나 사건에 대한 개인의 의견 또는 태도를 알아보고자 할 때 사용된다. 질문지법은 개인의 독특성보다는 보편화된 특성을 바탕으로 한 개인이 어느 정도에 위치하는지, 즉 개인의 상대적인 위치를 비교하여 평가하는 방법이다.

이러한 질문지법은 질문 형식에 따라 몇 가지로 나눈다. 질문지법에는 자유반응형, 선택형, 체크리스트형, 평정척도형, 순위형 등이 있다. 이 기법은 비용이 적게 들고 간편하며 연구자가 응답자에게 미치는 영향을 줄일 수 있으며 개인적 생활 경험이나 심리적 특성같이 조사하기 어려운 것을 알아보기 용이하다는 장점이 있다. 하지만 단점으로는 응답자의 문장이해력과 표현 능력에 의존하기 때문에 언어 능력이 부족한 대상에게는 적용하기 어려우며, 질문지에 응답한 내용의 진위를 파악하기 어렵다는 점과 질문지의 회수율이 낮다는 점 등을 들 수 있다(이종승, 2010, pp. 246-247). 질문지법을 활용한 대표적인 성격 평가에는 MMPI-2, 커텔의 16요인 성격검사, MBTI 그리고 여러 가지 지필검사 도구가 있다. 이러한 질문지법은 다른 관찰법이나 면접법 등과 같은 평가법과 병행하여 실시할 때 효과적이다.

4) 투사검사

투사검사(projective tests)란 피검사자에게 불분명하고 애매모호한 자극을 제시함으로써 피검사자의 욕구나 갈등, 지각 등에 대해 방어하기 어렵게 하여 그들 본연의 성격 특성을 알아보고자 하는 검사를 말한다. 객관적인 질문지검사의 경우에는 피검사자들

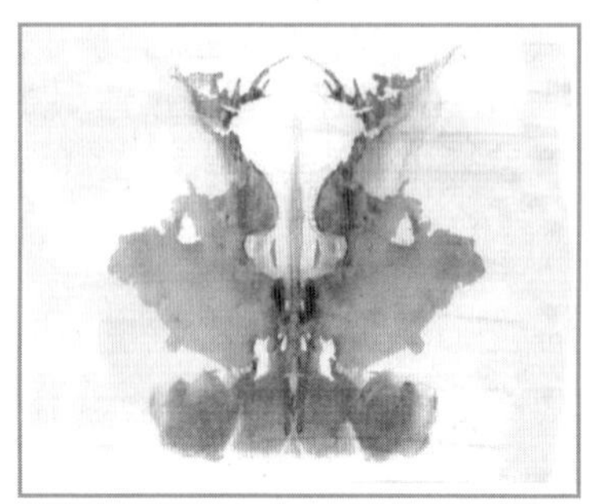
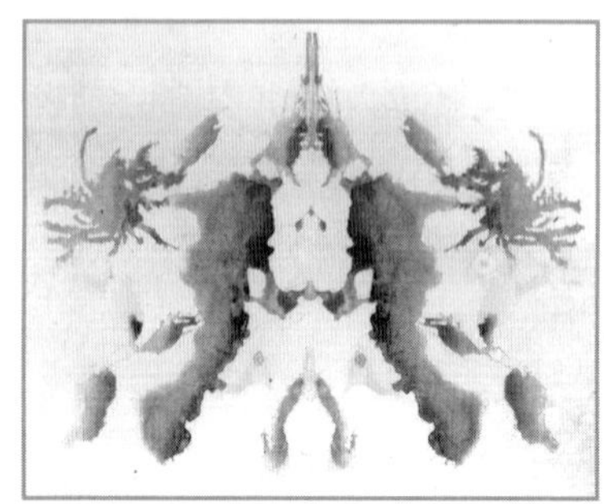

로르샤하검사 카드

이 검사의 의도를 알아차릴 수 있을 뿐만 아니라 자신이 의도하는 대로 응답할 수 있다. 하지만 투사검사의 경우에는 자극의 내용이 불분명하기 때문에 피검사자가 자신의 의도에 따라 반응하는 것이 어렵다. 대표적인 투사검사에는 로르샤하검사(Rorschach Test), 주제통각검사(Thematic Apperception Test: TAT) 등이 있다. 로르샤하검사는 10개의 잉크반점이 그려진 카드를 보여 주며, 어떻게 보이는지를 이야기를 하게 하여 피검사자의 성격과 정신건강을 파악하는 검사다. 주제통각검사는 어떤 특정한 상황이 그려진 그림카드를 보여 준 후, 피검사자에게 그 상황에 대한 이야기를 하게 함으로써 성격을 파악하는 검사다. 이러한 투사검사는 객관성과 타당성이 부족하다는 단점이 있지만, 피검사자의 내면의 반응을 자유롭게 이끌어 낼 수 있기 때문에 임상이나 상담 장면에서 널리 활용되고 있다.

주제통각검사 카드

2. 성격 연구 방법

인간의 성격을 연구하는 대표적인 방법으로 사례 연구와 실험 연구 그리고 상관 연구가 있다. 각 이론가들이 주장하는 이론적인 근거에 따라 선호하는 연구 방법이 각기 다르다. 사례 연구는 한 개인을 심층적으로 파악할 수 있으며, 실험 연구는 변인 간의 인과관계를 밝힐 수 있으며, 상관 연구는 심리적인 변인 간의 관련성을 밝혀 인간에 대한 이해의 폭을 넓힐 수 있다. 각각의 연구 방법을 간략하게 살펴보면 다음과 같다.

1) 사례 연구

사례 연구(case study)란 특정한 개인이나 집단 또는 기관을 대상으로 하여 어떤 문제나 특성을 심층적으로 조사하고 정밀하게 분석하는 연구 방법이다. 이 방법은 한 대상을 깊이 있게 조사하고 분석하기 때문에 특수성과 개별성의 측면에서 강점이 있다. 뿐만 아니라 한 사례에 대한 총체적인 접근이며, 면접, 관찰, 실험, 검사, 자서전 등의 다양한 방법을 활용하기 때문에 다각적인 접근이다(이종승, 2010, pp. 319-320). 사례 연구는 보통 장기간에 걸쳐 진행되며, 주로 임상적인 치료 장면에서 이루어진다. 이 방법은 프로이트나 올포트 등이 주로 사용한 연구 방법이다. 사례 연구는 개인에 대한 심층적인 연구를 할 수 있지만, 연구자의 주관성이 많이 개입되기 때문에 일반화가 어렵다는 한계가 있다. 뿐만 아니라 많은 시간과 노력이 들기 때문에 경제적이지 않다.

2) 실험 연구

실험 연구(experimental research)란 연구자가 관심이 있는 변인을 대상에 따라 다르게 처치를 가하고 나머지 모든 변인은 가급적 동일하도록 엄격히 통제한 상황에서 객관적으로 이루어지는 연구를 의미한다. 이 방법은 변인들 간의 인과 관계를 밝히기 위해 사용한다. 이 연구 방법은 원인이 되는 독립변인을 조작(operation)함으로써 그것이 결과가 되는 종속변인에 어떻게 영향을 미치는지를 밝히는 데 목적이 있다. 이러한 실험 상황에서 다른 가외변인들을 일정하게 고정하는 것을 통제(control)라고 한다. 그리고 실험처치가 주어지는 집단을 실험집단(experimental group)이라고 하며, 처치를 가하지 않는 집단을 통제집단(control group)이라고 한다. 이 연구 방법의 특징은 실험집단과 통제집단을 비교한다는 점, 연구 대상을 실험집단과 통제집단에 무선 배정한다는 점, 독립변인 이외에 종속변인에 영향을 미치는 모든 다른 가외변인을 통제한다는 점 등이다. 예를 들어, 희망감 증진 집단 프로그램의 효과를 검증한다고 할 때, 연구자는 "희망감을 증진하는 활동을 하면 자아존중감이 높아질 것이다."라는 가설을 검증하기 위하여 두 집단을 설정한다. 즉, 희망감 증진 프로그램에 참여한 집단은 실험집단이 되며, 참여하지 않은 집단은 통제집단이 된다. 그리고 프로그램을 실시하기 전과 후에 자아존중감 척도를 실시하여 실험집단과 통제집단 각각에서 프로그램 실시 전과 후에 자아존중감 척도의 점수에서 어떤 차이가 있는지 살펴본다.

3) 상관 연구

상관 연구(correlational research)란 어떤 사건이나 현상에 내재되어 있는 여러 변인의 규칙적인 관계를 규명하는 데 초점을 둔다. 상관이란 어떤 사건과 사건, 또는 현상과 현상 사이에 나타나는 특정한 관계를 말한다. 두 변인의 값이 같이 변할 때 그들 간에는 상관이 있다고 말한다. 즉, 특정한 한 변인의 값이 커질 때 다른 변인의 값도 커지는지, 아니면 반대로 값이 작아지는지를 살펴 두 변인의 연관성을 파악한다. 이때 두 변인의 값이 같이 커지면 정적 상관이 있다고 하고, 한 변인의 값이 커질 때 반대로 다른 변인의 값이 작아지면 부적 상관이 있다고 한다. 이러한 상관 연구는 독립변인을 조작하거나 가외변인을 통제할 수 없는 상황에서 변인 간의 관계를 파악하고자 할 때 흔히 사용한다. 예를 들면, 연령, 성별, 지능 수준 등의 변인은 인위적으로 조작할 수 없으며, 연구를 수행하는 과정에서 연구자는 자신이 특별히 관심 있는 변인 이외에 다른 여러 변인을 통제하기가 매우 어렵다(이종승, 2010, p. 305). 따라서 상관 연구는 원인과 결과는 직접 밝힐 수 없지만, 두 변인의 관련성을 밝힘으로써 인간 내적으로 일어날 수 있는 심리적인 현상을 예측할 수 있다.

요 약

1. 각 성격이론가들의 성격에 대한 정의를 종합하면 다음과 같은 공통점이 있다. 즉, 성격은 행동을 관찰하여 알 수 있으며, 개인마다 가지고 있는 독특성이며, 모든 상황에서 일관성 있게 나타나며, 전체적인 맥락에서 보다 잘 이해된다.

2. 성격심리학의 목표는 세 가지로 볼 수 있다. 먼저 인간의 본질을 이해하며, 다음으로 인간의 부적응 행동을 개선하고 행복을 증진하며, 마지막으로 연구를 통해 후속 연구를 촉진하는 데 있다.

3. 각 성격이론이 인간의 성격을 얼마나 잘 설명하는지를 평가할 수 있는 준거에는 포괄성, 검증성, 경제성, 경험적 타당성, 탐구성 그리고 적용성의 측면이 있다.

4. 성격 연구는 크게 유형론과 특질론으로 양분할 수 있다. 먼저 유형론의 대표적인 연구로는 체액론, 체형론, 인상학 및 필적학이 있다. 다음으로 특질론에 대한 대표적인 연구에는 올포트와 커텔의 특질이론, 아이젱크의 생물학적 유형론, Big 5요인이 있다.

5. 성격 연구의 5대 관점과 각 관점의 대표적인 이론을 살펴보면, 정신역동적 관점에는 정신분석, 개인심리, 분석심리, 심리사회이론이 있다. 성향적 관점에는 올포트와 커텔의 특질이론이 있다. 현상학적 관점에는 자아실현이론과 인간중심이론이 있다. 학습적 관점에는 조작적 조건형성과 사회인지이론이 있다. 인지적 관점에는 REBT이론과 인지치료이론이 있다.

6. 성격 연구의 논쟁점 중 인간관을 4가지 측점에서 살펴보면, 먼저 낙관론에는 아들러, 융, 에릭슨, 올포트, 매슬로, 로저스가, 비관론에는 프로이트가, 중립에는 커텔, 스키너, 반두라, 엘리스, 벡이 해당된다. 다음으로 유전론에는 프로이트, 융, 매슬로, 로저스가, 환경론에는 에릭슨, 스키너, 반두라, 벡이, 양자론에는 올포트, 커텔, 엘리스가, 양비론에는 아들러가 해당된다. 그리고 자유론에는 아들러, 융, 올포트, 매슬로, 로저스, 엘리스, 벡이, 결정론에는 프로이트, 에릭슨, 스키너가, 양자에는 커텔과 반두라가 해당된다. 마지막으로 요소론에는 스키너와 반두라가, 전체론에는 프로이트를 비롯한 나머지 이론가들이 해당된다.

7. 성격을 평가하는 기법에는 관찰법, 면접법, 질문지법 그리고 투사검사법 등이 있다. 그리고 성격을 연구하는 대표적인 방법에는 사례 연구와 실험 연구 및 상관 연구가 있다. 사례 연구는 한 개인을 심층적으로 파악할 수 있으며, 실험 연구는 변인들 간의 인과 관계를 밝힐 수 있으며, 상관 연구는 심리적인 변인들 간의 관련성을 밝힘으로써 인간에 대한 이해의 폭을 넓힐 수 있다.

제2부

정신역동적 관점

제2장

정신분석이론

정신분석이론은 지그문트 프로이트(Sigmund Freud, 1856~1939)에 의해 창시되었다. 그는 분석(analysis)이라는 용어를 1894년에, 정신분석(psychoanalysis)이란 용어를 1896년에 최초로 사용하였는데, 학자들은 이때를 정신분석의 출발로 본다. 이렇게 볼 때, 정신분석은 100년이 넘는 역사를 가진다고 할 수 있다. 정신분석(psychoanalysis)은 정신과 분석(analysis)의 합성어다. 단어의 의미만을 살펴보자면, 정신은 인간의 깊은 내면세계의 마음(mind)과 영혼(spirit)을 뜻하며, 분석은 나누고 분해하는 것을 뜻하지만 프로이트는 분석을 단순한 분해 이상의 통합적인 의미로 사용하고 있다.

지그문트 프로이트

정신분석이론은 빅토리아 문화의 이면에 숨겨진 어두운 시대상과 후처의 장남으로 어머니의 총애를 한 몸에 받았던 성장 환경, 인간을 과학적 연구의 대상으로 삼은 다윈과 페히너의 영향, 인간을 역학 법칙이 작용하는 역동적 체계로 본 브뤼케(Brüke)와 헬름홀츠(Helmholtz)의 관점, 프로이트 자신의 인간에 대한 깊은 통찰력과 탁월한 지성 그리고 병원에서 환자를 치료한 풍부한 임상 경험 등이 어우러져 탄생하였으며 현재까지 많은 영향을 끼치고 있다.

하나의 이론이 지니는 가치는 그 이론이 적용되는 폭이 어느 정도인가로 평가할 수 있다. 그런 의미에서 정신분석이론만큼 오랜 기간 동안 우리 삶의 구석구석에서 발견되는 이론은 거의 없다. 한 편의 영화 속에, 한 권의 책 속에, 하다못해 한 컷의 광고에도 정신분석의 핵심 개념들(예: 오이디푸스 콤플렉스)[1]이 담겨 있다. 프로이트 이후에 등장한 많은 이론은 정신분석이론에 뿌리를 두거나 정신분석이론을 비판하는 이론으로 볼 수 있다. 기존의 이론을 비판하는 것은 쉬운 일이다. 하지만 황무지에서 최초로 농작물을 수확을 하는 것이 어려운 것처럼 최초의 체계적인 성격 이론을 만들어 내는 일은 결코 쉬운 일이 아니다. 프로이트는 성격심리학 분야에서 선구자적인 역할을 하였다. "거인 위에 올라탄 난쟁이가 거인보다 멀리 본다."는 말이 있다. 프로이트는 거인에 비유될 수 있고, 후학들은 프로이트라는 거인을 발판으로 해서 나름대로 새로운 이론을 세운 난쟁이로 비유할 수 있다.

제1절 서 론

1. 정신분석이론의 출현 배경

프로이트가 활동하던 1900년경은 빅토리아 문화 시대로서 도덕성을 극도로 강조하던 시기였다. 이 무렵의 오스트리아 빈은 아름다운 도나우 강, 왈츠, 카페, 그리고 사람들의 멋진 패션과 사교 파티 등으로 유명했다. 그러나 빈에는 어두운 면도 많이 있었다. 빈곤과 인종차별 및 성도덕의 문란 등이 그것이다. 또한 빈은 빈부의 격차와 매춘 그리고 질병으로 가득 차 있었다. 뿐만 아니라 오스트리아는 심각한 경제 위기에 놓여 있었고, 빈민굴이나 무허가 건물에 실업자가 우글거리고 있었다. 빈의 시장인 카알 루에가는 반 유대인 정책을 펼치기도 하였다. 인간의 본능과 성욕을 억압하던 빅토리아 문화 그 이면에 숨겨진 어두운 시대상의 반작용으로 성 본능을 중시하는 프로이트의 이론이 나오게 된 것이 아닌가 싶다.

1) 남자아이가 아버지를 싫어하고 어머니를 좋아하는 현상을 의미한다.

2. 정신분석이론에 영향을 미친 이론

1) 다윈과 페히너

다윈

영국의 생물학자인 다윈(Darwin)은 '진화론'에서 인간은 복잡하다는 점을 제외하고는 동물과 차이가 없기 때문에 인간은 자연의 일부로써 과학적 연구의 대상이 될 수 있다고 하였다. 즉, 고등동물의 신경계나 하등동물의 신경계가 같은 물질로 이루어져 있기 때문에 인간의 마음과 개구리의 마음은 복잡성의 정도에서만 차이가 있을 뿐이라는 것이다.

19세기 독일의 위대한 과학자이자 철학자인 페히너(Fechner)는 인간의 마음도 과학적으로 연구할 수 있고 양적으로 측정할 수 있음을 증명했다. 다윈과 페히너는 프로이트의 지적 발달에 지대한 영향을 미쳤다. 특히 프로이트가 주장한 여러 개념은 '진화론'의 영향을 받았다고 할 수 있다. 인간의 조상을 동물로 보아서 동물이 가진 성 본능을 중시하고 리비도를 성적 에너지로 여긴 점, 오이디푸스(oedipus) 혹은 엘렉트라(electra) 콤플렉스 등의 근친상간 욕구를 강조하였던 점, 자아(ego)를 이드(id)에서 분화되는 것으로 설명한 점 등을 그 예로 들 수 있다.

2) 브뤼케와 헬름홀츠

오스트리아 비엔나 대학교의 생리학 연구소 소장이자 19세기 가장 위대한 생리학자 중 한 사람인 브뤼케는 '살아 있는 유기체는 화학과 물리학의 법칙이 적용되는 하나의 역동적 체계(a dynamic system)' 라고 하였다. 또한 19세기 중엽 독일의 물리학자인 헬름홀츠는 '에너지 보존의 법칙'을 주장했다. 즉, 에너지는 변형될 수는 있어도 파괴될 수 없기 때문에 에너지가 시스템의 한 부분에서 사라지면 반드시 다른 부분에서 나타난다는 것이다. 예를 들어, 한 물체가 차가워지면 이 물체와 인접한 다른 물체가 뜨거워진다는 것이다.

프로이트는 이와 같은 역학 법칙을 인간에게 적용하여 하나의 역동심리학으로서의 정신분석학을 창안하였다. 그는 이들의 이론에 영향을 받아 역학 법칙을 인간의 정신에 적용하여 정신 과정을 이드(id), 자아(ego), 초자아(super-ego)로 나누어 이들의 역동성으로 인간을 이해하고자 하였다.

3) 샤르코와 브로이어

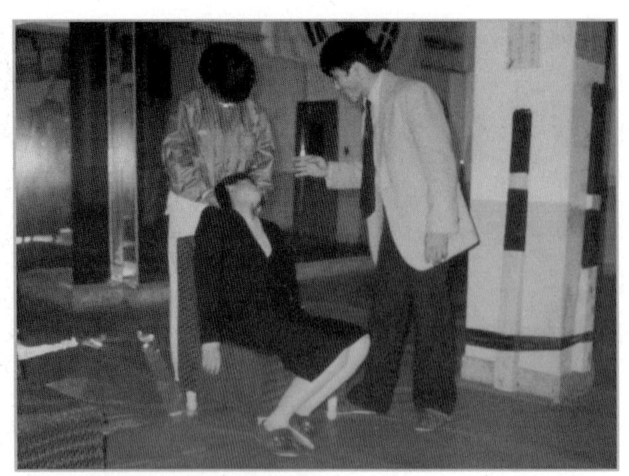

프로이트는 프랑스 소르본 대학교 신경학자인 샤르코(Charcot)가 '최면요법'으로 히스테리 환자를 치료하는 작업에 동참하였다. 히스테리의 어원은 그리스어인 'Hystera'로서 여자의 자궁을 의미한다. 히스테리의 대표적 증상은 마비, 경련, 몽중보행, 환각, 언어장애나 기억의 상실 등이다. 그 당시 전문가들 사이에서는 히스테리 증상의 원인을 놓고 두 가지 견해가 지배적이었다. 그중 하나는 히스테리가 여성 성기의 이상 때문에 생기는 병이므로, 난소에 압력을 가하거나 얼음으로 냉각시키거나 혹은 클리토리스에 외과적인 처치를 가하여 치료할 수 있다는 것이다. 다른 하나는 히스테리는 상상의 산물로서 이는 여성의 연기에 지나지 않는다는 것이다. 하지만 샤르코는 히스테리 증상이 자궁의 이상이나 상상의 산물이 아니라 실제로 신체에 이상이 있는 기능상의 질환이라고 믿었다. 반면에, 프로이트는 히스테리를 심인성(心因性) 증상으로 보았으며, 증상의 원인은 인간의 마음, 좀 더 구체적으로는 성적인 원인 때문이라고 하였다. 이러한 견해 차이로 프로이트는 샤르코와 결별하게 된다. 또한 프로이트는 최면요법의 효과가 일시적일 뿐 근본적인 치료가 되지 않는다고 판단하여 최면요법을 포기하였다. 환자를 최면 상태로 끌고 간 후 "더 이상 기침을 하지 않을 것이다."라고 지시할 경우, 최면에서 깬 후 환자의 기침은 없어지지만 문제의 원인까지 없어지지는 않아 재발 가능성이 많았기 때문이다.

프로이트는 오스트리아 빈의 의사이자 친구인 브로이어(Josef Breuer)에게 '정화법(catharsis)'을 배우게 된다. 정화법은 환자가 자신의 모든 문제와 증상을 상담자에게 언어로 표현하고 감정을 발산함으로써 증상을 치유하는 방법이다. 브로이어는 히스테리의 원인을 심적 외상(psychological trauma)으로 보았으며, 이러한 외상은 무의식 속에 억압되어 있기 때문에 억압된 감정을 정화법으로 해방시키면 증상이 사라진다고 하였다. 프로이트는 브로이어와 함께 환자를 치료하는 과정에서 자신의 이론에서 기본 가정인 '정신적 결정론'과 '무의식적 동기'의 기본 틀을 형성한다. 브로이어는 21세의 여자 환자인 베르타 파펜하임(Berta Pappenheim, 가명 안나 O.)을 치료하면서 정화법을 사용하였다. 안나 O는 심한 기침과 눈 깜박임, 오른팔과 목의 마비, 언어장애 및 물을 무서워하는 증세 등을 보였다. 브로이어는 안나 O를 정화법으로 치료하는 과정에서 안나

O의 증상이 처음으로 일어났던 시점까지 거슬러 올라갈 수 있었다. 그러자 안나 O의 증상이 사라졌다. 하지만 안나 O가 브로이어의 아이를 임신했다는 상상임신과 주기적인 해산진통이라는 새로운 증상을 보이는 문제가 발생하자 브로이어는 정화법을 포기하였다. 한편 브로이어는 히스테리의 원인이 성적인 데 있다는 프로이트의 주장을 반대하였으며, 이러한 견해 차이로 두 사람은 결별한다.

프로이트는 정화법을 포기하지 않고, 엘리자베스라는 여자 환자를 치료하면서 정화법을 발전시켜 처음으로 긴 의자에 눕게 하고 환자의 이마를 손으로 누르고 질문하는 '압박 요법'을 사용하였다. 그러나 그녀는 "하고 싶은 말을 하도록 제발 내버려 두세요."라며 프로이트에게 화를 내었다. 이 일을 겪은 후 프로이트는 치료자가 환자에게 질문하여 무엇인가를 기억해 내라고 재촉하는 것이 환자의 생각을 자유롭게 이어가는 것을 방해한다고 여겨 압박 요법을 그만두었다. 그 후 그는 환자에게 어떤 것도 강요하지 않고 긴 의자에 편하게 눕게 한 후, 그것이 아무리 엉뚱하고 하찮고 수치스럽고 기괴한 것이라도 그때 그때 마음에 떠오르는 것을 모두 말하게 하였다. 이것이 프로이트가 새롭게 시도한 '자유연상법(free association)'이다.

3. 생애가 이론에 미친 영향

지그문트 프로이트는 지금은 체코슬로바키아의 한 지역이 된 오스트리아의 작은 마을인 모라비아 프라이베르크에서 1896년에 태어났다. 그의 아버지인 야코프는 유대인이었으며, 어머니 아마리 나탄존은 그의 두 번째 아내였다. 프로이트는 그 둘 사이에서 태어난 여덟 명의 자녀 중 장남이다. 프로이트는 집안의 경제적인 어려움으로 여러 번 이사를 다니다가 네 살 되던 해에 비엔나에 정착하여 살게 된다(이훈구 역, 1998, p. 50).

프로이트는 다른 형제들과는 비교가 안 될 정도로 어머니의 사랑을 한 몸에 받았으며, 어머니와의 정서적 유대감이 각별하였다. 일설에 의하면 그의 어머니가 네 번이나 유산한 끝에 프로이트를 낳았기 때문에 사랑이 특별했다고 한다. 프로이트는 어린 시절 여행 중 우연히 어머니의 나체를 보게 되었고, 그때 자신도 모르게 성적으로 흥분하는 경험을 하였다. 이러한 경험이 아버지를 자신의 경쟁상대로 여기어 아버지와 가깝게 지내지 못한 이유가 되었다. 어린 시절 아버지와는 소원한 관계를 겪고, 어머니와는 친밀했던 관계를 겪은 것이 후에 그의 이론의 주요 개념인 '오이디푸스 콤플렉스'와 연관이 있는 것으로 여겨진다. 프로이트의 바로 아래 남동생은 태어난 지 6개월 만에 죽었는데, 후에 그는 자신의 무의식을 분석하여 자신의 무의식속에 어머니의 사랑을 빼앗아간 동생이 죽기를 원하는 마음이 있었음을 알게 되었다. 그리고 그때까지 동생의 죽음이 자신의 탓이라는 죄책감을 가지고 살았던 것을 깨달았다. 아버지에 대한 부정적인 기억과 관련된 경험의 한 예로 그는 아버지가 사망한 후에 이유를 알 수 없는 죄책감과 신경증에 시달렸는데, 자신의 꿈 분석을 통해 그 이유를 알게 되었다. 프로이트가 열 살 즈음에 유대인이었던 아버지가 기독교인에게 모욕을 받고도 반박하지 못하는 모습을 보았는데, 그때 자신이 아버지에게 크게 실망하였고, 동시에 경멸하는 마음을 가지면서 아버지의 죽음을 바랐던 것을 깨닫게 된 것이다. 이처럼 프로이트는 성장 과정에서의 여러 경험이 자신의 정신세계에 영향을 미쳤다는 것을 자신의 무의식을 분석함으로써 알게 되었고, 이러한 자신의 경험을 토대로 정신분석이라는 하나의 이론을 정립하게 된 것이다.

어린 시절의 프로이트는 독일어나 문학 등에도 재능을 보였으며, 중등학교(Gymnasium) 7년 동안 계속 학급에서 수석을 차지할 정도로 지적 능력이 뛰어났다. 유대인에 대한 당시의 교육이 의학과 법학으로 제한되었기 때문에 프로이트는 비엔나 대학교에서 의학을 전공하고, 1881년에 의학 박사학위를 취득하였다. 그는 재학 시절 당시 유명한 생리학자인 브뤼케의 지도 아래 생리학을 배우게 되었다. 또한 헬름홀츠의 '에너지 보존의 법칙' 도 그의 이론 형성에 영향을 주었다. 즉, 프로이트는 두 학자의 역학의 법칙을 인간의 정신 구조에 적용하였으며, 그 결과로 그의 정신역동이론인 정신분석학이 창안되었다(이형득 외, 1984, p. 49).

그는 29세 되던 1885년에 프랑스의 신경의학자인 샤르코를 만나면서 최면치료를 접하게 되고, 외과의사로 유명한 브로이어와 공동연구를 통하여 '정화법(catharsis)'을 발견하였다. 이들은 『히스테리에 관한 연구(Stadies on Hysteria, 1895)』라는 저서를 공동으로 집필하였는데, 프로이트가 성적(性的) 요인을 너무 강조하는 것에 브로이어가 반대하면서 두 사람은 결별하고, 프로이트는 비엔나 의사회도 탈퇴한다. 결국 그는 자신만의 '자유연상법(free association)'을 개발하여 치료에 적용하였다(Hjelle & Ziegler, 1981; 이형득 외, 1984, p. 50).

프로이트는 1886년에 마르티나 베르나즈와 결혼하여 세 딸과 두 아들을 낳았다. 그 중에 안나 프로이트(Anna Freud)는 후에 아버지의 뒤를 이어 유명한 아동 정신분석학자가 되었다. 프로이트는 1900년 이후 많은 연구 업적을 쌓았다. 그는 자신의 무의식을 분석하기 위하여 꿈 분석을 시작하였으며, 그로 인하여 자신의 내면에서 일어나는 역동을 알아차리게 되었다. 이러한 실험적인 결과물이 그의 최초의 대표작인 『꿈의 해석(Die Traumdetung, 1900)』에 소개되었다. 『꿈의 해석』이 처음 발표되었을 때에는 학계에서 무시되었지만 얼마 지나지 않아 그의 명성은 대중뿐만 아니라 전 세계의 의료인들 사이에서도 높아졌다. 그 후 비엔나 정신분석학회가 창립되고 많은 심리학자들이 그와 함께 하였다.

1909년 프로이트는 심리학자인 스탠리 홀(Stanley Hall)의 초대로 미국의 클라크 대학교 창립기념회에서 강의를 하게 된다. 이 일은 정신분석학 운동이 활발하게 이루어지는 계기가 되었다. 1910년에는 국제 정신분석학회가 설립되었다. 그와 함께한 학자들로는 산도로 페렌치(Sandor Ferenzci), 어니스트 존스(Ernest Jones), 칼 융(Carl Jung), 알프레드 아들러(Alfred Adler), 한스 삭스(Hans Sachs), 오토 랭크(Otto Rank) 등이 있으며, 그중에 아들러, 융, 랭크 등은 후에 프로이트의 지나친 성욕설에 반기를 들고 이탈하여 자신의 학파를 이루게 되는데(이훈구 역, 1998, p. 52), 이들을 가리켜 '신정신분석학파'라고 부른다.

프로이트는 24권의 책을 저술했는데, 대표 저서들은 다음과 같다. 『정신분석학 입문(Introductory Lecture on Psychoanalysis, 1920)』, 『자아와 이드(The Ego and the Id, 1923)』, 『환상의 미래(Future of Illusion, 1927)』, 『문명과 그 불만(Civilization and its Discontents, 1930)』, 『신정신분석학 입문(New Introductory Lectures on Psychoanalysis, 1933)』 등이 있다. 그리고 사후 1940년에 『정신분석학 개요(An Outline of Psychoanalysis)』가 발행되었다(이훈구 역, 1998, p. 53).

그는 생애 말년인 1923년경에 발병한 턱 밑의 암으로 인해 33번의 수술을 하는 투병생활을 하면서도 연구 활동을 쉬지 않았다. 그 무렵에는 독일 나치에 의해 많은 저서가 불태워지고, 여권도 몰수되는 등의 어려운 상황도 겪게 된다. 다행스럽게도 1938년 그는 주위의 도움으로 영국 런던으로 이민을 가게 되고, 1년 뒤인 1939년 83세로 생을 마감한다.

제2절 주요 개념

1. 인간관

정신분석이론에서 인간을 바라보는 관점을 살펴보면, 비관론적, 유전론적, 결정론적 그리고 전체론적 관점이라고 할 수 있다.

1) 비관론적 인간관

프로이트는 인간을 부정적으로 보았다. 그는 인간을 타고난 본능의 지배를 받는 존재로 보았으며, 본능에는 삶의 본능과 죽음의 본능이 있다고 하였다. 삶의 본능 중 가장 중요한 본능은 성 본능으로서 성 본능이 모든 힘의 원천이라고 하였다. 또한 성격발달에서 충족되지 못한 성 본능 때문에 문제 증상이 발생한다고 하였다. 그는 인간이 죽음의 본능인 공격성도 가지고 태어난다고 하였다. 이러한 공격성과 같은 본능은 비합리적인 것으로 무의식에 존재하며 쾌락의 원리에 따라 발현된다. 프로이트는 인간을 성 본능의 지배를 받는 존재로 보았기 때문에 비관적인 인간관이라고 할 수 있다.

2) 유전론적 인간관

프로이트는 인간을 생물학적으로 가지고 태어나는 욕구와 본능의 지배를 받는 존재라고 하였다. 즉, 유전적 소인의 영향을 받는 존재라는 것이다. 본능이라는 말은 선천적으로 인간에 내재되어 있는 행동양식이나 능력을 의미한다. 그는 인간이 본능적이고 충동적인 속성을 지니고 있는 이드를 가지고 태어난다고 하였다. 그는 문화적 유산에 상관없이 심리성욕 발달은 모든 사람에게서 나타나는 생물학적인 과정이라고 주장하였다(이훈구 역, 1998, p. 82). 프로이트는 인간을 유전적 소인인 본능과 욕구를 가지고 태어나는 존재로 보았기 때문에 유전을 중시하는 인간관이라고 할 수 있다.

3) 결정론적 인간관

프로이트는 인간의 감정, 사고 및 행동은 무의식의 본능적인 힘에 의해 결정된다고 하였다. 또한 출생 후 5세 이전의 성과 관련된 생활 경험이 한 개인의 성격을 결정한다고 보았다. 그는 인간을 기계론적인 입장에서 과학적으로 증명하려고 했기 때문에 인간의 자유의지, 선택, 자발성 그리고 자기결정 같은 개념들은 중시하지 않았다. 프로이트는 인간은 무의식적인 힘에 지배받는 수동적인 존재이며, 5세 이전에 성격이 거의 결정된다고 보았기 때문에 결정론적인 인간관을 취하고 있다.

4) 전체론적 인간관

프로이트는 인간을 이해하는 데 전체론적인 입장을 취하고 있다. 그는 인간의 성격 구조를 이드와 자아 그리고 초자아로 나누어 설명하였다. 인간을 움직이는 에너지가 에너지 보존의 법칙에 의해 이 3개의 성격 구조에 분배되어 균형을 이룬다는 것이다. 그는 이드와 자아 그리고 초자아는 서로 영향을 주고받기 때문에 이들의 역동적인 상호작용을 이해하지 않고는 인간의 행동을 완전히 이해할 수 없다고 하였다(이훈구 역, 1998, p. 82). 프로이트는 세 가지 성격 구조가 균형과 조화를 이룰 때 건강한 성격이 형성된다고 보았기 때문에 전체론적인 인간관이라고 볼 수 있다.

2. 성격의 구조 및 발달

1) 성격의 개념

프로이트는 인간의 성격을 이드와 자아, 초자아의 역동으로 보았다. 그는 인간의 타고난 본능인 이드, 현실적인 자아, 그리고 도덕적인 초자아 중에서 어떤 성격 구조가 개인을 지배하는지에 따라 성격이 다르게 나타난다고 하였다. 예를 들면, 이드가 강한 사람은 매우 충동적이며 쾌락을 좇는 성격이 나타나며, 자아가 강한 사람은 현실에 잘 적응하는 성격이 나타나며, 초자아가 강한 사람은 매우 금욕적이고 도덕적인 성격이 나타날 수 있다는 것이다.

2) 성격의 구조

프로이트는 성격의 세 가지 기본 구조, 즉 이드, 자아, 초자아를 제시하였다. 하지만 현재의 신경해부학은 이들이 중추신경계 내의 어디에 위치해 있는지를 파악할 만큼 발달되어 있지 않기 때문에 이러한 구분은 실제 성격의 구조를 나타내기보다는 '가설적 구조'로 이해해야 한다.

프로이트는 "내 생애의 목표는 오직 하나였다. 즉, 성격의 구조가 어떻게 구성되어 있는지와 어떠한 힘이 이 구조 속에서 상호작용하고 반작용하고 있는지를 알아내는 일이었다."라고 말할 정도로 성격의 구조와 역동성에 많은 관심을 가졌다. 성격의 구조와 의식 수준과의 상호관계는 [그림 2-1]과 같다. 이드는 모두 무의식에 해당하며, 자아나 초자아는 무의식과 전의식 및 의식을 포함한다. 무의식은 세 가지 성격 구조를 모두 포

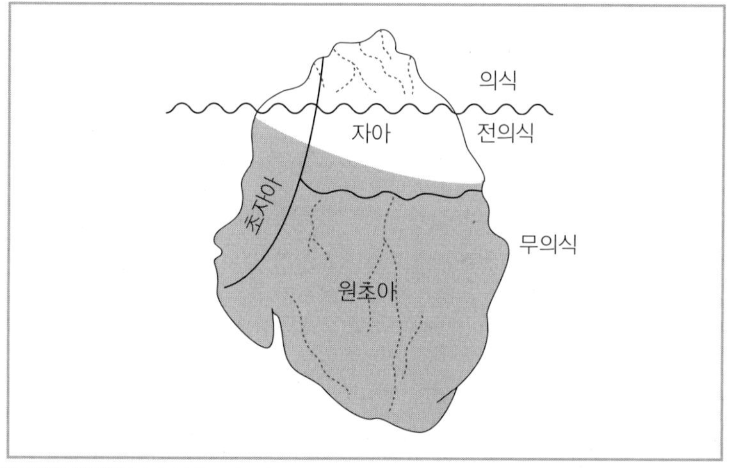

•그림 2-1• 성격의 구조와 의식 수준과의 관계

함하지만, 주로 이드로 구성되어 있다(이훈구 역, 1998, p. 55). 이드와 자아 그리고 초자아의 개념에 대하여 살펴보면 다음과 같다.

(1) 이 드

이드(id)는 라틴어의 'It'에서 유래하였으며, 출생 때부터 이미 존재하는 생물학적인 반사, 충동, 본능 등을 의미한다. 이드는 강력한 힘을 가졌지만, 힘을 적당히 이용하고 분배하기 위해서는 다른 존재에게 의지해야만 하는 '눈이 먼 왕'에 비유될 수 있다. 이드는 외부세계와 아무런 연결이 없으므로 진정한 정신적 현실이라 할 수 있으며, 정신적 에너지의 저장소로서 자아와 초자아가 분화되어 나오는 모체다.

이드의 특징은 대상들 사이의 차이를 알 수 없다는 것이다. 즉, 현실과 현실이 아닌 것, 자기 자신과 자기 자신이 아닌 것을 구별할 수 없다. 배고픈 어린아이는 음식이 없을 때 자기 손을 음식과 구별하지 못해 손을 입에 넣을 수 있으며, 정신병 환자의 경우 꿈을 현실로 믿거나 자신의 환상(fantasy)을 마치 현실로 받아들이는 것 등이 예다. 이드는 대상들 사이에 차이가 있는데 마치 동일한 것처럼 다루는 경향이 있다. 예를 들면, 나무와 남성의 성기가 돌출해 있다는 특성 때문에 동일한 것으로 생각하고, 꿈에서 말을 타는 것이나 밭을 가는 것은 성교를 뜻하며, 흑인의 피부는 검은데 검은 것은 사악하고 더럽다고 하는 인종 편견이 발생한다.

이드는 충동을 저지하거나 지연시킬 수 있는 능력이 없어서 즉각적으로 긴장을 감소시키는 쾌락원칙(pleasure principle)의 지배를 받으며, 반사 작용(reflex actions)과 일차 과정(primary process)으로 긴장을 해소한다. 반사 작용은 재채기, 눈 깜박임, 배뇨, 무릎 반사, 성적 오르가슴 등과 같은 생리적인 자동 반응으로서 에너지를 운동에 즉시 소비하여 긴장을 해소하는 역할을 한다. 예를 들면, 방광이 팽창하면 즉시 배뇨하는 것이다. 일차 과정은 긴장을 제거해 주는 대상을 심상으로 떠올려 긴장을 해소하는 것을 의미한다. 이러한 예를 들면, 배고픈 사람이 머릿속으로 김이 모락모락 나고 그 위에 완두콩까지 뿌려놓은 자장면을 떠올리는 것이다. 그런데 이드의 비극은 이런 주관적인 심상(image)과 현실 속의 객관적 대상(object)인 물체를 구별할 수 없다는 데 있다. 일차 과정으로는 근본적인 본능의 충족이 이루어지지 않는다. 아무리 맛있는 음식을 머릿속으로 떠올려 보아도 배고픔은 사라지지 않는다. 그리하여 이차적인 심리 과정인 자아가 이드에서 분화되어 나오게 된다.

(2) 자아

이드의 심상을 통한 만족은 긴장이 근본적으로 해소가 안 되므로 동일시라는 과정을 통해 자아(ego)가 파생된다. 동일시(identifi cation)란 정신적 심상과 물리적 대상, 즉 마음속에 있는 것과 외부세계에 있는 것을 일치시키는 것을 의미한다. 예를 들면, 배가 고픈 사람이 머릿속에 비빔밥이 떠오르면 음식점에 가서 비빔밥을 사 먹는 것이다. 이와 같이 마음속의 심상을 현실의 대상과 일치시켜 긴장을 해소하는 것을 이차 과정(secondary process)이라 한다. 배고픈 사람의 경우 긴장을 해소하기 위해서는 마음속에 있는 음식물의 심상과 실제 음식물을 구별해야 한다. 음식을 구하는 방법을 생각하고, 어떻게 할지 결정한 다음 실제로 음식물을 먹어야 긴장이 줄어들 수 있기 때문이다.

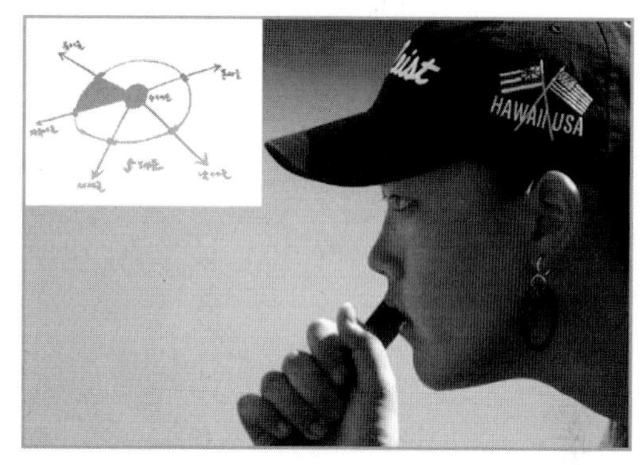

자아는 현실원칙(reality principle)을 따른다. 즉, 욕구 충족을 위해 적절한 대상과 방법이 발견되거나 환경 조건이 갖추어질 때까지 긴장 해소를 보류할 수 있다. 다시 말해 자아는 환경과 여건을 고려하여 욕구를 어떤 방법으로 만족시킬 수 있을 것인가를 결정한다. 배고픈 사람은 현실적으로 어디에서 음식을 먹을 수 있는가를 생각하고 나서 그곳으로 간다. 이러한 과정을 현실 검증(reality testing)이라 한다. 이렇듯 자아는 현실을 무시하고 쾌락의 원리에 입각한 이드의 작용과 이드에서 파생된 초자아의 작용 사이에서 조정을 하는 중재자 역할을 한다.

(3) 초자아

초자아(super-ego)는 부모와 상호작용하면서 부모가 제공하는 보상이나 처벌에 대해 반응하는 과정뿐만 아니라 오이디푸스 및 엘렉트라 콤플렉스를 해결하는 과정에서 발달된다. 다시 말해서, 초자아는 부모나 사회의 전통적 가치와 도덕, 윤리체계, 사회규범, 행동 기준, 이상 등이 개인에게 내면화된 것을 의미한다. 따라서 초자아는 성격의 도덕적 측면이며, 현실보다는 이상을, 쾌락보다는 완성을 위해 작용한다. 프로이트는 초자아를 2개의 하위체제로 나누었다. 양심(conscience)과 자아이상(ego ideal)이 그것이다. 부모가 자녀의 행동에 대하여 부적절하다고 꾸짖거나 처벌하는 것은 자녀의 양심을 발달시키며, 자녀의 죄책감 형성의 기초가 된다. 반대로 부모가 자녀의 행동을 인정해 주고, 칭찬해 줄 때 자녀의 자아이상이 발달하며, 이는 긍정적인 자존감 형성의 기초가 된다. 초자아가 발달하면 부모에 의해서 통제되던 것에서 벗어나 이제는 초자아에 의한 자기통제가 가능해진다. 하지만 이와 같은 초자아에 의한 자기통제는 현실의 원칙에 의한 것이 아니다. 초자아는 이드의 충동을 조절하려는 동시에 현실적인 것보다는 완전한 것을 추구하도록 자아를 설득한다.

3) 성격의 발달

프로이트는 인간의 본능을 삶의 본능과 죽음의 본능으로 나누었다. 그는 삶의 본능 중 가장 중요한 본능은 성 본능이라고 하였으며, 이를 담당하는 성적 에너지를 리비도(libido)라고 하였다. 그리고 이러한 리비도가 몰려 있는 신체 부위를 성감대라고 칭했다. 프로이트는 인간이 나이를 먹어감에 따라 성감대가 달라진다고 보았으며, 성감대의 부위가 어느 곳인가에 따라 인간의 성격이 형성되는 시기를 구강기, 항문기, 남근기, 잠복기, 성기기 등으로 나누었다. 정신적 결정론의 가정에 입각하여 프로이트는 생후 5세까지인 구강기, 항문기 및 남근기를 성격 형성의 결정적 시기로 보았다.

(1) 구강기(0~1세)

구강기(the oral stage)는 생후 1년 동안 발달하며, 성감대는 입, 입술 및 혀 등의 구강이 된다. 이 시기의 주요 활동은 빨기와 삼키기 및 깨물기다. 이 시기에는 젖이나 젖병을 빨거나, 젖이나 우유 및 음식물을 삼키는 행위 혹은 음식물을 깨무는 행위 등으로 긴장을 해소한다. 이 단계에서 너무 과도하거나 혹은 불충분한 양의 자극이 주어지면 다음 단계로 발달하지 못하고 고착(fixation)에 의해 구강기적 성격 특성이 나타난다. 특히 출생 후 약 8개월까지를 '구강적 빨기 단계'라고 부르는데, 젖이나 젖병을 빨거나 삼키는 등의 빨기와 삼키기에 고착되면 구강 수동적(oral-passive) 성격이 나타난다. 즉, 과도하게 낙천적이며, 타인에게 의존하고, 수동적이 되고, 미숙하여 남에게 잘 속고, 과음과식을 하며, 모든 것을 희생해서라도 인정을 받으려고 한다. 나이가 들어서도 키스를 탐닉하고 자신의 입술이나 손가락을 빠는 등의 미성숙한 행위를 할 수 있다.

다음으로 생후 8개월부터 12개월까지를 '구강적 깨물기 단계' 라고 하는데, 치아가 나기 시작하면서 물어뜯거나 씹는 등의 깨무는 행동을 하게 되는 단계다. 이 시기에 고착되면 구강 공격적(oral-aggressive) 성격이 형성되어 주위 사람들을 비꼬며, 매사에 비판적이고, 논쟁적이며, 타인의 의견에 반대를 잘하며, 심한 경우 타인을 이용하거나 지배하려고 한다. 구강기의 반동 형성에 의한 성격 특성은 금주나 금연을 주장하고, 음식을 거부하는 거식증을 보이고, 특히 우유를 잘 먹지 못한다. 승화에 의한 성격은 지식을 추구하고, 유머감각과 재치가 있거나 음식 맛을 잘 구별하여 포도주 감별사나 미식가 등이 될 수 있다.

(2) 항문기(2~3세)

생후 2세에서 3세 사이에는 성감대가 구강에서 항문으로 옮겨가는데, 이 항문기(the anal stage)에는 대소변 가리기 훈련(toilet training)이 매우 중요하다. 부모가 배변 훈련을 철저하게 시키면 아이들은 대소변을 참는 억제 경향이 일반화되는데, 이에 고착되면 항문 보유적(anal-retentive) 성격이 나타난다. 즉, 고집이 매우 세고, 자린고비와 수전노처럼 남에게 베풀 줄 모르는 인색함을 보이며, 대인관계에서는 남에게 복종을 잘하고, 시간을 철저히 지키고, 완벽주의적인 경향을 보인다. 부모가 배변 훈련을 지나치게 느슨하게 시키면 대소변을 배설하는 경향이 일반화되며, 이에 고착되면 항문 배설적(anal-excretive) 성격이 나타난다. 즉, 잔인하고 파괴적이며 난폭하고 적개심을 나타내며, 지나치게 불결하고 무질서하며, 외설적 농담을 즐기며, 애인과의 관계에서 강한 소유욕을 보일 수 있다.

항문기 단계의 반동 형성에 의한 성격으로 지나치게 친절함을 보이거나 결벽증이 나타날 수 있다. 프로이트는 화가가 사용하는 물감과 진흙이 대변을 상징하는 것으로 보았으며, 항문기에는 세심하고 꼼꼼한 특성을 보이기 때문에 이 단계에서 승화되면 그림과 조각에 재능을 보이거나, 통계학에 남다른 소질을 보일 수 있다.

(3) 남근기(4~5세)

4세부터 5세 사이에는 성감대가 남근기(the phallic stage)로 옮겨간다. 이 단계의 아동은 자신의 성기를 관찰하고, 자위행위(masturbation)를 하며, 출생과 성에 대한 관심을 나타낸다. 이 시기에는 남자아이의 경우 오이디푸스 콤플렉스가 나타나며, 여자아이는 엘렉트라 콤플렉스가 나타난다. 오이디푸스 콤플렉스는 남자아이가 아버지를 미워하고 어머니를 좋아하는 근친상간적 욕구를 의미한다. 엘렉트라 콤플렉스는 반대로 여자아이가 어머니를 미워하고 아버지를 좋아하는 감정을 의미한다. 이러한 콤플렉스의 발생과 해결 과정은 남녀 간에 다소 차이가 있다. 남아의 경우, 어머니를 소유하려는 감정을 아버지가 알고, 이에 대한 보복으로 자신의 성기를 절단할 수 있다는 거세불안(castration anxiety)을 느낀다. 결국 아이는 어머니에 대한 성적 욕망을 포기하게 되며,

앵그르의
오이디푸스와 스핑크스(1808)

아버지와의 동일시를 통해 남자로서의 정체감과 초자아를 형성함으로써 오이디푸스를 해결한다. 반면 여자아이는 남근이 없는 원인을 어머니에게 돌려서 어머니를 미워하는 한편 남근이 있는 아버지를 좋아하는 남근선망(penis envy)을 보인다. 하지만 어머니는 자신에게 음식과 옷 등 다양한 보살핌을 제공해 주는 존재이기 때문에 결국 여아는 자신을 어머니와 동일시하게 되고, 여자로서의 정체감과 초자아를 형성함으로써 엘렉트라 콤플렉스를 해결한다.

오이디푸스 콤플렉스는 그리스신화에 등장하는 내용이다. 신화의 내용을 소개하면 다음과 같다.

• • •

테베의 왕인 레이아스에게 한 예언자가 "당신의 아들이 장성하면 당신을 죽이고 당신의 아내를 취할 것이다."라는 끔찍한 예언을 한다. 레이아스와 왕후인 조카스터 사이에서 아이가 태어나는데, 이 아이가 바로 오이디푸스다. 예언을 두려워한 왕에 의해 오이디푸스는 발이 묶인 채 산에 버려져 죽음을 기다리다가 양치기에게 구조되어 이웃 나라 공주의 아들로 자란다. 청년이 된 오이디푸스는 다른 예언자에게서 아버지와 동일한 예언을 듣고 방랑길에 오른다. 오이디푸스는 여러 나라를 배회하다 테베에 가게 되고, 외나무다리를 건너던 중 친아버지인 레이아스 왕을 만나서 서로 길을 비키라고 언쟁을 하다가 친아버지인 줄 모르고 그만 왕을 죽이게 된다. 그 무렵 테베에는 스핑크스라는 괴물이 나타나 수수께끼를 내서 답을 맞히지 못하는 사람을 잡아먹는 사건이 발생한다. "스핑크스를 없애는 자는 왕으로 삼고, 왕후와 결혼을 시킨다."는 공고가 나라 곳곳에 붙는데, 오이디푸스가 스핑크스의 수수께끼를 풀자 스핑크스는 바다에 몸을 던져 죽는다. 오이디푸스는 테베의 왕이 되고, 예언자의 말대로 친어머니인 조카스터와 결혼하게 된다. 오이디푸스가 나라를 평화롭게 다스리던 중 갑자기 온 나라에 전염병이 퍼진다. 오이디푸스가 예언자를 불러 전염병의 원인을 묻자 자신의 친아버지를 죽이고 친어머니와 결혼을 한 사람 때문이라고 한다. 친아버지를 죽인 자를 찾다가 오이디푸스는 바로 자신이 친아버지인 레이아스를 죽이고, 친어머니인 조카스터와 결혼한 사실을 알게 된다. 이 사실을 괴로워한 오이디푸스는 결국 자신의 두 눈을 찔러 소경이 되고, 조카스터는 스스로 목숨을 끊는다.

• • •

남근기에 고착된 남자는 경솔하고, 남자다움과 정력을 과시하고, 허세를 부리며, 야

심만만하고, 자위(masturbation)를 자주하며, 바람기가 많은 경향이 있다. 여자의 경우는 남자 관계에서 순진해 보이지만, 실제로는 남자관계가 복잡하고, 유혹적이며, 노출이 심하고, 경박스럽거나, 자기주장이 강하고, 남자를 이기려는 경쟁심이 강한 경향이 있다. 남근기에 반동 형성으로는 성을 터부시하거나 성에 대해 청교도적 태도를 보여 포르노 상영 등을 결사적으로 반대할 수 있다. 특히 남자는 성적 무기력이 나타나고, 여자는 성 혐오증이 나타나는 경우가 많다. 승화의 경우에는 시와 연극에 관심과 재능을 보이거나, 이러한 분야에서 성공하기 위해 많은 노력을 기울일 수 있다.

(4) 잠복기(6~12세)

잠복기(the latency stage)는 성적인 본능이 감추어지고 억압된 시기로서 그 대신 지적 활동, 운동, 친구 간의 우정 등에 관심을 보인다. 이 시기는 주로 초등학교 시절에 해당하며, 남자아이는 남자아이끼리 어울리고, 여자아이는 여자아이끼리 어울린다. 프로이트는 이 시기에 일어나는 발달 과정에 대해서는 큰 관심을 보이지 않았다.

(5) 성기기(13세 이후)

성기기(the genital stage)는 이차성징이 나타나는 사춘기의 발달과 함께 이성에 대한 관심이 증가하고 성적 충동이 다시 나타나는 시기다. 이 시기는 성적 충동을 이성과의 성교로써 완전히 만족시키려는 특징이 있다. 모든 인간은 성기기 이전에 자기 자신만을 최고로 여기는 자기애적(narcissistic) 성향이 있으며, 성기기 초기에는 동성애적(homosexual) 성향을 보여 동성의 친구나 교사 혹은 주변 인물을 좋아하다가 점차 성적 에너지의 대상이 이성으로 옮겨가 이성애(opposite sex)를 보이며, 이성에게 강하게 끌리게 되고, 결혼을 하게 된다.

프로이트는 성격발달을 다섯 단계로 구분했으나, 한 단계에서 다른 단계로 넘어갈 때 명확한 단절이나 갑작스러운 변화가 있기보다는 이 5단계가 모두 작용하여 성격이 형성되는 것으로 보았다(이상로 공역, 1997, p. 60). 즉, 인간의 성격 형성에는 모든 단계의 발달이 함께 영향을 미치고 있다고 볼 수 있다.

4) 성격의 역동성

프로이트는 인간을 에너지의 복합체로 간주하였으며, 인간행동의 원천을 바로 이 에너지로 보았다. 이러한 에너지는 음식물을 통해 얻는데, 프로이트는 에너지 보존의 법칙을 적용하여 호흡과 운동 등에 사용되는 신체적 에너지가 사고와 기억 등에 사용되는 정신적 에너지로 전환될 수 있다고 보았다. 신체적 에너지와 정신적 에너지의 교량 역할을 하는 것이 바로 이드와 본능이다(이형득 공저, 1984, p. 57).

본능(instinct)이란 인간의 욕구 때문에 생기는 흥분 상태를 충족하려는 갈망(wish)을 의미한다. 본능은 이드 속에 포함되어 있는 힘의 원천이다. 즉, 배고픈 사람은 음식을 찾게 되고, 음식을 먹음으로써 에너지가 만들어진다. 프로이트는 본능을 삶의 본능(eros)과 죽음의 본능(thanatos) 두 가지로 나누었다. 삶의 본능 중 성격발달에서 가장 중요한 역할을 하는 것이 성 본능이며, 성 본능에 내재하는 정신적 에너지를 리비도라고 불렀다. 죽음의 본능은 생물체가 무생물로 돌아가려는 본능으로써, 자살, 살인, 공격, 전쟁 등과 같은 행동을 의미한다. 삶과 죽음의 본능은 서로 중화와 대체가 가능하다. 즉, 음식을 먹으려는 삶의 본능은 음식을 씹는 죽음의 본능으로 만족을 얻음으로써 중화될 수 있고, 사랑은 증오로 변할 수 있다.

본능은 성격의 세 가지 요소인 이드와 자아 및 초자아의 에너지의 원천이 된다. 한 개인이 가지고 있는 정신적 에너지의 양은 한정되어 있으므로, 그 개인이 어떤 사람이 되는가를 의미하는 성격의 역동성은 일정한 양의 에너지가 이드, 자아, 초자아 간에 어떻게 분배되는가를 통해 이해할 수 있다. 이드는 모든 에너지의 저장소이며, 반사 작용과 일차 과정을 통해 본능을 충족시키는 데 에너지를 사용한다. 이드는 쾌락의 원칙에 입각하여 무릎반사 등과 같은 자동적인 반응을 통해 긴장을 해소할 뿐만 아니라 심상을 통해 본능의 충족을 추구하지만, 이는 근본적인 만족을 주지 못한다. 따라서 자아가 정신적 심상과 물리적 대상을 일치시키는 동일시 과정을 통해서 본능을 충족시킨다. 이러한 과정을 이차 과정이라고 한다. 현실적으로 자아가 이드보다 욕구를 더 잘 충족시켜 주기 때문에 결국 자아가 정신적 에너지를 점점 더 차지하게 된다. 하지만 자아가 본능의 욕구를 적절히 충족시켜 주지 못하면, 에너지는 이드로 다시 되돌아가게 된다. 초자아는 아동이 부모에게서 사회적 전통과 가치를 배우는 동일시 과정을 통해서 형성된다.

결국 성격의 역동성, 즉 그 사람이 어떤 성격의 소유자가 되는지는 그 개인에게 한정되어 있는 에너지를 성격의 세 가지 요소인 이드와 자아 및 초자아가 얼마나 차지하느냐에 달려 있다. 예를 들어, 이드가 에너지의 거의 전부를 차지하고 있는 사람이라면, 자신의 말을 무시하고 대답하지 않았다는 이유로 다른 사람을 죽일 수 있으며, 마음에 드는 이성이 나타났을 때 아무나 끌어안을 수 있다. 자아가 에너지를 독차지하게 되면, 보다 나은 미래를 위해 무더운 여름날 에어컨도 가동되지 않는 강의실에서 찜통더위를 참아가며 열심히 강의를 들을 수 있다. 초자아가 에너지를 장악하고 있는 사람이라면, 생명이 위독한 환자를 차에 태우고도 아무도 지나가지 않는 새벽에 횡단보도의 빨간색 신호등을 보고 정지할 수 있다.

3. 핵심 개념 및 도식화

1) 기본 가정

(1) 정신적 결정론

자연 현상에는 어떤 결과를 낳게 하는 원인이 항상 존재한다. 예를 들면, 하늘에 구름이 많아지면 비가 오고, 바람이 불면 나뭇가지가 흔들린다. 이러한 자연 현상과 마찬가지로 인간의 정신 현상에도 우연히 일어나는 일은 없고 반드시 선행사건이라는 원인이 있다는 것이 정신적 결정론(psychic determinism)이다. 즉, 우연히 일어난 것처럼 보이는 것은 단지 선행사건이 의식되지 않았기 때문이며, 우리가 생각하고 느끼고 행동하는 모든 저변에는 원인이 있다는 것이다. 예를 들면, 어떤 사람이 자신도 모르게 콧노래를 부를 경우에, 그 자신은 모르고 있지만 조금 전 라디오에서 그 노래를 들었기 때문이라는 것이다.

또한 우연히 일어나는 실수나 실언은 없고, 그러한 실수와 실언을 유발한 이유가 반드시 있다는 것이다. 예를 들면, 아버지에게 적대감을 가지고 있는 아들이 아버지가 아끼는 도자기를 다른 곳으로 옮기다가 떨어뜨려서 깨뜨렸다면, 이것은 실수가 아니라 아버지에 대한 적대감 때문에 나타난 행동일 가능성이 있다는 것이다. 마찬가지로 자신에게 아침마다 호통치며 결재서류를 집어 던지는 박 부장과 함께 한 술자리에서 "박 부장 놈! 한 잔 받으십시오."라고 말했다면, 이 또한 단순한 실언이 아니라 박 부장에 대해 내재된 분노와 적개심이 원인이 되어 나온 말이라는 것이다.

정신적 결정론은 특히 5세 이전의 성과 관련된 심리적 외상(trauma)에 의하여 인간의 성격이 형성되거나, 신경증적 증상이 나타난다는 의미다. 정신적 결정론에 대한 이해를 돕기 위해서 필자의 상담 사례를 소개한다.

• • •

몇 년 전 한 남자 대학생이 필자에게 상담을 받으러 온 적이 있다. 내담자가 처음에 호소한 문제는 공부를 열심히 하는데 성적이 오르지 않는다는 것이었다. 필자가 그에게 얼마나 열심히 공부하는지를 묻자 하루에 5시간 정도 잠을 자며, 늘 도서관에서 지낸다고 하였다. 도서관에서 어떻게 공부하는지 구체적으로 살펴봤더니, 의자에 앉아서 책을 보기는 하지만 집중해서 공부를 하지 못하고 있었다. 책상 위에 책이 한 권이라도 앞으로 튀어나와 있거나 뒤로 들어가 있으면 눈에 거슬려서 책을 가지런히 맞춰야 하며, 책가방이 조금이라도 왼쪽이나 오른쪽으로 기울어져 있으면 신경이 쓰여서 공부가 안 된다는 것이었다. 또한 책을 한 권이라도 새로 사면, 첫 페이지부터 마지막 페이지까지 책장을 한 장씩 다 넘겨보아야 마음이 편하다고 하였다. 그 이유는 혹시라도 책장 사이에 파지가 끼어 있을 수도 있기 때문이라는 것이었다. 더 놀라운 사실은 시험을 볼 때의 일이다. 내담자는 답안지에 이름을 적는 데 적지 않은 시간을 허비하였다. 즉, 이름을 적을 때 성을 쓴 후, 두 번째 글자가 조금이라도 위로 올라가거나 아래로 내려간 느낌이 들면 글자를 지우고 다시 쓰는 것을 계속해서 반복하였다. 시험시간이 흘러가 마음은 조급하지만 그냥 넘어갈 수 없다고 하였다. 그러기를 10여 분, 다행히 어느 정도 이름이 마음에 들면 이제 시험 문제로 넘어가 문제를 푸는데, 시험점수는 늘 좋지 않다는 것이었다. 그 이유를 들어보니 시험 문제로 서술형 두 문제가 나오면, 2번 문제는 읽어보지도 못한다는 것이었다. 왜냐하면 1번 문제의 답을 완벽하게 쓰려다보니 시험시간이 다 되어서 제출해야 하기 때문이었다. 그러다 보니 결국 시험점수는 잘해야 50점밖에 못 받는 것이었다. 이와 같은 완벽주의 성향이 언제부터 시작되었는지 물어보니까 초등학교 때부터이며, 최초의 증상은 바지의 지퍼를 확인하는 것이라고 하였다. 즉, 그는 화장실을 다녀온 후 혹시라도 바지의 지퍼가 내려갈 수 있다는 생각에 수시로 확인하였다는 것이었다. 그의 어릴 적 기억을 더듬어보게 했더니, 여러 번의 시도 끝에 만 세 살 정도의 기억을 떠올렸다. 그는 시골에 살았는데, 옆 동네에 사는 사촌 집에 잔치가 있어서 엄마 손을 잡고 사촌 집에 갔다고 한다. 사촌 집에는 두 명의 사촌형이 있었는데, 초등학교 저학년과 고등학생이었다고 한다. 어른들은 잔치 준비로 바빴기 때문에 그는 초등학교 저학년인 사촌형과 방에서 둘이서 놀게 되었는데, 그 형이 내담자의 성기를 만지기도 하고 심지어는 서로의 성기를 비비는 성희롱을 했다고 한다. 그러고 나서 방을 나오는데, 바지가 흘러 내린 것을 본 고등학생 사촌형이 "칠칠맞게 바지가 왜 그 모양이니! 이리 와. 내가 잘 입혀 줄게!"라고 말했다고 한다. 그 후로 내담자가 어떤 일을 하고 나서 적당히 넘어가려고 하면, 늘 "똑바로 해! 제대로 못해!"라는 형체 없는 음성이 들리곤 하는데, 그 음성의 주인공이 바로 세 살 때의 큰 사촌형이었던 것이다.

• • •

(2) 무의식적 동기

프로이트의 두 가지 기본 가정인 정신적 결정론과 무의식적 동기(unconscious motivation)는 서로 분리할 수 없는 개념이다. 정신적 결정론이 뜻하는 인간의 사고와 감정 및 행동의 원인이 바로 무의식적 동기라고 할 수 있다. 인간의 생각과 감정 및 행동을 결정하는 정신적 원인을 알기 위해서는 인간의 마음을 '아는 것'과 '모르는 것'으로 구분하는 것이 필요하다. 마음에 담겨 있는 것 중에서 사람들이 이미 알고 있으며 현재 마음속에 떠오르는 내용을 의식이라고 하며, 존재는 하지만 혼자서 아무리 노력해도 마음속에 떠올리기 어려운 내용을 무의식이라고 한다. 우리는 "빙산의 일각이다."는 말을 가끔 사용한다. 밖에서 볼 때는 눈으로 볼 수 있는 빙산의 한 부분이 마치 전부인 것처럼 여겨지지만, 빙산의 극히 일부분만 겉으로 드러나 있을 뿐, 거의 대부분은 수면 밑에 가라앉아 있다. 이처럼 겉으로 드러난 빙산의 일각이 인간의 의식에 해당하며, 수면 밑에 숨겨진 대부분이 우리가 알지 못하는 무의식에 해당한다고 볼 수 있다. 즉, 우리 마음의 대부분은 무의식에 해당하며, 우리가 의식하고 있는 것은 극히 일부에 불과하다는 것이다.

그러면 우리가 알지 못하는 무의식은 왜 존재하는가? 인간이 의식하기에 너무 위협적이거나 고통스럽거나 무서운 경험 혹은 자신이나 사회가 용납하기 힘든 부끄러운 기억은 잊어버리는 것이 낫기 때문에 과거에는 생생히 알고 있었던 기억이 망각된다. 이와 같이 망각된 기억의 저장소가 무의식인 것이다. 이러한 기억은 완전히 사라지지 않는다. 이러한 기억은 인간이 생각하고 느끼고 행동하는 가장 기본적인 동기로 작용하며, 여러 심리적 증상의 원인이 된다. 예를 들어, 한 남자가 다섯 살 무렵에 어머니로부터 "너는 피임을 잘못해서 태어난 아이다."라는 말을 들었지만 전혀 기억하지 못할 수 있다. 이 남자는 이 말로 인해 늘 자신이 쓸모없는 존재라는 생각을 하며 살 수 있지만, 그 이유는 전혀 모를 수 있다. 사람들은 종종 "나도 나를 잘 모르겠다."라는 말을 하는데, 이것은 바로 자신이 모르는 무의식이 동기로 작용하기 때문이라고 할 수 있다.

2) 불안

프로이트는 신경증 환자들을 치료하면서 그들이 보이는 불안(anxiety) 증세에 관심을 가지게 되었고, 그 불안의 원인이 무엇인가에 대하여 연구하였다. 그는 초기에는 불안이 성적 에너지가 억제되거나 성적 에너지를 적절하게 해소하지 못하기 때문에 일어난다고 보았다. 하지만 그는 연구를 계속하면서 불안의 원인이 자아의 기능에 있다고 함으로써 초기의 주장을 바꾸었다(이훈구 역, 1998, p. 73). 다시 말하면, 자아는 이드의 충동적인 본능과 완벽을 추구하는 초자아와의 갈등을 중재하는 역할을 하는데, 이러한 이드와 초자아와의 갈등이 하나의 신호로 나타나는 것이 불안이라는 것이다. 불안이 언제 생기는 것인가에 대한 견해는 두 가지로 나누어진다. 먼저 랭크(Otto Rank)는 인간이 출생 과정에서 엄마와 생물학적으로 분리되면서 혼자서는 아무것도 할 수 없기 때문에 초기불안이 생긴다고 주장하였다. 반

뭉크의 절규(1895)

면에 프로이트는 유아기 때 엄마와 떨어져 혼자 있게 되거나, 어둠 속에 혼자 남겨지는 등의 상황에 처할 때 불안이 생긴다고 주장하였다(이훈구 역, 1998, p. 74). 이드와 자아 그리고 초자아와 관련하여 나타나는 불안은 현실 불안, 신경증 불안, 도덕 불안 등으로 나누어진다. 이 세 가지 불안 유형을 살펴보면 다음과 같다.

(1) 현실 불안

현실 불안(reality anxiety)은 말 그대로 맞닥뜨린 현실이 자신을 위협한다고 느낄 때 생긴다. 예를 들면, 산에 갔는데 독사가 발 앞에 있다거나, 운전 중에 앞에 가는 차가 충돌하는 장면을 목격한다거나, 시험을 앞두고 있을 때와 같은 상황에서 발생하는 불안이다. 현실 불안은 자아가 현실을 지각할 때 생기는 것이므로 위협이 되는 대상이 사라지면 불안이 줄어든다. 이러한 불안은 앞으로 예상되는 위협에 대처할 수 있는 자아의 기능을 강화시키기 때문에 적절한 불안이라고 할 수 있다(이훈구 역, 1998, p. 75).

(2) 신경증 불안

신경증 불안(neurotic anxiety)이란 이드의 본능적인 충동, 즉 성 본능이나 공격 본능이 현실에서 나타날지도 모른다는 두려움으로 인하여 나타나는 정서적 반응이다(이훈구 역, 1998, p. 75). 신경증 불안은 자아가 적절하게 이드의 충동을 조절하지 못하여 처벌을 받을지도 모른다는 생각에서 발생한다(이상로 공역, 1997, p. 48). 예를 들면, 한 아이가 친구들과 놀다가 마음에 들지 않는다고 친구들을 때려서 친구의 엄마에게 혼이 났다고 했을 때, 그 아이는 다음에도 자신이 참지 못하면 어쩌나 하는 불안감이 생길 수 있다.

(3) 도덕 불안

도덕 불안(moral anxiety)은 양심에 대한 두려움으로, 자아가 초자아의 양심이나 기대에 미치지 못하게 될 때 생겨나는 정서적 반응이다. 개인은 자신이 세운 양심의 기준에 위배되는 본능적인 행동이나 생각을 할 경우에 죄의식이나 수치심 등을 경험하게 된다(이상로 공역, 1997, p. 48). 초자아는 부모의 권위가 내재된 양육에 의해 형성되며, 초자아가 잘 발달된 사람은 도덕적이지 않은 행동이나 생각을 조금도 허용하지 못하고 도덕적인 불안에 시달린다. 가령 부모로부터 "절대로 다른 사람에게 피해를 주면 안 된다." 혹은 "불쌍한 사람을 보면 반드시 도와주어야 한다."라는 말을 계속 듣고 자란 사람이 있다고 하자. 이 사람은 조금이라도 남에게 피해를 주었다는 생각이 들 때나, 길거리에서 누워 자는 노숙자들 옆을 지나칠 때에도 마음이 편치 않으며, 죄책감을 느끼게 된다는 것이다.

3) 자아방어기제

자아방어기제(ego defense mechanism)란 사회적으로 용납하기 어려운 이드의 충동 표출과 초자아의 도덕적인 강한 압력으로 생기는 불안으로부터 자아를 보호하기 위한 기제다. 모든 방어기제는 세 가지 특징이 있다. 첫째, 방어기제는 무의식적으로 작용하기 때문에 스스로 알지 못하는 자기기만적이다. 둘째, 방어기제는 개인으로 하여금 현실을 거부하거나 왜곡하여 지각하도록 함으로써 불안에서 자아를 보호하려는 비현실적이고 방어적이다. 셋째, 방어기제는 문제에 대한 직접적인 해결 방법이 아니라 간접적 · 우회적인 문제해결이다.

방어기제를 사용하는 데는 일정한 에너지가 소모되기 때문에 방어기제를 사용하면 실질적이고 건설적인 문제해결을 위한 행동에 에너지를 사용하는 데 제한을 받게 된다. 따라서 거의 대부분의 방어기제는 바람직하지 않다. 대표적인 자아방어기제를 살펴보면 다음과 같다.

(1) 억 압

억압(repression)은 불안을 가장 직접적인 방법으로 회피하기 때문에 일차적 자아방어기제라고 한다. 이는 사회적으로 용납될 수 없는 욕구나 충동(예: 근친상간) 혹은 기억하면 불쾌하고 괴롭거나 고통스러운 경험(예: 초등학교 시절 수업 시간에 옷에 오줌을 싼 일)을 무의식 속에 숨겨버리고 기억하지 않는 것을 뜻한다. 하지만 무의식 속에 억압된 내용은 살아가면서 그 개인의 말과 생각과 행동의 동기로 작용한다. 예를 들어, 꿈, 농담 또는 말이나 행동의 실수 등으로 나타난다. 억압은 신경증(예: 마비), 정신신체장애(예: 위궤양), 성 심리적 장애(예: 심인성 발기부전)의 원인이 된다. 이러한 억압은 무의식적이라는 점에서 자발적이고 의식적인 억제(suppression)와는 다르다.

(2) 합리화

합리화(rationalization)는 사실이 아닌 그럴 듯하고 정당한 이유와 핑계를 대서 자존심과 체면을 살려 불안을 피하려는 방법을 말한다. 대표적인 것으로 '신포도 기제'와 '달콤한 레몬 기제'가 있다. 먼저 신포도 기제는 이솝우화에 나오는 이야기다. 즉, 여우가 먹음직스럽게 잘 익은 포도를 발견하였지만, 키가 작아서 포도를 따 먹을 수 없자 신 포도여서 안 먹는다고 생각하는 것처럼 사실은 자신이 원하는 것이지만 원하지 않는 것으로 받아들이는 것을 의미한다. 예를 들면, 소개팅에서 애프터를 신청했다가 거절당한 남학생은 그 여학생이 사실은 자신의 이상형이 아니었고, 예의상 애프터를 신청했다고 생각하는 것이다. 다음으로 달콤한 레몬 기제는 레몬의 본래 맛이 시큼한데 달콤하다고 말하는 것과 같이 원하지 않는 일을 한 후에 자신이 원하는 일이라고 받아들이는 것을 의미한다. 예를 들어, 거절을 잘하지 못하는 성격의 소유자가 마지못해 친구에게 돈을 빌려주고 나서는 자신이 기꺼이 돈을 빌려줬다고 생각하는 것이다.

(3) 투 사

투사(projection)는 자신이 스스로 받아들일 수 없는 충동이나 생각, 행동 등을 무의식적으로 다른 사람이나 환경 탓으로 돌리는 것을 말한다. 먼저 다른 사람을 탓하는 경우의 예를 들면, 실제로는 자신이 누군가를 좋아하거나 싫어하는데 이와는 반대로, 그 사람이 자신을 좋아하거나 싫어한다고 생각하는 것이다. 예를 들어, 남자를 유혹하려는 성적 욕망이 강한 여자가 데이트하는 모든 남자가 자신을 유혹하려 한다고 받아들이거나, 바람을 피우고 싶은 마음이 있는 남자가 주변 남자들이 모두 바람을 피우고 싶어 한다고 생각하는 것이다. 다음으로 환경 탓을 하는 예를 들면, 골프를 칠 때 자신의 실수로 공을 잘못 쳐놓고 골프채를 탓하거나, 자신은 공부를 열심히 하지 않고서 교수가 시험 문제를 엉뚱하게 출제해서 점수가 좋지 않다고 믿는 것이다.

(4) 반동 형성

반동 형성(reaction formation)은 자신의 실제 욕구나 충동과 정반대의 행동을 함으로써 그러한 욕구의 표출로 느끼게 될 불안에서 자신을 보호하는 것을 말한다. 즉, 의식되는 감정이나 생각 및 행동이 무의식적인 것과 정반대로 표현되는 것이다. 이것은 두 가지 단계를 거친다. 첫째는 받아들일 수 없는 충동을 무의식 속에 억압하는 것이고, 둘째는 억압된 내용과 반대되는 행동을 보이는 것이다. 예를 들면, 계모는 자신의 친아들이 아닌 아이가 없어졌으면 하는 마음을 무의식 속에 억압하고, 속마음과는 정반대로 지나치게 비싼 명품 옷을 사 입히고 남에게 자랑할 수 있다. 또한 성욕이 강한 사람이 성욕을 억압하고 외설적 영화 상영을 결사반대하거나, 잘난 체를 하고 싶어서 안달이 난 사람이 겉으로 겸손한 척하면서 주변에서 잘난 체 하는 사람에 대하여 극도로 싫어할 수 있다.

(5) 전 위

전위(displacement)는 본능적인 충동의 표현을 재조정해서 위협을 많이 주는 대상에서 적게 주는 대상으로 바꾸는 것을 말한다. 예를 들어, 부부싸움을 한 교사가 자신의 부인 대신 학생들을 과도하게 꾸지람을 하여 화풀이를 하거나, 엄마에게 꾸중을 들은 아이가 애꿎은 동생을 때리거나 애완견을 발로 차거나 장난감을 집어던지는 행동을 하는 경우가 이에 해당한다. 또한 사법고시를 도전하는 것에 자신이 없는 사람이 공무원 시험을 준비하는 것도 이에 해당한다. 이러한 전위는 치환이나 대치 등의 용어로도 사용된다.

(6) 퇴행

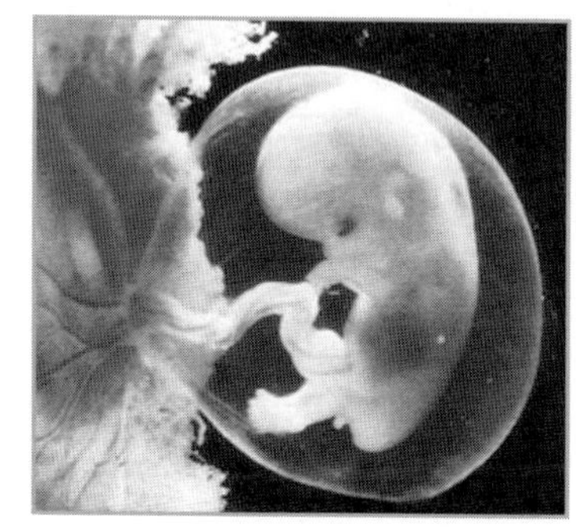

퇴행(regression)은 좌절을 경험할 때 불안으로부터 자신을 보호하기 위해 발달 초기로 후퇴함으로써 보다 만족스러웠던 어린 시절의 유아적인 행동을 보이는 것을 뜻한다. 어린 시절에는 배가 고프거나 무서울 때 울기만 하면 모든 조건이 충족되었기 때문에 성인이 되어서 어려운 상황에 봉착하고 자신의 뜻대로 되지 않았을 때 울음을 터뜨리거나, 부부싸움을 한 아내가 남편이 보는 앞에서 짐을 챙겨서 자신의 뜻을 다 받아주던 친정으로 가거나 또는 성인이 되어서 어린아이 같은 말투(예: 맘마 줘)로 말하거나 행동(예: 입을 내미는 것)을 하는 것이다. 동생이 생긴 자녀가 갑자기 말을 더듬거나, 대소변을 가리지 못하는 등의 어린애 같은 행동을 보이는 것도 퇴행의 일종이다.

(7) 승화

승화(sublimation)는 억압된 욕구나 충동을 사회적으로 인정받을 수 있는 가치 있는 목표로 옮겨서 실현하는 것으로써 방어기제 중 유일하게 건설적이고 바람직한 기제다. 즉, 성적(sexual)이거나 공격적인 목표를 사회적으로 바람직한 목표로 바꿔서 성적 · 공격적 에너지를 사회에 도움이 되도록 사용하는 것이다. 예를 들어, 레오나르도 다빈치가 모나리자를 그린 것은 어릴 때 헤어진 어머니에 대한 그리움이 승화된 것으로 볼 수 있으며, 차이콥스키는 동성애의 경향성을 음악으로 승화시켰다고 볼 수 있다. 외과 의사나 도살업자 혹은 격투기 선수는 자신의 공격성을 환자의 신체 부위에 메스를 대거나, 가축을 도살하거나 혹은 상대편 선수를 발로 차는 등 사회적으로 용인된 방법으로 승화시킨 것으로 볼 수 있다.

4) 부적응의 원인

프로이트의 정신분석에서는 부적응의 원인을 다음과 같이 설명하고 있다.

첫째, 인간의 정신에너지인 성 욕구를 적절하게 충족시키지 못하여 무의식에 억압되어 있는 경우에 부적응이 생긴다는 것이다. 프로이트는 5단계로 성격발달을 제시하였는데, 각 발달단계에서 성적 욕구가 적절하게 충족되지 않아 고착되면 성인이 된 후에 부적응적인 심리 증상이나 행동이 나타난다고 하였다. 다시 말하면, 고착은 어떤 발달단계에 있었던 문제가 잘 해결되지 못한 것을 뜻한다(이훈구 역, 1998, p. 65). 예를 들면, 줄담배를 피우는 어른은 어릴 적 구강기 때 엄마의 젖을 마음껏 빨지 못하여 고착된 경우라고 볼 수 있다.

둘째, 5세 이전에 경험한 트라우마가 있는 경우에 부적응이 발생한다는 것이다. 프로이트는 부모가 개인의 성격발달에 매우 결정적인 영향을 미친다고 하였다. 어린아이들은 누군가의 돌봄을 받아야만 살아갈 수 있는 연약한 존재다. 어린아이들 대부분은 부모가 양육하는데, 부모의 따뜻한 애정과 적절한 보호가 이루어지지 않고 방임되거나 버림받는 경험을 하면, 성인이 되었을 때 부적응 증상이 나타날 수 있다는 것이다. 예를 들면, 어릴 적에 버림받은 경험이 있는 아이는 성인이 된 후에 다른 사람과 관계를 잘 맺지 못할 수 있다. 또 버림받게 될까 봐 두려워 다른 사람에게 가까이 다가가지 못할 수 있고, 자신이 먼저 관계를 끊어버리는 행동 패턴을 지속적으로 하게 되기 때문이다.

셋째, 프로이트는 성격 구조를 이루고 있는 세 가지 요인, 즉 이드와 자아 그리고 초자아가 균형을 이루지 못할 때 심리적인 부적응이 나타난다고 하였다. 예를 들면, 한 개인이 이드에 치우치면 본능에 입각하여 충동적인 행동을 한다거나, 초자아에 치우치면 도덕성을 너무 중시하는 까닭에 부적응을 초래할 수 있다는 것이다. 프로이트는 이와 같은 원인이 신경증을 유발하며, 이것은 건강한 성격발달에 방해가 되어 부적응을 초래한다고 하였다.

5) 도식화

프로이트의 정신분석이론에서 핵심 개념을 중심으로 도식화하면 [그림 2-2]와 같다.

[그림 2-2]를 설명하면 다음과 같다.

첫째, 성격 구조는 이드, 자아, 초자아 등의 세 가지 요소로 구성된다. 이드는 심상을 통한 만족을 추구하기 때문에 실제적인 만족은 이루어지지 않는다. 따라서 이드에서 심상과 외부세계의 대상과의 동일시 과정을 거쳐 자아가 형성된다. 또한 이드에서 부

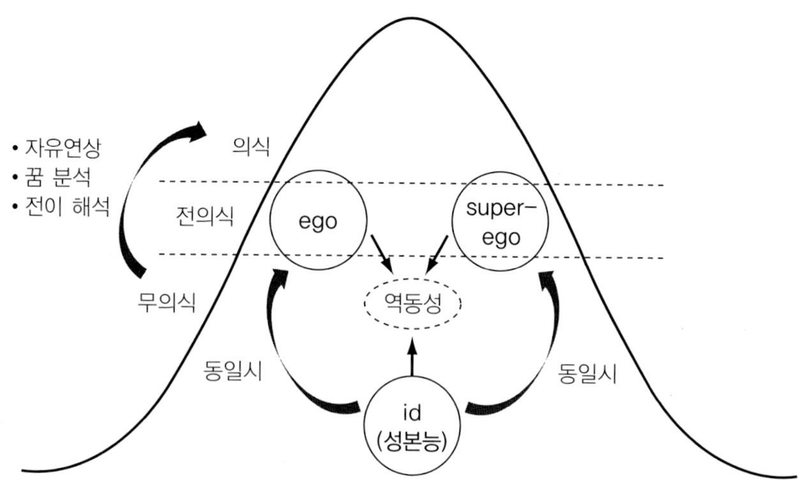

• 그림 2-2 • 프로이트의 정신분석이론의 도식화

모와 사회의 가치와의 동일시 과정을 거쳐 초자아가 형성된다.

둘째, 인간의 성격은 지형학적인 관점에서 의식, 전의식과 무의식으로 이루어져 있으며, 구조적 관점에서 이드, 자아, 초자아로 이루어져 있다. 두 가지 관점의 관계는 인간을 움직이는 에너지인 성 본능이 핵심인 이드는 무의식에만 존재하며, 자아와 초자아는 의식, 전의식, 무의식의 모든 영역에 걸쳐 존재한다.

셋째, 인간의 부적응의 원인은 무의식에 억압되어 있는 과거의 외상이나 충족되지 못한 성욕구 혹은 성격의 세 가지 구조 간의 불균형에 있다. 이러한 부적응을 해결하기 위해서는 자유연상이나 꿈의 분석 및 전이의 해석 등을 통해 개인의 무의식을 의식화하는 작업이 필요하다.

넷째, 성격의 세 가지 구조인 이드와 자아 그리고 초자아 중 어느 요소가 에너지를 많이 차지하는지에 따라서 개인의 성격이 나타난다. 세 가지 구조가 지나치지도 않고 덜하지도 않게 적절하게 충족되어 균형을 이룬 상태가 가장 건강한 상태다. 이를 위해서는 이드와 초자아의 욕구를 적절히 충족시켜 주기도 하고 때로는 지연을 요구하기도 하는 자아가 개인의 에너지를 차지하도록 도울 필요가 있다.

제3절 평 가

1. 성격 연구 및 적용

1) 성격 연구

프로이트는 임상 장면에서 다양한 환자를 치료하면서 이론적인 개념들을 체계화하려고 노력하였다. 임상 사례와 관련된 여러 연구가 있지만 대표적인 연구를 살펴보면 다음과 같다. 먼저 '한스의 사례'는 그의 주요 개념인 유아 성욕, 오이디푸스 콤플렉스, 거세불안 등의 개념들을 보여 주는 대표적인 사례다. 다음은 프로이트가 자신의 꿈을 분석한 사례다.

(1) 소년 한스의 사례

프로이트가 5세 된 한스라는 소년의 공포증을 분석한 사례다. 실제로 프로이트는 한스를 한 번 만났으며, 한스의 아버지를 통하여 얻은 내용이 분석의 토대가 되었다.

• • •

한스는 세 살 적부터 유난히 자신의 음경에 관심이 많았다. 흔히 어린아이들이 그런 것처럼 그는 음경을 만지고 놀기도 하고, 엄마에게도 고추가 있느냐고 묻곤 하였다. 그러한 그에게 엄마는 고추를 만지면 안 된다고 말하며, 심지어는 그것을 잘라 버리겠다고 협박도 하였다. 하루는 엄마가 목욕을 시킨 후에 음경 부위에 분을 발라 주었는데, 한스는 엄마에게 자기 음경을 만져 달라고 하였다. 엄마는 그것은 좋지 않은 일이라고 설명하자 그는 "그렇지만 참 좋은걸."하며 소리쳤다. 그가 다섯 살 즈음에 유모와 같이 산책을 나갔다가 말이 끄는 마차가 전복되었는데, 그때 그는 울기 시작했고 그 뒤로 말이 자기를 깨물 것이라며 밖에 나가기를 두려워하였다. 그는 말에 대한 악몽도 꾸었고, 결국은 말에 대한 공포증까지 생겨났다. 특히 말 입의 검은 것과 눈앞의 물건, 즉 재갈과 눈가리개를 무서워하였다. 그 전에 그가 엄마와 같이 있을 때 어떤 사람이 어머니에게 사람을 무는 백마가 있으니 손가락을 말 입에 대지 말라고 하는 말을 들은 적이 있었다(Freud, 1955).

• • •

이상의 내용에서 프로이트는 말에 대한 공포증을 다음과 같이 해석하였다. 프로이트는 한스가 자신의 음경을 엄마가 만져 주기를 바라는 데서 엄마에 대해 성적 애착을 느끼는 것으로 간주하였다. 그리고 프로이트는 사람을 무는 말에 대한 두려움은 거세(去勢)불안과 관련이 있으며, 말의 검은 눈가리개와 재갈은 아버지의 안경과 수염의 표상으로 보았다. 즉, 한스의 말에 대한 공포증은 자신의 음경을 거세할지도 모르는 아버지에 대한 두려움이었으며, 결국 한스가 오이디푸스 콤플렉스를 느끼는 것으로 프로이트는 해석하였다(홍숙기 역, 2008, pp. 118-119).

(2) 프로이트 자신의 '꿈 분석' 사례

프로이트는 1896년에 부친이 연로하여 병으로 사망하자 심한 우울증을 앓았다. 환자를 치료하거나 연구하는 등 그 어떤 일도 하기 힘들어지자, 프로이트는 스스로가 환자가 되기로 결심하고 자신의 꿈을 분석하기 시작하였다. 프로이트는 7~8세경에 꾼 꿈을 기억해 냈는데, 그 내용은 다음과 같다. "어머니는 이상하리만큼 평화롭게 잠든 얼굴을 하고 있었는데, 날아다니는 새의 얼굴을 하고 있는 두세 사람에 의해 방으로 옮겨져 침대 위에 눕혀졌다. 나는 소리를 지르며 눈을 뜨자마자, 바로 양친의 방으로 달려갔다." (Freud, 1938, p. 522). 프로이트는 다음과 같이 자신의 꿈을 해석하였다. 독일어로 성교를 나타내는 은어(vogeln)는 동시에 새라는 뜻을 갖고 있는 바, 어린 프로이트의 꿈속에서 새의 머리 모양을 한 사람이 출현한 것은 어머니에 대한 성적인 소망을 의미한다. 어머니의 평화로운 표정은 할아버지가 죽었을 때의 표정을 어머니의 얼굴로 옮긴 것이며, 어머니의 죽음에 대한 불안 속에는 아버지에 대한 죽음의 소망이 내재되어 있었다. 결국 이 꿈은 자신이 어렸을 때 아버지가 죽었으면 하는 무의식적 소망과 어머니에 대한 성적인 충동을 의미하는 오이디푸스 콤플렉스를 보여 준 것이다(홍숙기 역, 2008, p. 120). 프로이트는 아버지의 사망에 대해 자신이 책임이 있다고 생각했기 때문에 죄책감으로 인해 심한 우울증에 빠졌던 것이다.

2) 평가 기법

정신분석이론가들이 주로 사용하는 투사법검사는 자극 내용이 애매하기 때문에 피검자들이 스스로를 긍정적으로 보이거나 자신이 원하는 인상을 만들기가 어렵다. 또한 개인이 보이는 다양한 반응을 통하여 그들의 내면세계와 무의식의 과정을 파악할 수 있기 때문에 정신분석적 평가에 적합하다. 대표적인 투사검사에는 로르샤하검사와 주제통각검사가 있다.

(1) 로르샤하검사

로르샤하(Rorschach)검사는 다양한 모양의 잉크 반점이 있는 카드로 구성되어 있어서 잉크반점검사라고도 부른다. 투사검사의 특성상 피검자들이 보이는 반응이 매우 다양하기 때문에 이 검사의 채점과 해석에는 검사자의 상당한 훈련과 경험이 요구된다. 검사자는 피검자가 보인 한 가지 반응을 해석하기 위해서 다른 반응과의 관계, 피검자의 개인적인 특성들 그리고 그 외의 요인들을 고려하여야 한다. 로르샤하 반응에 대한 해석의 예를 들면, 움직이는 동물들을 포함하는 반응을 자주하는 사람은 충동을 즉각적으로 충족하려는 경향이 있으며, 작고 피동적인 동물들을 보는 경향이 있는 사람은 수동적이고 의존적인 태도를 가지고 있는 것으로 본다(홍숙기 역, 2008, p. 135). 이렇듯 투사검사는 피검자의 내면을 살펴볼 수 있다는 측면에서 유용한 검사도구다.

(2) 주제통각검사

주제통각검사(TAT) 도구는 어떠한 특정한 상황이 그려진 그림카드로 구성되어 있다. 피검자는 카드의 그림들에 대한 이야기를 구성한다(예: 무슨 일이 발생하고 있고, 그림 속의 사람들이 누구이며, 어떻게 그 장면까지 왔고, 앞으로 어떻게 될 것인가 등). 이 검사 또한 투사검사이기 때문에 로르샤하검사와 마찬가지로 검사자의 숙련된 기술이 필요하다. 주제통각검사의 반응에 대한 해석의 예를 들면, 갑작스런 신체적 사고, 정서적 충격, 손실 등을 강조하는 줄거리를 이야기하는 사람은 불안한 심리 상태를 가지고 있으며, 카드에 그려져 있지 않은 인물을 끌어내는 경향이 있는 사람은 투사 경향을 가지고 있다(홍숙기 역, 2008, p. 135). 이 검사 또한 인간의 내면을 파악하는 데 유용하다.

3) 치료 기법

프로이트가 주로 사용한 치료 기법에는 자유연상, 꿈 분석, 전이 및 저항의 해석 등이 있다.

(1) 자유연상

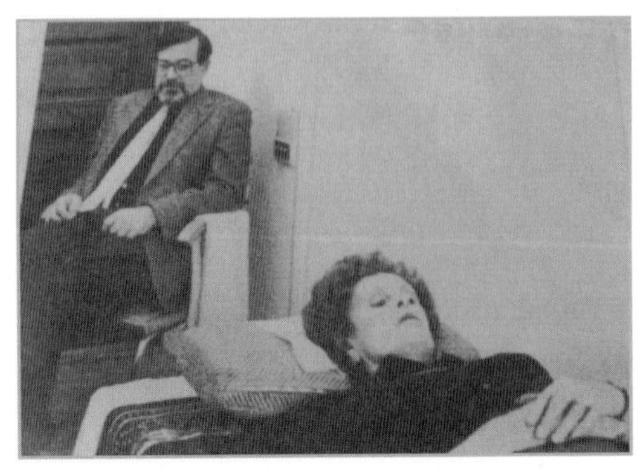

자유연상(free association)이란 내담자로 하여금 아무리 사소하고 망측하고 겉보기에 시시하다고 할지라도 마음속에 떠오르는 것이면 무엇이든 이야기하게 하여 혼자서는 의식화할 수 없는 개인의 무의식을 의식화하는 방법을 말한다.

자유연상은 프로이트가 히스테리 환자들을 치료하면서 완성한 기법으로, 다음과 같은 과정을 겪으면서 만들어진 것이다. 프로이트는 최초에는 코카인이라는 약물을 통해 히스테리 환자를 치료했는데, 친구인 마르호프의 모르핀 중독을 치료하면서 코카인의 중독성을 경험하고 코카인 치료를 포기한다. 다음으로 샤르코와 함께 최면요법으로 치료를 했으나, 최면요법을 통해 치료된 증상이 재발되는 경향이 있어서 포기하게 된다. 그 이후 친구인 브로이어와 함께 정화법을 사용하여 환자를 치료하다가 또 다른 증상이 나타나서 정화법도 포기한다. 그러던 어느 날 프로이트는 엘리자베스라는 환자를 치료하면서 하고 싶은 말을 자유롭게 하도록 내버려두라는 환자의 반발에 부딪치고, 이때 자유연상이라는 방법을 최초로 시도한다.

자유연상이 최면요법과 다른 점은 최면요법은 내담자 자신이 최면 상태에서 한 이야기를 대체로 기억하지 못하는 반면에, 자유연상은 자신이 이야기한 내용을 기억한다는 점이다. 최면요법의 문제점은 자의식이 강하고 남을 잘 믿지 못하는 사람은 최면에 걸리지 않기 때문에 모든 내담자에게 적용할 수 없다는 점이다. 또한 최면요법은 일시적인 증상 해소의 효과가 있지만 재발의 가능성이 있으며, 최면술사가 강제로 최면을 유도한다는 문제점이 있다. 자유연상과 정화법의 차이점은, 첫째, 정화법은 증상이 발생한 최초의 시점에 관심을 갖지만, 자유연상은 기억에 떠오르는 것은 어떤 것이라도 이야기하도록 한다는 점이다. 둘째로 정화법은 문제 증상의 원인이 되는 경험을 생각해내도록 상담자가 내담자에게 요구하는 반면에, 자유연상은 어떤 생각도 강요하지 않고 내담자 스스로가 떠올리는 연상의 흐름을 따라간다는 점이다.

(2) 전이의 해석

전이(transference)란 내담자가 어릴 때 자신에게 결정적인 영향을 미친 중요한 타인(significant others)에 대해 가졌던 긍정적 혹은 부정적인 감정을 상담 장면에서 상담자에게 옮겨서 느끼는 현상을 말한다. 전이는 무의식적으로 작용하기 때문에 내담자는 이를 전혀 의식하지 못한다. 상담자는 상담 과정에서 전이 현상을 즉시 해석해 주지 않고 내담자가 전이신경증(transference neurosis)[2]을 발달시킬 때까지 전이를 격려하기도 한다. 내담자는 상담자와의 전이 관계가 지니는 참된 의미를 각성하면서 억압된 감정과 갈등을 알게 되고, 과거의 경험이 현재 어떻게 작용하는지를 통찰하게 된다. 이와 함께 중요한 타인과 관련된 자신의 문제를 이해하게 되어 자신의 문제를 해결하려고 시도하게 된다. 정신분석가들은 전이의 해석을 성공적인 치료를 위한 가장 중요한 요

2) 내담자가 유아기부터 특징적으로 발달시킨 중요한 인물에 대하여 반응하고 느끼고 지각하는 방식에 대한 통찰을 촉진시키는 것을 의미한다.

소로 간주하고 있다. 즉, 정신분석 상담은 전이로 시작해서 전이로 끝난다고 표현할 정도로 전이를 강조하고 있다.

프로이트는 '도라'라는 히스테리 환자를 치료한 사례에서 "많은 옛 체험이 과거에 지나간 것이 아니라, 치료자라는 한 인간과의 관계를 통해 다시 생생해진다."라는 말로 전이의 중요성을 설명하였다. 필자도 상담하면서 전이 현상을 경험한 적이 있어 전이에 대한 이해를 돕기 위해 이를 소개한다.

• • •

필자에게 한 남자 대학생이 찾아왔다. 그는 자신을 낳아 준 친아버지를 죽이고 싶은 충동으로 괴로워하였다. 급기야는 식사하는 도중에 좀 일찍 귀가하라는 아버지의 말 한마디에 의자를 집어던져서 아버지의 이마에 상처가 나고, 병원에서 몇 바늘을 꿰매는 사건이 벌어졌다. 그는 아버지에게 지금까지 한 번도 인정이나 칭찬을 받아 본 적이 없다고 하였으며, 늘 확인하고 일방적으로 지시하는 아버지가 죽이고 싶도록 밉다고 하였다. 내담자의 집이 상당히 부유한데도 아버지는 자립심을 키운다는 이유로 중 · 고등학교 때부터 아르바이트를 강요했다. 상담을 요청하기 얼마 전에 식당에서 서빙을 하고 신문배달을 하였는데, 식당에서 접시를 나르다가 식당 주인의 "접시를 똑바로 잡고 나르라."는 지시조의 말 한마디에 이성을 잃어서 접시를 던져 버린 일이 있었다고 하였다. 하루는 신문배달을 하려고 신문사를 나오는데, 직원의 "○○ 집에 신문을 제대로 넣었니?"라는 확인하는 말 한마디에 극도로 흥분이 되어 신문을 내던지고 주먹질까지 하여 직원의 이를 부러뜨린 적이 있다고 하였다. 필자는 그가 흥분을 조절하는 것이 필요하다는 생각이 들어서 근육이완 기법을 가르쳐 주고, 감정이 폭발할 때마다 활용하도록 하였다. 약 2주 후 그에게 이완 기법을 활용하고 있느냐고 묻자, 그는 갑자기 얼굴을 붉히면서 "당신이 제대로 상담해 준 것이 뭐가 있느냐?"면서 필자에게 삿대질을 하는 것이었다. 필자는 극도로 화도 나고 낙심하여 지도교수에게 상담을 요청했는데, 지도교수는 내담자가 필자에게 보인 모습이 아버지에게 느끼는 부정적 감정을 필자에게 옮긴 전이 현상이라고 설명해 주었다. 이 말을 듣고 내담자의 행동이 이해된 필자는 힘을 얻어 상담을 계속할 수 있었다.

• • •

역전이(counter-transference)는 전이의 상대적인 개념으로서, 미처 해결하지 못한 상담자의 감정이나 문제가 상담 과정에 개입되어 내담자에게 긍정적 혹은 부정적인 감정을 느끼게 되는 현상을 말한다. 역전이에 대한 이해를 돕기 위해서 필자가 역전이를 경험한 사례를 소개한다.

• • •

필자는 대학원 시절에 대학의 학생상담연구소에서 조교를 한 적이 있었다. 어느 날 한 학생을 접수 면접하는 중에 한 달 용돈의 액수를 묻게 되었는데, 그는 자신의 한 달 용돈이 5백만 원이라고 하였다. 그런데 어머니는 한 번 쇼핑하면 1,000만 원을 넘게 쓴다면서, 자신의 용돈이 매우 부족하다는 것이었다. 그 당시 연구소 조교 월급으로 30여만 원을 받았던 필자는 그 말을 듣는 순간 이성을 잃을 뻔 하였으며, 내담자의 따귀라도 때리고 싶을 정도로 흥분이 되어서 접수 면접을 서둘러서 마칠 수밖에 없었다. 하필이면 그가 필자에게 상담을 받고 싶다고 하여 상담을 하게 되었는데, 그와 상담이 있는 날은 왠지 모르게 기분이 좋지 않았으며, 시험 기간이어서 상담을 한 번이라도 쉬면 그렇게 기분이 좋을 수 없었다. 그 당시에는 잘 몰랐지만 이때 내담자가 극도로 미운 감정이 들었던 것이 바로 역전이 현상이었던 것이다. 필자가 슈퍼바이저에게 교육 분석을 받으면서, 필자의 핵심 문제 중 한 가지가 가난에 대한 열등감이라는 것을 알게 되었다. 필자는 어릴 적 집안이 매우 가난해서 음식을 마음껏 먹은 적이 없어서 음식을 마음껏 먹어 보는 것이 가장 큰 소원이었다. 대학 시절에도 장학금을 받고 아르바이트를 해 가며 학교를 다녔다. 이 시절에 집이 부유한 사람들은 이유 없이 미웠으며, 값비싼 수입차를 보면 흠집을 내고 싶은 강한 충동을 느낄 정도였다. 가난에 대한 열등감을 단적으로 보여 주는 한 가지 사건이 있다. 하루는 친구를 만나기로 했는데, 버스비가 없는 것이었다. 친구들에게 버스비를 빌려도 될 텐데 자존심이 허락하지 않아서 두 시간 이상을 걸어서 목적지에 간 적이 있었다. 가난에 대한 뿌리 깊은 열등감이 필자로 하여금 내담자를 극도로 미워하게 한 원인이 되었던 것이다. 필자는 교육 분석을 통해 이와 같은 스스로의 문제를 알게 되었으며, 그 후에 가난에 대한 열등감을 극복할 수 있었다.

• • •

(3) 꿈의 분석

프로이트는 '꿈은 무의식에 이르는 왕도'라고 했다. 잠을 자는 동안에는 무의식에 대한 자아의 방어가 약해지므로 억압된 욕구와 충동이 의식으로 쉽게 떠오를 수 있기 때문이다. 또한 꿈은 억압된 무의식적 소원으로 구성되어 있기 때문에 꿈의 내용을 통해서 무의식에 있는 많은 자료를 얻을 수 있다. 이러한 꿈의 의미를 분석하여 상담자는 내담자의 문제를 이해할 수 있다.

① 꿈의 이중 구조

꿈에는 두 가지 수준의 내용이 있다. 잠재적 내용(latent content)과 현시적 내용(manifest content)이 바로 그것이다. 잠재적 내용이란 스스로 알 수 없는 무의식적인 동기들로 구성된 꿈으로, 실제 내용이 가장되어서 숨겨져 있으며 상징적인 의미를 내포하고 있다. 현시적 내용이란 잠재적 내용이 너무 고통스럽고 위협적이기 때문에 무의식적인 성적·공격적 충동이 보다 용납될 수 있는 내용으로 변형되어 꿈에 나타나는 내용을 말한다.

② 꿈의 재료

꿈의 재료에는 유아기의 기억(예: 어린 시절 물놀이를 하고 놀던 일)과 환상(예: 자신이 하늘을 날아다니는 사람이 되는 생각), 신체적 감각 유입(예: 자기 몸속의 내적 자극에서 오는 것, 즉 배고플 때 꿈속에서 진수성찬을 먹거나 혹은 외부 자극에서 오는 것, 즉 잠을 자는 중에 자명종 소리를 들으면서 꿈에서 전쟁터의 대포소리를 듣는 것), 현재의 생활환경(예: 부도가 난 사업가가 꿈속에서 빚쟁이에게 쫓기거나 은밀한 곳에 숨어도 덜미가 잡히는 꿈), 일상적인 일(예: 직장인이 직장에서 일하는 꿈) 등이 있다.

③ 꿈의 작업

무의식적인 성적·공격적 욕구가 의식 수준에 직접 표현된다면 혼란스럽거나 죄책감을 느낄 수밖에 없다. 자아가 의식하기에는 너무나 고통스럽고 위협적인 잠재 내용을 보다 덜 고통스럽고, 의식적으로 수용할 수 있으며, 덜 위협적인 현재 내용으로 바꾸는 것을 꿈의 작업(dream work)이라 한다. 꿈의 작업은 다음과 같은 여러 가지 과정을 포함하고 있다.

● 압축

압축(condensation)이란 여러 가지 잠재 요소를 하나의 현재 요소로 줄여서 표현하는 것을 말한다. 예를 들면, A라는 사람과 B라는 사람이 둘 다 나를 싫어하는 경우, 꿈에서 B와 같은 행동을 하는 A가 나타나는 경우다. 꿈에서는 현실에서 사용하지 않는 복합어가 곧잘 나오는데, 이것이 압축의 대표적인 예라고 할 수 있다. 왼쪽의 그림에는 호수 위에 백조가 떠 있고, 호반에 그림자가 드리워져 있다. 하지만 그 그림자는 백조가 아니라 코끼리다. 이 그림을 거꾸로 보면, 두 종류의 동물들이 중첩되어 백조이면서 동시에 코끼리로 압축된 것을 알 수 있다.

● 전 위

전위(displacement)란 꿈의 사소한 잠재 내용이 매우 중요한 현재 내용으로 바뀌어서 나타나거나 그 반대의 경우를 말한다. 예를 들어, 어떤 여자가 꿈에서 사랑하는 조카가 죽어 장례식장에 갔을 때 아무런 슬픔이 느껴지지 않는다. 이때 그 이유는 그 전에 장례식에서 본 뒤로 짝사랑하게 된 남자를 다시 보고 싶다는 소원을 은폐하기 위해서일 수 있다. 그림은 발의 형태가 신발의 형태로 전위된 것을 보여 주고 있다.

● 극 화

극화(dramatization)란 무의식적 요소들이 꿈에서 구체적인 시각적 상이나 그림으로 바뀌어서 나타나는 것을 말한다. 예를 들면, 저자가 집필 중인 책의 매끄럽지 못한 부분을 다듬어야겠다고 생각할 때 나무토막을 대패질하는 꿈을 꾸게 되는 것이다.

● 이차적 가공

이차적 가공이란 꿈에서 깨어나기 전에 단편적인 꿈 내용에 대해 논리적인 연결 고리를 덧붙여서 논리 정연한 꿈의 줄거리를 만드는 것을 말한다. 즉, 꿈이 만들어지는 마지막 단계에서 마치 누더기를 깁듯 꿈의 빈틈을 메워 나가는 것이다. 이 부분은 나중에 덧붙여졌기 때문에 가장 먼저 망각된다.

● 타협 형성

현재몽은 일종의 타협(compromise)의 결과다. 무의식적 소망이 꿈속에 나타나기는 하지만 가장된 형태로 나타나기 때문이다. 자아는 잠자는 동안에도 무의식적 소망을 억압함으로써 수용할 수 없는 무의식적 요소가 표면화되는 것을 막는 역할을 한다. 자아가 이러한 억압의 역할을 적절히 수행하지 못하면, 사람들은 악몽을 꾸게 된다. 신경증적 증상도 무의식적 증상이며, 금지된 소망이 가장되고 왜곡되어 표현된 결과다.

④ 꿈 해석의 목표

꿈 해석의 목표는 현재몽의 꿈 내용을 자유연상법으로 분석하여 꿈의 작업에 의해 왜곡된 원래의 꿈의 의미를 알아내는 것이다. 정신분석에서 꿈을 해석할 때는 보편적 상징으로 해석하기보다는 자유연상법으로 해석한다.

⑤ 꿈 해석 사례

꿈을 해석하는 방법에 대한 이해를 돕기 위해 꿈을 분석한 사례를 한 가지 소개한다.

• • •

여대 졸업생이 맞선을 본 그날 밤에 '속이 은근히 비치는 잠옷 같은 것을 입은 한 젊은 여자가 한밤중에 백마를 타고 소나무 숲이 우거진 산등성이를 뛰어넘어 저 멀리 환한 보름달을 향해 달려가는데, 유심히 보니 말의 다리 하나가 부러져 있었다. 그런데도 그 여자는 기분이 참 좋은 것 같았다.' 라는 꿈을 꾸었다. 그녀가 선을 본 남자는 일류대학을 나와 장학금을 받고 3개월 후에 유럽으로 공부하러 떠나기로 되어 있었는데, 한 가지 흠은 홀어머니 밑에서 커온 외아들이라는 점이었다.

자유연상을 통하여 꿈속의 내용이 다음과 같은 것을 상징하는 것으로 밝혀졌다. 한 젊은 여자는 일종의 투사로, 꿈을 꾼 내담자를 뜻한다. 꿈에서 자신이 등장하면 너무 적나라하여 용납이 안 되기 때문에 잘 알 지 못하는 한 여자의 꿈을 꾸게 된 것이다. 속이 은근히 비치는 잠옷은 신혼의 침실 광경과 연결되며, 선을 본 남자와 결혼하고 싶은 욕구를 의미한다. 백마는 백인들이 사는 유럽으로 곧 비행기를 타고 떠날 맞선 본 남자를 의미한다. 숲이 우거진 산은 철부지 어린 시절 밤늦게까지 술래잡기하고 놀았던 시골 고향집 뒷산과 연결되며, 서로 몸을 부딪치며 남녀 아이들이 섞여 놀 때의 성적 흥분을 의미한다. 이와 비슷하게 백마를 타고 보름달을 향해 하늘 위로 솟듯이 달리는 것도 성적인 흥분을 뜻한다. 한편 말의 다리가 하나 부러진 것은 홀어머니의 아들이라는 그 남자의 흠을 의미한다. 결국 이 꿈은 "다소 흠이 있지만 맞선 본 남자와 같이 유럽에 가서 신혼의 보금자리를 꾸미고 싶다."라는 무의식적 소망을 나타내고 있다. 그녀는 실제로 3개월 뒤에 선을 본 남자와 결혼하여 남편과 함께 유럽으로 떠났다.

• • •

(4) 저항의 해석

저항(resistance)은 치료의 진전을 방해하고 치료자에게 협조하지 않으려는 내담자의 무의식적인 모든 행동을 의미한다. 저항이 나타나는 이유는 불안으로부터 자아를 방어하려는 경향 때문이다. 저항은 무의식에 숨겨진 원초적 충동과 욕구, 다른 사람에 대한 적개심, 자신에 대한 무력감 등의 내용이 의식의 표면으로 올라오려고 할 때, 그 고통을 직면하지 않으려는 내담자의 태도다. 이러한 저항은 무의식적 내용의 각성을 방해하기 때문에 상담자는 내담자에게 그것을 지적해 주고 내담자가 무의식과 맞닥뜨리게 해 주어야 한다. 상담자는 내담자가 보이는 가장 뚜렷한 저항에 대하여 내담자가 관심을 갖도록 한 다음, 내담자가 수용할 수 있도록 배려하면서 저항을 해석하는 것이 좋다.

저항은 다음과 같이 여러 가지로 표현된다. 내담자가 상담실에 오지 않아 상담이 중단되거나, 상담 시간에 지각을 하거나, 상담자와 약속한 사실을 잊어버리거나, 자유연상을 힘들어하거나, 꿈을 잊어버리거나, 상담자의 해석을 시시하다고 거부하거나, 상담 중에 화제를 바꾸거나, 두통을 호소하거나, 현실적인 이유(예: 사업차 여행)로 상담을 연기할 수밖에 없도록 자신도 모르게 상황을 꾸미거나, 과거의 기억을 상실하거나, 상담자가 말을 걸지 못하도록 의미 없는 말을 계속 하거나, 문제가 없다고 회피하거나, 침묵을 지키거나, 중요한 내용을 빠뜨리고 사소한 이야기만 하거나, 상담의 종결을 요구하는 것 등이 모두 저항에 해당한다.

2. 공헌점 및 한계점

1) 공헌점

첫째, 프로이트는 심리학에서 최초로 체계적인 이론을 창시하여 모든 성격이론의 선구자적 역할을 하였으며, 이후의 많은 이론의 발달에 공헌하였다. 기존의 이론을 비판하는 것은 쉽지만 체계적인 이론이 전혀 없는 상태에서 최초의 새로운 이론을 창시하는 것은 매우 어려운 일이다.

둘째, 프로이트 이전에는 대부분의 학자가 의식을 통해서 인간을 이해하려 한 반면에 프로이트는 인간의 정신세계를 무의식까지 확장하여 자신이 의식하지 못하는 무의식의 내용이 인간 행동의 근본적인 동기가 된다는 점을 밝혔다.

셋째, 프로이트는 자유연상과 전이의 해석 등의 치료 기법을 개발하여 히스테리 환자를 치료하는 데 공헌하였다. 그는 자유연상법을 활용하여 내담자 혼자서는 기억해 낼 수 없는 무의식 속에 담긴 경험 중에서 증상의 원인이 되는 내용을 기억해 내도록 하여 증상을 치료하였다.

넷째, 프로이트는 인간이 5세경의 남근기가 되면 성격의 거의 대부분이 형성된다고 봄으로써 자녀양육에서 조기교육의 중요성을 부각시켰다.

다섯째, 한 이론의 가치는 그 이론 적용의 폭뿐만 아니라 그 이론으로 얼마나 많은 인간 현상을 설명할 수 있는지가 기준이 될 수 있는데, 그 어느 이론보다도 프로이트의 이론은 문학, 예술, 연극 및 광고에 이르기까지 적용의 폭이 광범위하며 다양한 인간 현상을 설명해 준다.

여섯째, 프로이트의 정신분석이론은 인간의 성격을 체계적으로 이해하려 한 성격이론이라는 점이 주목할 만하다(홍숙기 역, 2008, p. 53). 그는 성격심리학의 아버지라고 불러도 과언이 아닐 만큼 성격심리학의 발달에 기여한 바가 크다. 정신역동적 관점을 가진 많은 성격이론가들(예: 아들러, 융, 에릭슨 등)이 자신들만의 이론을 정립할 때, 정신분석이론의 개념을 수정하거나 확장하였을 만큼 이 이론의 영향력은 지대하다.

일곱째, 프로이트의 이론은 물리학이나 화학의 역학 법칙을 통해 인간을 이해하려 한 최초의 정신역동적 성격이론이다. 심리학의 역사는 인간의 역사만큼이나 오래되었지만, 과학적인 심리학은 1879년 독일의 라이프치히 대학교의 실험실에서 분트(Wunt)가 한 연구를 시발점으로 보고 있다(김현택 공저, 2001, p. 17). 이러한 과학적인 접근은 프로이트에게도 영향을 주어 인간의 정신 과정에 역학 법칙을 적용하였으며, 세 가지 성격의 구성요소가 역동적으로 상호작용하는 정신 과정을 중시하였다는 점은 높이 살 만하다.

여덟째, 프로이트의 이론은 임상에서 실제적이고 경험적인 자료를 토대로 정립되었다. 프로이트는 정신과 의사로서 신경증 환자들을 치료하면서 쌓은 임상적인 자료를 근거로 자신의 이론을 체계화하였다. 또한 자신을 치료 대상으로 삼아 자신의 정신세계를 분석하는 과정을 통해 심리적인 문제가 어디에서 시작되었는지를 밝히고자 하였다.

2) 한계점

첫째, 프로이트의 이론은 표집의 대표성이 없고, 일반화에 한계가 있다. 히스테리 환자를 대상으로 연구했기 때문에 정상인을 대표할 수 없으며, 환자와 정상인은 다르기 때문에 환자를 대상으로 연구한 결과를 정상인에게 적용하는 데 한계가 있다는 것이다.

둘째, 프로이트는 자신의 꿈을 분석하거나 특정 사례(예: 한스, 로라 등)를 분석하는 등 통제되지 않은 자연 상황에서 불완전한 자료를 관찰한 것에 근거하여 자신의 이론을 정립하였기 때문에 연구 방법과 절차가 과학적이지 못하다.

셋째, 프로이트는 인간이 오이디푸스 콤플렉스와 같은 근친상간 욕구가 있다고 함으로써 인간을 성의 지배를 받는 존재로 보아서 인간관이 지나치게 비관적이고 부정적이다. 또한 5세 이전의 경험에 의해 성격이 형성되며, 문제 증상의 원인은 억압된 성적 충동 때문이라고 보아서 인간을 결정론적이고 비합리적인 존재로 가정하여 인간의 자율성과 합리성을 경시한다.

넷째, 프로이트는 여자아이가 남근을 선망할 뿐만 아니라 초자아의 발달이 남자아이보다 부족하다고 주장하여 남녀 차별적이며 여성에 대한 편견을 보인다.

다섯째, 정신분석은 치료를 하는 데 최소한 몇 년이 걸리기 때문에 지나치게 치료 기간이 길어서 치료비가 많이 들고 비경제적이다. 현대인은 단기 상담을 선호하기 때문에 적용에 제한점이 있다.

여섯째, 정신분석은 행동이나 증상이 발생한 후에 원인을 찾아서 이를 치료하는 데 효과적인 반면에 증상을 사전에 예방하거나 추후의 행동을 예언하는 데는 효과적이지 못해서 사후 약방문적인 경향이 있다.

일곱째, 정신분석의 개념 중 반동 형성과 같은 방어기제는 과잉 해석의 가능성이 있다. 예를 들어, 치료자가 환자의 특성을 공격적이라고 분석하였다면, 실제로 공격적이어도 이 해석이 옳은 것이며, 공격적이 아니라 할지라도 일종의 반동 형성이라고 설명할 수 있어서 어떤 경우에도 반론이 어렵다는 것이다.

여덟째, 프로이트는 인지 발달을 무시하고 정서 발달에 치중하였으며, 현재의 경험보다 과거의 경험을 지나치게 강조하고 있다. 또한 인간 발달에 미치는 생물학적 요인을 강조하여 사회적 요인의 영향을 간과하였으며, 성격발달단계에서 문화적인 차이를 고려하지 못하였다.

요 약

1. 정신분석이론의 출현에는 도덕성을 극도로 강조하며 인간의 본능과 성욕을 억압하던 빅토리아 문화와 심각한 경제 위기로 인한 빈부의 격차 그리고 인종차별이 성행했던 오스트리아의 시대 상황이 반영되어 있다.
2. 프로이트에게 영향을 미친 이론은 다윈의 진화론, 페히너의 정신물리학, 브뤼케와 헬름홀츠의 역학 법칙, 샤르코의 최면요법 그리고 브로이어의 정화법 등이다.
3. 프로이트의 인간관은 비관론, 유전론, 결정론 그리고 전체론적인 관점이다.
4. 성격은 이드, 자아, 초자아로 구성되어 있으며, 인간의 성격은 세 가지 요소의 역동이다. 성격은 리비도가 몰려 있는 신체 부위인 성감대에 따라 구강기, 항문기, 남근기, 잠복기, 성기기 등의 심리성적발달 5단계로 발달한다.
5. 부적응이 발생하는 원인은 무의식에 성 본능이나 트라우마의 억압과 발달단계에서 과잉 충족과 과소 충족으로 인한 고착 그리고 이드와 자아 및 초자아가 균형을 이루지 못하기 때문이다.
6. 성격 연구는 사례 연구를 주로 하였으며, 소년 한스의 치료 사례와 프로이트 자신의 꿈을 분석한 사례가 있다. 성격 평가 기법에는 로르샤하검사와 주제통각검사가 있다.
7. 공헌점은 최초로 체계적인 성격이론을 정립하였으며, 인간의 무의식의 존재를 밝혔고, 자유연상이나 전이의 해석 등의 치료기법을 발견하였고, 초기 아동기의 경험이 중요하다고 강조하여 조기교육의 중요성을 부각시켰으며, 다른 성격이론들의 출현에 이론적인 토대를 제공한 점 등이다.
8. 비판점은 환자들을 대상으로 하였기 때문에 일반화의 문제가 있으며, 연구 방법이 과학적이지 못하고, 인간이 성에 지배를 받는다는 비관적인 입장이며, 남녀 차별적 이론이고, 치료 기간이 길고 비용이 많이 들며, 정서발달에 치중하여 인지발달을 무시했다는 점 등이다.

제3장

개인심리이론

알프레드 아들러

개인심리이론(individual psychology theory)은 알프레드 아들러(Alfred Adler, 1870~1937)가 주창한 이론이다. 개인심리이론에서 개인은 영어로 'individual'이며, 라틴어 'indivisible'에서 유래했다. 'indivisible'이란 단어는 in과 divide의 합성어로서, in은 '아니다(not).'라는 부정을 나타내며, divide는 '나누다, 쪼개다, 분리하다.' 등을 뜻한다. 따라서 '개인'이라는 단어는 '분리할 수 없는 존재'라는 의미를 내포하고 있다. 아들러의 개인심리이론은 프로이트의 정신분석이론과는 다르게 인간의 정신을 요소로 나누지 않고 있는 그대로의 전체로 보는 총체주의적인 입장을 취한다. 총체주의에서는 전체란 부분의 합 이상의 의미를 갖는 것으로 보기 때문에 인간을 이해할 때 요소로 분리하지 않아야 할 것을 강조하고 있다.

개인심리이론은 정신분석에 기초를 두고 있다. 아들러는 5세 이전의 생활양식이 평생에 걸쳐 중요한 성격으로 자리 잡는다고 보았다. 하지만 인간 행동의 원천을 프로이트가 강조한 성 본능으로 보지 않고, 열등감을 보상하기 위해 우월성을 추구하는 것으로 보았다. 또한 프로이트는 인간의 성격 형성에서 유전적 요인이 중요하다고 본 반면에, 아들러는 환경적 요인을 강조하였으며, 인간을 사회적이며 목적론적인 존재로 보고 사회적 관심을 정신건강의 척도로 간주하였다.

프로이트와 아들러 사이에 있었던 일화를 소개하면 다음과 같다. 프로이트는 체구가 작은 아들러를 난쟁이라고 부르면서 "내가 난쟁이를 위대하게 만들었다."라고 혹평했다. 이에 반발하여 아들러는 "거인의 어깨 위에 서 있는 난쟁이는 그 거인보다 훨씬 멀리 볼 수 있다."라고 응수하였다. 프로이트는 이에 질세라 "그건 난쟁이에게 사실일지는 모르나, 난쟁이는 거인의 머리털 속에 있는 이는 보지 못할 것이다."라고 하였다(이훈구 역, 1998, p. 101). 이러한 일화에서 알 수 있듯이 개인심리이론은 정신분석이론에 대한 비판에서 시작되었다. 프로이트는 인간이 성 본능의 지배를 받는 부정적인 존재라고 보았으나, 아들러는 인간이란 자신의 인생을 능동적으로 창조해 나가는 긍정적인 존재로 보았으며, 인간은 창조적 존재로서 유전적 결함과 환경의 열악함을 뛰어넘을 수 있다고 하였다.

제1절 서 론

1. 개인심리이론의 출현 배경

아들러가 활동하던 당시는 제1차 세계대전을 겪은 혼란스러운 시기였다. 아들러는 제1차 세계대전 당시 군의관으로 군 복무를 하면서, 인간이 가지고 있는 '공격성(aggression)'에 관심을 가지게 되었다. 이 공격성에 대한 충동은 '힘에 대한 의지(will to power)'로 바뀌었다가, 후에 '우월성에 대한 추구(striving for superiority)'의 개념으로 정립하였다(이상로 공역, 1997, p. 171). 아들러는 인간을 움직이는 행동 동기를 우월성의 추구로 설명한 것이다.

한편 1917년 러시아에서는 볼셰비키 혁명이라고 불리는 10월 혁명이 일어났다. 이 혁명을 주도한 사람은 사회주의자인 트로츠키였는데, 그는 아들러와 매우 절친한 관계였다고 전해진다. 트로츠키의 사회주의 사상은 아들러의 주요 개념인 '사회적 관심'에 영향을 주었다. 뿐만 아니라 아들러의 아내였던 라이사 엡스타인(Raiss Timofejevna Epstein)도 러시아인으로서 그의 이론과 사상에 많은 영향을 주었다.

2. 개인심리이론에 영향을 미친 이론

1) 프로이트의 정신분석

아들러가 정신과 의사로 활동하던 초기에는 프로이트의 절대적인 지지를 받았다. 아들러는 1902년부터 프로이트와 결별할 때까지 8년 동안 오스트리아 정신분석학회 회장을 역임할 만큼 정신분석이론에 심취하였다. 후에 그는 프로이트의 성 본능을 부정함으로써 정신분석학회를 떠나게 되지만, 아들러의 이론에는 정신분석이론의 영향을 받은 개념들이 있다. 예를 들면, 아들러는 인간의 성격 구조를 이루는 생활양식이 5세 이전에 형성된다고 주장하였는데, 이는 인간의 성격이 남근기인 5세 이전에 형성된다고 주장한 프로이트의 영향을 받은 것으로 볼 수 있다.

2) 바이힝거의 사고유발 개념

한스 바이힝거(Hans Vaihiger, 1852~1930)는 독일의 유명한 철학자다. 그는 『믿음의 철학(The Philosophy of As If, 1911)』이라는 대표적인 저서에서 사람들은 실제 과거의 경험보다 미래에 대한 기대에 더욱 많은 영향을 받는다는 '사고-유발개념(thought provoking notion)'을 제안하였다. 즉, 대부분의 사람은 현실적으로 아무런 근거가 없는 생각인데도 그것을 마치 진실인 것처럼 믿고 살아간다는 것이다. 이는 인간의 동기는 진실에 의해서가 아니라 진실이라고 믿는 것에 의해 유발된다는 것을 의미한다. 이러한 바이힝거의 주장은 아들러의 이론에서 '가상적 목표'라는 개념에 영향을 주었다. 아들러도 인간의 궁극적인 목표는 현실에서 검증되지 않는 가상적 목표라고 하였다. 이를테면, 어떤 사람이 열심히 일을 하고 운만 조금 따라준다면 못할 일이 없다는 신념으로 살아갈 수 있다. 아들러는 이러한 신념이 허구(fiction)적인 것이지만 현재의 일상생활에 큰 영향을 미친다고 하였다(이훈구 역, 1998, p. 126).

3) 자넷의 열등감 이론

아들러가 중시한 열등감 개념에 영향을 준 사람은 프랑스의 심리학자인 피에르 자넷(Pierre Marie Felix Janet, 1859~1947)이다. 자넷은 열등감이 신경증의 일반적 원인이라고 주장하였는데, 이러한 이론은 아들러의 열등감 개념에 영향을 주었다. 하지만 자넷이 열등감을 부정적으로 본 것과는 달리 아들러는 열등감을 행동의 원동력이라고 하여 긍정적으로 보았다.

4) 후설의 현상학

후설(Edmund Husserl, 1859~1938)의 현상학에서는 인간의 현실은 주관적이어서 사람들의 숫자만큼 존재할 정도로 각 개인이 경험하는 현실은 사람마다 다르다고 말한다. 이러한 현상학적인 관점의 영향을 받은 아들러는 인간을 자신만의 생활양식을 가지고 변화하는 환경과 조건에 주관적으로 대처하는 존재로 보았다. 또한 그는 개인의 행동은 자신과 자신이 적응해 나가는 환경을 보는 관점에 달려 있다고 하였다. 예를 들면, 어떤 사람은 '정직이 최상의 가치다.'라든지 '모든 사람은 이기적이다.' 혹은 '덕을 베푼 사람은 죽은 후에 복을 받고, 악한 사람은 벌을 받을 것이다.'라는 사실을 믿는데, 이는 그 믿음이 객관적으로 사실인지 그렇지 않은지 분별하기 전에 주관적으로 받아들인 결과라는 것이다. 즉, 인간의 행동은 주관적인 가상적 목표의 영향을 받는다는 것이다.

5) 베르트하이머의 형태주의 심리학

베르트하이머(Max Wertheimer, 1880~1943)의 형태주의 심리학에서는 '전체는 부분의 합 이상이다.'라고 하며, 전체를 이해하는 데 있어서 부분으로 나누어 이해하는 것은 한계가 있다고 보고 있다. 이렇게 형태주의 심리학에서 전체를 중시하는 관점은 아들러의 이론에서 개인(individual)이라는 개념과 일맥상통한다. 왜냐하면 개인은 나눌 수 없다는 의미를 포함하고 있기 때문이다. 즉, 아들러의 이론은 형태주의 심리학의 관점과 같은 맥락으로, 인간을 요소로 나누지 않고 있는 그대로의 전체로 이해해야 한다고 보고 있다.

6) 마르크스와 니체

아들러는 마르크스(Karl Marx, 1818~1883)의 사회주의사상의 영향을 받아서 사회평등과 사회적 관심을 중시하였다. 그는 마르크스의 사회계급 간 평등사상의 영향을 받아 자신의 남성성 추구의 개념에서 남성과 여성에 대한 평등을 주장하였다. 또한 사회적 관심을 정신건강의 척도로 볼 정도로 중시하였다.

뿐만 아니라 아들러가 주장한 인간 행동의 원천인 우월성 추구는 니체(Friedrich Nietzsche, 1844~1900)가 주장한 '권력에 대한 의지'의 영향을 받았다. 하지만 니체의 권력의 개념과 아들러의 우월성 추구는 의미하는 바가 똑같지는 않다. 즉, 아들러의 우월성 추구는 자신을 완성하려는 힘을 의미하며, 유능감을 얻기 위해 노력하는 것을 의미한다.

3. 생애가 이론에 미친 영향

아들러는 1870년 오스트리아의 비엔나 근교에 있는 펜지히에서 태어났다. 유대인인 그의 아버지가 중개업 · 도매업에 종사하였기 때문에 경제적으로는 비교적 넉넉한 편이였다. 6형제 중 둘째로 태어난 그는 재주가 많은 형으로 인하여 많은 열등감 속에서 어린 시절을 보냈다. 두 살 정도까지는 엄마의 따뜻한 사랑을 받았으나, 동생이 태어난 후로는 사랑마저 빼기게 된다(이훈구 역, 1998, p. 96). 형제 간의 출생순위와 관련된 이러한 경험은 후에 그의 이론에서 성격 형성에 영향을 미치는 출생순위에 대한 개념과 관련이 있는 것으로 생각된다.

아들러는 죽음과 질병의 공포 속에서 어린 시절을 보냈다. 그가 세 살 때 어린 동생이 바로 옆 침대에서 죽어가는 모습을 목격했고, 그 자신도 길거리에서 손수레에 치여 두 번이나 죽을 뻔하였다. 다섯 살 때는 폐렴에 걸려 죽음 일보 직전까지 간 적이 있었다. 또한 비타민 부족으로 등이 굽는 구루병에 걸려 등에 부목을 대고 붕대로 감고 다녔다. 구루병으로 등이 굽은 그는 제대로 뛰어다니지도 못했으며, 구석에 앉아서 친구들이 노는 모습을 바라보아야만 했다. 그는 전공을 몇 번이나 바꾸었다. 안과의사로, 그리고 일반의로, 마지막은 정신과 의사를 택하게 된다. 특히 그는 아동에 대한 심리치료, 학교, 가족상담 등에 많은 관심을 기울였고, 이 분야에 지대한 업적을 남겼다. 이는 유난히 병약한 아동기를 보냈던 자신의 경험과 무관하지 않으리라고 본다.

그는 중학교 때 반에서 늘 꼴찌를 하였다. 특히 수학 과목을 못해서 여러 번 낙제를 하였으며, 담임선생님이 그의 아버지와 면담 중 아들러는 제화공(shoemaker)을 시키는 편이 낫겠다는 말을 할 정도로 공부에 재능이 없었다. 그러나 그는 아버지의 끊임없는 격려와 지지로 공부를 열심히 하여 학업에 대한 열등감을 극복하고 고등학교를 성적 우수생으로 졸업을 할 수 있었다(이형득 공저, 1984, p. 84). 이처럼 아들러는 어린 시절의 신체적인 열등감과 지적 열등감에 대한 보상으로 의사이자 심리학자가 된 것으로 여겨진다. 개인심리이론에서 인간이 열등감을 보상하기 위하여 우월성을 추구한다는 아들러의 주장은 스스로 열등감을 극복하기 위하여 노력했던 그의 성장 과정에서 찾을 수 있다.

아들러는 1897년 러시아 사람인 라이샤 엡스타인과 결혼하여, 세 명의 딸과 한 명의 아들을 낳았다. 아들러는 대학 시절 사회주의에 많은 흥미를 가졌으며, 정치적인 모임에도 즐겨 참여하였다. 아들러의 사회주의 사상에 대한 관심과 급진주의자였던 아내와의 만남, 그리고 볼셰비키 혁명을 주도한 트로츠키와의 우정 등은 후에 그의 이론 중 '사회적 관심'이라는 핵심 개념에 영향을 주었다.

1902년 프로이트의 꿈 분석을 공격한 내용이 지역신문에 게재되자 아들러가 이를 비판했고, 이것이 계기가 되어 프로이트가 아들러를 초청, 두 사람의 관계가 시작되었다. 아들러가 1907년에 발표한 논문인 「신체 기관의 열등에 관한 연구(A study of organ inferiority and its psychical compeniation: A contribution to clinical medicine)」는 프로이트의 절대적 지지를 받았으며, 이어서 그는 비엔나 정신분석학회 회장이 되었다. 1908년 아들러는 『공격성 본능 개관(Introduction to Aggression)』에서 성 본능 대신 공격성을 행동의 원천으로 주장하여 프로이트와 관계가 악화되었다. 이 일로 인해 두 사람은 결별하게 되었다. 당시 프로이트와 아들러가 겪은 불화와 갈등이 어느 정도였는지 짐작할 수 있는 일화가 있다.

> 아들러가 사망하였다는 소식을 전하는 친구의 말을 들은 프로이트는 "나는 왜 당신이 아들러를 동정하는지 이해할 수 없습니다. 비엔나 촌에서 태어난 한 유태계 소년이 대도시 애버딘에서 죽은 것은 그 자체가 전례 없는 출세이며, 그가 큰 성공을 했다는 증거입니다. 그가 정신분석학을 반대한 것에 대하여 세계는 너무나 과분한 보답을 하였습니다" (이훈구 역, 1998, p. 99).

프로이트와의 대립으로 아들러는 1911년 정신분석학회를 탈퇴하고, '자유정신분석학회'를 결성하였으며, 1912년에는 개인심리학회로 명칭을 바꿨다. 1912년 아들러는 『신경증 체제(The Neurotic Constitution, 1917a)』란 책에서 열등감과 우월성 추구라는 개념을 주장하였으며, 그 후 신경증에 대한 사회적 관점을 발전시켰다. 제1차 세계대전 중에 그는 오스트리아의 군의관으로 종군하였으며, 전쟁 후에는 지역사회의 정신건강을 증진시키기 위한 아동상담소를 개설하였다. 1922년에는 아동생활지도 클리닉을 신설하였으며, 이를 계기로 오스트리아 공립학교에 아동생활지도센터가 설립되었다. 1926년 이후에는 미국의 유수 대학에서 순회강연을 하였으며, 1932년 뉴욕의 롱아일랜드 의과대학 교수로 초빙되었다. 1934년 나치의 유대인 추방정책으로 그는 뉴욕에 정착하였다. 아들러는 지칠 줄 모르는 강연가라고 불릴 만큼 세계 곳곳을 돌아다니며 강연을 하였다. 그러던 그는 1937년 순회강연 중 스코틀랜드의 에버딘에서 67세의 나이에 심장마비로 사망하였다.

그는 300여 권의 많은 책과 논문집을 남겼는데, 『개인심리학의 이론과 실제(The Practice & Theory of Individual Psychology, 1927a, 1927b)』는 아들러의 성격이론을 가장 잘 나타내는 개론서다. 그 외에도 『기관 열등감과 심리적 보상의 한 연구(A Study of Organ Inferiority and Its Psychical Compensation, 1917b)』, 『생활양식(The Pattern of

Life, 1930a)』, 『사회적 관심: 인류에의 도전(Social Interest: A Challange to Mankind, 1939)』 등이 있다(이훈구 역, 1998, p. 99).

제2절 주요 개념

1. 인간관

개인심리이론에서 인간을 바라보는 관점은 낙관론적 인간관, 유전과 환경을 뛰어넘는 양비론적 인간관, 자유론적 인간관 그리고 전체론적 인간관이라 할 수 있다.

1) 낙관론적 인간관

아들러는 인간의 본성을 긍정적으로 보았다. 그는 인간이란 알 수 없는 어떤 힘에 의해 움직이는 수동적인 존재가 아니라 스스로 자신을 개발하고 운명을 개척해 가는 능력이 있는 존재라고 주장하였다. 그는 이러한 능력을 '창조적 자아'라는 개념으로 설명하였다. 창조적 자아의 의미는 인간이 자신의 인생을 스스로 만들어 간다는 것이다. 이러한 능력은 열등감을 극복하고 우월성을 추구하는 개념으로도 설명된다. 인간은 선천적인 신체의 결함이나 어려운 가정환경에 기인한 열등감을 느낀다 할지라도 자신의 열등감을 보상하기 위해 우월성을 추구하여 그 열등감을 극복한다는 것이다. 예를 들면, 어릴 적 경미한 언어장애가 있는 사람이 나이가 들어 아나운서가 되거나 혹은 언어치료사가 될 수 있다(홍숙기 역, 2008, p. 83). 결국 아들러는 인간이란 자신의 인생을 창조할 뿐만 아니라 열등감을 극복하고 우월성을 추구하는 능력을 가진 긍정적인 존재라고 보았다.

2) 유전과 환경을 뛰어넘는 양비론적(兩非論的) 인간관

아들러는 인간이란 유전적인 요인보다 환경적인 요인의 영향을 더 많이 받는 존재라고 주장한다. 물론 아들러는 인간의 본성에 유전적인 요인이 미치는 영향도 중시하였다. 인간은 선천적으로 사회적 관심과 우월성을 추구하는 욕구를 가지고 태어난다고 보았기 때문이다. 하지만 그의 이론에서 핵심이 되는 열등감과 출생순위에 대한 개념을 살펴보면, 그는 인간을 유전보다 환경의 영향을 더 받는 존재로 보고 있다는 것을 알 수 있다. 열등감은 자신과 타인을 비교할 때 생겨난다. 즉, 한 사람이 무인도에서 혼자 살 때는 자신이 키가 작은지, 얼굴이 못생겼는지 혹은 머리가 나쁜지 알 수가 없다. 따라서 열등감이란 혼자가 아닌 곁에 다른 사람이 존재할 때 느끼는 감정이다. 인간은 태어나면서 가족이라는 관계 속에서 형성되는 출생순위도 환경론적 관점에서 이해할 수 있다. 그는 한 사람이 태어나면서 주어진 출생순위는 그 개인에게 주어진 환경이며, 이러한 출생순위에 따라 성격이 다르게 형성된다고 주장하였다. 하지만 아들러는 인간이 유전과 환경의 영향을 받는 존재라는 관점을 넘어서서 인간은 유전적 결함이나 환경적 열악함을 뛰어넘는 창조력을 가진 존재로 보았다. 따라서 그는 유전과 환경 그 어느 쪽도 아닌 양비론적 관점을 가지고 있다는 것을 알 수 있다.

3) 자유론적 인간관

아들러의 이론에서 중요한 개념인 창조적 자아는 그가 인간을 자유론적인 입장에서 바라보고 있음을 알게 해 준다. 그는 인간의 성격이 유전이나 환경적인 요인들의 영향을 받아 형성되지만 인간에게는 스스로 선택하여 변화시킬 수 있는 창조적인 힘이 존재하고, 이 힘에 의해서 개인의 독특한 생활양식이 정해지며, 인간은 자신의 삶에 대해 책임을 지는 존재임을 강조하고 있다. 인간이 가지고 있는 제3의 힘인 '창조적 자아'에 대해 그가 구체적인 검증이나 체계화를 하지 않았지만, 그의 인간관에 면면히 흐르는 사상 속에서 인간이란 유전과 환경에 의해 결정되는 존재가 아니라 유전과 환경을 뛰어넘는 독립적이고 능동적인 존재이며, 스스로 책임을 질 수 있고, 자아실현을 끊임없이 추구하는 존재로 보고 있기 때문에 그의 인간관은 자유론적 관점이라고 할 수 있다.

4) 전체론적 인간관

아들러는 『인간의 본성 이해(Understanding Human Nature, Compensation, 1927b)』라는 책에서 인간을 몸과 정신으로 구성된 살아있는 유기체로 보았다. 즉, 인간을 하나의 유기적인 집합체로 본 그인 만큼 자신의 이론의 명칭을 '분리할 수 없는 존재'라는 뜻을 지닌 '개인심리학'이라고 붙인 것도 당연하다. 그런데 아들러는 그의 이론을 확대시켜 인간의 삶 자체도 총체적 맥락에서 파악해야 한다고 보고 있다. 이러한 그의 논리는 인간이라면 갖게 되는 열등감과 이에 대한 보상의 과정에서 인간은 전인격적으로 자신의 열등감을 극복해야 한다는 것을 나타내는 것이다. 그는 이것을 생활양식이라는 개념으로 표현하고 있는데, 그는 한 사람에 대해 이해하고자 할 때, 그 사람의 행동이 무의식 속에 내재된 원인으로 인해 나타난 것이 아니기 때문에 의식적이며, 목표가 분명히 있고, 그 목표를 이루기 위해 세우는 행동 계획을 알 필요가 있다고 하였다. 이처럼 아들러는 인간이란 누구나 자아가 일관성이 있고 통합을 이루도록 행동하기 때문에 인간은 생활양식을 통해 자신의 의식 속에 있는 열등감, 추구하는 목표 그리고 이를 얻기 위한 창조적인 노력을 통합한다고 보았다. 이와 같은 아들러의 관점을 종합해 볼 때, 그는 인간을 전체주의적 관점에서 보고 있음을 알 수 있다.

2. 성격의 구조 및 발달

1) 성격의 개념

아들러가 주장한 '생활양식'은 성격과 유사한 개념이라고 볼 수 있다. 생활양식(style of life)이란 문자 그대로 개인이 자신의 삶을 살아가는 방식, 즉 자신만의 독특한 삶의 방식을 뜻한다. 사람마다 세상을 살아가는 생활양식이 다르게 나타나는데, 이러한 생활양식에는 개인의 자아개념, 타인과 세상에 대한 태도, 인생의 목표 등이 포함되어 있다. 생활양식에는 개인이 어떠한 문제를 만났을 때의 대처 방식도 반영된다. 즉, 생활양식이란 특질, 행동, 습관의 독특한 형태를 말하는 바, 이것은 모두 삶의 목표에 도달하기 위해서 스스로 설계한 독특한 양식이다. 따라서 그 사람의 생활양식으로 그 사람의 성격을 이해할 수 있다. 즉, 한 개인의 성격을 파악하려면 개인의 생활양식을 살펴보아야 하며, 그 생활양식이 어떠한가에 따라 건강한 성격인지 아니면 건강하지 않은 성격인지를 알 수 있다.

2) 성격의 구조

아들러는 성격의 구조에 대하여 구체적으로 설명하지는 않았지만, 그의 이론에서 성격은 생활양식으로 이루어져 있다고 볼 수 있다. 이러한 생활양식은 열등감에서 출발한다. 개인은 각자의 열등감을 극복하기 위해서 신체적인 면에서, 성격적인 면에서, 지식적인 면에서 생활양식을 만들어 간다고 볼 수 있다. 인간은 열등감에서 우월성, 완전성, 전체성으로 향하려고 노력하면서 개인 고유의 목표를 설정하게 되며, 그 목표를 달성하기 위해서 독특한 성격, 행동, 습관 등을 만들어 낸다. 이것이 바로 생활양식이다. 이 생활양식은 목표를 달성하기 위해서 개인이 만들어 낸 것으로, 인간의 행동에 일관성을 부여하여 행동이 서로 어떻게 일치하는지를 설명해 준다. 목표와 마찬가지로 생활양식 역시 생물학적 · 환경적 영향을 받지만 궁극적으로는 개인의 창조물이다.

3) 성격의 발달

아들러의 개인심리이론에서 성격발달은 생활양식의 형성과 발달로 설명할 수 있다. 그는 생활양식의 형성과 발달에는 가족 구도와 출생순위가 영향을 미친다고 하였다.

(1) 생활양식의 형성

개인마다 각각 다르게 나타나는 생활양식은 먼저 가정환경과 가정 분위기에 의해 영향을 받는다. 가족 내의 경험, 특히 형제나 자매간의 경험은 삶을 이해하는 데 영향을 주며, 이는 생활양식을 형성하는 데까지 이어진다. 아들러는 생활양식은 생후 5년 이내에 만들어지며, 어릴 때의 경험이 생활양식의 형성에 많은 영향을 미친다고 하였다. 하지만 중요한 것은 어릴 때 경험한 사건 자체가 아니라 어린 시절의 중요한 사건에 대한 해석이다. 예를 들면, 불완전한 신체 기관을 가지고 태어난 아이들, 즉 유아기에 병이나 허약체질로 고생한 아이들은 자신에게만 관심을 집중하는 경향이 있으며, 다른 사람과 비교해서 열등감을 느낄 수도 있고, 다른 사람의 시선에서 모멸감을 느낄 수도 있다. 그들은 자신감이 부족해 공동생활에서 의미 있는 역할을 하고자 하는 희망을 잃어버리기도 한다. 응석받이 아이들은 남을 원망하는 것을 당연시할 수 있다. 그들은 자신이 주목받지 못하는 상황에 놓이면 불안해하고, 버림받았다고 느낀다. 그들은 타인에게 베푸는 것보다 타인에게 의존하도록 양육을 받아서 독립심이 없을 뿐만 아니라 자신을 돌보아주지 않으면 사회가 자신에게 적대적이라고 느끼고, 주위의 모든 사람에게 복수하려 한다. 무시당하고 방임된 아이들은 자신의 능력을 과소평가하고, 사회를 냉혹하게 보며, 자신이 사회에 유익한 행위를 함으로써 애정과 존경을 얻을 수 있다는 생각을 하지 못한다. 그들은 고립되고, 타인과의 관계를 잘 맺지 못하며, 타인과 협력을 잘하지 않는다. 이렇듯 어린 시절 부모의 양육 방식이 어우러져 개인의 생활양식을 형성한다.

하지만 아들러는 인간이란 자신의 경험에 독특한 의미를 부여함으로써 스스로 의미를 결정한다고 말한다. 아들러는 인간 행동을 이해함에 있어 인과론적인 결정론을 거부한다. 인간은 목적 지향적인 존재이며, 이 목적은 개인의 창조물이라는 것이다. 생활양식이나 삶의 목표는 개인의 유전적인 기질이나 사회적 환경 등의 영향을 받지만, 궁극적으로는 개인이 만들어 내는 것이라고 말한다. 예를 들면, 아들러는 응석받이의 생활양식은 반드시 부모에 의해서 생겨나는 것이 아니라 전혀 응석받이가 되지 않을 상황에서도 발달할 수 있는 것으로 보았다. 즉, 실제 응석받이의 환경과 응석받이로 반응하는 것 사이에는 아동의 창조성이 개입된다는 것이다. 이를 통해 개인이 어린 시절부터 이미 인생의 의미를 찾으려는 움직임을 관찰할 수 있다. 아동은 유아기 때부터 이미 자신을 에워싸고 있는 생활 전체에서 자기의 역할과 가능성을 확인하려고 노력한다. 아동이 다섯 살이 끝나 갈 무렵에는 이미 여러 가지 문제나 과제와 씨름을 하기 때문에 아동은 확고한 하나의 행동규범과 독자적인 생활양식을 만들어 낸다. 인생에 부여했던 의미가 안고 있는 잘못된 부분이 수정되기 위해서는 잘못된 해석이 내려지게 된 상태를 다시 한 번 생각하고, 그리하여 잘못된 부분을 통찰하여 인식체계를 정정함으로써만 가능하다.

아들러는 현상학적인 관점으로 세상을 바라보려는 입장이다. 이 현상학적인 관점은 인간이 그들의 세계를 지각하는 개인적인 방법에 관심을 기울인다. '주관적인 실제'는 개인의 지각, 믿음, 결과를 포함한다. 삶이라는 것이 실제로 어떠한가보다는 개인이 삶을 어떻게 보는가가 더 중요하다. 이것은 개인이 인생에 부여한 의미가 얼마나 중요한가를 보여 준다. 결국 인간이 자신의 삶을 어떻게 보는가에 따라 생활양식이 결정되며, 삶의 목표가 정해진다.

(2) 가족 구도와 출생 순위

가족 구도(family constellation)란 가족의 심리사회적 형태를 의미하며, 아들러는 가족 구도가 개인의 성격 형성이나 발달에 영향을 준다고 하였다. 아들러는 가족 구도란 가족의 크기, 출생순위, 형제자매의 성별, 형제자매 간 연령 차이, 가족 간의 심리적 거리 등으로 파악이 되며, 그중에서도 출생순위(birth order)가 성격 형성에 가장 중요하다고 하였다(이수연 공저, 2013, p. 124). 아동은 가정환경 속에서 시행착오를 거치면서 자신에 대한 개념을 발전시키고, 자신의 위치를 발견하며, 자신의 목표를 달성하는 방법을 찾아 실행에 옮긴다. 한 사람이 가정에서 접하는 자신의 위치에서 어떻게 다른 가족 구성원과 관계를 맺고 있는지를 보면, 그의 생활양식을 알 수 있다. 가정의 환경이 아동으로 하여금 어떤 특정한 방식으로 행동하게 하지는 않는다. 단지 그가 어떻게 자신이 가지고 있는 확신에 도달하게 되는지를 보여 줄 뿐이다.

성격 형성에 중요한 가정 요인은 형제와 자매로서, 특히 자신과 다른 성향을 가진 가족들이다. 가족 내에서 아동이 갖는 관계성은 성격 형성과 가정 밖의 세상에서의 상호교류에 지대한 영향을 끼친다. 즉, 가정에서 형성된 지식, 습관, 기술 등은 자신의 모든 삶의 상황을 성공적으로 다루는 능력에 영향을 준다. 따라서 아동이 가정에서 겪은 일이 무엇인지에 관심을 가져야 하며, 출생순위와 아동이 가족 구성원과 맺는 관계를 살펴야 할 필요가 있다. 아들러는 가정 안의 환경이 모든 가족 구성원에게 같은 것이 아니라고 하면서, 출생 순위에 따른 특성을 다음과 같이 설명하고 있다.

① 첫째아이

첫째아이는 둘째아이가 태어나기 전까지는 부모의 관심을 독차지하다가 동생이 태어나면 황제와 같은 자신의 위치에서 갑자기 내려오게 되고, 부모의 관심을 동생과 함께 나누어 가지게 된다. 이러한 박탈감과 상실감 때문에 아들러는 첫째아이를 '폐위된 황제' 라고 하였다. 이러한 경험은 첫째아이에게 사람을 싫어하거나, 갑작스런 운명의 변화로부터 자신을 보호하거나, 불안을 느끼는 등의 여러 방향으로 영향을 줄 수 있다. 부모가 만약 새로 태어나는 아이와 협동하도록 첫째아이를 주의 깊게 준비시키지 않거나, 둘째가 태어난 이후에도 계속 첫째아이에게 충분한 관심과 주의를 기울이지 않는다면, 첫째아이는 퇴행 증상을 보여서 말을 더듬거나 옷이나 이불에 오줌을 싸거나 혹은 둘째아이를 못살게 굴거나 창문을 깨뜨리는 등의 문제행동을 보일 수 있다. 그리고 첫째는 왕좌에서 밀려난 고통스러운 경험 때문에 열등 콤플렉스를 가질 수 있으며, 신경증환자나 범죄자, 알코올중독자가 될 가능성이 있다. 첫째아이는 어린 시절 누렸던 황제자리의 덧없음을, 추락을 꿈으로 표현하기도 한다. 첫째는 가정이라는 왕국에서 누렸던 영광스러웠던 날들과 과거에 대해 많은 관심을 보이며, 보수적이고, 기존의 권위나 전통 혹은 규범을 중시하며, 부모의 직업을 따르려는 경향을 보이며, 동조를 잘하고, 순응적이다. 다른 출생순위에 비해 모범생 기질이 있고, 책임감이 강하며, 효심이 있고, 다른 사람과는 남다르다는 특별의식을 보이기도 한다.

② 둘째나 중간아이

둘째나 중간아이는 손위형제나 손아래형제 사이에 끼여 관심과 사랑의 대상이 되지 못하는 경우가 많다. 이들의 불만은 부모님이 형제 중에서 자신에게만 관심을 가져 주지 않는다고 생각한다. 즉, 맏이는 첫째라서 대우해 주고, 동생은 어리다고 예뻐한다는 것이다. 둘째나 중간아이는 부모의 관심과 인정을 받기 위해 스스로 알아서 잘해야 하기 때문에 독립심이나 자립심이 강한 편이다. 이들은 첫째나 손위형제를 의식하면서 그들을 닮아갈 뿐만 아니라 그들보다 나아지려고 노력하기 때문에 경쟁심과 질투심이 강하고, 도전적인 성향이 있으며, 창의적이고, 기존의 체계에 반항적인 편이다. 또한 첫째나 손위형제에게 상황에 적절하게 협력을 하여 타협을 잘하고 적응력이 높다. 이러한 이유로 둘째나 중간이 실제로 성공하는 확률이 가장 높은 출생순위라고 할 수 있다. 일설에 의하면, 히틀러가 유대인 학살 정책을 펼칠 때, 둘째가 가장 뛰어나기 때문에 출생순위가 둘째인 사람을 가장 먼저 없애도록 지시했다고 한다. 필자의 출생순위에 얽힌 경험을 소개한다.

• • •

필자는 1남 3녀의 장녀인데, 둘째는 남동생이었다. 셋째인 여동생은 늘 부모님이 첫째 언니와 오빠만 좋아한다고 투덜거리곤 했다. 첫째인 필자가 생각할 때 그렇지 않았음에도 셋째 여동생은 부모님의 사랑이 맏이인 언니와 둘째인 오빠에게 더 많이 향하고 있다고 생각했던 모양이다. 셋째 여동생은 중간아이의 특성인 적응력과 독립심 그리고 경쟁심이 유난히 강한 성격 특성을 가지고 있다.

• • •

③ 막내아이

막내아이는 자신보다 나이가 많고 신체적이거나 지적인 모든 면에서 우월한 여러 명의 손위형제에 둘러싸인다. 막내는 이들을 이기고자 하는 자극을 끊임없이 받으며, 늘 손위형제들과 경쟁의 기회가 주어지기 때문에 경쟁심이 있으며, 야망이 강한 경향이 있다. 이러한 막내아이들은 자신만의 독특한 진로를 찾아가는데, 예를 들면, 과학자 집안에서 유일한 음악가나 사업가가 되는 경우다. 이들은 권위나 관습에 얽매이지 않으며, 창의적이고 예술에 재능을 보이는 편이다. 또한 이들은 부모의 사랑을 많이 받고 자라기 때문에 다른 사람들에게 정을 많이 주는 편이다. 이러한 이유로 막내아이는 둘째나 중간 다음으로 사회적인 성공을 할 가능성이 높다. 한편 막내아이는 부모의 과잉보호를 받을 가능성이 높기 때문에 의존적이고, 자기중심적이며, 책임감이 부족하고, 버릇이 없는 편이다. 따라서 첫째 다음으로 막내가 문제아가 될 가능성이 있다. 예를 들면, 경쟁에서 만성적으로 도피하고, 합리화를 하거나, 게으름에 빠질 수 있다.

④ 외동아이

외동아이의 경우는 보통 응석받이가 많다. 그들에게는 자신들이 항상 관심의 초점이 되어야 한다는 비현실적인 기대를 가질 가능성이 높다. 그리고 자신의 중요성에 대해서 과장된 견해를 가지는 특권의식이나 자기애적 성향을 보이기도 한다. 그들은 또한 소심하며 의존적이다. 가정에서는 정상적이지만 학교에 처음 들어가거나, 관심을 다른 사람과 나누어야 할 상황에 처하게 되면 사회적 관심이 부족한 모습을 드러내는 경우가 있다.

한편 출생순위가 외동아이는 아니지만 딸이 많은 가정에서 외아들이거나 혹은 반대로 아들이 많은 집안에서 외동딸일 경우는 자신의 성을 과장되게 강조하는 특성을 갖거나 이와 반대로, 이성으로 지나치게 동화되는 특성을 갖기도 한다. 첫째가 아들이고 바로 뒤이어 여자아이가 태어날 경우, 첫째인 남자아이는 여동생의 빠른 성장 때문에 생기는 당황스러움에 고통을 받을 수 있다. 첫째와 둘째 사이에 나이 차가 많을 경우에는 외동아이의 특징이 나타나기도 한다.

(3) 생활양식

아들러는 모든 인간은 동일하게 세 가지 인연을 가지고 있다고 말한다. 이 인연이란 인간이 지구라는 혹성에 살고 있다는 것과 타인 그리고 이성이다. 먼저 인간은 이 지구라는 환경의 불확실성 속에 살고 있을 뿐만 아니라 약한 육체를 갖고 있는 존재라는 사실 때문에 자신의 생명과 인류의 복지를 위해 노력해야 하며, 이용할 수 있는 모든 수단을 활용해서 노력을 기울여야 한다. 다음으로 인간은 자신의 약함과 불완전성, 한계성 등으로 다른 인간과 관계를 맺고 있다. 따라서 개인과 인류의 행복을 위해 할 수 있는 최선의 노력은 교제라고 할 수 있다. 마지막으로 인류의 생명을 지속한다는 점에서 제3의 인연, 즉 두 이성의 만남이 있다. 이 세 가지 인연은 세 가지 문제를 제기한다. 이 지구의 특성이 주는 모든 제약 아래서 인간으로 하여금 계속 살아갈 수 있게 해 주는 직업을 어떻게 발견할 것인가, 주위 사람들과 협력하여 얻는 혜택을 타인과의 관계 속에서 어떻게 향유할 수 있을 것인가, 인간이 남자와 여자라고 하는 두 이성으로 살아가면서 인류의 미래와 존속이 인간의 성생활에 의존하고 있다는 사실에 자기 자신을 어떻게 적응시킬 것인가의 문제가 그것이다. 그리고 삶의 인연에서 인간이 피할 수 없는 세 가지 삶의 과제가 주어지는데 바로 직업, 우정 또는 교제 그리고 이성 또는 결혼이다.

아들러는 생활양식을 크게 네 가지의 기본 유형으로 나누었다. 그리고 이 기본 유형은 개인이 자신의 삶의 과제에 따른 문제를 해결하는 과정에서 두드러지게 나타난다고 보았다. 아들러는 "생활양식은 사회적 관심과 활동 수준으로 구분되는 이차적인 모형이다."라고 하였다. 사회적 관심이란 개인의 이익보다 사회 발전을 위해 다른 사람과 협력하는 것을 뜻한다. 아들러의 이론에서 사회적 관심은 심리적 성숙의 주요 기준이 되며, 이기적인 것과 상반된다. 활동 수준이란 개인이 보여 주는 에너지의 양이다. 이 활동 수준은 어릴 때 형성되는데, 무기력하고 우유부단한 사람에서부터 왕성하게 활동하는 사람까지 다양하다. 그러나 활동 수준이 건설적으로 되는지 또는 파괴적으로 되는지의 여부는 그것이 사회적 관심과 결합될 때 알 수 있다. 아들러는 생활양식을 사회적 관심과 활동 수준이라는 두 가지 차원을 중심으로 다음과 같은 네 가지 유형으로 구분하였다.

① 지배형

사회적 관심이 거의 없으면서 활동 수준이 높은 유형으로서 이와 같은 유형을 가진 사람은 주장적이고, 공격적이며, 적극적인 태도를 보인다. 부모가 힘을 통해 막무가내로 자녀를 지배하고 통제할 때, 자녀의 생활양식은 지배형으로 형성된다. 이 유형에 속하는 사람은 능동적이기는 하나 다른 사람의 복지를 고려하지 않고, 생활 과제에 대해 공격적이거나 반사회적 태도를 보인다.

② 기생형

사회적 관심도 적고 활동 수준도 낮은 유형으로서 기생적인 방법으로 외부세계와 관계를 맺으며, 다른 사람에게 의존함으로써 욕구를 충족한다. 이 유형의 주요한 특징은 의존성이다. 이러한 생활양식은 부모가 자녀를 지나치게 과잉보호할 때 나타나는 태도다. 예를 들면, 부모의 재산만 믿고 빈둥대는 사람이 바로 기생형이다.

③ 회피형

사회적 관심도 적고 활동 수준도 낮은 유형으로서 이들의 목표는 인생의 모든 문제를 회피함으로써 모든 실패 가능성도 모면하려는 것이다. 회피형의 사람은 매사에 소극적이며 부정적인 특징을 가진다. 회피형 성격을 가진 사람은 자신감이 없기 때문에 적극적으로 직면하는 것을 피한다. 부모가 자녀를 양육할 때 자녀의 기를 꺾어 버리는 것이 회피형 생활양식을 갖게 할 수 있다.

④ 사회형

사회적 관심과 활동 수준이 모두 높아서 자신과 타인의 욕구 충족은 물론 인생의 과제를 완수하기 위해 기꺼이 다른 사람들과 협력하려는 의지를 가지고 있는 유형이다. 사회형의 사람은 성숙하고, 긍정적이며, 심리적으로 건강한 사람의 표본이 된다. 부모가 자녀 앞에서 어려운 이웃을 도와주는 것과 같이 이타적인 모습을 보이거나 혹은 이웃이나 친구들과 서로 도움을 주고받으면서 일을 하는 모습을 보일 때, 자녀들이 이 유형의 생활양식을 가질 수 있다.

앞에 제시한 네 가지 생활양식을 표로 나타내면 다음과 같다.

• 표 3-1 • 사회적 관심과 활동 수준에 따른 4가지 생활양식 유형

구 분	높은 사회적 관심	낮은 사회적 관심
높은 활동 수준	사회형	지배형
낮은 활동 수준		기생형 회피형

아들러가 생활양식에 따라 성격을 네 가지 유형으로 구분했지만, 이것은 단지 생활양식을 이해하기 위해서라고 하였다. 어떠한 결정론도 거부하는 아들러는 실제 상담 장면에서는 내담자를 유형별로 분류하지 말 것을 강조하고 있다. 아들러는 개인의 인생의 의미는 각기 다르고, 개인은 각자의 발달단계에 따라 이해되어야 하기 때문에 어떤 유형으로도 분류될 수 없으며, 이러한 분류는 개인이 외부의 문제에 어떻게 대처하는지를 설명하기 위한 교육적 차원의 분류라고 말하고 있다.

요약하면, 아들러는 생활양식을 개인의 성격을 움직이는 체계적 원리로 보았다. 그리고 생활양식은 한 개인의 독특성, 즉 삶의 목적, 자아개념, 가치, 태도 등을 포함하는 것으로 삶의 목적을 달성하는 독특한 방법이라고 하였다. 아들러는 생활양식이란 개인의 독특한 열등감(inferiority)을 극복하기 위한 노력을 나타내며, 5세경에 그 틀이 형성되어 그 후에는 거의 변화하지 않는다고 하였다. 또한 생활양식은 서로 연관되어 있는 세 가지 중요한 과업, 즉 직업, 사회, 사랑에 대해 개인이 어떻게 접근하는지를 관찰함으로써 이해할 수 있다고 하였다. 아들러는 이러한 인생 과제가 개별적으로 존재하는 것이 아니라 상호 관련이 되어 있으며, 해결 방법 또한 생활양식에 달려 있다는 것을 강조하였다.

3. 핵심 개념 및 도식화

아들러의 개인심리이론의 핵심 개념에는 열등감과 보상, 열등 콤플렉스, 우월성 추구, 가상적 목표, 창조적 자아, 사회적 관심 그리고 인생 과제 등이 있다.

1) 열등감과 보상

(1) 기관 열등감

아들러는 『신체 기관 열등과 심리적 보상에 관한 연구(A Study of Organ Inferiority and Its Psychical Compensation, 1917b)』라는 책에서 특정 기관이 질병에 감염되는 것은 그 기관이 다른 기관에 비해 열등하게 태어나서 기능을 제대로 발휘하지 못하기 때문이라고 하였다. 열등한 기관은 성장이 억제되거나 전체 혹은 부분이 변형된 신체 부분이다. 기관 열등감(organ inferiority)의 원인은 유전적이거나 어떤 환경적 손상이나 사건 혹은 병의 결과일 수 있다. 열등한 기관들은 그 자체가 병에 영향을 받기 쉬울 뿐만 아니라 정신건강에 영향을 줄 수 있다. 기관 열등감에 대한 보상은 긍정적 혹은 부정적인 방향으로 이루어진다. 기관 열등감을 긍정적인 방향으로 보상하여 성공한 사람들의 대표적인 예는 데모스테네스, 루돌프, 루스벨트, 밀톤, 베토벤, 헬렌 켈러, 피스토리우스 등이다. 아들러는 인간이란 기관 열등감을 보상하기 위해 노력함으로써 가장 열등한 신체 영역에서 최고가 될 수 있다고 하였다. 이러한 몇몇 사람에 대하여 알아보면 다음과 같다.

세계인명대사전에 세계에서 제일가는 웅변가로 소개되어 있는 데모스테네스(Demosthenes)는 어릴 때 말더듬이였으나, 이를 극복하여 최고의 웅변가가 되었다. 마케도니아 전쟁 때 영국 왕 필립은 그리스 군대 몇 십만은 두려울 것이 없으나, 데모스테네스의 세 치 혀가 두려울 따름이라고 하였다고 하니 데모스테네스가 얼마나 훌륭한 웅변가였나를 짐작할 수 있다. 또한 올림픽 트랙 3관왕이었던 루돌프(Wilma Rudolph)는 어릴 때 소아마비를 앓았으며, 미국 대통령이었던 루스벨트(Theodore Roosevelt)도 어릴 때 여러 질병으로 허약하였으나, 미국 역대 대통령 중 재임기간에 가장 건강한 사람이었다고 한다(이형득 공저, 1984, p. 90). 남아프리카공화국의 의족 스프린터인 피스토리우스(Oscar Pistorius)도 신체적인 열등감을 극복한 대표적인 예다. 그는 태어날 때부터 종아리뼈가 없어서 생후 11개월에 무릎 아래쪽의 두 다리를 절단할 수밖에 없었지만, 장애에 굴하지 않고 올림픽 무대에 서겠다는 일념으로 훈련을 거듭하여 2012년 런던올림픽에서 자국의 육상 대표선수로 꿈을 이루었다. 신체와 관련된 열등감을 극복한 필자의 경험을 소개하고자 한다.

• • •

필자는 중 · 고등학교에 다니던 시절에 체격에 대한 열등감이 심해서 매사에 자신감이 없었으며, 심지어 대인기피증까지 있었다. 그 당시 샤워를 한 후 거울에 비친 어깨가 친구들에 비해 왜소한 것 같고, 팔과 다리가 가늘게 느껴졌으며, 종아리에 근육이 없어 보였다. 체격이 좋아 보이기 위해서 겉옷 속에 옷을 몇 벌씩 껴 입곤 했다. 여름철에도 한두 벌은 꼭 더 입어 땀띠로 고생하곤 했다. 이러한 체격에 대한 열등감은 다른 한편으로는 수시로 근육질의 남자 몸을 그리는 취미를 갖게 했다. 체격에 대한 열등감은 대학시절까지 계속되었으나, 군에 다녀온 후 완전히 극복했다. 필자는 30대 초반부터 현재까지 꾸준히 헬스장에 다니며 운동을 해오고 있다. 물론 몇 달씩 운동을 못한 적도 있지만, 웨이트 트레이닝이 습관이 되어 지금은 그 어떤 것보다도 체격에 자신감을 가지고 살아가고 있다.

• • •

(2) 보편적 열등감

아들러는 기관 열등감이 열등감의 유일한 원인은 아니라고 하였다. 그는 열등감이 인간에게 보편적이라고 믿었다. 그는 열등감이란 개인이 외적 환경을 다루는 능력을 제대로 갖추지 못한 데서 발생한다고 보았다. 그러므로 모든 사람에게 일반화된 열등감은 유년기에 시작된다고 하였다. 유아는 무기력하기 때문에 살기 위해서는 성인에게 의존해야만 하는 장기간의 의존 시기를 경험하게 된다는 것이다. 특히 유아들은 가족 내에서 자기보다 더 크고, 더 강하고, 더 힘센 사람과 자신을 비교하여 자신이 열등하다고 생각하게 된다고 하였다. 결국 아들러는 열등감을 모든 사람이 피할 수 없이 공통적으로 갖는 것으로 보았다.

일반적으로 열등감은 부정적인 의미로 사용된다. 그러나 아들러는 열등감을 긍정적인 특성으로 간주하였다. 즉, 그는 모든 개인에게 열등감은 하나의 동기로 작용하여 개인은 열등감을 극복하려고 노력하게 되고, 그 결과 열등감이 개인의 성장과 발달을 가능하게 한다고 보았다. 또한 그는 열등감을 자기완성을 위한 추진력이자 필수 요인이라고 하였다. 열등감에 대한 보상심리는 모든 인간이 본질적으로 추구하는 경향성이어서 개인은 사회적 맥락에서 열등감을 느끼는 것을 더 높은 단계로 끌어올리려고 노력한다는 것이다.

2) 열등 콤플렉스

모든 인간이 열등감을 극복하는 데 성공하는 것은 아니다. 열등감을 극복하고자 하는 노력에도 실패할 경우에 이 열등감은 더 심화되어 열등 콤플렉스에 이르게 된다. 열등 콤플렉스는 부정적인 것이며, 성인이 되어서 신경증을 일으키는 대표적인 원인이 된다. 아들러는 유아기에 열등 콤플렉스에 빠지기 쉬운 세 가지 요인으로 신체 기관의 열등감, 과잉보호, 무관심을 들고 있다.

(1) 신체적 열등감

신체적 열등감은 개인이 부모에게서 물려받은 자신의 신체를 어떻게 생각하는가와 관련된 것이다. 신체적으로 허약하거나 만성적으로 병약한 아이는 다른 아이들과 성공적으로 경쟁을 할 수 없다. 신체적 열등감을 가지고 있는 아이는 자신의 세계 속에 움츠러들고 열등감을 극복하지 못할 가능성이 높다. 하지만 신체적으로 허약한 상태와 열등감의 정도가 반드시 비례하는 것은 아니다. 신체적 결함에 대한 열등감을 극복하지 못하고 열등 콤플렉스에 빠질 때 정신적인 문제가 생기게 된다. 개인에 따라서 신체적 열등감의 정도는 다르며, 때에 따라선 신체적 열등감으로 인해 개인의 창조력이 발휘될 수 있다. 신체적 열등감의 대표적인 예는 소아마비의 경우다.

(2) 과잉보호

열등 콤플렉스는 부모의 자녀교육과 관련이 있다. 자녀를 독립적으로 키우느냐 혹은 의존적으로 키우느냐는 부모의 양육 방식에 따라 달라진다. 부모에게 과잉보호를 받고 자란 아이들은 다른 사람들이 항상 그들을 위해 모든 것을 해 주기 때문에 자신감이 부족해 어려운 고비에 부딪혔을 경우, 자신에게는 해결할 능력이 없다고 믿고 열등 콤플렉스에 빠지게 된다. 과잉보호의 대표적인 예는 마마보이다.

(3) 무관심

무관심은 부모가 자녀에 대한 최소한의 도리를 하지 않는 것과 관련된다. 부모가 관심을 갖지 않고 방임된 아이들은 근본적으로 자기가 필요하지 않다고 느끼기 때문에 열등 콤플렉스에 빠질 수 있다. 즉, 방임된 아이들은 자신의 능력을 인정받고, 애정을 얻거나, 남들에게 존경받을 수 있는 기회를 갖지 못해 자신감을 잃고 세상을 살아가게 된다는 것이다. 예를 들면, 부모가 이혼을 하거나 사망하여 시설이나 친척에게서 자라게 된 아이의 경우다.

3) 우월성 추구

아들러는 "인간이 추구하는 궁극적인 목적이 무엇인가?" "인간의 행동을 좌우하는 근원적인 힘은 무엇인가?"라는 질문들에 대해 1909년까지는 '공격성(aggression)', 즉 방해물을 극복하기 위한 강한 동기라고 믿었다. 그러나 1910년에는 공격성을 포기하고, '권력에 대한 의지(will to power)'로 바뀌었다. 이 개념 속에는 약한 것은 여성적인 것으로, 힘은 남성적인 것으로 동일시하는 경향이 포함되어 있다. 그러다가 1912년에는 권력에 대한 의지가 인간의 동기유발을 만족스럽게 설명하지 못한다고 생각하여 '우월성(superiority)의 추구'라는 개념으로 바꾸었다. 아들러는 우월성 추구란 개념을 자기성장 혹은 자기향상이란 의미로 사용하였다. 즉, 우월성의 추구는 인간이 문제에 직면했을 때, 부족한 것은 보충하고, 낮은 것은 높이고, 미완성의 것은 완성하며, 무능한 것은 유능하게 만드는 선천적 경향성이다.

아들러는 인간이 우월성을 추구하려는 욕구는 전 생애에 걸쳐 모든 행동의 동기로 작용한다고 보았다. 그는 우월성의 추구란 선천적이어서 타고나지만, 우월성을 현실에서 실현하는 것은 각 개인의 노력에 달려 있으며, 우월성을 추구하는 방식도 개인마다 다르다고 하였다. 그는 우월성 추구는 인생의 목표가 모호하고 무의식적으로 정해지는 다섯 살 무렵에 시작되어 나이가 들어감에 따라 구체화된다고 보았다. 따라서 우월성 추구는 개인의 목표와 밀접한 관련이 있으며, 개인으로 하여금 목표에 도달하도록 하는 추진력이 된다는 것이다.

아들러는 우월성 추구의 특징에 대해 다음과 같이 설명하고 있다. 첫째, 우월성 추구는 기본 동기 중 한 가지로서 유아기 때의 무력감과 열등감에 뿌리를 두고 있다. 둘째, 우월성 추구는 정상인이나 신경증 환자 모두가 똑같이 가지고 있다. 셋째, 우월성 추구는 긍정적 방향이나 부정적 방향으로 이루어진다. 긍정적 방향으로의 우월성 추구는 개인적 우월을 넘어서 사회적 관심, 즉 타인의 복지를 추구하며, 건강한 성격을 형성하는 것이다. 부정적 방향으로의 우월성 추구는 개인적인 우월에 머물러서 이기적 목표만을 추구하며, 신경증적 증상을 보이는 것이다. 넷째, 우월성 추구에는 많은 힘과 노력이 요구되기 때문에 긴장이 감소하기보다는 증가한다. 다섯째, 우월성 추구는 개인과 사회의 두 가지 수준에서 일어난다. 즉, 개인의 완성을 넘어 사회의 일원으로 문화의 완성도 함께 도모한다는 것이다. 아들러는 개인과 사회의 관계를 서로 갈등하는 관계가 아니라 조화를 이룰 수 있는 관계로 파악하였다.

4) 가상적 목표

아들러는 바이힝거의 '마치 ~처럼(as if)'의 철학에 영향을 받아 '가상적 목표(fictional finalism)'를 주장하였다. 가상적 목표란 인간은 실제 과거의 경험보다는 미래에 대한 기대의 영향을 더 많이 받는다는 관점에서 시작된다. 그 이유는 많은 사람이 아무런 현실적인 근거가 없는데도 어떤 생각을 진실처럼 믿고 받아들이고 행동하며 살아가기 때문이다. 즉, 사람들은 진실에 의해서가 아니라 진실이라고 믿는 것에 의해 동기가 유발된다는 것이다(이훈구 역, 1998, p. 125). 예를 들면, 어떤 사람은 열심히 일하고 약간의 운이 따르면 못할 일이 없다는 신념으로 이 세상을 살아갈 수 있다. 아들러는 이러한 신념은 허구라고 보고 있다. 왜냐하면 열심히 일하지만 아무것도 이루지 못한 사람이 수없이 많기 때문이다. 즉, 인간은 사실이나 진실이 아닌 가상적 목표에 의해 행동하게 된다는 것이다.

아들러에 의하면, 개인은 환경에 보다 잘 적응하기 위한 수단으로 자신의 행동을 이끌 논리적 가설을 만들어 내는데, 이러한 지각, 사고, 개념의 형태를 갖는 정신 활동은 가상적인 것, 즉 허구(fictional)라는 것이다. 가상적이라는 용어는 아들러에게 있어 주관적이라는 점, 개인의 창조물이라는 점, 무의식에서 이루어진다는 점에서 중요성을 갖는다. 가상적 목표는 인생의 초기에 시작된다. 아동이 태어났을 때, 그 아동은 결코 중립적이지 않은 환경에 처하게 된다. 가족들을 관찰, 탐색, 시행착오 및 환경이 주는 피드백을 통해 아동은 할 수 있는 것과 할 수 없는 것을 신속하게 터득한다. 아동은 가족 안에서 자신이 가치 있는 존재라고 인정받기 위해 가상적 목표를 만들게 된다.

아들러는 각 개인의 우월성 추구는 그들이 선택하는 가상적 목표에 의해 결정된다고 하였다. 그는 또 개인의 가상적 목표는 자기결정적인 것이므로, 스스로에 의해 형성되고 각 개인에게 독특한 것으로 생각했다. 그러므로 가상적 목표는 큰 의미를 갖는다. 한 개인의 가상적 목표를 알게 되면, 그의 행동이 지니는 의미를 알게 되고, 그의 생활양식이 지니는 의미를 알게 된다는 것이다. 가상적 목표는 개인에게 유용할 수도 있고, 해를 끼칠 수도 있다. 예를 들면, 신경증적인 사람은 자신이 만들어 낸 가상에 대한 믿음에 빠져 현실로 돌아오는 방법을 알지 못한다.

반면에 건강한 사람은 현실에서 목적을 달성하기 위해 가상적인 믿음을 적절히 활용할 수 있다. 가상적 목표에 대한 아들러의 설명을 보면, 그가 인간 동기의 목적론적이고 목표 지향적인 측면을 강조했다는 것을 알 수 있다. 그는 성격이 과거의 경험보다 미래의 기대로부터 영향을 받는다고 하였다. 개인의 행동은 가상적 목표에 대한 지각에 의해 결정된다. 이러한 목표는 미래에 있는 것이 아니라 미래에 대한 현재의 지각에 있는 것이다. 가상적 목표는 객관적인 실체가 아님에도 삶의 방향에 지대한 영향을 미친다.

5) 창조적 자아

창조적 자아(creative self)는 아들러 이론에서 가장 잘 정리된 개념이며, 성격심리학의 최고의 걸작이라 할 수 있다. 아들러의 초기 이론은 개인의 생활양식 형성이 다섯 살까지 완성된다는 결정론적인 입장이었다. 그러나 그가 창조적 자아라는 개념을 주장하면서 이러한 입장에 변화를 주었다. 즉, 인간의 성인기에 보이는 행동은 결코 초기 경험의 단순한 재생이 아니라 인생 초창기 몇 년 사이에 형성된 성격의 특수한 표현이라는 것이다. 인간은 자신이 주체가 되어 이미 형성한 생활양식에 의해서 자기 스스로 자신에게 적합한 환경을 창조한다는 것이다. 이러한 관점에서 볼 때, 아들러는 프로이트와는 다르게 자유론적 입장임을 알 수 있다.

'창조적 자아' 라는 용어는 아들러가 사용한 용어는 아니다. 1957년 홀(Hall)과 린제이(Lindzey)의 아들러에 관한 논문에서 이 말이 처음 소개되었다. 오히려 미국 아들러 학파의 선구자격인 안스바허(Ansbacher)는 '자아의 창조적인 힘' 이라고 그 의미를 좀 더 명확히 했다. 그러나 이 개념은 나타난 결과를 보고 그 의미를 파악할 수 있을 뿐, 창조력 그 자체는 너무도 모호한 점이 있다. 이 점을 아들러는 다음과 같이 좀 더 상세하게 설명하고 있다.

> 유전은 사람에게 어떤 능력만을 부여하고, 환경은 그에게 어떤 인상만을 준다. 이 능력, 인상 그리고 그가 어떤 방법으로 이 인상과 능력을 경험했는가를—즉, 그가

> 경험한 것을 해석한 것—벽돌에 비유하면, 그는 이 벽돌을 이용하여 자신의 창조적인 방법으로 인생에 대한 태도를 형성한 것으로 볼 수 있다. 그의 외부세계와의 관계를 결정하는 것은 벽돌을 사용하는 그 특유의 방법, 즉 그의 삶에 대한 태도인 것이다(Alder, 1956, p. 206; 이훈구 역, 1998, p. 121 재인용).

결국 아들러의 주장을 종합해 보면, 창조적 자아의 개념이야말로 그가 이론화해 놓은 그의 성격이론의 모든 개념을 지배하는 핵심 개념임을 알 수 있다. 즉, 개인이 자신의 인생 목표와 그 목표를 추구하는 방법인 생활양식을 결정하거나 사회적 관심을 발달시키는 모든 것이 개인의 창조적인 행위라는 것이다. 이 창조적 자아라는 개념이야말로 인간이 결코 유전과 환경 등의 외부 조건에 운명지어지거나 지배되는 희생물이 아니라 자신의 목표를 창조하고 스스로의 생활양식을 형성하는 책임 있는 존재임을 보여 주는 것이다.

따라서 이 창조력에 의해서 사람들은 유전과 환경 그리고 경험을 재료로 하여 스스로의 성격을 형성해 나간다는 것이다. 그러기에 아들러에 의하면, 가장 중요한 것은 '사람들이 무엇을 가지고 있느냐?'가 아니고 '그것을 어떻게 사용하는가?'이며, 성격 형성에서 재료는 이차적인 것이다. 마치 벽돌과 회반죽을 이용하는 방법이 다를 때 다른 형태의 건축물이 되듯이 인간은 각기 다른 형태의 성격을 스스로 만든다는 것이다. 즉, 인간은 유전과 환경의 산물 그 이상의 존재라는 것이다. 그는 창조적 자아란 자신의 생활 목표를 관조할 수 있는 능력이며, 목표에 맞는 선택과 결정을 행할 수 있는 능력이라고 하였다. 하지만 아들러가 침묵하고 있는 것이 있다. 바로 '창조적 자아에서의 창조력은 어디서 왔는가?'이다. 그는 창조적 자아의 창조력은 인류의 긴 진화의 결과이며, 인간이기에 당연히 갖고 있는 것이고, 이의 소유 과정은 사회적 관심의 발달과 병행한다는 의미만을 제시하고 있을 뿐이다.

6) 사회적 관심

사회적 관심(social interest)은 각 개인이 이상적인 공동사회의 목표를 달성하고자 사회에 기여하고 봉사하는 생활 태도를 의미한다. 사회적 관심은 독일어 'Gemeinschaftsgefühl'에서 유래한다. 그것은 '사회적 느낌(social feeling)' '공동체 의식' '결속감' 등을 나타낸다. 그것은 인간사회 속에서의 소속감, 즉 인류와의 동일시 감정과 인류 각 구성원에 대한 감정이입을 뜻한다. 사회적 관심과 동의어는 지역사회에 대한 감정, 우정, 동료애, 이웃 사랑, 이타적 마음 등으로 다양하게 표현될 수 있다. 이는 각 개인이 이상적인 공동사회의 목표를 달성하고자 사회를 돕는 것을 뜻한다.

아들러의 개인심리이론에서 가장 독특한 위치를 차지하는 개념이 바로 '사회적 관심'이다. 프로이트는 인간의 삶을 타고난 본능적인 충동과 사회의 요구 사이의 피할 수 없는 갈등으로 보는 반면에, 아들러는 인간은 태어나면서부터 타인과 관계를 맺으려 하고 사회에 기여하고자 하는 잠재력인 사회적 관심을 가지고 있다고 보았다. 그는 사회적 관심이 인간 안에 있는 생득적이며 선천적인 욕구이지만, 인간은 출생 시 사회적 관심이 완전한 상태로 태어나는 것이 아니라고 말한다. 사회적 관심은 성장하면서 계속 발달하기 때문에 다른 추동과 마찬가지로 활성화되기 위해서는 사회와 적절한 접촉을 통해 개발해야 한다. 사회적 관심이 발달할 수 있는 첫 번째 방법은 어머니와 함께하는 것이다. 어머니는 자녀에게 최초의 인간관계를 제공하고, 자녀를 양육한다. 아버지가 그다음으로 중요한 존재이며, 다음이 가족 구성원들이다. 후에는 학교와 보다 큰 공동체가 관여하게 된다.

사회적 관심은 세상에서 타인과 관계 맺는 개인의 태도와 관련이 있으며, 보다 나은 세계를 위한 노력을 포함하는 개념이다. 아들러의 개인심리이론은 인간의 행복과 성공은 사회적 결속과 깊은 관계가 있다는 믿음에 근거한다. 아들러는 사회적 관심에 대하여 다음과 같이 말하였다.

> 사회적 관심이란…… 인류가 완전의 목표(goal of perfection)를 달성했을 때 생각해 볼 수 있는 그러한 형태의 공동사회를 얻기 위한 노력을 뜻한다. 그 목표는 결코 현재의 집단이나 사회가 아니고 정치적 · 종교적 체제도 아니다. 그 목표는 오히려 모든 인류의 이상주의 사회를 위한, 또 진화의 궁극적 충족을 위한 목표이어야 할 것이다(Adler, 1964, pp. 34-35; 이훈구 역, 1998, p. 117).

사회적 관심은 개인의 완전에의 욕구가 완전한 사회로의 관심으로 대체된 것이며, 인간은 사회적 존재로서 사회와 결속되어 있을 때 안정감을 갖는다. 아들러는 사회적 관심이 제대로 발달되어 있는지의 여부가 건강한 사람과 건강하지 못한 사람을 구별하는 준거가 된다고 하였다. 정상적이고 건강한 사람은 다른 사람에게 관심이 있고, 그들의 우월성 추구의 목표는 사회적이며, 모든 사람의 안녕에 초점이 맞추어져 있다. 이와는 반대로 건강하지 못한 사람은 사회적 관심이 부족하여 자기중심적이고, 남보다 우월하기 위해서만 노력하며, 사회적 목적의식이 부족하여 자신만을 위해서 살 수 있다.

7) 인생 과제

아들러는 사람은 누구나 인생에서 세 가지 인생 과제(life tasks), 즉 '일과 여가(work

& leisure)' '우정(friendship)과 사회적 관계' '사랑(love)과 결혼'에 직면한다고 하였다. 세 가지 인생 과제를 설명하면 다음과 같다.

첫째, 일과 여가의 과제다. 인간은 삶의 많은 부분을 일하면서 보내기 때문에, 직업은 일 자체를 위한 것이 아니라 개인이 상호작용해야 하는 사람들을 위하여 행동하는 것을 즐기는 것이 되어야 한다는 것이다. 일은 우월성 추구를 충족할 수 있는 하나의 길이 된다. 부모는 자녀가 가장 적절한 직업을 발견하고 선택하도록 도움을 줄 수 있다.

둘째, 우정과 사회적 관계의 과제다. 개인 모두를 함께 묶을 수 있는 공통점은 모두가 인간이라는 종족의 일원이라는 점이다. 개인 각자가 혼자 살고 일하는 것을 선택한다면, 삶은 매우 어려울 수 있기 때문에 다른 사람과의 협력이 생존의 핵심이다. 여기서 과잉보호는 다른 사람과의 성공적인 관계를 맺는 데 주된 장애물 중의 하나다. 과잉보호된 아이는 혼자 힘으로만 살아가기 때문에 진정한 사회적 관계를 맺기 어렵다.

셋째, 사랑과 결혼의 과제다. 배우자를 선택하는 것은 개인의 삶에서 가장 중요한 경험 중의 하나다. 잘못된 배우자를 선택하면, 그 결과는 파괴적일 수 있다. 결혼을 통해 최고의 행복을 추구해야 한다. 아들러는 안정이나 동정심 때문에 또는 단순히 서비스해 주는 사람을 찾기 위해 결혼하는 것은 위험하다고 말한다. 결혼은 상호 매력, 지적인 적합성, 타인에 대한 관심, 상호 협력의 태도 그리고 사랑과 우정의 능력을 수반하여야 한다. 이 인생 과제에서 실패하면 낙담하게 되고 이러한 낙담으로 인해 자신감과 자아존중감을 잃게 된다고 하였다.

모삭과 드레이커스(Mosak & Dreikus, 1967)는 다른 두 가지 인생 과제를 추가하여 제시하였다. 넷째, '영성(spirituality)'으로 우주와 신과 관련된 개인의 영적 자아를 의미한다. 영성에는 희망과 낙관, 삶의 목적, 안전감, 기도를 통한 효과, 가정과 지역사회 관계 그리고 이타적 활동 등이 포함된다.

다섯째, '자기지향성(self-direction)'인데, 이는 성격과 개인적 습성으로서 일상생활뿐만 아니라 장기적 목표 추구에 있어 개인이 자신을 규제하고 지향하며 훈련시키는 방식을 의미한다(노안영 공역, 2012, p. 72). 자기지향성에는 가치감, 통제감, 현실적 신념, 정서적 자각과 대처, 문제해결과 창의성, 유머감, 영양, 운동, 자기보살핌, 스트레스 관리, 성정체감, 문화정체감 등이 포함된다. 아들러는 이러한 인생 과제를 인간이 살아가면서 수행해야 할 측면으로 보았다.

8) 부적응의 원인

아들러는 인간은 주관적이며, 창조력을 가진 존재로서 자신의 인생을 스스로 만들어 간다고 하였다. 인간은 자신이 가진 창조력을 어떻게 발휘하는가에 따라 건강한 성격이 형성되기도 하고 혹은 건강하지 않은 성격이 형성되기도 한다. 아들러는 부적응을 보이는 원인을 크게 세 가지로 구분하고 있다.

첫째, 개인의 열등감을 보상하기 위한 우월성 추구에 실패하면 부적응이 나타난다. 즉, 기대 수준이나 목표를 높게 설정함으로써 이를 성취할 수 없으면 열등 콤플렉스 상태로 이어지고 신경증이 발생할 수 있다.

둘째, 사회적 관심이 제대로 형성되지 못하면 부적응이 나타난다(Adler, 1956). 사회적 관심이 결여된 사람은 자기중심적이고, 다른 사람을 무시하는 경향이 있고, 목표를 추구하는 노력이 부족하다(천성문 공역, 2013, p. 131). 즉, 타인에 대한 관심과 배려가 없으므로 타인과 관계가 잘 형성되지 않는다.

셋째, 부적절하거나 파괴적인 생활양식도 신경증의 원인이 된다. 아들러는 신경증적 경향이 있는 사람의 특징을 과도하게 높은 목표를 추구하고, 자신의 삶에만 관심이 있으며, 융통성이 없고, 독단적인 생활양식을 가지고 있다고 설명하고 있다(이수연 공저, 2013, p. 118). 이 말은 인간에게는 적절한 활동 수준과 사회적 관심의 조화가 중요하다는 것이다.

9) 도식화

아들러의 주요 개념인 열등감과 보상, 우월성 추구, 생활양식, 창조적 자아, 사회적 관심 등의 관계를 도식화하면 [그림 3-1]과 같다.

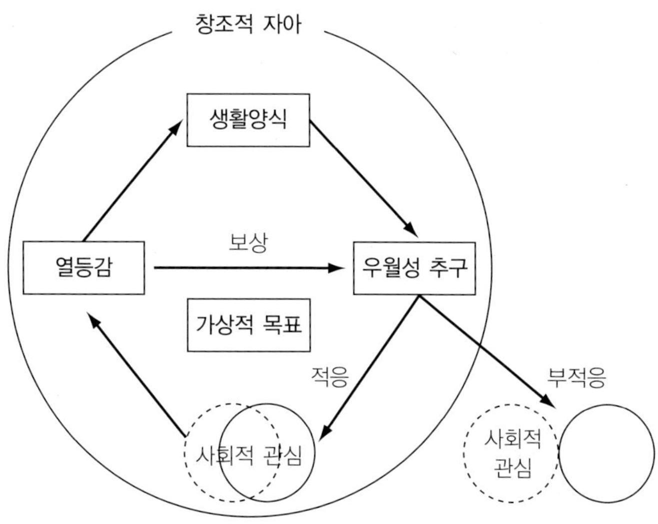

• 그림 3-1 • 아들러의 개인심리이론의 핵심 개념 도식화

[그림 3-1]을 설명하면 다음과 같다.

첫째, 인간의 잠재력을 의미하는 '창조적 자아'는 인간의 삶 전반에 걸쳐 목표를 세우고 열등감을 보상하기 위해 우월성을 추구하는 방법인 생활양식을 형성하여 사회적 관심을 실현하는 창조력을 가지고 있다.

둘째, 점선으로 표시된 '사회적 관심'은 사회에 기여하고자 하는 경향성으로서 출생할 때 가지고 태어난다. 사회적 관심은 일생 동안 계속 발달하며, 실선으로 표시된 사회적 관심은 인간이 삶을 살아가면서 추구해야 할 최종 목표다.

셋째, 인간은 태어나면서부터 '열등감'을 가지게 된다. 열등감은 긍정적인 특성으로, 인간 행동의 동기이자 삶의 에너지다.

넷째, 인간은 열등감을 보상하고 '우월성'을 추구한다. 우월성 또한 인간의 선천적인 경향성으로서 우월성 추구에 성공하면 건강한 성격이 되지만, 실패하면 열등 콤플렉스에 빠지게 되고 신경증적 증상을 보이게 된다.

다섯째, 인간의 성격과 유사한 개념인 '생활양식'은 한 개인이 삶을 살아가는 독특한 생활방식인데, 열등감을 극복하고 가상적 목표를 성취하기 위한 방법이다.

여섯째, 인간이 우월성을 추구하는 과정에서 '사회적 관심'을 가지게 되면 건강하고 적응적인 사람이 되는 반면에, 개인의 우월 수준에 머무르게 되면 사회적 관심이 결여되어 건강하지 못하고 부적응적인 사람이 된다. 즉, 사회적 관심은 인간의 정신건강의 척도라고 볼 수 있다.

제3절 평 가

1. 성격 연구 및 적용

1) 성격 연구

아들러의 주요 개념인 열등감과 출생순위 그리고 생활양식에 대한 연구 사례를 제시하면 다음과 같다.

(1) 디셔(Disher, 1959)의 사례 연구

• • •

아들러 상담소에 찾아온 내담자는 48세의 여성으로, 어릴 때 소아마비를 앓아 다리를 절고, 늘 긴 옷을 입고 다녔다. 10년 동안 반응적 우울증을 앓고 있었으나, 직장생활은 할 정도였다. 어머니와는 갈등을 겪었지만, 아버지에게는 심하게 집착하고 아버지를 좋아하여 결혼할 때까지 아버지가 남자 친구 역할을 할 만큼 친한 사이였다. 하지만 아버지 나이쯤 되는 유명한 남자와의 교제가 중단되면서 삶에 흥미를 잃었다. 그녀는 오랜 기간 동안 많은 치료자에게 치료를 받았기 때문에 자신이 어떠한 상태인지는 잘 알고 있었다. 하지만 치료의 효과는 일시적일 뿐이고, 증상이 재발하는 과정을 반복하고 있는 상태였다.

치료자는 그녀의 지적 이해를 높이려고 하기보다 그녀 스스로 인간으로서의 가치를 느끼도록 노력했다. 그리고 치료는 치료자와 내담자 두 사람이 한 가지 문제에 대해 공동으로 작업하는 것일 뿐 두 사람 중에 우월한 사람은 없다고 하였다. "치료가 치료자만의 책임이라면 결코 치료되지 않을 뿐만 아니라 내담자 자신이 치료자보다 우월하다는 것을 나타내는 것이다."라는 치료자의 말에 그녀는 불만을 표현하며, 치료를 종료할 뜻을 보였다. 이에 치료자는 그녀에게 과거처럼 도망가는 패턴을 따르지 말라고 하며, 치료를 계속할 것을 권하였다. 치료가 계속되는 동안 세 가지 중요한 일이 우연히 일어났다. 권위 있는 정신과 의사를 통하여 우울증 증상을 완화시키는 특효약을 알게 되었고, 회사 사정이 좋아져서 하고 싶었던 일을 하게 되었으며, 유명한 남자에게서 다시 구애를 받았다. 치료는 종료되었고, 그녀는 우울증 약 때문에 낫게 되었다고 생각하였다. 실제로 약의 영향도 있었겠지만 그녀의 삶에 다른 요인들이 치료에 도움이 되었다고 치료자는 확신하였다. 치료자는 치료 기간 동안에 그녀에게 한 인간으로서의 가치를 인정하였고, 그녀는 권위 있는 정신과 의사가 시간을 내주어 약을 처방받으면서 자신을 가치 있는 존재라고 여기게 되었다. 또한 직장에서 원하는 역할을 할 수 있었으며, 아버지와 닮은 남자의 등장은 그녀에게 결정적인 치료 요인으로 작용하게 되었다고 볼 수 있다.

그녀는 자신이 치료자에게 중요하다는 것을 알게 된 후에야 스스로를 치료하려는 노력을 하게 되었다. "치료자의 격려가 캄캄했던 오랜 몇 달 동안 도움을 주었다."라고 그녀는 말하였다. 또 다른 치료 요인을 들자면, 치료자인 디셔 박사는 동맥경화를 앓아 몸이 불편한데도 내담자를 따뜻하게 이해하고 지지했다. 이러한 치료자의 헌신적인 모습을 환자는 동일시하게 되어 치료가 가능하였다고 볼 수 있다(홍숙기 역, 2008, pp. 91-92).

• • •

앞 사례를 살펴보면, 내담자는 어릴 적 소아마비를 앓아 신체적인 열등감을 가지고 있으며, 이러한 신체적 열등감이 생활양식에 영향을 주었다. 그녀의 생활양식은 인생에서 중요한 과제인 직업과 이성과의 만남에 영향을 미쳤으며, 우울 증상을 야기한 것으로 볼 수 있다.

(2) 샤흐터(Schachter, 1959)의 출생순위 연구

연구에 참여한 여대생들은 전기충격이 혈압과 맥박에 미치는 효과에 관한 연구라는 설명을 듣고, 병원처럼 꾸며진 방으로 인도된다. 실험조건에는 높은 공포를 일으키는 지시와 낮은 공포를 일으키는 지시 두 가지가 있었다. 지시를 준 후에 실험자는 피험자들에게 차례가 올 동안 혼자 기다리거나 아니면 다른 참가자들과 함께 기다릴 수 있다고 말해 주었다. 예상했던 것과 같이 공포가 높은 피험자들은 공포가 낮은 피험자들보다 다른 사람들과 함께 기다리는 편을 택했다, 흥미롭게도 맏이와 외동아이는 중간이나 막내보다 다른 참가자들과 함께 기다리는 편을 택했다. 이 출생순위 실험 결과는 부모들이 맏이와 외동아이에 대해서 더 많은 염려를 하고, 그들 또한 자신이 없기 때문에 군집 경향이 커진다는 것을 시사한다. 맏이와 외동아이는 부모의 관심을 더 많이 받아서 다른 사람과 같이 있는 것이 스트레스 유발 상황을 더 잘 대처하게 해 줄 것이라는 기대를 학습한 것으로 볼 수 있다(홍숙기 역, 2008, p. 132).

(3) 초기의 기억 회상을 통한 사례

심한 불안발작으로 치료를 받은 젊은이의 사례다.

• • •

젊은이는 어렸을 때의 장면을 다음과 같이 회상하였다. "네 살 즈음 나는 창 앞에 앉아 길 건너편에서 집 짓는 일꾼들을 보고 있었고, 그때 어머니는 양말을 짜고 있었다." 이 젊은이는 어려서 어머니의 지나친 사랑을 받았다고 볼 수 있다. 왜냐하면 그의 추억은 자신에게 마음을 써주는 어머니와 관련이 있기 때문이다. 그가 다른 사람들이 일하고 있는 것을 보고 있다는 사실은 그의 생활양식이 참여자보다는 방관자임을 암시한다. 이것은 그가 어떤 직업을 가지려 할 때마다 불안해지는 사실로 알 수 있었다. 아들러는 그에게 관찰하기를 좋아하는 그의 기호를 이용할 수 있는 직업을 생각해 보라고 하였다. 그 젊은이는 아들러의 충고를 듣고, 미술품상이 되어 성공을 거두었다(이상로 공역, 1997, p. 179).

• • •

2) 평가 기법

아들러의 개인심리이론에서 성격 평가 방법은 개인의 생활양식을 파악하기 위한 것이다. 그는 생활양식을 파악하기 위해서 초기기억 회상, 기본적 오류, 꿈 분석, 출생순위 분석 등을 사용하였다.

(1) 초기기억 회상

개인의 생활양식을 이해하는 데 중요한 자료가 되는 것으로 인생의 초기기억을 들 수 있다. 모든 심리적 표현 속에서 가장 의미 있는 것은 개인의 기억이라고 아들러는 말한다. 개인의 기억은 그의 주변, 즉 그 자신의 모든 한계나 상황의 의미를 생각나게 한다. 우연한 기억이란 없으며, 무수한 경험 중에서 개인은 어느 정도는 어렴풋이 자신의 상황과 관계가 있다고 느끼는 것만을 기억하도록 선택한다는 것이다. 따라서 개인의 기억은 그의 '생애의 이야기'를 대표한다. 이 이야기를 개인은 자기 자신에게 반복하여 들려주는데, 그것은 자기에 대한 경고이기도 하며, 자기를 위로하거나, 자기의 목표를 향해 스스로를 계속 집중시키고, 과거에 이미 시도해 보았던 방식에 비추어 미래를 준비하게 한다. 그러므로 만약 한 사람이 우울하다면, 그의 기억도 모두 우울하며, 그가 기분이 좋고 용기로 가득 차 있다면 그는 전혀 다른 기억을 선택하게 된다.

초기의 기억은 생활양식의 근원적인 면을 가장 직접적으로 보여 준다. 어린 시절부터 기억되고 있는 사건은 개인의 주된 관심과 매우 밀접한 관계가 있는 것이다. 만약 우리가 그의 주된 관심을 알 수 있다면, 우리는 그의 목표나 생활양식을 알 수 있을 것이라고 아들러는 말한다. 또한 우리는 초기의 기억을 통해서 개인의 부모와 가족에 대한 관심을 알아낼 수 있다. 그리고 초기기억은 개인의 판단을 보여 준다. 예를 들면, "아이 때부터 나는 이러한 사람이었다."와 같은 자신에 대한 판단을 가능하게 해 준다. 모든 기억 중에서 가장 의미 있는 것은 자신이 기억해 낼 수 있는 최초의 사건이다. 최초의 기억은 개인의 근본적인 생활양식과 자신의 삶에서 최초로 만족스러웠던 결정을 보여 준다. 이러한 기억은 개인이 무엇을 자기 발달의 출발점으로 삼았는지를 한눈에 볼 수 있는 기회를 준다.

(2) 기본적 오류

초기기억을 통해서 개인이 가지고 있는 기본적인 오류의 근원이 밝혀질 수 있다. 이 기본적인 오류는 개인의 행동과 인생의 목표에 영향을 미친다. 개인심리이론에서 지적하는 기본 오류는 다섯 가지로 분류할 수 있다.

첫째, 지나친 일반화다. 예를 들면, '사람들은 적대적이다.' '인생은 위험투성이다.' 등이 여기에 해당한다.

둘째, 안전에 대한 그릇된 혹은 있을 수 없는 목표다. 예를 들면, '한 번 실수하면 죽는다.' '나는 가족을 반드시 안전하게 지켜야 한다.' 등이다.

셋째, 생활 또는 생활 요구에 대한 잘못된 지각이다. 예를 들면, '인생은 고달프다.' 와 같다.

넷째, 자신의 가치를 과소평가 또는 부정하는 것이다. 예를 들면, '나는 바보야.' '내가 잘못했어.' '나는 여자에 지나지 않아.' 등이다.

다섯째, 그릇된 가치다. 예를 들면, '다른 사람을 희생시켜서라도 반드시 이겨야 한다.' 이다.

(3) 꿈 분석

아들러는 성격을 이해하는 데 있어 꿈의 가치를 인정한 프로이트와 견해를 같이한다. 하지만 꿈을 해석하는 방법에는 서로 차이가 있다. 아들러는 꿈이 소망을 이루어 주거나 또는 깊이 감추어진 갈등을 드러낸다고 믿지는 않는다. 오히려 그는 꿈은 현재의 삶의 문제에 대한 개인의 감정과 그 문제에 대하여 개인이 의도하거나 하고 싶은 것을 포함한다고 본다. 아들러에게 꿈은 단지 개인의 생활양식의 또 다른 표현에 불과하다. 즉, 꿈은 생활양식을 만들어 강화하는 데 도움이 되며, 의식과 무의식은 개인의 삶의 목표 속에서 하나가 된다는 것이다.

아들러는 인간은 모든 문제의 해결에 대해 확신이 없거나 혹은 수면 중에도 현실이 무거운 짐으로 압박해 올 때만 꿈을 꾼다고 주장한다. 개인이 직면하고 있는 모든 어려움에 대항하여 해결책을 제시하는 것이 꿈의 과제다. 그리고 제시된 해결책은 개인의 입장에서 볼 때 가능한 한 쉬운 것이 된다. 즉, 개인이 익숙해져 있는 생활양식에 일치하는 방향으로 제시되는 것이다. 그리고 개인의 생활양식을 공격하는 것은 현실과 상식이다. 꿈의 목적은 현실의 요구에 대해서 생활양식을 지지하는 것이다. 예를 들면, 어떤 사람이 곤란한 일에 직면하게 되었을 때, 자신의 상식보다는 자신의 오랜 생활양식으로 해결하고 싶어 한다면, 그는 자기의 생활양식을 정당화하고 만족스러운 것이라고 생각한다는 것이다. 이때 꿈이 작용하게 된다. 따라서 모든 꿈은 자기도취적이며, 자기최면이다. 꿈은 주로 은유와 상징으로 이루어진다고 아들러는 말한다. 왜냐하면 은유나 상징이 아니라 있는 그대로 명료하게 이야기한다면, 우리는 상식에서 도망쳐 나올 수가 없기 때문이다. 각 개인의 생활양식이 각각 다른 것처럼 꿈의 해석은 항상 개인적이다. 왜냐하면 꿈은 각 개인의 독특한 생활양식에 의해서 개인 자신의 해석으로 만들어지기 때문이다. 따라서 개인적인 지식과 상황을 고려하지 않고는 꿈 자체를 해석할 수 없다.

(4) 출생순위 분석

개인의 생활양식을 알아내기 위해서는 가정 안에서의 부모와의 관계, 형제자매들 간의 관계나 출생순위, 그리고 친구나 교사들과의 관계를 파악하는 것이 중요하다. 또한 가족들 간의 상호작용이나 역동성도 개인의 성격발달에 많은 영향을 미치기 때문에 중요하다. 부모의 가치관, 부모 상호 간의 관계, 그리고 부모와 자녀와의 관계는 중요한 정보가 된다. 자신의 어머니나 아버지는 어떤 유형의 사람인지, 또한 자녀에 대한 양육 방법 면에서 부모 간에 차이가 있는지, 그리고 부모와의 관계에 변화는 없는지 등에 대한 질문들을 통하여 성격을 파악할 수 있다.

2. 공헌점 및 한계점

1) 공헌점

첫째, 아들러가 제시한 열등감과 보상, 생활양식, 사회적 관심, 가족 구도 등의 개념들은 심리치료 이론에 폭넓게 영향을 주었으며, 일반인에게도 널리 알려진 개념이 되었다.

둘째, 아들러의 개념들은 단순하지만 포괄적이어서 인간의 행동이나 성격을 이해하는 데 도움을 준다. 건강한 성격발달의 원리를 제시하고 상담자에게 다양한 상담 원리를 제시하고 있다.

셋째, 인간의 본성과 능력을 긍정적으로 평가하고, 자신만의 행복이 아니라 사회에 기여하는 것이 최고의 삶의 목적이 되어야 한다고 주장한 점이 높이 평가된다.

넷째, 아들러의 생각은 시대를 앞서서 혁명적이었다. 아들러의 노력으로 상담 분야는 개인상담을 넘어서서 지역사회 정신건강 운동으로 확대되었다. 그리고 아브라함 매슬로(Abraham Maslow), 빅토르 프랑클(Viktor Frankl), 롤로 메이(Rollo May), 에리히 프롬(Erich Fromm), 아론 벡(Aaron Beck), 앨버트 엘리스(Albert Ellis) 등과 같은 심리 이론가들에게 영향을 주었다.

다섯째, 아들러는 인간의 성격 형성에 있어서 유전과 환경의 중요성을 주장하였다. 뿐만 아니라 인간은 창조적인 힘을 가지고 있어서 유전과 환경을 뛰어넘어 자기 인생을 스스로 만들어 가는 존재라고 하였다. 이러한 인간의 창조력과 자유에 관한 신념 때문에 그를 인본주의 심리학의 선구자라고 부른다.

여섯째, 아들러는 인간은 선천적으로 사회적인 관심을 가지고 태어나고, 인간의 행동은 사회적인 관계 속에서 일어나며, 인간의 올바른 이해 역시 사회적인 관계를 통해서만 가능하다고 하였다. 더 나아가 각 개인의 사회적 관심은 곧 그 사람의 정신건강의 척도로 여길 만큼 인간의 사회적 관심을 중요한 것으로 간주하였다. 이러한 그의 견해 때문에 그를 사회심리학의 창시자라고 일컫는다.

일곱째, 아들러는 가정 안에서 일어나는 가족 간의 구도와 상호작용이 인간의 성격 형성에 중요하다고 하였다. 그는 부모의 자녀 양육의 중요성을 주장하였으며, 그의 이론은 아동상담이나 집단상담 그리고 다양한 교육 장면이나 치료 장면에 활용되었다. 뿐만 아니라 그는 가족상담의 개척자라고도 불릴 만큼 가족상담 분야의 발전에 기여하였다.

2) 한계점

첫째, 아들러는 인간의 성격을 너무 단순하게 해석하였다. 열등감이나 사회적 요인을 지나치게 강조하였기 때문에 성격을 단순화하였다고 지적을 받는다.

둘째, 관찰을 통하여 이론적인 개념을 정립하였기 때문에 이론을 입증하기 어렵다는 면도 비판의 대상이 된다. 예를 들면, 초기 기억과 현재 생활양식 간의 관계를 설명하면서 아들러는 현재의 생활양식이 과거의 기억을 재구성한다고 하였다. 하지만 그의 주장을 밝히기는 쉽지 않다.

셋째, 아들러의 이론에서 거론되는 핵심 개념, 즉 창조적 자아, 가상적 목표와 같은 개념은 조작적인 정의가 어렵다는 비판을 받는다. 인간이 자신의 인생을 만들어 가는 창조적인 힘이 있다는 의미인 창조적 자아 개념에 대한 정의가 명확하지 않다는 것이다. 심지어 창조적 자아라는 용어까지도 아들러에 의해서가 아닌 홀과 린제이(Hall & Lindzey, 1957)의 연구에서 처음 소개되었다.

3. 정신분석이론과 개인심리이론의 비교

프로이트의 정신분석이론과 아들러의 개인심리이론을 비교하면 〈표 3-1〉와 같다.

〈표 3-2〉를 구체적으로 살펴보면, 먼저 인간의 정신에너지를 프로이드는 'libido', 즉 성 본능이라고 주장하는 반면에 아들러는 '우월에 대한 추구'라고 주장하였다. 인간관을 살펴보면, 프로이트는 비관론, 유전론, 결정론, 전체론적인 관점을 가지고 있으며, 아들러는 낙관론, 유전과 환경을 초월한 양비론, 자유론, 전체론적인 관점을 가지고 있다. 성격의 개념에 대하여 프로이트는 이드와 자아와 초자아의 역동으로 보았으나, 아들러는 생활양식으로 보았다. 성격의 구조에 대해서 프로이트는 이드와 자아와 초자아로 나눌 수 있으며, 이러한 요소들을 다시 합하면 전체의 성격이 된다는 환원주의적 입장인 반면에, 아들러는 성격은 나눌 수 없는 전체로 보는 총체주의적 입장이다. 두 이론이 인간의 성격 형성 시기를 생후 5년 동안에 이루어진다고 보는 점이나 인간을 전체론적인 측면에서 바라보는 점에서는 어느 정도 일치한다. 하지만 성격 형성의 주요인에 대해서는 프로이트는 '성(sex)'이라고 보았고, 아들러는 '사회적 관심'이라고 보았다.

자아에 대해서도 프로이트는 '이드에서 파생된 것'으로, 아들러는 '유기체의 경험에

• 표 3-2 • 정신분석이론과 개인심리이론의 비교

구분	정신분석이론	개인심리이론
에너지의 원천	성 본능(libido)	우월에 대한 추구
인간관	비관론, 유전론, 결정론, 전체론	낙관론, 유전과 환경을 초월한 양비론, 자유론, 전체론
성격의 개념	이드와 자아 그리고 초자아의 역동	생활양식
성격의 구조	이드, 자아, 초자아로 분리	분리할 수 없는 전체
성격 형성 시기	생후 5세 이전	생후 5년
성격 형성의 주요인	성(sex)	사회적 관심
자아의 형성	이드에서 파생	스스로 존재
자아의 역할	이드와 초자아를 중재, 후천적	창조적 힘, 선천적
성격 결정 요인	과거, 무의식	현재와 미래, 의식
연구 대상	환자	정상인
부적응의 원인	5세 이전의 외상 경험과 세 가지 성격체계의 불균형	열등 콤플렉스, 파괴적인 생활양식과 사회적 관심의 결여

의한 창조적이며, 주관적인 체계'로 보았다. 자아의 역할에 대해서 프로이트는 이드와 초자아를 중재하며, 후천적으로 형성된다고 한 반면에, 아들러는 유전과 환경을 재료로 창조적인 힘이 있으며, 선천적이라고 하였다. 성격의 결정 요인에서도 과거와 무의식을 중시하는 프로이트와는 달리 아들러는 현재와 미래 그리고 의식을 중시한다. 연구 대상은 프로이트는 주로 환자였으나, 아들러는 정상인이었다. 마지막으로 부적응의 원인을 프로이트는 외상 경험과 성격의 세 가지 요소의 불균형 그리고 성적 욕구의 억압과 고착으로 본 반면에, 아들러는 열등 콤플렉스를 가지거나, 잘못된 생활양식이 형성되거나, 사회적 관심이 결여된 것으로 보았다.

요 약

1. 개인심리이론의 출현 배경은 아들러가 제1차 세계대전에 군의관으로 참전하였을 때 경험한 인간의 공격성에 대한 관심과 1917년 러시아의 볼셰비키 혁명을 주도한 사회주의자인 트로츠키의 사회주의 사상이다.
2. 아들러에게 영향을 미친 이론은 프로이트의 정신분석이론, 바이힝거의 사고유발 개념, 자넷의 열등감이론, 후설의 현상학, 베르트하이머의 형태주의 심리학, 마르크스의 사회주의 사상 등이다.
3. 아들러의 인간관은 낙관론, 유전과 환경을 뛰어넘는 양비론, 자유론 그리고 전체론적인 관점이다.
4. 생활양식을 성격으로 보았으며, 성격의 구조에 대해서는 명확하게 제시하지 않고 있다. 성격은 가족 구도와 출생순위의 영향을 받은 생활양식의 형성과 발달로 이루어진다.
5. 핵심 개념에는 열등감과 보상, 생활양식, 출생순위, 열등 콤플렉스, 우월성 추구, 가상적 목표, 창조적 자아, 사회적 관심 그리고 인생 과제 등이 있다.
6. 부적응은 열등감을 보상하여 우월성을 추구하는 데 실패함으로써 열등 콤플렉스에 빠지거나, 개인적 우월성 수준에 머물러서 사회적 관심을 갖지 못하거나, 부적절하고 파괴적인 생활양식으로 인해 발생한다.
7. 성격 연구는 주로 사례 연구를 하였으며, 디셔의 사례(열등감), 샤흐터의 사례(출생순위), 초기의 기억회상 사례 연구 등이 있다. 성격 평가 기법에는 초기기억 회상, 기본적 오류, 꿈 분석, 출생순위 분석 등이 있다.
8. 공헌점은 인간의 창조력을 강조하여 인본주의 심리학의 선구적인 역할을 하였고, 환경의 영향에 관심을 가져 사회심리학에 기여하였으며, 부모 양육의 중요성과 가족상담 분야에 영향을 준 점 등이다.
9. 비판점은 열등감이나 사회적 관심 등을 지나치게 강조한 나머지 인간의 성격 구조를 밝히지 않았고, 창조적 자아나 가상적 목표와 같은 핵심 개념에 대한 조작적 정의가 명확하지 않다는 점 등이다.

제4장

분석심리이론

칼 구스타프 융

분석심리이론(analytical psychology theory)은 칼 구스타프 융(Carl Gustav Jung, 1875~1961)이 주창한 성격이론으로, 프로이트의 정신분석이론을 확장한 이론들 중 하나다. 융은 프로이트에게 후계자라 불릴 만큼 사랑을 받았지만 프로이트가 주장하였던 성 에너지에 대해 견해를 달리 하면서 멀어진다. 그는 프로이트가 주장한 리비도(libido)[1], 즉 인간을 움직이는 에너지를 성뿐만 아니라 다른 삶의 에너지를 포함한 정신에너지로 확장하여 설명하였다. 또한 융은 무의식의 차원을 확장하여 개인의 경험에서 억압되었거나 망각된 개인무의식과 인류의 역사를 통해 모든 인간이 유전적으로 물려받은 집단무의식으로 구분하여 제시하였다. 그의 이론에서 처음으로 제시된 집단무의식은 수많은 원형(archetype)[2]으로 구성되어 있으며, 그 원형 중에는 페르소나, 아니마와 아니무스, 그림자, 자기 등이 포함되어

1) 리비도(libido)는 라틴어로 일반적인 욕동(浴童)·희구(希求)·충동의 뜻을 가진 단어이며, 성적인 의미만을 내포한 것이 아니다(이부영, 2012, p. 47).

2) 원형(archetype)이란 인류의 역사를 통해 조상으로부터 물려받은 심상을 의미한다.

있다.

융의 분석심리이론을 한마디로 표현하자면 '전체성의 심리학'이라고 할 수 있다. 여기에서 전체란 균형을 의미한다. 다시 말하면, 성격을 구성하는 각 요소들이 통합되어 조화로운 상태, 즉 균형을 이룬 상태가 바로 전체성을 이룬 건강한 상태라는 것이다. 그는 인간의 성격발달 과정을 집단무의식에 있는 잠재력을 의미하는 '자기'를 실현하는 개성화 과정으로 설명하였으며, 이때 대부분의 자기실현은 생애의 중년기에 나타난다고 하여 분석심리이론을 '중년의 심리학'이라고도 부른다. 융의 분석심리이론에서는 인간을 바라볼 때 한 개인의 주관적인 경험을 강조하였다. 그리고 인간을 과거의 경험에 의존하는 병리적인 존재로 보지 않고, 미래를 지향하며 자기실현이 가능한 창조적이고 긍정적인 존재로 보았다.

제1절 서 론

1. 분석심리이론의 출현 배경

융이 태어나 성장한 스위스는 종교 다원주의적인 특성을 가지고 있는 나라다. 그 당시 스위스 전체 인구의 40% 정도가 가톨릭 신자이며, 그다음으로 기독교, 이슬람교, 불교, 유태교 등으로 분포되어 있었다. 거의 모든 국민이 종교를 가지고 있었던 것으로 볼 때, 스위스의 국민들은 영적인 세계에 매우 관심이 많았음을 알 수 있다. 이러한 시대적인 배경이 다양한 종교적인 색채를 띠고 있는 융의 이론의 배경이 되었으리라 여겨진다.

융이 태어날 당시의 스위스는 이탈리아, 독일, 프랑스, 오스트리아 등의 강대국과 인접하여 위치해 있었다. 그 당시에 스위스와 인접해 있던 나라들의 대부분은 스위스보다 여러 측면에서 강대국이었기 때문에 스위스는 정치적으로 어느 한 편에 치우치지 않는 중립 노선을 취하였다. 스위스 국민이 사용하는 언어 또한 독일어, 이탈리아어, 프랑스어, 로만슈어 등 다양하다. 이러한 지리적 · 정치적 · 문화적인 배경이 다양성을 인정하면서도 조화와 균형을 추구하는 그의 이론과 무관하지 않으리라 짐작된다.

2. 분석심리이론에 영향을 미친 이론

1) 프로이트의 정신분석이론

융의 이론은 프로이트의 정신분석이론에서 출발하였다고 해도 과언이 아니다. 그는 프로이트가 주장한 인간의 의식과 무의식의 존재를 인정하며, 무의식을 의식화하는 정신 과정에 대하여도 어느 정도 견해를 같이 한다. 프로이트가 인간의 성격 형성에 무의식이 중요하다는 것을 알게 해 주었다면, 융은 감추어진 무의식이 인간의 삶에 가치를 부여하는 긍정적인 특성이 있다는 사실을 알게 해 주었다고 볼 수 있다. 그러나 융은 무의식의 기능적인 측면과 내용적인 측면에서 프로이트와 견해를 달리 하였으며, 무의식의 수준을 확장하여 무의식을 개인무의식과 집단무의식으로 구분하였다.

2) 헬름홀츠의 에너지 보존 법칙과 클라우지우스의 균형 원리

융의 이론에서는 물리학의 에너지 보존 법칙과 균형 원리를 인간을 이해하는 데 적용하고 있다. 헬름홀츠(Helmholtz)가 주장한 에너지 보존 법칙은 에너지의 형태가 바뀌는 경우, 외부의 영향을 완전히 차단하면 물리적 · 화학적 변화에 상관없이 전체의 에너지 양은 변하지 않는다는 것을 말한다. 이러한 에너지 보존의 법칙은 융의 이론에 반영되었다. 즉, 어떤 조건을 생성하는 데 사용된 에너지는 상실되지 않고 성격의 다른 부분으로 전환되어 성격 내에서 에너지가 계속 재분배된다는 것이다.

또한 클라우지우스(Clausius)가 주장한 엔트로피의 법칙이라 불리는 균형 원리(entropyprin ciple)는 온도가 다른 두 물체가 있을 때 높은 온도에서 낮은 온도로 흘러 두 물체의 온도가 평형을 이루는 것을 의미하는 것으로써 융은 그의 원리를 차용하여 인간의 정신에너지도 욕구가 강한 것에서 약한 것으로 에너지가 흐른다는 것을 가정하였다.

3) 동양철학의 중용

중용(中庸)이란 동양철학의 기본개념으로, '넘쳐나거나 부족함이 없이 어느 한쪽으로 치우치지 않은 상태'를 말한다. 이러한 중용의 입장이 융의 이론에 반영되었다. 그는 프로이트의 결정론적이고 진화론적이고 인과론적인 접근 방법과 아들러의 과거와 관련성을 무시한 채 미래에 대한 지향만을 중요시한 목적론적인 접근 방법 둘 다를 비판하였다. 인간이란 오직 과거의 생에 묶인 어쩔 수 없는 과거의 포로도 아니고, 역사를 잃은 미래를 향한 의지의 화신만도 아니라는 것이다. 그는 이 두 가지 입장을 하나의 입장에 포함될 수 있는 대극으로 보았다. 융의 이론은 '정신이란 이것인지 저것인지로 파악되기보다는 이것이기도 하고 저것이기도 한 것'이라는 관점을 가지고 있다(이부영, 2012,

p. 50). 즉, 인간의 정신은 양극단으로 말할 수 있는 것이 아니라는 것이다.

4) 칸트의 인식론

융의 이론에서 주요 개념인 자기와 자아는 칸트(Immanuel Kant)의 인식론에 영향을 받았다고 볼 수 있다. 칸트는 이성적인 합리론과 경험을 강조하는 경험론을 통합하여 선험적 자아와 경험적 자아라는 개념을 제시하였다. '선험적 자아(先驗的 自我)'는 이미 인식하고 있는 자아이며, '경험적 자아(經驗的 自我)'는 개인의 경험을 통한 주관적인 사고의 개념이 반영된 것이다. 칸트의 선험적 자아는 융의 이론에서 본연의 자신을 의미하는 '자기(self)'의 개념으로 대치되었으며, 경험적 자아는 융의 이론에서 의식의 주체가 되어 현실적으로 기능하는 '자아(ego)'의 개념으로 대치된 것이라 볼 수 있다.

5) 문화인류학

융은 문화인류학자인 바흐펜(Johann Bachofen)과 바스티안(Adolf Bastian), 크로이처(George Creuzer) 등의 영향을 받았다. 바흐펜은 인류 문화의 사회적 진화와 문화를 아우르는 상징 등의 역할에 대해 관심이 있었으며, 바스티안은 개인 심리의 유사성은 문화의 의식, 상징, 신화를 조사해 봄으로써 이해될 수 있다고 하였다. 그리고 크로이처는 설화에 나오는 상징의 중요성과 설화의 기저에 있는 원시적이거나 비유적이라 할 수 있는 근원적인 사상을 발견하였다. 이러한 문화가 가지고 있는 상징에 대한 세 학자의 업적은 융의 이론에서 원형이라는 핵심 개념에 직접적인 영향을 주었다(천성문 공역, 2013, p. 86). 인류의 다양한 문화에 대한 이와 같은 학문적인 관점은 융의 이론에서 집단무의식이 포함하고 있는 상징(예: 만다라)이나 신화 등으로 나타났다고 볼 수 있다.

3. 생애가 이론에 미친 영향

칼 구스타프 융은 1875년 스위스의 북동쪽에 위치한 콘스탄스 호반의 케르빌이라는 시골 마을에서 태어났다. 목사인 아버지 요한은 문헌학을 전공하였지만 학자의 길을 가지 않고 시골 교회에서 농부들과 아이들을 보살피며 살았다. 그의 아버지는 자상하고 친절하여 신도들의 사랑을 받았지만, 가정적으로는 그리 행복한 편이 아니었다(이부영, 2012, p. 16). 어머니는 개신교 목사의 집안에서 자란 막내딸로 쾌활하고 소탈한 성격의 소유자였다. 그녀는 때로는 섬뜩할 정도로 예리한 직관력을 가지고 있었다. 융의 아버지의 성격은 예민하고 까다로운 편이었고, 어머니는 결혼 생활의 어려움으로 정서

장애와 우울증으로 고생한 것을 보면, 부부 사이는 그리 원만하지 않았으리라 여겨진다. 융의 친할아버지는 외과 의사이며 교수였고, 의료원의 개혁, 양호 시설, 시민병원, 정신병원 등의 설립을 주장하는 매우 진취적이고 강직한 사람이었다. 융의 이름도 조부의 이름을 따서 지어졌다. 융의 외할아버지는 설교문을 쓸 때 귀신이 훼방하지 못하도록 융의 어머니를 자신의 등 뒤에 앉혀 놓을 만큼 영적으로 민감한 사람이었다(이부영, 2012, p. 17). 융이 인간의 영혼에 관심이 많고, 어릴 때부터 남다른 신비한 체험을 경험하게 된 것은 가족 배경에서 받은 영향 때문이라 짐작된다.

융은 아동기 때 내성적인 성격으로 대부분의 시간을 혼자 지낼 때가 많았다. 그에게는 형이 두 명 있었는데, 그들은 융이 태어나기 전에 죽었고 여동생은 아홉 살이나 차이가 났기 때문이었다. 융이 가진 심성의 독특함은 이미 어린 시절부터 나타나기 시작하였다. 융은 3~4세쯤에 평생 잊을 수 없는 수직 남근의 꿈을 꾸게 된다. 한참 후에야 꿈에 나타났던 그 형상이 종교의식적인 남근임을 발견하였다. 그리고 50년 뒤에 자신이 꾼 꿈에 대하여 회상하며 이렇게 반문하였다.

> 무엇이 그 당시 내 속에서 말하였을까? 누가 그 탁월한 문제성을 표현한 언어를 말해 주었을까? 누가 저 위와 아래를 통합하여 이로써 내 인생의 하반기를 열정적인 성격의 폭풍으로 채우게 된 토대를 마련했을까?(이부영, 2012, p. 19 재인용).

이러한 어릴 적 경험은 융을 영적인 삶과 무의식적인 세계로 첫 발을 내딛게 하는 역할을 하였다. 융이 유년기에 가졌던 또 한 가지 비밀스러운 경험이 있다. 열 살 무렵에 융은 나무로 인간의 형상을 닮은 인형을 만들고, 기다란 돌에 색을 칠하여 상자에 넣어 다락에 숨겨 놓고, 혼자서 여러 가지 의식 놀이를 하며 놀았다. 괴로울 때나 우울할 때, 그 인형을 생각하면 마음이 편해졌다. 그가 가지고 놀았던 인형은 고대 그리스인의 신과 관련이 있으며, 돌은 원시 종족에서 흔히 쓰이는 마력과 생명력을 지닌 돌과 상통하는 것을 훨씬 뒤에 알게 되었다. 이 일에 대해서 융은 다음과 같이 말하였다.

> 내가 어릴 적에 그것은 훗날 내가 아프리카 원주민에게서 관찰한 것과 똑같은 식으로 내 안에서 일어났던 것이다. 사람들은 우선 행동을 하지만 무엇을 하는지 아무것도 모르고 있다. 훨씬 뒤에야 비로소 거기에 관해 생각해 본다(이부영, 2012, p. 20 재인용).

인간은 경험하지 않은 것도 할 수 있는 어떤 힘을 가지고 태어난다는 집단무의식에 대한 주장은 융의 이러한 체험이 영향을 준 결과 같다. 융의 생애에서 꿈, 환상, 초 심리학적 현상은 항상 큰 역할을 해 왔다. 특히 융이 중요한 결정을 해야 할 경우에는 더했다. 융은 어린 시절부터 자신의 마음속에 존재하는 무의식 현상에 관심을 기울였으며, 초심리학적인 신비한 경험에 대해서는 더욱 각별했다.

첫 번째 신비한 경험은 어느 날 융이 자기 방에서 공부를 하고 있을 때 일어났다. 그는 갑자기 총소리 같은 요란한 소리를 들었다. 그가 옆방으로 달려가 보니, 어머니가 커다란 식탁에서 3피트쯤 떨어진 곳에 앉아 있었다. 그 식탁은 이어 댄 곳도 없는 튼튼한 것이었는데도 가장자리에서 가운데까지 쪼개져 있었다. 오래된 호두나무로 만든 그 식탁이 온도나 습도 변화 때문에 쪼개질 리는 만무했다. 이 일로 인해 융은 혼란스러웠다.

두 번째 경험은 어느 날 밤에 일어났다. 이번에는 빵바구니에 넣어두었던 커다란 칼이 산산조각이 났다. 융은 그 조각들을 들고 가서 칼을 파는 상인에게 보였다. 그는 칼을 살펴보고는 고개를 갸웃거리며 말했다. “이 칼엔 아무 문제도 없었던 것 같은데요. 쇠 자체에도 문제가 없고, 누군가 일부러 조각을 내기 전에야 이렇게 되기 어렵지요.” 그 후 오랜 세월이 지나 아내가 불치병에 걸렸을 때 융은 그 파편들을 금고에서 꺼내어 본래 형태대로 맞추어 보았다.

이런 일들이 있고 나서 얼마 되지 않아 융은 매주 토요일 친척집에서 열리는 강신(降神) 모임에 참석하기 시작했다. 그는 계속해서 신비한 현상에 흥미를 느꼈으며, 박사학위 논문을 작성하기 위해 친척집의 강신 모임에서 영매 역할을 하는 열다섯 살 소녀의 행동을 면밀히 연구했다. 이런 신비한 현상은 융의 관심을 심리학과 정신병리학 쪽으로 돌려놓았다(김형섭, 2004).

융은 청년기 또한 고뇌의 시간이기도 했지만, 많은 것을 깨닫는 시간이 되기도 하였다. 그는 학교 다닐 때, 기절발작 증상을 의지로 극복하는 체험을 한다. 훗날 그는 신경증이 무엇인지를 자신에게 알려 준 것이 바로 이 체험이었다고 말하였다(심상영 공역, 2013, p. 62). 이러한 경험은 자기 의지로 자기 자신을 찾아가는 것, 즉 ‘자기실현’ 개념에 영향을 준 것으로 여겨진다. 또한 그는 ‘나’라는 자아의 주체성을 인식하며, 자신의 마음속에 2개의 인격이 존재하는 것을 느끼게 된다. 자신 안에 2개의 인격이 있다는 체험은 그의 대극의 원리 개념으로 이어진다. 신에 대한 그의 물음은 계속되었으며, 복음서를 비롯하여 많은 책을 읽게 된다. 그는 철학 서적도 많이 읽었으며, 피타고라스(Pythagoras), 헤라클리트(Heraklit), 엠페도클레스(Empedocles), 플라톤(Platon) 등의 철학자들을 좋아하였다. 그는 쇼펜하우어(Arther Schopenhauer)의 염세주의보다도 칸트의 순수이성 비판에서 더 큰 깨우침을 받았다고 하였다.

융은 역사, 철학 등 여러 방면에 관심이 많았지만, 고고학에 특히 관심이 많았다. 하지만 고고학을 공부하려면 외국에 유학을 가야 하기에 집안의 경제 사정을 고려하여 포기하였다. 융은 진로를 선택하는 과정에서 자신이 정말 하고 싶은 것과 어쩔 수 없이 선택해야 하는 상황에서 마음속에서는 두 가지 인격이 서로 대항하고 있다는 것을 느끼게 되었다. 그는 직업 선택의 폭이 넓은 의학을 공부하기 시작하였는데, 크라프트에빙(Kraft-Ebing)의 정신과 교과서(1890)에서 '정신병을 인격의 병'이라고 한 대목에 자극을 받아 정신의학을 택하게 되었다.

그가 25세가 되던 1900년 브르크휠츨리로 알려진 취리히 대학교의 브로일러(Eugen Bluler) 교수의 조교로 가게 되었고, 「심령 현상의 병리와 심리에 대하여(Zur Psychologie und Pathologie sogenannter occulter Phänomene)」라는 박사학위 논문을 쓰게 된다. 자넷(Pierre Janet)에게서 정신병리학 이론도 배우고, 1903년에는 라우센바흐(Emma Rauschenbach)와 결혼을 하였다. 그녀와의 사이에 두 딸을 두었으며, 융의 아내는 아이들에게 유난히 헌신적인 어머니였다고 전해진다(심상영 공역, 2013, p. 359). 그는 이 무렵 단어 연상에 관한 실험을 통하여 콤플렉스의 존재를 발견하며, 프로이트의 정신분석이론을 접하게 된다. 융 자신도 브르크휠츨리에서의 9년이 수련기라고 했을 만큼 지도교수인 블로일러에게서 많은 것을 배웠고, 정신의학에서 기념할 만한 획기적인 분야를 개척하게 된다. 그는 치료가 불가능하다고 했던 조발성 치매라 부르던 정신분열증 환자를 심리적으로 이해하고 어느 정도까지는 치료 효과를 거둘 수 있다는 사실을 입증한 것이다. 당시의 「조발성 치매의 심리학에 관하여(The Psychology of Dementia Praecox)」라는 논문에 환자와의 경험이 흥미 있게 진술되어 있다(이부영, 2012, p. 28-29). 조발성 치매 환자를 치료한 사례를 간단히 소개하면 다음과 같다.

• • •

처녀 시절 그녀는 부유한 젊은 남자를 사랑했던 적이 있었다. 그러나 둘 사이에는 신분상의 차이가 커서 그에게서 청혼을 받기 어렵다고 믿었기 때문에 그녀는 절망 상태에서 다른 남자와 결혼을 하였다. 5년 후에 옛날 남자 친구가 찾아와서 그녀의 결혼 소식을 들었을 때 슬픔을 가눌 수 없었다고 말했다. 바로 그 소리를 들은 지 얼마 지나지 않아 그녀가 딸과 아들 두 아이를 목욕시키는 중에 딸이 목욕 수건을 빨고 있는 것을 보고도 그냥 두었으며, 심지어 아들에게는 오염된 물을 먹이기까지 했다. 그녀는 결혼의 모든 흔적을 파괴하려는 무의식적 소망에서 그런 행동을 한 것으로 볼 수 있다. 그렇게 함으로써 그녀는 자신이 결혼한 남자에게서 다시 한 번 벗어나려고 했던 것이다. 그러다 그녀의 어린 딸은 장티푸스에 걸려 죽고 말았다. 옛 남자 친구가 그녀를 사랑했었다는 사실을 알았을 때 시작되었던 그녀의 우울증은 딸이 죽고 난 후 더 심해져서 병원에 입원하게 되었다. 융은 딸의 죽음에 그녀의 책임이 있다는 것을 직면하도록 하여 몇 주 만에 퇴원시킬 수 있었고, 이후에 재발하지 않았다(심상영 공역, 2013, p. 121). 융은 이 환자의 사례를 통해 인간이 고통을 직면하고 자신의 잘못을 인정할 때, 신경증으로부터 자유로울 수 있다는 것을 확인하였다.

• • •

융은 1906년부터 프로이트와 학문적으로 교류하기 시작하는데, 처음부터 프로이트의 성욕설에 대해서 인정한 것은 아니었다. 프로이트의 학문에 대한 경험론적인 태도와 의식 너머의 마음의 심층을 처음으로 과학의 대상으로 삼아 연구하는 것에 매료되어 자기의 지식이 부족하여 성욕설을 이해하지 못한다고 생각하였다. 다른 학자들의 비판에도 융은 프로이트를 옹호하였고, 프로이트는 자신의 후계자라고 여길 만큼 융의 능력을 인정하였다. 그러다가 1912년에 『리비도의 변환과 제 상징(Wandlungen und Symbole der Libido)』이라는 책을 통하여 융은 성욕설에 대한 반론을 제기하였다. 그 책은 '정신분석 연보' 에 두 부분으로 나뉘어 실렸는데, 1911년에 쓴 전반부에 대해서는 프로이트가 어느 정도 인정하고 받아들였다. 하지만 1912년에 발표된 후반부에서 융은 "근친상간은 더 이상 문자적으로만 해석될 것이 아니라 더 높은 관념의 상징으로 보아야 한다."라고 말하였다(심상영 공역, 2013, p. 152). 프로이트에게 성에 대한 반론은 받아들여질 수 없었기 때문에 둘은 만난 지 6년 만에 결별한다. 그들이 결별하게 된 것은 학문적인 견해 차이도 있었지만 인간적인 면에 대한 실망도 영향을 주었다는 일화가 있다.[3)]

1913년부터 6년 동안 융은 내적인 혼란을 겪으면서 자신의 내면세계를 탐구한다. 학교도 그만두고 자신의 무의식에 대한 현상을 탐구하면서, 그의 중심이론인 원형론의 틀을 잡기 시작한다(윤순임 공저, 2011, p. 92). 융은 세계 여러 나라, 즉 알제리, 튀니지, 사하라 사막, 미국의 애리조나, 멕시코, 케냐와 우간다, 인도 등을 여행하며 자신이 생각하는 무의식의 원형이 실제로 어떻게 존재하고 있는지를 확인하였다. 1928년에 그는 연금술에 대하여 강의하던 중에 연금술사들이 최고의 물질을 만들어 내려고 노력하는 과정에서 개성화 과정이 상징적으로 표현된다는 사실을 발견하였다. 1947년 모든 활동에서 은퇴하고, 자신이 30여 년에 걸쳐 지은 취리히 호반 볼링겐에 있는 별장에서 지내다가 1961년 86세의 나이로 사망하였다.

3) 프로이트가 처제와 불륜 관계라는 것을 알고 나서 인간적인 실망감, 프로이트가 자신의 성욕설 이론을 부정하는 학자를 매장시키라고 하며 자신의 이론을 신격화하는 것에 대한 불만, 융이 정신적 아버지였던 프로이트를 이기려는 오이디푸스 콤플렉스적인 반항이라는 등의 일화가 전해진다.

융의 대표 저서들은 다음과 같다. 『심리학적 유형(Psychologie Types, 1921)』, 『심리학과 연금술(Psychologie and Alchemie, 1944)』, 『전이의 심리학(Psychologie der Ubertragung, 1946)』, 『융합의 비의(Mysterium Coniunctionis, 1955)』 등이 있다.

제2절 주요 개념

1. 인간관

분석심리이론에서 인간을 바라보는 관점은 낙관론적, 유전론적, 결정론적 그리고 전체론적인 관점이라 할 수 있다.

1) 낙관론적 인간관

융은 인간이란 평생토록 무의식에 억압된 과거 경험의 지배를 받는 비관적인 존재가 아니라 평생에 걸쳐 무의식 속에 숨겨져 있는 자신의 잠재력인 자기를 찾아 이를 실현하려고 노력하는 미래지향적인 존재임을 강조하였다. 또한 인간은 엔트로피 법칙이 적용되는 존재로서, 집단무의식의 모든 원형이 균형과 조화를 이루도록 선천적으로 태어났다는 것이다. 따라서 집단무의식의 어느 한 가지 원형이 한 사람을 지배하면 자연스럽게 그 원형에 있는 에너지가 다른 원형으로 옮겨가서 결국 모든 원형이 균형을 이룬다는 것이다. 이와 같이 융은 인간이 자기실현을 추구하며, 엔트로피 법칙이 적용되는 존재라고 보았기 때문에, 융의 인간관은 긍정적임을 알 수 있다.

2) 유전론적 인간관

융은 인간의 정신 구조에서 집단무의식을 중시하였다. 집단무의식이란 인류의 선조들의 경험이 축적된 것으로서 인간은 출생할 때부터 유전인자 속에 이러한 집단무의식을 구성하는 원형을 가지고 태어난다고 보았다. 예를 들어, 어린아이들은 뱀이 어떤 존재인지에 대한 아무런 경험이 없는데도 뱀을 무서워한다는 것이다. 융은 이와 같이 어린아이들이 뱀을 무서워하는 이유에 대해 그들의 조상이 살모사에게 물려 죽기도 하고, 상처를 입기도 한 경험이 유전되었기 때문으로 보고 있다. 융은 집단무의식을 구성하는 원형들이 유전된다고 보았기 때문에 유전을 중시하는 인간관을 가지고 있음을 알 수 있다.

3) 결정론적 인간관

융의 이론에서는 인간의 성격이 과거의 경험뿐만 아니라 미래에 무엇을 하기를 바라는지와 같은 목적과 의미에 따라 달라질 수 있다고 하였다(이수연 공저, 2013, p. 94). 물론 융은 인간이 태어날 때부터 선천적으로 가지고 있는 자신의 잠재력을 찾아가는 자유의지를 가지고 있고, 목적을 추구해 나가는 존재라고 보기 때문에 자유론적인 입장을 어느 정도 가지고 있다. 하지만 융의 이론에서 가장 핵심이 되는 자기는 생득적이고 선험적인 속성이기 때문에 태어날 때부터 결정되어 있으며, 집단무의식의 다른 원형들인 페르소나, 아니마와 아니무스, 그리고 그림자 등도 조상들의 영향을 받아 결정되어 있다고 보았기 때문에 융의 인간관은 결정론적인 관점에 더 가깝다고 할 수 있다.

4) 전체론적 인간관

융은 인간의 본질을 전체성의 관점에서 봄으로써 인간을 개성 있는 전체로 파악하고자 하였다. 전체성이란 인간을 무의식에 있는 자기가 의식 수준의 자아와 통합되어 나타나는 전체로 인간을 이해하는 것이다. 다시 말하면, 인간의 무의식과 의식의 통합, 자기와 자아의 통합을 의미한다. 여기서 무의식과 의식의 통합이란 미지의 영역인 무의식에 있는 내용을 의식화하기 위해 노력하여 의식 수준으로 끌어올리는 것을 뜻한다. 자기와 자아의 통합이란 주체인 자기와 객체인 자아가 하나가 된다는 주객일여(主客一如)를 뜻한다. 자기는 태어날 때는 무의식 수준에 있기 때문에 인간이 알 수 없는 반면에, 자아는 경험을 통해 형성되기 때문에 알 수 있다. 무의식에 있는 자기를 알아가기 위해 끊임없이 노력하는 개성화 과정을 통해 후천적인 경험에 의한 자아와 선천적인 잠재력인 자기가 하나가 되는 것이 주객일여다. 융은 무의식과 의식, 자기와 자아가 통합되어 전체성을 이룬다고 보고 있기 때문에 융의 인간관은 전체적 관점으로 이해할 수 있다.

2. 성격의 구조 및 발달

1) 성격의 개념

융은 성격을 정신의 전체성으로 보고 있다. 즉, 성격이란 자기와 자아의 일치로 보았다. 자기란 출생 시 가지고 태어나는 원형의 하나로, 성격의 중심이다. 즉, 자기는 그 개인이 본래부터 가지고 태어나는 잠재적인 능력을 의미하며, 개인이 알지 못하는 무의식 속에 있다. 그리고 자아는 후천적인 경험을 통해서 획득되는 것으로서 개인이 의식하는 내용이다. 융은 인간이 인생의 전반부에서는 의식 속의 자아의 역할에 비중을 두고 살아가지만, 인생의 중반에 이르러서는 잠재적인 능력인 자기를 찾아간다고 보았다. 즉, 경험의 자아와 선험의 자기가 통합되어 일치되는 상태를 가장 건강한 상태라고 보았다.

2) 성격의 구조

융의 이론에서 성격의 구조는 자아와 콤플렉스 그리고 원형들로 볼 수 있다. 다시 말하면, 의식에는 자아가 존재하고, 개인무의식에는 그림자와 여러 콤플렉스가 있다. 집단무의식에는 자기를 비롯하여 아니마와 아니무스 그리고 그림자 등의 다양한 원형이 존재하는데, 이들이 한 개인의 성격을 이루는 구성요소가 된다. 융의 분석심리이론은 집단무의식을 중심으로 확립되었다고 볼 수 있다. 융의 성격의 구조를 살펴보면 [그림 4-1]과 같다.

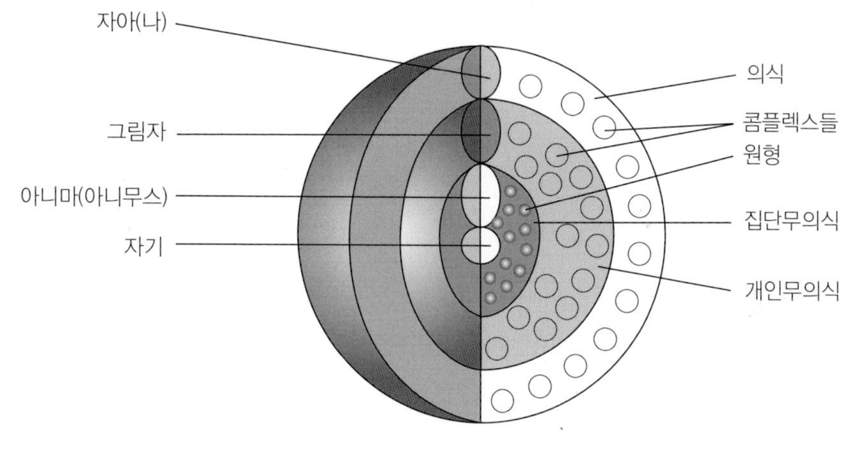

• 그림 4-1 • 분석심리이론의 성격의 구조

출처: 이부영 2011, p. 75.

[그림 4-1]을 살펴보면, 인간의 정신은 크게 의식, 개인무의식과 집단무의식으로 구성되어 있다. 의식의 중심에는 자아가 있다. 자아는 인간이 의식할 수 있다. 개인무의식은 콤플렉스들로 구성되어 있으며, 개인 수준의 그림자가 여기에 해당한다. 집단무의식의 가장 중심에는 자기가 있으며, 아니마와 아니무스가 존재한다. 즉, 집단무의식은 수많은 원형으로 구성되어 있으며, 그중 대표적인 원형에는 자기와 아니마와 아니무스, 집단 수준의 그림자 등이 있다.

(1) 의식

의식 수준에서는 '자아(ego)'가 중추 역할을 한다. 의식이란 인간이 현실에서 생각하고, 느끼고, 기억하는 상태를 말한다. 의식은 우리가 지금 이 순간 머릿속에 떠오르는 모든 생각 · 감정 · 기억 · 지각 등으로 구성되며, 프로이트가 주장하는 의식의 수준과 그다지 다르지 않다(홍숙기 역, 2008, p. 92). 예를 들면, 밥을 먹고 있거나, 수업을 듣고 있거나, 책을 읽고 있거나, 연인과 헤어져서 슬픔에 빠져 있는 등 현재 주의를 기울여서 관심의 대상이 되고 있는 것들이다.

자아는 후천적인 경험에 의해 형성된다. 인간은 태어나서 다양한 경험을 하게 되는데, 이러한 경험을 통해 "나는 이런 사람이다."라고 받아들인 모습이 자아라고 할 수 있다. 예를 들면, 설이나 추석 등의 명절에 친척들이 자신에게 "너는 어쩜 그렇게 예쁘게 생겼니?"라는 말을 하고, 학교에서나 거리에서 다른 사람들이 똑같은 말을 할 때, '얼굴이 예쁜 나'라는 자아가 형성되는 것이다. 의식 수준에 있는 자아는 무의식 속의 욕구를 현실과 접촉을 통하여 해결하는 기능을 가진 정신의 중요한 구성요소다. 즉, 외부의 현실세계와 내부의 정신세계가 적절히 관계를 잘 맺고 적응을 잘하도록 기능하는 역할을 한다. 이러한 자아가 현실과 접촉하는 과정을 통해 의식의 태도 유형이 만들어지고 기능 유형의 분화가 일어나고, 페르소나가 생긴다.

(2) 개인무의식

개인무의식은 프로이트의 전의식(preconsciousness)과 유사하다. 즉, 조금만 주의를 기울이면 기억할 수 있는 상태를 의미한다. 개인무의식에는 잊어버렸거나 일부러 억압한 내용이 포함될 수 있다. 예를 들면, 결혼기념일이나 혹은 작년 여름에 여행 가서 있었던 일 등은 잠깐 기억이 나지 않을 수 있지만, 노력을 조금 기울이면 곧바로 기억해 낼 수 있는 것들이다. 그리고 개인적인 갈등, 해결되지 않은 도덕적인 문제, 격앙된 감정도 개인무의식의 중요한 요소다. 종종 이러한 요소가 꿈을 통해 나타나기도 하고, 꿈에서 적극적인 역할을 할 수도 있다. 때때로 사고 · 기억 · 감정을 결합하거나 한 주제로 묘사하기도 한다. 이렇게 결합된 요소들이 한 개인에게 정서적인 영향을 주게 되는데, 이를 콤플렉스(complex)라고 부른다(천성문 공역, 2013, p. 90).

콤플렉스란 일종의 생각이나 감정이 한데 어우러져 무리와 군집을 이룬 것으로, 감정이 하나로 뭉쳐진 복합체인 '감정의 덩어리'를 말하며, 이것은 한 개인의 정신을 지배한다. 콤플렉스는 대부분 부정적이고 충격적인 사건의 경험으로 인하여 형성된다. 대표적인 콤플렉스로 마더 콤플렉스(마마보이)가 있다. 마더 콤플렉스는 독립적인 사고와 판단을 하지 못하고, 어머니의 의견과 가치관에 전적으로 의존하는 아들을 의미한다. 이는 어릴 적부터 지속적으로 경험한 어머니의 과잉보호에서 비롯되며, 성인이 된 후에도 일상생활 전반에 영향을 미친다. 가령 마마보이가 결혼을 했을 때, 모든 일을 어머니의 뜻대로 한다면 아내와 갈등을 겪을 수밖에 없다.

융은 단어연상검사를 통해 콤플렉스의 존재를 밝혔다. 피험자들에게 단어를 한 가지씩 보여 주고 반응 시간과 내용을 알아보았는데, 다른 단어들에 비해서 반응하는 데 시간이 오래 걸리고 격렬하게 반응하는 단어를 콤플렉스로 보았다. 또한 융은 한 개인의 콤플렉스를 찾아가면 결국 콤플렉스를 통해 그 개인의 집단무의식의 구성요소인 원형을 알 수 있다고 하였다.

(3) 집단무의식

집단무의식(collective unconsciousness)은 융의 분석심리이론에서 가장 핵심이 될 뿐만 아니라 다른 이론과 차별화된 개념이다. 집단무의식은 인간이 먼 조상 대대로부터 물려받은 의식, 관습, 문화 등이 저장된 인간의 잠재적 기억의 저장소다. 그 과거란 인간 종족의 역사뿐만 아니라 진화론적 관점에서 인간 이전의 동물 종족의 역사까지도 포함하고 있다. 집단무의식은 여러 세대를 통하여 전수된 인류의 반복된 경험이 축적된 결과물이며, 인간의 뇌 속에 새겨져 조상들에게서 물려받는 유전적인 소인으로써 정신의 심층에 내재하여 성격의 전반적 구조의 기반을 이루고 있는 것이다. 이러한 집단무의식은 여러 가지 원형으로 구성되어 있는데, 대표적인 원형으로는 페르소나, 아니마, 아니무스, 그림자, 자기 등이 있다.

① 페르소나

페르소나(persona)는 고대 그리스 시대의 연극에서 배우들이 쓰는 가면(mask)을 의미한다. 페르소나는 의식 수준에서 주된 역할을 하는 자아가 외부세계인 세상과 관계를 맺고 적응하는 데 필요한 행동양식이라 할 수 있다. 우리는 흔히 "모든 사람이 가면을 쓰고 산다."라는 말을 한다. 페르소나는 사회의 인습과 전통의 요구 혹은 자신의 원형의 요구에 부응하여 채택한 공적 얼굴이다. 즉, 사회적인 상황에서 자신의 실제 내면 모습을 드러내지 않고, 남에게 좋은 인상을 주려고 겉으로 내보이는 공적인 모습이라고 할 수 있다. 예를 들면, 집안 청소를 하지 않아 집은 극도로 지저분하면서도 외모는 잘 꾸미고 외출을 한다든지, 연애를 할 때 여자가 연인에게 잘 보이기 위해서 혼자 있을 때는 없어서 못 먹는 좋아하는 음식을

남기는 행동 등이 이에 해당한다. 융이 "페르소나는 가상이다."라고 한 것처럼 페르소나는 진정한 자신의 참모습이 아니다.

모든 사람이 페르소나의 이중적 속성을 가지게 되는 이유는 인류의 조상들 대부분이 가면을 쓰고 살아서 그 후손들은 태어나면서부터 가면을 쓰고 살아가려는 페르소나를 가지고 태어나기 때문이라는 것이다. 이와 같은 페르소나는 자아로 하여금 외부세계와의 관계를 원활하게 맺도록 하여 사회에 적응을 잘하도록 하는 긍정적인 기능을 가지고 있다. 사회적 상황에서 남에게 좋은 인상을 주기 위해 어느 정도의 페르소나는 필요하다는 것이다. 예를 들면, 잠옷이 가장 편하다고 하여 교수가 잠옷 차림으로 강의를 하면 학생들이 강의에 집중하기 어렵다. 교수는 학생들을 의식하여 옷차림에 어느 정도 신경을 쓸 필요가 있다는 것이다. 인간에게는 이러한 페르소나의 속성이 있기 때문에 사회의 질서가 유지되는 긍정적인 측면이 있다. 필자는 대학시절에 자취 생활을 했는데, 혼자서 식사를 할 때는 설거지가 귀찮아서 전기밥솥이나 찬합을 밥상에 올려놓고 밥을 먹곤 했다. 하지만 지인들을 집에 초대하여 함께 식사를 할 경우, 특히 그중에 마음속으로 좋아하는 여자라도 있을 때는 가장 예쁜 밥그릇과 접시를 꺼내 밥상을 차렸다. 이렇게 적절히 사용하는 페르소나는 대인관계와 사회생활에 긍정적인 역할을 한다. 반면에 페르소나에 너무 치중하여 살아간다면 다중인격과 같은 심리적인 장애를 보일 수 있다. 실제의 자신과 남에게 보여 주는 공적인 자신이 너무 달라서 두 가지 모습을 구분하지 못할 때 다중인격장애가 나타날 수 있다. 따라서 페르소나의 이중적 속성을 가지고 있는 자아는 외부세계와 내적인 정신세계를 조화롭게 유지하는 기능을 잘 수행해야 한다.

② 아니마와 아니무스

아니마(anima)와 아니무스(animus)는 인간이 가지고 있는 양성적인 특성을 의미한다. 융은 인간이 태어날 때 남성과 여성의 두 가지 성향을 같이 가지고 태어난다고 주장하며, 남성이 가지고 있는 여성성을 '아니마', 여성이 가지고 있는 남성성을 '아니무스'라고 하였다. 인간이 양성성을 가지는 이유는 인류의 조상의 절반은 남자이고 절반은 여자이기 때문에, 남자로 태어났어도 조상의 절반인 여성의 특성인 아니마를 가지고 태어나며, 여자로 태어났어도 조상의 절반인 남성의 특성인 아니무스를 가지고 태어난다는 것이다. 필자는 아니마가 남다르게 강한 남자와 아니무스가 강한 여자를 친구로 둔 적이 있다.

• • •

고등학교 시절에 짝이 되어서 옆자리에 앉게 되어 친하게 지낸 친구가 있다. 그 친구는 말투도 여성스럽다 못해 "어머! 어머!"라는 말을 종종 했으며, 말을 할 때는 필자의 팔과 등을 때리곤 했다. 심지어 걸음걸이와 목소리조차 여성스러웠다. 융의 관점에서 생각해 보면, 아니마가 남달리 강했던 친구가 아닌가 싶다.

이와는 반대로, 대학 시절에 그룹 미팅을 통해 알게 된 여자 친구가 있었다. 교제 기간 동안 치마를 입은 모습을 한 번도 본 적이 없었다. 항상 바지차림과 단발머리에 신발 뒷부분을 굽혀 신고 팔자걸음을 걸었다. 목소리는 허스키하고 시원시원한 남자 음색이었다. 한 번은 삭발을 하고 나타나 기겁을 한 적도 있었다. 여러 면에서 아니무스가 강한 친구였다고 생각된다.

• • •

남성이 가지고 있는 대표적인 특성은 '이성(logos)'이고, 여성의 대표적인 특성은 '감성(eros)'이다. 조화와 균형을 추구하는 관점에서 보면, 성숙한 인간이 되기 위해서 남자는 자신의 내부에 잠재해 있는 여성성인 감성을 개발할 필요가 있다. 또한 여자는 자신의 내부에 잠재해 있는 남성성인 이성을 개발하는 것이 도움이 된다(노안영 공저, 2013, p. 120). 즉, 남자는 자신 안에 내재되어 있는 아니마가, 그리고 여자는 자신 안의 아니무스가 조화와 균형을 이루는 것이 최상의 상태라고 할 수 있다. 필자의 경험담을 소개하고자 한다.

• • •

필자는 어릴 적부터 감성이 풍부하여 드라마나 영화를 볼 때, 슬픈 장면이 나오면 눈물이 하염없이 흘러 눈이 부을 정도였다. 결혼하여 두 자녀를 두었는데, 아이들과 함께 드라마를 볼 때마다 "또 울어!"라며 아이들의 놀림을 받곤 했다. 그 뒤 대학원에 진학하여 석·박사과정을 마치고 박사가 된 후로는 가족에게 감성이 부족하며, 심지어 이성적이란 말을 종종 듣곤 한다. 세월 탓인지 아니면 대학원 공부 때문인지는 분명하지 않지만, 필자의 내면에 있는 이성이 개발되어 감성과 이성이 어느 정도 균형을 이룬 것 같은 느낌이 든다.

• • •

아니마와 아니무스에 대한 개념은 인간의 생리적인 발달의 측면에 비추어 볼 때도 일맥상통한다. 인간은 발달단계에서 중년기를 지나면서 남성 호르몬과 여성 호르몬의 변화에 따라 본래 가지고 있는 생물학적인 성의 특성이 약해지고, 자신과 반대되는 성의 특성이 강하게 나타난다고 한다. 가령 여성은 나이가 들면서 남성화가 되어 자기주장이 강해지고 외부 활동이 증가하여 집 밖으로 나가게 되는 반면에, 남성은 여성화가 되어 잔소리가 많아지고 집 안에서 생활하는 시간이 늘어난다는 것이다.

이와 같은 아니마와 아니무스는 성이 다른 남녀가 한 가정을 이루거나 혹은 같은 직장과 공동 사회에서 더불어 살아갈 때, 서로를 이해하고 조화롭게 지내는 데 도움이 되어 긍정적으로 기능한다. 하지만 아니마가 지나치게 강한 남자는 태어날 때의 성 과는 다른 여성적 특성으로 인하여 자신의 성정체성을 여성으로 바꾸어 생활할 수도 있다. 아니무스가 강한 여자의 경우도 마찬가지로 본인의 생물학적 성정체성을 거부할 수도 있다. 융은 인간이 내적 세계와 관계를 맺고 적응하면서 형성되는 것을 '마음(Seele)', 즉 내적 인격이라고 하였다. 내적 인격에 해당하는 대표적인 속성이 아니마와 아니무스로서, 이것들은 자아로 하여금 무의식에 눈을 돌리게 하는 자아와 무의식의 중요한 교량 역할을 한다고 보았다.

③ 그림자

진화론을 믿었던 융은 인간의 조상은 동물이기 때문에 동물로부터 진화하면서 지녀 온 동물적 본능인 잔인하고 파괴적이며 비도덕적이고 어둡고 사악한 특성을 가지고 태어난다고 보았다. 그는 이러한 특성을 그림자(shadow)라고 하였다. 필자는 농사를 짓는 시골에서 어린 시절을 보냈는데, 늘 친구들과 어울려서 놀았지만 가끔 혼자 있을 때는 잠자리채로 잠자리를 잡아서 온몸을 분해해 입으로 불어 허공에 날리기도 했으며, 개미굴을 찾아 개미들을 몰살시키기도 했다. 다른 사람들이 싸우는 모습을 지켜보는 것을 좋아하는 남자들의 심리나 운전 중에 사고가 난 장면을 목격하기 위해 하차하는 운전자의 심리에는 이러한 그림자의 특성이 자리 잡고 있다고 생각된다.

그림자는 개인무의식 수준에서는 의식의 뒷면인 무의식에 자리 잡고 있는 심리적 내용으로, 의식될 기회를 잃어버려 미분화된 상태로 남아 있는 원시적인 심리적 특징이다. 그림자란 의식 속에 있는 자아의 반쪽이 무의식 속에 가려져 있는 부분이다. 심리학적인 의미에서는 '나'에 해당하는 것으로, 자아의 어두운 면이다. '등잔 밑이 어둡다.'라는 말은 바로 그림자를 일컫는다. 인간 세상에는 빛과 그림자가 공존하고 있으며 선한 것을 추구하는 이면에 악한 것에 대한 충동도 함께 일어난다는 것이다. 인간의 무의식 속에는 나 자신도 알지 못하는 또 하나의 내가 있어서 자신이 원하지 않은 행동을 할 수도 있다는 것이다. 위선자나 혹은 이중인격자라는 말은 바로 자기 마음속의 그림자를 의식하지 못하는 데서 기인한다. 낮에는 점잖은 의사이나 밤에는 포악한 괴물로 변하는 로버트 스티븐슨(Robert Louis Stevenson)의 『지킬 박사와 하이드(Dr. Jekyll and Mr. Hyde)』는 의식적인 인격과 무의식적 인격의 이중성을 표현하는 좋은 예다. 여기에서 하이드는 의사 지킬의 그림자라고 볼 수 있다(이부영, 2012, p. 87).

그림자가 처음 의식될 때에는 미숙하고 열등하며 부도덕한 느낌을 주어 자아의 일부로 받아들이기 꺼려진다. 하지만 무의식 속에 있는 그림자가 의식화되면 창조적이고 긍정적인 역할을 하며 추진력을 발휘할 수 있다. 예를 들면, 천재 화가인 고흐는 자신의 귀를 자를 정도로 잔인한 그림자의 특성이 있었지만 이러한 그림자가 에너지와 열정과 창조력으로 승화되어 위대한 예술가가 될 수 있었다는 것이다. 그림자는 개인적 성격을 떠나 집단을 이루면 집단적 그림자를 형성할 수 있다. 예를 들어, 그리스도와 사탄, 천사와 악마, 콩쥐와 팥쥐, 홍부와 놀부 등이 이에 해당한다.

④ 자 기

융은 '자기'를 출생할 때부터 가지고 태어나는 원형의 하나로 보았으며, 자기(self)는 성격의 중심이라고 하였다. 즉, 자기란 의식과 무의식을 포함한 정신 전체의 중심으로서, 성격의 상반된 측면을 통합하여 조화와 균형을 이루는 조정자라고 볼 수 있다. 다시 말하면, 자기란 그 사람 자체, 그 사람 본연의 모습을 의미하는 것으로 한 사람의 개성(individuality)이라고 할 수 있다. 인간은 균형을 이루고자 하는 본능이 생득적으로 주어졌기 때문에 균형을 이루려고 한다. 즉, 인간의 무의식 속에 있는 타고난 자기는 잠재력을 추구하는 힘이 있으며, 의식 수준의 자아가 원하든지 혹은 원하지 않든지 그 자체의 목적을 위하여 의식에 작용한다는 것이다. 그리고 전체가 되고자 하는 경향은 분열이 아니라 조화이기 때문에 의식 속의 자아가 무의식 속의 자기와 멀어지면 무의식 속의 자기는 자아와 관계를 이으려고 노력한다(이부영, 2012, p. 127). 이러한 자기가 상징(symbol)으로 나타난 것 중의 하나가 '만다라(mandala)' 다. 만다라라는 말은 산스크리트어로 '원륜(圓輪)' 또는 '신비한 원'이라고 하며, 원과 사각이 좌우대칭으로 구성되어 있는데, 불교의 승려들이 수도할 때 도구로 사용하였던 그림이다. 융은 만다라에 대해서 알기 이전에 내담자들의 꿈에 나타나는 원의 형상이 마음에 균형을 가져다준다는 것을 알게 되었다. 융이 어릴 때 아무것도 모르고 그렸던 원 그림이 후에 만다라 형상이라는 것을 확인할 수 있었다(이부영, 2012, p. 128-130).

융은 인도의 여러 지역을 돌아다니다가 우연히 한 동굴에 들어가게 되었는데, 그 동굴의 벽에 만다라 그림이 그려져 있는 것을 보았다고 한다. 놀라운 것은 벽에 그려진 만다라 그림을 융이 꿈속에서 보았다는 것이다. 융이 경험한 만다라가 전체적인 조화와 균형을 추구하는 대표적인 원형인 자기의 한 예로서 모든 인간에게 존재함을 알 수 있다.

3) 성격의 발달

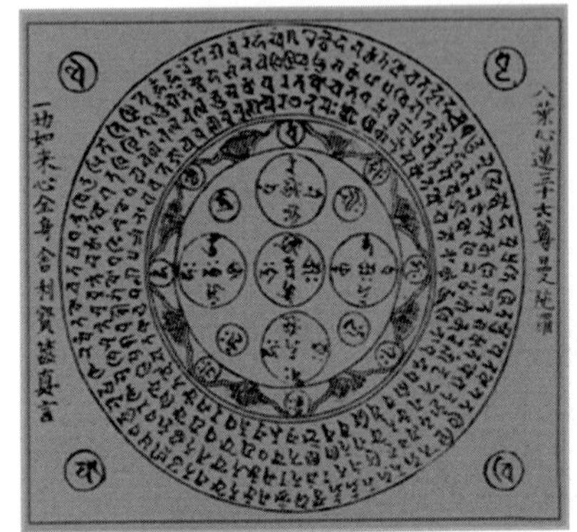

한국에서 발견된
팔엽심련삼십칠존 만다라

융의 분석심리이론에서 성격의 형성과 발달은 개성화 과정, 즉 무의식 속에 있는 잠재력인 자기를 찾아 실현하는 과정으로 설명할 수 있다. 성격발달 과정의 특성과 원리를 살펴보면 다음과 같다.

첫째, 성격은 집단무의식과 그것의 발달에 영향을 받는다.

둘째, 성격의 성숙은 평생에 걸쳐 진행되며, 생의 후반기의 개성화 과정에서 가속화된다.

셋째, 인생의 전반기는 자아의 기능이 주를 이루고, 인생의 후반기는 자아와 자기가 통합되는 과정이 중요하다.

넷째, 자기는 중년 시기에 나타난다. 융은 인생의 여러 단계 중에서 외부세계보다 내부세계에 집중하는 중년기에 많은 관심을 가지고 이를 연구하였다. 그래서 융의 분석심리학을 '생애 후반기 심리학(psychology of the afternoon)'이라고도 한다(노안영 공저, 2013, p. 128).

결국 자기실현 과정은 태어나서 경험을 통해 형성된 '자아'가 인생 전반기에는 외부세계와 적응하기 위해 노력하고, 중년 이후 인생 후반기에는 자아가 내면세계의 요구에 귀를 기울여 무의식 속에 있는 자기를 인식하고 자기와 하나가 되어 자신의 잠재력을 실현하는 과정을 말한다(이수연 공저, 2013, p. 64). 하지만 융은 인간의 성격발달에 대하여 프로이트처럼 발달단계를 구체적으로 제시하지는 않았다(천성문 공역, 2013, p. 98). 즉, 그는 각 단계에 해당하는 연령을 정확하게 제시하지 않았으며, 아동기, 청소년기, 중년기, 노년기로 구분하였다. 인간의 출생부터 노년에 이르기까지 전 생애에 걸쳐 성격이 발달한다는 융의 관점은 에릭슨의 견해와 유사하다. 융이 각 발달단계에서 가장 관심을 둔 단계는 중년기라고 할 수 있다. 인생 전반에 걸쳐 발달하는 자기실현 과정을 [그림 4-2]에 제시하였다.

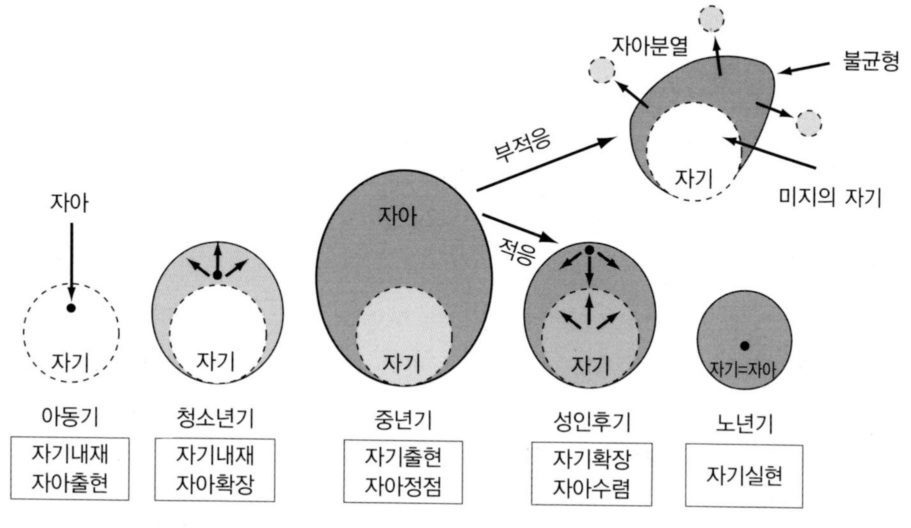

• 그림 4-2 • 융의 자기실현 과정

(1) 아동기

이 단계는 프로이트의 구강기부터 남근기까지에 해당한다. 융(1944)은 아동기의 정신에너지가 주로 먹기, 잠자기 등과 같은 본능적인 것이라고 믿었다. 부모의 역할은 적절한 규율 안에서 혼란스럽지 않도록 아동의 에너지를 이끌어 가야 한다는 것이다. 융은 아동 문제의 대부분이 가정에 원인이 있다고 보았기 때문에 부모 중 한쪽이나 양쪽의 문제가 해결되면 아동이 반항하는 행동이나 다른 문제는 줄어들게 된다고 하였다. 인간은 자신의 잠재력인 '자기'만을 가지고 태어나는데, 점선으로 표시한 자기는 무의식 속에 있어서 알 수 없다. 아동기에 부모나 사회와 관계를 맺으면서 자아가 출현한다.

(2) 청소년기

이 시기는 프로이트의 발달단계인 성기기에 해당된다. 이 시기의 청소년들은 학교교육과 직업 선택과 같은 많은 인생의 선택을 하게 되면서 다양한 문제에 직면한다. 또한 그들은 이성 관계에서 발생할 수 있는 불안을 포함하여 성적인 본능에서 생겨나는 어려움을 겪을 수 있다. 그들은 성장하고 발달해 가면서 비교적 결정할 것이 거의 없는 아동기로 다시 돌아가기를 희망할 수도 있다. 청소년이 맞닥뜨리게 되는 이러한 갈등과 결정은 개인의 외향성과 내향성에 따라 다르게 다루어진다. 청소년은 여러 문제에 직면하게 될 때, 부모의 기대가 아닌 자신 스스로 대처할 수 있도록 자아 기능을 발달시켜야 한다. 청년기에 들어서면서 자신의 자아를 발견하여 자아가 확장되고, 자신의 페르소나에 대한 이해를 발달시키게 된다. 하지만 여전히 무의식 속에 있는 자기를 의식하거나 발견하지 못한다.

(3) 중년기

이 시기는 에릭슨의 성인 초기에서 중기의 연령과 유사한 단계다. 융은 인생의 여러 단계 중에서 중년기에 많은 관심을 기울였다. 아마도 융 자신이 중년기에 위기를 겪었고, 그 위기 속에서 자신의 내면을 찾아가는 작업을 한 경험 때문이 아닌가 싶다. 이 시기의 사람들은 자신이 가진 직업, 가족, 사회 장면 등의 외적 환경에서 거의 안정을 찾는다. 따라서 자아는 거의 완성된다고 볼 수 있다. 이렇게 될 때 사람은 외부로 향하던 관심과 에너지가 자신의 내부로 향하게 되고, 자신이 본래 가지고 태어난 자기를 찾고자 한다. 즉, 융의 이론에서 중년기는 자기실현이 시작되는 단계라고 볼 수 있다.

(4) 노년기

융은 이 시기의 사람들은 자신의 무의식에 많은 시간을 보내며, 삶의 경험을 돌아보고 거기서 의미를 찾는다고 하였다. 융 자신의 노년기도 인생을 반추하고 지혜를 발견하는 시간이었다. 또한 이 시기의 사람들은 죽음이라는 주제에 관심이 많다. 고릿츠(Goelitz, 2007)는 병에 걸려 죽음을 앞둔 사람들에게 꿈의 작업이 어떻게 도움이 되는지를 밝혔다. 융의 많은 내담자가 노년기에 속한 사람들이었는데, 그의 심리발달에 대한 견해는 연령에 관계없이 전 생애에 걸쳐 계속된다는 그의 신념이 반영되어 있다(천성문 공역, 2013, p. 99). 성인 후기와 노년기에 걸쳐 자기를 찾아 실현하는 과정에서 자기를 찾는 데 실패하거나 자아가 또 다른 자신으로 분열하면 부적응을 초래한다. 하지만 자신의 잠재력인 자기를 찾는 데 성공하고 자아가 자기로 수렴되면 자기와 자아가 일치하게 되어 자기실현이 이루어진다.

4) 성격의 역동성

융은 여러 가지 성격 구조는 전체 성격을 이루기 위하여 상호작용을 한다고 보았다. 즉, 한 체계가 다른 체계의 부족한 부분을 보상(compensate)하기도 하고, 한 체계가 다른 체계에 대립(oppose)하기도 하며, 둘 이상의 체계가 통합을 이루기 위해 초월(transcendent) 기능을 통해 결합(unite)하기도 한다는 것이다. 이와 같은 보상과 대립 및 초월 기능을 살펴보면 다음과 같다(이상로 공역, 1997, p. 133-134).

(1) 보상 기능

보상 기능(compensate function)은 의식과 무의식에 존재하는 성격 구조 간의 부족한

점을 채우려 할 때 작용한다. 무의식의 보상 기능이란 의식의 부족한 부분을 보충해 나가는 것을 말한다(이부영, 2012, p. 205). 한 개인의 의식에서 외향성이 너무 지배적이어서 내향성이 매우 부족하다면 무의식은 내향성의 태도를 발전시킨다는 것이다. 아니마와 아니무스도 이러한 특성이 나타나는데, 남성의 경우 자아와 아니마, 그리고 여성의 경우 자아와 아니무스가 서로 보상적인 체계로서 기능한다. 무의식이 발현되는 꿈에도 보상 기능이 있다. 예를 들면, 의식에서 너무 도덕적인 사람은 꿈속에서는 거짓말하고, 성적으로 부도덕한 행위를 한다는 것이다.

(2) 대립 기능

융은 인간의 성격체계 간에 서로 대립 또는 갈등이 존재한다고 보았다. 그리고 갈등에 의해서 만들어지는 긴장이 삶의 에너지로 작용한다는 것이다. 자기와 다른 원형들 사이에, 그리고 외향성과 내향성 사이에 대립이 존재한다. 이때 자아는 사회의 외적 요구와 무의식의 내적 요구 사이에서 마치 왔다 갔다 하는 배드민턴 공처럼 중재 역할을 한다. 이러한 대립과 갈등의 결과로 페르소나가 발전된다. 또한 페르소나는 집단무의식의 다른 원형들로부터 공격을 받는다. 남성 속의 아니마가 남성성과, 여성 속의 아니무스가 여성성과 대립과 갈등을 일으키는 것이 삶의 원동력으로 작용한다는 것이다.

(3) 초월 기능

융은 인간의 성격체계가 대립과 갈등만 하는 것은 아니라고 주장한다. 양극에 있는 성격의 체계들이 서로 대립할 수도 있지만, 서로 끌어당기기도 한다는 것이다. 예를 들어, 내향적 성격의 남편과 외향적 성격의 아내가 서로 성격이 달라서 싸우기도 하지만, 아내는 주로 말하고 남편은 주로 들어주면서 서로 적절히 조화를 이룰 수 있다는 것이다. 이러한 조화는 초월 기능(transcendent function)에 의하여 이루어지는데, 초월 기능을 통해 대립하는 성격체계의 균형을 가져와 통합된 성격이 가능해진다. 즉, 이렇게 통합되어 균형을 이룬 성격이 자기다.

3. 핵심 개념 및 도식화

융의 분석심리이론에서 핵심 개념에는 집단무의식, 원형, 자기와 자아, 개성화, 정신에너지의 원리, 심리학적 유형론 등이 있다.

1) 집단무의식

융의 분석심리이론은 집단무의식(collective unconsciousness)을 중심으로 이루어졌다고 해도 과언이 아니다. 그는 무의식을 개인무의식과 집단무의식의 두 가지 차원으로 구분하여 제시하였다. 이 중 집단무의식이란 조상들의 경험이 후손들에게 유전되어 내려오는 것이라고 볼 수 있다. 다시 말하면, 집단무의식은 개인이 경험하지 않아도 출생할 때 가지고 태어나는 선험적인 특성이다. 그는 집단무의식의 구성요소를 원형(archetypes)이라고 하였다. 집단무의식의 존재는 '데자뷰(deja vu)', 즉 기시감(旣視感)을 통해서 알 수 있다. 우리는 처음 보는 사람인데도 낯이 익고 아는 사람처럼 느껴지거나, 처음 하는 일인데도 언젠가 해 본 것 같은 느낌이 들거나, 처음 간 장소인데도 와 본 적이 있는 것 같은 느낌을 받을 때가 있다. 이는 우리의 조상이 그 사람과 비슷한 얼굴을 보았거나, 그와 같은 일을 했거나, 그 곳에 간 적이 있기 때문이다. 조상들의 경험이 후손인 우리에게 집단무의식으로 전해진 것으로 볼 수 있다.

인간에게 집단무의식이 존재한다는 것을 밝힌 연구가 있다. 먼저 뱀에 대한 실험을 살펴보자.

• • •

생후 몇 주밖에 되지 않은 어린아이에게 살아 있는 뱀을 보여 주면 아이가 운다. 아이는 뱀에 대한 아무런 정보와 경험이 없는데도 조상들의 뱀에 대한 경험, 즉 조상들이 독사에게 물려 죽거나 상처를 입었던 경험을 물려받아서 본능적으로 뱀을 무서워하고 싫어한다는 것이다.

또 다른 예로 어두움에 대한 연구가 있다. 어린아이에게 배불리 먹이고 깨끗하게 씻기는 등 모든 조건을 충족시켜 준 상태에서 '어두운 방'에 눕히면 어린아이가 운다. 조상들이 어두움 속에서 짐승들의 습격을 당해 죽거나 상처를 입었던 경험을 어린아이들이 태어나면서부터 유전을 통해 물려받아서 본능적으로 어두움을 무서워한다는 것이다.

• • •

2) 원형

융은 집단무의식을 구성하고 있는 요소들을 원형이라고 하였다. 원형(archetypes)이란 지리나 문화 그리고 인종의 차이와 관계없이 존재하는 보편적이고 일반적이고 집단적이며 선험적 · 원초적인 심상을 말한다. 원형은 인간이 태어날 때 이미 부여되어 있는 인간의 선험적인 조건이다. 태고로부터 현대에 이르는 긴 시간 동안 수없이 반복되었으며, 또한 반복되어 갈 인류의 근원적인 행동 유형(patterns of behavior)을 가능하게 하는 선험적 조건인 것이다(이부영, 2012, p. 115). 그는 인류의 역사를 통해 우리의 조상이 경험한 정신적 소인들인 원형은 유전된다고 하였다. 이러한 원형들은 형태를 가진 이미지일 뿐 내용적인 측면은 아니다. 원형의 예를 들면, 신, 영웅, 현명한 노인, 어머니, 탄생, 악마, 마술 등으로, 사람들이 삶을 영위하면서 형성해 온 수없이 많은 원초적인 이미지다. 또한 그것들은 모든 인류의 신화, 예술 및 꿈에서 나타난다(손정락 역, 1997, p. 50).

3) 자기와 자아

'자기(self)'는 인간이 출생부터 가지고 태어나는 선험적인 '본래의 나'로, 주체라고 할 수 있다. 자기는 부단히 노력하지 않고는 알 수 없는 것으로, 자신도 모르게 자신에게 내재되어 있는 잠재 능력을 의미한다. 반면에 '자아(ego)'는 인간이 태어난 후 경험을 통해서 형성되는 '일상의 나'인 객체라고 할 수 있다. 자아는 경험을 통하여 형성되기 때문에 의식 수준에서 존재하며 자신이 잘 알고 있다. 예를 들면, 한 사람이 주변 사람들로부터 공부를 잘한다고 칭찬을 받는 경험이 반복될 때, '공부 잘하는 나'라는 자아가 형성되는 것과 같다.

4) 개성화

집단무의식의 핵심인 '자기'는 정신 전체의 중심으로서 인간의 의식과 무의식을 통틀어 정신 전부를 형성한다. 자기는 인간이 가진 잠재력이며, 전체적인 성격의 조화와 균형과 통일에 대한 원형적인 이미지다(Samuels, Shorter, & Plaut, 2000). 이러한 '자기'로부터 '자아'가 분화되어 나와 외부세계와 접촉하며 적응하다가 '자아' 가 다시 '자기' 속으로 통합되어 내면세계를 인식하는 과정, 즉 '자기' 를 찾아가는 과정을 '개성화(individuation) 과정'이라고 한다(이수연 공저, 2013, p. 70). 다시 말하면, 개성화 과정이란 무의식 속에 있어서 개인이 알 수 없는 자신의 잠재력을 발견하여 그 가능성을 실현하는 자기실현의 과정이다. 따라서 개성화는 한 사람이 본연의 고유한 자기 자신, 즉 그 사람 자체가 되는 것을 의미한다.

자기실현 과정을 살펴보면 [그림 4-3]과 같다. [그림 4-3]은 의식 수준에 있는 자아가 무의식 수준에 있는 자기를 끊임없이 의식화하는 과정을 통해 경험에 의해 형성된 자아가 본연의 자기와 하나로 통합되어 자신의 타고난 잠재력을 실현하는 과정이다.

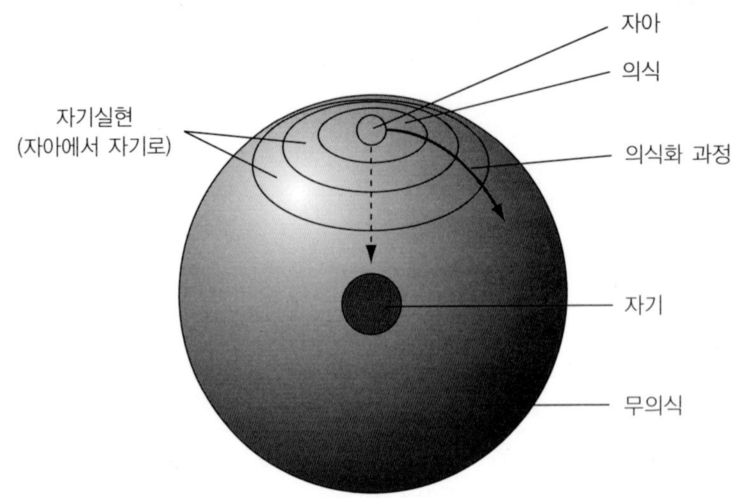

• 그림 4-3 • 개성화 과정

출처: 이부영 2011, p. 139.

5) 정신에너지의 원리

융에게 있어서 정신에너지인 리비도는 모든 인간 활동을 가능케 하는 에너지라고 할 수 있다. 그리고 이 정신에너지는 세 가지 원리, 즉 대립, 등가, 균형의 원리에 따라 기능한다고 하였다.

(1) 대립 원리

대립 원리(opposition principle)란 신체에너지(physical energy) 내에 반대되는 힘이 양극으로 존재하여 갈등을 야기하며, 이러한 갈등이 정신에너지(psychic energy)를 생성하는 데 필요하다는 의미다. 융은 정신체계에서 정신에너지는 성격 내에 있는 힘 간의 갈등의 결과로 보았는데, 갈등이 없으면 에너지가 없으며, 인생도 없다고 본 것이다. 예를 들면, 인간에게 사랑과 증오는 정신 내에 존재하면서 행동을 표출하는 과정에서 새로운 에너지를 만들어 낸다. 이러한 대립 혹은 양극의 갈등이 모든 행동의 일차적 동인이며, 모든 에너지를 창조한다. 따라서 양극단 간에 갈등이 커질수록 에너지는 더 많이 생성된다(노안영 공저, 2013, p. 118).

(2) 등가 원리

등가 원리(equivalence principle)란 물리학의 열역학 제1법칙인 '에너지 보존의 법칙'을 정신 기능에 적용한 것으로서, 어떤 조건을 생성하는 데 사용된 에너지는 상실되지 않고, 성격의 다른 부분으로 전환되어 성격 내에서 에너지의 재분배가 이루어진다는 것을 의미한다. 예를 들면, 어떤 취미 활동(테니스)에 흥미가 없어지면, 그 활동에 쏟았던 정신에너지가 다른 새로운 취미 활동(골프)으로 옮겨 간다는 것이다. 또한 우리가 깨어 있는 동안의 의식 활동은 잠을 자는 동안에는 꿈으로 바뀐다. 에너지가 어떤 방향이나 방식으로 이동하든 간에 등가 원리는 그러한 에너지가 계속적으로 성격 내에서 재분배된다는 것이다(노안영 공저, 2013, p. 119).

(3) 균형 원리

균형 원리(entropy principle)란 에너지의 평형과 무질서의 증가를 의미하는 것으로서, 물리학의 열역학 제2법칙에서 나온 개념이다. 예를 들어, 뜨거운 물과 차가운 물을 섞으면 같은 온도가 될 때까지 뜨거운 물에서 차가운 물로 온도가 이동한다는 원리다. 융은 이러한 원리를 인간의 정신에너지에 적용하였다. 남에게 좋은 인상을 주고 싶은 페르소나가 지나치게 강한 남자의 예를 들면, 그의 페르소나에 있는 에너지가 아니마나 그림자로 옮겨져서 원형 간에 어느 정도 균형을 이루게 된다는 것이다. 성격은 모든 측면에서 정신에너지의 동등한 분배가 가능하지만, 이러한 이상적 상태는 이루어지기 어렵다. 왜냐하면 대립 원리가 정신에너지를 생성하기 위해서 갈등을 요구하기 때문이다(노안영 공저, 2013, p. 119).

6) 심리학적 유형론

심리학적 유형론은 인간의 한 가지 성격 유형의 양극단에 있는 두 가지 성향이 서로 별개의 것이 아니라 하나로 통일되고 조화와 균형을 이루려는 경향을 가지고 있다는 융의 통찰에서 시작되었다. 이를 통해 그는 사람들에게 나타나는 여러 성격의 유형을 설명하고자 하였다. 융은 1920년 『심리학적 유형(Psychologie Types)』이란 저서에서 인간의 성격을 태도 유형과 기능 유형의 두 가지 측면으로 나누고, 심리적 기능을 합리적 기능과 비합리적 기능의 두 가지로 나누어서 8가지 유형으로 인간의 성격을 설명하였다.

(1) 태도 유형

태도 유형은 자아가 갖는 에너지의 방향을 의미하며, 외향적 태도와 내향적 태도로 나뉜다. 자아가 자신 밖의 외부 대상으로 향하면 외향적인 태도가 되며, 자아가 자신의 내적인 주관적 세계로 향하면 내향적인 태도가 된다. 이러한 태도가 그 사람의 전 생애를 통해서 하나의 생활 습관이 되었을 때, 외향형(extroversion)과 내향형(introversion)

성격이라고 한다. 예를 들어, 어떤 사람이 미술 전시회에 가서 특정한 그림이 좋다고 말할 때, 전날 본 신문에서 유명한 화가들이 객관적으로 좋다는 평가를 내렸기 때문이라면 그의 태도는 외향적이다. 왜냐하면 그의 태도가 외부 대상으로 향했기 때문이다. 하지만 아무리 신문의 평이 좋고, 그 화가가 세상에 잘 알려져 있어도 자신이 보기에는 별로라고 한다면 그의 태도는 내향적이다. 왜냐하면 그의 태도는 자신의 내부로 향했기 때문이다. 즉, 모든 사람이 좋다고 하기 때문에 어떤 행동을 한다면 그것은 외향적 태도인 반면에, 모든 사람이 좋다고 해도 자신이 싫어서 어떤 행동을 하지 않는다면 그것은 내향적 태도라고 할 수 있다(이부영, 2012, p. 148).

개인이 어디에서 에너지를 충전하는가로 외향과 내향을 구분할 수 있다. 외향형 사람은 집 밖으로 나가서 여러 사람을 만나서 어울릴 때 에너지가 생기는 반면에, 내향형 사람은 집 안에 혼자 있으면서 독서를 하거나 음악을 들을 때 에너지가 생긴다.

(2) 기능 유형

의식 기능이란 주관적 세계와 외부세계를 지각하고 이해하는 서로 다른 방식을 의미한다. 융은 의식 기능을 합리적 기능과 비합리적 기능의 두 가지로 구분하였다. 다시 말하면, 사고와 감정을 합리적 기능, 감각과 직관을 비합리적 기능이라고 하였다. 합리적인 기능에 해당하는 '사고(thinking)'와 '감정(feeling)'은 의사결정을 위한 판단 기준을 어디에 두고 있는가와 관련이 있다. 사고형은 객관적인 기준으로 판단을 하는 반면에, 감정형은 개인적이고 주관적인 기준으로 판단을 한다. 비합리적 기능에 해당하는 감각(sensing)'과 '직관(intuition)'은 정보를 수집할 때 어떤 것에 주의를 기울이는가와 관련이 있다. 감각형은 정보를 수집할 때 오감을 통해 직접적으로 인식되는 정보에 주의를 기울이며, 실제로 존재하는 것에 관심을 둔다. 직관형은 육감을 통하여 느끼는 것과 가능성이 있는 것에 주의를 기울인다(이수연 공저, 2013, p. 85).

7) 부적응의 원인

융은 사람들에게 신경증과 같은 증상이 생기는 이유를 자신의 무의식에 대한 무지, 자기와 자아의 불일치로 인한 개성화의 중단 그리고 원형들 간의 불균형으로 보았다. 특히 융은 성격발달단계와 관련하여 부적응의 원인을 다음과 같이 설명하고 있다.

첫째, 인생의 전반기에 발생하는 정신장애는 사회 적응의 문제와 자아 약화와 관계가 있다(이수연 공저, 2013, p. 92). 아동기와 청소년기는 사회적인 적응을 해야 하기 때문에 자아의 기능이 중요한 시기다. 자아는 페르소나와 적절히 동일시를 하고, 자신의 그림자를 의식화하고 인정해야 건강한 성격발달이 이루어질 수 있다.

둘째, 인생 후반기의 정신장애는 자신의 내면세계에의 적응 문제와 자기의 약화, 즉 정신의 전체성과 개성화의 부족과 관계가 있다. 중년기와 노년기에 건강하지 못한 사람은 자신의 아니마 또는 아니무스를 인식하지 못하고, 다른 사람에게 투사함으로써 인격의 통합과 균형을 이루지 못한다(이수연 공저, 2013, p. 92).

(1) 무의식에 대한 무지

융은 인간이 자신의 무의식에 무엇이 존재하는지를 모를 때 부적응이 나타난다고 보았다. 즉, 무의식의 의미를 깨닫지 못하거나 받아들이지 못하는 사람은 정신적인 장애를 보인다는 것이다. 융에 의하면 인간이 자신의 잠재력을 알지 못하여 자신에 대해 장님 상태가 되면, 이것이 정신적인 장애라는 것이다. 융은 "콤플렉스는 결코 병이 아니다. 그것은 행복의 정상적인 대극이다. 콤플렉스가 병이 되는 것은 바로 사람들이 콤플렉스를 가지고 있지 않다고 생각하고 있을 때다."라고 하였다(이부영, 2012, p. 222). 이 말은 어떤 사람이 콤플렉스를 가지고 있다고 해서 신경증 환자가 되는 것은 아니라는 뜻이다. 왜냐하면 콤플렉스는 일상적인 정신 현상이며, 그것 때문에 괴롭다고 해서 병적인 장애를 나타내는 것은 아니기 때문이다. 융은 콤플렉스보다는 자신이 콤플렉스를 가지고 있지 않다고 생각하는 자신에 대한 무지가 부적응의 원인이라고 보았다.

(2) 자기와 자아의 불일치

융은 인간이 태어날 때 본래의 '자기'를 가지고 태어난다고 하였다. 자기란 한 개인이 평생을 통해 실현해야 할 청사진이며, 자기는 그 개인의 전체로서 인간 성격의 조화와 균형을 위해 노력하는 원형이다. 이와는 반대로 자아는 경험을 통해서 "나는 이런 사람이다."라고 생각하는 자신의 모습이다. 융은 인간의 무의식의 가장 깊은 곳에 있는 자기와 의식 속에 있는 자아가 일치하지 않을 때, 심리적인 불균형이 초래된다고 하였다. 다시 말하면, 사회가 개인에게 기대하는 모습인 자아에 자신을 지나치게 맞춤으로써 진정한 자신인 자기로부터 소외된 삶을 살게 되고; 그로 인해 부적응이 초래된다는 것이다. 융은 의식 속에 있는 자아가 무의식 속에 있는 자기를 찾아 하나가 되는 과정을 개성화라고 하였는데, 이와 같은 개성화가 이루어지기 위한 적절한 계기가 제공되지 않거나 혹은 방해를 받으면 부적응이 발생한다고 보았다. 융은 신경증이란 개성화를 향한 개인의 성장이 멈춘 질환이라고 보았다.

(3) 원형들 간의 불균형

융의 이론의 핵심 개념인 집단무의식에는 인류 역사를 통해 모든 인간이 조상으로부터 물려받은 수많은 원형이 있다고 하였다. 이 원형들은 인간이 태어날 때 이미 가지고 있는 성격적인 특성 및 행동 유형을 말한다. 대표적인 원형들로 페르소나, 그림자, 아니마와 아니무스, 자기 등이 있다. 그리고 이 원형들은 서로 조화를 이루어 균형을 유지하려는 경향이 있는데, 서로 균형을 이루지 못하고 한쪽으로 치우치게 되면 심리적인 부적응을 초래하게 된다는 것이다. 예를 들면, 원형 중의 하나인 페르소나의 기능이 과도하게 사용될 때 자아와의 균형을 이루지 못하게 되고, 이로 인해 부적응 증상이 일어난다. 즉, 다른 사람에게 보이는 모습인 페르소나에만 지나치게 신경을 쓰다보면 자신의 실제 모습인 자아가 무엇인지 혼란을 겪게 된다. 또 다른 예로, 모든 인간은 양성적인 특성을 가지고 있다. 이 말은 남성 속에는 여성성인 아니마가 존재하며, 여성 속에는 남성성인 아니무스가 존재한다는 것이다. 남성성의 특성인 이성(logos)과 여성성의 특성인 감성(eros)이 적절하게 조화를 이루지 못하면 심리적 부적응이 발생한다. 즉, 이성에 너무 치우치게 되면 인정이 없고 냉정한 사람으로, 감성에 너무 치우치게 되면 비논리적이고 공사 구분을 못하는 사람으로 살아갈 수 있다는 것이다.

8) 도식화

융의 분석심리이론에서 중요한 핵심 개념들의 관련성을 도식화하면 [그림 4-4]와 같다.

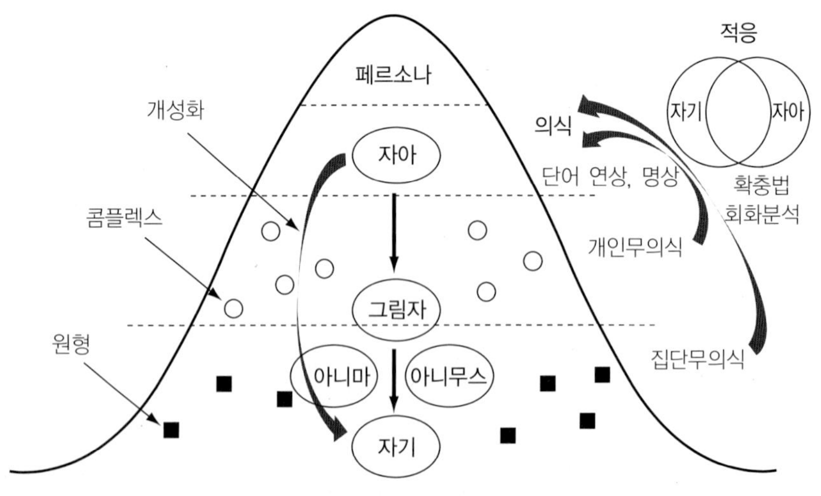

• 그림 4-4 • 융의 분석심리이론의 도식화

[그림 4-4]를 설명하면 다음과 같다.

첫째, 인간의 성격은 의식과 개인무의식 그리고 집단무의식으로 이루어진다. 의식 수준에는 자아가 있으며, 개인무의식은 콤플렉스로 구성되어 있고, 집단무의식은 무수히 많은 원형으로 구성되어 있다.

둘째, 페르소나는 외부세계에 보이는 공적인 모습으로서 개인이 의식하는 자아가 외부세계인 세상과 관계를 맺고 적응하는 데 필요한 특성이다.

셋째, 그림자는 개인무의식과 집단무의식에 걸쳐 있으며 자아의 어두운 측면이다.

넷째, 개인무의식을 구성하고 있는 콤플렉스는 감정, 사고, 지각, 기억의 복합체를 의미하며, 이것은 개인의 생활 전반에 영향을 미친다.

다섯째, 집단무의식을 구성하고 있는 원형은 시공간을 초월한 보편적 심상이다. 원형 중 아니마와 아니무스는 인간이 가지고 있는 양성성, 즉 아니마는 남성 안에 있는 여성성을, 아니무스는 여성 안에 있는 남성성을 의미한다.

여섯째, 원형 중에서 자기는 성격의 핵심이며, 한 개인의 잠재력을 의미한다. 의식 속의 자아가 무의식에 있는 자기를 의식화함으로써 타고난 잠재력을 실현하는 과정을 개성화라고 한다.

일곱째, 융의 이론에서 치료의 원리는 무의식을 의식화하는 데 있다. 개인무의식은 단어 연상이나 명상 등을 통하여 의식화하며, 집단무의식은 회화 분석이나 꿈의 해석 등을 통하여 의식화한다. 이와 같은 무의식의 의식화 작업을 통하여 의식 수준에 있는 자아가 무의식에 내재된 자기를 찾게 되고, 자아와 자기가 일치하게 될 때 자기실현이 이루어진다. 하지만 자아가 자기를 찾지 못하여 자아와 자기가 괴리될 때 부적응이 발생한다.

제3절 평 가

1. 성격 연구 및 적용

1) 성격 연구

융의 분석심리이론에서 주요 개념인 원형에 대한 연구들이 있다.

(1) 꿈과 원형에 대한 연구

융(1970)에 의하면, 노현자(老賢者) 원형은 꿈에서 마법사, 의사, 승려, 스승, 교수, 할아버지 혹은 권위를 가진 다른 인물로 나타난다. 이런 꿈이 주로 나타날 때는 그 개인이 통찰, 이해, 충고, 계획 등을 필요로 하고 있으나, 혼자의 힘으로는 쉽지 않을 때다.

다음의 사례에서는 검은 마법사와 흰 마법사가 한 젊은 신학도를 도와준다.

• • •

꿈에서 한 젊은 신학도는 '흰 마법사'라 불리는데도 긴 검은 예복을 입고 있고 숭고해 보이는 한 성직자 옆에 서 있었다. 이 마법사는 방금 전에 "그것에 대해서는 검은 마법사의 도움이 필요하다."라고 말하면서 긴 강론을 마쳤다. 그러자 갑자기 문이 열리고 다른 노인이 들어왔는데, 그는 '검은 마법사'였으나 흰 예복을 입고 있었고, 고상하고 숭고해 보였다. 검은 마법사는 분명히 흰 마법사와 말을 하고자 원했으나 꿈꾸는 사람을 의식해 주저했다. 그러자 흰 마법사는 꿈꾸는 사람을 가리키며 "그는 순결한 자니 말해도 좋소!"라고 하였다. 그래서 검은 마법사는 자신이 잃어버린 낙원의 열쇠를 어떻게 찾았는가에 대한 이야기를 한 후 그 열쇠를 어떻게 사용할지를 모르겠다고 말했다. 그는 그 열쇠의 비밀에 대해 알고 싶어서 흰 마법사에게 왔노라고 말했다. 검은 마법사는 자기가 살고 있는 나라의 왕이 자신을 위한 적당한 무덤을 구하고 있다고 말하였다. 그런데 왕의 신하들이 우연히 한 처녀의 유골이 든 오래된 석관을 파냈다고 하였다. 왕은 그 석관을 열어 뼈를 던져 내버리고, 그것을 나중에 쓸 수 있도록 다시 파묻게 했다. 던져진 뼈들이 햇빛을 보자마자 뼈의 주인이었던 처녀가 검은 말로 변하여 사막으로 뛰어갔다. 검은 마법사는 그 말을 쫓아 사막을 가로질러 갔는데, 거기서 우여곡절 끝에 잃어버린 낙원의 열쇠를 발견하였다(Jung, 1970, pp. 94-95; 홍숙기 역, 2008, p. 123 재인용).

• • •

융은 이 꿈이 신학도에게 문제해결의 해답을 주지는 않지만, 다음과 같은 몇 가지 원형에 그를 직면시키는 것이라고 설명하였다. 첫째, 꿈에서 흰 마법사가 검은 예복을 입고 있는 것과 검은 마법사가 흰 예복을 입고 있는 것은 '모든 도덕적 가치평가의 불확실성'의 원형을 상징하는 것이다. 둘째, 꿈에서 검은 마법사가 흰 마법사에게 열쇠를 사용하는 방법을 알고 싶다고 도움을 청하는 내용은 '선과 악의 당혹스러운 상호 영향'의 원형의 상징이다. 셋째, 처녀의 죽음과 유골의 발견, 처녀가 말로 변신하고 말을 쫓다가 낙원의 열쇠를 발견하는 내용은 '죄, 고통 그리고 구원의 연쇄 작용'의 원형을 뜻한다.

(2) 비교인류학적 접근(The Comparative Anthropological Approach)

융은 종교, 신화, 연금술 등을 포함하는 다양한 영역에서 원형의 본질에 대한 지지나 증거를 찾으려고 노력하였다. 많은 사람들은 융의 방법이 논란의 여지가 있다고 보았다. 하지만 융은 원형의 존재와 본질을 밝히기 위해 비교인류학적인 연구에 몰두하였다. 이러한 학문적 방랑에서 그는 원형들이 가진 보편성을 지지해 주는 증거를 발견하였다(홍숙기 역, 2008, p. 124).

원형의 증거를 현대적 근원에서만 얻기는 어려웠기 때문에 융은 신화, 종교, 연금술과 점성학 등의 다양한 영역에서 원형의 본질에 대한 증거를 찾으려 노력하였다. 한 예로 연금술의 풍부한 상징적 표현은 인간 원형의 전부나 혹은 대부분을 나타낸다고 생각하였다. 심리학과 연금술(Jung, 1944)에서 그는 연금술의 복잡하게 짜인 상징적 표현을 대조하여 한 환자로부터 수집한 광범위한 꿈들을 조사하고는 똑같은 기본적인 특징이 양쪽에서 나타난다고 하였다. 환자의 꿈속에서 나타나는 것들과 연금술 책 속에서 나오는 물체가 정확하게 일치한다는 것이었다. 융은 이런 점에서 착안하여 화학적 연구에 몰두했던 중세의 연금술사와 성격 역동은 정확하게 같다고 주장하였다. 이러한 상(像)의 정확한 일치는 공통적인 원형이 있다는 것을 입증하는 것이라고 하였다(이상로 공역, 1997, pp. 150-152). 많은 사람들은 융의 방법이 매우 비과학적이라 보았지만 융은 이에 관계없이 아프리카 케냐로부터 미국 애리조나까지, 신학으로부터 연금술까지, 문학으로부터 과학까지의 다양한 영역에서 연구를 진행하였다.

2) 평가 기법

(1) 단어연상검사

단어연상검사는 개인에게 자극 단어들을 제시하면서 즉시 마음에 떠오르는 어떤 단어를 말하도록 하는 투사검사다. 이 검사는 인간이 가지고 있는 정서를 불러일으킬 수 있는 100개의 단어로 구성되어 있다. 내담자에게 단어가 적힌 카드를 한 장씩 제시하면서 내담자가 제시된 단어에 대하여 떠오르는 생각을 말하도록 하여 반응하는 시간이나 호흡의 변화, 얼굴 붉힘 등을 측정하여 그들이 가지고 있는 콤플렉스를 밝히고자 하였다(노안영 공저, 2013, p. 124). 검사에서 내담자가 어떤 단어에 대하여 다른 단어보다 반응하는 데 시간이 오래 걸리거나 호흡이나 홍조 등의 신체 변화가 심한 경우에는 그 단어와 관련하여 콤플렉스가 있다는 것이다.

(2) 회화 분석

융은 내담자에게 자신의 무의식을 인지적으로 설명하기 전에 그림으로 표현하는 방법인 '만다라'를 그리도록 하였다. 그는 마음속에서 우러나오는 충동에 자신을 맡겨 그림을 그리면서 이 과정이 자기를 어디로 이끌어 가는지에 관심을 두었다. 분석심리이론에서 내담자에게 그림을 그리게 하는 이유는, 첫째, 그림을 통해서 내담자의 무의식 속

만다라

에 있는 내용이 나타날 수 있고, 둘째, 미술 작업을 통해 내담자의 감정 기능을 살리고, 무의식의 창조적인 기능을 자극하여 이를 발휘하게 할 수 있기 때문이다(이부영, 2012, p. 294). 이 회화 분석은 오늘날의 심리치료의 한 기법인 미술치료로 발전되어 상담 및 심리치료 장면에서 활용되고 있다.

(3) 적극적 명상

적극적 명상(active imagination)이란 개인이 무의식 속에서 일어나는 환상, 강박 관념, 백일몽, 감정 등의 내용을 경계하거나 비판하지 않고, 오히려 그러한 생각과 감정을 적극적으로 의식 수준으로 떠오르게 하여 마치 자기 밖에 있는 객체처럼 이러한 것들과 대화하는 방법이다. 적극적 명상을 할 때 자아는 무의식의 내용이 마치 현재 자신 앞에 있는 것처럼 느낄 정도로 적극적으로 의식 수준으로 떠오르도록 노력하는 것이 중요하다. 이러한 명상 작업을 하려면 자아 기능이 어느 정도 성숙되어 있어야 무의식에 휘말리지 않을 수 있다(이부영, 2012, p. 304). 결국 적극적 명상이란 자신의 무의식과의 대화를 통해 무의식의 내용을 알아내고 이해하는 방법이라고 할 수 있다.

(4) 꿈의 분석

융은 꿈에 대하여 프로이트와 약간 견해가 달랐다. 융은 꿈에서 원형의 역할을 강조하였으며, 이 원형들은 일차적으로 꿈의 해석을 통하여 알 수 있다고 하였다. 예를 들면, 꿈꾼 사람은 꿈에 대해 특수한 개인적 연상을 가진다. 하지만 개인적 수준을 넘어서 집단무의식에서 나오는 꿈의 의미가 있다. 융은 꿈속에 담겨진 집단무의식의 내용을 알기 위해 세 가지의 꿈 해석 방법을 사용하였다.

첫째, '꿈의 계열(dream series)' 법이다. 이것은 치료자가 꿈을 분석할 때, 내담자의 개별적인 꿈들을 따로따로 분석하지 않고, 몇 가지 꿈을 통합하여 해석하는 방법이다(홍숙기 역, 2008, p. 123).

둘째는 '확충법' 이다. 확충법(method of amplification)이란 꿈의 이미지를 중심으로 그 이미지에 대한 개인적 · 보편적 연상을 집중적으로 모으는 접근 방법이다. 이것은 여러 가지 꿈의 공통된 내용을 찾는 방법을 말한다. 융의 이러한 확충법은 하나의 이미지에서 출발하여 연상 작용을 통해 다른 이미지를 유도해 내는 프로이트의 자유연상법과는 차이가 있다. 꿈을 해석하는 방법인 확충법과 자유연상의 과정을 살펴보면, [그림 4-5]와 같다.

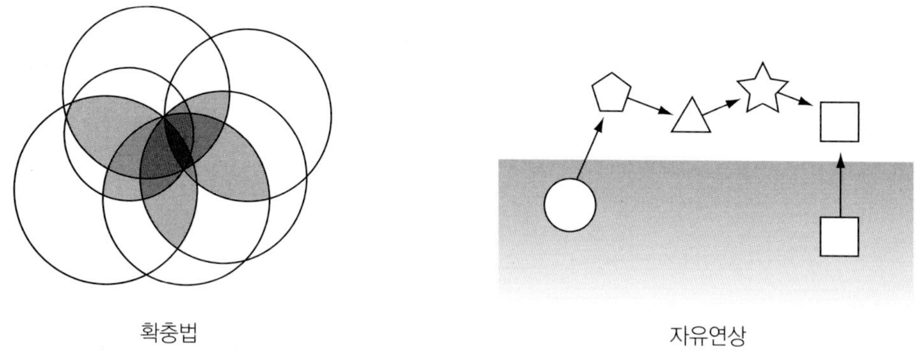

• 그림 4-5 • 확충법과 자유연상의 비교

출처: 이수연 공저, 2013, p. 89.

셋째, 융은 꿈이 미래에 일어날 일을 예견해 준다고 하면서 꿈을 해석할 때, 동시성(synchronicity)의 원리를 적용하였다. 동시성이란 두 사건이 동시에 혹은 근접한 시간에 각기 독립적으로 일어나지만, 서로 밀접하게 관련이 되어 있는 현상을 뜻한다. 즉, 동시성은 두 사건이 논리적으로는 인과 관계가 없이 독립적으로 일어난 것처럼 보이지만, 사실은 서로 밀접하게 관련된 어떤 의미를 가지는 현상을 말한다. 예를 들어, 당신이 오랫동안 보지 못했던 친구를 꿈에서 보았는데, 다음날 그 친구가 전날 밤에 죽었다는 소식을 듣게 된다거나(노안영 공저, 2013, p. 126), 혹은 아내가 꿈에 집에서 설거지를 하다가 접시를 깨는 순간과 같은 시간대에 남편이 귀가 중 교통사고를 당하는 경우가 이에 해당한다. 융은 동시성 현상이 무의식의 독특한 예지 기능과 관련이 있다고 생각했다. 즉, 의식이 약해진 꿈속에서 한 개인의 무의식이 꿈을 꾸는 순간과 같은 시간에 일어나는 또 다른 일을 보여 준다는 것이다. 이러한 동시성 개념은 융 자신의 경험과 주변 현상에 대한 관찰의 결과다.

2. 공헌점 및 한계점

1) 공헌점

첫째, 융의 분석심리이론은 무의식의 개념을 확대하여 인류의 조상들의 경험의 축적물인 집단무의식을 제안함으로써 인간의 본성에 대한 이해를 넓혀 주었다.

둘째, 융의 이론은 인간의 병리적인 증상의 이해와 치료뿐만 아니라 정신의 전체성과 균형을 강조하여 인간의 건강하고 성숙한 모습에 대한 시사점을 제공하였다.

셋째, 융은 심리학의 대상을 신화, 종교, 철학, 역사, 고고학, 연금술 및 심령 현상에까지 확대하여 인간 정신의 전체성을 이해하려 하였다. 이러한 노력으로 인해 그의 이론은 정신의학, 신학, 민족학, 철학, 역사, 문학, 예술 등의 다양한 영역에 많은 영향을 주었다.

넷째, 융은 단어연상검사와 심리 유형론을 통해 과학적 심리학의 발달에 영향을 주었고, 유형론에 대한 관심을 불러일으켰다.

다섯째, 융은 프로이트나 아들러가 소홀히 한 중년의 성격 변화에 주목하여 중년의 심리학을 이해하려고 노력한 최초의 성격 이론가다.

여섯째, 융의 분석심리이론은 인간을 긍정적인 존재로 바라보는 관점을 제공하였다. 그의 이론에서 인간은 목적을 추구하고, 미래지향적이며, 삶의 의미를 중시하는 정신적이며 영적인 존재다. 뿐만 아니라 인간은 자신이 가진 잠재력, 즉 자기를 실현해 나가는 자율적이고 능동적인 존재다. 융은 이런 점을 강조함으로써 인간의 존엄성과 자율성을 중시하는 인본주의와 실존주의이론에 영향을 미쳤다.

일곱째, 융의 분석심리이론에서 주장하는 심리 유형론은 심리검사의 발달에 크게 기여하였다. 융의 심리 유형론은 MBTI라는 성격유형검사 개발의 이론적인 기초가 되었으며, 이 검사는 오늘날 널리 활용되고 있다.

여덟째, 융의 분석심리이론에서 사용한 회화 분석은 미술치료의 시조가 되었다. 융은 개인의 무의식을 의식화하는 기법으로 그림을 그리는 작업을 활용하였다. 그는 자신이 먼저 만다라를 그리면서 무의식이 드러나는 것을 경험하였고, 만다라를 그리는 과정은 자신의 잠재력을 찾아가는 창조적인 기능이 발휘되는 과정임을 알게 되었다. 이와 같은 기능과 특징으로 인해 회화 분석은 현대의 심리치료 분야에서 사용되는 대표적인 기법인 미술치료로 발전되었다.

2) 한계점

첫째, 융의 이론에서 핵심 개념인 집단무의식과 원형 등은 융 자신의 주관적 경험과 직관의 산물이며, 이러한 개념을 해석하는 데 비술(연금술, 점성술 등), 종교, 신화, 민족학 등을 활용했기 때문에 과학적인 이론이라고 보기 어렵다.

둘째, 융의 치료 방법은 개인의 집단무의식을 찾아 문제를 해결하기 때문에 많은 시간과 비용 그리고 노력을 필요로 해서 단기상담이나 위기상담에 적용하기에는 한계가 있다.

셋째, 융이 주장하는 개념들, 즉 원형, 주객일여, 대극의 합일, 무의식과 의식의 일치 등은 구체적이지 않고 추상적이어서 명확하게 이해하기 어렵다.

3. 정신분석이론과 분석심리이론의 비교

정신분석이론을 확장한 분석심리이론은 정신분석이론과 공통되는 측면도 있지만 몇 가지 측면에서는 차이가 있다. 프로이트의 정신분석이론과 융의 분석심리이론을 비교하면 〈표 4-1〉과 같다.

• 표 4-1 • 정신분석이론과 분석심리이론의 비교

구분	정신분석이론	분석심리이론
에너지의 원천 (리비도)	성적 에너지	정신적 · 영적 에너지
인간관	비관론, 결정론, 유전론, 전체론	낙관론, 결정론, 유전론, 전체론
인간 이해 방법	인과론 (과거와의 관계 속에서 원인 추구)	목적론 (미래와의 관계 속에서 의미 밝힘)
성격의 중심	이드(id)	자기(self)
무의식 수준	개인무의식	개인무의식, 집단무의식
무의식의 기능	고통스러운 내용의 억압	미지의 정신세계
꿈	무의식의 표출	의식의 부족한 부분에 대한 무의식의 보상
연구 대상	환자	건강한 사람
부적응의 원인	성적 충동이 무의식 속에 억압	자기와 자아의 불일치
치료 기법	자유연상 (연상의 목적이 원인을 밝힘)	확충법 (연상의 목적이 의미를 밝힘)

〈표 4-1〉을 구체적으로 살펴보면 다음과 같다.

첫째, 에너지의 원천을 프로이트는 성적 에너지로 본 반면에, 융은 정신적 · 영적 에너지로 보았다.

둘째, 인간 본성의 측면에서 프로이트는 인간을 성적 본능의 지배를 받는 부정적인 존재로 본 반면에, 융은 자신의 잠재력을 성취하기 위해 끊임없이 노력하는 긍정적인 존재로 보았다. 하지만 결정론, 유전론 그리고 전체론적인 측면에 있어서는 두 이론의 관점이 유사하다.

셋째, 인간을 이해하는 방법에서도 프로이트는 인과론적인 관점, 즉 과거 속에서 원인을 찾는 반면, 융은 미래의 의미를 중요시하는 목적론적인 관점을 가지고 있다.

넷째, 성격의 중심을 프로이트는 이드, 즉 선천적인 본능과 충동으로 본 반면에, 융은 자기, 즉 선천적인 잠재력과 균형과 조화를 추구하는 경향성으로 보았다.

다섯째, 무의식의 수준과 기능을 바라보는 시각에 차이가 있다. 프로이트는 개인무의식의 차원을 중요시하며, 무의식을 고통스럽거나 수치스러운 과거의 경험이 억압된 것으로 보았다. 그러나 융은 개인무의식의 차원을 집단무의식까지 확장하였으며, 무의식을 미지의 정신세계라고 하고, 스스로 균형을 이루려는 긍정적인 기능을 하는 것으로 보았다.

여섯째, 연구 대상에 있어서 프로이트는 환자가 주 대상인 반면에, 융은 건강한 사람이 주 대상이었다.

일곱째, 부적응의 원인에 대해서 프로이트는 성적 충동이 무의식 속에 억압되어 나타나며, 성격발달단계에서 고착과 성격의 세 가지 구조 간의 불균형으로 본 반면에, 융은 자기와 자아의 불일치, 무의식에 대한 무지 그리고 원형들 간의 불균형으로 보았다.

여덟째, 환자를 치료하는 방법 중의 하나인 꿈의 의미와 해석에 있어서 프로이트는 꿈이란 무의식의 표출로 보았으며, 꿈의 해석에 자유연상기법을 사용하였다. 여기서 자유연상이란 연상의 목적은 원인을 밝히는 것이며, 연상이 꼬리를 물고 이어지는 것이다. 하지만 융은 꿈이란 의식의 부족한 부분을 무의식이 보상하는 것이라고 보았으며, 꿈의 해석에 확충법을 사용하였다. 확충법은 연상의 목적을 의미를 밝히는 데 두고 있는 것으로, 연상의 공통분모를 찾는 방법이다.

요 약

1. 스위스 국민의 대부분이 종교를 가지고 있으며, 다양한 언어를 사용하고, 강대국에 둘러싸인 지리적인 상황은 리비도를 정신적 · 영적인 에너지로 보며, 다양성을 인정하며 조화와 균형을 추구하는 융의 이론에 영향을 주었다.
2. 융에게 영향을 미친 이론에는 프로이트의 정신분석이론, 헬름홀츠의 에너지 보존의 법칙, 클라지우스의 균형 원리, 칸트의 인식론, 문화인류학 등이다.
3. 융의 인간관은 낙관론, 유전론, 결정론 그리고 전체론적인 관점이다.
4. 인간의 성격은 정신의 전체성, 즉 자기와 자아다. 성격은 자아와 콤플렉스 그리고 원형들로 구성되어 있다. 성격의 발달은 개성화 과정, 즉 무의식 속에 있는 잠재력인 자기를 찾아 실현하는 과정이다.
5. 핵심 개념에는 집단무의식, 원형, 페르소나, 아니마와 아니무스, 그림자, 자기와 자아, 개성화, 정신에너지의 원리, 심리학적 유형론 등이 있다.
6. 부적응은 개성화 과정의 실패로 자아가 무의식 속에 있는 자기를 의식하지 못하여 자아와 자기가 불일치하게 되거나 자기가 제 기능을 발휘하지 못해 모든 성격 요소 간의 균형과 조화가 이루어지지 않을 때 발생한다.
7. 성격 연구에는 꿈과 원형에 대한 연구, 비교인류학적 연구 등이 있으며, 평가 기법은 단어연상검사, 회화 분석, 적극적 명상, 꿈의 분석 등이 있다.
8. 공헌점은 인류의 조상들의 경험이 축적된 집단무의식을 제안하였으며, 자기실현과 같은 인간에 대한 긍정적인 관점을 제공하였고, MBTI 검사 개발에 이론적 기반을 제공하였고, 미술치료 발전에 기여한 점 등이다.
9. 비판점은 주관적인 경험과 직관에 입각하여 이론을 정립해 객관적이지 않으며, 내담자의 치료 과정에서 집단무의식을 찾아내기 위해 시간과 비용이 많이 들어 위기상담에 용이하지 않으며, 원형이나 주객일여 같은 핵심 개념이 추상적이어서 이해하기 어렵다는 점 등이다.

제5장

심리사회이론

에릭 에릭슨

심리사회이론(psycho-social theory)은 에릭 에릭슨(Erik Erikson, 1902~1994)이 주창한 성격이론으로, 인간의 성격발달을 설명하는 데 사회 · 문화적 요인들을 중시하고 있다. 에릭슨이 자신의 이론에 사용한 '심리사회적'이라는 용어에서 심리란 '한 사람의 내면'을 뜻하며, 사회란 '사람과 사람의 사이' 라는 의미를 내포하고 있다(박아청, 2010, p. 107). 즉, 인간의 성격은 개인의 내적인 정신 과정뿐만 아니라 사회와의 관계인 부모, 친구, 애인 및 직장동료 등과의 관계 속에서 형성된다는 것이다. 에릭슨의 심리사회이론은 프로이트의 정신분석이론을 바탕으로 하고 있지만, 그는 프로이트의 이론에 전적으로 동의하지 않고, 그의 이론을 확장하여 자신만의 이론을 체계화하고 발달시켰다. 그의 이론의 핵심은 자아의 성장(growth of the ego)에 있으며, 그는 '자아'의 기능과 발달에 관심을 가졌던 자아심리학자다. 프로이트는 자아가 이드에서 분화된 파생물로서 이드와 초자아 사이에서 발생하는 갈등을 중재하는 조정자의 역할을 한다고 보았다. 하지만 에릭슨은 자아를 갈등 없는 영역(conflict-free sphere)으로 간주하였다. 즉, 자아의 사고, 지각, 학습 과정이 이드나 초자아와 충돌하지 않는다고 하였으며, 자아가 가지고 있는 창조적이고 자율적인 기능을 강조하였다(홍숙기 역, 2008, p. 104). 에릭슨은 인간의 성격이 생애 초기에 결정된다고 주장한 프로이트와는 달리, 평생에 걸쳐 성격이 발달한다는 8단계의 심리사회적 발달을 주장하였다. 그는 인간의 성격발달은 유전적으로 결정되며 단계적으로 발달한다는 '점성 원칙'에 따른다고 하였다. 뿐만 아니라 그는 인간의 성격발달에 있어서 어느 한 시기가 중요한 것이 아니라 전 생애가 중요하다는 점을 강조하였다. 이러한 관점은 인간의 성인기 특히 노년기에 대한 관심을 증가시켰다는 점에서 주목할 만하다.

제1절 서 론

1. 심리사회이론의 출현 배경

에릭슨이 살던 지역은 슐레스빅-홀슈타인이었는데, 이 지역은 그 당시에는 독일과 덴마크가 서로 자기 영토라고 주장하던 지역이었다. 이러한 영토 분쟁은 에릭슨이 칼수르에에 있는 김나지움에 들어갔을 때 절정에 달했다. 또한 에릭슨은 청소년기 때 제1차 세계대전을 겪었는데, 그는 독일에 대한 충성심과 덴마크인으로서의 정체감 사이에서 혼란스러워하며 정서적인 갈등을 겪게 된다. 영토 분쟁이 일어난 지리적인 상황과 전쟁을 치르면서 겪은 정체감의 혼란은 후에 그의 이론의 핵심 개념인 자아정체감이론에 영향을 미쳤다.

한편 에릭슨이 활동하던 시기에 미국에서는 자본주의의 병폐를 극복하기 위한 혁신운동의 하나로 아동에 대한 관심이 대두되었다. 아동 노동과 관련하여 최저 연령을 높이고, 야간 노동을 억제하는 한편 학업을 병행하도록 하는 새로운 법이 제정되었다. 이와 함께 존 듀이(John Dewey)는 교육자 중심이 아닌 아동을 중심으로 한 전인적인 교육이 중요하다는 아동 중심 교육 사상을 주장하였다. 이러한 아동과 관련된 시대 상황도 에릭슨에게 아동에 대한 관심을 불러일으켰다. 에릭슨의 대표작인 『아동기와 사회(Childhood and Society, 1950)』는 그가 아동의 발달에 대하여 얼마나 많은 관심이 있었는지를 잘 보여 주고 있다.

2. 심리사회이론에 영향을 미친 이론

1) 프로이트의 정신분석이론

에릭슨의 심리사회이론은 프로이트의 정신분석이론에 뿌리를 두고 있다. 에릭슨은 프로이트가 인생 초기의 경험을 중요시하며, 성격발달을 단계별로 나누어 설명한 부분과 거의 의견을 같이 한다. 그가 주장한 성격발달 8단계 중에서 영아기, 유아기, 학령전기, 학령기 등의 초기 4단계는 프로이트의 성격발달단계의 연령 구분과 내용이 대부분 일치한다. 그러나 에릭슨은 프로이트가 주장한 성격 구조 세 가지 중에서 자아에 초점을 두었다. 그는 프로이트와는 다르게 자아가 가지고 있는 독자적이고 자율적인 기능에 관심을 두었으며, 인간이 성장하면서 접하는 사회와의 상호작용에 더 많은 비중을 두었다.

2) 발생학의 점성 원칙

발생학(embryology)이란 생물 개체의 발생 및 그 형태의 변화와 기능을 연구하는 학문이다. 예를 들면, 수정란이 어떤 과정을 거쳐서 성체의 외형과 내부 구조에 이르는지를 명확하게 밝히는 것이다. 이러한 발달 과정이 이루어지려면 시작에서부터 모든 변화와 그 순서를 포함하는 일종의 '청사진'이 필요하다. 에릭슨은 "인간은 출생할 때 이미 각 단계별 발달과업과 위기에 대한 준비가 되어 있다."라는 점성 원칙을 그의 이론에 적용하였다. 그는 이러한 점성 원칙으로 인간의 발달을 설명하면서, 인간은 유아기부터 성인기를 거쳐 노년기에 이르기까지 일정한 기본 계획이 있고, 이 기본 계획에 따라 인간의 성격발달이 단계적으로 이루어진다고 보았다.

3) 자아심리학

자아심리학(自我心理學)이란 프로이트의 정신분석이론을 수정한 이론 중의 하나로, 대표적인 학자들은 에릭슨, 하트만(Hartmann, 1958), 라파포트(Rapaport, 1959), 크리스(Kris, 1952) 등이 있다(홍숙기 역, 2008, p. 104). 이들은 자아의 방어하는 기능뿐만 아니라 사고, 지각, 학습 등에 관여하는 주체적인 기능에 대하여 관심을 가질 필요가 있다고 하였다. 특히 하트만은 자아가 환경에 적응하는 기능에 머물지 않고, 환경과 상호작용하며 서로 영향을 주고받는 측면을 강조하였다. 즉, 자아는 환경의 영향을 받을 뿐만 아니라 환경에 영향을 주어 환경을 바꾸는 능동적이고 적극적인 기능을 한다는 것이다. 또한 자아심리학자들은 각 발달단계에서 경험하는 사회·문화적인 환경이 자아 특성의 발현에 영향을 미친다고 하였다. 그들은 프로이트의 이론을 부인하기보다는 자아에 더 큰 역할을 부여하여 자아가 성격의 다른 구조와 갈등을 일으키거나 중재하는 역할을 하는 것이 아니라 자율적이고 독립적인 역할을 한다고 보았다. 자아심리학의 이러한 관점이 에릭슨에게 영향을 주어, 그는 성격발달에서 자아의 역할을 중시하였으며, 자아와 환경의 상호작용으로 성격이 형성된다고 보았다.

4) 문화인류학

문화인류학(cultural anthropology)이란 인간 활동에 대한 전반적인 연구를 통해 전 세계에 거주하고 있는 여러 민족의 생활양식인 문화와 그들이 생활하고 있는 지역의 생활 구조 등을 사회과학적 방법으로 비교 연구하는 학문이다. 문화인류학은 오랜 기간에 걸친 현지 조사, 유적과 유물들의 발굴 조사, 다양하며 이질적인 문화에 대한 비교 연구 등을 통하여 이루어진다. 에릭슨은 하버드에서 활동하던 당시에 만났던 미드(Mead, M)와 베네딕트(Benedict, R) 등의 다수의 인류학자에게 영향을 받았다. 미드는 섬에 사는 원주민의 청소년기에 대한 문제와 성(性) 행동에 대하여 보고하였고, 베네딕트는 뉴기니라는 섬에서 생활하며 인류학을 연구하였다. 에릭슨은 한 개인의 성격발달에 심리 역사적 환경이 중요하다고 보았으며, 역사적인 인물이나 아동, 특히 소수집단을 대상으로 연구를 하였다. 그는 자신의 인생주기이론을 검증하기 위하여 직접 다른 문화(미국 인디언 수 족과 유록 족) 속으로 들어가 실증적인 연구를 진행하였다. 이렇듯 문화인류학자들의 접근 방식은 에릭슨의 인간 이해와 연구 방법에 반영되었다고 볼 수 있다.

5) 대상관계이론

대상관계이론(object relation theory)이란 다른 사람(object)과 맺는 관계에 초점을 둔 이론으로써 프로이트의 정신분석에서 유래한다. 프로이트는 자아가 무의식 속의 이드가 가진 에너지를 효과적으로 방출하기 위하여 외부의 대상과 '결속(bonds)'을 발달시킨다고 하였다. 여기에서의 초점은 결속에 있다. 결속은 다른 사람과의 상호관계 속에서 자신의 정체감을 만들어 나가는 과정에서 이루어진다. 그리고 결속은 성격의 핵심을 이룬다. 외부의 대상은 오로지 인간만이 해당되며, 대상관계의 패턴은 초기 아동기부터 시작되어 생애 후반기까지 계속 되풀이되는 경향이 있다고 하였다(김교헌 역, 2012, p. 331). 이러한 대상관계이론에서 자아의 기능을 강조하고, 대상관계의 초기 패턴은 전 생애에 걸쳐 영향을 미친다는 주장은 에릭슨의 이론에서 자아의 발달과 기능을 강조한 측면에 영향을 주었다. 뿐만 아니라 에릭슨이 인간의 성격발달을 설명할 때, 아동기 때의 경험은 성인이 되었을 때에도 계속적으로 영향을 미친다는 관점에도 반영되었다고 볼 수 있다.

3. 생애가 이론에 미친 영향

에릭 에릭슨은 1902년 독일의 프랑크푸르트에서 태어나서 코펜하겐에서 성장하였다. 에릭슨의 친아버지는 데인(Dane)이라는 이름을 가진 덴마크인이며, 어머니인 아브라함슨(Karla Abrahamsen)은 유대인으로, 에릭슨의 부모는 그가 태어나기 전에 이혼을 하였다. 에릭슨이 세 살 되던 해에 그의 어머니는 유대인 소아과 의사인 홈부르거(Theodor Homburger)와 재혼을 하였다(이훈구 역, 1998, p. 142). 그는 양부의 성을 가지고 살게 된다. 어머니가 그에게 말을 해 주지 않았기 때문에 청년이 되어서야 홈부르거가 양부임을 알게 되었다고 한다. 그때의 어머니의 행동을 에릭슨은 '사랑의 속임수'라고 표현하였다(노안영 공저, 2013, p. 219). 그는 성장 과정에서 부모의 이혼과 재혼으로 인한 이름의 변경과 외모 그리고 지리적인 상황 등으로 인하여 정체감의 혼란을 겪게 된다.

그가 태어나고 자랐던 지역의 지리적 · 역사적 상황도 그를 힘들게 하였다. 남다른 외모로 인한 갈등도 만만찮았다. 어린 시절 유대인 사이에서 자랐지만, 큰 키와 흰 피부 그리고 금발머리에 푸른 눈의 스칸디나비안 외모 때문에 어려움을 많이 겪었다. 아버지의 혈통을 따르면 덴마크인이고, 태어난 곳은 독일이며, 양부와 모친은 유대인이었던 그의 환경을 생각해 보면, 그가 성장 과정에서 느꼈을 갈등을 충분히 짐작할 수 있다. 그는 학창 시절에 사원학교와 문법학교를 다녔는데, 사원학교의 유대인 친구들은 금발과 흰 피부의 외모 때문에 그를 이교도라며 놀렸고, 문법학교의 독일인 친구들은 그를 유대인이라며 가까이 하지 않았다고 한다. 또한 청년기 때에 제1차 세계대전을 겪으며, 독일에 대한 애국심과 덴마크인 혈통 사이에서의 정체감에 대한 혼란과 위기를 경험하였다. 이런 성장 과정에서 겪은 혼란스럽고 애매한 상황은 자신에 대한 정체감(identity)의 혼란으로 이어졌으며, 후에 자아정체감이론이나 성격 형성에서 사회적 환경의 영향을 중시하는 이론을 주장하게 된 데 영향을 주었으리라 여겨진다.

에릭슨이 정규교육을 받은 것은 고등학교를 졸업한 것이 다였다. 그의 학교 성적은 중간 정도였지만, 예술을 하는 어머니를 닮아서인지 역사와 미술 분야에는 재능이 있었다. 에릭슨이 고등학교를 졸업한 후 양부는 그가 의사가 되기를 원했지만, 그는 예술가가 되기 위해 예술학교에 등록을 하였다. 그는 예술 공부를 하면서 한 학교에 오래 다니지 못하고 학교를 이곳저곳 옮겨 다녔으며, 결국 유럽의 전 지역을 방황하며 돌아다니게 된다. 아무런 목적 없이 일광욕을 즐기기도 하고, 미술관에 가기도 하고, 때로는 다리 밑에서 노숙 생활을 하는 등 방황하던 그 당시의 삶은 에릭슨에게 아동기와 성년기 사이의 일종의 모라토리움(moratorium, 집행유예)에 해당하는 시기였다. 청년기에 방황했던 이 기간이 에릭슨에게는 자신의 잠재력과 한계를 찾고, 정체감과 관련된 고통스러운 아동기의 잔재를 털어 버리고 자신의 삶의 목적을 세울 수 있는 기회를 가져다주었다(박아청, 2010, p. 16).

유럽의 전 지역을 돌아다니던 중에 비엔나에 가게 되면서 에릭슨은 새로운 인생을 맞이하게 된다. 비엔나에서 에릭슨은 후에 정신분석학자가 된 동료 피터 블로스(Peter Blos)로부터 안나 프로이트(Anna Freud)의 친구인 도로시 버링엄(Dorothy Burlingham)이 운영하는 학교의 교사 제안을 받고 근무하게 된다(이수연 공저, 2013, p. 132). 이 학교는 자녀교육을 위해 설립되었기에 에릭슨은 자신의 아버지에 대해서도 탐구를 하게 되고, 프로이트의 정신분석에도 매력을 느끼게 된다. 그때부터 6년 동안 안나 프로이트에게 정신분석 수련을 받았으며, 1933년 정신분석 훈련을 마친 후 그 당시 유명했던 비엔나 정신분석연구소의 회원이 되었다. 수련을 받는 동안 학교에서 무용을 가르치던 캐나다 여성인 조안(Joan)과 결혼을 하고, 두 아들을 낳았다. 그의 아내 조안은 직업 댄서이자 작가로서 에릭슨이 이론적인 틀을 구축하는 데 도움을 주었다(박아청, 2010, p. 19).

그는 결국 양아버지가 바라던 대로 아동의 심리를 치료하는 정신의학자가 되었으며, 그가 맨 처음 집필한 논문은 「홈부르거(Homburgar)」라는 이름으로 출판되었다. 하지만 그는 37세 되던 1939년에 미국 국적을 취득하면서 에릭슨이란 이름으로 개명을 하였다. 에릭슨이란 이름에 얽힌 여러 일화가[1] 있지만, 에릭슨은 자신에게 생부의 이름을 지어줌으로써 스스로 정체감을 부여하고자 한 것 같다. 에릭슨에게 있어서 정체감에 대한 갈등은 그가 자신의 출생 비밀을 알고서부터 더욱 커진 것이라고 여겨진다.

그 후 에릭슨은 나치의 위협을 피해 덴마크로 잠깐 이주하였다가 미국의 하버드 의대에 자리를 잡고 아동을 대상으로 임상 활동을 하게 된다. 그 무렵에 유명한 심리학자인 헨리 머레이(Henry Murray)와 쿠르트 레빈(Kurt Lewin), 그리고 문화인류학자인 루스 베네딕트(Ruth Benedict), 마거릿 미드(Margaret Mead), 그레고리 베이트슨

1) 'Erikson' 이란 이름의 유래에 대해서는 미국으로 갔을 때, 그때까지 불리던 홈부르거(Homburgar)를 햄버거와 혼동하는 것을 싫어했기 때문이라든가, 어린이들에게 이름을 붙인 것으로 생각하면 에릭의 아이라는 것으로 스카디아 관습에 맞추어 에릭슨이 되었다는 에피소드(p. Roazen, 1976, Erik Erikson, p. 98), 에릭을 버린 생부의 이름을 받은 것이라는 설(H. Maier(1965), Three Theories of Child Development, p. 1) 및 콜럼버스 이전에 미국을 발견한 바이킹의 영웅과 동일시를 위해서 또는 에릭이란 자신의 이름의 아이라고 하는, 즉 자신이 자신의 아버지가 된다는 의미에서 문자 그대로 self-made man이 되었다는 주장이 있다[M. Berman(1975, March 30). New York Times Book Review; 박아청, 2010, p. 96 재인용].

(Gregory Bateson) 등과 교분을 쌓게 된다. 이들과의 만남이 후에 에릭슨의 연구 활동에 큰 영향을 주었다. 이들의 영향을 받아 그는 여러 명의 유명한 역사적 인물들을 심리역사학적으로 연구하였을 뿐만 아니라 다양한 문화에 속한 사람들을 대상으로 연구를 하였다.

이후에 에릭슨은 미국의 예일 대학, 버클리 대학, 펜실베이니아 대학 등에서 강의를 하였고, 1950년에 『아동기와 사회(Childhood and Society)』라는 책을 저술하였다. 이 책에서 프로이트의 이론을 확장한 자신의 생각을 소개하였으며, 이 책을 통해 미국의 자아심리학을 대표하는 학자로서 인정을 받게 되었다. 그 이후 10년 동안 여러 곳의 기관과 병원 그리고 학교에서 강의 활동을 하였으며, 저술과 연구를 통해 심리사회이론을 정립하였다. 1960년 하버드로 다시 돌아가 삶의 주기(Life cycle)에 대하여 강의하였고 1970년에 은퇴하였다. 그가 쓴 유명한 무저항주의자 간디의 개인 역사에 대한 서적인 『간디의 진리(Gandhi' s Truth, 1969)』는 퓰리처상을 수상하기도 하였다. 그는 심리사회이론을 통해 기술했던 '성숙한 성인' 의 모습처럼 자기개발을 위한 노력을 삶의 후반기까지 계속하였으며, 1994년 91세의 나이로 사망하였다. 에릭슨은 다른 유명한 심리학자들과 다르게 대학 졸업장도 없었지만, 하버드대 교수를 역임하였을 뿐만 아니라 20세기에 가장 저명하고 영향력이 있는 심리학자 중 한 사람으로 불리고 있다.

그가 저술한 대표 저서를 살펴보면, 『청년 루터, 정신분석과 역사의 연구(Young Man Luther, A Study in Psychoanalysis and History, 1958)』, 『통찰력과 책임(Insight and Responsibility, 1964a)』, 『정체: 청년과 위기(Identity: Youth and Crisis, 1968a)』, 『청년: 변화와 도전(Youth: Change and Challenge, 1963b)』 등이 있다. 그리고 『장난감과 이성(Toys and Reasons, 1977)』, 『성인기(Adulthood, 1978)』 등은 에릭슨이 연로하였을 때 나온 저서다(이훈구 역, 1998, p. 145).

제2절 주요 개념

1. 인간관

심리사회이론에서 인간을 바라보는 관점은 낙관론적, 환경론적, 결정론적 그리고 전체론적인 관점이라 할 수 있다.

1) 낙관론적 인간관

에릭슨은 인간에게는 적응적이고 창조적인 힘이 있으며, 인간은 천성적으로 선하다는 견해를 가지고 있다(이훈구 역, 1998, p. 147). 즉, 그는 인간의 본성을 긍정적으로 바라보고 있다. 이 견해에 대한 근거로, 첫째, 자율적이고 창조적으로 기능하는 자아의 개념을 제시할 수 있다. 그는 프로이트의 정신분석이론과 달리 자아는 다른 성격 구조의 파생물이나 중재자가 아니라 스스로 존재하며 독립적으로 기능한다고 보았다. 또한 자아는 환경에 적응하는 차원을 뛰어넘어 주어진 환경을 바꿀 수 있는 창조적인 기능을 한다고 보았다. 둘째, 인간이 인생의 각 단계에서 만나는 위기가 오히려 자신을 성장하게 한다는 점뿐만 아니라 자아의 발달을 통해서 나타나는 덕목(virtue)을 강조한 점으로 볼 때, 에릭슨은 인간의 본성을 긍정적인 관점에서 보고 있음을 알 수 있다.

2) 환경론적 인간관

에릭슨은 인간의 성격발달을 유전보다는 환경론적인 입장에 더 큰 비중을 두어 설명하고 있다. 이는 사회적인 상황인 부모와 가족, 친구, 문화 그리고 역사적 요인들을 강조한 데에서 알 수 있다. 개인이 인생 초기에 지니는 심리사회적 위기를 해결하는 능력은 주로 부모와의 상호작용에 영향을 받는다. 그리고 부모가 자녀를 양육하는 방식은 문화적 · 역사적 요인에 영향을 받게 된다. 뿐만 아니라 인생 전반에 걸친 다양한 환경적인 요인들이 개인의 성격에 끊임없는 영향을 미친다. 예를 들면, 성격발달 1단계에서는 주 양육자인 어머니, 2단계에서는 부모, 3단계에서는 가족, 4단계에서는 교사, 5단계에서는 친구, 6단계에서는 애인 및 배우자, 7단계에서는 직장동료, 마지막 8단계에서는 모든 사람의 영향을 받게 된다는 것이다. 하지만 그는 성격이 생물학적이고 본능적 기초를 가지고 있다는 프로이트의 유전론적인 입장을 어느 정도는 인정하고 있다(이훈구 역, 1998, p. 170).

3) 결정론적 인간관

에릭슨의 심리사회이론은 자유론보다는 결정론적인 관점에 더 치우친다. 인간의 성격발달이 이미 그려진 청사진에 의해 진행된다는 점성설의 원리는 에릭슨의 심리사회이론이 결정론적인 관점에 가깝다는 것을 지지해 준다. 그는 심리사회적 발달의 전반부인 1단계에서 4단계까지는 부모의 양육 방식, 학교 경험, 친구 집단, 다른 문화와의 접촉 기회 등의 환경이 개인의 성격 형성에 강력한 영향을 미친다고 하였다. 하지만 후반부의 5단계에서 8단계까지는 외적 환경의 영향을 덜 받는다고 하였으며, 한 개인의 성공과 실패는 자신의 선택에 달려 있다고 하였다. 이러한 설명으로 볼 때, 그가 어느 정도 인간이 자유로운 존재라는 것을 인정하고 있음을 알 수 있다. 하지만 그는 인간이 어릴 적 아동기의 경험에 더 많은 영향을 받는다고 보았기 때문에 그의 인간관은 결정론적인 관점에 더 가깝다고 볼 수 있다.

4) 전체론적 인간관

에릭슨의 심리사회적 발달 8단계를 살펴보면, 그는 인간을 전체적인 관점에서 이해하고 있다. 그는 인간의 성격을 8단계 동안 끊임없이 발달하는 총체(totalities)로 이해하려고 하였다. 즉, 인간은 한 부분으로서가 아닌 전체로서 고려되어야 한다는 것이다. 인간은 8단계의 발달 과정을 거치는 동안에 다양한 사회 문화적인 환경과 만나게 된다. 그리고 인간의 성격은 각 단계에서 해결해야 할 발달과업을 성취하고 위기를 극복할 때, 과거와 미래 그리고 내적인 요인과 외적인 환경의 통합이 이루어지며, 결국 모든 단계가 하나의 전체로 통합됨으로써 한 개인의 성격이 된다는 것이다. 예를 들면, 청년기의 자아정체감과 노년기의 자아 통합이라는 두 가지 개념에 내재하는 전체주의적인 관점을 생각해 보자. 자아정체감의 경우, 각 개인은 청년기에 이르면 대부분 '나는 누구인가?'에 대해 고민하며, 자기 자신의 정체감을 발견하려고 한다. 그 과정에서 개인은 과거와 미래라는 전체적인 틀 속에서의 자신에 대한 정체감을 확립하게 된다. 다음으로 노년기의 자아 통합의 경우, 개인은 자기 인생을 각 단계로 나누지 않고 하나의 전체로서 파악하고, 인생이라는 전체의 틀 속에서 인생의 의미를 찾고 조망(perspective)하게 된다(이훈구 역, 1998, p. 170).

2. 성격의 구조 및 발달

1) 성격의 개념

에릭슨은 인간의 성격을 자아와 환경의 상호작용에 따른 발달단계별 과업 성취 과정에서 형성되는 특성으로 보았다. 그의 이론에서 자아란 한 개인이 '자신의 특성으로 받아들인 부분', 즉 바로 '자기 자신'을 의미한다. 에릭슨은 이 자아가 각 단계마다 다양한 환경과의 접촉을 통해서 성취해야 하는 과업을 적절하게 성취할 때 건강한 성격을 형성한다고 보았다. 예를 들면, 영아기 때 주 양육자와의 관계에서 신뢰감을 획득하면 남을 잘 믿는 성격이 되며, 학령 전기 때 주도성을 적절하게 성취하면 적극적인 성격이 된다는 것이다.

2) 성격의 구조

에릭슨은 자아를 자율적인 성격 구조로 보았으며, 각 발달단계에 따라 출현하는 자아의 특성(quality)에 초점을 두었다. 에릭슨의 이론에서 주된 관심은 '자아의 성장(growth of the ego)'에 있다. 프로이트는 자아가 이드에서 생겨나며, 이드의 본능적인 욕구를 현실적으로 해결할 뿐만 아니라 이드와 초자아와의 갈등을 중재하는 역할을 하는 존재로 정의하고 있다. 하지만 에릭슨은 자아의 기능에 초점을 두고 있으며, 자아는 독립적이고 자율적인 성격 구조의 한 부분이라고 하였다. 즉, 자아는 단순히 이드와 초자아의 갈등을 피하려는 방어적인 역할만 하는 것이 아니라 사회 적응 발달(social adaptive development)에 기여하는 창조적이고 주체적인 역할을 한다. 자아는 각 발달단계에서 직면하는 문제들을 창조적으로 해결하는 능력이 있으며, 이러한 자아의 발달은 사회적인 관계, 제도, 가치체계 등과 관련이 있다(이상로 공역, 1997, p. 107). 또한 자아의 발달은 전 생애 동안 이루어지고 8단계로 구분된 성격발달과 같이 한다. 에릭슨은 각 발달단계마다 출현하는 자아의 특성들을 제시하였다. 예를 들면, 유아기에서는 희망, 초기 아동기에는 의지 그리고 마지막 단계인 노년기에서는 지혜라는 자아 특성 등이 그것이다. 각 단계에서 나타나는 8가지 자아 특성은 전 인류에게 공통되는 덕목이라 할 수 있다.

3) 성격의 발달

에릭슨은 성격발달에서 사회의 역할과 개인의 역할이 똑같이 중요하며, 전 생애를 통해 자아정체감을 획득, 발달, 통합한다고 주장하였다. 또한 성격발달은 자아와 환경과의 상호작용을 통해 이루어진다고 보아 인간의 생활주기에 맞추어 성격발달을 8단계로 구분하였다. 그는 각 단계마다 독특한 발달과업과 위기가 있다고 하였다. 각 단계마다 인생의 전환점을 맞게 되는데, 개인의 성격은 각 단계의 위기 갈등이 해결되는가에 따라 달라진다고 하였다.

심리사회적 성격발달의 특성과 원리를 살펴보면 다음과 같다. 첫째, 성격발달은 점성 원리(epigenetic principle)에 따라 일어난다. 즉, 미리 결정된 순서대로 적절한 속도로 발달이 일어난다는 것이다. 둘째, 심리사회적 발달의 각 단계마다 특별한 위기가 있다. 이 말은 개인의 성격 변화에 필요한 전환점이 존재한다는 의미다. 셋째, 건강한 자아발달은 적절하거나 부적절한 적응 방법을 통합하여야 한다. 즉, 인간은 환경에 대해 적응적인 방식이나 부적응적인 방식으로 반응할 수 있는데, 적응적인 방식과 부적응적인 방식 간에 균형을 이루는 것이 가장 바람직하다는 것이다. 넷째, 심리사회적 발달의 각 단계는 개인에게 기본적 강점 혹은 덕목(virtue)을 발달시킬 기회를 제공한다(노안영 공저, 2013, p. 223).

에릭슨은 인간의 성격발달을 심리사회적 발달 8단계로 설명하였다. 각 발달단계의 연령, 발달과업, 위기, 자아 덕목 그리고 단계마다 나타나는 성격적인 특성을 중심으로 살펴보면 다음과 같다.

(1) 영아기: 신뢰감 대 불신감-희망

에릭슨의 심리사회이론의 첫 번째 단계인 영아기는 출생에서 대략 1세에 속하며, 이 시기의 특징은 프로이트의 구강기에 나타나는 특징과 유사하다. 이 단계에서 나타나는 성격 특성은 '신뢰감 대 불신감(trust vs. mistrust)' 이다. 이 시기는 신체부위 중에 입이 매우 중요하다. 에릭슨은 "영아는 입을 통해 살고, 입으로 사랑한다."라고 하였다. 즉, 입을 통해 세상과 생물학적 그리고 사회적 관계가 이루어진다는 것이다(노안영 공저, 2013, p. 224).

에릭슨에 의하면, 이 시기의 영아는 주 양육자, 즉 엄마와의 관계에서 신뢰감을 획득하는 것이 중요하다. 신뢰감의 획득에서 특별히 중요한 것은 엄마가 영아를 양육하는 질에 달려 있다는 것이다. 음식의 양이나 애정 표현의 횟수가 문제가 아니라, 엄마가 영아에게 친밀감, 지속감 그리고 동일성의 경험을 얼마만큼 일관되게 제공하는지가 문제다. 예를 들면, 영아가 옹알이를 할 때 엄마가 옹알이에 대해 같은 소리나 표정으로 반응을 해 주거나, 영아가 세상을 향해서 웃을 때 엄마가 같이 웃어 주거나 혹은 영아가 배가 고프거나 대소변을 봐서 울 때 젖을 주거나 기저귀를 갈아주면, 영아는 세상에 대한 신뢰감을 갖게 된다는 것이다. 하지만 영아의 웃음이나 울음 그 어떤 것에도 엄마가 반응을 해 주지 않거나 반응에 일관성이 없을 때, 영아에게는 불신감이 형성된다는 것이다.

에릭슨은 영아는 외부세계뿐만 아니라 내부세계도 신뢰해야 하는 사실을 강조하였다. 즉, 영아는 자신을 신뢰하는 것과 자신의 신체 기관이 가지고 있는 능력도 신뢰하는 것을 배워야 한다는 것이다. 영아는 엄마의 적절한 보살핌 속에서 충분히 신뢰감을 획득하지 못하면, 스스로를 믿지 못하고, 매사에 거부적이 되며, 이는 모든 사람에 대한 두려움과 의심 등으로 발전한다. 이는 특히 불신감으로 표현되는데, 이것은 엄마가 아기를 낳고 직장에 다니거나 혹은 재임신으로 인해 아이에게 관심을 갖지 못할 때 나타난다고 하였다.

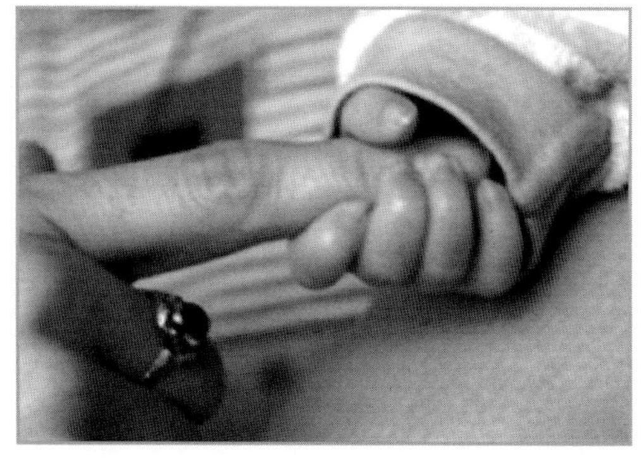

에릭슨은 신뢰감(trust)을 건강한 성격의 초석이라고 할 정도로 중시하였다. '신뢰감 대 불신'에 대한 위기는 영아기 때 특히 집중되는 특징이 있고, 다음 단계에서도 계속 나타난다. 이 시기에서 형성된 적절한 신뢰감이 평생의 성격발달에 중요한 영향을 미친다. 그런데 에릭슨은 영아가 건강하게 성장하려면 신뢰와 불신의 적절한 비율이 필요하다고 하였다. 무엇을 신뢰해야 하는지도 중요하지만, 무엇을 신뢰하지 않아야 하는가를 아는 것도 중요하다는 것이다. 그는 위험과 불안을 예상하는 능력 또한 환경에 적응하고 삶을 효과적으로 영위하는 데 중요한 요소라고 하였다. 동물들은 이런 능력을 본능적으로 가지고 있지만, 인간은 학습을 통해서 배워야 한다는 것이다.

이런 '신뢰 대 불신'의 갈등이 해결되어 얻어진 성격 특성 혹은 덕성을 '희망(hope)'이라고 하며, 희망은 이 시기에 출현되는 자아 특성이다. 희망은 인간의 첫 번째 긍정적 성격 특성이며, 일상생활에서 삶이 주는 의미를 발견하고, 신뢰감을 갖는 데 기여한다(이훈구 역, 1998, pp. 150-152). 앞에서 살펴본 것과 같이 인간의 처음 발달단계인 영아기 때 발달과업이 적절히 성취되어야 다음 단계로의 발달이 순조롭게 진행될 수 있다.

(2) 유아기: 자율성 대 의심과 수치심-의지력

에릭슨의 심리사회이론의 두 번째 단계인 유아기는 2~3세에 해당되며, 이 시기의 특징 역시 프로이트의 항문기에 나타나는 특징과 유사하다. 이 단계에서 나타나는 성격 특성은 '자율성 대 의심과 수치심(autonomy vs. doubt & shame)'이다. 이 시기의 유아는 신체적이나 정신적으로 성장이 빨라지며, 많은 활동을 한다. 즉, 이 시기는 걸음마를 배우고 말을 배우면서 효과적인 의사소통을 하기 시작하고, 주위를 관찰하며 자신이 할 수 있는 일이 생겨나는 시기다.

이 시기의 유아에게 중요한 관계는 부모와의 관계다. 부모와의 관계에서 이루어지는 경험은 유아의 과업 성취에 중요한 영향을 미친다. 유아에게 자신이 할 수 있는 일이 생기면서 유아는 그 일을 자신의 의지로 결정할 수 있다고 생각하기 때문에 부모의 의지와 충돌할 수 있다. 부모와 유아 간의 의지에 대한 마찰 중의 대표적인 것이 배변훈련(toilet training)이다. 본능적인 욕구로서의 배변 활동은 사회적 규칙에 따라야 하는 상황에서 유아의 자율과 부모의 허용 정도가 적절하게 균형을 이룰 때 자율성이 형성된다.

부모의 강압적인 배변 훈련으로 유아는 자신의 능력을 의심하게 되고, 배변 활동에 실패했을 경우 수치심도 생겨서 자율성을 성취하는 데 방해가 될 수 있다. 에릭슨은 부모가 아동 스스로 할 수 있는 것을 대신 해 주려고 하거나, 아니면 부모가 아동 스스로 할 수 없는 것을 기대한다면 아동은 수치심이 생길 수 있다고 하였다. 이런 상황이 반복

되면, 아동은 자신감이 없어지고 자신을 돌보는 사람을 믿지 못하게 되어 자기의심, 부적절감 그리고 무력감을 느끼게 된다는 것이다. 예를 들어, 이 시기의 유아는 숟가락을 잘 사용하지 못해서 밥알을 흘리고 밥을 먹는다. 이때, 엄마가 대신 먹여 주려고 하면 "아니야! 내가!"라고 하면서 혼자서 먹으려고 한다. 이때 유아가 스스로 밥 먹는 것을 칭찬하고 허용해 주면 자율성이 형성되는 반면에 부모가 대신 밥을 먹여 주거나 혹은 밥알을 흘리는 모습을 나무랄 때 의심이나 수치심이 형성된다.

에릭슨은 이 시기의 유아가 주어진 일에 자율성을 가지고 스스로 할 수 있는지가 중요하다고 하였다. 그런데 자기조절이 지나치거나 혹은 자기조절을 못하게 되면 의심과 수치심이라는 위기 상황을 만들어 낼 수 있다는 것이다(이훈구 역, 1998, p. 153). 이러한 자율성 대 의심의 갈등이 성공적으로 해결되면 '의지력(will)'이라는 자아 특성을 획득하게 된다. 의지력이란 수치심, 의혹, 타인에 의해 지배당할 때 느끼는 분노와 같은 감정을 무릅쓰고 스스로 자유롭게 선택하는 자기결정을 의미한다.

(3) 학령 전기: 주도성 대 죄책감-목적

에릭슨의 심리사회이론의 세 번째 단계인 학령 전기는 약 4세부터 5세에 해당되며, 이 시기의 특성은 프로이트의 남근기(phallic stage)와 유사하다. 이 단계에 나타나는 성격 특성은 '주도성 대 죄책감(initiative vs. guilt)'이다. 이 시기는 아동이 새로운 과업이나 기술 등을 익히게 되고, 그것들을 수행하면서 타인에게 인정을 받게 된다.

이 시기는 아동 자신이 속한 가족과의 관계가 중요하다. 주변 상황이나 새로운 일에 대한 호기심뿐만 아니라 자신과 주변 세계(예: 인형, 애완동물, 동생 등)에 대해 책임의식도 가지게 되는 시기로 자신이 한 인간으로 인식되고, 자신에게 삶의 목적이 있다는 것을 느끼기 시작한다. '나는 내 뜻대로 될 수 있다.'라는 생각이 이 시기의 아동에게 뚜렷한 정체감이 된다. 그러기 때문에 아동 자신이 주도적으로 무엇인가를 하려고 할 때, 가족이 어떻게 반응하는가가 중요하다. 가족이 아동의 호기심을 인식하고, 아동의 극화 놀이(dramatic play)를 우스꽝스럽게 여기거나 금지하지 않을 때 주도성이 발달할 수 있다(이훈구 역, 1998, p. 155). 즉, 가족은 아동의 사고나 행동에 대해 어느 정도 지켜봐 주거나 지지해 주는 것이 필요하다는 것이다. 예를 들면, 이 시기의 아동은 로봇이나 인형을 가지고 역할놀이를 할 수 있다. 어떤 로봇은 착한 역할로 정하고, 다른 로봇은 나쁜 역할로 정해서 두 로봇이 싸우는 장면을 연출하거나 혹은 한 인형은 아빠가 되고, 다른 인형은 엄마가 되어서 역할놀이를 할 수 있다. 이때 가족들이 아동의 이러한 역할놀이를 자연스럽게 인정해 주거나 지지해 주면 아동의 주도성이 발달하지만, 가족이 놀리거나 혹은 하지 못하게 하면 죄책감을 가질 수 있다. 죄책감은 아동이 이성의 부모에게 사랑을 받고 싶어 하거나 이성의 부모를 사랑하려는 욕구에 대해 부모가 언어적으로나 신체적으로 과도한 벌을 주기 때문에 생긴다. 이 시기는 프로이트가 주장한 남근기의 오이디푸스나 엘렉트라 콤플렉스와 같은 발달 위기의 특성을 내포하고 있다.

이러한 주도성의 발달 정도는 후에 성인이 되었을 때, 생산적인 경제 활동을 하는 것에도 영향을 미치며, 이 단계에서 주도성이 성공적으로 발달하면 아동은 '목표 지향적' 행동 특성을 나타낸다(이훈구 역, 1998, p. 155). 따라서 이 시기의 과업을 성취하면 '목적(purpose)'이라는 자아 특성이 나타나게 된다.

(4) 학령기: 근면성 대 열등감-유능감

에릭슨의 심리사회이론의 네 번째 단계인 학령기는 약 6세에서 11세에 해당되며, 프로이트의 잠재기(latency period)와 유사하다. 이 단계에 나타나는 성격 특성은 '근면성 대 열등감(industry vs. inferiority)' 이다. 이 시기의 아동은 사회 활동에 필요한 교육(예: 읽기, 쓰기, 조직화된 활동에서 타인과 협동하기 등)을 받기 시작한다. 그리하여 이때는 잘 정해진 규칙에 순응해야 하는 '자기 차례 지키기(take-turn)' 에 참여하는 것이 가능하다. 또 이성의 부모에 대한 사랑과 동성의 부모에 대한 경쟁의식은 배움에 대한 욕구와 생산성의 욕구로 대체되어 나타난다(이훈구 역, 1998, p. 157).

보통 이 시기의 남자아이들은 나무집을 만들거나 모형 비행기를 만들고, 여자아이들은 요리를 하거나 바느질을 배우는데, 이러한 작업은 주의집중, 부지런함, 끈기 등이 요구된다. 학교를 다니게 되면서 아동은 근면성을 배운다. 근면성이란 단순히 어떤 일을 행하는 것이 아니라 모든 사람이 가치 있게 여기는 일을 행하는 것이다. 학교 경험을 통해서 사회적인 역할과 근면성을 배우는데, 근면성은 그들의 행동이 사회집단에서 수용되는가에 의해서 결정된다(김교헌 역, 2012, p. 357).

이 시기는 아동이 학교를 다니는 시기로서 아동이 노력한 행동에 대해 교사의 적절한 반응이 중요하다. 만약 자신의 행동에 대해 조롱이나 야단 그리고 거절 등을 당하면 아동은 자신을 부족한 존재로 인식하는 열등감이 발달한다. 이러한 열등감은 다른 아동들과 경쟁하는 과정에서도 경험할 수 있다. 예를 들어, 초등학생의 경우 자신이 그린 그림이 학급 게시판에 게시가 되거나 혹은 시험을 봤는데 좋은 점수를 받았다면 근면성이 생겨서 더욱 열심히 그림을 그리거나 공부를 하는 반면에, 자신의 그림이 게시되지 않거나 성적이 좋지 않으면 열등감을 느낄 수 있다. 아동기에는 근면성과 열등감의 적절한 균형을 통해서 세상에 나가 성공할 수 있다는 '유능감(competence)'이라는 자아 특성이 형성된다.

(5) 청소년기: 자아정체감 대 역할 혼미-충실성

에릭슨의 심리사회이론의 다섯 번째 단계인 청소년기는 약 12세부터 19세까지에 해당한다. 이 단계에 나타나는 성격 특성은 '자아정체감 대 역할 혼미(ego identity vs. identity confusion)'다. 청소년기는 급격한 신체 변화와 함께 자신이 누구인가에 대한 자아정체성을 확립해야 하는 시기다. 어린이도 아니고 어른도 아닌 청소년은 여러 가지 역할 변화를 겪게 된다. 특히 남들이 자신을 어떻게 생각하는지에 대해 관심이 많다. 자신이 어떤 사람인지에 대해 정확하게 지각한다는 것은 매우 어려운 작업이다. 자신에 대한 정체감은 스스로에 대해 일관성 있게 지각하고, 다른 사람에게도 자신이 긍정적으로 인식될 수 있다는 확신이 있어야 한다.

이 시기의 청소년에게는 같이 어울리는 친구 관계가 가장 중요하다. 친구들뿐만 아니라 동일시하는 사회집단이 자아정체감 형성에 영향을 미친다. 예를 들면, 이 시기의 청소년은 자신이 어떤 사람이고, 자신이 살아가는 목적은 무엇이며, 앞으로 무엇을 하고 살아갈 것인가 등을 고민하게 되는데, 이러한 고민 끝에 자신이 어떤 잠재력을 가지고 있으며, 자신이 어떤 사람으로 살아가고 싶은지 등에 대한 생각이 정립되면 자아정체감이 형성된다. 하지만 '친구 따라 강남 간다.'라는 속담처럼 인기가수가 되겠다는 친구를 따라 학교를 그만두고 학원을 다니기도 한다. 또한 유명한 운동선수처럼 되고 싶어서 운동을 시작하거나, 심지어는 어떤 연예인을 너무 좋아한 나머지 그 사람의 얼굴과 똑같이 성형수술을 해 달라고 요청하기도 한다. 이들은 자신이 무엇을 잘하는지 그리고 어떤 사람이 되고 싶은지 등에 대한 정체감이 확실하지 않기 때문에 정체감 위기나 역할 혼미에 빠진 것으로 볼 수 있다.

이 시기에 자아정체감을 적절히 형성하면 성실성, 즉 '충실성(fidelity)'이라는 자아 특성이 생겨난다. 이 충실성은 주위 상황이 자신의 생각에 맞지 않고 모순되는 면이 있어도 스스로 약속한 것을 성실하게 지키려는 능력이라고 볼 수 있다.

(6) 성인 초기: 친밀감 대 고립감-사랑

에릭슨의 심리사회이론의 여섯 번째 단계인 성인 초기는 대략 20~24세로, 청소년기 후반부터 성인기 초기에 해당된다. 이 단계에 나타나는 성격 특성은 '친밀감 대 고

립감(intimacy vs. isolation)'이다. 성인 초기는 프로이트의 성격발달 5단계 이론을 확대하여 추가된 단계로서 에릭슨은 성인기의 연구에 많은 관심을 기울였다. 이 시기는 인간이 타인과의 관계에서 성적인 친밀감과 사회적인 친밀감을 갖게 되는 시기다.

이 시기는 이성과의 관계가 중요하다. 에릭슨은 이성과의 관계를 적절히 잘 맺을 때 친밀감이 형성된다고 하였다. 친밀감이란 누군가에게 헌신하는 느낌을 가지고, 그 사람과 가깝고 따뜻한 관계를 맺는 것이다(김교헌 역, 2012, p. 360). 에릭슨은 친밀감이란 단순히 성적인 것 이상을 포함하고 있다고 보았기 때문에 친구 간이나 넓은 의미에서 다른 사람들과의 관계가 이에 해당된다(이훈구 역, 1998, p. 163). 예를 들면, 애인과 사랑에 빠지면 자신이 가진 모든 것을 다 주어도 아깝지 않을 뿐만 아니라 부모의 반대나 나이 차이 등의 어떤 어려움도 문제가 되지 않을 수 있다. 이러한 친밀감은 성공적인 결혼에 꼭 필요하다. 이성과 친밀한 관계를 맺은 사람은 친구나 다른 사람들과의 관계에서도 친밀한 관계를 유지할 가능성이 높다.

친밀감을 형성하지 못하게 되면 타인에게서 떨어져 있다는 느낌과 그들에게 헌신할 수는 없다는 느낌에 해당하는 고립감이나 소외감에 빠지게 된다. 이들은 다른 사람들과의 접촉을 피하며, 자신의 자아를 위협하는 것으로 생각하는 사람들을 공격하거나 다른 사람과 함께 있는 것을 거부한다(노안영 공저, 2013, p. 228). 자신에 대한 정체감이 확립되지 않으면 타인과의 관계에서 진정한 친밀감이 형성되기 어렵다. 즉, 다른 사람과 친밀해지려면 자신이 누구인지에 대한 확고한 정체감이 발달해 있어야 한다는 것이다. 이 단계에서 친밀감을 성취한 사람은 '사랑(love)'이라는 자아 특성을 나타낸다.

(7) 성인 중기: 생산성 대 침체-배려

에릭슨의 심리사회이론의 일곱 번째 단계인 성인 중기는 대략 25세에서 64세로, 중년기에 해당된다. 이 단계에서 나타나는 성격 특성은 '생산성 대 침체(generativity vs. stagnation)'다.

이 시기는 직장이나 일터에서 일을 하는 시기인 만큼 직장 동료들과의 관계가 중요하다. 직장 동료들과 원만한 관계를 맺으면서 주어진 일을 잘 수행할 때 생산성을 성취하게 된다. 생산성이란 개인이 다음 세대를 키우고 지도하는 것뿐만 아니라 다음 세대를 위한 창조적이고 생산적인 활동을 의미한다. 예를 들면, 성인이 되어서 결혼하여 자녀를 낳아 기르는 부모의 역할뿐만 아니라 창의적인 아이디어를 내거나 생산품을 제조하거나 책을 집필하거나 예술 작업을 하는 것 등이 이에 해당한다.

생산성에 관심이 없는 사람은 자신만의 관심사에 마음을 빼앗긴다. 그들은 스스로 주위 세계에 관여하지 않고, 자기중심적 또는 자기 탐닉적이 되고, 아무것도 생산해 내지 못하는 침체를 보이는 특성이 있다(김교헌 역, 2012, p. 363). 또한 생산성이 결여되면 사회의 일원으로서의 기능을 하지 못하고, 삶의 모든 면에서 의욕을 잃어버리게 된다. 이것이 바로 우리가 잘 아는 '중년기 위기'인 인생이 허무하고 무의미하다는 느낌이다. 생산성의 발달을 통해서 획득되는 자아 특성은 '배려(care)'다. 배려는 무엇인가 또는 누군가에게 문제가 있다는 것을 알아채는 능력이다(이훈구 역, 1998, p. 165). 이와 같은 자아 특성을 획득하려면 주위에 대한 관심이 있어야 한다.

(8) 노년기: 자아 통합 대 절망감-지혜

이 단계는 에릭슨의 심리사회이론의 마지막 단계로서 65세 이후의 성인 후기부터 사망할 때까지의 노년기에 해당된다. 이 단계에서 나타나는 성격 특성은 '자아 통합 대 절망(ego integrity vs. despair)'이다. 이 단계는 어떠한 위기가 출현되기보다는 유아기에서 성인 중기까지 진행된 자아발달을 통합한다.

따라서 이 시기는 태어나서 죽을 때까지의 모든 인간관계가 중요하다. 이 시기에는 여러 가지 환경 변화에 대한 적응이 요구된다. 예를 들면, 체력과 건강의 악화, 퇴직과 수입의 감소, 배우자와 친한 친구의 죽음이라는 변화에 적응해야 한다. 특히 이 시기에는 개인의 관심이 미래보다 과거로 옮겨 간다. 이러한 관심의 변화는 사람들이 뒤를 돌아보며 그들이 선택했던 것을 검토해 보고 자기의 성취 또는 실패와 자신의 인생에서의 전환점에 대해 깊이 생각해 보게 한다. 만약 자신의 인생에 대한 회고에서 그동안의 선택과 일을 수용하고 인생에 의미가 있었다는 느낌을 갖게 되면 자아 통합이 이루어진다(이훈구 역, 1998, p. 165). 하지만 자신의 인생을 돌아볼 때 만족감이 없고, 후회를 하게 되면 절망을 느끼게 된다. 그리고 이 절망감은 노인의 심리 건강에 해로운 영향을 미쳐 노인성 정신병이나 우울증 등의 부적응 증상을 초래할 수 있다. 이 시기에 자아 통합을 한 사람에게 나타나는 자아 특성으로는 '지혜(wisdom)'가 있다. 에릭슨은 노인기의 지혜가 인간에게 나타나는 진정으로 성숙한 의미로서의 지혜라고 하였다.

에릭슨의 심리사회적 발달 8단계를 〈표 5-1〉에 제시하였다.

• 표 5-1 • 에릭슨의 심리사회이론 8단계

단계	연령	프로이트	중요한 관계	생활 영역	과업 및 위기	덕목	심리사회적인 습득양식
영아기	0~1세	구강기	주 양육자 (모)	가정	신뢰/불신	희망	주고받기
유아기	2~3세	항문기	부모	가정	자율/수치	의지	취하고 보내기
학령 전기	4~5세	남근기	가족	가정	주도/죄책	목적	쫓기와 놀기
학령기	6~11세	잠복기	교사	학교	근면/열등	능력	완성하기와 합치기
청소년기	12~19세	성기기	친구	학교	정체감/ 역할 혼미	충실성	자신이 되기와 자기를 나누기
성인 초기	20~24세		이성 친구	사회	친밀/고립	사랑	서로 간에 자신을 잃고 다시 발견하기
성인 중기	25~64세		직장 동료	사회	생산/침체	배려	새로운 존재를 만들고 돌보기
노년기	65세 이후		모든 관계	가정, 학교, 사회	자아 통합/ 절망	지혜	실존하기와 죽음에 대비하기

3. 핵심 개념 및 도식화

심리사회이론에서 주요하게 다루어지는 핵심 개념에는 점성설의 원리, 과업과 위기, 정체감 등이 있다.

1) 점성설의 원리

에릭슨은 인간의 생리적인 성숙이나 발달은 점성설의 원리에 따른다고 하였다. '점성설(epigenesis)' 이란 용어는 의존(epi)과 유전(genetic)의 합성어로서 '발달은 유전에 의존한다.'는 의미다. 즉, 발달은 미리 예정된 단계대로 이루어진다는 것이다. 다시 말하면, 발달은 미리 정해진 순서대로 그리고 적절한 속도로 일어나는 선천적인 계획이며, 문화에 따라 내용이 다소 달라지기는 하지만 대체로 보편적인 양상을 보인다는 것이다(홍숙기 역, 2008, p. 105).

에릭슨은 인간의 심리적인 성장도 태아가 성장하는 방식으로 진행이 된다고 하였다. 각각의 연속된 단계의 출현을 앞 단계의 발달로 어느 정도 예측할 수 있다는 점에서 인간의 성격발달은 구조적으로 태아의 발달과 유사하다는 것이다. 신체의 각 기관은 성장과 발달의 결정적 시기가 존재하며, 미리 정해진 청사진에 따라 성장하고 발달한다(노안영 공저, 2013, p. 221). 예를 들면, 한 개인이 청소년기에 자아정체감을 잘 형성했을 때, 그 개인은 다음 단계인 성인 초기의 친밀감 대 고립감의 위기를 다루는 방향으로 이미 움직이고 있다는 것이다. 결국 점성설의 원리란 위기가 한 번에 그리고 영원히 해결되는 것이 아님을 의미한다(김교헌 역, 2012, p. 364). 즉, 인생주기의 연속된 모든 단계에서 각 단계가 우세하게 출현되는 결정적 시기가 있으며, 모든 단계가 계획대로 전개될 때 완전한 기능을 하는 성격이 형성됨을 뜻한다(이훈구 역, 1998, p. 148).

2) 과업과 위기

에릭슨은 심리사회적 발달의 각 단계마다 성취해야 할 중요한 '과업(tasks)'이 있다고 하였다. 그 과업의 성취 정도가 과도하거나 혹은 미흡하여 균형을 이루지 못하는 경우를 '위기(crisis)' 또는 '갈등'이라고 하였다. 각각의 8단계마다 과업과 위기를 만나는데, 과업과 위기를 적절히 해결해야 다음 단계의 과업을 순조롭게 해결할 수 있다는 것이다. 이러한 심리사회적 위기는 긍정적인 요소와 부정적인 요소를 다 갖고 있으며, 처음부터 과업이 적절하게 성취되면 긍정적인 요소들이 자아에 스며들어 건강한 성격발달이 이루어진다. 하지만 과업이 성취되지 않아 갈등이 계속되면 불신, 수치, 의심, 열등감 등이 자아에 통합된다(이훈구 역, 1998, p. 148). 그리고 다음 단계에 부정적인 영향을 미쳐 순조로운 발달이 방해를 받을 수 있다. 예를 들면, 심리사회적 발달의 첫 단계인 영아기에서의 과업과 위기는 신뢰감과 불신감이다. 이 단계에서 신뢰감만 과도하게 성취되거나 혹은 신뢰감이 전혀 성취되지 않는다면 다음 단계의 과업 성취에 방해가 된다는 것이다. 에릭슨은 각 발달단계에서의 위기가 반드시 인간에게 부정적인 영향만 주는 것이 아니라 인간을 성장시키는 긍정적인 측면을 같이 가지고 있다고 주장하였다. 두 가지의 과업과 위기가 적절한 균형, 즉 적응적인 방식이 더 많은 상태가 되었을 때 건강한 성격발달이 이루어질 수 있다.

3) 정체감

아이덴티티(identity)란 용어는 매우 추상적이다. 그리고 사용되는 문맥에 따라 여러 의미를 나타내기 때문에 한마디로 표현하기 어렵다. 흔히 우리말로 번역하여 사용할 때에는 '정체감'이라고 불린다. 에릭슨이 '아이덴티티'란 용어를 공식적으로 처음 사용한 것은 1940년 「유아기와 아동기 초기의 문제들(Problems of Infancy and Early Childhood)」이란 논문이었다. '정체감(identity)'이란 말은 라틴어의 'identitas'에서 유래된 것으로 '전적으로 동일하다.' '그 사람과 틀림없는 본인이다.' '그것의 자기 자신' '정체(正體)' 등의 의미를 포함하고 있다.

에릭슨이 주장한 정체감이란 개념은 개인 내적인 측면에서는 '자아'나 '자기'와 같이 사용되고, 다른 한편으로는 '민족의 정체감'으로도 사용되기 때문에 조금 더 포괄적인 측면에서 이해해야 한다(박아청, 2010, p. 94). 자아가 본래 갖고 있는 에너지인 유능감은 자율성과 자발성을 가지고 있다. 예를 들면, 자아에는 "나에게는 이런 힘이 있다." "나는 이런 많은 사람에게 영향을 줄 수 있는 능력이 있다."와 같은 자신감이나 자존감이 포함되어 있기 때문에 이것 자체가 원초적인 자기정의(self-definition), 즉 정체감이라고 말할 수 있다. 하지만 정체감이라고 하는 말은 보다 폭넓게 기대되는 자기, 자기 자신이 자기이기를 바라는 자기, 현재 하나로 동일시하고 있는 인간상을 자기의 개성에 맞도록 통합해 가는 힘 등을 포함하고 있다(박아청, 2010, p. 75). 결국 정체감이란 개념은 자아나 자기보다는 좀 더 포괄적인 의미를 가지고 있음을 알 수 있다.

정체감이란 '나'가 나인 것을 무엇보다도 확실히 하고, 동시에 다른 한편으로는 '나'는 타인에게 인정됨으로써 비로소 '나'라고 하는 이중 구조의 표현을 가지고 있다. 즉, 나 스스로 나라고 하는 존재 양식과 타인과의 관계 속에서의 존재 양식의 이중 구조를 가리키는 말이기도 하다(박아청, 2010, p. 104). 한 개인이 가진 내적인 측면의 정체감에 대한 예로, 부모의 기대나 요구에 따라 의대에 진학한 대학생이 있다고 하자. 이 학생은 자신이 무엇을 잘하는지 또는 자신이 진정으로 원하는 것이 무엇인지 알지 못하고 그냥 부모에게 인생의 중요한 결정을 맡겨 버린 것이다. 물론 의대가 적성에 맞아서 재미있게 학업을 마치고 의사로서의 삶을 살아가면 다행이지만, 그렇지 못한 경우에는 다시금 정체감에 대한 위기를 경험할 수 있다. 이처럼 청년기에서 개인 자신에 대한 정체감의 확립은 중요하다고 볼 수 있다. 사회적 상황에서 정체감의 예를 들면, 다음과 같다. 최근에 비정규직으로 일하는 사람이 급속도로 증가하고 있는 추세이며, 사회 문제가 되고 있다. 회사의 입장에서는 재정적인 문제 등 여러 이유가 있겠지만 비정규직은 직장에서 잠시 일하다가 떠날 사람이라는 생각에 정체감을 갖지 못하고 근무 의욕이 상실될 수 있다. 또한 그들은 정규직 사원들과 비교할 때 자존감이 낮을 수밖에 없으며, 회사를 그만 두어야 할 때가 가까워지면 새로운 직장을 찾기 위해 고민해야 한다.

4) 부적응의 원인

(1) 부적응의 원인

에릭슨의 심리사회이론에서는 자아가 환경과 적절한 상호작용을 하는 데 실패하여 발달단계별로 성취해야 할 발달과업을 이루지 못하고 위기에 빠질 때 부적응이 발생한다고 보았다. 대표적인 경우는 신뢰감이 잘 형성되지 않을 때, 정체감 확립이 실패할 때 그리고 자아 통합이 실패할 때 등이라고 하였다. 이를 살펴보면 다음과 같다.

첫째, 부적응과 심리적 증상은 신뢰감 형성이 제대로 되지 않았을 때 나타난다. 신뢰감이란 인생 초기 발달단계인 영아기에서 획득해야 할 과업으로 에릭슨은 신뢰감을 건강한 성격을 이루는 초석이라고 했을 만큼 신뢰감은 인간에게 중요하다고 보았다.

둘째, 정체감 확립이 제대로 되지 않으면 부적응을 초래한다. 청년기의 주요 과업인 정체감은 에릭슨의 이론에서 가장 중요시되는 개념으로서 자신이 어떤 사람인지에 대한 내적인 확신이다. 자신에 대한 확신이 서지 않으면 매사에 자신이 없고 주도적인 인생을 살아가기가 어려우며, 이로 인해 여러 부적응 증상이 나타난다는 것이다.

셋째, 심리사회적 발달의 마지막 단계인 노년기에 자아 통합이 제대로 이루어지지 않았을 경우에 부적응이 발생한다. 노년기는 자아의 발달보다는 자아의 통합이 이루어지는 단계다. 노년기에 자아가 통합되지 않으면 자신의 인생에 대한 후회나 실망 그리고 죽음에 대한 두려움으로 인하여 여러 부적응 증상이 나타난다.

(2) 부적응으로 나타나는 증상

에릭슨은 각 발달단계에서의 위기를 적절하게 해결하지 못하면 다음과 같은 부적응 증상이 나타난다고 설명하고 있다.

첫째, 인간이 세상과 만나는 가장 첫 단계인 영아기는 성격 형성에서 가장 중요한 시기이므로 이 단계에서 위기가 적절히 해결되지 못하면 불신감을 초래한다. 정신적인 증상으로는 영아에게 급성우울증이 나타나고, 성인에게는 편집증(paranoia)이 나타날 수 있다. 또한 타인에 대한 신뢰감이 충분히 형성되지 못하는 경우, 외부세계와 단절되고 자기만의 세계에 갇히기 때문에 후에 정신분열증과 같은 심각한 문제를 겪을 수도 있다.

둘째, 유아기에서 자율성을 충분히 획득하지 못한 유아는 실행에 옮기는 것을 주저하고 매사에 자신이 없어 자신의 의견을 주장하지 못한다. 이러한 이유로 유아는 도움을 계속 구하고, 타인이 자신을 위해 무언가 해 주기를 바라며, 어른이 되면 의존적 성격장애를 보이거나 강박적 행동을 나타내거나 피해망상과 같은 편집증을 나타낸다.

셋째, 학령 전기에서 주도성을 획득하지 못하면 죄의식을 가질 수 있다. 죄의식에 사로잡힌 아동은 체념과 자신에 대한 무가치감을 보인다. 이런 아동은 자신을 내세우는 데 두려워하고, 동료집단에 소속되지 못하고, 어른에게 심하게 의존한다. 이들은 목표를 수립하고 추구하려는 목적의식이나 용기가 부족하다. 지속적인 죄의식은 우울증, 회피성 성격장애, 불감증 등 여러 가지 정신병리로 발전할 수 있다.

넷째, 학령기에서 근면성을 성취하지 못하면 열등감을 갖게 된다. 이 시기의 아동은 학교를 다니면서 교육을 받는데, 그 과정에서 자신의 학습 수준이나 성적 등을 친구들과 비교하게 된다. 이때 자신이 친구들보다 못하다는 생각을 하면 열등감이나 무능력감을 느끼게 된다. 그 결과로 아동은 자신의 능력에 대한 자신감을 잃게 되고, 사회공포증이 나타날 수 있다.

다섯째, 청소년기에서 자아정체감을 확립하지 못하면 역할 혼미에 빠진다. 특히 적절한 성적 정체감을 발달시키지 못하면 '양성 혼란(bisexual diffusion)'을 초래하여 성적 정체감 장애가 나타날 수 있다. 갈등에 빠진 이 시기의 청소년은 심한 무력감, 절망감, 무가치감 등의 우울증을 경험할 수 있다.

여섯째, 성인 초기에 타인과의 친밀감을 형성하지 못하면 고립감에 빠지게 된다. 타인과의 친밀감을 원만하게 형성하려면 먼저 자신에 대한 정체감이 확립되어 있어야 한다. 자신에 대한 확신과 믿음을 타인에게서 찾으려고 일찍 결혼을 하는 경우에 불행한 결혼 생활을 할 수 있다. 친밀감을 형성하지 못하면 자기도취나 고립감을 경험한다. 이런 경우에 자기애성 성격이나 반사회적 성격이 나타나기도 한다.

일곱째, 성인 중기에 생산성을 성취하지 못하면 침체에 빠진다. 침체는 심리적 무관심(apathy)이라고도 할 수 있으며, 타인과 주변 환경에 아무런 관심을 보이지 않게 되고, 오로지 자신의 욕구만을 만족시키며 살아가는 것이다. 그런 사람은 대인관계에서 문제를 보이며, 사회공포증이나 회피성 혹은 분열성 성격장애 등을 보일 수 있다.

여덟째, 인생의 마지막 발달단계인 노년기에 개인은 자신이 살아온 삶을 돌아보며, 진정한 자아 통합을 이루어야 한다. 자신이 살아온 인생을 긍정적으로 받아들이지 못하면 후회와 슬픔에 빠지게 된다. 심할 경우 노인성 정신병(senile), 우울증(depression), 건강염려증(hypochondriasis)이 나타나며, 과대망상증을 초래할 수 있다(이훈구 역, 1998, p. 150-167).

5) 도식화

에릭슨의 심리사회이론의 주요 개념을 중심으로 도식화하면 [그림 5-1]과 같다.

[그림 5-1]을 설명하면 다음과 같다.

첫째, 에릭슨은 점성설의 원리에 기초하여 인간의 성격발달을 8단계로 구분하였으며, 영아기로부터 시작하여 노년기까지의 전 생애에 걸친 발달단계를 제시하였다.

둘째, 에릭슨의 심리사회이론에서 자아는 성격 구조의 핵심으로, 생득적이며 일생 동안에 걸쳐 발달하고 자신의 인생을 창조해 가는 데 주체적인 역할을 한다. 즉, 자아는 각 단계에서 만나는 과업과 위기를 창조적으로 성취하고 해결해 나가는 역할을 한다.

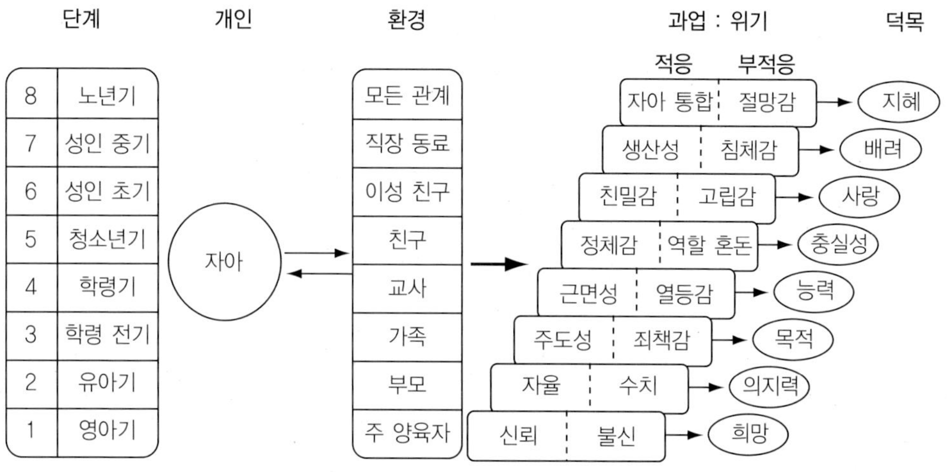

• 그림 5-1 • 에릭슨의 심리사회이론의 도식화

셋째, 에릭슨은 인간의 성격 형성과 발달이 한 개인의 자아와 그 개인이 처한 환경과의 상호작용에 의해 이루어진다고 보았다. 여기서 환경은 다양한 인간관계로 설명할 수 있다. 인간은 태어나서 성장함에 따라 가정에서 부모와 형제, 자매 등의 가족, 학교와 지역사회에서 교사, 친구와 이성 친구, 직장에서 상하급자와 동료 등을 만나면서 관계 영역을 넓혀 가는데, 이때 발달단계에 따라 주로 접하게 되는 관계가 다르다는 것이다.

넷째, 인간에게는 각 발달단계마다 과업과 위기가 주어진다. 과업을 적절하게 성취하면 적응을 잘하게 되고 자아 특성인 덕목이 나타난다. 하지만 과업 성취에 실패하고 위기에 빠지면 부적응 증상이 나타난다.

제3절 평 가

1. 성격 연구 및 적용

1) 성격 연구

에릭슨의 연구는 아동에서 청소년, 성인에 이르기까지 다양한 연령을 대상으로 이루어졌다. 뿐만 아니라 그는 다양한 지역을 대상으로 연구를 하였으며, 한 시대의 유명한 인물들을 추적하여 그 개인의 역사에 대하여 연구하면서 그의 이론적인 개념들을 밝히고자 하였다. 그중에서 대표적인 연구 사례는 다음과 같다.

(1) 심리역사학

심리역사학(psycho-history)은 역사적으로 위대한 인물들을 심층 연구하여 그들이 자신의 문제를 어떻게 처리해 가며, 동시에 세계사의 방향을 어떻게 바꾸어 가는지를 연구하는 것을 말한다. 에릭슨은 중요한 인물들을 심리 역사적으로 분석함으로써 시대적으로 중요한 역사적 사건들의 원인을 통찰할 수 있다고 하였다.

구체적인 심리 역사적 분석 방법을 살펴보면 다음과 같다. 먼저 위인들의 어린 시절의 외상(trauma)이 성인기에 어떻게 재연되는지를 탐색한다. 다음으로 성인기의 행동이 어떻게 사회를 변화시키는 쪽으로 전개되는지를 알아본다. 아울러 그 개인이 활약한 사회 및 시대에 대한 지식도 있어야 한다. 개인의 역사만으로는 불충분하고, 보다 큰 사회문화적 기반도 고려되어야 한다. 개인의 역동과 사회역사적인 맥락을 같이 고려하면 사건을 더 깊이 이해할 수 있다는 것이다(홍숙기 역, 2008, p. 125).

마하트마 간디

이에 대한 예로 에릭슨은 마하트마 간디(Mahatma Gandhi), 마틴 루터(Martin Luther), 아돌프 히틀러(Adolf Hitler), 버나드 쇼(George Bernard Shaw) 등과 같이 역사적으로 위대한 종교인이나 정치가들이 겪었던 삶의 위기와 위기 대처 방식을 분석하여 그 시대의 역사적 사건을 이해하고자 하였다.

(2) 놀이행동 연구

에릭슨에 의하면, 아동은 놀이를 통해 아동 자신의 관심과 선입견을 드러낸다. 에릭슨(1963)은 10~12세 사이의 아동이 보이는 놀이행동을 다음과 같이 연구하였다.

탁자 위에 특수한 장난감 장치를 설치하고, 그것을 사용하는 하나의 표준화된 놀이 상황을 고안했다. 아동은 그 탁자가 영화 스튜디오이고, 장난감은 배우와 소품이라고 상상하게 된다. 아동은 하나의 장면을 만들어 내고, 무슨 일이 일어나고 있는지를 표현한다. 예를 들면, 다양한 인형, 즉 아빠, 엄마, 아동, 아기 등이 제공되는데, 아동은 이런 인형들을 가지고 자신이 관심이 있는 등장인물을 선택하고, 놀이 상황을 구성한다(김교헌 역, 2012, p. 368). 이러한 놀이 상황은 아동이 모호한 자극에 대해 어떤 이야기를 부여하기 때문에 투사적인 특성이 있다.

(3) 문화에 따른 아동발달 비교 연구

에릭슨은 아동이 양육된 방식에 따라 보이는 성격 특성이 다르다는 것을 인디언 부족에 대한 실증적인 연구를 통하여 밝히고자 하였다. 그는 인디언 보호 구역 안에 있

는 사우스 다코타 주의 인디언 부족인 수(Sious) 족과 유록(Yurok) 족과 함께 생활하면서 체험을 통해 연구를 진행하였다. 연구 결과, 그는 그 시대의 역사적인 상황과 사회문화적인 환경 그리고 부모의 양육 방식이 개인의 성격 형성에 영향을 미친다는 자신의 주장을 확인하였다. 두 부족에 대한 연구는 다음과 같다.

첫째, 수 족은 다코타 족이라고도 부르는데, 그들은 고원에서 사슴이나 곰 등을 사냥하며 살아가는 소수 인디언 부족이었다. 수 족의 부모들은 아이들을 양육할 때, 배변 훈련이 허용적이며, 성적인 자위행위를 자연스럽게 수용하였다. 그들은 아이를 절대로 울리지 않으며, 아이가 젖을 먹고 싶어 할 때까지 먹였다. 또한 산모가 자신의 아이에게만 젖을 먹이지 않고 남의 아이가 배가 고파 울면 나누어 먹였다(송재훈 역, 2014, pp. 162-190).

둘째, 유록 족은 태평양 연안에 있는 강가에서 연어를 잡고, 도토리를 채집하며 살던 부족이다. 그 부족은 돈에 관심이 많았으며, 일찍이 조개껍질을 화폐로 사용하였다. 이들은 아동에게 배변 훈련을 엄격하게 하였으며, 식사 예절도 철저했고, 음식을 먹을 때도 부자가 되는 생각을 해야만 했다. 또한 자연의 혜택을 제공한 신의 노여움을 사지 않도록 겸손과 정결을 교육받았다. 심지어 아이들에게 들려주는 우화도 자제력과 청결에 대한 내용이 주를 이루고 있다. 예를 들면, 탐욕스러운 뱀장어는 도박의 판돈으로 자신의 뼈를 내어 주게 되었고, 대머리 독수리의 머리가 벗겨진 것은 식사 시간에 호들갑을 떨다가 뜨거운 수프에 머리를 처박았기 때문이라는 식이다(송재훈 역, 2014, pp. 204-218).

앞에 제시한 두 부족의 아동에게서 나타나는 특성을 비교해 보면, 수 족의 아동은 자제력이나 도덕성, 경쟁심이 부족하고, 공격성과 허용적 태도 및 나눔의 미덕을 가지고 있었다. 이와는 반대로 유록 족의 아동은 자제력과 도덕성 및 경쟁심이 높았으며, 경제논리가 우선시되어 소유욕이 강하였다. 후에 수 족의 아동은 백인 문명에 통합되었을 때, 경쟁심과 도덕성이 요구되는 문화에 혼란스러워하며 무기력해하고 모든 일에 무관심했다. 두 부족의 아동들 사이에서 나타난 성격 차이는 그들의 지역적 특성, 직업, 문화, 가치관 그리고 양육 방식 등에서의 차이 때문으로 볼 수 있다.

(4) 성인발달 연구

에릭슨의 심리사회이론에서 강조하는 성인발달에 대한 연구가 레빈슨 등(Levinson, 1978)에 의해 이루어졌다. 이들의 성인발달 연구는 에릭슨의 심리사회이론을 지지해 주며, 특히 5단계인 청소년기와 6단계인 성인 초기의 발달적 특징을 잘 보여 주고 있다. 이들의 연구 방법 및 결과는 다음과 같다.

35~45세의 성인 남자 40명을 대상으로 연구하였다. 이들은 다양한 직업, 민족, 인종, 교육 및 사회계층의 집단에 속하였다. 결혼 생활, 종교적 관심, 여가 활동, 사랑하는 이의 죽음에 대한 반응 등에 대하여 가능한 많은 정보를 수집하고, 2년 후에 추가 면접을 실시하였다. 연구 결과, 첫째, 성인의 발달에는 나이와 연관된 단계가 있는데, 어떠한 선택을 내리는가와 그 선택의 결과에 어떻게 대처하는가에서 생애의 단계를 알 수 있다고 하였다. 중요한 선택은 직업, 결혼과 가정, 친구, 여가 그리고 정치, 종교, 사회 영역에서의 활동 등이다. 둘째는 성인의 발달에 과도기가 있는데, 첫 번째 과도기는 정체감을 형성하는 시기이며, 두 번째 과도기는 중년으로 들어서는 시기로서 시간이 한정되어 있으며, 자신의 꿈이 실현되기 어려울 수 있다는 것을 깨닫기 시작한다(홍숙기 역, 2008, p. 131).

(5) 남녀 간의 성 차이 연구

에릭슨(1963)은 소년과 소녀들이 놀이 장면을 구성하는 연구를 통해 남성과 여성 간에 분명한 성 차이가 있음을 밝혔다. 놀이 장면을 구성할 때, 일반적으로 소년들은 벽돌로 큰 건축물을 세우는 반면에, 소녀들은 테이블을 집의 내부로 사용하여 가구를 두고 사람들이 살도록 꾸몄으며, 소녀들은 벽돌을 벽이나 집의 뼈대를 만드는 데 사용하지 않았다. 소년들의 놀이 장면에는 주로 거리의 교통, 움직이는 차량과 동물, 인디언 등을 제지하는 경찰관 같은 것들이 포함되었다. 즉, 놀이 상황에서 소년들은 외부 공간에, 소녀들은 내부 공간에 집중한다는 것이다(이상로, 공역, 1997, p. 109). 에릭슨은 이러한 남녀 간의 성차는 생리적 차이에 기인한다고 보면서 '신체 구조는 운명' 이라고 하였는데, 이것은 후에 여권 신장 운동가들의 비판을 받았다.

2) 평가 기법

(1) 자아정체감검사

에릭슨은 성격평가를 위해 심리검사 도구를 직접 사용하지는 않았지만, 에릭슨의 이론에 바탕을 둔 몇 가지 검사도구가 개발되었다. 그중 대표적인 것으로 디간(Dignan, 1965)이 개발한 자아정체감척도(The Ego-Identity Scale)가 있다. 이 척도를 서봉연(1975)이 우리나라 실정에 맞게 번안한 것을 〈표 5-2〉에 제시하였다. 이 척도는 안정성, 목표 지향성, 독특성, 대인 역할 기대, 자기수용, 자기주장, 자기존재 의식, 대인 관계 등의 8개의 하위 요인으로 구성되어 있다. 4점 리커트 척도로, 점수가 높을수록 자아정체감이 잘 발달되었다고 볼 수 있다. 이 척도는 총 64문항인데, 20개 문항을 예시로 제시하면 〈표 5-2〉와 같다.

• 표 5-2 • 자아정체감척도 *역채점 문항

번 호	내 용
1	장래의 나는 현재의 나와 별로 다르지 않을 것이다.
2	나는 지금의 나에 대해서 아무런 유감이 없다.
3	나는 내가 보는 나와 남들이 보는 내가 아주 비슷하다고 믿는다.
4	남의 눈에 띄지 않고 군중 속에 파묻혀 안정되는 것이 마음 편하다.*
5	반대를 무릅쓰고 싸우는 것보다 원칙을 포기하는 것이 더 쉬운 일이다.*
6	나는 대개 선생님들이 나에게 기대하는 바를 잘 알고 있다.
7	대부분의 사람은 나의 있는 그대로를 알아 준다.
8	나는 나 자신을 정말 잘 안다.
9	우리 부모는 나를 어린애로 취급한다.*
10	내가 여자(남자)라는 것이 나에게 아무런 문제가 되지 않는다.
11	내 인생관은 언제나 동일하다.
12	남들이 할 수 있는 많은 것을 내가 할 수 없다고 해서 속상하지는 않다.
13	나는 나날이 달라져 간다.*
14	나는 항상 목표를 정해 놓고 행동한다.
15	나는 선생님들 앞에서는 나의 진정한 모습을 보일 수가 없다.*
16	남들이 나에게서 깊은 인상을 받는 것은 나의 강한 소신 때문이다.
17	이따금 내가 나 자신이 아니라는 생각이 순간적으로 머리를 스친다.*
18	나는 처음 보는 사람과는 별로 얘기를 많이 하지 않는다.*
19	때때로 나는 전혀 나답지 않은 일을 한다.*
20	나는 많은 사람 틈에 있으면 나 자신을 잃어버린다.*

출처: 박종환, 2001, p. 23.

(2) 사회균형척도

에릭슨은 인간의 성격발달에서 사회적인 상황과의 상호작용을 강조하였다. 도미노와 아폰수(Domino & Affonso, 1990)는 개인의 심리사회적 발달 정도를 측정하기 위하여 사회균형척도(Inventory of Social Balance: ISB)를 개발하였다. 이 척도는 각 단계에서 갈등을 해결한 정도를 측정하며, 5점 척도로 '매우 그렇지 않다.' 에서 '매우 그렇다.' 로 구성된다. 사회균형척도는 〈표 5-3〉과 같다.

• 표 5-3 • 사회균형척도

발달과업	문 항
신 뢰	나는 다른 사람에게 의지할 수 있다.
자 율	나는 잘할 수 있다.
주 도	문제가 생기면 나는 다양한 해결책을 제시할 수 있다.
근 면	나는 일을 정말 열심히 한다.
정 체	일반적으로 나는 내가 인생에서 원하는 것들을 한다.
친 밀	나는 몇몇 사람과는 매우 가까운 관계다.
생 산	나는 아이들이 새로운 기술을 배우는 것을 보면 즐겁다.
자아 통합	나는 인생을 잘 살았다.

출처: 이수연 공저, 2013, p. 139.

2. 공헌점 및 한계점

1) 공헌점

첫째, 에릭슨은 인간의 성격발달이 전 생애에 걸쳐 이루어진다는 것을 밝히려고 노력하였다. 그는 프로이트의 심리성적 발달 5단계를 확장하여, 출생부터 죽음에 이르기까지의 전 생애에 걸친 심리사회적 발달 8단계를 제안하였다. 이것은 평생주기론이라고 하는데, 프로이트와는 다르게 그는 특히 청년기와 성인기를 강조하였고, 노년기에 관심을 기울이게 하였다는 점이 주목할 만하다.

둘째, 에릭슨은 인간의 성격 형성에 미치는 영향을 한 개인의 내적 요인뿐만 아니라 문화, 사회, 역사 등의 사회적인 상황에까지 확장하였다. 즉, 개인은 단계별 발달에서 그 개인이 속한 조직이나 사회와의 관계 속에서 해결해야 할 과업이 있고, 또 그 과업의 적절한 성취를 통하여 성장한다고 보았다.

셋째, 에릭슨의 심리사회이론은 자아의 기능과 역할을 강조하였다. 프로이트의 정신분석이론에서 자아는 이드와 초자아의 갈등을 중재하는 역할이다. 하지만 에릭슨의 심리사회이론에서의 자아는 환경에 적응하는 차원을 넘어서서 환경과 상호작용하는 역할을 한다. 즉, 인간이 성장하면서 접하는 사회적인 관계 속에서 자아도 같이 발달한다는 것이다.

넷째, 에릭슨의 이론에서 주장한 주요 개념은 오늘날 보편적으로 사용될 만큼 일반화되었다. 예를 들면, 발달단계 중에서 청년기의 정체감이나 정체감 위기 그리고 역할혼미 등과 같은 개념은 청년기를 표현할 때 일반적으로 사용되고 있다. 이러한 그의 정체감이론은 윤리학, 역사학, 문학, 정치학, 사회과학 등의 여러 영역에 응용되고 있다

(박아청, 2010, p. 14).

넷째, 에릭슨의 심리사회이론은 자아심리학의 발전에 기여하였다. 기존의 정신분석적 관점에서는 자아를 이드와 초자아의 갈등을 조정하는 중재자로서의 역할에 국한하여 설명하였다. 하지만 에릭슨은 자아의 자율적 기능을 강조하며, 자아는 개인의 인생을 적극적으로 창조해 나가는 주체적인 역할을 수행한다고 주장하였다. 또한 자아가 사회적 환경과 어떻게 접촉하여 성격발달이 이루어지는가를 구체적으로 설명해 주었다.

다섯째, 에릭슨의 이론은 사회심리학이 발전하는 시발점이 되었다. 그는 인간의 성장은 태어나서 접하게 되는 사회 환경과의 관계 속에서 이루어지기 때문에 환경이 중요하다고 하였다. 에릭슨의 심리사회이론은 개인의 무의식에 초점을 둔 정신분석적인 관점을 토대로 하고 있지만 개인 내적인 측면을 넘어서서 외적인 사회와의 관계나 상황, 즉 환경적 측면으로까지 확장하여 인간을 이해하도록 도왔다.

여섯째, 에릭슨의 심리사회이론은 발달심리학 분야의 활성화에 크게 기여하였다. 그는 프로이트의 심리성적 발달 5단계를 확대하여 심리사회적 발달 8단계로 설명하였다. 정신분석이론을 비롯한 기존의 인간발달 연구에서는 인간의 발달을 생애 초기, 즉 아동기에 국한하여 설명하려는 경향이 있었다. 하지만 심리사회이론은 인간의 성격발달을 출생부터 노년기까지 확대하여 인간의 전 생애에 걸친 발달을 연구하는 데 기여하였다.

2) 한계점

첫째, 에릭슨은 자신의 심리사회이론에서 주장하는 심리사회적 발달단계의 원인과 발달 과정에 대한 설명이 명확하지 않으며, 발달단계 설정에 과학적인 근거가 없다는 비판을 받고 있다. 그의 연구에서 주된 연구 방법은 개인의 사례사, 즉 개인의 생활에 대한 관찰을 통하여 진행되었다. 물론 다양한 사례는 나름의 규칙이 있었지만, 연구가 과학적이고 객관적으로 이루어졌다기보다는 주관적으로 이루어졌다.

둘째, 에릭슨은 인간의 성격발달단계를 프로이트의 심리성적 발달과 무리하게 연결하고 있다. 특히 에릭슨은 자아의 기능적인 측면을 강조하고 있으면서도 각 단계에서 프로이트가 주장한 성적인 신체 부위와 연결하여 설명하고 있다. 또한 청년기 이전의 발달단계, 즉 영아기는 구강기와, 유아기는 항문기와, 학령 전기는 남근기와 유사하다는 비판을 받고 있다.

셋째, 에릭슨의 이론에서 다루어지는 주요 개념에 대한 실증적인 연구가 많지 않다. 물론 정체감과 같은 개념은 다수의 연구를 통하여 검증이 이루어졌으나, 각 발달단계에서의 과업이나 위기, 자아 특성 등의 개념은 여러 연구를 통해 검증되지 않았다는 한계가 있다.

넷째, 에릭슨의 이론은 과도한 낙관주의라는 비판을 받는다. 그는 인간의 발달단계를 8단계로 제시하며, 각 단계마다 만나는 개인적 혹은 사회적인 위기가 있다고 하였다. 그리고 그 위기는 더 나은 성장을 위한 기회로 작용한다고 주장하였다. 이는 에릭슨이 인간은 어떠한 위험 상황이라도 이겨 낼 수 있는 능력을 가지고 있다고 본 것으로, 지나치게 낙관론적이라는 지적을 받는다.

3. 정신분석이론과 심리사회이론의 비교

프로이트의 정신분석이론을 확장한 에릭슨의 심리사회이론은 프로이트의 이론과 공통점이 있지만, 여러 측면에서 차이점이 있다. 프로이트의 정신분석이론과 에릭슨의 심리사회이론을 몇 가지 측면에서 비교하면 〈표 5-4〉와 같다.

〈표 5-4〉를 설명하면, 프로이트의 정신분석이론과 에릭슨의 심리사회이론은 인간의 발달을 단계이론으로 제시, 자아에 대한 분석, 아동의 초기 경험을 중시하였다는 점에서는 공통점이 있다. 하지만 두 이론은 다음과 같은 차이점이 있다.

첫째, 인간의 본성을 바라보는 관점에서 프로이트의 정신분석이론은 인간을 부정적이며 유전의 영향을 받는 존재로 보고 있는 반면에, 에릭슨의 심리사회이론은 인간을 긍정적이며 환경의 영향을 받는 존재로 보았다. 하지만 인간의 행동이 어릴 때의 경험

• 표 5-4 • 정신분석이론과 심리사회이론의 비교

구분	정신분석이론	심리사회이론
인간관	비관론, 유전론, 결정론, 전체론	낙관론, 환경론, 결정론, 전체론
성격의 중심	이드(id)	자율적 자아(ego)
성격발달단계	심리성적 발달 5단계	심리사회적 발달 8단계
성격발달의 원리	리비도의 위치	적절한 과업 성취 여부
성격 변화	성격 변화가 어려우며, 5세까지의 경험에 의해 성격이 결정	성격 변화가 가능하며, 전 생애에 걸친 성격발달
연구 대상	환자 대상, 치료에 관심	정상인 대상, 건강한 성격에 관심
부적응의 원인	각 발달단계에 고착, 억압, 외상, 불균형	각 발달단계에서 부적절한 과업 성취
치료 기법	무의식의 의식화를 위한 자유연상, 꿈 분석	의식 수준의 자아와 사회적 경험 분석

이나 양육 환경에 의해 결정된다고 보는 관점과 인간을 전체적인 측면에서 이해하여야 한다는 입장에서는 의견을 같이 한다.

둘째, 프로이트의 정신분석이론은 성격의 중심과 인간 행동의 원천을 이드로 보았다. 하지만 에릭슨의 심리사회이론에서는 이드보다는 자아를 강조하여, 자아의 발달과 기능에 초점을 두었다.

셋째, 프로이트의 정신분석이론은 심리성적 발달 5단계를 제시하였으며, 초기 아동기의 경험에 치중하고 남근기 이후에 발달에는 큰 관심을 두지 않았다. 그리고 리비도, 즉 성 본능이 몰려 있는 신체 부위인 성감대가 달라짐에 따라 인간의 성격이 발달한다고 하였다. 이와는 다르게 에릭슨의 심리사회이론은 심리사회적 발달 8단계를 제시하였으며, 출생부터 노년기까지 전 생애를 통하여 성격이 발달한다고 하였다. 그리고 각 발달단계에서 개인적 · 사회적으로 주어지는 과업을 성취하는지의 여부에 관심을 기울였다.

넷째, 프로이트의 정신분석이론에서는 인간의 성격이 변화하기 어렵고, 출생부터 5세까지 거의 완성된다고 본 반면에, 에릭슨의 심리사회이론에서는 인간의 성격이 변화할 수 있으며, 전 생애에 걸쳐 성격발달이 이루어진다고 보았다.

다섯째, 프로이트의 정신분석이론에서는 환자들을 대상으로 이들을 치료하는 데 초점을 두고 있으나, 에릭슨의 심리사회이론에서는 정상인을 대상으로 건강한 성격을 형성하는 데 초점을 두고 있다.

여섯째, 부적응을 일으키는 주된 원인을 프로이트의 정신분석이론에서는 각 발달단계에서의 고착이나 성욕의 억압, 심리적인 외상 그리고 성격 구조의 불균형으로 보았다. 하지만 에릭슨의 심리사회이론에서는 발달단계마다 해결해야 할 과업을 적절히 성취하지 못하고 위기에 빠지는 것으로 보았다.

일곱째, 프로이트의 정신분석이론에서는 무의식 속에 내재되어 있는 이드를 분석하기 위해서 자유연상과 꿈의 분석에 관심을 두고 있는 반면에, 에릭슨의 심리사회이론에서는 의식 수준에 있는 자아와 사회적 환경과의 상호작용을 분석하는 데 관심을 두고 있다.

요 약

1. 심리사회이론의 출현 배경은 에릭슨이 살던 지역에 대한 독일과 덴마크의 영토 분쟁과 청소년기에 제1차 세계대전을 겪으면서 독일에 대한 충성심과 덴마크인으로서의 정체감 사이에서 혼란했던 경험 그리고 그 당시 미국에서 일어났던 아동 존중 운동 등이다.
2. 에릭슨에게 영향을 미친 이론은 프로이트의 정신분석이론, 발생학의 점성 원칙, 자아심리학, 문화인류학, 대상관계이론 등이다.
3. 에릭슨의 인간관은 낙관론, 환경론, 결정론 그리고 전체론적인 관점이다.
4. 인간의 성격을 자아와 환경의 상호작용에 따른 발달단계별 과업을 성취하는 과정에서 형성되는 특성으로 보고 있다. 성격은 자아로 구성되어 있으며, 각 발달단계에 따라 출현하는 자아의 특성(quality)을 중시한다. 그리고 성격의 발달은 자아와 환경의 상호작용을 통해 이루어지며, 인간의 생활주기에 맞추어 심리사회적 발달 8단계를 제시하고 있다.
5. 핵심 개념에는 점성설의 원리, 위기과업, 심리사회 발달 8단계, 정체감 등이 있다.
6. 부적응은 자아가 환경과 상호작용을 통해 발달단계별로 성취해야 할 과업을 달성하지 못하고 위기에 빠질 때 발생한다.
7. 성격 연구는 집단과 문화 비교 연구를 주로 하였으며, 심리역사학, 놀이행동 연구, 문화에 따른 아동발달 비교 연구, 성인발달 연구, 남·여 간의 성 차이 비교 연구 등이 있다. 성격평가 기법에는 자아정체감검사와 사회균형척도가 있다.
8. 공헌점은 인간의 발달을 전 생애적인 발달로 확대하여 발달심리학 분야에 기여하였다는 것이다. 또한 인간의 성격에 사회적 요인의 중요성을 강조하였고, 자아의 기능과 역할을 중시하여 자아심리학의 발전에 기여했다.
9. 비판점은 심리사회적 발달단계에 따른 원인과 발달 과정에 대한 설명이 명확하지 않고, 프로이트의 심리성적 발달과 무리하게 연결하였으며, 주요 개념에 대한 실증적인 연구가 부족하고, 인간에 대한 과도한 낙관주의적 경향이 있는 점 등이다.

제3부

성향적 관점

제6장

올포트의 특질이론

고든 윌라드 올포트

고든 윌라드 올포트(Gordon Willard Allport, 1897~1967)는 인간의 성격을 개인마다 가지고 있는 고유한 특질로 설명하고자 한 대표적인 성격이론가다. 그는 특질이 인간의 성격을 구성하는 기본요소라고 하였다. 그리고 특질은 인간의 내부에 실제로 존재한다는 실재론적인 입장에서 개인의 고유한 특질은 다른 사람과 구별되는 독특성을 가지고 있으며, 개인의 행동과 사고에 영향을 미친다고 하였다. 또한 특질은 상황이 달라지더라도 다양한 자극에 대해 일관성 있게 반응하는 경향성이라고 정의하였다. 이와 같이 그는 특질이 곧 성격이라고 보았기 때문에 그의 이론을 특질이론이라고 한다.

올포트는 당시에 심리학의 주류를 이루던 정신분석이론과 행동주의이론을 거부하였다. 알 수 없는 무의식이나 혹은 겉으로 드러나는 행동만으로는 인간을 이해할 수 없다는 것이 그의 입장이었다. 그는 형태심리학과 스턴(William Stern)의 영향을 받아 개인의 독특성과 행동의 일관성에 대한 관심을 가지게 되었으며, 제임스(William James)의 영향으로 인본주의적인 태도와 자아에 대해서도 관심을 가지게 되었다. 뿐만 아니라 맥도갈(McDougall)의 영향으로 동기적 요인과 유전적 요인의 중요성을 강조하며, 자아의 개념을 사용하였다(이상로 공역, 1997, p. 476). 이와 같은 학자들의 영향으로 그는 한 개인 내에 존재하는 독특성, 즉 개성을 중요시하였다. 또한 인간을 동기와 기능적 자율성을 가지고 미래지향적으로 움직이는 존재로 이해함으로써 인본주의적인 견해를 바탕에 두고 있다.

올포트는 인간의 개성을 중시한 까닭에 주로 개별적인 사례로 성격 연구를 하였다. 그리고 그의 성격에 대한 연구는 주로 정상인을 대상으로 이루어졌다. 왜냐하면 신경증 환자들은 그들의 성격에 대한 정확한 보고를 하기 어렵다고 생각했기 때문이다. 올포트의 이론은 비록 임상적인 치료 접근보다 순수한 성격 연구에 초점을 두었지만 인간 본연의 특성을 밝히는 데 크게 기여하였다.

제1절 서 론

1. 특질이론의 출현 배경

올포트가 자신의 특질이론으로 심리학계의 주목을 받기 시작한 시기는 1900년대의 중반 무렵이다. 그 당시 심리학 분야의 주된 관심은 정신분석과 행동주의였는데, 올포트의 특질이론은 이 두 가지 이론을 동시에 비판하는 입장을 취하고 있다. 그는 정신분석이 인간의 보이지 않는 무의식을 깊이 파헤치는 데 주력하지만 대다수의 신경증이 없는 건강한 사람은 무의식적 측면보다는 현실적인 문제에 더 관심을 기울인다고 보았다. 또한 인간의 외현적인 행동과 환경으로 모든 인간을 똑같이 설명하려고 하는 행동주의를 반대하였다. 올포트는 무의식보다 의식되는 현재의 동기를 중시했으며, 인간은 환경에 의해 결정되는 존재가 아니라 성장과 변화와 창조가 가능한 존재라고 하였다.

올포트가 활동하던 시대는 합리적인 이성이 지배하던 시대를 지나 자연과학적인 생물학에 바탕을 둔 객관적인 관찰과 실험실에서의 실험을 중심으로 하는 변화가 요청되던 시대였다. 1930년대에 들어서서 성격심리학이 과학적 심리학으로 자리 잡게 되었다. 과학적인 접근을 중시하던 이러한 시대적 사조의 영향을 받은 올포트는 인간의 내적인 특질을 밝히는 데 다양한 과학적인 방법을 시도하였다. 그는 인간의 내적인 특질을 실제적인 것으로 가정하였다. 올포트는 그의 성격이론의 고전으로 알려진 『성격: 심리학적 해석(Personality: A Psychological Interpretation, 1937)』에서 연구 주제 및 연구 방법에 대한 기본 틀을 제시하였는데, 이로 인해 그를 성격심리학의 창시자라고 부른다.

2. 올포트의 특질이론에 영향을 미친 이론

1) 윌리엄 스턴

윌리엄 스턴(William Stern, 1871~1938)은 독일의 유명한 심리학자다. 그는 1912년 '지능지수(Intelligenz-Quotient)'라는 용어를 창안했는데, 오늘날 사용되는 IQ (Intelligence Quotient: 지능지수)는 이 용어에서 비롯되었다. 그는 비네(Binet)의 지능검사를 보완하여 개인의 정신연령이 그가 속한 연령대에서 상대적으로 어떤 위치에 있는지를 나타내는 방식, 즉 '(정신연령-생활연령)×100' 으로 지능지수를 계산할 것을 제안하였다. 이와 같이 인간의 지적 능력을 과학적인 방법으로 수치화하려는 그의 접근 방식은 올포트의 특질 연구에 영향을 미쳤다.

2) 윌리엄 제임스

윌리엄 제임스(William James, 1842~1910)는 미국의 심리학자이자 실용주의 철학자로서 철학, 종교학, 심리학 등에서 뛰어난 연구 업적을 남겼다. 제임스는 특이한 기질에 유창한 말솜씨를 가진 사람으로 톡톡 튀는 재치를 보였고, 활달한 문체를 잘 구사했다고 한다. 또한 그는 심리학이 정신과학이 아니라 실험과학이어야 한다고 주장하였으며, 인간의 자유의지를 중시하였다. 제임스의 유려한 필체, 인간행동에 대한 인본주의적인 태도, 자아에 대해 지닌 관심 등은 올포트에게 영향을 미쳤다. 올포트 이론의 핵심 개념인 고유자아와 특질의 연구 방법 등에 이 점이 나타나 있다.

3) 윌리엄 맥도갈

윌리엄 맥도갈(William McDougall, 1875~1938)에 따르면, 인간은 18가지 본능을 타고나며, 그 본능들이 인간의 행동을 결정하는 동기로 작용한다. 부모의 돌보기, 탈출, 반발심, 호기심, 호전성, 주제 파악, 과시, 육아, 번식, 섭식, 군생, 획득, 건설 등이 그것이다. 이러한 그의 입장은 올포트에게 영향을 미쳤다. 올포트가 동기적 요인의 중요성을 강조하고, 인간의 특질이 어느 정도 개인의 타고난 기질의 영향을 받는 것을 인정한 데서 이를 알 수 있다.

4) 학습이론

올포트는 성격의 발달이 학습을 통해 이루어진다고 보았다. 그는 인간의 성격은 겉으로 드러나는 행동을 통해 나타나고, 그러한 행동은 학습된다는 입장을 취했다. 물론 기계론으로 설명되는 학습과 자율적인 자아실현이 모순처럼 여겨질 수도 있다. 하지만 그는 성격발달이 사회적인 상황의 요구에 부응하기 위해 학습을 통하여 일어난다고 보았기 때문에 학습의 역할을 중시하였다(노안영 공저, 2013, p. 243). 또한 그의 이론에서 핵심 개념인 특질을 자극과 반응의 기제로 설명하고 있다. 즉, 학습은 영속적인 행동의 변화를 일컫는데, 다양한 상황에서 일관성 있게 나타나는 행동은 학습의 과정을 거쳐 그 사람의 특질이 된다는 것이다. 그는 이러한 특질은 독특하며 일관성 있는 한 개인의 행동체계일 뿐만 아니라 인간의 성격을 결정짓는 구성요소라고 하였다.

5) 현상학

칸트의 철학에서 나온 현상학(phenomenology)은 경험적 현상과 그에 대한 의식의 구조를 연구하는 학문이다. 현상학의 기본가정은 우리가 사상들을 어떻게 지각하고 이해하느냐가 우리의 행동을 결정한다는 것이다(홍숙기 역, 2008, p. 148). 올포트의 특질이론은 과거의 경험이 아닌 지금-현재에서 느끼고 경험하는 개인의 사적인 체험의 중요성을 강조한다. 이는 인간이 주어진 환경에서 주관적인 현실을 경험하는 존재라는 것, 즉 현상학적인 존재라는 것을 가정하고 있음을 알 수 있다. 올포트가 주장하는 7가지 성격 원리 중에서 현재성의 원리 또한 인간에게는 과거가 아닌 현재가 중요하다는 것을 의미한다. 그리고 그는 인간을 움직이는 에너지의 원천이 동기라고 보았으며, 동기는 항상 현재에 존재한다고 믿었다. 인간을 행동으로 이끄는 원동력은 현재 가지고 있는 동기라는 것이다.

6) 게슈탈트 심리학

19세기 말 오스트리아와 독일 남부에서 시작된 게슈탈트 심리학은 형태심리학이라고도 불린다. 독일어인 게슈탈트(gestalt)는 '형태, 모양, 유형, 조직화된 전체'를 의미한다. 형태심리학에서는 인간의 행동을 설명할 때 '전체는 부분의 합 이상이다.'라고 가정한다. 이러한 형태심리학의 가정은 올포트의 특질이론에 영향을 주었다. 올포트는 인간의 성격을 '조직화된 전체'라고 하여 성격을 요소가 아닌 통합된 조직으로 보았다. 특질이론에서는 성격을 구성하는 요소로서의 특질에 초점을 두었지만, 특질은 그 개인의 사고, 정서, 행동 등 전체적인 맥락에서 형성된다는 입장이다.

3. 생애가 이론에 미친 영향

올포트는 미국의 인디애나 주의 몽테주마에서 태어났으며, 어린 시절은 주로 클리블랜드에서 보냈다. 그는 의사였던 아버지와 교사였던 어머니 사이에서 4형제 중의 막내로 태어나 화목한 분위기의 가정에서 성장하였다. 그는 부모님과 관련된 어린 시절을 다음과 같이 회고하였다.

> 만약 모든 사람이 최선을 다해서 일하고, 자신의 가족을 부양하는 데 필요한 최소한의 보수를 받는다면, 그로써 충분히 살아갈 것이다. 우리 가정도 그랬다. 신뢰와 애정 속에서 가족 간에 화목하며, 근면한 생활 자세를 지닌 점, 그것이 우리 가정의 특징이었다(Allport, 1967, pp. 4-5; 이훈구 역, 1998, p. 316).

그는 어린 시절부터 학구적이어서 친구들에게서 '사전을 삼켰다.' 라는 말을 들을 정도였으나, 운동을 잘하거나 친구 관계가 그리 좋은 편은 아니었다고 한다. 올포트보다 먼저 하버드 대학원에서 심리학을 전공하던 형 플로이드(Floyd)의 영향으로 하버드로 진학한 그는 경제학과 철학을 전공하고 심리학 과정도 이수하였다. 그의 형은 후에 저명한 사회심리학자가 되었다. 학사학위를 받은 22세 되던 해인 1919년에 그는 터키의 로버트 대학교에서 잠깐 근무하였고, 곧 다시 미국으로 돌아갔는데, 그 전에 프로이트와 만난 적이 있다. 그에 얽힌 유명한 일화가 있다.

올포트가 프로이트를 처음 만났을 때, 서로 말이 없는 침묵 상태가 계속되자 올포트는 자기가 오는 길에 버스 안에서 만난 소년의 이야기를 하게 되었다. 그 소년은 자신의 옆에 지저분한 남자가 앉자 어머니에게 그 남자가 싫다고 투정을 부렸는데, 소년의 어머니는 청결해 보였다는 이야기였다. 올포트는 그 소년의 행동이 소년의 어머니에게서 비롯된 것이 아닌가 하는 자신의 의도를 프로이트도 알 것이라고 생각했다. 올포트의 이야기에 프로이트는 자신의 앞에 앉은 깔끔하고 단정한 외모의 젊은 남자를 마주보면서 "이 이야기에 나온 소년이 바로 당신 아닌가요?" 라고 되물었다(Allport, 1968, p. 383; 이훈구 역, 1998, p. 317 재인용). 이에 올포트는 다음과 같이 자신의 느낌을 서술하였다.

> 소스라치게 놀라고 약간의 죄책감까지 느끼며, 나는 주제를 바꾸려고 하였다. 나의 동기에 대한 프로이트의 오해가 재미있는 동시에 마음속에서 생각이 꼬리를 물고 일어나기 시작했다. 나는 그가 신경증적 방어에 너무 몰두한 나머지 나의 외현적

> 동기(무례한 호기심과 젊은 야망과 같은)를 보지 못했다는 것을 깨달았다. 그는 나의 방어를 분석하면서 치료 과정을 진행하려고 했겠지만, 치료가 우리 만남의 목적은 아니었다. 이 경험으로 인해 나는 심층심리학이 지나치게 깊이 들어간다는 것을 알게 되었으며, 심리학자들은 무의식을 탐색하기 전에 외현적인 동기에 대해서도 충분히 알고 있어야 한다는 것을 깨닫게 되었다.

올포트는 이 일로 인하여 무의식에 대하여 의문을 품게 되었다. 그는 기존의 심리학자들이 보이지 않는 무의식적 속성보다는 의식적 동기에 더 많은 노력을 기울일 때 인간을 더 잘 이해할 수 있을 것이라는 결론을 얻게 되었다(이훈구 역, 1998, p. 318). 이러한 그의 경험은 후에 현재의 동기를 강조한 그의 특질이론에 반영이 되었다고 볼 수 있다.

그는 24세가 되던 해인 1922년에 하버드 대학교에서 성격의 특성에 대한 연구로 박사학위를 취득하였다. 그의 특질이론에 대한 연구는 처음에는 환영을 받지 못하였다. 하지만 꾸준한 연구를 통해 1937년 『성격: 심리학적 해석(Personality: A Psychological Interpretation, 1937)』이라는 저서를 발간하면서 그의 이론은 심리학계의 인정을 받게 되었다. 27세 되던 해에 애다루프킨 굴드와 결혼하여 로버트라는 아들을 하나 두었다. 그는 인생의 거의 대부분을 하버드 대학교에서 보냈으며, 그의 성격이론에 대한 강의는 학생들에게 매우 인기가 있었다. 그는 하버드 대학교의 교수로서 연구 활동을 하며, 여러 학회와 단체에 소속되어 학술 교류와 대외 활동 또한 활발하게 하였다. 그러한 결과로 1939년에는 미국심리학회 회장에 선출되었다. 1963년에는 미국 심리학재단(American Psychological Foundation)이 주는 상을 받았으며, 1964년에 미국심리학회에서 주는 특별과학 공로상을 받았다. 거기에는 다음과 같은 구절이 담겨 있다.

> 인간은 우리가 사람을 꼭 그렇게 간주해야 할 때를 제외하고는 하나의 동물도 아니고 단순한 통계치도 아니다. 인간의 위대성은 시간의 흐름에 의해서 밝혀진다는 사실을 우리에게 상기시켰다. 이것은 인생이 비록 평범하게 시작되더라도 역시 위대한 종말을 맺을 수 있으며, 서로를 연결하는 끈이 그 사이에 존재한다는 것을 뜻한다. 즉, 이 끈이 전 인류뿐 아니라 각 개인 한 사람의 특징도 나타낸다. 그가 학생에게 가르쳤던 내용이 바로 이것이다. 그는 학생들에게 학위를 존경하도록 가르쳤으며, 연구자의 무지를 경멸하도록 가르쳤다. 많은 사람이 올포트의 교훈을 잘 배웠기 때문에 그의 이름 고든 올포트는 잘 만들어진 이력서의 대명사가 되었다(American Psychologist, p. 942; 이훈구 역, 1998, p. 319 재인용).

올포트는 미국의 성격 연구를 확장한 대표적인 학자 중의 한 사람으로 일컬어진다. 그는 다수의 책을 저술하였다. 그의 대표 저서에는 『성격: 심리학적 해석(Personality: A Psychological Interpretation, 1937)』, 『개인과 그의 종교(The Individual and His Religion, 1950)』, 『형성: 성격 심리학을 위한 기본적 고려(Becoming: Basic Consideration for a Psychology of Personality, 1955)』, 『성격과 사회적 만남(Personality and Social Encounter, 1960)』, 『성격의 형태와 성장(Pattern and Growth in Personality, 1961)』, 『제니로부터의 편지(Letters from Jenny, 1965)』 등이 있다. 그의 자서전은 『심리학 자서전의 역사(A History of Psychology in Autobiography)』 제5권에 수록되어 있다(이훈구 역, 1998, p. 319). 그는 1967년에 70세의 나이로 매사추세츠 주 캠브리지에서 생을 마감하였다.

제2절 주요 개념

1. 인간관

올포트의 특질이론에서 인간에 대한 관점은 낙관론적, 유전론과 환경론의 양자적, 자유론적 그리고 전체론적인 관점이라고 할 수 있다.

1) 낙관론적 인간관

올포트가 인간의 본성에 대하여 긍정적이고, 성장 지향적이며, 창조적인 인간관을 가지고 있다는 것은 고유자아와 기능적 자율성이라는 개념에 근거한다. 그는 고유자아라는 개념을 제시하여 인간은 자신의 특질들을 통합하여 자신의 성격을 이루는 주체적인 존재이며, 자신의 삶의 목표를 추구하는 미래지향적인 존재라고 하였다. 또한 그는 기능적 자율성이라는 개념을 제시하여 성숙하고 건강한 개인은 과거와는 관련이 없는 현재의 새로운 동기를 만들어 내는 창조적인 존재라고 하였다. 이와 같이 올포트는 인간을 미래지향적인 목표를 추구하며, 자신의 동기를 창조하는 긍정적인 존재로 보고 있다.

2) 유전론과 환경론의 양자적 인간관

올포트는 인간의 행동이 유전적인 요인과 환경적 요인의 영향을 동시에 받는다는 입장을 취한다. 그는 유전이나 환경 중 어느 한 가지 요인만이 인간의 성격에 영향을 미치지 않으며, 유전과 환경이 상호작용하여 한 개인의 독특한 특질이 형성된다고 보았다.

인간이 선천적으로 고유한 기질과 기본적인 동기를 가지고 태어난다고 본 점에서는 유전적인 측면을 중요시한다고 볼 수 있다. 하지만 부모와의 상호작용을 통한 후천적인 학습에 의해 고유자아가 발달한다고 본 점은 환경의 영향력 또한 중요시한 것을 알 수 있다. 이와 같은 점을 종합해 볼 때, 그가 인간의 본성에 대하여 유전과 환경 두 가지 모두를 중시했다는 것을 알 수 있다.

3) 자유론적 인간관

올포트의 이론은 인간을 자유론적인 관점에서 설명한다. 인간은 자신의 인생을 계획하고 책임지는 존재로서 계속 변화한다는 것이다. 그의 자유론적인 견해는 핵심 개념인 고유자아와 기능적 자율성에 잘 나타나 있다. 먼저 고유자아는 출생 후 15개월에서 출현되는 신체적 자아감에서 시작하여 성인에 이르도록 발달한다고 보았다. 그는 성격은 역동적이라는 정의를 내렸는데, 역동적이라는 표현도 인간이 결정되는 존재가 아니라 성장과 변화가 가능한 존재임을 의미한다. 다음으로 기능적 자율성은 처음에 가졌던 동기가 특정한 시기에 바뀌는 것을 의미한다. 즉, 동기와 성격은 연속적인 특성이 아니라 불연속적인 특성을 지닌다는 것이다. 이는 인간의 동기가 고정되어 있는 것이 아니라 자유롭게 변화할 수 있음을 뜻한다. 하지만 올포트가 주장하는 특질의 개념은 인간의 행동에 절대적인 자유를 부여하지는 않는다. 한 개인에게 특질이 형성되면 그 개인의 지각이나 행동은 특질에 의해 좌우되기 때문이다. 또한 그는 환경적인 요인들이 개인의 행동에 중요한 영향을 미친다고 보았다(이훈구 역, 1998, p. 349). 이런 점을 종합할 때, 그가 인간이 기질과 환경에 의해 결정되는 면이 있다는 점을 어느 정도는 지지하지만, 그보다는 자유론적인 견해를 더 많이 지지한다는 것을 알 수 있다.

4) 전체론적 인간관

올포트가 개인의 특질을 여러 가지 요소로 나누어서 보고 있다는 점에서는 요소론적인 관점에서 접근하고 있는 것으로 보인다. 하지만 그는 성격의 요소인 각각의 특질들을 전체적인 측면에서 고려하지 않으면 결코 인간을 제대로 이해할 수 없다고 하였다. 즉, 그는 개인이 가진 자신만의 고유한 자아는 자신의 모든 습관, 특질, 태도, 감정, 경향성 등을 통합하는 힘이 있으며, 이와 같이 통합된 전체적인 실체인 고유자아가 개인의 성격의 전체성을 이룬다고 보았다. 또한 그가 인간의 성격을 정신과 신체가 함께 영향을 미치는 조직체라고 주장한 것도 인간을 전체적인 맥락에서 고려하고 있음을 보여주는 증거다. 따라서 그는 요소주의보다는 전체주의적 입장에서 인간을 보고 있음을 알 수 있다.

2. 성격의 구조 및 발달

1) 성격의 개념

올포트는 인간의 성격을 "개인의 특유한 행동과 사고를 결정하는 정신 신체적 체계인 개인 내의 역동적 조직이다."라고 정의하고 있다(Allport, 1961, p. 28). 이 말의 의미를 다음과 같이 4가지로 나누어서 살펴보면, 그가 지닌 인간의 성격에 대한 관점을 더 잘 이해할 수 있다.

첫째, '개인의 특유한 행동과 사고(characteristic behavior and thought)'란 다른 사람과 구별되는 각 개인의 행동과 생각을 말한다. 즉, 성격이란 그 사람만이 가지고 있는 독특성을 의미한다.

둘째, '결정하는(determine)'의 의미는 성격은 실제로 존재하는 것이며, 무엇인가를 하고 있다는 것을 의미한다. 즉, 성격은 인간이 어떻게 행동하고 생각해야 하는지에 대한 방향을 결정하는 특성이 있다는 것이다.

셋째, '정신 신체적 체계(psycho-physical system)'가 뜻하는 바는 인간의 성격은 정신과 신체가 상호작용을 하여 이루어진다는 것이다. 즉, 인간의 성격은 정신과 신체의 상호작용으로 이루어지기 때문에 성격을 이해할 때 정신과 신체를 함께 고려해야 한다는 것이다.

넷째, '역동적 조직(dynamic organization)'이란 말은 성격이 어느 특정한 시기에 완성되는 것이 아니라 끊임없이 변화하고 성장한다는 것을 의미한다. 그렇다고 체계가 없이 변하는 것은 아니다. 일련의 체계에 따라 조직화됨으로써 형성된다. 즉, 상황이 바뀌거나 시간이 지나도 성격은 일관성 있게 나타나지만, 조직화되고 통합된 성격은 계속적으로 성장하고 변화한다는 것이다.

종합하면, 성격이란 심신을 포함하는 그 개인만의 독특한 특성으로서 끊임없이 변화하고 발달하며, 인간의 모든 영역에 영향을 미치는 전체적인 경향성이다.

올포트의 성격이론을 연구한 비숍(Bischof, 1970)은 성격에 대한 7가지 원리를 제안하였다(노안영 공저, 2013, pp. 243-244). 성격의 7가지 원리를 살펴보면 다음과 같다.

첫째, 동기의 원리다. 올포트는 그의 이론에서 동기의 중요성을 강조하고 있다. 즉, 인간을 이해하는 데 동기는 필수적인 요인이라는 것이다. 그는 동기의 대표적 특성으로 4가지를 제시하고 있다. 동기는 현재가 중요하며, 다양성, 구체성 그리고 인지 과정 등을 고려해야 한다는 것이다.

둘째, 학습의 원리다. 그는 인간의 성격을 기본적으로 학습의 문제로 보고 있다. 즉, 성격을 통합하는 주체인 자아의 발달은 학습을 통해서 이루어진다는 것이다.

셋째, 현재성의 원리다. 그는 과거가 아닌 현재에 초점을 두고 있다. 그리고 인간의 현재 행동과 밀접하게 관련된 동기는 현재에서 일어나고 있음을 강조한다. 그는 성숙한 성인은 의식적으로 깨어 있으며 합리적이며 현재 가지고 있는 특질들을 조화롭게 통합한다고 주장한다.

넷째, 독특성의 원리다. 독특성이란 그의 이론에서 가장 핵심이 되는 개념이다. 왜냐하면 그는 '이 세상에 똑같은 사람은 없다.'라는 전제하에서 개인의 개성과 독특성을 강조하고 있기 때문이다. 그는 그 사람만이 가진 고유한 특성이 한 개인의 성격을 형성하는 기본 단위가 된다고 주장한다.

다섯째, 자아의 원리다. 그가 주장한 자아는 프로이트의 자아의 개념과는 다르다. 프로이트는 자아가 이드와 초자아를 중재하는 역할을 한다고 본 반면에, 올포트는 자아가 인간의 모든 습관, 특질, 태도, 감정, 경향성 등을 통합하는 역동적인 역할을 한다고 보고 있다.

여섯째, 비연속성의 원리다. 그는 성격발달을 제시할 때 유아기의 동기와 성인기의 동기는 다르다고 주장한다. 프로이트는 유아기의 경험이 성인기에 영향을 미친다고 본 반면, 올포트는 성인의 동기가 유아기 때의 동기에서 발달하지만 유아의 동기와 성인의 동기는 근본적으로 다르다고 보고 있다.

일곱째, 특질의 원리다. 그는 특질을 '사람을 비교하고자 할 때 유일하게 사용할 수 있는 접근 방식' 이라고 하였다.

2) 성격의 구조

올포트는 성격의 구조를 다양한 특질로 구성된 '고유자아(proprium)' 로 설명하고 있다. 고유자아란 한 개인이 자신(selfhood)을 지칭하는 용어로서, 주관적 경험을 통하여 인식되는 '나(me)'를 의미한다. 그는 고유자아란 특질에 통일성, 일관성 및 통합성을 포함하여 일정한 형태의 질서나 법칙을 부여한 것이며, 고유자아에는 한 개인의 성격을 통합하는 기능이 있다고 하였다. 즉, 각 개인에게 있는 특질들을 통합하여 하나의 성격을 이루게 하는 주체적인 역할을 한다는 것이다. 고유자아는 태도, 목표 및 가치를 특징 짓는 일관성의 토대가 되며, 생득적인 것은 아니고 출생 후 부모와의 상호작용을 통해 생겨나고 연령이 증가함에 따라 발달한다고 보았다.

젤리와 지글러(Hjelle & Ziegler, 1981)는 올포트가 제시한 자아감의 성숙 정도에 따른 심리적 성숙에 대한 준거를 다음과 같은 6가지로 설명하고 있다(이수연 공저, 2013, p. 310).

첫째, 자아감의 확장이다. 성숙한 인간은 폭넓은 자아감을 가지고 있다. 자아감이란 관계적인 측면이 많이 반영된 개념이다. 따라서 자아감이 확장된 사람은 넓은 인간관계를 맺으며, 다양한 활동에 적극적으로 참여하게 되고, 심리적으로 건강하다고 볼 수 있다.

둘째, 타인과의 따뜻한 관계다. 성숙한 인간은 타인과의 관계에서 보다 우호적인 태도를 보인다. 이런 태도는 친밀감과 동정으로 나타난다. 먼저 친밀감은 자신의 가족이나 친구들과의 관계에서 나타나는 것으로, 소유욕이나 시기심 등이 없는 감정이다. 다음으로 동정은 다른 사람들을 비난하지 않고 판단하지 않는 감정이다.

셋째, 정서적 안정과 자아수용이다. 성숙한 인간은 정서적으로 안정되어 있으며, 자신의 모든 부분을 인정하고 받아들이는 태도를 보인다. 즉, 자신의 기분이 우울하거나 혹은 슬픔을 느껴도 주위 사람들에게 피해를 주지 않고, 이를 적절히 표현하며 이겨낸다. 그리고 남들에게 보이기 쉽지 않은 자신의 결점이나 약점도 자신의 특성으로 받아들일 수 있는 힘이 있다.

넷째, 현실적 지각과 임무 수행 능력이다. 성숙한 인간은 현재 자신이 처한 상태를 빨리 파악하고 적응해 나간다. 또한 일하는 장면에서 먼저 할 것과 나중에 해도 되는 것을 판단하여 적절히 대처하고 자신이 가진 기술을 잘 발휘한다.

다섯째, 유머감각과 자기객관화다. 성숙한 인간은 유머 능력이 있어서 자신의 상황이나 타인의 상황을 즐길 수 있다. 또한 자신을 객관적인 입장에서 바라볼 수 있기 때문에 실제 자아와 자신이 바라는 자아 간의 차이를 알아서 심리적인 불편감이 줄어들 수 있다.

여섯째, 통합된 삶의 철학이다. 성숙한 인간은 자신의 인생에 삶의 가치와 의미를 부여하는 일관된 체계적인 방식을 지니고 있어서 삶을 적절히 통합할 수 있다. 즉, 인생의 모든 측면이 조화를 이루는 삶을 살아갈 수 있다.

3) 성격의 발달

올포트는 성격이 연속적인 발달선상에 있는 것이 아니라 비연속적이라고 주장하였다. 즉, 출생 후 청소년기까지의 성격과 성인의 성격은 전혀 다르다는 것이다. 올포트는 5세 이전 유아기의 경험이 인간의 성격발달에 절대적인 영향을 미친다는 프로이트의 주장에 동의하지 않았다. 유아기의 경험은 인간의 성격발달에 그리 큰 영향을 주지 않으며, 고유자아의 성장에 따라 성격발달이 이루어진다고 주장하였다. 고유자아는 개인에게 있는 독특한 성격 구조를 가리킨다. 올포트는 고유자아를 '느껴지고 알려진 대로의 나(the me as felt and know)'라고 정의하였다(박아청, 1999, p. 83). 즉, 개인이 스스로에게 중요한 나라고 인식되는 것을 고유자아라고 했다. 그는 고유자아가 아동기에서 청년기에 걸쳐 7단계로 발달한다고 설명하였다. 7단계의 고유자아 발달을 구체적으로 살펴보면 다음과 같다.

(1) 1단계: 신체적 자아(출생~15개월)

가장 기본적인 단계로서 고유자아가 형성되기 시작하는 신체적 자아(bodily self)의 단계다. 신체적인 느낌을 통하여 자신의 존재를 인식하기 시작하며, 자신과 환경을 구분하기 시작한다. 예를 들면, 유아가 뜨거운 주전자에 손가락을 데기 전에는 손이 자신의 것인지를 알지 못하지만, 한 번 경험한 후에는 손가락이 자신의 것임을 인식하게 되는 것이다.

(2) 2단계: 자아정체감(15~24개월)

이 단계는 아동이 언어를 통해서 자신이 누구인지를 인식하는 단계다. 예를 들면, 엄마나 주위 사람들이 아동의 이름을 불러 주면, 그 이름이 자신을 가리키는 것임을 알게 되고, 다른 상황에서도 자신의 정체감(self-identity)을 확인해 나가는 과정을 거치게 된다는 것이다. 올포트는 아동의 자신에 대한 정체감이 한 번에 확고해지지는 않는다고 보았다.

(3) 3단계: 자아존중감(24개월~4세)

자아존중감(self-esteem)은 자신에 대한 평가적인 측면으로서 아동이 자신에게 주어진 과제를 성취하게 될 때 자신을 자랑스럽게 느끼는 것을 의미한다. 따라서 그는 아동이 성취감을 획득할 수 있는 환경과 부모의 지지가 중요하다고 보았다.

(4) 4단계: 자아 확장(4~5세)

이 단계는 자신을 둘러싼 외부 환경에 자신이 속해 있다는 것을 깨닫는 시기다. 자신의 환경이 자신의 신체는 아니지만 자신의 것이라는 의식이 생기면서 자아 확장(self-extension)의 상태가 되는 것이다. 이때가 되면, '내 장난감이야.' '내 공이야.' 그리고 '나의 가족, 나의 집, 나의 유치원' 이라고 말하기 시작한다. 이것은 자신과 관련된 주변 영역으로 의식이 확장되는 것을 의미하며, 이 단계에서 아동에게는 자기 것을 지키려는 소유 욕구가 발달한다.

(5) 5단계: 자아상(5~6세)

자아상(self-image)이란 다른 사람이 자신을 어떻게 보는지를 뜻한다. 그래서 착한 것이 무엇인지도 모르고, 양심이 발달하지 않았는데 부모에게 칭찬을 받으려는 행동이 나타나는 시기다. 따라서 이 시기에는 부모와의 적절한 상호작용으로 이상적인 자아상을 형성하는 것이 중요하다.

(6) 6단계: 합리적 적응체로서의 자아(6~12세)

이 단계는 아동이 초등학교를 다니는 시기로, 학교생활에서의 적응이 요구된다. 이 단계의 아동은 학교에서 교사나 학생들과의 관계에서 자신이 어떻게 대처해야 하는지를 생각하게 된다. 즉, 이성과 논리를 적용하는 시기인 것이다.

(7) 7단계: 고유자아 추구(12세 이상)

마지막 단계로서 청소년기에 해당된다. 이 시기에는 개인에게 발달된 '고유자아 추구(propriate striving)'를 바탕으로 미래의 인생에 대한 장기적인 목표와 계획을 수립한다. 실현이 불가능한 목표라 할지라도 이 목표들은 청소년에게 삶의 목적을 부여하는 것으로서 이것이 자아 추구의 본질이라고 할 수 있다. 예를 들면, 예술가나 과학자 등으로 설정한 삶의 목표들을 모든 사람이 다 이룰 수는 없지만 목표 설정 자체가 자기 개발에 도움이 된다는 것이다.

올포트는 고유자아의 발달단계를 7단계의 위계적 순서로 제시하였지만, 7단계가 서로 분리되어 기능하지 않고 전체로 통합되어 동시에 기능한다고 보았다. 예를 들면, 여러분이 인생에 있어서 중요한 시험을 치르고 있다고 상상해 보라. 의심할 바 없이 당신의 가슴은 두근거리고(신체적 자아), 당신은 시험의 중요성을 인식하고 있으며(자아정체), 당신의 명예나 자존심이 관여되어 있음을 알고(자아존중감), 시험의 성공이나 실패가 당신 가족에게 주는 의미를 의식하고(자아 확장), 당신 자신의 희망과 열망도 알고 있으며(자아상), 시험 문제의 해결자로서 당신의 역할도 인식하고 있으며(합리적 적응체), 시험과 당신의 장기 목표와의 관련성도 알고 있다(자아 추구). 이렇게 실제 생활에서 자아 상태는 통합될 수밖에 없다(Allport, 1961, p. 137).

3. 핵심 개념 및 도식화

올포트의 성격이론은 각 개인의 개성과 독특성을 강조하고 파악하려는 것에 초점을 두고 있다. 핵심 개념에는 특질, 기능적 자율성, 부적응의 원인 등이 있다.

1) 특 질

올포트는 특질(traits)을 '다양한 종류의 자극에 대하여 같거나 유사한 방식으로 반응하는 경향성'이라고 정의하였다. 그는 특질을 성격의 기본적인 구성요소로 보았다. 즉, 특질은 한 개인을 다른 사람과 구별 지을 수 있는 기본 단위로서 그 개인의 성격을 형성한다는 것이다. 특질을 다른 개념과 비교해 보면 이해하기 쉽다. 먼저 습관과 비교해 보자. 습관은 특정한 상황에 국한되는 비교적 제한된 성향이다. 예를 들면, 외출했다 집에 들어와서 제일 먼저 손을 씻는 사람은 이와 같은 행동이 하나의 습관이라고 볼 수 있다. 하지만 그런 행동을 특질이라고 말할 수는 없다. 그러나 만약에 그 사람이 다른 상황에서도 늘 청결함을 유지하려는 습관적인 행동을 보인다면, 그 사람은 청결한 특질을 가지고 있다고 할 수 있다.

또 다른 예로 '감각 추구'라는 특질을 지닌 한 남자가 있다고 가정해 보자. 이 특질에 따라 자동차, 영화, 마약, 스포츠, 이성 친구 등 다양한 자극은 남자에게 감각 추구 동기를 불러일으키게 된다. 그는 자동차에 올라타면 스피드를 내어 달리고, 영화를 고를 때면 공포영화를 선택하고, 마약에 접할 기회가 생기면 피하지 않고 시험해 보고, 스포츠 중에서도 암벽 등반이나 공중점프와 같은 위험한 스포츠를 즐기고, 이성친구와는 친밀감을 쌓기보다 성적 탐닉을 추구할 것이다. 이와 같은 예는 특질을 통하여 다양한 자극이 기능적으로 동등하게 되어 감각 추구라는 동기를 유발하고, 특질의 결과로 다양한 행동반응을 일으킨다는 것을 보여 준다. 본질적으로 특질은 다양한 자극과 반응을 이론적으로 통합하는 역할을 한다(민경환, 2002).

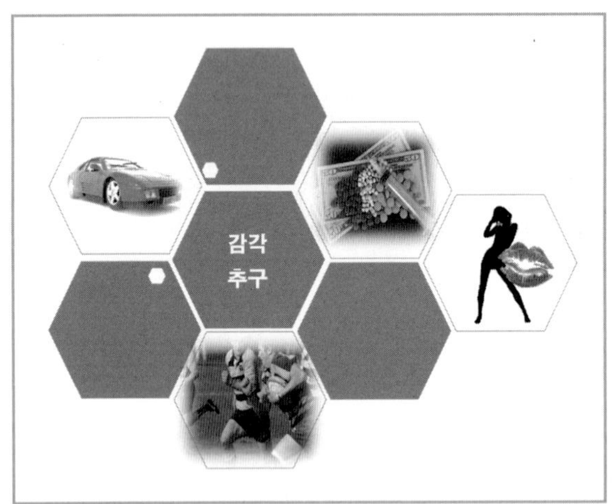

(1) 유형과 특질의 비교

올포트의 이론은 특질이론으로 불리는데, 그의 이론을 보다 잘 이해하기 위해서는 먼저 유형과 특질의 개념이 지니는 차이를 살펴볼 필요가 있다. 인간을 어떻게 분류할 수 있을지에 대한 고민은 일찍이 고대부터 있어 왔다. 고대의 철학자들은 인간을 관대한 인간이나 인색한 인간 등의 품성론으로 범주화하기도 하고, 체액에 따라 다혈질, 우울질, 담즙질, 점액질 등으로 구분하기도 하였다. 융(1933)은 내향성과 외향성, 감각과 직관 그리고 사고와 감정 등의 유형으로 구분하여 인간의 성격을 설명하였으며, 셸돈

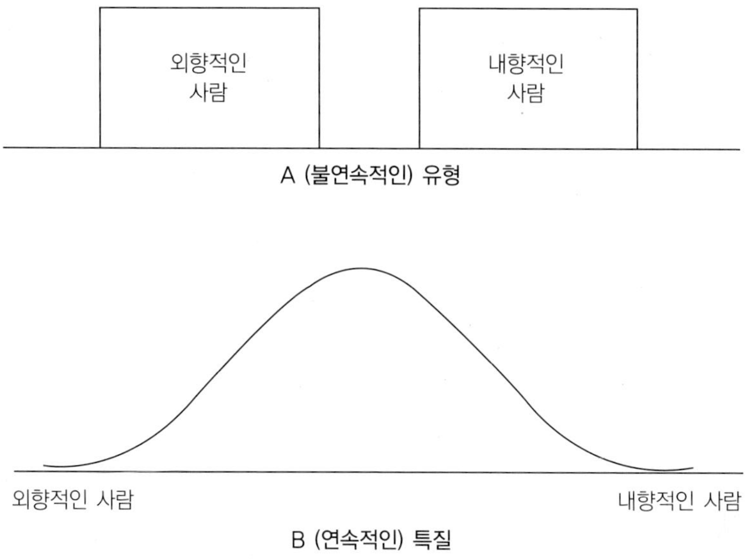

• 그림 6-1 • 유형과 특질의 구분

출처: 김교헌 역, 2012, p. 100.

(1940)은 인간의 체격을 구분하여 성격 유형을 제시하였다. 유형론적인 관점에서 인간을 구분하는 것과 개인의 특질로 인간을 설명하는 것은 본질적으로 차이가 있다. 유형(types)과 특질(traits)에 대한 차이를 비교해 보면 [그림 6-1] 과 같다.

[그림 6-1]을 살펴보면, A의 유형에서는 외향적인 사람과 내향적인 사람은 불연속적이며, 서로 다른 범주에 속한다. 반면에 B의 특질에서는 외향적인 사람과 내향적인 사람은 연속선상에 있으며, 그 둘의 차이는 얼마나 외향적인가 내향적인가 하는 정도의 차이일 뿐 범주가 달라지는 것은 아니다.

(2) 특질의 특성

각 개인이 가지고 있는 고유의 특질은 다음과 같은 특성을 가지고 있다(Funder, 1991).

첫째, 특질은 실제적이다. 특질은 눈에 보이지 않지만 개인의 내부에 존재하고 있다.

둘째, 특질은 습관보다 더 넓은 의미를 가진다. 습관은 단편적인 행동이 특정 상황에서 반복적으로 나타나는 것을 의미하는 반면에 특질은 일관성 있는 행동이 대부분의 상황에서 반복적으로 나타난다.

셋째, 특질은 행동을 결정하는 원인이 되기도 하고 환경의 영향을 받기도 한다. 특질은 어떠한 자극에 따라 나타나는 기계적인 반응으로서의 행동이 아니다. 특질은 한 개인의 행동을 유발하는 동기에 영향을 줄 뿐만 아니라 주어진 환경과 상호작용을 하기도 한다.

넷째, 특질은 서로 관련되고 중복될 수 있다. 한 개인에게 나타나는 여러 특질은 서로 밀접한 관계가 있다. 예를 들면, 공격성과 적대감은 다른 양상으로 나타나지만 서로 관련이 있는 특질들이다.

다섯째, 특질은 상황에 따라 변화한다. 특질의 세 가지 유형 중에서 개인적 성향의 특질은 상황에 따라 변한다. 예를 들면, 한 남자가 회사에서 사장일 때는 부지런하고 책임감 있지만, 집에서 아빠일 때는 게으르고 느긋할 수 있다.

여섯째, 특질은 경험적으로 증명될 수 있다. 특질이 눈에 보이지 않지만 행동이나 말로 관찰이 가능하다는 것이다. 예를 들면, 깔끔한 특질을 가진 사람은 매사에 주위를 깨끗하게 하려는 행동이 나타나기 때문이다.

(3) 특질의 유형

올포트는 처음에 특질을 두 가지 유형, 즉 특정 문화와 환경에 속해 있는 대부분의 사람들이 일반적으로 나타내는 '공통 특질(common traits)' 과 개인만이 가지고 있는 독특한 '개인 특질(individual traits)' 로 구분하였다. 공통 특질은 사회적 규범과 가치가 변함에 따라 변할 수 있으며, 집단이 공유하기 때문에 척도를 사용해서 서로 비교할 수 있다는 특징이 있다. 공통 특질은 같은 문화권의 구성원은 사회적 영향과 진화의 영향을 비슷하게 받는다는 것을 가정한다. 개인 특질은 사람마다 다르기 때문에 서로 비교할 수 없다는 특징이 있다. 그는 후에 공통으로 나타나는 특질은 '특질(traits)' 로, 개인 특질은 '개인적 성향(personal dispositions)' 으로 바꾸어 명명하였다. 개인적 성향에는 주 특질(cardinal traits), 중심 특질(central traits), 이차적 성향(secondary dispositions) 등의 세 가지 유형이 있다(노안영 공저, 2013, p. 247).

① 주 특질

주 특질은 기본 특질이라고도 불리며, 개인이 가진 특질 중에서 가장 핵심이 된다. 그러므로 개인의 생활 전반에 걸친 행동과 사고에 강력하게 영향을 미친다. 이러한 주 특질에 사로잡혀 사는 사람은 많지 않으며, 이런 사람은 다른 사람들에게 매우 독특한 성격을 가진 사람으로 보인다. 예를 들면, 카사노바는 성적 탐닉, 스크루지는 인색함, 히틀러는 권력욕, 테레사 수녀는 인간애 등의 주 특질을 가지고 있다.

② 중심 특질

중심 특질은 주 특질보다는 개인의 행동에 미치는 영향력이 적지만, 모든 행동에 일관성 있게 나타난다. 중심 특질은 누군가를 생각했을 때 그 사람만의 것으로 떠오르는 특질을 의미하며, 보통 5가지에서 10가지 정도다. 예를 들면, 어떤 사람이 시간 약속을 잘 지킨다든지 사교성이 많다든지, 책임감이 있다든지 등의 특질을 의미한다. 이러한 중심 특질은 대다수의 사람이 보편적으로 가지고 있는 특질이기도 하다.

③ 이차적 성향

이차적 성향은 개인의 행동에 영향을 미치기는 하지만 중심 특질보다는 영향력이 적으며, 일관적이지 않게 나타난다. 즉, 상황에 따라 달라지는 행동 특성을 의미한다. 예를 들면, 어떤 남편은 밖에서는 깔끔하고 부지런한 인상을 풍기지만, 집안에서는 할 일이 있어도 게으름을 피우고 쉬는 날에는 씻지도 않을 수 있다. 남들 앞에서는 잘 드러내지 않지만 가깝고 친한 사람만 알아챌 수 있는 성향이 이에 해당한다(홍숙기 역, 2008, p. 225).

2) 기능적 자율성

올포트의 성격이론에서 주요한 개념 중 하나로 '기능적 자율성(functional autonomy)'이 있다. 기능적 자율성은 성숙하고 정신적으로 건강한 성인의 동기는 본래 그러한 동기가 나타났던 과거 경험과 기능적으로 관련이 없다는 것을 의미한다. 즉, 현재의 동기는 애초에 가졌던 동기와는 무관하게 자율적인 기능을 가지고 있다는 것이다. 다시 말하면, 과거는 과거일 뿐 인간은 과거와는 관련이 없는 새로운 현재의 동기를 만들어 낸다는 것이다. 그리고 그는 어떤 행동이 처음에는 어떤 이유가 있어서 일어났다 하더라도 나중에는 행동 그 자체가 목적이 될 수 있으며, 행동을 일으켰던 최초의 이유가 사라져도 그 행동은 계속될 수 있다고 하였다. 예를 들면, 한 아동이 처음에는 부모의 칭찬을 듣기 위해 책을 읽었지만, 나중에는 독서가 좋아서 책을 읽게 되는 경우다.

기능적 자율성에 대한 또 다른 예를 들면, 현재 수의사가 되기를 원하는 젊은 여자가 있다고 하자. 어린 시절 그녀는 개구리를 해부하는 것에 흥미를 느꼈으며, 개구리에 대한 해박한 지식으로 주위 사람들에게 칭찬을 받았다. 결국은 현재 수의학 관련 강좌를 수강하고 있다. 여기서 그녀가 가진 처음의 동기인 개구리 해부에 대한 관심과 지금 현재 가지고 있는 동기인 수의사가 되고 싶어 하는 욕구는 본질적으로 차이가 있다. 물론 동기는 유지되지만 처음 가진 동기와 전혀 다른 동기가 현재의 행동에 나타난다. 이것이 기능적 자율성의 본질이다(이훈구 역, 1998, p. 341). 이러한 기능적 자율성의 이해를 돕기 위해 또 한 가지 예를 들어 보자.

• • •

장차 국가대표 축구팀의 트레이너를 꿈꾸며, 현재 야구 구단에서 인턴 트레이너 생활을 하고 있는 한 청년이 있다고 하자. 그는 중학교에 입학하기 전까지는 공부보다 축구가 좋아서 학교를 갈 정도로 축구를 좋아했다. 그 당시 그의 꿈은 유명한 축구선수였다. 하지만 개인 사정으로 인해 축구를 할 수 없게 되자 대학에서 물리치료를 전공하고, 축구팀의 트레이너로 꿈을 바꾼다. 이 청년을 기능적 자율성이라는 관점에서 살펴보면, 그가 초등학교 시절 축구선수가 되고자 했던 동기와 청년이 되어서 축구 트레이너가 되고자 하는 동기는 근본적으로 다르다고 볼 수 있다. 즉, 그는 과거의 동기와는 전혀 다른 새로운 동기를 갖게 된 것이다.

• • •

올포트는 이러한 기능적 자율성을 '지속적 기능 자율성' 과 '고유자아 기능 자율성' 의 두 가지 수준으로 구분하여 설명하였다.

(1) 지속적 기능 자율성

지속적 기능 자율성(perseverative functional autonomy)은 '인내적 기능 자율성'이라고도 하며, 조직체의 유지를 돕는 기능을 하는 것을 의미한다. 이는 단순한 신경학적 원리로 통제되는 신경 계통 속에서의 반사적 기제 또는 피드백(feedback) 기제를 말한다(이훈구 역, 1998, p. 342). 지속적 기능 자율성은 가장 기초적이고 습관적인 행동과 관련이 있다. 예를 들면, 유아의 종알거림이나 매일 같은 시간에 식사하는 것으로, 생리적이거나 신체적인 활동이 이에 해당한다.

(2) 고유자아 기능 자율성

고유자아 기능 자율성(propriate functional autonomy)은 '자아적 기능 자율성' 이라고도 하며, 각 개인이 획득한 흥미, 가치, 태도, 의도 등을 말한다. 즉, 성인의 성격을 통합하는 본질이 되는 개념이다(이훈구 역, 1998, p. 342). 따라서 성인이 가진 동기를 이해하는 데 필수적이며 중요한 개념이다. 각 개인의 고유자아는 독특하며, 이는 그 개인의 동기를 결정한다. 그리고 한 개인이 자아상을 추구하고 삶의 양식을 풍요롭게 하는 데 기여한다. 고유자아 기능 자율성은 세 가지 원리로 이루어진다.

첫째, 자신의 에너지 수준을 조직화하는 원리인데, 이는 새로운 동기가 획득되는 것을 설명하는 것이다. 즉, 개인이 소유하고 있는 에너지 수준이 생존 욕구나 즉각적인 적응을 위한 요구를 충족하기 위해 필요한 에너지보다 많은 수준일 때 고유자아 자율성이 가능하다는 것이다.

둘째, 경험의 숙달과 능력의 원리인데, 이는 인간이 동기를 만족시키려고 선택하는 높은 수준을 의미한다. 즉, 성숙한 성인은 새로운 기술을 숙달하고, 보다 효율적으로 수행하며, 자신의 능력 수준을 향상시키고자 하는 동기를 갖는다는 것이다.

셋째, 자아 통합의 원리인데, 이는 성격의 일관성과 통합을 추구하는 것을 의미한다. 즉, 자신의 자화상을 향상시키는 것은 유지하고, 그렇지 않은 것은 버리면서 자기에 대한 지각 및 인지 과정을 조직화하는 것이다.

3) 부적응의 원인

올포트는 자신의 성격이론을 심리치료에 직접적으로 적용하지는 않았다. 그는 심리치료자가 아니었기 때문에 부적응의 원인과 구체적인 치료 기법을 제안하지는 않았다. 그의 이론은 인본주의에 바탕을 두고 있기 때문에 병적인 것보다는 개인의 능력과 성장에 초점을 두고 있으며, 주로 정상인을 대상으로 성격 특질을 파악하려고 하였다. 그는 심리적 건강은 신경증과 같은 문제 증상의 유무가 아니라 자기존중 능력의 여부에 달려 있다고 주장했다. 하지만 굳이 올포트의 이론에서 부적응의 원인을 찾으면 다음과 같다.

첫째, 고유자아의 기능이 발달단계에 따라 적절히 발달하지 않을 때 부적응이 일어난다. 예를 들어, 열등감을 지나치게 갖고 있거나 양심의 기준이 높으면 고유자아의 적절한 발달이 이루어지지 않게 되고 결국 이것은 문제 증상의 발생으로 연결된다.

둘째, 기능적 자율성이 제대로 발휘되지 않아서 현재의 동기가 원래 나타났던 과거 경험과 기능적으로 관련이 있을 때 부적응이 나타난다.

4) 도식화

올포트의 특질이론의 핵심 개념들의 관계를 도식화하면 [그림 6-2]와 같다.

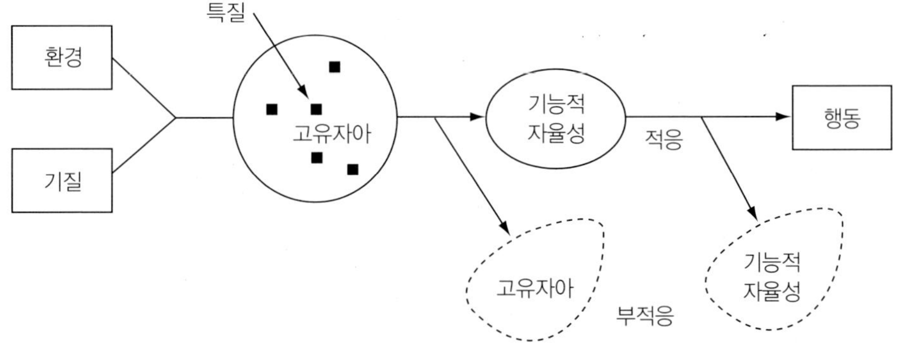

• 그림 6-2 • 올포트의 특질이론의 도식화

[그림 6-2]를 설명하면 다음과 같다.

첫째, 인간은 환경적인 요인과 기질적인 요인 모두의 영향을 받아서 특질들로 구성된 고유자아를 형성하게 된다. 이와 같은 고유자아와 환경이 상호작용을 하여 행동을 유발한다.

둘째, 고유자아는 주관적 경험인 '자기' 자신을 의미하는 것으로서 이것이 한 개인의 특질들을 통합하고 일생 동안 인생의 방향을 제시하는 주체적인 역할을 한다.

셋째, 고유자아가 행동으로 나타나기 위해서는 동기가 필요한데, 기능적 자율성이란 인간의 동기는 바뀔 수 있다는 것을 전제한 것으로, 성인의 동기는 인생 초기에 가졌던 동기와 다르다고 하였다.

넷째, 개인의 고유자아와 환경이 상호작용하는 과정에서 고유자아가 부적절하게 형성되거나 기능적 자율성이 발휘되지 않을 때 부적응 증상이 나타난다.

제3절 평 가

1. 성격 연구 및 적용

1) 성격 연구

올포트는 특질을 연구할 때 체계적인 프로그램을 만들지 않았기 때문에 경험적인 연구가 보고된 사례가 많지 않다. 이러한 이유로 그가 주장한 개념들은 심리학에 끼친 영향력에 비하여 실제로는 광범위하게 연구되지 못하였다. 그는 개인의 개성을 강조하였기 때문에 많은 피험자들을 연구 대상으로 하는 양적인 방법보다는 소수의 피험자들을 연구 대상으로 하는 질적인 방법으로 대부분 연구를 하였다. 그의 대표적인 연구를 살펴보면 다음과 같다.

(1) 제니의 편지

올포트는 한 개인의 성격을 이해하기 위하여 일기, 편지, 자서전, 면담 등의 개인적 기록물을 사용할 것을 주장하였다. 1965년에 출간된 『제니의 편지』는 11년 동안 쓴 301통의 편지를 수집하여 한 개인의 성격을 분석한 대표적인 사례다.

제니는 아들을 낳기 전에 남편을 잃었다. 아들이 군대에 가기 전까지는 모자 사이가 좋았는데, 아들이 군에 다녀 온 후로 변했고, 모자는 자주 다투게 되었다. 이러한 상황에서 그녀가 쓴 편지들을 가지고 그녀의 성격 특질을 파악하였다. 올포트는 36명의 판단자에게 제니의 편지를 읽게 한 다음, 198개의 특질 명칭을 기술하게 하였다. 유사한 것과 겹치는 특질을 제거한 후, 최종적으로 8개의 성격 특질을 추출해 내었다. 그 후에 볼드윈(Baldwin, 1942)은 올포트의 자료를 통계적으로 분석하여 8개의 중심 특질을 재발견함으로써 올포트의 연구를 지지하였다(홍숙기 역, 2008, p. 249).

(2) 표현행동(Expressive Behaviors)의 연구

올포트는 인간의 모든 행동에는 두 가지 구성요소가 있다고 주장하였다.

첫째는 '적응적 구성요소' 인데, 이는 주로 행위의 기능적 가치, 이것이 만들어 내는 효과나 이것이 귀착하는 목표와 관계된다.

둘째는 '표현적 구성요소' 인데, 이는 행위를 수행하는 방법이나 스타일을 말한다(이상로 공역, 1997, p. 501). 그는 개인이 보이는 행동의 스타일, 즉 표정, 음성, 필적, 걸음걸이 등을 분석하면, 그 개인의 성격적인 특질들을 파악할 수 있다고 하였다. 즉, 한 순간의 요구로 나타나는 행동일지라도 그 행동은 그 개인의 성향과 관련하여 나타난다는 것이다.

올포트와 버논(Allport & Vernon, 1933)은 피험자들의 행동으로 개인이 가지고 있는 성격 특질을 연구하였다. 그들은 25명의 피험자를 대상으로 3회에 걸쳐 4주간의 간격으로 행동을 조사하였다. 조사는 몸무게, 걷는 속도, 악수의 강도, 말의 유창성, 단정함, 음성 강도 등 38개 항목에 대한 평정자들의 관찰로 이루어졌다. 연구 결과, 피험자들이 보이는 행동 및 평정치들이 일관성 있게 나타난 것을 확인하였다. 사용된 38개의 측정치가 서로 정적인 상관이 있는 것으로 나타났으며, 표현된 개인의 행동은 그 개인의 태도와 특질 그리고 가치 등의 내적인 특성과 일치하였다(홍숙기 역, 2008, p. 250).

2) 평가 기법

올포트는 성격을 평가하는 기법으로 다양한 방법을 사용하였다. 그는 체질 및 생리적인 진단, 개인적 자료와 사례 연구, 자기평가, 행동 표본, 등급평가, 검사와 척도, 투사 기법, 심층 분석, 표현행동의 다양한 방법을 제안하였다(이재창 공저, 2009, p. 168). 그가 개발한 대표적인 검사 도구에는 '가치 연구 질문지'가 있으며, 구체적인 내용은 다음과 같다.

올포트는 현재의 욕구를 바탕으로 한 정상인의 동기에 관심이 있었으므로 무의식을 표현하는 투사적인 기법보다 자기보고식 질문지를 선호하였다. 그는 개인의 생활철학이나 가치체계로 개인의 중심 성향을 파악할 수 있다고 보았다. 그는 1931년에 버논과 같이 '가치 연구'라는 검사 도구를 고안하였다. 이 척도는 한 개인이 삶에서 가치를 강조하는

정도를 측정한다. 6개의 영역, 즉 이론적 가치, 경제적 가치, 심미적 가치, 사회적 가치, 정치적 가치, 종교적 가치가 그것인데, 이 척도의 신뢰도는 양호한 것으로 나타났으며, 구인타당도를 평가한 연구에서도 지지되었다. 예를 들면, 경영학과 학생들은 경제적 가치에서, 미술학도들은 심미적 가치에서, 목사들은 종교적 가치에서 최고점을 기록하였다.

2. 공헌점 및 한계점

1) 공헌점

첫째, 올포트의 특질이론은 인간의 성격을 가장 잘 설명하고 있는 성격이론이다. 그는 자신의 이론을 심리치료 장면에 접목시키려고 노력하지 않았다. 하지만 각 개인이 가지고 있는 고유한 특성이 다르다는 것을 밝혀냄으로써 인간에 대한 이해를 도와 성격심리학을 대표하는 이론이라는 평가를 받고 있다.

둘째, 올포트의 성격이론은 성격심리학을 과학의 영역으로 끌어올렸다. 그는 심리학이 과학처럼 의미 있는 단위를 가질 필요가 있으며, 성격의 연구에서도 구성요소를 밝혀야 한다고 주장하였다. 따라서 그의 이론에서는 개인의 특질이 성격의 기본 구성요소로서 적절하다고 보고, 인간의 특질이라는 개념을 체계화하여 성격심리학을 과학의 영역으로 인정받도록 하였다.

셋째, 올포트는 인간을 인본주의적인 입장에서 긍정적으로 바라보았다. 그는 각 개인이 가지고 있는 개성과 독특성을 인정하였으며, 인간이란 잠재력을 가지고 끊임없이 성장과 변화를 추구하는 존재로 이해하였다. 그리고 인간은 과거에 매인 존재가 아니라 현재에 뿌리를 두고 미래지향적인 삶을 살아가는 존재라고 주장하였다.

넷째, 올포트가 사용한 개체 기술적 연구 방법은 두 가지 심리학 분야, 즉 심리측정과 법칙 정립적 연구를 강조하는 심리학과 사례 연구를 보다 강조하는 임상심리학을 연결하는 다리 역할을 하였다. 또한 기능적 자율성과 고유자아와 같은 개념은 치료 장면의 임상가들에게 유용하게 적용되었다.

다섯째, 올포트는 인간을 합리적인 존재로 보았다. 또한 인간을 합리적으로 이끌어 가는 '자아'라는 개념을 밝히고자 하였다. 그리고 인간이 무의식적인 과정에 의해 움직이는 존재가 아니고 합리적인 존재라는 것을 입증하기 위해 개인의 자기보고식 질문지, 개인의 기록물 등을 분석에 사용하였다(홍숙기 역, 2008, p. 268). 또한 그는 병리적인 사람보다 건강한 사람을 대상으로 인간의 성격을 이해하려고 하였다.

2) 한계점

첫째, 그가 제시한 주요 개념들은 정의가 명확하지 않다. 그는 고유자아나 기능적 자율성의 정의와 내용을 명확하게 제시하지 못하였다. 또한 동기가 어떻게 기능적 자율성을 획득하는지를 설명하지 못하였다. 이것은 그의 특질이론을 뒷받침하는 경험적인 연구가 부족하기 때문으로 여겨진다.

둘째, 올포트는 개인의 독특성을 지나치게 강조하였기 때문에 그의 연구에서 나타난 결과를 일반화하기에는 한계가 있다. 그의 연구는 개인의 개성과 독특성을 파악하는 데 초점을 두어서 개별 사례적인 접근을 주로 하였다. 개인은 모두 다 다른 특질을 가지고 있고, 사례마다 다른 결과를 보여 주어서 다양한 사람에게 보편적으로 적용하기에는 한계가 있다. 흥미롭게도 '제니의 사례'를 제외하고는 그의 개별 사례에 대한 연구는 학계에 보고되지 않았다.

셋째, 올포트의 특질이론에서는 겉으로 보이는 개인의 행동으로 '그 사람이 어떤 사람이다.' 라고 이해한다. 그는 개인이 가지고 있는 특질이 행동으로 표현된다고 보는 입장이다. 하지만 내면적인 특질이 외현적인 행동으로 나타나는 과정에 대한 설명이 명확하지 않다.

넷째, 올포트의 특질이론은 사회적 · 문화적인 영향력을 간과하였다는 지적을 받고 있다. 성격 연구에 대한 올포트의 주된 초점은 각 개인이 가지고 있는 독특성을 밝혀내는 데 있었다. 그리고 개인의 고유자아가 어떻게 발달하는지에 관심이 있었다. 따라서 그는 한 개인의 내적인 특성에 집중한 까닭에 인간의 성격 형성에 영향을 미치는 사회적 · 문화적인 배경을 소홀히 하였다. 예를 들면, 어떤 문화에서는 한 개인의 현재의 동기가 과거와 다를 수 있지만, 다른 문화에서는 과거의 동기가 현재까지 지속될 수도 있다.

3. 정신분석이론과 특질이론의 비교

프로이트의 정신분석이론과 올포트의 특질이론을 비교하면 〈표 6-1〉과 같다.

인간관을 비교해 보면 다음과 같다.

첫째, 낙관론과 비관론의 측면에서 올포트는 인간을 자기를 창조하는 능력이 있는 긍정적인 존재로 본 반면에 프로이트는 성 본능의 지배를 받는 부정적 존재로 보았다.

둘째, 유전론과 환경론의 측면에서 올포트는 유전과 환경의 영향을 동시에 받는다는 입장인 반면에, 프로이트는 유전을 중시하였다.

셋째, 결정론과 자유론의 측면에서 올포트는 어느 정도 결정론을 지지하지만 고유자아가 지속적으로 발달하며 동기가 변화한다고 보기 때문에 자유론적인 관점에 더 비중이 있다. 이는 유전에 의한 결정을 주장한 프로이트와는 다르다.

• 표 6-1 • 정신분석이론과 특질이론의 비교

구분	정신분석이론	특질이론
인간관	비관론, 유전론, 결정론, 전체론	낙관론, 유전과 환경의 양자론, 자유론, 전체론
성격의 구조	이드(id), 자아(ego), 초자아(super-ego)	특질(traits)
성격의 발달	심리성적 발달 5단계	고유자아의 발달 7단계
인간 이해 방법	정신 구조(이드, 자아, 초자아)	특질(traits)
행동의 원천	성 본능	동기
중요 시제	과거	현재와 미래
부적응의 원인	외상 경험의 억압, 고착, 성격체계 불균형	고유자아의 부적절한 발달, 기능적 자율성 미발휘
치료 목적	무의식의 의식화, 자아 기능의 강화	고유자아의 적절한 발달

넷째, 전체론과 요소론의 측면에서 올포트는 각 개인의 특질을 밝히고자 하는 요소적인 측면도 있지만 전체적으로 인간을 이해해야 한다는 관점이 더 큰 비중을 차지한다. 이는 프로이트의 견해와도 유사하다.

성격 구조와 발달의 측면에서 올포트는 성격의 구성요소는 특질이며, 특질이 통합된 성격은 고유자아라고 보았으며, 고유자아의 발달을 성격발달로 보았다. 하지만 프로이트는 성격의 구조를 이드, 자아, 초자아로 보고, 심리성적인 5단계 발달을 주장하였다.

인간 이해의 방법과 행동의 원천 측면에서 올포트는 특질을 통해 인간을 이해할 수 있으며, 동기가 행동을 유발한다고 보았다. 이는 프로이트가 행동을 성격 구조와 성 본능으로 바라본 것과 비교된다.

부적응의 원인과 치료 목적에서 올포트는 고유자아가 부적절하게 발달하고, 기능적 자율성이 발휘되지 않아서 문제 증상이 발생하며, 이를 치료하기 위해서는 고유자아가 적절하게 발달하도록 도와야 한다고 주장하였다. 이와는 다르게 프로이트는 외상 경험의 억압, 고착 및 성격 구조의 불균형으로 문제 증상이 발생하며, 이를 해결하기 위해 무의식을 의식화하고 자아 기능을 강화시켜야 한다고 주장하였다.

요 약

1. 올포트의 특질이론의 출현 배경은 그 당시 심리학의 주된 관심이었던 정신분석과 행동주의의 한계와 객관적인 관찰과 실험을 중시했던 시대 상황 등이다.
2. 올포트에게 영향을 미친 이론은 윌리엄 스턴의 과학적인 접근, 윌리엄 제임스의 인본주의적이고 실험적인 접근, 윌리엄 맥도갈의 동기이론, 학습이론, 현상학, 게슈탈트 심리학 등이다.
3. 올포트의 인간관은 낙관론, 유전과 환경의 양자론, 자유론 그리고 전체론적인 관점이다.
4. 올포트는 인간의 성격을 행동과 사고를 결정하는 역동적 조식으로 정의하고 있다. 성격은 다양한 특질로 구성된 고유자아로 이루어져 있다고 보고 있다. 그리고 성격의 발달은 고유자아의 성장에 따라 이루어지며, 고유자아의 발달단계를 7단계로 제시하고 있다.
5. 핵심 개념에는 특질, 고유자아, 기능적 자율성 등이 있다.
6. 부적응은 고유자아가 적절히 발달하지 못하거나 기능적 자율성이 제대로 발휘되지 않을 때 발생한다.
7. 성격 연구는 사례 연구와 같은 질적 연구를 주로 하였으며, 제니의 편지, 표현행동의 연구 등이 있다. 성격 평가 기법은 가치 연구 질문지가 대표적이다.
8. 공헌점은 인간의 성격을 가장 잘 설명하였으며, 인간을 긍정적이고 합리적인 존재로 보았다는 것이다. 또한 성격심리학을 과학의 영역으로 끌어올려 심리측정학과 임상심리학의 가교 역할을 하였다.
9. 비판점은 고유자아와 기능적 자율성 등의 주요 개념에 대한 정의가 명확하지 않으며, 사례 연구로 인한 일반화의 한계가 있으며, 특질이 외현적인 행동으로 발현되는 과정에 대한 설명이 명확하지 않고, 사회와 문화적인 영향력을 간과한 점 등을 들 수 있다.

제7장

커텔의 특질이론

레이몬드 버나드 커텔

인간의 성격을 설명하는 데 각 개인이 가지고 있는 특질에 초점을 둔 대표적인 학자는 레이몬드 커텔(Raymond Bernard Cattell, 1905~1998)이다. 그는 특질을 행동을 예측하고, 행동의 일관성을 설명하는 가설적인 구성 개념으로 보았다. 그는 같은 시대의 특질이론가인 올포트와 마찬가지로 정상인을 대상으로 연구하였으며, 개인이 가지고 있는 특질이 성격을 구성하는 기본 요소가 된다고 하였다. 하지만 올포트가 개인의 독특성에 초점을 두고 사례 연구를 통해 개체 기술적 접근을 한 반면에, 커텔은 보편성에 초점을 두고 요인 분석을 통하여 특질을 범주화하는 법칙 정립적(法則定立的) 접근을 했다.

커텔은 스피어만의 영향을 받아 성격 연구에서 요인 분석 방법을 사용하였으며, 손다이크의 영향을 받아 인간은 특정한 행동을 통하여 에르그(erg: 본능)를 충족시키는 것을 학습한다고 보았다. 또한 인간의 행동은 개인과 심리적 환경과의 상호작용의 결과라는 레빈의 장이론의 영향을 받아 개인의 행동이 성격과 환경의 상호작용으로 나타난다고 보았다.

커텔의 성격 연구에서 주목할 점은 자료 처리 방식에 있다. 그는 무수히 많은 사람을 대상으로 하여 수집된 자료를 '요인 분석' 이라는 통계적인 절차를 통해 공통된 요인을 추출하였다. 심지어 한 피험자의 경우에도 관찰, 질문지 등 여러 측정 방법을 이용하여 50여개 정도의 측정치를 수집하여 특질들을 분석하였다(노안영 공저, 2013, p. 260). 그는 많은 사람이 가지고 있는 보편적인 특질을 요인 분석 방법을 통해 밝히려고 한 점이 주목할 만하다.

커텔은 각종 심리검사 도구의 개발에 기여하였다. 또한 그는 인간의 성격의 본질을 객관적이고 과학적인 방법으로 연구하여 심리학을 과학으로 인정받도록 하는 데 공헌하였다. 그는 방대한 양의 논문과 저서를 남겼으며, 그의 특질이론은 여러 성격이론 중에서 인간의 성격을 가장 과학적으로 설명한 이론으로 평가받고 있다. 또한 그의 이론은 성격에 대한 성향적 관점이 다양한 성격에 대한 관점을 대표하는 이론으로 자리 매김하는 데 기여한 바가 크다.

제1절 서 론

1. 특질이론의 출현 배경

커텔의 특질 연구가 이루어진 1900년 중반 무렵에는 이미 여러 명의 특질이론가들이 활발하게 인간의 특질에 대한 연구를 진행하고 있었다. 그중 대표적인 특질이론가로 올포트가 있다. 올포트는 개인이 가진 독특성에 초점을 두었기 때문에 연구 방법에도 개별적인 사례들을 중심으로 한 질적 연구를 주로 사용하였다. 때문에 연구 결과를 다양한 사람에게 적용하는 데 한계점이 제기되었다. 커텔은 이런 올포트와는 다르게 모든 인간에게서 나타나는 보편적인 특질을 밝히는 데 초점을 두었다. 그는 수많은 사람을 대상으로 수집한 자료를 가지고 양적 연구 방법을 사용하여 인간 행동의 법칙을 밝히고자 하였다.

커텔은 영국에서 태어나 심리학을 전공했지만, 심리학자로서의 주요한 활동은 미국에서 시작하였다. 그가 활동하던 당시의 미국은 실용주의(pragmatism)가 주류를 이루던 시기다. 실용주의는 인간의 경험을 중요시하며, 인간의 지식을 실제에 사용하는 것이 중요하다는 관점을 가진 철학 사조다. 이러한 철학 사조는 당시 미국의 교육, 정치, 예술, 종교 등에 많은 영향을 주었을 뿐만 아니라 심리학에도 영향을 주어 심리학에서도 실용주의를 바탕으로 한 과학적 접근이 중요시되었다. 이러한 시대적인 흐름은 커텔의 성격 연구에서 개인의 특질을 과학적으로 분석하는 통계 방법에 영향을 주었다.

2. 커텔의 특질이론에 영향을 미친 이론

1) 스피어만의 요인 분석

1904년 심리학자이자 통계학자인 스피어만(Charles Spearman, 1863~1945)은 요인 분석이라는 기법을 개발하여 인간의 지능(Intelligence)이 두 가지 요인, 즉 일반요인과 특수요인으로 구성되어 있다는 '이요인설'을 제시하였다. 흔히 '머리가 좋다.' 또는 '나쁘다.'라는 말은 일반 지능이 '높다.' 또는 '낮다.'는 것을 의미한다. 그러나 일반 지능이 보통임에도 불구하고 계산 능력이 우수하다면 이는 특수 지능에 의한 결과다. 일반요인은 다양한 과제에 공통적으로 적용할 수 있는 문제해결 능력으로서 모든 지적 과제의 수행에 영향을 주는 반면에, 특수요인은 단지 특정 과제의 수행에만 관련이 되며, 여러 영역에 일반화할 수 있는 정보를 제공하지 못한다는 것이다. 커텔은 대학원 시절에 스피어만에게서 요인 분석 기법을 배우게 되어 이 기법을 성격 연구의 주된 연구 방법으로 사용하였다.

2) 맥도갈의 동기이론

윌리엄 맥도갈(William McDougall, 1875~1938)은 영국의 대표적인 심리학자다. 그는 인간은 18가지 본능을 타고나며, 그 본능이 인간의 행동을 결정하는 동기로 작용한다고 주장하였다. 이 본능으로는 부모의 돌보기, 탈출, 반발심, 호기심, 호전성, 주제 파악, 과시, 육아, 번식, 섭식, 군생, 획득, 건설 등이 있다. 그는 인간이 어떤 목표를 향하여 노력하는 것을 본능을 충족하기 위한 행동으로 보았다. 이를테면, 어린아이가 열기 어려운 우유병을 열심히 열려고 노력하는 것은 호기심이란 본능을 충족하려는 목적 때문이라는 것이다. 커텔 또한 인간에게는 개인을 동기화하는 선천적인 특질인 에르그(erg: 본능)가 있으며, 이 에르그에 의해 인간의 행동이 이루어진다고 보았다. 커텔은 11가지 에르그(예: 분노, 보호, 호소, 안전, 호기심 등)를 요인 분석을 통해 밝혀내었다. 맥도갈의 동기이론은 커텔의 특질이론의 핵심 개념인 에르그에 영향을 주었다.

3) 학습이론

커텔의 이론을 살펴보면, 성격발달에 고전적 조건형성과 조작적 조건형성 등의 학습이론(learning theory)이 반영되어 있음을 알 수 있다. 그는 고전적 조건형성이론의 영향을 받아 인간은 특수한 환경 자극에 대해 정서적으로 반응하게 된다고 하였다. 또한 조작적 조건형성이론의 영향을 받아 인간은 특정 행동을 통하여 자신의 에르그들을 충족하는 것을 학습한다고 보았다. 또한 그는 역동적 특질인 에르그와 감정 그리고 태도는 서로 상보적인 관계에 있다고 하였다. 즉, 이와 같은 세 가지 역동적인 특질이 행동을 증가시키기도 하고 감소시키기도 하는 학습 기제로 작용하고 있다는 것이다.

4) 레빈의 장이론

레빈(Kurt Lewin, 1890~1947)은 인간의 행동을 결정하는 환경은 물리적 · 지리적 환경이 아니라 심리적 환경이라고 강조하면서, 심리적 환경을 생활공간(life space)이라고 하였다. 그는 행동을 개인과 환경 사이에서 일어나는 함수 관계로 보고, 'B=f(P · E)'의 방정식으로 설명하였다. 여기서 개인과 환경의 함수 관계라는 뜻은 생활공간으로서 동기, 능력, 습관 등 심리학적으로 의미 있는 공간을 뜻하며, 어떤 행동이 어떻게 나타나는가를 정하는 조건이라고 하였다. 커텔도 이러한 레빈의 입장과 비슷하다. 커텔은 인간의 행동에서 현재를 강조하며, 개인의 특질과 상황(S: Situation)의 상호작용으로 행동이 유발된다고 보았다. 즉, 'R=f(P, S)' 의 함수 관계로 행동을 설명하고 있다.

3. 생애가 이론에 미친 영향

레이몬드 커텔은 1905년 영국의 스태퍼드샤(Staffordshire)에서 태어났다. 그의 어린 시절에 대하여 알려진 바는 그리 많지 않지만, 엄격함과 허용이 적절히 조화된 부모님의 양육을 받았으며, 대체로 행복한 아동기를 보냈다고 전해진다. 1914년 커텔이 9세가 되던 해에 제1차 세계대전이 일어났다. 그는 어린 나이였지만 전쟁으로 부상을 입고 죽음을 당한 군인들을 보고 인생의 덧없음을 느꼈다고 한다(노안영 공저, 2013, p. 261). 그는 16세에 런던 대학교에 입학하여 학부에서 물리학과 화학을 전공하면서 화학자인 멘델레예프(Mendeleyev)의 원소 주기율표에 크게 탄복하여 자신도 성격을 구성하는 요소들을 찾아내는 연구에 평생을 바쳐야겠다는 결심을 하였다고 전해진다(민경환, 2002). 졸업 후에는 사회 문제에 대해 관심을 가지게 되어 1924년 런던 대학교에서 물리학이나 화학보다 인간 정신을 연구하는 심리학을 공부하기로 결심하고, 심리학 대학원 과정에 입학한다. 그곳에서 인간의 지능에 대해 이요인설을 주장한 유명한 심리학자이자 통계학자인 스피어만을 만나게 된다. 그에게서 요인 분석에 대하여 배우고, 후에는 커텔 자신의 특질이론에 이 분석 방법을 활용하였다.

1929년에 박사학위를 받고 난 후, 몇 년은 정착하지 못하고 떠돌아 다닌다. 그 기간 동안에 과로, 영양 결핍, 만성 소화 장애 등을 겪었으며, 생활고와 일에 지나치게 몰두한 나머지 첫 번째 부인과 이혼하게 된다. 커텔은 박사학위를 받은 지 8년 정도 지난 후인 1937년에 손다이크(Edward Thorndike)로부터 콜롬비아 대학교의 초빙을 받고 그와 같이 일하게 되면서 인생의 전환점을 맞이하게 된다. 손다이크는 도구적 학습이론으로 유명한 행동주의자로서 커텔의 성격 연구에 큰 영향을 미쳤다. 영국에서 미국으로 건너간 그는 1939년에 클라크 대학교를 거쳐 1941년에 하버드 대학교에 재직하게 된다. 이때 그는 올포트, 머레이, 셀돈 등과 교류를 하게 된다. 40세가 되던 1945년에 일리노이 대학교로 자리를 옮겨 연구교수 겸 성격 측정 실험실 소장으로 30년을 재직하였다. 수학자였던 두 번째 부인은 그의 성격 연구에 주요한 동역자가 되었다고 한다. 1953년에는 심리학에 대한 공적을 인정받아 뉴욕 과학기술원에서 웨너-그렌상을 수상하였다. 1960년에는 다변인 실험심리학회의 창설을 주도하여 초대 회장을 지내기도 하였다.

그의 연구물과 저서는 놀랄 정도로 방대하다. 위긴스(Wiggins, 1968)에 따르면, 커텔은 1960년대 중반의 3년 동안 네 권의 책과 12편의 장과 40편의 논문 등을 합하여 4,000페이지에 달하는 분량을 출판하였다고 한다(홍숙기 역, 2008, p. 229). 그가 매일 밤 11시까지 연구에 매진했던 것을 알려 주는 에피소드가 있다. "나는 밤에 주차장에서 내 차를 매우 쉽게 찾을 수 있었다. 왜냐하면 남아 있는 차가 내 차밖에 없었기 때문이다."라는 농담 섞인 그의 말은 그의 연구 활동이 얼마나 왕성했는지를 확연히 보여 준다(노안영 공저, 2013, p. 262). 대표 저서에는 『성격의 기술과 측정(Description and measurement of personality, 1946)』, 『성격: 체계적, 이론적 및 사실적 연구(Personality: a systematic theoretical and factural study, 1950)』, 『성격의 과학적 분석(The scientific analysis of personality, 1966a)』 등이 있다(홍숙기 역, 2008, p. 230). 그는 대학에서 20년 동안 심리학 교수직에 있었고, 성격평가 실험실을 운영하였으며, 이 기간에 200여 편 이상의 논문과 15권의 책을 저술하였다. 1998년 93세의 나이로 생을 마감하였다.

제2절 주요 개념

1. 인간관

커텔의 특질이론의 인간에 대한 관점은 낙관론과 비관론의 중립적, 유전론과 환경론의 양자적, 자유론적 그리고 전체론적 관점이라고 할 수 있다.

1) 중립적 인간관

커텔은 모든 인간에게 존재하는 보편적인 특질을 찾아내고, 그 특질들로 인간의 행동을 예측하는 데 관심이 있었기 때문에 인간의 본성에 대하여 특정한 관점을 제시하지는 않았다. 다만, 특질들이 어떻게 환경과 상호작용하여 행동을 유발하는지를 밝히는 데 초점을 두었다. 그는 인간이 여러 특질을 가지고 있다고 하였는데, 예를 들어 인간이 공통적으로 가지고 있는 근원 특질은 정서적 불안정과 안정, 신뢰와 의심 등 긍정적인 측면과 부정적인 측면을 다 갖고 있다. 따라서 그는 인간을 긍정도 부정도 아닌 중립적인 존재로 보고 있음을 알 수 있다.

2) 유전론과 환경론의 양자적 인간관

커텔은 인간의 행동이 유전적인 요인과 환경적인 요인 둘 다의 영향을 받는다고 주장한다. 먼저 유전적인 요인의 영향을 받는다는 근거는 원천 특질과 역동적 특질 중 에르그에서 찾아볼 수 있다. 그는 원천 특질은 생득적으로 타고나는 기질적인 특질이며, 역동적 특질인 에르그도 태어날 때부터 존재하는 선천적인 특질이라고 하였다.

다음으로 환경적 요인의 영향을 받는다는 근거는 표면 특질과 역동적 특질 중 감정에서 찾을 수 있다. 그는 사람들이 보이는 행동을 통해 알 수 있는 표면 특질은 후천적인 경험에 의해 형성되는 특질이며, 역동적 특질 중 감정도 경험적인 특질이라고 하였다. 마지막으로 그는 쌍둥이들을 대상으로 한 연구에서 지능의 경우 유전이 80%이고, 환경이 20%라고 하였다. 이와는 반대로 신경증에 대한 연구에서는 유전적 원인이 30~40%이며, 환경적 원인이 60~70%라고 하였다(홍숙기 역, 2008, p. 202). 이와 같은 점들을 종합해 볼 때, 그는 인간이 유전과 환경의 영향을 동시에 받는다는 입장을 취하고 있음을 알 수 있다.

3) 자유론적 인간관

커텔은 인간의 성격을 '일관성이 있는 특질들의 집합' 이라고 보고 있지만, 성격은 고정된 것이 아니라 바뀔 수 있다는 자유론적인 관점을 가지고 있다. 그는 인간의 성격이 태어나서부터 노년기까지의 인생 전반에 걸쳐 변화한다고 보았다. 그는 이 점을 시간의 경과나 혹은 상황에 따라서 변하는 특질 연구로 밝히고 있다. 또한 핵심 개념 중의 하나인 '역동적 격자 도식' 을 살펴보면, 개인의 에르그, 감정 그리고 태도와 같은 역동적 특질은 일정한 방향으로만 움직이는 것이 아니라 여러 방향으로 움직이는 것을 알 수 있다. 즉, 역동적 특질이 상황에 따라 변할 수 있다는 것이다. 따라서 커텔은 인간을 시간과 상황에 따라 변할 수 있는 자유론적인 존재로 보고 있음을 알 수 있다.

4) 전체론적 인간관

커텔이 '16PF 질문지' 를 통하여 개인의 특질을 밝히려고 하였다는 점에서는 요소주의적인 관점을 가지고 있지만, 전체론적인 관점에서 인간을 이해하려고 한 측면이 더 크다고 볼 수 있다. 그는 단일한 특성만 가지고는 복잡한 인간의 성격을 정확히 이해할 수 없다고 하여 다변인적인 방법을 선호하였다. 다변인적 방법이란 '전체성'을 강조하는 접근 방법으로서, 한 개인이 가지고 있는 여러 특질을 다각적인 접근 방법을 통하여 밝히는 연구 방법이다(홍숙기 역, 2008, p. 253). 이는 인간의 행동을 설명하는 데 한 변인보다 여러 변인을 종합적으로 고려하여야 한다는 것을 의미한다. 또한 그는 역동적 특질인 에르그, 감정 및 태도가 서로 연결되어 있으며, 이 세 가지를 전체적인 틀에서 같이 고려할 때 개인의 행동을 이해할 수 있다고 하였다. 따라서 커텔은 전체론적인 관점에서 인간을 이해하려는 입장임을 알 수 있다.

2. 성격의 구조 및 발달

커텔의 특질이론은 체계이론의 관점에 근거한다. 체계란 '일정한 원리에 따라서 낱낱의 부분이 짜임새 있게 조직되어 통일된 전체를 이루는 것'을 의미하는데, 커텔은 인간의 성격을 구성하는 내적인 특질들이 서로 유기적으로 기능하고 있다고 보았다. 그리고 인간의 성격을 외부 환경과 관계하는 체계로 보고, 인간의 변화와 성장을 가능하게 하는 체계와 환경 간의 상호작용으로 설명하고자 하였다. 커텔의 인간의 성격에 대한 개념과 성격의 구조 그리고 성격의 발달에 대하여 살펴보면 다음과 같다.

1) 성격의 개념

커텔(1965)은 "성격은 개인이 어떤 환경에 처했을 때 그가 무엇을 할 것인지를 말해주는 것"이라고 정의하였다(이수연 공저, 2013, p. 327). 그는 개인의 행동은 그의 성격과 주어진 상황에 의해 결정되는 함수 관계라고 하였다. 즉, 성격은 한 개인의 행동을 예측하게 해 준다는 것이다. 그리고 그는 인간이 가지고 있는 특질이 성격의 구성요소가 된다고 하였다. 대부분의 특질이론가들이 행동에 영향을 주는 상황의 역할을 강조하지 않았지만, 그는 상황이 성격 특질과 결합하여 행동에 영향을 주는 방식을 설명하려고 하였다. 또한 상황의 영향을 설명하기 위해 상황을 분류하고 개인에게 미치는 상황의 영향을 평가하기 위한 모델을 제안하였다(노안영 공저, 2013, p. 262).

2) 성격의 구조

커텔은 특질이 한 개인의 성격을 구성하는 기본 단위이며, 시간과 상황이 달라져도 일관성 있게 나타난다고 하였다. 그러나 커텔이 특질을 보는 관점은 올포트와는 약간

다르다. 올포트는 특질을 인간 내부에 실재하는 것이라고 본 반면, 커텔은 특질을 인간의 행동을 객관적으로 관찰한 뒤 추론한 가설적 혹은 상상적 구성 개념이라고 하였다. 즉, 특질은 행동으로부터 추론된 정신 구조이며, 행동의 규칙성 또는 일관성을 설명하는 구성 개념이라는 것이다(Mischel, Shoda, & Smith, 2004; 이수연 공저, 2013, p. 328 재인용). 커텔은 이러한 특질을 다양한 유형으로 구분하여 제시하였다. 먼저 보편성을 기준으로 공통 특질과 독특한 특질로 나누었다. 다음으로 안정성을 기준으로 원천 특질과 표면 특질로 나누었다. 마지막으로 지 · 정 · 의 삼분법에 근거하여 능력 특질, 기질 특질, 역동적 특질 등을 제시하였다. 각 특질의 유형을 구체적으로 살펴보면 다음과 같다.

(1) 공통 특질과 독특한 특질

공통 특질과 독특한 특질은 보편성을 기준으로 구분한 특질이다. 먼저 공통 특질(common traits)은 모든 사람에게서 나타날 수 있는 보편적인 특질을 의미한다. 보편적이라 함은 대다수의 사람에게서 일반적으로 나타날 수 있다는 것을 의미하며, 어느 정도 유전적인 소인도 가지고 있음을 뜻한다. 특히 인간은 사회 환경의 영향을 받기 때문에 특정 사회 환경에서 살아가는 사람에게서 나타나는 공통된 특질을 의미한다. 예를 들면, 지능, 외향성, 군거성 등이 이에 해당한다.

독특한 특질(unique traits)은 대다수의 사람과 공유하지 않고 한 개인이나 소수에게만 나타나는 특질로서, 개인의 차이가 반영되기 때문에 다른 사람과의 구별을 가능하게 하는 특질을 의미한다. 예를 들면, 따뜻함, 소심함, 솔직함 등이 있다.

(2) 원천 특질과 표면 특질

원천 특질(source traits)과 표면 특질(surface traits)은 안정성과 영속성에 따라 구분한 특질이다. 커텔이 원천 특질과 표면 특질을 추출한 과정은 다음과 같다. 우선 성격의 특성을 나타내는 말 중 동의어를 한데 묶고, 나머지 상이한 것들 간에 상관분석을 하여 상관계수가 .60 이상 되는 것을 동일한 특성으로 보아 이것들을 표면 특질이라 불렀다. 이와 같은 표면 특질의 기저에는 이른바 소수의 원천 특질이 있다고 보았으며, 이것이 성격의 기저에서 영향력을 발휘한다고 하였다. 즉, 성격의 외현적 발현인 표면 특질은 원천 특질에서 생겨나는 특질인 것이다. 커텔은 인간 성격의 기본요인으로 16가지의 원천 특질을 확인하였다. 이는 객관적 성격검사로 잘 알려진 16PF(Sixteen Personality Factor)라는 검사 도구를 구성하고 있는 요인이다. 원천 특질과 표면 특질을 구체적으로 살펴보면 다음과 같다.

① 원천 특질

원천 특질(source traits)은 개인의 성격을 구성하는 핵심이 되는 특질로서 비교적 안정적이고 영속적인 특징을 가지고 있다. 이를테면 자아강도나 정서성과 신경증 등은 한 개인의 성격 특성의 기저에 깔려 있어서 행동에 영향을 미친다. 원천 특질은 행동의 일관성을 결정짓는 특질로서 표면 특질만큼 수가 많지 않다. 한 가지의 원천 특질에서 여러 표면 특질이 나타난다. 예를 들면, 한 개인이 낙천적인 원천 특질을 가지고 있다고 하자. 그러면 겉으로 드러나는 표면 특질은 말과 행동이 느리거나, 친절하거나, 잘 웃는 등의 여러 가지로 나타날 수 있다. 원천 특질은 체질 특질과 환경 조형 특질로도 구분한다. 체질 특질은 생물학적 특질에 기원을 두지만 반드시 타고나는 것은 아니다. 예를 들면, 술에 취했을 때 나타나는 부주의나 수다스러움같이 술버릇으로 보이는 행동이다. 환경 조형 특질은 사회제도나 객관적 현실의 영향을 받아 형성된 것으로, 성격에 어떤 패턴을 부여하여 학습된 특성과 행동이다.

② 표면 특질

표면 특질(surface traits)은 대다수의 사람이 겉으로 보이는 행동을 통하여 알 수 있는 특질로, 안정성과 영속성이 크지 않다는 것이 특징이다. 표면 특질은 모두 같아 보이는 일련의 행동으로 원천 특질에 의해 형성된다. 예를 들면, 인사를 잘하고, 미소를 짓고, 인사에 답하는 행동은 사람에게 일반적으로 나타나며, 이러한 행동은 '친절성'의 특질이라는 것을 누구나 알 수 있다는 것이다. 개인마다 가지고 있는 여러 가지 표면 특질의 기저에는 소수의 원천 특질이 존재한다. 이러한 표면 특질은 개인의 성격에 원천 특질만큼 큰 영향을 미치지는 않는다.

(3) 능력 특질과 기질 특질

먼저 능력 특질(ability traits)이란 우리가 세운 목표를 얼마나 잘 수행할 수 있는지에 대한 특질이다. 대표적인 능력 특질로 지능이 있으며, 이는 행동의 효율성을 결정한다. 커텔은 능력 특질인 지능을 결정지능(경험적)과 유동지능(선천적)으로 구분하여 제시하였다. 다음으로 기질 특질(temperament traits)은 한 개인의 정서의 수준과 행동 스타일을 결정한다. 이러한 기질 특질은 개인이 환경적인 자극에 얼마나 빠르게 적극적으로 그리고 정서적으로 반응하는지를 알 수 있게 해 준다(홍숙기 역, 2008, p. 232). 예를 들면, 느긋하거나 민첩하거나 초조한 것 등이 이에 해당한다.

(4) 역동적 특질

역동적 특질(dynamic traits)은 개인의 행동을 유발하는 근원적인 추진력을 의미하는 것으로서 동기, 흥미, 야망 등을 포함한다. 커텔은 역동적 특질을 에르그(erg), 감정(sentiment), 태도(attitude) 등의 세 가지로 구분하여 제시하였다.

첫째, 에르그란 선천적으로 가지고 태어나는 역동적인 특질 중 하나다. 에르그의 어원을 살펴보면, 그리스어인 'ergon'으로 일 혹은 에너지를 의미한다. 즉, 에르그는 한 개인의 모든 행동을 일으키는 에너지의 원천이나 추진력을 의미한다. 에르그는 가장 원초적이며 기초가 되는 특질이다. 이러한 에르그에는 몇 가지 특징이 있다. 먼저 개인이 특정한 자극에만 주의를 기울이게 하고, 다음으로 특정 자극에 대하여 정서적 반응을 유도하거나, 목표한 것을 이루기 위한 활동을 일으키고, 마지막으로 반응행동을 일으킨다. 한 예로 한 개인에게 나타나는 성적 에르그의 활동 과정을 보자. 개인은 성적 자극에 특별히 주의를 기울이게 되고, 이어서 그 자극에 대한 성적 욕구라는 정서적인 반응이 나타나고, 그 욕구를 충족시키기 위한 대상이나 상황을 찾고, 성욕을 충족시키는 직접적인 성적 행동을 한다(홍숙기 역, 2008, p. 233). 커텔은 요인 분석을 통하여 분노, 호소, 호기심, 혐오, 군거성, 배고픔, 보호, 안전, 자기표현, 자기 복종, 성(sex) 등의 11가지 에르그를 제시하였다(이수연 공저, 2013, p. 329).

둘째, 감정은 태도가 조직화된 구조로서 후천적인 경험을 통해 형성되는 근원 특질이다. 감정이 환경 조형 특질인 이유는 그것이 외적인 사회적 혹은 물리적 영향에서 생겨나기 때문이다. 학습을 통해 생겨난 감정은 환경 조형 특질로서 삶에서 그것이 더 이상 중요하지 않을 경우에는 사라지거나 바뀔 수 있다. 가족이나 학교, 친구들과의 경험을 토대로 감정이 생겨나기 때문에 감정은 개인마다 다르게 나타난다. 예를 들면, 기쁨이나 슬픔 그리고 우정 등이 이에 해당한다.

셋째, 태도는 개인 내에 있는 욕구나 흥미가 외적으로 표현되는 것을 의미한다. 예를 들면, 스포츠 신문을 늘 읽고, 프로 농구를 자주 보러 가고, 시간이 날 때마다 축구 경기를 시청하는 사람은 스포츠에 대한 욕구와 흥미가 이 같은 행동으로 나타나는 것이다. 따라서 태도를 보면, 개인의 내적인 관심이나 동기를 알 수 있다.

3) 성격의 발달

커텔은 인간의 성격은 유전과 환경 두 가지 요인의 영향을 받는다고 주장하였다. 유전적인 요인은 개인이 환경 속에서 하는 행동에 영향을 미치고 있으며, 환경적인 요인 또한 개인의 성격발달에 기여한다는 것이다. 그리고 인간의 성격은 유아기부터 노년기까지 6단계에 걸쳐 발달한다고 보았다.

(1) 성격발달의 원인

커텔이 말하는 인간의 성격발달의 원인을 유전과 환경, 학습 그리고 사회적 맥락의 측면에서 살펴보면 다음과 같다.

① 유전과 환경

커텔은 특정 개인에 대한 사람들의 반응 같은 환경적 요인이 성격발달에 간접적으로 영향을 미친다고 하였다. 예를 들면, 키가 크다는 것은 유전적 영향을 받은 것인데 주변 사람들이 유별나게 키가 큰 사람을 자주 언급하면 큰 키에 대한 그의 수줍음이 악화될 수 있다는 것이다. 또한 커텔은 '생물사회적 평균으로의 강제'의 원칙(a law of coercion to the biosocial mean)에 따라 환경적인 영향이 유전적 영향을 평균에 가깝게 만드는 경향성이 있다고 해도 유전적인 소인은 배제할 수 없다고 하였다. 예를 들면, 매우 흥분을 잘하는 사람은 가족이나 친구들에게 아무리 지적을 받아도 쉽게 차분한 사람으로 바뀌기는 어렵다는 것이다(홍숙기 역, 2008, p. 235). 이런 점으로 보아 인간은 유전과 환경의 영향을 동시에 받고 있음을 알 수 있다.

② 학 습

커텔은 인간의 성격발달에 두 가지 학습 원리를 적용하였다. 그중 하나는 고전적 조건형성으로서, 인간은 특수한 환경 자극에 대해 정서적으로 반응한다고 보는 것이다. 예를 들면, 한 사람이 밥상 앞에 앉는 것을 기피하는 것을 학습하는데, 이것은 과거에 밥상에 앉은 후에 부모가 싸우는 일이 많았기 때문에 밥상이 좋지 않은 일이 일어날 것이라는 신호가 되기 때문이다. 다음은 조작적 조건형성으로서 특정한 행동을 통하여 에르그를 충족시키는 것을 학습한다고 보는 것이다. 예를 들면, 불안을 느꼈을 때 교회에 간 것이 불안을 해소시켜 준 경우에 교회에 감으로써 불안을 해소하는 방법을 학습하게 된다는 것이다. 커텔은 또한 통합 학습(integration learning)을 인간의 성숙 차원으로 설명하고 있다. 이 말은 어떤 에르그의 충족은 허용하면서도, 다른 에르그는 얼마 동안 억압하거나 억제하거나 혹은 심지어 승화시키는 경향이 있다는 것이다(홍숙기 역, 2008, p. 236).

③ 사회적 맥락

커텔은 개인의 성격이 발달하는 방식은 그 개인이 속한 집단의 영향을 받아서 형성된다고 하였다. 집단으로는 일차적으로 가족 그리고 학교, 직장, 종교, 정당 더 나아가 국가를 들 수 있다. 각 집단마다 그들만의 제도와 풍습이 다르기 때문에 공동 속성이 존재한다는 것이다. 예를 들면, 국가마다 가지고 있는 국민의 성격적인 특성이 느긋함, 근면성, 투쟁 등으로 다르게 나타날 수 있다(홍숙기 역, 2008, p. 236).

(2) 성격발달 6단계

커텔이 주장한 인간의 성격발달 6단계를 제시하면 다음과 같다.

① 유아기(출생~6세)

유아기(infancy)는 성격 형성의 가장 중요한 시기로서, 이 시기에는 주로 부모나 형제의 영향을 받는다. 이 단계에서는 이유, 배변 훈련, 자아, 초자아 그리고 사회적 태도의 형성이 주요 발달 내용이 된다.

② 아동기(6~14세)

아동기(childhood)는 심리적으로 발생하는 문제가 거의 없는 시기로서, 유치원부터 초등학교에 걸친 시기다. 이 단계에서는 부모로부터 독립하려는 경향성과 또래와의 동일시가 주된 성격발달의 내용이 된다.

③ 청소년기(14~23세)

청소년기(adolescence)는 신체적인 변화와 자신에 대한 정체감의 확립이 요구되는 혼란스러운 시기이기 때문에 아동기보다 많은 문제와 스트레스에 노출된다. 이 시기에는 독립성, 성(sex), 자기표현 등에 대한 발달이 이루어질 뿐만 아니라 정서적 장애와 일탈행동이 나타난다.

④ 성인기(23~50세)

성인기(maturity)는 직업을 선택해야 하고, 결혼, 출산, 부모 역할 등과 관련된 일을 수행해야 하는 생산적인 시기다. 유아기부터 청소년기까지 발달한 개인의 성격은 이 시기에 안정이 되며, 흥미나 태도의 변화도 거의 일어나지 않는다.

⑤ 성인 후기(50~65세)

성인 후기(late maturity)는 성인기에 안정적이던 개인의 성격이 다시 한 번 변화를 겪는 시기다. 변화의 주된 내용은 신체적인 변화, 심리적인 변화 그리고 사회에서의 변화 등이다. 이 시기에는 건강의 약화로 인해 열정은 줄어들 수 있지만 자신의 가치에 대하여 생각하고, 자기를 찾는 노력을 하게 된다.

⑥ 노년기(65세 이후)

노년기(old age)는 인생의 마지막 단계로서, 자신의 인생을 되돌아보며 여러 가지 상실에 대하여 적응을 하는 시기다. 예를 들면, 직장에서의 은퇴, 배우자의 죽음, 친구나 지인들의 죽음 그리고 활동 영역에서의 지위 상실 등이 일어난다. 또한 이 시기에는 혼자라는 고독감과 죽음이 가까워졌다는 불안을 경험하면서 인생을 정리하게 된다.

3. 핵심 개념 및 도식화

커텔의 특질이론에서 주요 개념으로는 역동적 격자 도식, 요인 분석, 열거방정식 등이 있다. 구체적으로 살펴보면 다음과 같다.

1) 역동적 격자 도식

역동적 격자(dynamic lattice) 도식이란 역동적 특질인 에르그, 감정, 태도가 도식으로 표현된 것을 말한다. 커텔은 인간의 여러 가지 행동은 서로 관련이 있으며, 역동적 특질인 에르그와 감정 그리고 태도 등은 서로 밀접하게 연결되어 있다고 보았다. 이 세 가지 특질은 서로를 보조(subsidization)함으로써 상호 관련되어 있다는 것이다. 다시 말하면, 태도는 감정에 보조적이고, 감정은 에르그에 보조적이다. 그리고 같은 태도 수준에서 하나의 태도는 다른 태도에 보조적이 된다. 한편 에르그에서 감정으로 그리고 태도로 가면서 동기 과정이 더 구체적이 된다. 즉, 에르그에서 태도로 갈수록 실제적인 행동에 가까워진다는 것이다. 커텔의 역동적 격자 도식을 설명하면 다음과 같다.

> 우리는 에르그를 충족하기 위하여 감정을 가지며, 감정을 충족하기 위해 태도를 보인다. 예를 들면, 어떤 사람은 결혼하여 가정을 이루기 위해 돈을 벌고자 하며, 돈을 벌기 위해 대기업에서 일하려고 하고, 이를 위해 회계학을 배운다. 즉, 역동적 격자 도식은 목표 행동에 이르는 '순서도(flow chart)'라고 할 수 있다(Cattell, 1950; 홍숙기 역, 2008, p. 233).

커텔은 역동적 특질인 에르그와 감정 그리고 태도가 어떻게 연결되어 있는지를 도식으로 나타내어 설명하고 있다. 예를 들면, 한 남성의 역동적 격자 도식은 [그림 7-1]과 같다.

[그림 7-1]을 살펴보면, 오른쪽 부분은 이 청년의 에르그들, 즉 그의 삶을 이끄는 기본적인 동기다. 그림의 중간에는 아내, 국가, 정당, 신 등과 같은 몇 가지 감정이 있다. 각각의 감정이 몇 가지 에르그에 의해 결정되거나, 그들에게 속하게 된다는 것을 알 수

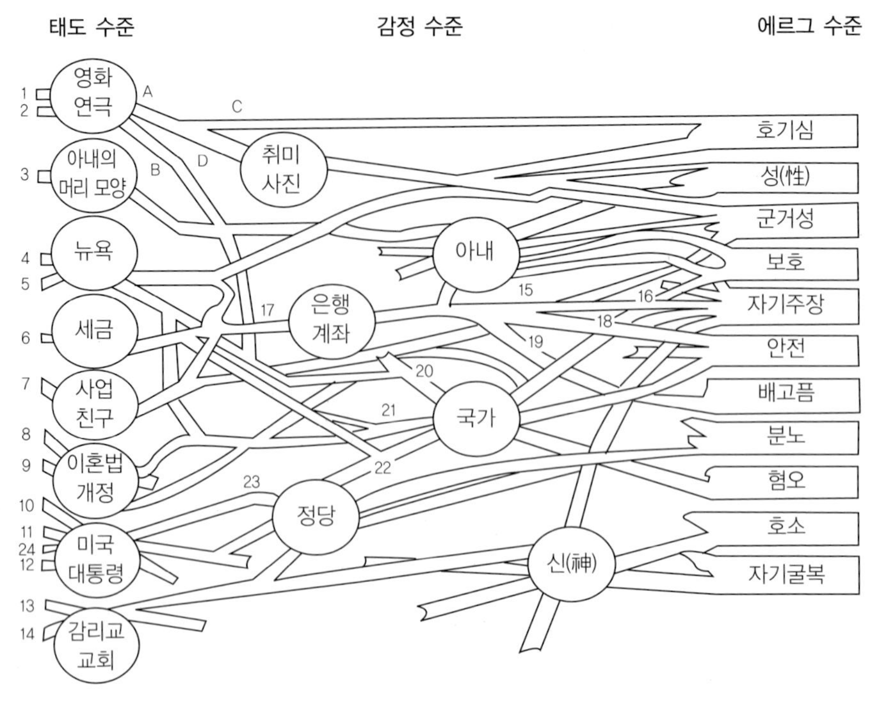

• 그림 7-1 • 역동적 격자 도식의 예

출처: 홍숙기 역, 2008, p. 234.

있다. 그림의 왼쪽 부분은 몇 가지 대상 혹은 행동에 대한 그 개인의 태도를 나타낸다. 각각의 태도는 몇 가지 감정에 속하게 되며, 몇 개는 하나의 에르그에 직접 연결이 되어 있다. 즉, 에르그와 감정 그리고 태도 등은 서로 보조적인 관계이며, 에르그는 감정을 통해 태도로 나타나는 것을 알 수 있다(홍숙기 역, 2008, p. 233). 예를 들면, 어떤 사람이 성적 에르그 때문에 결혼하여 아내와 가정을 이루게 되고, 결혼 생활 중에 아내의 머리 모양에 관심을 갖는 태도를 보이게 된다는 것이다.

2) 요인 분석

요인 분석(factor analysis)이란 추상적인 개념의 특성을 규명하기 위하여 문항이나 변인 간의 상관관계를 분석하여 상관이 높은 문항이나 변인을 묶어서 몇 개의 요인을 추출하고, 그 요인에 의미를 부여하는 통계 방법이다. 이 방법은 인간의 심리적 특성을 규명하기 위하여 개발된 통계적 방법으로, 처음에는 지능의 구성 개념을 밝히는 데 사용되었다. 그 후 기본적인 성격 특성을 알아내기 위하여 고안된 검사를 개발하는 데 사용되고 있다. 최근에는 구조 방정식 모형에서 잠재변수를 밝히는 데에도 사용된다(특수교육학 용어사전, 2009).

요인 분석의 기본 아이디어는 간단하다. 많은 사람을 대상으로 평가하였을 때, 둘 혹은 그 이상의 특징이 서로 함께 변화한다면, 그것은 소수의 공유된 기본 차원을 반영하는 것이다. 즉, 같이 변화하는 공분산의 패턴을 분석함으로써 측정된 변인의 기초에 깔려 있는 특성 차원을 발견할 수 있게 된다. 요인 분석은 본질적으로 보다 복잡한 형태의 상관이라 할 수 있다. 두 변인 사이의 상관을 보는 대신 많은 변인 사이의 상관 패턴을 보기 때문이다(김교헌 역, 2012, p. 102). 커텔은 인간의 성격이 수많은 특질로 구성되어 있다고 보았기 때문에 전통적인 이변량 분석 방법보다 다변량 분석 방법을 선호하였다. 이러한 이유로 그는 다변량 접근인 요인 분석 기법을 사용하여 모든 인간에게서 나타날 수 있는 보편적인 특질을 밝히는 데 주력하였으며, 16개의 성격 특성 요인을 추출하였다.

3) 열거방정식

커텔은 인간의 성격이란 '개인이 특정 상황에서 어떤 행동을 할지에 대해 예측할 수 있게 해 주는 모든 것'이라고 하였다. 열거방정식(列擧方程式)이란 다양한 방법으로 수집된 개인의 성격 특질을 대입하여 특정 상황에서 보일 수 있는 행동을 계산하는 수학 공식이다. 이를 통하여 개인이 특수한 상황에 어떠한 행동을 할지 예측할 수 있다고 하였다. 즉, 열거방정식을 통하여 개인의 성격을 알아낼 수 있다는 것이다. 이를 구체적으로 살펴보면 다음과 같다.

$$P_j = s_{jA}A \cdots + s_{jT}T \cdots + s_{jE}E \cdots + s_{jM}M \cdots + s_{jR}R \cdots + s_{jS}S$$

P_j = 상황 j에서의 수행

A = 능력 근원 특질

T = 기질 특질

E = 에르그 충동들

M = 감정

R = 그 상황이 요구하는 역할들

S = 일시적 기분과 신체 상태(예: 불안, 질병 등)

s = 상황 j의 중요성을 나타내기 위한 비중요인

이 공식을 설명하면, 한 주어진 상황(j)에서 한 개인의 행동(Pj)은 그 개인의 특질과 역할 및 상태, 즉 능력 특질(A), 기질 특질(T), 에르그(E), 감정(M), 역할(R), 상태(S)뿐만 아니라 이들 각각에 대하여 그 상황과의 관련성 정도에 따라 주어진 비중을 고려할 때 예측이 가능하다는 것이다. 여기에서 R(역할)과 S(상태)는 특질은 아니지만 상황을 고려하기 위한 조건들이다. 예를 들면, 정치가와 친구는 A, T, E, M, R, S가 서로 다르고, 이러한 특질과 상태의 중요성의 정도가 다르기 때문에 같은 질문에 대해 다르게 반응할 수 있다는 것이다. 커텔의 열거방정식은 인간행동의 복잡성을 인정하며, 일반화된 특질뿐만 아니라 일시적인 상황적 요인과 이들의 중요성이 행동의 발생에 영향을 미치고 있음을 보여 준다(홍숙기 역, 2008, p. 235).

4) 부적응의 원인

커텔의 이론에서 부적응의 원인을 구체적으로 살펴보면 다음과 같다.

첫째, 인간의 역동적 특질인 에르그가 충족되지 않고 좌절되면 갈등이 일어나고, 불안을 경험하게 되고, 궁극적으로는 신경증이 나타난다고 하였다. 즉, 인간의 근원적인 동기가 되는 에르그가 제대로 충족되지 못하면 부적응이 발생한다는 것이다. 다음은 에르그가 적절하게 충족되는지를 알아보기 위한 교차로 각본의 예다(홍숙기 역, 2008, p. 237).

1. 처음에 한 에르그를 충족하려고 시도한다. 이것이 가져올 수 있는 결과는?
   ① 충족의 확보
   ② 부적절한 소질로 인하여 충족 성취의 실패
   ③ 다른 에르그의 지배로 인하여 이 에르그 충족 시도의 지연
   ④ 어떤 장애물의 존재로 인하여 충족 성취의 실패
2. 이 장애물에 마주칠 때, 개인은 활동성을 증가시켜 충족을 성취할 수 있다. 그렇지 않은 경우 분노로써 반응하거나 백일몽이나 공상에 빠진다.
3. 반응이 분노이고 그 분노가 비효율적일 경우 개인이 할 수 있는 것은?
   ① 단순히 포기
   ② 공포와 철수로써 반응
   ③ 줄기차게 공격적이 됨
   ④ 공상을 통한 충족 추구
4. 반응이 절망이나 혹은 에르그 충족을 포기하는 것이라면 그 사람에게는 다음 4가지 가능성이 있다.
   ① 에르그를 억제
   ② 에르그를 억압

③ 에르그를 승화

④ 줄기차게 부적응적인 행동양식을 채택

5. 그 사람이 억압을 할 경우 다음과 같은 것이 나타날 수 있다.

① 무의식적 혹은 의식적 공상

② 성공적 억압

③ 불안정한 억압

④ 불수의적 승화

6. 불안정한 억압이 발생할 때 그 사람은 통상적인 정신분석적 방어기제를 사용하기 쉽다.

둘째, 커텔은 다양한 신경증과 정신병을 설명하는 데 필요한 12가지 비정상적인 요인을 밝혔다. 12가지의 비정상적인 성격 특질은 건강염려증, 자살 혐오, 욕구 불만, 불안, 우울, 죄책감, 절망감, 신경증, 신경쇠약, 일반적인 정신병, 편집증, 정신분열병 등이다. 이 중에서 8가지는 우울 특질이며, 나머지 4가지는 보다 심각한 정신병적 특질이다(이수연 공저, 2013, p. 334). 이러한 비정상적인 성격 특질은 모든 인간에게 나타날 수 있는 특질이다.

5) 도식화

커텔이 성격을 설명하는 데 사용한 수학적인 공식은 그의 이론을 가장 잘 보여 주고 있다.

[그림 7-2]에서 R은 개인의 행동 또는 반응(response or reaction)을, P는 개인의 성격(personality)을, S는 특정 상황 또는 자극(situation or stimulus)을 나타낸다. 앞 공식은 인간의 반응은 개인의 성격과 주어진 상황의 상호작용에 의해 결정되는 함수 관계에 있음을 의미한다. 즉, 개인의 성격과 환경의 상호작용이 개인의 행동을 유발한다는 것이다.

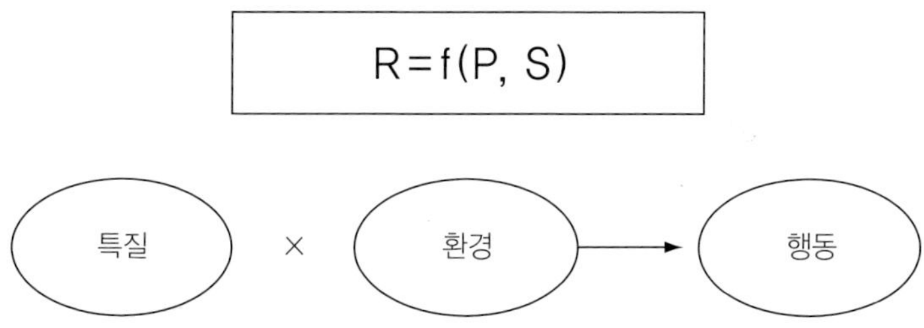

• 그림 7-2 • 커텔의 특질이론의 도식화

제3절 평 가

1. 성격 연구 및 적용

1) 성격 연구

커텔은 '성격'이라는 추상적인 개념을 파악하려면 화학의 '원소주기율표' 같은 분류법 체계가 필요하다고 하였다. 그는 성격을 구성하는 특질들의 체계가 있어야 인간의 적응이나 정신병리 등의 영역을 과학적으로 연구할 수 있다는 입장이다. 그리고 이전의 연구에서 영향을 주는 독립변인과 영향을 받는 종속변인과 같이 두 변인의 관계만 다루는 이변인적인 접근 방법은 다양하고 복잡한 인간을 이해하는 데 한계가 있다고 하였다. 대신에 그는 개인의 여러 측정치를 동시에 고려하는 다변인적인 접근이 필요하다고 주장하였다. 그는 무수히 많은 사람에게서 측정된 여러 특질을 범주화하는 작업인 요인 분석이라는 통계적인 접근을 사용하여 연구를 진행하였다. 요인 분석 기법을 활용하여 16개의 성격요인을 추출한 연구가 있다.

(1) 16PF 연구

커텔은 올포트와 오드버트(Allport & Odbert, 1936)가 추출한 특질들을 평정과 요인분석 절차를 거쳐 16가지 성격 요인(personality factors)을 도출하였다. 그는 16가지 요인 중에서 12가지 요인은 상당한 일치를 보이는 반면에, 4가지 요인은 검사에서만 고유한 요인이라고 결론지었다. 그는 이와 같은 연구를 계속하면서 동일한 요인이 객관적인 행동검사에서도 얻어질 수 있는지 확인하려 하였으며, 어떤 수행에 어떤 특질 요인이 동반되는지 확인하기 위해 수많은 사람에게 실험을 실시하였다. 〈표 7-1〉에서 알 수 있듯이 성격요인의 용어들은 상당히 일반적인 의미를 가지고 있으며, 특히 기질, 태도와 관련하여 지나치게 폭넓은 영역의 측면을 포괄하고 있다. 구체적인 16가지 성격요인은 〈표 7-1〉과 같다.

커텔의 16PF 검사는 사람들의 성격 평가에 다양하게 사용되고 있으며, 다른 성격 검사에도 영향을 주었다. 16PF 검사를 이용한 프로파일의 예를 들면 [그림 7-3]과 같다.

• 표 7-1 • 커텔의 16가지 성격 요인

요인	높은 점수	낮은 점수
A	내성적(Sizothymia)	외향적(Affectothymia)
B	낮은 지능(낮은 '일반요인 g')	높은 지능(높은 '일반요인 g')
C	감정적(낮은 자아강도)	안정적(높은 자아강도)
E	겸손함(존중성)	독단적(지배성)
F	침착함(Desurgency)	낙천적(Surgency)
G	편의주의(낮은 초자아)	양심적(높은 초자아)
H	수줍음(Threctia)	대담함(Parmia)
I	강건함(Harria)	민감함(Premsia)
L	신뢰함(Alaxia)	의심 많음(Protension)
M	실제적(Praxemia)	상상력이 풍부함(Autia)
N	솔직함(소박)	교활함(교활성)
O	평온함(자신감)	걱정 많음(죄책감)
Q_1	보수적(보수주의)	실험적(급진주의)
Q_2	집단에 연결됨(집단 집착)	남들을 필요로 하지 않음(자족)
Q_3	변덕스러움(낮은 통합)	자제함(높은 자기 개념)
Q_4	이완됨(낮은 에르그 긴장)	긴장함(에르그 긴장)

출처: 홍숙기 역, 2008, p. 260.

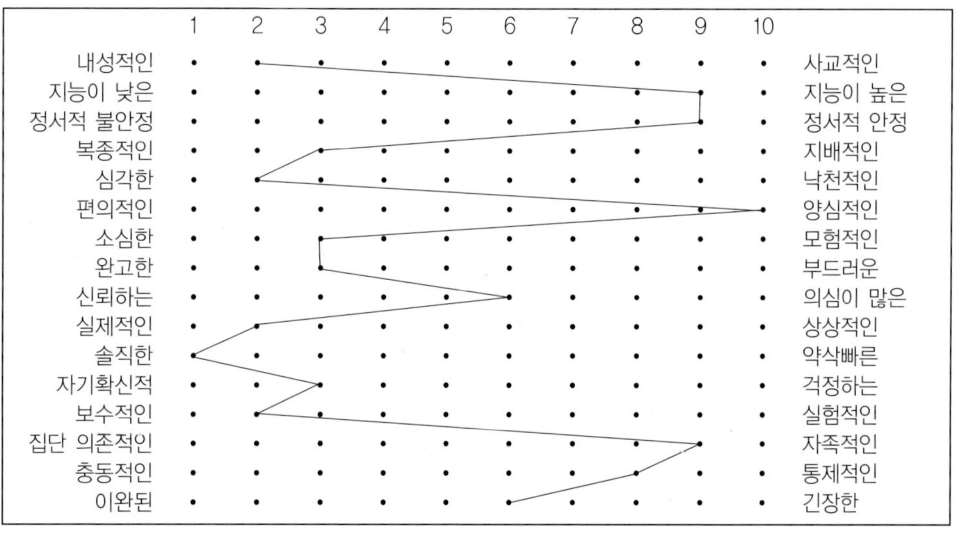

• 그림 7-3 • 전형적인 회계사 프로파일

출처: Ryckman, 2000.

(2) P 기법을 적용한 연구

P 기법(P-technique)이란 어느 일정 기간 동안에 한 개인이 지닌 에르그 패턴의 강도를 추적하기 위해 특별한 형태의 요인 분석 기법을 사용하는 방법을 뜻한다. 이 기법을 통하여 나온 점수는 우리에게 그 사람의 행동이 시간 경과에 따라 얼마나 안정적이며, 행동의 어떤 측면이 같이 변하는지를 말해 준다. 커텔은 역동적 특질인 에르그의 긴장 수준이 어떻게 변화하는지에 대한 연구를 실시하였다. 다음에 제시한 사례는 24세 대학생이 과학을 그만두고, 연극을 공부해야 할지를 놓고 가족과 갈등 상태에 있을 때, 그의 에르그 변화를 추적한 연구 사례다.

이 학생은 대학 연극에서 배역을 맡게 되어 매우 초조하였다. 그는 44일의 기간 중에 80회에 걸쳐 8개의 특질을 바탕으로 측정되었다. 그는 또한 동일한 기간 중에 일기를 썼다. [그림 7-4]에 이 8개 역동적 근원 특질의 강도가 44일 동안 어떻게 변화하는지가 나와 있다. 이 기간 중에 일기에 적힌 그의 삶에 일어난 중요한 사건 몇 가지가 그림의 하단부에 나타나 있다. 연극 리허설이 있었고, 감기에 걸렸고, 연극이 상연됐고, 아버지가 사고를 당했고, 가족을 돕지 않는다고 아주머니의 비난을 받았고, 지도교수가 적개심을 표현한 것에 대해 염려하였다. 해당 곡선을 검토함으로써 이러한 사건이 여러 가지 에르그 수준에 미친 효과를 추적할 수 있다 이 연구는 특질이 어떻게 수량화되어 한

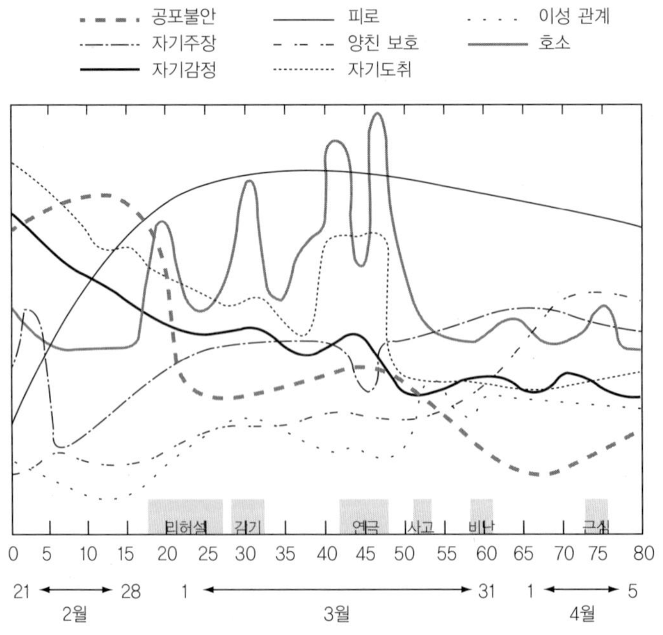

• 그림 7-4 • 한 개인의 장기간에 걸친 역동적 특질 강도의 변화

출처: 홍숙기 역, 2008, p. 240.

개인의 특수한 생활을 이해할 수 있는지를 보여 준다(홍숙기 역, 2008, p. 239).

2) 평가 기법

커텔이 자신의 성격 연구에서 자료를 조사하고 통계 분석을 하는 데 주로 사용하는 기법은 세 가지로 분류할 수 있다. 생활기록법(life records), 질문지법(questionnaires), 검사법(tests)이 그것이다. 성격평가를 위한 자료 수집과 관련하여 각 기법의 영문 단어의 첫 글자를 따서 'L-data' 'Q-data' 'T-data' 라고 부른다(Cattell, 1957; Winter & Barenbaum, 1999; 노안영 공저, 2013, p. 269). 구체적으로 살펴보면 다음과 같다.

(1) L-data

L-data 기법이란 생활기록법으로, 학교 교실이나 사무실 등과 같은 일상적인 공간에서 보이는 개인의 행동을 관찰하여 평가하는 것을 말한다. 이 기법의 장점은 통제된 실험실 상황이 아닌 자연스러운 상황에서 일어나는 행동을 관찰할 수 있다는 데 있다. 예를 들면, 한 학생의 학교생활을 관찰하여 그의 결석 빈도, 수업 태도, 친구 관계 등을 측정할 수 있다.

(2) Q-data

Q-data 기법이란 질문지법으로, 질문지를 통한 자기평정 기법을 말한다. 검사자는 피검사자에게 측정하고자 하는 내용이 포함된 질문지를 제시하고 피검사자로 하여금 자신을 평가하게 하는 자기보고식 평가 기법이다. 주로 개인의 행동, 정서, 사고 등을 측정할 수 있다. 이 기법은 사회적 바람직성을 배제할 수 없다는 한계점이 제기되기도 한다.

(3) T-data

T-data 기법은 객관적 검사(objective tests)로, 피검사자가 자신의 어떠한 측면이 평가되는지 알지 못하게 검사하는 기법이다. 일명 투사검사라고도 불리며, 로르샤하검사, 주제통각검사, 단어연상검사 등이 이에 해당한다. 피검사자가 자신이 받는 검사가 무엇을 알아내려고 하는지를 추측할 수 없다면, 방어가 어려워 보다 솔직하게 자신을 드러낸다는 장점이 있다.

2. 공헌점 및 한계점

1) 공헌점

첫째, 커텔의 특질이론은 성향적 관점이 성격심리학의 대표적인 관점으로 인정받는 데 기여하였다. 또한 그의 특질이론은 여러 가지 성격이론 중에서 인간의 성격을 가장 잘 설명한 이론이라는 평가를 받고 있다. 그 이유는 다양한 심리학자가 성격에 대해 내린 정의를 종합해 보면, 성격은 개인의 사고, 정서, 행동에 영향을 미치는 내적인 역동 과정이며, 개인마다 독특성을 가지고 있으며, 일관적으로 나타나는 경향성이다. 이와 같은 성격에 대한 정의는 커텔이 주장한 내용에 대부분 반영되어 있기 때문에 이런 평가는 어느 정도 타당하다고 여겨진다.

둘째, 커텔은 인간 성격의 본질을 객관적이고 과학적인 방법으로 밝히고자 하였다. 그는 인간의 성격을 연구하기 위해 다양한 사례를 대상으로 자료를 수집하였으며, 또한 그 자료에 대해 요인 분석이라는 통계절차를 사용하여 특질을 밝혔다(노안영 공저, 2013, p. 260). 그가 인간의 성격 특질을 찾아내는 차원에서 한 걸음 더 나아가 복잡한 인간의 성격을 과학적인 방법으로 체계화하려고 접근했다는 점이 주목할 만하다.

셋째, 커텔은 특질의 결정인자와 발달에 관심을 가졌다. 그는 인간의 특질에 유전과 환경이 함께 영향을 미치고 있음을 실증적인 연구를 통하여 확인하였다. 그는 연구를 통해 한 개인의 전체 성격의 2/3는 환경에 의해, 1/3은 유전에 의해 결정된다고 하였는데, 이는 행동유전학의 발전에 기여하였다(이수연 공저, 2013, p. 336). 또한 유아기에서 시작된 동일한 특질이 성인기에 걸쳐 발견된다는 점을 연구하여 특질의 안정성을 밝혔을 뿐만 아니라 여러 동기와 상황적인 요인에 따라 성격이 변화한다는 점, 즉 성격의 역동적인 측면을 밝혔다(민경환, 2003, p. 46).

넷째, 커텔의 특질에 대한 연구는 성격과 관련된 경험적 연구와 성격 평가 그리고 새로운 분석 기법의 발전에 기여하였다. 그는 어떤 성격이론보다 성격에 대한 경험적 연구가 가능하도록 하는 이론적 구조를 제공하여 성격에 대한 경험적 연구를 촉발시켰다(Wiggins, 1984, p. 190). 그의 요인 분석 방법은 새로운 다변량 기법이 개발되는 데 기여하였다. 그리고 그가 개발한 16PF검사는 성격평가에 광범위하게 적용되고 있으며, 그의 방식과 유사하게 성격을 평가하는 연구에 영향을 주었다.

2) 한계점

첫째, 커텔의 연구 방법은 지나치게 기계적이며 공식을 통해 인간을 이해하려고 한다는 비판을 받고 있다. 그의 연구는 주로 요인 분석 방법으로 이루어졌다. 그 때문에 기계적으로 인간의 성격을 파악하려 했다는 한계점이 있다. 그는 자신이 밝힌 성격 요인들은 화학의 원소주기율표와 같은 것이어서 성격을 이해하려면 16개의 근원 특질을 알아야 한다고 주장하였다. 하지만 인간이 가지고 있는 성격이 수학공식과 같은 몇 개의 특질만으로 설명될 수는 없다.

둘째, 커텔의 특질이론 연구에 보고된 자료의 일반화에 대한 비판이 있다. 그가 주로 자기보고식의 질문지를 사용하였기 때문에 피검사자들이 솔직하게 응답하였는지에 대한 문제, 즉 사회적 바람직성에 대한 문제로 비판을 받는다. 사용된 검사도구 또한 타당성이 입증되지 않았다는 점, 자료상의 정보를 넘어서는 이론적 추측을 한다는 점 역시 문제점으로 지적받고 있다.

셋째, 커텔의 성격이론은 인간의 개성과 독특성을 소홀히 하고 있다는 비판을 받기도 한다. 그는 인간의 보편적인 성격 특질을 찾아내는 데 초점을 두었기 때문에 대규모의 집단연구를 많이 실시하였고, 인간의 행동을 예측하는 평균적인 성격 특질을 밝히려고 하였다. 따라서 그는 인간의 보편적 특질을 찾는 데는 기여했지만, 개인의 독특성은 고려하지 않았다는 비판을 받는 것이다.

넷째, 커텔은 성격이 작동하는 기제를 밝히지 못했다는 비판을 받고 있다. 성격이 어떻게 작용하는지, 성격이 행동에 어떻게 영향을 주는지, 사람들이 어떻게 특질에서 행동으로 옮겨가는지 등에 대해 설명하지 못한다는 것이다.

3. 올포트의 이론과 커텔의 이론 비교

올포트와 커텔의 특질이론을 비교하면 〈표 7-2〉와 같다.

올포트와 커텔의 공통점은 다음과 같다.

첫째, 두 사람은 특질이론가로서 인간의 성격을 설명하는 데 개인의 특질을 중요시했다.

둘째, 인간의 성격은 변화와 성장이 가능하며, 인간은 전체적으로 이해해야 하고, 인간은 유전과 환경의 영향을 받는 존재라고 주장했다.

셋째, 동기를 행동과 에너지의 원천으로 보고 있다.

넷째, 중시한 시제는 현재와 미래다.

다섯째, 정상인을 연구 대상으로 하였으며, 치료 기법을 제시하지 않았다.

올포트와 커텔의 차이점은 다음과 같다.

첫째, 특질의 개념을 정의한 것이 다르다. 즉, 올포트는 특질을 인간 내부에 실재하는 것이라고 본 반면에 커텔은 행동을 관찰하여 추론한 가설적인 구성 개념이라고 보

• 표 7-2 • 올포트의 이론과 커텔의 이론의 비교

구분		올포트의 특질이론	커텔의 특질이론
공통점	인간관	자유론, 유전과 환경, 전체론	자유론, 유전과 환경, 전체론
	행동의 원천	기능적 자율성의 동기	역동적 특질의 에르그
	성격의 구조	특질(주특질, 중심 특질, 이차적 성향)	특질(공통/독특, 원천/표면, 능력/기질, 역동적 특질)
	시제	현재와 미래	현재와 미래
	연구 대상	정상인	정상인
	치료 기법	제시 안 함	제시 안 함
차이점	인간의 본성	긍정적 인간관	중립적 인간관
	성격	개인의 특유한 행동과 사고를 결정하는 심리 신체적 체계인 개인 내의 역동적 조직	개인이 어떤 환경에서 보이는 행동에 대한 예측
	특질	인간 내부에 실재하는 것	가설적인 구성 개념
	성격의 발달	청소년기까지 7단계	노년기까지 6단계
	연구 방법	개체기술적 연구(질적 연구, 사례 연구): 독특성	법칙 정립적 연구(양적 연구, 요인 분석): 보편성
	부적응의 원인	고유자아의 부적절한 발달	에르그의 미충족이나 기능 발휘가 되지 않음

았다.

둘째, 올포트는 인간을 인본주의적인 관점에서 봄으로써 인간을 긍정적인 존재라고 한 반면에, 커텔은 인간을 선하지도 악하지도 않은 중립적인 존재로 보았다.

셋째, 성격에 대한 정의에서 올포트는 성격이란 역동적 조직이라고 본 반면에 커텔은 특정 환경에서 행동을 예측하는 것으로 보았다.

넷째, 성격발달에 대하여 올포트는 청소년기까지의 고유자아의 발달을 7단계로 설명한 반면에, 커텔은 노년기까지의 6단계를 제시하였다.

다섯째, 개인의 특질을 찾아내고자 시도했던 방법적인 면에서 올포트가 개별 기술적(個別記述的) 접근을 했다면, 커텔은 법칙 정립적(法則定立的)인 접근을 하였다. 즉, 올포트는 각 개인의 독특성을 강조하고 있기 때문에 소수의 인원을 대상으로 하여 질적 연구를 한 데 반해 커텔은 보편성에 초점을 두었기 때문에 많은 인원을 대상으로 하여 요인 분석 방법을 사용해 양적 연구를 하였다.

여섯째, 부적응의 원인에 대하여 올포트는 고유자아가 적절하게 발달하지 않아서라고 본 반면에 커텔은 에르그가 충족되지 않거나 제대로 기능을 발휘하지 못해서라고 보았다.

요 약

1. 커텔의 특질이론의 출현 배경은 1900년 중반 무렵에 특질에 대한 활발한 연구와 올포트의 사례 연구 그리고 인간의 경험과 지식의 실용성을 강조하던 실용주의 사조 등이다.

2. 커텔에 영향을 미친 이론은 스피어만의 요인 분석, 윌리엄 맥도갈의 동기이론, 학습이론, 레빈의 장이론 등이다

3. 커텔의 인간관은 낙관과 비관의 중립적, 유전과 환경의 양자적, 자유론 그리고 전체론적인 관점이다.

4. 인간의 성격은 개인이 어떤 환경에서 무엇을 할 것인지를 말해 주는 것이다. 성격은 특질로 구성되어 있으며, 시간과 상황이 달라져도 일관성 있게 나타난다. 그리고 성격의 발달은 유전과 환경의 요인의 영향을 받으며, 유아기부터 노년기까지 6단계에 걸친 발달을 제시하고 있다.

5. 핵심 개념에는 특질, 역동적 격자 도식, 요인 분석, 열거방정식 등이 있다.

6. 부적응은 에르그(본능)가 적절히 충족되지 않거나 제 기능을 발휘하지 못할 때 발생한다.

7. 성격 연구는 요인 분석을 사용한 양적 연구를 주로 하였으며, 16PF 연구, P 기법을 적용한 연구 등이 있다. 성격 평가 기법은 L-data, Q-data, T-data 등이 있다.

8. 공헌점은 인간의 성격을 가장 잘 설명하였고, 객관적이고 과학적으로 접근을 하였으며, 특질의 결정인자와 발달에 관심을 가졌고, 성격 연구와 평가 기법의 발달에 기여한 점 등이다.

9. 비판점은 기계적인 공식으로 인간을 이해하려 하였으며, 자기보고식 질문지의 일반화 문제가 있고, 개인의 개성과 독특성을 간과하였고, 성격이 작동하는 기제를 밝히지 못한 점 등이다.

제4부

현상학적 관점

제8장

자아실현이론

아브라함 헤럴드 매슬로

자아실현이론은 인본주의적인 관점에 바탕을 둔 아브라함 매슬로(Abraham Harold Maslow, 1908~1970)의 성격이론이다. 인본주의 심리학의 출현 배경을 살펴보면 다음과 같다. 1930년대는 유럽을 중심으로 인간의 정신 과정을 중시하는 정신분석이 출현하여 심리학의 제1세력을 이루었다. 1940년대는 미국을 중심으로 정신분석을 비판하면서 학습 과정을 중시하는 행동주의가 출현하여 심리학의 제2세력을 이루었다. 1950년대에는 인간의 주관성과 존엄성을 중시하는 인본주의 심리학이 출현하여 제3세력의 심리학(third force psychology)을 이루었다. 자아실현이론의 바탕이 된 인본주의 심리학은 심리학의 제1세력이라 불리는 정신분석과 제2세력이라 불리는 행동주의를 비판하며 출현한 심리학의 제3세력이라 할 수 있다. 인본주의 심리학은 한 가지로 정의할 수 있는 조직화되고 체계적인 이론이 아니다. 여러 가지 철학 사조가 수렴된 일종의 운동(movement)이라고 볼 수 있다. 인간을 잠재력을 지닌 긍정적인 존재로 본다거나, 현상학적 관점에서 인간의 주관성을 중시한다는 점은 인본주의자들 간의 공통된 관점이다.

인본주의 심리학을 대표하는 매슬로의 자아실현이론은 인간을 통합된 전체로 보아야 한다는 점과 인간은 선천적으로 창조성을 가지고 태어난다는 점에 중점을 두었다. 또한 그의 연구의 특징은 심리적으로 건강하지 못한 환자들이 아닌 건강한 사람들을 대상으로 경험적인 연구를 한 점이다. 특히 그는 모든 인간이 선천적으로 욕구를 가지고 태어난다고 보았으며, 욕구는 가장 하위 단계인 생리적 욕구부터 가장 상위 단계인 자아실현 욕구까지 5단계의 위계로 이루어진다고 주장하였다. 그리고 인간의 성격발달은 욕구위계의 순차적인 충족 여부에 따라 진행되며, 진정으로 행복한 삶을 살아가는 사람들은 가장 상위 욕구인 자아실현 욕구를 충족한 상태라고 하였다. 매슬로는 인간의 주관적 경험을 중시함으로써 로저스와 함께 성격이론에서 현상학적 관점의 대표적인 학자로 불린다.

제1절 서 론

1. 자아실현이론의 출현 배경

인본주의에 입각한 매슬로의 자아실현이론이 출현한 1900년대 중반까지는 정신분석과 행동주의가 심리학의 주류를 이루었다. 정신분석에서는 인간의 행동이 무의식에 존재하는 본능, 즉 이드(id)의 지배를 받고, 초기 경험에 의해 결정된다고 보았다. 그리고 행동주의에서는 인간의 행동이, 반응 뒤에 주어지는 자극인 강화물에 의해 결정된다고 보았다. 인간을 결정론적으로 바라보는 이 두 이론에 대한 반작용으로 인간의 선택과 자유의지를 강조하는 자아실현이론이 출현하게 되었다.

또한 매슬로의 이론이 출현한 시기는 전 세계를 혼란의 소용돌이로 몰아넣은 세계대전을 두 번이나 치른 시기다. 거의 10여 년에 걸쳐 일어난 두 번의 세계대전은 인류 역사상 가장 많은 사상자와 경제적인 손실을 초래하였다. 이러한 전쟁의 폐해에 대한 반작용으로 인간성 회복을 위한 자성의 목소리가 높아졌다. 매슬로도 전쟁을 피해갈 수는 없었다. 특히 제2차 세계대전이 막바지에 이른 진주만 사건 직후의 열병식을 목격한 경험은 인간 본성에 대한 탐구에 전념하게 한 계기가 되었다.

2. 자아실현이론에 영향을 미친 이론

1) 실존주의 철학

실존주의(existentialism)는 인간을 존재하는 그 자체로 의미가 있는 존재로, 자신의 운명을 스스로 만들어 가는 긍정적인 존재로 보고 있다. 또한 인간에게는 살아 있는 매 순간을 잘 활용하고, 자신의 능력을 최고로 발휘할 책임이 있다는 점을 강조한다. 이러한 실존주의 철학의 기본가정은 매슬로의 자아실현이론에 많은 영향을 주었다. 특히 매슬로의 이론에서 '형성(becoming)' 이라는 개념은 실존주의 철학에서 영향을 받은 대표적인 개념이다. 자아실현이론에서는 인간을 결코 제자리에 머물러 있지 않으며 항상 무엇인가 다른 존재가 되어 가는 과정, 즉 형성의 과정 또는 자아실현의 과정을 추구하는 존재라고 보았다.

2) 후설의 현상학

후설(Edmund Husserl, 1859~1938)로 대표되는 현상학에서는 인간의 행동이 개인의 현상적 장에서 생겨나는 것으로 보는데, 현상적 장이란 개인이 한 순간에 체험하는 모든 것을 가리킨다. 현상학에서는 한 가지 상황을 바라보더라도 각 개인이 지각하는 주관적인 현실은 다를 수 있음을 인정하며, 한 개인의 주관적인 가치를 강조한다. 매슬로는 "지식의 영역에 있어서 근본적 가치는 직접적이고 경험적인 지식에 있다." (Maslow, 1966, p. 45; 이훈구 역, 1998, p. 412)라고 하였다. 이와 같이 후설의 현상학적 관점은 매슬로 이론에서 주관적인 경험을 중시하는 데 영향을 주었다.

3) 형태심리학

형태심리학의 기본 전제는 '전체는 부분의 합 이상이다.'라는 입장이다. 이는 인간을 바라볼 때 하나의 측면만을 보아서는 안 되며, 전체적이고 통합적인 관점에서 바라보아야 함을 의미한다. 이러한 형태심리학의 관점은 매슬로의 자아실현이론에 반영되어 그는 인간의 욕구가 어느 특정한 신체 기관만의 욕구가 아니라 그 사람 전체의 욕구라고 보았다. 예를 들면, 한 사람이 배가 고플 때 이를 위장만 느끼는 것이 아니라 온 신체가 느껴 '아, 내가 배가 고프구나, 밥을 먹어야지.'라는 생각이 들고, 행동으로 옮기게 된다는 것이다.

4) 골드슈타인의 유기체이론

유기체이론(organismic theory)에서는 인간의 정신과 신체는 별개가 아니라 상호작용한다고 본다. 인간 유기체는 생존이라는 한 가지 목적을 위하여 서로 유기적으로 기능하고 있다는 것이다. 골드슈타인(Kurt Goldstein)은 유기체인 인간의 주된 삶의 동기를 자아실현으로 설명하였다. 즉, 인간은 여러 가지 추동으로 움직이는 것이 아니라 자아실현이라는 하나의 추동으로 동기화된다는 것이다. 이러한 골드슈타인의 관점은 매슬로가 인간의 욕구 중 가장 상위 욕구를 자아실현 욕구로 주장한 데 영향을 주었다. 그는 자아실현의 욕구를 인간이 자신에게 어떤 길이 열려 있든지, 자신의 선천적인 잠재력을 실현시키려고 계속 노력하는 것으로 보았다(이상로 공역, 1997, p. 261).

3. 생애가 이론에 미친 영향

매슬로는 1908년 미국 뉴욕 시의 브룩클린 근교에서 일곱 명의 남매 중 첫째로 태어났다. 그의 부모는 러시아에서 이민을 온 유대인으로 교육을 제대로 받지 못하였다. 이와 같은 이유로 그의 부모는 그가 학문적으로 성공하기를 간절하게 바랐던 것 같다. 이민을 온 대부분의 유대인이 열심히 살았던 것처럼 그의 부모도 열심히 일을 하여 중류층으로 살아갈 수 있었다. 매슬로는 자신의 어린 시절에 대하여 다음과 같이 표현하고 있다(이훈구 역, 1998, p. 406).

> 나는 어린 시절에 정신이 돌지 않은 것이 이상할 정도였다. 나는 이웃에 유대인이라고는 전혀 없는 곳에서 산 어린 유태계 소년이었다. 그것은 모두가 백인인 학교에 혼자 흑인인 처지와 비슷하였다. 나는 외로웠고 불행했다. 나는 친구도 없이 도서관의 책 속에 파묻혀 자랐다(Maslow, 1968, p. 37; 이훈구 역, 1998, p. 406 재인용).

그는 친구가 없었을 뿐만 아니라 부모와도 그리 친밀하지 못했다. 아버지는 그의 외모에 대하여 조롱하였고, 이로 인해 그는 지하철을 탈 때 다른 사람의 눈에 띄지 않는 빈 칸을 찾는 버릇이 생겼다. 더욱이 그의 어머니는 아이들이 냉장고에 있는 음식을 마음대로 먹지 못하게 냉장고를 자물쇠로 잠그기까지 하였다. 매슬로는 자신의 어머니를 '잔인하고 무식하며 적대감으로 가득 찬 인물이고, 너무 미워 미칠 정도'라고 묘사하였다(Hoffman, 1988, p. 7). 이렇게 불우한 어린 시절의 경험은 매슬로에게 어떻게 하면 행복한 삶을 살아갈 수 있을 것인가를 고민하도록 만들었으리라 짐작된다. 이 시기는 그가 주장한 자아실현이론의 가장 하위 단계인 생리적 욕구의 충족과 가장 관련이 있는 시기로 볼 수 있다. 또한 인간이 가지고 있는 긍정적인 측면에 관심을 둔 매슬로의 인본주의적 견해는 부모와의 이런 부정적인 경험에 대한 반작용으로 출현된 것으로도 볼 수 있다.

매슬로는 아버지의 권유로 뉴욕시립대학교의 법과대학에 진학했으나 곧 적성에 맞지 않는다는 것을 깨닫고 학교를 그만 둔다. 그 후에 코넬 대학교를 거쳐 위스콘신 대학교에서 심리학을 전공하였다. 위스콘신 대학교에서 아내 베르타(Bertha)와 결혼했을 때의 매슬로의 나이는 20세였다. 그는 후에 "결혼하기 전까지 내 삶은 의미가 거의 없었다."라고 말하였다. 결혼을 통하여 안정을 찾은 이 시기는 그의 자아실현이론에서 안전의 욕구와 소속감과 애정의 욕구를 충족하는 단계로 설명할 수 있다.

매슬로가 심리학에 매력을 느끼게 된 것은 1930년대에 많은 사람의 관심을 받았던 왓슨(John B. Watson)의 행동주의 심리학 때문이었다. 그는 1934년에 위스콘신 대학교에서 그 당시 유명한 원숭이의 애착 실험 연구자였던 할로우(Harry Harlow)의 지도 아래 원숭이의 지배성에 대한 논문으로 박사학위를 취득하였다. 그는 동성애에 대한 연구가 인간성을 깊이 이해하는 데 필수적이라고 보았으며, 학습이론가로 유명한 손다이크(Thorndike)의 연구조교로 일을 한 적도 있다. 훗날 심리학의 제3세력이라고 일컫는 인본주의 심리학을 주도한 매슬로가 처음 관심을 가졌던 분야가 행동주의라는 것은 놀라운 사실이다.

제2차 세계대전 중인 1930년대와 1940년대는 나치의 위협을 피해 유럽의 지식인들이 뉴욕으로 모여드는 시기였다. 이 시기에 매슬로는 호나이(Karen Horney), 프롬(Erich Fromm), 아들러(Alfred Adler) 등을 만났으며, 게슈탈트 심리학자인 베르트하이머(Max Wertheimer)와 인류학자인 베네딕트(Ruth Benedict)와도 교류하였다. 이러한 지식인들과의 만남이 후에 인본주의 심리학의 토대를 형성하는 기반이 되었다. 그리고 제2차 세계대전의 경험 또한 매슬로 자신의 인생의 방향을 바꾼 경험이 되었다. 그가 33세였던 1941년 12월 7일은 일생에 가장 감명 깊은 체험을 했던 날로서 바로 그날의 체험은 그의 남은 인생을 완전히 뒤바꿔 놓은 결정적인 계기가 되었다. 그는 전쟁이 최고조에 달한 진주만 사건 직후의 경험을 다음과 같이 묘사하였다.

> 세계 정세는 혼란과 공포로 치달았고 일본의 진주만 공격은 제2차 세계대전의 발발을 예고하였다. 매슬로는 당시 브룩클린 대학 교수로 재임하면서 전형적으로 훌륭한 인간성을 갖춘 두 사람에 대한 연구에 몰두하고 있던 중이었고, 그날은 일본의 진주만 습격이 있은 후 며칠이 지난 어느 날이었다. 그가 차를 운전해서 집으로 향하고 있었는데, 마침 한 무리의 무질서한 행진 행렬이 그의 곁을 지나고 있었다. 그 행진 행렬에서 자아내는 소리란 플루트의 요란한 불협화음이 전부였고, 구성원들도 몇 명의 소년단과 촌스러운 제복을 입은 노인들이 전부였다. 그러나 그들은 몸이 흠뻑 젖을 정도로 열심을 다해 연주를 했으며, 경건하고 숙연한 모습으로 미국 국기를 들고 있었다. 그런 형편없는 모습을 하고도 숭고한 애국심을 유발시킬 수 있는 인간의 무한한 잠재력과 순결하고 고결한 인간의 본성에 감동하여 그의 눈에서는 눈물이 흐르기 시작했다. 히틀러, 독일인, 스탈린, 공산주의자들은 모두 우리가 이해할

> 수 없는 사람들 같았다. 우리는 그들 중의 아무도 이해할 수 없었다. 나는 사람들이 테이블 주위에 둘러 앉아 인간의 본성과 미움, 전쟁과 평화, 형제애 등에 관해 이야기를 나누는 평화스러운 모습을 그려보았다. 그 순간 나의 전 생애는 변했고, 그 이후로 나의 할 일이 결정되었다. 1941년 그때 이후로 나는 실험과 조사 연구를 통해 검증할 수 있는 인간 본성에 대한 이론의 발전에 전념하게 되었다(Maslow, 1968, p. 54; 이훈구 역, 1998, p. 408 재인용).

매슬로가 자신의 관점을 행동주의적 관점에서 인본주의적 관점으로 바꾼 또 하나의 동기는 첫째 아이의 출생과 관련이 있다. 그는 첫 아이의 출생을 '청천벽력'이라고 표현하면서 "나는 신비감과 통제할 수 없는 기분에 휩싸였다. 이러한 경험을 하기 이전에는, 나는 별 볼일 없고 정신적이나 신체적으로 약하다고 느꼈다. 나는 아이를 가져 본 사람은 누구라도 행동주의자가 될 수 없을 것이라고 생각한다."라고 말했다(Hall, 1968, p. 56; 노안영 공저, 2013, p. 302). 이렇듯 첫 아이의 출생과 인본주의적 관점을 가지고 있던 여러 심리학자들과의 만남은 그가 행동주의적 관점에서 인본주의적 관점으로 전환하게 한 계기로 작용했다. 그리고 제2차 세계대전의 인간성 상실에 대한 회의는 매슬로에게 인간의 본성에 대한 관심을 불러일으켰고, 인간의 부정적인 면보다 무한한 잠재력을 가진 긍정적인 측면에 주목하게 만들었다. 그가 자신의 이론에서 스스로의 잠재력을 발휘하는 자기실현 욕구 단계를 주장한 데서 이런 점을 볼 수 있다.

매슬로는 43세 되던 1951년에 브랜다이즈 대학교의 심리학과 과장으로 임명되어 1969년도까지 거의 20년 동안을 심리학 교수로 재직하였다. 그 기간에 미국심리학회 회장으로 선출되기도 하였고, 여러 사회 문제와 관련된 활동을 하면서 그는 미국 심리학계의 인본주의 운동의 핵심 인물이 되었다. 1969년에 학교를 떠나 캘리포니아의 비학술단체인 라홀린(Laughlin) 자선단체의 특별회원으로 자유롭게 활동하였다. 그리고 1년 후 1970년에 오래 앓고 있던 심장질환으로 사망하였다(이훈구 역, 1998, p. 409). 인생의 후반에 그는 심리학 영역뿐만 아니라 정치학, 윤리학 등에도 많은 관심을 가지고 대중에게도 영향력을 끼쳤다.

그의 주요 저서들을 살펴보면, 『존재의 심리학으로(Toward a Psychology of Being, 1962)』, 『종교, 가치관 그리고 절정경험(Religions, Values, and Peak of Experiences, 1964)』, 『동기와 성격(Motivation and Personality, 1970)』 등이 있으며, 매슬로가 사망하고 2년 뒤에 그의 아내의 도움으로 『아브라함: 회고집(A Memorial Volume)』이 출판되었다(홍숙기 역, 2008, p. 175).

제2절 주요 개념

1. 인간관

자아실현이론의 인간에 대한 관점은 낙관론적, 유전론적, 자유론적 그리고 전체론적 관점이라고 할 수 있다.

1) 낙관론적 인간관

매슬로는 다른 현상학적 관점을 가진 이론가들과 마찬가지로 인간의 본성을 긍정적으로 바라보았다. 즉, 인간은 본질적으로 선하며, 자기실현의 욕구를 가진 존재라는 것이다. 그는 인간의 악하고 파괴적이며 폭력적 요소들은 인간의 본성이 악해서라기보다는 환경이 좋지 않은 데서 발생한 것으로 보았다(이훈구 역, 1998, p. 414). 즉, 인간은 환경 조건만 적당하다면 자신이 가지고 있는 잠재 능력을 실현해 나갈 수 있는 창조적인 존재라는 것이다. 따라서 매슬로의 인간관은 낙관적이라고 볼 수 있다.

2) 유전론적 인간관

매슬로는 인간이란 자신의 인생에 대해 자유롭게 선택하고 결정할 수 있다는 실존주의적 입장을 취하고 있기 때문에 인간을 환경론이나 유전론의 입장에서 논하는 것은 큰 의미가 없다. 하지만 유전과 환경의 측면에서 인간관을 살펴본다면, 그는 환경론보다는 유전론 쪽에 더 비중을 두고 있다고 여겨진다. 왜냐하면 매슬로는 인간이 욕구를 선천적으로 타고 난다고 보았기 때문이다. 즉, 인간은 생리적 욕구도 타고 나지만 자신의 잠재력을 실현하려는 자아실현 욕구도 선천적으로 타고나는 추동(drive)이라고 보았다. 따라서 매슬로는 인간이 환경보다는 유전의 영향을 더 많이 받는다고 보는 입장임을 알 수 있다(이훈구 역, 1998, p. 431).

3) 자유론적 인간관

매슬로는 인간은 자신의 운명을 스스로 만들어 가는 자유로운 존재라고 보았다. 인간은 욕구 5단계의 가장 상위 단계인 자아실현에 도달하기 위해 평생을 노력한다는 것이다. 그리고 인간은 자신이 어떤 사람이 되기를 원하는가를 결정할 수 있는 능력을 가지고 있다고 보았다. 또한 그는 각 단계의 욕구를 해결하는 과정에서 성격의 변화가 필연적으로 일어난다고 하였다. 이때 자신의 잠재력을 실현시키는 방향으로 성격이 변화하는 것을 가장 이상적이라고 하였다(이훈구 역, 1998, p. 432). 매슬로는 인간을 끊임없이 노력하고 변화를 추구하는 존재로 보았기 때문에 자유론적 인간관을 가지고 있다.

4) 전체론적 인간관

매슬로는 각 개인은 하나의 통합되고 조직화된 전체이기 때문에 부분이 아닌 전체적인 측면에서 이해해야 한다고 하였다(이훈구 역, 1998, p. 412). 매슬로는 1970년에 집필한 『동기와 성격(Motivation and Personality)』이라는 책에서 신체의 일부분인 위나 입은 욕구가 없으며, 한 개인의 욕구가 있을 뿐이라고 하였다. 즉, 음식을 원하는 것은 한 개인의 위가 아니라 그 사람 자신이라는 것이다. 또한 한 개인이 배고플 때 그 사람 전체가 배고픈 것이며, 음식도 한 사람의 위를 만족시키는 것이 아니라 그 개인 전체를 만족시키는 것이라고 하였다. 따라서 매슬로는 인간의 본성을 전체론적인 관점에서 보고 있음을 알 수 있다.

2. 성격의 구조 및 발달

1) 성격의 개념

매슬로는 인간의 성격을 다섯 단계 각각에서 충족해야 할 5가지 욕구라고 보았다. 그는 인간이 자신의 행동을 유발하는 욕구를 선천적으로 가지고 태어난다고 하였다. 그 욕구들에는 단계가 있는데, 인간의 생존에 가장 필요한 생리적 욕구부터 가장 상위 단계인 자아실현 욕구가 바로 그것이다. 매슬로는 각 단계에서 욕구가 충족되는 정도는 한 개인의 성격 형성에 영향을 미친다고 하였다.

2) 성격의 구조

매슬로는 성격의 구조에 대해서는 구체적으로 언급하지 않고 있다. 하지만 매슬로의 이론에 따르면, 성격이 대표적인 5가지 욕구, 즉 생리적 욕구, 안정의 욕구, 소속감과 사랑의 욕구, 자기존중의 욕구, 자아실현의 욕구 등으로 구성되어 있다고 볼 수 있다.

3) 성격의 발달

매슬로는 5가지 선천적인 욕구가 욕구위계를 거쳐 발달하면서 욕구가 결핍되거나 좌절될 때 성격 형성에 영향을 미친다고 하였다. 순차적으로 5가지 욕구를 적절하게 충족하면 건강한 성격발달이 이루어지는 반면에, 각 단계별로 욕구가 좌절되거나 위협을 받으면 건강하지 않은 성격이 발달될 수 있다는 것이다. 5가지 욕구위계의 충족이나 좌절로 인하여 나타나는 성격 특성은 다음과 같다.

첫째, 휴식이나 수면 등의 생리적 욕구가 적절히 충족되지 못하면 졸음, 피로, 활력의 상실, 게으름, 무기력 등을 나타내는 반면에, 충족되면 기민함, 활력, 열정 등이 나타난다.

둘째, 안전의 욕구가 좌절되면 근심, 두려움, 공포와 불안, 긴장, 신경증 등을 나타내며, 충족되면 정서적 안정감과 편안함을 보인다.

셋째, 소속감과 사랑의 욕구가 좌절되면 공허감, 무가치, 적대감, 고독감 등을 나타내고, 충족되면 상호존중, 칭찬, 신뢰 등이 나타난다.

넷째, 자기존중의 욕구가 좌절되면 열등감, 어리석음, 약함, 무력감 등이 나타나며, 적절히 충족되면 자존감, 자신감, 힘, 능력, 세상에서 유용하고 필요하다는 느낌 등을 가지게 된다.

다섯째, 자기실현을 이룬 사람은 외적인 특성보다는 본질적이고 내면적인 특성을 따른다. 그러므로 잘못된 것보다는 옳은 것, 거짓된 것보다는 참된 것, 추한 것보다는 아름다운 것을 추구하는 성향을 가지게 된다. 그리고 자아실현을 한 사람은 욕구 좌절에 대한 인내심이 상대적으로 더 높게 나타난다.

결론적으로 자아실현의 욕구가 충족된 사람은 느긋하고 침착하며 온화할 뿐만 아니라 평화롭고 행복하다는 느낌을 갖는다.

3. 핵심 개념 및 도식화

매슬로의 자아실현이론에서 핵심 개념에는 욕구, 욕구의 위계, 결핍과 성장, 절정경험 등이 있다.

1) 욕 구

욕구(欲求, needs)의 사전적 의미는 '개체가 어떤 결핍이나 결함의 상태로부터 심신의 평형 상태를 유지하려는 노력' 이며, 이로 인하여 정신적 · 신체적 긴장 상태가 유발되는 현상이다. 욕구는 동기(動機, motive)와 혼용되나, 개체로 하여금 특정행동을 취하게 하는 목표 지향성을 갖고 있지 않은 점이 동기와 구분된다. 매슬로는 인간은 태어날 때부터 욕구를 가지고 있다고 하였다. 즉, 인간은 본래 부족함을 느낄 수밖에 없는 존재라는 것이다. 신생아는 배가 고플 때 허기를 채우고자 하는 욕구를 느끼며, 기저귀가 젖었을 때 청결에 대한 욕구를 느끼게 되어 '울음'으로 자신의 상황을 알리게 된다. 신생아는 어느 정도 자라기까지는 누군가가 보살피지 않으면 생존할 수 없는 연약한 존재다. 신생아뿐만 아니라 살아 있는 유기체인 인간은 늘 무엇인가 부족하다는 결핍 상태를 경험한다. 그리고 외부의 도움을 받든 자신이 해결하든 그 결핍 상태를 어느 정도 충족하고 나면, 또 다른 상위 단계 욕구의 결핍을 느끼게 된다.

가장 하위 단계의 욕구일수록 생존에 강력한 영향을 미칠 수 있지만 한편으로는 쉽게 해결될 수 있기도 하다. 하지만 상위 단계로 올라갈수록 욕구를 충족하는 데 시간이 오래 걸리고, 개인 자신이 만족할 만한 상태에 이르는 것이 어려울 수 있다.

매슬로가 제안한 5가지 욕구, 즉 생리적 욕구, 안전의 욕구, 소속감과 사랑의 욕구, 자기존중의 욕구, 자아실현의 욕구 등을 구체적으로 살펴보면 다음과 같다.

(1) 생리적 욕구

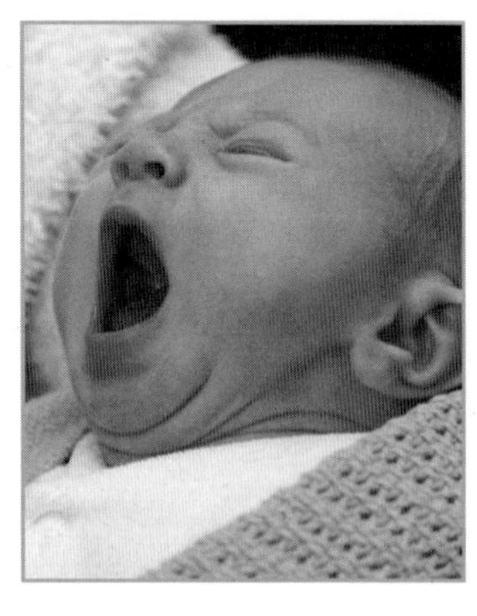

'생리적 욕구(physiological needs)'는 음식, 물, 공기, 수면, 성(性), 배설, 활동 등과 같이 인간의 생존에 가장 시급하며 기본이 되는 욕구들을 의미한다. 5가지 욕구단계의 가장 하위에 위치하고 있으며, 인간이 생활을 영위하는 데 가장 필수적인 욕구다. 배고픔의 욕구, 수면의 욕구, 배설의 욕구 등을 잠깐 동안은 참을 수 있지만 가장 기본적인 생리적 욕구가 어느 정도 충족되어야 다음 단계의 욕구가 나타날 수 있다(조대봉 역, 1992, p. 48). 가령, 배가 늘 고픈 사람은 작곡을 한다거나 성격심리학 책을 집필하려고 하지 않을 것이다. 왜냐하면 모든 관심이 먹는 것에 집중될 수밖에 없기 때문이다. 생리적 욕구는 육체의 특정한 부위와 관련이 있다. 뿐만 아니라 이 욕구는 비교적 짧은 시간에 충족된다는 특징이 있다.

인간의 생존과 직결된 생리적인 욕구 중 하나인 음식의 결핍이 인간의 행동에 어떤 영향을 미치는지를 알 수 있는 실례가 있다. 1970년 페루 여객기가 남아메리카 정글 깊숙이 추락했을 때 일어난 일이다. 구조가 늦어지면서 승객들이 가지고 있던 양식이 바닥났다. 그때에 가톨릭 신부를 비롯한 생존자들은 죽은 승객의 시체까지 먹었다고 한다. 이처럼 인간에게 생리적인 욕구의 장기적인 결핍은 상상할 수 없을 정도의 행동을 유발할 수 있다(이훈구 역, 1998, p. 417). 그만큼 생리적 욕구의 충족은 인간에게 절실히 필요하다.

(2) 안전의 욕구

'안전의 욕구(safety needs)'란 안전, 안정, 보호를 받고자 하는 욕구로서 고통과 불안

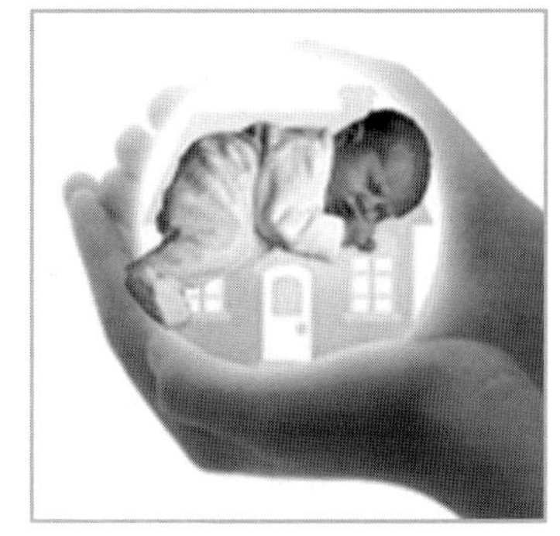

으로부터의 해방, 위험 · 손실 · 위협으로부터의 보호, 공격이나 질병 등으로부터의 회피 등을 포함하고 있다. 욕구의 가장 하위 단계인 생리적 욕구가 어느 정도 충족되면, 인간은 그 위 단계인 안전의 욕구에 관심을 갖는다.

안전의 욕구가 생기는 주요한 이유는 인간은 자신이 처한 환경에서 안정적이고 질서 있는 삶을 살기 바라고 앞날에 대하여 안전을 보장받기를 원하기 때문이다. 안전의 욕구는 성인보다 어린아이에게 많이 나타나며, 신체적 · 정서적으로 유약하거나 어린 시절을 어렵고 불안정한 환경 속에서 보낸 성인에게 나타나는 경향이 있다. 예를 들면, 갑자기 천둥이 칠 때에 아동은 놀라며 공포를 경험하게 된다. 천둥소리가 자신에게 직접적으로 해를 끼치는 것이 아니라는 것을 교육이나 경험으로 터득하기 전까지 천둥소리는 아동에게 공포의 대상이 되는 것이다. 아동이 몸이 아플 때나 가정에서 일어나는 부모의 싸움, 별거, 이혼, 죽음 등을 경험할 때 아동은 상당히 불안해하고, 자신의 환경을 불안정하게 느끼고 자신의 안전을 예측하지 못하게 된다.

강박신경증은 안전에 대한 추구를 분명하게 보여 준다. 강박신경증을 가진 사람은 자신이 처한 환경의 변화를 두려워하고, 예측하지 못하는 일이 나타나지 않도록 노력을 한다. 예를 들면, 저축, 보험 가입, 종교 생활 등을 하는 것이다. 건강한 성인은 일반적으로 안전하고 질서 있게 미래를 예측할 수 있지만, 신경증을 가진 성인의 안전에 대한 욕구는 아동과 다를 바 없다. 오늘날에는 물리적 위협으로부터의 안전의 중요성은 줄어든 반면, 경제적 안정(가정, 직업, 재산, 음식, 주택 등)의 중요성은 커진 것으로 여겨진다.

(3) 소속감과 사랑의 욕구

'소속감과 사랑의 욕구(belong and love needs)'는 다른 사람으로부터 사랑받고 다른 사람을 사랑하려는 욕구를 말한다. 다시 말하면, 다른 사람들과 교제하면서 그들에게 자신이 수용되고, 자신을 사회 집단의 한 부분으로 느끼게 될 때, 자신의 가치감이 형성된다는 것이다. 하위 단계인 생리적 욕구와 안전의 욕구가 어느 정도 충족되면 세 번째 단계인 소속감과 사랑의 욕구가 나타난다.

인간은 타인과의 관계에서 애정을 확인하거나 가족 내에서 자신의 위치를 확인하고 싶어 한다. 때문에 자신이 어느 집단에든 소속되기를 원하고 속한 집단의 구성원들로부터 사랑 받기를 원한다. 예를 들면, 친구, 배우자, 부모, 학교 동아리, 다양한 친목회 등의 집단에 속하여 소속감과 사랑의 욕구를 충족한다.

이 욕구는 사회적인 관계 속에서 살아가는 인간이기 때문에 나타난다. 이 욕구가 충족되지 않으면 공허감, 무가치감, 적개심 등을 보이며, 개인의 성격 형성에 문제가 생긴다. 매슬로는 현대사회의 특성들, 즉 핵가족화, 도시화, 세대 차이 등으로 소속감 및 사랑의 욕구가 충족되는 것이 어려워지고 있다고 하였으며(노안영 공저, 2013, p. 306), 사랑이 인간의 성장에 필수 조건임을 다음과 같이 기술하고 있다. “자동차가 가스와 기름을 필요로 하도록 설계되었듯이 유기체는 사랑을 필요로 하도록 만들어졌다.”(Maslow, 1970, p. 176) 특히 매슬로는 사랑(love)과 성(sex)을 구분하여야 한다고 하였다. 성은 가장 기본적인 생리적 욕구이며, 사랑의 욕구를 표현하는 방식일 뿐이라고 하였다. 그리고 사랑의 욕구는 주는 사랑과 받는 사랑이 모두 포함되어야 한다고 주장하였다(조대봉 역, 1992, p. 60).

(4) 자기존중의 욕구

‘자기존중의 욕구(self-esteem needs)’란 성취, 능력, 자신감, 지위, 명성 및 지식에 대한 욕구를 의미하며, 자존심(自尊心) 욕구라고도 불린다. 이 욕구는 소속감과 사랑의 욕구를 충족한 다음 단계에서 생겨나는데, 중요한 타인과의 관계에서 형성된다. 특히 어머니와의 관계에서 사랑받고 인정받을 때 자신을 존중하게 된다.

자기존중의 욕구는 ‘자기 자신에 대한 평가’와 ‘타인에 의한 평가’ 두 가지 측면이 있다.

첫째, 자신 스스로를 능력 있고 가치 있는 존재라고 느끼는 욕구로서, 강함, 성취, 타당성, 전문성과 적성, 세상일에 부딪혔을 때의 자신감, 독립성과 자유 등을 의미한다. 예를 들면, 한 사람이 직장에서 다른 직원들 모두가 어려워하는 업무를 맡아서 그 일을 성공적으로 수행했을 때, 그 사람은 어깨가 으쓱해지면서 자신을 자랑스럽게 여기게 된다. 자신을 매우 쓸모 있고, 가치 있는 존재로 느끼게 되는 것이다.

둘째, 타인으로부터 존중받고 싶어 하는 욕구다. 예를 들면, 사회적으로 명성을 얻는다거나 사회적 지위가 높아지거나 괜찮은 사람이라는 평판을 듣고 싶어 하는 것 등이 이에 해당한다.

자기존중의 욕구는 명예, 덕망, 존경, 성취, 승진 추구, 업무의 완성, 인정, 의사결정에 참여 등을 통하여 충족된다. 개인은 자신이나 타인에게 존경받지 못한다고 느낄 때 열등감과 무기력감을 경험한다. 가장 긍정적인 자존감은 타인으로부터 진정한 존경을 받을 때에 가능하며, 여기서 존경은 개인이 노력한 결과라고 볼 수 있다(이훈구 역, 1998, p. 422). 타인에게 자신이 존중받는다고 느끼는 것과 자신 스스로 가치 있는 존재로 여기는 것은 밀접한 관계가 있다.

(5) 자아실현의 욕구

'자아실현의 욕구(self-actualization needs)'란 자신이 성취할 수 있는 모든 것을 성취하려는 욕구다. 다시 말하면, 개인 자신이 생각하는 최고의 자신이 되고 싶은 욕구로서 욕구 단계상 가장 최상위 단계의 욕구다. 욕구 5단계의 가장 하위 단계인 생리적 욕구부터 자기존중의 단계까지 충족하게 된 개인은 최고 단계인 자아실현의 욕구를 실현하고자 한다.

어린 시절 부모로부터 받은 충분한 사랑은 자아실현의 동기로 작용한다. 또한 자아실현은 자신이 가진 잠재력이 발현되는 과정이다. 가령 창의력을 가지고 태어난 사람은 그 창의력을 발휘하게 될 때 자아실현을 하였다고 볼 수 있다. 인간은 자신이 충분히 만족하는 일을 하지 않는 한 불만을 경험하게 된다. 이는 자신이 가지고 태어난 잠재력을 적절한 곳에서 충분히 활용하며 살고 싶은 욕구가 생겨나기 때문이다. 그 욕구를 실현하지 못한다면 남들이 보기에는 행복한 삶을 살아가는 것처럼 보인다 할지라도 정작 자신은 행복하지 않을 수 있다. 예를 들면, 음악에 재능이 있는 사람은 음악가로, 그림에 소질이 있는 사람은 화가로, 시를 읊을 때 행복한 사람은 시인의 자리에 있어야 하는 것처럼 개인은 가지고 태어난 본성인 잠재력을 발휘할 때 진정한 행복감을 느낄 수 있다(조대봉 역, 1992, p. 62). 이 자아실현 욕구가 결핍되면 공상에 빠진다거나 주위 사람들에게 공격적인 감정을 나타낸다. 반면에 충족되면 자신이 하는 일에 희열을 느끼고 삶의 보람을 가지고 생활한다.

각 개인이 생각하는 자아실현의 의미와 상태는 다를 수 있다. 왜냐하면 각자가 느끼는 주관적인 현실 속에서 자아실현이 이루어지기 때문이다. 필자는 자아실현이란 '내가 가장 잘하고 좋아하는 일을 할 때 행복감을 느끼는 상태'라고 표현하고 싶다. 필자의 경험을 통하여 자아실현에 대한 이해를 돕고자 한다.

• • •

필자는 1960년대 중반에 전형적인 시골 농부의 4남매 중 맏이로 태어났다. 어릴 때부터 꿈은 초등학교 교사가 되는 것이었다. 가정 형편이 넉넉하지 못했던 탓에 실업계 고등학교로 진학하게 되었고, 졸업 후에 직장생활을 하면서 학업에 대한 미련이 남아 방송통신대학교에 진학하였다. 학교를 다니던 중 결혼을 하고, 둘째 아이를 출산한 후에야 대학을 졸업할 수 있었다. 그 당시 자녀를 키우면서 공부하는 것이 그리 쉽지는 않았지만, 힘들다는 생각보다 배움에 대한 즐거움이 더 컸던 것 같다. 대학 졸업 후 사업을 하는 남편을 도와 일을 하면서도 마음 한 구석에는 늘 배움에 대한 갈망이 있었고, '내 자리가 여기가 아닌데.' 라는 생각이 들곤 했다. 하지만 아내로, 엄마로 해야 할 몫이 있었기에 공부에 대한 생각은 할 수 없었다. 그러다 40대 중반이 되어 두 자녀를 대학에 보낸 후 삶의 여유가 찾아오자 배움에 대한 갈망이 다시 샘솟았으며, 더 이상 망설이다가는 평생 공부를 할 수 없을 것이라는 생각에 용기를 내어 대학원에 진학하였다. 2년 만에 석사를 졸업한 후 배움의 갈증이 채워지지 않아 박사과정에 입학하여 2년 반 만에 박사학위를 받게 되었다. 젊지 않은 나이라 여러모로 힘들었지만 공부를 하는 그 시간이 너무 즐거웠고, 박사논문이 통과 되었을 때의 기쁨은 무엇이라 표현할 수가 없을 정도였다. 필자만이 느낄 수 있는 절정경험 그 자체였다. 필자는 교사가 되고 싶었던 어릴 때 꿈을 이루어 지금은 대학 강단에서 학생들을 가르치고 있다. 먼 길을 돌아서 이 자리까지 왔지만 '내 속에 있는 나를 찾은 것' 같고, '내가 가진 잠재력을 실현한 것' 같은 지금은 자다가도 웃음이 나올 정도로 행복하다. 필자는 '자신이 좋아하고 잘하는 일을 찾아서 하면서 행복감을 느끼는 상태' 가 바로 자아실현을 이룬 상태가 아닐까라고 생각한다.

• • •

매슬로의 주장처럼 자기실현의 욕구가 선천적이라면 모든 사람이 자아실현의 욕구를 다 이루고 살아가는 것일까? 그렇지 않을 수 있다. 매슬로는 자아실현을 달성한 사람은 전체 인구의 1% 이하라고 추정하였다. 자신의 잠재력을 충분하게 실현하고 사는 개인은 그리 많지 않다. 왜냐하면 자아실현 욕구는 가장 상위 단계에 속해 있으며, '동기의 절박한 정도'의 측면에서 보면 인간이 가진 동기 중에서 가장 절박함이 약하다고 볼 수 있기 때문이다. 또한 자아실현을 하기 위해서는 많은 전제조건이 필요하다. 자신에 대한 탐색이 있어야 하며, 다른 하위 욕구들, 즉 생리적 욕구와 안전의 욕구에 집착해서는 안 되며, 타인들과의 관계에서 소속감이나 사랑의 욕구를 충족해야 하며, 자신을 존중할 수 있어야 한다(홍숙기 역, 2008, p. 177). 따라서 모든 인간이 자아실현을 하기는 쉽지 않다.

젤리와 지글러(Hjelle & Ziegler, 1981)는 모든 사람이 자아실현을 하기 어려운 이유를 다음과 같이 제시하였다.

첫째, 자신의 잠재력에 대해 모르고 있거나 자아실현이 가져다주는 보상을 이해하지 못하고 자신의 능력을 의심하고 두려워해서다.

둘째, 사회적 환경이 자아실현을 방해하기 때문이다.

셋째, 안전 욕구가 가져다주는 부정적 영향 때문이다.

따라서 인간이 성장하는 과정에서 자신의 잠재력을 발견하고 최대한 발휘할 수 있는 환경이 중요하며, 개인 또한 위험을 무릅쓰고 실수를 하더라도 앞으로 나아가려는 용기를 갖는 게 필요하다. 뿐만 아니라 많은 사람이 최상의 단계인 자아실현에 도달하려면 낮은 단계의 욕구에 만족할 수 있는 기회를 광범위하게 제공받을 필요가 있다.

자아실현자들이 보이는 몇 가지 특징을 살펴보면 〈표 8-1〉과 같다.

• 표 8-1 • 자아실현자의 특성

1	현실을 정확하고 완전하게 지각한다.
2	자신과 타인 그리고 사물을 보다 잘 수용한다.
3	꾸밈이 없고 자연스럽다.
4	자기 자신보다는 문제에 집중한다.
5	혼자 떨어져서 자기만의 생활을 가지려 한다.
6	자율적이어서 물리적 · 사회적 환경에 구애받지 않는다.
7	참신한 안목이 있으며, 삶의 가치를 인정한다.
8	절정경험을 한다.
9	모든 사람과 일치감과 연대감을 느끼고, 이를 즐긴다.
10	소수의 사람들과 깊은 대인관계를 가지며, 자기 자신을 좋아한다.
11	최고의 이상적인 민주주의를 중요시한다.
12	윤리적이다.
13	창의적이다.
14	유머감각을 가지고 있다.
15	문화에 쉽게 동조되지 않으며, 사회의 유혹에 쉽사리 넘어가지 않는다.

매슬로의 욕구 5단계에는 포함되지 않지만 인간은 '인지적 욕구(cognitive needs)'와 '심미적 욕구(aesthetic needs)'를 가지고 태어난다고 하였다. 먼저 인지적 욕구란 알고자 하는 욕구와 이해하고자 하는 욕구로 나뉜다. 인지적 욕구의 구체적인 특성은 다음과 같다.

첫째, 알고자 하는 욕구, 이해하고자 하는 욕구는 성숙의 산물이며, 유아기나 아동기에 나타난다.

둘째, 인지적 욕구의 만족감은 상당히 주관적이며, 만족감의 경험 그 자체가 목적이 된다.

셋째, 인지적 욕구가 좌절되면 정신병리 현상이 나타난다.

넷째, 알고자 하는 욕구가 이해하고자 하는 욕구보다 앞서 나타나지만, 서로 관련되어 있기 때문에 명확히 구분하기가 어렵다.

다섯째, 한 개인의 자아실현을 위해서는 인지적 욕구가 충족되어야 한다.

심미적 욕구에 대하여는 다른 욕구들처럼 충분한 연구가 이루어지지 않았지만, 미를 추구하는 심미적 욕구는 인류 역사를 보면 알 수 있다. 인간은 아름다운 주변 환경을 추구하고 그러한 환경을 통해 병리적인 증상을 해소할 수 있다. 심미적 욕구는 건강한 아동에게서 나타나며, 모든 문화와 모든 시대에 걸쳐 나타난다.

2) 욕구의 위계

매슬로는 인간의 행동을 유발하는 동기인 5가지 욕구가 하위 단계부터 상위 단계까지 상하 위계를 이루어 발달한다는 욕구 5단계설을 제안하였다. 인간의 욕구를 가장 하위 단계인 생리적 욕구에서 시작하여 안전의 욕구, 소속감과 사랑의 욕구, 자기존중의 욕구, 자아실현의 욕구로 발달한다는 것이다. 하위 단계의 욕구들은 인간의 생존에 필수적인 욕구이고, 상위 단계의 욕구들은 인간의 성장에 필요한 욕구라고 볼 수 있다. 이와 같은 욕구위계의 특성을 살펴보면 다음과 같다.

첫째, 욕구위계에서 하위 욕구일수록 상위 욕구보다 강력하고 우선시된다.

둘째, 하위 욕구가 어느 정도 충족되어야 그다음 단계인 상위 욕구의 결핍을 느껴 그 욕구를 충족시키고자 한다.

셋째, 욕구위계에서 하위 욕구는 상위 욕구에 비해 생존과 관련되기 때문에 즉각적인 충족이 필요하다. 이러한 점에서 하위 욕구를 '결핍 욕구(deficiency needs)'라고 한다.

넷째, 욕구위계에서 상위 욕구는 인간의 생존에 직접적이지는 않지만 인간의 성장에 필요하다. 상위 욕구가 충족된 개인은 심리적으로 건강한 삶을 살아갈 수 있다. 이러한 점에서 상위 욕구를 '성장 욕구(growth or being needs)'라고 한다.

다섯째, 욕구위계에서 상위 욕구는 하위 욕구에 비해 인생의 후반에 나타난다. 즉, 생리적 욕구와 안전의 욕구는 유년기에, 소속감과 사랑의 욕구와 자기 존중의 욕구는 청년기에 나타나며, 자아실현 욕구는 인생의 중반에 이르러서야 나타난다.

여섯째, 상위 욕구로 갈수록 개인이 느끼는 만족감의 정도는 낮아진다. 예를 들면, 보통 사람은 생리적 욕구에서 85%의 만족감을, 안전의 욕구에서 70%, 애정의 욕구에서 50%, 자기존중의 욕구에서 40%, 자아실현의 욕구에서 10% 정도의 만족감을 느낀다고 한다.

일곱째, 새로운 욕구의 출현은 특정 시점에서 우선시되는 욕구가 만족된 후에 갑작스럽게 나타나는 것이 아니라 현 욕구 단계의 충족 정도에 따라 점진적으로 그리고 동시에 나타날 수 있다. 예를 들면, 생리적 욕구가 10%만 충족되면 안전에 대한 욕구는 전혀 보이지 않는다. 그러나 생리적 욕구가 25% 정도 충족되면 안전에 대한 욕구는 5% 정도 나타날 수 있으며, 생리적 욕구가 75% 만족되면 안전에 대한 욕구는 50% 정도 나타날 수 있다는 것이다.

3) 결핍과 성장

매슬로(1955)는 인간의 욕구 위계와 아울러 욕구 충족에 대하여 '결핍(deficiency)'과 '성장(growth)'의 두 가지 측면으로 설명하였다. 결핍의 측면에서는 기본적인 욕구 충족의 관점에서 인간행동에 관심을 두는 반면, 성장의 측면에서는 인간 자신을 성장시키려는 자아실현의 입장에서 인간행동과 경험에 초점을 둔다. 그는 성장을 메타와 같은 의미로 사용하고 있다. 이러한 두 가지 측면에서 인간의 동기, 인지, 가치, 사랑에 대하여 살펴보면 다음과 같다.

(1) 결핍 동기와 성장 동기

결핍 동기(deficiency need)는 부족한 것을 충족시키려는 욕구로, 불만족 혹은 좌절감 때문에 현재 상태를 변화시키려는 욕구다. 이 동기는 결손 상태, 즉 배고픔, 추위, 불안에서 야기될 유기체의 긴장을 사전에 막는 것을 목적으로 한다. 자아실현의 욕구를 제외한 네 가지 하위 욕구가 이에 해당한다. 다음으로 성장 동기(metaneed)는 즐거움과 만족을 느끼면서 긍정적으로 가치 있는 목표를 추구하는 것으로, 인간의 잠재력을 실현하려는 선천적 충동과 관련된 원격(distant)의 목표를 의미한다. 성장 동기의 목적은 경험을 넓혀 삶을 풍요롭게 하고, 삶의 기쁨을 증대시키는 것으로서 자아실현 욕구가 해당된다. 예를 들면, 특정 성격이론에 대하여 더 깊이 있게 이해하기 위해 관련 서적을 구입하는 것은 결핍 동기가 아니라 성장 동기가 반영된 것이다. 성장 동기는 결핍 동기가 만족된 후에 나타난다.

(2) 결핍 인지와 성장 인지

결핍 인지(deficiency cognition)는 욕구 충족과 관련하여 환경을 자각하는 것을 의미한다. 매슬로에 따르면, 강한 욕구는 사고와 지각에 영향을 준다. 예를 들면, 배고픈 사람은 단지 음식을 찾으려는 경향만 보인다는 것이다. 다음으로 성장 인지(metacognition)는 환경에 대한 보다 정확하고 효율적인 자각을 의미한다. 기본적 동기가 충족된 사람은 자신이 지각한 부분에 대하여 왜곡하지 않는다. 때문에 성장 인지를 가진 사람은 판단이나 비교 혹은 평가를 하지 않는다. 그들은 지각되는 대상이나 사물에 대하여 독립적인 태도를 취하기 때문에 있는 그대로를 인식할 수 있다(노안영 공저, 2013, p. 309).

(3) 결핍 가치와 성장 가치

매슬로(1968)는 인간은 태어날 때부터 성장 가치를 가지고 태어난다고 하였다. 그는 가장 높은 가치는 인간성 그 자체 내에 존재한다고 하였다. 매슬로가 성장 가치로 제시한 덕목은 신뢰, 미, 독특성, 필요, 정의, 단순성, 용이함, 자아충족, 선, 통합, 생기, 완전, 완성, 질서, 풍요, 유희, 의미 등이다(노안영 공저, 2013, p. 309). 결핍 가치는 구체적인 목표 대상에 한정된 가치를 의미한다.

(4) 결핍 사랑과 성장 사랑

결핍 사랑은 타인이 자신의 욕구를 충족시켜 주기 때문에 타인을 사랑하는 것을 의미한다. 이러한 사랑은 이기적 관심이나 소유욕에서 비롯된 사랑이다. 이러한 사랑을 하는 사람은 타인을 자신의 욕구를 충족시켜 주는 수단이나 도구로 생각하는 소유적인 사랑을 한다. 예를 들면, 성욕이나 외로움 때문에 타인을 사랑하는 경우다. 성장 사랑은 타인의 성장을 위한 사랑을 의미한다. 성장 사랑을 하는 사람은 비소유적이며, 이기적인 자기만족보다 타인의 행복에 보다 많은 관심을 가진다(노안영 공저, 2013, p. 309). 그들은 타인을 있는 그대로 인정하는 존재적 사랑을 한다. 예를 들면, 들에 꽃이 피어 있을 때 꺾지 않고 지켜보는 것이 이에 해당한다.

4) 절정경험

신비한 경험(mystic experience)이라고도 불리는 절정경험(peak experience)은 자아실현을 이룬 사람들의 공통적인 특성이다. 절정경험은 각 개인마다 경험의 내용이 다르기 때문에 상당히 주관적이라고 볼 수 있다. 절정경험은 자연 속에서 이루어질 수도 있으며, 종교의 대상인 신과의 만남 그리고 일상의 작은 부분에서도 경험할 수 있다. 예를 들면, 눈앞에 펼쳐지는 끝없는 지평선에 대한 느낌, 전에 없이 더욱 무기력하고 강렬한 것이 동시에 존재하는 느낌, 대단한 환희와 경이, 경외의 감정, 시간과 공간의 위치감 상실, 극도로 어떠한 일이 일어났다는 확신 등이 이에 해당한다(조대봉 역, 1992, p. 214). 물론 위대한 예술작품을 감상할 때처럼 수동적으로 일어날 수도 있지만 대부분

의 절정경험은 능동적으로 행동하고 있을 때 일어난다(Csikszentmihalyi, 1975; Privette & Landsman, 1983).

칙센트미하이(Mihaly Csikszentmihalyi)는 절정경험을 하는 사람은 지금 경험하고 있는 그 활동에 열중한 나머지 활동 자체를 자신의 것처럼 느끼는데, 이러한 경험을 몰입(flow)이라고 하였다. 무엇인가에 완전히 몰두하면 절정경험을 할 수 있게 된다는 것이다. 몰입은 주위의 모든 잡념이나 방해물을 차단하고 원하는 어느 한 곳에 자신의 모든 정신을 집중하는 상태다. 그는 몰입했을 때의 느낌을 '물 흐르는 것처럼 편안한 느낌' '하늘을 날아가는 자유로운 느낌' 이라고 하였다. 일단 몰입을 하면 몇 시간이 한순간처럼 짧게 느껴지는 '시간 개념의 왜곡' 현상이 일어나고, 자신이 몰입하는 대상이 더 자세하고 뚜렷하게 보인다. 몰입 대상과 하나가 된 듯한 일체감을 가지며, 자기 자신을 순간적으로 잊을 수 있다. 이러한 몰입의 상태는 개인이 가지고 있는 지식과 도전의식이 모두 높고, 정확한 목표와 피드백이 주어질 때, 정신이 하나로 집중될 때, 통제력이 있을 때 잘 이루어진다.

절정경험이나 몰입의 상태를 경험하는 것이 단지 예술적인 창조와 관련된 것만은 아니다. 중요한 것은 그러한 것들이 어떠한 방식으로 일어났는가이다(김교헌 역, 2012, p. 451). 그리고 어떠한 경험이 수단이 아닌 경험 그 자체가 목적이 될 때 진정한 절정경험을 체험할 수 있다. 예를 들면, 산에 오르는 그 자체를 좋아하는 사람이 있다고 하자. 그런 사람은 아무리 힘이 들더라도 눈 덮인 겨울 산의 풍경을 만끽하며 산을 오를 수 있을 것이다. 하지만 건강을 위한 수단으로 산을 오르는 사람이라면 겨울 산에 대하여 이 같은 경험을 하기는 힘들 것이다. 또한 자아실현을 한 사람 중에서도 절정경험을 한 사람과 하지 못한 사람 사이에는 차이가 있다. 절정경험을 한 자아실현자들은 시적이고 상징적이며 초월적이고 신비한 분야, 즉 시나 음악, 철학, 종교에 심취하는 경향이 있다. 반면에 절정경험을 하지 못한 자아실현자들은 현실적이고 능률적이며 세상을 열정적으로 살아가는 사람, 즉 사회 사업가, 정치가, 사회운동가, 개혁운동가가 되는 경향이 있다(조대봉 역, 1992, p. 214). 이처럼 절정경험 여부는 자아실현자들의 활동 분야와도 관련이 있다.

5) 부적응의 원인

매슬로의 이론에서는 부적응의 원인으로 욕구의 결핍과 좌절, 선택에서의 갈등, 성장 욕구(metaneed)의 결핍 등을 제시하고 있다.

(1) 욕구의 결핍이나 좌절

매슬로는 인간이 가지고 태어나는 욕구가 적절히 충족되지 못하고 결핍되거나 욕구 충족이 좌절되면 부적응 증상이 나타난다고 하였다. 여기에서 욕구의 결핍은 욕구 좌절의 개념보다는 덜 심각한 상태를 말한다. 즉, 욕구의 결핍 상태보다 욕구의 좌절 상태가 병리적인 증상을 더 일으킬 수 있다는 것이다. 예를 들면, 쉽게 대체될 수 있는 단순한 욕구의 결핍보다 개인의 삶의 목표, 방어체계, 자존감, 자아실현 등의 욕구의 좌절은 위협적인 결핍으로 개인에게 바람직하지 못한 결과를 가져올 수 있다는 것이다.

또한 욕구의 대상은 하나인데, 그 대상이 가지는 의미와 가치는 다를 수 있다. 목표가 되는 대상이 사랑, 자존감 혹은 다른 기본 욕구들을 의미할 때 그 대상의 충족이 좌절된다면 더욱 심한 부적응을 초래할 수 있다. 예를 들면, 한 아동이 아이스크림을 먹고 싶은데 부모에게 거절을 당했다고 하자. 그때 아동은 아이스크림을 먹고 싶은 욕구만 좌절된 것이 아니라 부모에 대한 사랑을 박탈당했다고 느낄 수도 있다. 그리고 유아기에 경험한 피할 수 없는 박탈감은 개인에 따라서 좌절의 원인이 되기도 한다. 즉, 부모가 젖떼기, 배변 통제, 걷기 학습 등을 유아에게 강요할 때 욕구 좌절로 인한 부적응 증상이 생겨나기도 하지만, 유아가 이러한 경험을 위협으로 느끼지 않는다면 부적응 증상이 나타나지 않을 수도 있다. 결국 위협적인 욕구 좌절의 현상은 단순한 욕구의 박탈에 원인이 있기보다는 욕구의 박탈이나 욕구 좌절에 대한 개인의 해석에 원인이 있다(조대봉 역, 1992, pp. 141-142).

(2) 선택의 갈등

인간의 일상생활은 순간순간의 선택으로 이루어진다고 해도 과언이 아니다. 이러한 선택으로 인한 갈등이 부적응의 원인이 된다. 심각한 갈등을 야기하지 않는 단순한 상황에서의 선택은 개인에게 부정적인 영향을 주지 않는다. 예를 들면, 중요한 파티에서 사람들에게 좋은 인상을 주고 싶어 하는 여자가 두 벌의 드레스 중 어떤 옷을 입을지를 망설이고 있다고 하자. 이런 상황에서는 옷을 결정하는 순간 갈등이 곧 사라진다. 하지만 두 벌의 드레스가 아닌 두 남자 중에서 배우자를 선택해야 하는 상황에서는 갈등의 정도가 다를 수밖에 없다. 이와 같이 심각한 갈등을 초래하는 상황에서는 선택으로 인해 부적응이 야기된다. 즉, 무엇인가를 심각하게 선택해야 하는 상황도 우선시되는 욕구를 해결한다는 차원에서 본다면 부적응 증상을 초래할 수 있다. 심각한 질병도 정신병리의 원인이 될 수 있다. 예를 들면, 심장마비 증세를 자주 보이는 사람은 상당히 조심스럽게 행동을 하게 되고, 매우 심각한 사고를 경험한 사람은 죽음에 대한 두려움으로 위축이 되고, 세상을 향한 자신감을 잃어버릴 수도 있다(조대봉 역, 1992, pp. 142-146).

(3) 성장 욕구의 결핍

매슬로(1967a)는 성장 욕구도 결핍 욕구와 같이 선천적으로 타고난다고 주장하며, 한 개인의 완전한 성장이 이루어지려면 성장 욕구가 만족되어야 한다고 하였다. 그는 인간이 완전한 성장에 이르지 못하는 데서 오는 병을 '메타병리(meta pathologies)' 라고 하였다. 그리고 심리적 건강이 유지되려면 성장 욕구(메타욕구)가 충족되어야 한다고 하였다. 성장 욕구가 충족되지 않는 경우에는 무관심, 소외, 우울, 냉소 등과 같은 부적응 증상이 초래된다는 것이다(이훈구 역, 1998, p. 427).

6) 도식화

매슬로의 자아실현이론에서 중요하게 다루어지는 욕구 5단계를 중심으로 도식화하면 [그림 8-1]과 같다.

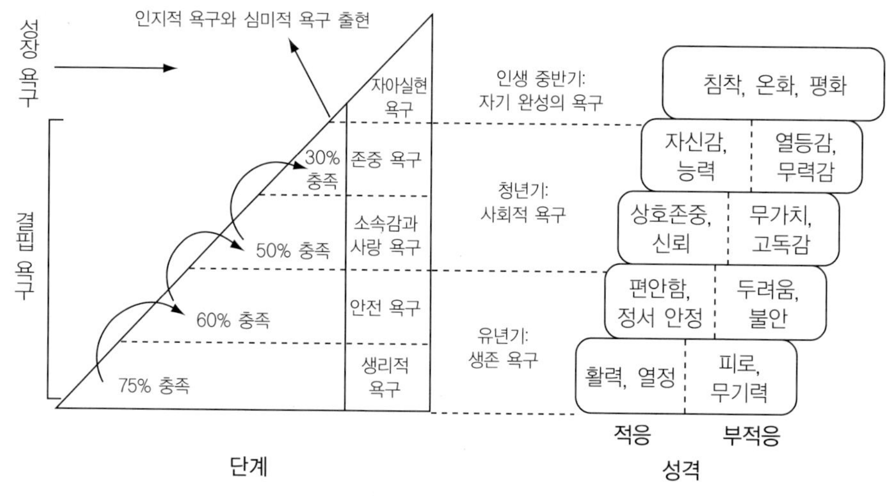

• 그림 8-1 • 매슬로의 자아실현이론의 도식화

[그림 8-1]을 설명하면 다음과 같다.

첫째, 인간은 기본적인 욕구를 가지고 태어나며, 그 욕구는 가장 하위 단계인 생리적 욕구부터 가장 상위 단계인 자아실현 욕구까지 위계를 이루어 단계적으로 발달한다.

둘째, 각 단계에서 나타나는 욕구가 어느 정도 충족되면, 그다음 상위 단계의 욕구가 출현한다. 예를 들면, 생리적 욕구인 배고픔의 욕구가 어느 정도(75%) 해결되면, 자신이 안전하게 살아갈 수 있는지에 대한 불안이 찾아온다는 것이다. 즉, 한 단계가 완전히 충족되기 전에 다음 단계의 욕구가 발생한다는 것이다.

셋째, 각 단계의 욕구가 적절하게 충족되면 적응적인 특성들이 나타나지만, 욕구가 좌절되거나 결핍 상태가 되면 부적응적인 성격 특성이 나타난다. 예를 들면, 생리적 욕구가 충족되면 활력과 열정이 생기는 반면에, 생리적 욕구의 충족이 좌절되거나 결핍되면 피로감과 무력감에 빠질 수 있다.

넷째, 5단계의 욕구는 피라미드 구조를 이루어서 가장 하위 단계인 생리적 욕구는 가장 강력하며 만족의 정도가 크면서도 충족하기 쉬울 뿐만 아니라 누구나 충족할 수 있다. 하지만 상위로 올라갈수록 욕구의 강도와 만족도는 줄어들며, 욕구를 충족하기 어렵고, 소수의 사람에게만 충족이 가능하다.

생리적 욕구, 안전 욕구, 소속감과 사랑의 욕구 그리고 자아존중의 욕구를 결핍 욕구라고 하며, 자아실현 욕구를 성장 욕구라고 한다. 가장 상위 단계인 자아실현 욕구는 충족하기 가장 어려우며, 이를 충족한 사람은 극소수에 불과하다.

제3절 평 가

1. 성격 연구 및 적용

1) 성격 연구

(1) 욕구서열 연구

매슬로의 욕구위계에서 가장 하위 단계인 생리적 욕구가 안전 욕구에 우선한다는 것은 경험적으로 입증이 되었다. 그러나 다른 욕구들에 대한 연구 결과는 그리 긍정적이지 않다. 예를 들면, 리스(Leith, 1972)는 피험자들에게 스트레스를 줌으로써 욕구서열상 낮은 욕구들을 위협하였다. 그 직후에 피험자들에게 창의성 검사를 실시하였다. 그 결과, 기본 욕구가 위협받고 있는데도 창의성이 모두 증가하였다. 또 다른 그레이엄과 볼로운(Graham & Balloun, 1973)의 연구에서는 매슬로의 5가지 욕구 중에서 어느 두 가지 욕구를 비교할 때, 둘 중에 낮은 욕구가 더 충족될 것으로 가정하였다. 하지만 연구 결과, 두 욕구 간에 명백한 차이가 나타나지 않았으며, 면접을 통하여 욕구 강도를 분류하였다는 방법론적인 결함이 있었다(홍숙기 역, 2008, p. 201). 이와 같은 연구 결과로 미루어 볼 때 아직까지 욕구의 서열에 대하여 경험적으로 명확하게 밝혀지지 않았으며, 이는 앞으로 연구되어야 할 과제다.

(2) 자아실현에 대한 연구

매슬로가 말하는 자아실현자들은 사회의 요구에 개의치 않고 자신의 진정한 잠재력을 성취한 사람들이다. 그런데 자아실현에 대한 정의가 명확하지 않고, 개인에 따라 정의가 다르기 때문에 매슬로(1950)의 연구를 제외하면 자아실현과 관련된 연구가 거의 이루어지지 않았다. 매슬로는 49명의 저명한 인물을 선택하였다. 이들 중에는 살아 있는 사람도 있고, 사망한 사람도 있었는데, 하나같이 성취, 적응, 성숙에서 뛰어난 사람들이었다. 매슬로는 이들을 다음과 같이 세 부류로 범주화하였다.

첫째, 제퍼슨(Thomas Jefferson)이나 링컨(Abraham Lincoln) 등의 미국의 대통령같이 분명한 자아실현을 한 사람들

둘째, 오귀스트 르누아르(Auguste Renoir)나 아들라이 스티븐슨(Adlai Stevenson)과 같은 예술가나 정치가로서 자아실현을 이룬 사람들

셋째, 어느 정도 부분적인 자아실현을 이룬 사람들

그는 이들을 대상으로 수집한 정보를 분석하여 자아실현을 이룬 사람이 가지고 있는 15가지 특징을 찾아내었다. 이와 같은 연구는 상당히 주관적이고, 선발 절차 등 방법론적인 문제점을 가지고 있지만 매슬로는 이와 같은 특징을 자아실현이론을 정립하는 초석으로 삼았다(홍숙기 역, 2008, p. 201).

(3) 절정경험 연구

절정경험의 의미를 찾으려고 고심하던 매슬로(1962)는 190명의 대학생들을 대상으로 한 연구에서 다음과 같은 지시문에 대한 답을 써달라고 요청하였다.

> 여러분의 인생에서 가장 경이로웠던 체험을 생각해 보십시오. 예를 들면, 가장 행복했던 순간, 무아지경의 순간, 환희의 순간(예: 사랑에 빠졌을 때, 음악을 들을 때, 책이나 그림 등이 갑자기 가슴에 와 닿을 때 또는 창조적인 영감의 순간 등) 등입니다. 우선 이런 체험을 나열해 보십시오. 그런 다음에 여러분이 바로 그 순간을 어떻게 느꼈는지, 이런 느낌이 보통 때와는 어떻게 다른지, 어떤 점에서 그 순간 당신이 보통 때와는 다른 사람이 되는지를 기술해 보십시오(홍숙기 역, 2008, p. 187).

이와 같은 연구에서 얻은 반응에서 매슬로는 절정경험에 대한 열아홉 가지 특징을 찾아내어 기술하였다. 예를 들면, "절정경험은 우리가 위대한 것 앞에서 느끼는 경이, 외경, 숭배, 겸허와 굴복 등과 같은 특별한 느낌을 준다."라고 표현하였다. 특히 신비체험이나 종교적 또는 철학적 체험 등의 내용에서는 "세계 전체가 하나의 살아 있는 실체로 보인다."라고 표현하였다. 또 다른 종류의 절정경험 중에 특히 사랑의 체험이나 심미적 체험에서는 "세계의 한 조그만 부분이 그 순간에는 마치 세계 전부인 것같이 지

각된다." 등으로 표현하였다(홍숙기 역, 2008, p. 187). 이처럼 각 개인이 절정경험을 체험할 때의 인지나 정서는 모두 다르게 나타난다. 따라서 절정경험이라는 개념에 대한 과학적인 접근에도 한계가 있음을 알 수 있다.

2) 평가 기법

(1) 사례 연구

매슬로는 자신의 이론에서 핵심 개념인 '욕구' 중에서 가장 상위 단계인 자아실현 욕구를 연구하기 위하여 역사적으로 유명한 인물들에 관한 자서전적 연구를 실시하였다. 그 이유는 역사적 인물들에 대하여 충분한 정보를 확보할 수 있기 때문이었다. 반면에 현존하는 인물을 대상으로 한 경우에는 그들이 자아실현 연구라는 연구의 목적을 알고서 불편해하며 망설였기 때문에 충분한 정보를 얻기가 어려웠다. 이러한 사례 연구 또한 각 개인이 가지고 있는 자아실현의 의미와 정도가 다르기 때문에 많은 사람을 대상으로 하기는 한계가 있다. 또한 자아실현을 이룬 사람은 극히 소수에 불과하기 때문에 보다 보편적인 결과를 도출하기 어렵다.

(2) 개인지향검사

개인지향검사(The Personal Orientation Inventory: POI)는 쇼스트롬(Shostrom)이 1963년에 개발한 검사로서 자아실현의 정도를 측정하는 데 이용되고 있다. 이 검사는 150문항의 자기보고식 질문지로서 자아실현을 한 사람에게 중요하다고 여겨지는 가치와 행동을 나타낸 문항으로 이루어져 있다. 피검자들은 한 문항 안의 두 항목 가운데 자신을 더 잘 나타낸다고 생각하는 항목을 선택하면 된다(예: "나는 사회적으로 인정받는 목표에 관심을 기울여야 계속 성장할 것이다." 또는 "나는 나 자신이 됨으로써 가장 잘 성장할 것이다." 등). 이 질문의 내용에는 자아실현 가치, 실존성, 감정 반응성, 자연스러움, 자기존중, 인간 본성, 공동체의식(synergy), 공격성의 수용, 친밀 관계 역량 등이 포함되어 있다(홍숙기 역, 2008, p. 208). 이 검사 또한 자아실현이 가지는 개념적인 특성, 즉 개인의 독특성을 반영하는 것이 어렵다는 한계가 있다.

2. 공헌점 및 한계점

1) 공헌점

첫째, 매슬로의 자아실현이론은 개인의 독특성과 그 개인이 가지고 있는 무한한 성장 가능성을 인정하는 인본주의 심리학의 발달에 초석을 제공하였다. 인본주의 심리학은 심리학의 제1세력인 정신분석이론과 제2세력인 행동주의이론과 함께 심리학의 3대 주류로 자리 매김하여 심리학의 제3세력으로 불리고 있다.

둘째, 매슬로는 개인의 행동을 결정 짓는 동기 요인으로 다양한 욕구와 발달단계를 제시하여 인간행동의 이해를 도왔다. 그는 인간을 움직이는 동기를 욕구라고 보았으며, 5단계에 걸친 욕구의 발달단계를 구체적으로 제시하였다. 그는 인간 생활에 가장 기본적이며 필수적인 생리적 욕구부터 가장 상위 단계인 자아실현 욕구까지의 단계가 존재함을 밝혔다.

셋째, 매슬로의 연구는 심리적으로 건강한 사람을 연구 대상으로 하고 있다. 그는 정신분석이론에서 신경증 환자들을 대상으로 연구한 것과 달리 건강한 사람에 대하여 정확하게 알아야 건강하지 않은 환자들을 도울 수 있다고 주장하며, 정상인을 연구 대상으로 하였다. 따라서 그의 이론은 건강한 사람에게 적용할 수 있으며, 건강한 사람이 더 성장할 수 있도록 도울 수 있다.

넷째, 매슬로의 자아실현이론은 과거를 중시하는 심리학을 '지금-여기'를 강조하는 현상학적 관점으로 끌어올렸으며, 인간을 성 본능이라는 유전과 강화라는 환경에 의해 정해지는 존재가 아니라 자아실현을 위해 끊임없이 노력하는 성장 지향적 존재로 부각시켰다는 점이 주목할 만하다. 이는 그가 과거가 아닌 현재를 강조하며, 결정론이 아닌 자유론적 인간관을 가지고 있어서 가능한 것이다.

2) 한계점

첫째, 매슬로의 자아실현이론에 대한 경험적이고 객관적인 타당성을 검증한 연구 사례가 많지 않다. 물론 그는 한 시대를 움직이는 저명한 인물들을 대상으로 자아실현에 관한 사례 연구를 하였지만, 각 개인마다 지각하는 자아실현의 의미와 정도는 다를 수 있고, 가장 상위 욕구인 자아실현 욕구는 개인의 독특성이 반영되기 때문에 객관적인 측정과 평가가 어렵다는 한계가 있다.

둘째, 매슬로가 주장하는 욕구의 발달이 그가 주장한 욕구위계 순서대로 진행되지만은 않으며, 욕구 단계 또한 명확하게 나눌 수 없고 중첩되어 나타난다. 예를 들면, 먹고 사는 것에 연연하지 않고 길거리에서 바이올린을 켜는 가난한 바이올리니스트도 있기 때문이다. 또한 친구나 가족과의 관계를 통해 사랑을 주고받는 사랑의 욕구와 그들에게 존경받기를 원하는 존중의 욕구는 동시에 나타나서 같이 작용할 수도 있다.

셋째, 개인이 처한 상황에 따라 또는 지역이나 문화적인 환경에 따라 욕구의 위계가 다르게 나타날 수 있다. 예를 들면, 경제적으로 호황일 때는 자아실현의 욕구가 나타날 수 있지만, 불황일 때는 생리적 욕구와 안전의 욕구가 시급할 것이다. 그리고 우리의 문화에서는 집단주의 문화가 아직도 많이 있기 때문에 다른 욕구보다 소속감이나 사랑 그리고 자기존중에 대한 욕구를 중시할 가능성이 높다.

3. 정신분석이론과 자아실현이론의 비교

프로이트의 정신분석이론과 매슬로의 자아실현이론을 비교하면 〈표 8-2〉와 같다.

• 표 8-2 • 정신분석이론과 자아실현이론의 비교

구분	정신분석이론	자아실현이론
인간관	비관론, 유전론, 결정론, 전체론	낙관론, 유전론, 자유론, 전체론
성격의 구조	이드, 자아, 초자아	구체적으로 제시하지 않음
성격의 발달	심리성적 발달 5단계	욕구 5단계
인간 이해 방법	정신 과정(지형학적, 구조적 관점)	내적인 욕구
행동의 원천	성 본능	욕구 충족 동기
부적응의 원인	5세 이전의 외상 경험, 고착, 성격 구조 간의 불균형	욕구의 결핍이나 좌절, 선택 상황에서의 갈등, 성장 욕구의 결핍
연구 대상	환자	건강한 정상인
치료 목적	무의식의 의식화, 자아 기능의 강화	욕구의 적절한 충족

〈표 8-2〉를 설명하면 다음과 같다.

첫째, 인간을 이해하는 관점에서 프로이트는 인간은 비관적 존재이며, 5세 이전의 경험에 의해 성격이 결정된다고 보았다. 또한 인간은 삶과 죽음의 본능을 선천적으로 가지고 태어나기 때문에 유전의 영향을 받으며, 인간의 정신 구조를 세 가지로 구분하였지만 세 가지 성격 구조의 역동과 균형을 중시하기 때문에 전체적인 측면에서 인간을 이해하려는 입장이다. 한편 매슬로는 인본주의적인 관점을 바탕으로 하고 있기 때문에 인간을 선하며, 인생 전반에 걸쳐 지속적으로 성장을 하는 자유론적인 존재로 보았다. 그리고 인간은 선천적으로 5가지 욕구를 가지고 태어나기 때문에 유전의 영향을 받으며, 인간을 하나의 욕구가 아닌 5가지 욕구 전체로서 이해하려는 입장이다.

둘째, 성격 구조와 발달의 측면에서 프로이트는 성격을 이드, 자아 및 초자아의 세 가지 구성요소로 이루어졌다고 가정하며, 성적 에너지가 몰려 있는 신체 부위에 따른 5단계의 심리성적 발달을 제시하였다. 매슬로는 성격 구조와 발달을 구체적으로 밝히지 않고 있으며, 5가지 욕구가 성격이며, 5가지 욕구의 충족이나 좌절이 성격발달에 영향을 미친다고 주장하였다.

셋째, 인간 이해의 방법과 에너지의 원천을 살펴보면, 프로이트는 구조적 모형(이드, 자아, 초자아)과 지형학적 모형(의식, 전의식, 무의식)의 관점에서 인간의 정신 과정을 이해하려고 했으며, 행동을 유발하는 힘의 원천은 성 본능으로 보았다. 한편 매슬로는 인간이 선천적으로 가지고 태어나는 5가지 내적 욕구를 통해 인간을 이해하고자 했으며, 인간 행동의 원천을 욕구를 충족하려는 동기로 보았다.

넷째, 부적응의 원인으로 프로이트는 5세 이전의 외상 경험과 각 발달단계에서의 고착 그리고 세 가지 성격 구조의 불균형을 들고 있다. 이와는 다르게 매슬로는 욕구의 좌절이나 결핍, 선택 상황에서의 갈등 그리고 성장 욕구의 결핍 등이 부적응을 일으킨다고 보았다.

다섯째, 연구 대상과 치료 목표를 살펴보면, 프로이트는 신경증 환자를 대상으로 연구했으며, 무의식을 의식화하고 자아 기능을 강화하는 것을 치료 목표로 삼았다. 그에 반해 매슬로는 건강한 정상인을 연구 대상으로 하였으며, 욕구위계상의 각 욕구를 적절하게 충족시키도록 돕는 것을 치료 목표로 삼았다.

요 약

1. 자아실현이론의 출현 배경은 인간을 결정론적으로 바라보는 정신분석이론과 행동주의이론에 대한 반작용과 전 세계를 혼란의 소용돌이로 몰아넣은 두 번의 세계대전을 통한 인간성 회복에 대한 자성 그리고 매슬로의 전쟁에 대한 경험 등이다.
2. 매슬로에게 영향을 미친 이론은 실존주의, 후설의 현상학, 형태심리학, 유기체이론 등이다.
3. 매슬로의 인간관은 낙관론, 유전론, 자유론, 전체론적인 관점이다.
4. 인간의 성격은 다섯 단계의 욕구다. 성격의 구조는 구체적으로 제시하지 않고 있다. 그리고 성격은 5가지 선천적인 욕구가 각 단계를 거쳐 발달하면서 욕구가 충족되거나 좌절됨에 따라 형성된다.
5. 핵심 개념에는 5가지 욕구, 욕구의 위계, 결핍과 성장, 절정경험 등이 있다.
6. 부적응은 5단계의 욕구가 적절히 충족되지 않아 결핍되거나 좌절될 때 발생한다.
7. 성격에 대한 연구는 욕구서열, 자아실현에 대한 연구, 절정경험 연구 등이 있다. 성격 평가 기법은 사례 연구와 개인지향검사 등이 있다.
8. 공헌점은 인본주의 심리학의 초석을 제공하였으며, 인간의 욕구와 발달단계를 제시하여 인간행동을 이해하는 데 도움을 주었고, 건강한 사람들을 대상으로 연구하였으며, 인간을 성장 지향적인 존재로 보았다는 점 등이다.
9. 비판점은 객관적인 타당성을 입증하는 연구가 부족하며, 욕구발달단계가 중첩된다는 한계가 있다. 개인적인 상황이나 지역 · 문화적인 상황에 따라 욕구의 차이가 있다는 점 또한 한계로 거론된다.

제9장

인간중심이론

1940년 초에 칼 로저스(Carl Ransom Rogers, 1902~1987)는 인간중심이론을 창시하였다. 로저스는 초기에는 자신의 이론을 비지시적 상담이라고 명명하였으나, 1951년에는 내담자 중심으로 바꿨다가, 1974년에는 인간중심이라고 불렀다. 이와 같이 이론의 명칭이 바뀐 것은 로저스의 독특한 인간관에 기초한다. 그는 인간의 무한한 잠재 능력과 가능성을 믿었으며, 인간 스스로 자신의 문제를 해결할 수 있는 능력이 있다고 보았다. 그는 치료자들이 내담자에 대한 믿음에 기초하여 치료할 것을 강조하여 자신의 이론을 내담자 중심이라고 하였으며, 후에 자신의 이론이 치료 장면에서뿐만 아니라 인간 전반에 대한 이해로 확대하여 적용되기를 바랐기 때문에 인간중심이라고 하였다.

칼 랜섬 로저스

인간에 대한 믿음은 어떤 이론을 선호하더라도 치료자가 가져야 할 기본 자세다. 따라서 이 이론은 단순히 여러 이론 중의 하나가 아니라 치료자가 지녀야 할 기본적인 철학과 태도를 제공하고 있다(이장호 공저, 2004, pp. 67-68). 20여 년 넘게 성격심리학을 가르치고 상담을 해 온 필자도 가장 선호하는 이론을 한 가지 꼽으라고 하면 인간중심이론이다. 가장 많은 치료자들이 인간중심이론의 틀에 입각하여 치료를 하고 있다.

로저스는 각 개인이 지각하는 현실인 '주관적 현실'의 중요성을 강조하였다. 한 개인의 현상적 장에서 일어나는 모든 경험을 다른 사람들은 알 수 없으며, 그저 추론을 통하여 이해할 수밖에 없다. 그러므로 로저스는 각 개인의 행동은 그 사람의 주관적인 현실 속에서 이해할 때에야 비로소 설명될 수 있다고 보았다. 이와 같이 인간의 주관성을 중시하였기 때문에 그의 이론은 대표적인 현상학적 이론으로 손꼽히고 있다.

로저스는 오랜 임상 경험을 바탕으로 인간은 기본적으로 자신의 행동에 책임을 지며, 목적 지향적이며, 합리적이고 바람직한 방향으로 지속적으로 성장해 나가는 미래 지향적 존재라고 보았다. 따라서 이러한 선천적 잠재력을 발휘할 수 있는 조건만 적절히 갖추어진다면, 인간에게 무한한 성장과 발전이 가능하다는 것이다. 인본주의이론의 기본적인 가정은 인간의 자유와 존엄성이다. 이는 각 개인이 세상에 하나밖에 없는 유일한 존재이기 때문에 평가보다는 존중되어야 한다는 뜻이다. 이러한 점 때문에 로저스의 인간중심이론은 인본주의적 관점을 심리학의 제3세력으로 자리매김하는 데 기여한 바가 크다.

제1절 서 론

1. 인간중심이론의 출현 배경

로저스의 인간중심이론이 출범하던 시기는 유럽에서 시작되어 미국에서 주류를 이루던 프로이트의 정신분석이론과 심리학을 과학의 영역으로 끌어올린 행동주의 두 이론이 심리학계의 주류를 이룬 시기라고 볼 수 있다. 로저스의 인간중심이론은 인간이 성 본능의 지배를 받는다고 보는 정신분석적 입장과 인간을 자극에 대해 수동적으로 반응하는 존재로 보는 행동주의적 입장에 대한 반작용으로 출현하였다. 현상학적 관점에 바탕을 둔 로저스의 이론은 인간의 주관성을 중시하였는데, 이러한 주관성으로 인해 인간은 이 세상에 단 하나밖에 없는 존엄성을 가진 긍정적인 존재라고 본 것이다.

한편 로저스가 활동하던 시기는 전 세계가 세계대전을 두 번이나 겪는 혼란을 경험한 직후였다. 인간의 생명보다 국가 간의 이념과 권력이 우선시되어 일어났던 전쟁은 수많은 사람의 죽음과 세계 여러 나라가 황폐해지는 상황을 초래하였다. 이러한 상황으로 인하여 인간성 상실에 대한 자성의 목소리가 높아졌고, 진정한 인간의 본질에 대하여 생각하는 사상이 확산되었다. 인간 그 자체를 중요시하는 로저스 이론의 출현은 이러한 시대 상황의 반영으로 볼 수 있다.

2. 인간중심이론에 영향을 미친 이론

1) 후설의 현상학

후설(Edmund Husserl, 1859~1938)은 눈에 보이는 객관적 세계보다는 개인이 그것을 어떻게 받아들이고 있는가의 주관적 세계가 행동의 원천이라고 본다. 그는 인간이 경험한 주관적 경험의 세계를 현상학적 장(phenomenal field)이라고 하였다. 그는 인간이 직접 경험한 세계를 존중하며, 그 세계에 대한 이해를 시도하여 개인의 행동을 결정짓는 내적 준거의 틀을 찾고자 하였다. 이러한 후설의 현상학적 관점의 영향을 받아서 로저스는 치료자가 내담자의 주관적 현실을 이해하는 것이 중요하며, 이를 위해서는 치료자도 내담자가 세상을 보는 시각으로 같이 보아야 하며, 치료자가 내담자의 입장에 서게 될 때에야 비로소 내담자를 공감할 수 있다고 하였다.

2) 랭크의 의지치료

오토 랭크(Otto Rank, 1884~1939)는 프로이트의 정신분석을 비판하고 자신의 이론을 새롭게 정립한 신정신분석학자다. 그는 치료에 영향을 미치는 세 가지 요인으로 내담자와 치료자 그리고 내담자와 치료자의 관계를 제시하였다. 그는 내담자를 건강한 사람이 되려는 의지를 가지고 있는 존재로 보았으며, 치료자가 내담자를 이해하고 수용하는 과정을 통해 치료자와 내담자 사이에 믿을 수 있는 관계가 형성된다고 하였다. 이러한 관계를 기초로 내담자는 자기 지도 능력을 갖게 되고, 내담자 스스로 자신의 문제를 해결하게 되어 건강한 사람이 된다는 것이다. 탭트(Jessie Taft, 1882~1960)는 이러한 랭크의 견해를 미국에 가져와서 치료자와 내담자의 관계를 강조하였다. 그는 치료자가 내담자의 문제에 대한 어떤 지적인 해석보다도 중요한 것은 두 사람의 관계라고 믿었으며, 이러한 그의 관점은 치료 장면이 허용적인 분위기가 되는 데 기여하였다.

랭크의 의지치료의 영향을 받아 로저스는 치료자와 내담자의 관계를 중시했으며, 내담자는 스스로 자신의 문제를 해결하고자 하는 의지가 있을 뿐만 아니라 문제를 해결할 수 있는 능력이 있기 때문에 치료자는 내담자를 돕는 촉진자의 역할을 해야 한다고 주장하였다.

3) 듀이의 아동중심 교육사상

듀이(John Dewey, 1859~1952)는 아동중심 교육사상가로서 아동이 어른의 축소판이 아니며, 아동은 고유한 특성을 가진 인격적인 존재라고 주장하였다. 따라서 교사는 학습 장면에서 아동 스스로 탐구할 수 있도록 자율성을 존중해 줌으로써 학습에서의 주

존 듀이

체가 교사가 아니라 아동이 되도록 해야 한다는 것이다. 이러한 듀이의 교육 사상의 영향을 받아서 로저스는 치료 장면에서의 주체는 치료자가 아니라 내담자가 되어야 한다는 내담자 중심 상담을 주장하게 된 것으로 여겨진다.

4) 형태주의 심리학

형태(形態)란 독일어로 게슈탈트(gestalt)인데, 이는 전체, 모습 등의 의미와 유사하게 사용된다. 형태주의 심리학에서는 인간의 행동을 전체적인 측면에서 이해하여야 한다고 주장한다. 예를 들면, 엄마가 그릇에 남은 음식물을 버리고, 세제를 사용해 그릇을 닦고, 다시 물로 헹구는 일련의 행동을 보고서 아이는 '엄마가 설거지를 하는구나!'라고 알아차린다. 즉, 아이는 엄마의 행위를 분리하지 않고 하나의 의미 있는 전체로 지각할 때 '설거지'라는 게슈탈트를 형성한다는 것이다. 이는 로저스의 전체론적인 인간관에 영향을 주었다. 로저스 이론의 핵심 개념인 '자기'와 '유기체'는 인간을 전체적이고 통합적인 측면에서 이해하는 것이다.

5) 골드슈타인의 유기체이론

유기체(organism)는 생물체라는 용어와 유사한 의미를 지닌 것으로, 생물처럼 물질의 각 부분이 연결되어 하나의 목적을 가지고 움직이는 조직체라고 할 수 있다. 유기체이론의 가장 대표적인 학자로 골드슈타인(Kurt Goldstein, 1978~1965)이 있다. 그는 제1차 세계대전 중에 뇌가 손상된 군인들에 대한 연구에서 환자의 어느 특정한 증상은 결코 한 기관 때문이 아니라 신체 전체의 문제라는 것을 발견하였다. 그는 인간을 살아 있는 생물체로서의 유기체로 간주하였다. 즉, 인간의 정신과 신체는 별개가 아니며, 정신이 독립된 요소들로 구성된 것이 아니고, 신체도 독립된 기관으로 구성된 것이 아니라는 것이다(이상로 공역, 1997, p. 260). 이러한 유기체이론은 로저스 이론의 '유기체'라는 주요 개념에 영향을 주었다. 로저스는 인간은 유기체로서의 기본 성향, 즉 경험의 총체로서 자기 자신을 유지하고 실현하려는 경향을 가지고 있다고 주장하였다.

3. 생애가 이론에 미친 영향

로저스는 미국 일리노이 주 시카고의 교외에 있는 오크파크에서 5남 1녀 중 넷째로 태어났다. 그의 아버지는 건축가이자 청부업자였기 때문에 집안은 경제적으로 부유한 편이었다. 어릴 적 그의 가정은 규율이 엄격한 정통 기독교 집안이었는데, 그는 부모님의 양육 태도를 다음과 같이 회고하였다.

> 다른 사람들의 행동은 우리 집에서는 용납이 안 된다. 많은 사람들은 카드놀이를 하고, 영화를 보러 가며, 담배를 피우고, 춤추고, 술 마시고, 그 밖에 여러 가지 활동을 한다. …… 가장 좋은 방법은 그들이 더 잘사는 법을 알지 못한다고 생각하고 이해하는 것이다. 그렇지만 그들과 가까이 지내며 교제한다든지, 그들을 가족 안에 끌어 들여서는 안 된다(오제은 역, 2011, p. 48).

이 같은 이유 때문인지 그는 이웃과 교류가 거의 없었으며, 친구도 사귀지 못하였고, 대부분의 시간을 사색과 독서로 보냈다. 부모님과의 관계에 대하여도 이렇게 회고하였다.

> 부모님이 나를 사랑한다는 것은 알았지만, 부모님과 내 마음속의 생각이나 느낌을 나누는 일은 전혀 없었다. 얘기를 한다 해도 판단하거나 지적할 것이라고 생각했다. 나의 생각, 환상 그리고 이런저런 감정을 마음속에만 간직해 두었다(오제은 역, 2011, p. 48).

혼자서 많은 시간을 보냈던 어린 시절을 그는 외로웠다고 표현하며, 또 그 외로움이 상담과 심리치료에 흥미를 가지게 된 직접적인 이유가 되었다고 하였다. 또한 그의 이론에서 주장하는 '가치의 조건화'라는 개념은 어린 시절 부모의 가치를 그대로 자신의 것으로 받아들여 바깥세상을 인식하게 된 로저스 자신의 경험에서 비롯된 개념으로 볼 수 있다.

그는 위스콘신 대학교에서 농업을 전공하고, 교회 활동을 적극적으로 하면서 목사의 꿈을 꾸게 된다. 그리고 대학 시절 중국 북경에서 개최된 국제기독학생연합회에 12명의 미국 대표 중 한 사람으로 참석하여 6개월간 중국에 머물면서 다양한 종교와 문화적 특성을 지닌 외국인들과 만나게 된다. 이를 계기로 "나는 나 자신의 사고방식대로 생각할 수 있고, 나 자신의 결론에 도달할 수 있으며, 나 자신이 믿는 바에 따라 행동할 수 있다."는 인식을 갖게 되면서 로저스는 부모에게 매여 있던 종교적 연대에서 자유로워진다. 종교에 대한 내적 혼란을 겪은 후에 스스로의 가치관을 정립하게 되면서 그는 신학을 포기하고 콜롬비아 대학교에서 심리학을 공부하게 되었다. 졸업 후 그는 어린 시절부터 친구이며 대학동창인 헬렌 엘리엇(Hellen Eliot)과 결혼하여 두 딸을 낳았다(이훈구 역, 1998, p. 445). 그는 대학에서 듀이의 제자인 킬패트릭(William Kilpatrick)의 영향을 받아 학습의 자유사상을 갖게 된다.

또한 아동생활지도연구소에서 정신분석을 지도받고, 사범대학에서는 과학적인 행동주의를 접하게 된다. 1931년 임상심리학으로 박사학위를 취득한 후, 로저스는 로체스터의 아동학대예방협회에서 12년간 있으면서 랭크의 영향을 받게 된다. 로저스는 콜롬비아 대학교에서 석사(1928)와 박사(1931)학위를 받으면서 이 대학의 아동생활지도연구소에서 실제 내담자를 대상으로 최초로 상담을 한다. 또한 그는 이곳에서 정신분석학자들의 지도를 받아 정신분석적인 관점을 배우게 된다. 이와 동시에 콜롬비아 대학교 사범대학에서 손다이크(Edward Thorndike)의 영향을 받아 행동주의 관점을 학습하게 되는데, 이 두 가지 관점을 모두 경험한 로저스는 이들 사이에서 갈등하게 된다. 로저스는 당시 자신은 "완전히 다른 두 세계에서 활동하고 있는 것 같았으며, 양자가 결코 조화를 이룰 수 없는 것으로 느껴졌다."라고 회고하면서, 그러한 갈등 상태에서의 학습이 가장 가치 있는 경험이었다고 술회하였다(Rogers, 1961). 결국 로저스는 정신분석과 행동 수정을 융합하고 이를 승화시켜 새로운 상담이론을 주장하게 되었으니 여기에 그의 위대성이 있다.

로저스는 1942년 『상담과 심리치료(Counseling and Psychotherapy: Newer Concepts in Practice)』라는 책에서 당시 지배적이었던 정신분석과 행동 수정의 지시적 상담에 반하는 비지시적 상담을 주장하였다. 1951년에는 『내담자 중심치료(Client-Centered Therapy)』를 출판하면서, 제한된 의미를 내포하는 비지시적이라는 용어 대신 '내담자 중심'이라는 용어를 사용하여, 내담자 속에 있는 성장 가능성에 초점을 두고 있다는 사실을 강조하였다. 1974년 이후에는 인간에 내재된 잠재력을 실현시킴으로써 내담자가 기능을 충분히 발휘할 수 있는 인간으로 성장하도록 돕는다는 의미를 고려하여, '내담자 중심'을 '인간 중심'으로 수정하여 사용하였다. 그가 주장하는 치료자가 지녀야 할 세 가지 태도, 즉 진실성, 수용 및 공감은 인간의 다양한 행동에 적용되었다. 로저스는 인생의 후반기에 국가 간의 분쟁을 다루고 세계 평화를 증진하는 일에 힘을 쏟았다. 그는 많은 학술단체의 회장직을 역임했으며, 미국심리학회에서 우수과학 공로상(1956), 우수공로자상(1972)을 수상하기도 하였다. 1987년 82세의 나이로 세상을 떠날 때까지 그는 여행과 집필을 계속하며 열정적으로 활동하였다(천성문 공역, 2013, p. 213).

그가 남긴 대표 저서 『인간이 되어 간다는 것에 대하여(On Becoming a Person, 1961)』에는 그의 인생 철학과 연구, 가르치는 일, 사회적 쟁점에 관한 관점 등이 실려 있다. 그리고 저서 『학습의 자유: 교육이 나아갈 방향(Freedom to Learn: A View of What Education Might Become, 1969)』, 『칼 로저스와 대면집단(Carl Rogers on Encounter Groups, 1970)』, 『생성적 파트너: 결혼과 대안(Becoming Partners: Marriage and Its Alternatives, 1972)』, 『칼 로저스와 개인의 능력(Carl Rogers on Personal Power, 1977)』 등이 있다. 로저스의 자서전은 『자서전적 심리학사(A History of Psychology in Autobiography, 1967)』의 제5권에 실려 있다(이훈구 역, 1998, p. 448).

제2절 주요 개념

1. 인간관

로저스의 인간중심이론에서 인간을 바라보는 관점은 낙관론적, 유전론적, 자유론적 그리고 전체론적 관점이라고 할 수 있다.

1) 낙관론적 인간관

로저스는 자신이 30여 년 동안 상담한 결과 "인간에게는 자신의 내면에 긍정적 방향으로 나아가려는 강한 경향이 있다."(Rogers, 1961, p. 27)는 것을 알게 되었다고 하였다. 즉, 인간은 자기를 실현하고 조절하고 통제하는 능력이 있다는 것이다. 그러므로 적절한 조건만 제공되면 씨앗이 성장하여 열매를 거두는 것처럼 인간은 타고난 잠재력을 건설적으로 발달시킨다고 보았다. 특히 로저스는 인간을 자기실현 경향성을 가지고 태어나서 성장 지향적이며, 더 나은 향상을 추구하는 존재로 보았기 때문에 그의 인간관은 낙관적이라고 볼 수 있다.

2) 유전론적 인간관

로저스는 인간은 선천적으로 잠재력을 가지고 태어난다고 보았으며, 그 잠재력을 '실현 경향성'이라고 하였다. 또한 인간은 경험을 통하여 자기가 형성되면서 자기의 타고난 잠재력을 실현하려는 특성인 '자기실현 경향성'을 가지게 될 뿐만 아니라 타인으로부터 '긍정적 존중'을 받고자 하는 욕구를 선천적으로 가지고 태어난다고 보았다. 로저스의 이러한 개념은 인간이 선천적인 기본 동기에 따라 행동하고 있음을 인정하는 것이다. 하지만 로저스의 이론에서 환경의 영향도 무시할 수는 없다. 왜냐하면 그는 '자기'의 발달에 환경이 중요한 영향을 끼친다고 보았기 때문이다. 즉, 인간은 타인으로부터 긍정적 존중을 받기 위해 타인의 조건을 따라가게 되며, 타인으로부터 무조건적 긍정적 존중을 받으면 자기의 발달이 촉진된다고 하였다(이훈구 역, 1998, p. 475). 결국 그는 선천적인 욕구와 후천적인 환경이 모두 성격 형성에 영향을 미친다고 보았지만, 생득적인 측면에 좀 더 비중을 두고 있음을 알 수 있다.

3) 자유론적 인간관

로저스는 인간의 삶이란 자신이 스스로 통제할 수 없는 어떤 힘에 의해 조종당하는 피동적인 결과가 아니라 각 개인이 자유롭게 능동적으로 선택한 결과라고 보았다. 즉, 모든 인간은 자신의 과거와 현재 생활 상태를 정확히 인식할 수 있기 때문에 자신의 미래를 능동적으로 선택할 수 있다는 것이다. 그는 인간을 선천적으로 타고난 성장 가능성을 실현하는 과정에서 자신의 인생 목표와 방향을 스스로 결정하고, 이러한 결정에 따르는 책임을 수용하는 존재로 보고 있기 때문에 자유론적 인간관을 가지고 있다고 여겨진다.

4) 전체론적 인간관

로저스는 인간을 유기체로 보아 전체 경험으로써 인간 행동을 이해하고 설명하고 있다. 그는 인간의 각 행동을 단편적인 사건으로 분석하기보다는 오히려 전체적으로 기능하는 개인이라는 관점에서 이해하였다. 즉, 인간은 모든 신체 부위가 유기적으로 상호 연결되어 있기 때문에 신체의 한 부위가 아프면 그로 인하여 전체적인 기능에 이상이 온다는 것이다. 또한 인간은 실현 경향성이라는 에너지원을 가지고 있으며, 이것이 전체 유기체를 유지하고 향상시킨다고 보고 있다. 다시 말해 인간은 유기체와 자기, 객관적 현실과 주관적 현실 그리고 현실적 자기와 이상적 자기의 끊임없는 일치와 통합을 추구하여 전체로 기능하도록 성장해 가는 존재라는 것이다. 따라서 로저스는 전체주의적 인간관을 가지고 있다고 볼 수 있다.

2. 성격의 구조 및 발달

1) 성격의 개념

로저스는 인간의 성격을 '자기(self)'로 보았다. 자기란 개인이 경험을 통해서 자신의 특성이라고 받아들이는 모든 것을 말한다. 인간은 태어나서 처음에는 자신의 손가락조차 자기 것인 줄 모르다가 근육과 신경발달을 통해서 점차 자신과 타인을 구별하게 되면서 비로소 그것이 자신의 것임을 알게 된다. 이 과정에서 자기가 형성된다. 또한 부모와 상호작용을 통한 경험의 일부도 자기가 되는데 로저스는 이러한 경험을 통해 개인의 성격이 형성된다고 보았다.

2) 성격의 구조

로저스의 이론에서 인간의 성격 구조를 설명할 때 가장 중요한 개념은 '유기체'와 '자기'다. 유기체와 자기에 대한 구체적인 내용을 살펴보면 다음과 같다.

(1) 유기체

유기체(organism)의 사전적 의미는 '물질이 유기적으로 구성되어 생활 기능을 하는 조직체', 즉 '생물'이다. 이는 많은 부분이 한 가지 목적 아래 통합되어 부분과 전체가 하나의 관계를 가지게 된 조직체를 뜻한다. 로저스에게 유기체란 한 개인의 사상, 행동 및 신체적 존재 모두를 포함하는 전체로서의 개인을 의미한다. 유기체는 그 자체 내의 어떤 한 부분의 변화라도 다른 부분의 변화를 유발하는 특성을 가지고 있기 때문에 심리학적으로 유기체란 모든 경험의 소재지로 간주할 수 있으며, '인간 존재'라는 용어에 비해 더 기술적인 용어라고 할 수 있다. 로저스는 유기체적 경험을 중시하는데, 유기체적 경험이란 한 개인이 살아오면서 경험한 모든 것, 즉 '경험의 총체'를 의미한다. 여기서 경험이라는 말 안에는 의식적인 내용뿐만 아니라 무의식적인 것도 포함된다.

(2) 자기와 자기 개념

'자기(self)'는 로저스 이론의 핵심이 되는 개념이며, 자기란 '개인의 전체적인 현상적 장[1]에서 분화된 부분으로서 자신의 특성으로 받아들인 모든 것'을 의미한다. 아동은 다른 사람들과 상호작용을 하면서 자신의 전체적인 경험의 장에서 자신의 특성으로 받아들이는 하나의 심상을 형성하게 된다. 인간은 '나'와 '나 아닌 것'을 처음에는 구분하지 못하다가 이 두 가지 사이의 차이를 알 수 있게 되면서 자기가 형성된다. 다시 말하면, 현상적 장을 구분하는 과정, 어떤 것이 자신

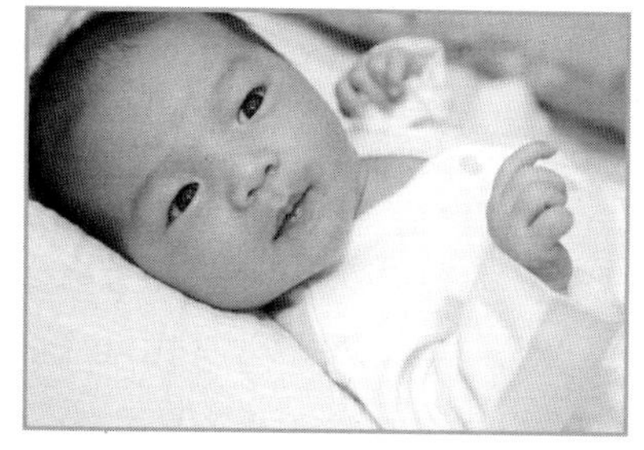

1) 현상적 장이란 특정 순간에 개인이 주관적으로 지각하고 경험하는 모든 것을 의미하며, 한 개인의 현실을 뜻한다.

의 것이고 어떤 것이 자신의 것이 아닌가를 구분하는 과정에서 자기가 형성된다. 자기란 스스로에 대한 일련의 가치와 인식으로서 성격 구조의 중심이 된다. 예를 들면, 신생아는 우유병과 자신을 구분하지 못한다. 그러나 성장해 가면서 신생아는 우유병이 뜨거운 주전자에 닿으면 아무런 느낌이 없지만, 자신의 손가락이 뜨거운 주전자에 닿으면 통증을 느끼는 것을 깨닫게 되면서 우유병은 자신이 아니고 손가락은 자신임을 알게 된다.

또한 의미 있는 타인들인 어머니나 아버지와 상호작용을 하면서 유아가 경험한 모든 것인 유기체적 경험의 일부가 '자기'로 분화된다. 유아는 부모와 관계를 맺으면서 이루어진 모든 경험 중에서 일부를 자신의 특성으로 받아들이게 되는 것이다. 예를 들어, 어머니가 자신을 '잘생긴 아이'라고 말하거나, 아버지가 자신을 '머리가 좋은 아이'라고 말할 때, 자신이 잘생기고 머리가 좋다고 받아들이는 것이 바로 '자기'인 것이다.

자기 개념(self-concept)은 자기의 여러 가지 특성이 하나로 조직화된 것을 의미하는 것으로, '자기에 대하여 여러 가지 지각된 내용의 조직된 틀'을 말한다. 따라서 자기 개념은 개인의 여러 특성과 능력을 통합한 속성을 의미한다. 예를 들면, 공부나 운동이나 친구 사귀는 일 등 모든 일에서 자신이 잘한다고 생각할 때 긍정적인 자기 개념을 가졌다고 말할 수 있다.

3) 성격의 발달

로저스는 인간의 성격발달을 구체적으로 제시하지는 않았다. 그는 인간행동의 가장 기본적인 동기를 '실현 경향성'으로 보았으며, 이 중 인간에게 중요한 것은 '자기실현 경향성'이라고 하였다. 인간은 실현 경향성을 충족시켜 주는 경험은 긍정적 가치로, 그렇지 못한 경험은 부정적 가치로 평가하는 '유기체의 평가 과정'을 거친다. 이와 동시에 인간은 타인으로부터 '긍정적 존중'을 받고자 하는 욕구도 발달하는데, 로저스는 긍정적 존중의 욕구가 유기체의 평가 과정보다 더 강력하게 작용한다고 보았다. 긍정적 존중은 부모에 의해 조건적으로 주어지는데, 만일 부모의 조건과 유기체의 실현 경향성이 상충될 경우, 유기체는 긍정적 존중을 받기 위해 자기실현의 욕구를 포기하게 된다는 것이다. 이와 같은 과정에서 인간은 자기 개념(자신의 특성으로 받아들인 부분)에 맞게 유기체적 경험(자신이 지금까지 경험한 모든 내용)을 받아들이게 되면서 자신의 경험을 왜곡하거나 부인하여 자기와 유기체 경험 간에 불일치가 생겨난다. 따라서 치료자가 내담자를 무조건적으로 긍정적으로 존중해 주면, 내담자는 자신의 모든 유기체적 경험을 자신의 것으로 받아들이게 되어 자기와 유기체 경험이 일치되어 충분히 기능하는 사람이 된다는 것이다.

(1) 실현 경향성과 자기실현 경향성

인간을 포함하는 모든 유기체는 자신의 고유한 잠재 가능성을 바람직한 방향으로 성취하고자 하는 '실현 경향성(actualizing tendency)'을 가지고 있다. 이것은 태어날 때부터 존재하는 것으로, 행동의 가장 중요한 동기로 작용하며, 신체적 · 심리적 요인을 두루 망라하고 있다. 실현 경향성은 음식을 통해 신체적 욕구를 충족하여 생존을 가능하게 할 뿐만 아니라 유기체의 심리적인 성숙을 촉진시킨다.

유기체에게 '자기(self)'가 형성되면 그 후 자기실현 경향성이 나타난다. 자기실현 경향성(self-actualization tendency)은 '자신을 성장시키고 발전시키기 위해서 자신의 모든 잠재력을 발휘하는 인간의 선천적 경향성'을 의미한다. 실현 경향성과 자기실현 경향성은 서로 일치하거나 혹은 상반되게 작용할 수도 있다. 실현 경향성은 생리적 영향을 많이 받으며, 신체적 요소가 우세하고, 유기체의 성장과 성숙과 관련되어 있어 학습과 경험의 영향을 적게 받는 반면에, 자기실현 경향성은 사회적 영향을 많이 받으며, 심리적 요소가 우세하고, 학습과 경험에 의해 촉진될 수도 있고 방해를 받을 수도 있다.

자기실현 경향성은 긴장을 감소시키는 것만이 목적이 아니라 긴장을 증가시키기도 한다. 예를 들어, 어린아이가 걸음마를 배우는 과정을 보면, 어린아이는 일어서서 한 발자국이라도 내딛으려고 하다가 비틀거리고 넘어지기도 한다. 하지만 포기하지 않는 이유는 자기실현 경향성이 고통을 피하려는 욕구보다 더 강하기 때문이다. 필자도 이 책을 집필하면서 시간과 능력의 한계를 절감하고 중단하고 싶은 생각이 간절했지만, 20년 동안 성격심리학 강의를 해 오면서 축적한 자료를 한 권의 책으로 펴냄으로써 필자의 잠재력을 실현할 뿐만 아니라 심리학을 공부하는 동학들에게 도움을 주고 싶은 동기가 강했기 때문에 끝까지 집필을 포기하지 않을 수 있었다.

(2) 유기체의 평가 과정과 긍정적 존중의 욕구

아동은 부모나 그 밖의 사람들과의 상호작용을 통해 자기를 실현하는 과정에서 자신의 경험을 평가하게 된다. 즉, 자신의 잠재력을 유지시키거나 향상시키는 경험은 긍정적으로 평가하여 더욱 더 추구하려고 하는 반면에, 방해가 되는 경험은 부정적으로 평가하여 회피하게 된다는 것이다. 로저스는 이를 '유기체의 평가 과정(organismic valuing process)'이라고 하였다. 예를 들면, 음식을 섭취하거나 안전을 도모하는 것은 생존을 돕기 때문에 긍정적으로 평가되고, 배고픔과 고통은 생존에 방해가 되기 때문에 부정적으로 평가된다. 이를 입증해 주는 데이비스(Davis, 1933)의 연구가 있다. 그가 서른 가지의 음식을 양념도 하지 않은 채 배열해 아동들이 알아서 먹도록 했을 때, 아동들은 모든 영양소를 골고루 섭취하는 균형 잡힌 식사를 하였다. 즉, 아동은 어떤 음식이 자신에게 필요한지를 스스로 안다는 것이다.

유기체의 평가 과정만 존재한다면, 모든 인간은 자기실현을 하게 되고 행복하게 살 수 있다. 하지만 인간은 중요한 사람들로부터 사랑과 인정을 받고 싶어 하는 '긍정적 존중(positive regard)'의 욕구를 선천적으로 가지고 태어난다. 이 욕구는 자기에 대한 의식이 생기면서 발달하는 것으로, 유기체의 평가 과정보다 더 강력하게 작용하기 때문에 긍정적 존중을 받기 위해서라면 유기체의 평가 과정을 무시할 수도 있게 된다. 즉, 아동은 유기체의 실현 경향성을 충족시켜 줄 수 있는지의 여부에 상관없이 다른 사람들로부터 긍정적 존중을 얻을 수 있는 행동을 하는 반면, 긍정적 존중을 얻을 수 없는 행동은 피한다는 것이다. 다시 말하면, 인간은 긍정적 존중의 욕구 때문에 자신의 실현 가능성을 포기하면서까지 타인이 원하는 모습이 되려고 노력한다는 것이다. 또한 인간은 타인뿐만 아니라 자기 자신으로부터도 긍정적 존중을 받고자 하는 '자기존중(self-regard)의 욕구'가 있다. 이 욕구는 자신을 평가하는 다른 사람들의 영향을 받는다. 다른 사람이 자신을 인정하면 자기 자신도 자신을 인정하는 반면에, 다른 사람이 자신을 인정하지 않으면 자신도 스스로를 인정하지 않게 된다는 것이다.

(3) 가치의 조건과 조건적 긍정적 존중

아동은 부모나 중요한 타인이 제시하는 '가치 조건(conditions of worth)'에 부합하게 행동할 때 긍정적 존중을 받게 된다. 예를 들면, 시험 성적이 좋으면 부모가 용돈을 올려 주거나 칭찬을 해 주는 등의 관심을 받게 되지만, 성적이 좋지 않으면 부모의 칭찬이나 인정을 받을 수 없다. 이와 같이 자녀의 행동이 부모나 타인의 가치 조건에 맞을 때 긍정적 관심을 받게 되는 것을 '조건적 긍정적 존중(conditional positive regard)'이라고 한다. 가치 조건은 말을 타고 있는 장님 같아서 실제 자신의 유기체적 경험을 자신의 것으로 받아들이지 않게 하거나 혹은 자신의 실제 특성이 아닌 것을 자신의 것으로 받아들이게 한다.

(4) 왜곡과 부인

인간은 자기에 대한 지각과 자신의 경험 사이에 일관성을 유지하려는 경향이 있다. 따라서 개인의 자기 개념에 일치하는 경험만이 의식되고 지각되는 반면에 자기 개념과 갈등을 일으키는 경험은 자기 개념에 위협이 되기 때문에 정확하게 지각되지 않거나 혹은 아예 의식되지 않을 수 있다. 인간은 자기 개념이 위협을 받는다고 느낄 때, 자기 개념을 유지하기 위한 방법으로 두 가지 방어기제를 사용한다. '왜곡(distortion)'과 '부인(denial)'의 기제가 그것이다.

'왜곡'은 의식되기는 하지만 실제 경험 내용과는 다르게 경험을 지각하는 것을 말한다. 예를 들면, 자신이 매우 똑똑하고 공부를 잘하는 사람이라는 자기 개념을 가진 학생의 경우, 형편없이 낮은 성적을 받았을 때 그 성적을 받아들이기는 하지만 그 이유를 '시험 문제가 적절하지 않아서'라고 실제와는 다르게 지각하여 공부를 잘한다는 자기 개념을 손상시키지 않는 경우다.

'부인'은 자기 개념과 불일치하여 자기 개념에 위협이 되는 경험의 존재 자체를 무시하거나 경험을 인식하지 않음으로써 자기 개념을 유지하려는 것을 말한다. 예를 들어, 공부를 잘한다는 자기 개념을 가진 수험생이 세 번에 걸쳐 실시한 모의수능에서 점수가 기대 이하로 나왔을 경우, 대학 진학상담을 할 때 자신의 모의수능 점수를 전혀 기억하지 못할 수 있다.

3. 핵심 개념 및 도식화

로저스 이론의 핵심 개념인 공감, 충분히 기능하는 인간, 부적응의 원인 등을 살펴보면 다음과 같다.

1) 공 감

현상학적인 관점에서 공감의 개념은 주관적 현실, 역지사지, 현재와 미래 등의 세 가지 측면에서 이해할 수 있다.

(1) 주관적 현실

현상학적 입장에서 한 개인의 현실(reality)은 '주관적 경험(subjective experience)', 즉 특정 사건에 대하여 그 사람이 어떻게 지각하고 해석하여 경험하는가를 의미한다. 이러한 주관적 경험은 행동의 원천이 된다. 인간은 사건 그 자체에 반응하는 것이 아니라 사건을 지각하고 해석하는 내용에 따라 반응한다는 것이다. 예를 들어, 사막에서 길을 잃어 목이 마른 사람은 신기루로 나타난 연못을 보고 필사적으로 달려간다. 신기루를 진짜 연못으로 지각하고 해석하기 때문이다. 그 순간 그 사람에게는 신기루가 하나의 현실인 것이다. 주관적 현실에 대한 이해를 돕기 위해 필자의 상담 사례를 소개하고자 한다.

• • •

필자는 피해망상증 환자를 상담한 적이 있다. 필자가 병실 문을 열고 환자의 병실에 들어가자마자 이 환자가 갑자기 책과 슬리퍼, 심지어는 컵까지 던지는 것이었다. 날아오는 물건들을 간신히 피하고 나서 환자에게 왜 그러느냐고 묻자 급기야 이 환자가 병실 창문을 열고 병실에서 뛰어내리려고 하는 것이었다. 극도로 놀란 필자는 있는 힘을 다해 환자에게 달려가서 가까스로 환자를 붙잡았다. 그다음 날 그 환자에게 어제 왜 그랬느냐고 묻자, 그는 필자가 국가기관의 비밀지령을 받고 자신을 암살하러 온 요원이기 때문에 그런 행동을 했다는 것이었다. 그 환자는 필자가 병원 담벼락에 붙어서 발자국 소리를 내지 않으려고 살금살금 걸어 들어오는 소리를 들었으며, 병실 문을 열고 권총을 꺼내서 자신을 죽이려고 해서 물건을 던졌으며, 도망가기 위해 창문으로 뛰어내리려고 했다는 것이었다. 이 순간 그에게는 필자가 자신을 치료해 주려는 상담자가 아니라 자신을 죽이려는 암살자로 받아들여져서 그와 같은 행동을 한 것이었다.

• • •

여러분도 만일 누군가가 여러분을 죽이려고 한다는 사실이 확실히 믿어질 때 어떻게 할지 생각해 보라. 이 환자처럼 틀림없이 먼저 공격하거나 혹은 도망가는 행동을 할 것이다. 이러한 환자를 진정으로 이해하려면 바로 이 환자의 주관적 현실(subjective reality)을 알아야 할 것이다. 개인의 현실은 주관적이기 때문에 현상학적 관점에서는 인간의 숫자만큼 인간의 현실이 존재한다고 말한다. 따라서 한 사람을 진정으로 이해하고 공감하기 위해서는 그 사람이 경험하고 있는 그 사람만의 주관적 현실을 알아야 한다.

(2) 역지사지

인간은 자신이 세상을 바라보고 해석하는 틀인 내적준거체계(internal frame of reference)와 일치하는 방향으로 현실을 받아들이기 때문에 한 개인을 이해하고 그 사람의 행동을 예측할 수 있는 가장 좋은 방법은 그 사람의 내적준거체계를 아는 것이다. 이러한 내적준거체계를 이해하는 방법은 그 사람의 입장이 되어서 세상을 받아들이고 느끼고 생각하는 것인데, 이와 같은 것을 역지사지(易地思之)라고 한다.

(3) 현재와 미래

인간의 행동은 과거에 일어난 어떤 사건에 의해서가 아니라 과거의 경험에 대한 현재의 해석에 의해 결정된다. 피해망상증 환자가 세상에 대하여 적대적으로 행동하는 이유는 세상을 위협적인 장소로 보기 때문이지 어릴 때 학대받은 경험 때문이 아니라는 것이다. 현재의 행동은 항상 현재에 대한 지각과 해석에 영향을 받으며, 또한 개인이 미래를 어떻게 예견하는지가 현재의 행동에 영향을 준다. 예를 들어, 여자 앞에 서기를 두려워하는 한 남자의 현재 행동은 과거의 실패 경험보다 현재 지각하고 있는 미래의 실패에 대한 두려움 때문일 수 있다. 따라서 사람은 현재와 미래의 틀 속에서 이해되어야 한다.

2) 충분히 기능하는 인간

로저스는 훌륭한 삶(good life)을 사는 사람을 '충분히 기능하는 인간(the fully functioning person)'으로 기술하고 있다. 충분히 기능하는 인간이란 자신의 잠재력을 인식하고, 자신의 능력과 재능을 발휘하는 방향으로 나아가는 사람을 의미한다. 패터슨(Patterson, 1980)은 한 인간이 충분히 기능하는 것을 최적의 심리적 적응, 최상의 심리적 성숙, 완전한 일치, 경험에의 완전한 개방성 등과 동의어로 보았다. 로저스는 충분히 기능하는 인간이란 하나의 존재 상태가 아니라 과정으로 보았으며, 충분히 기능하는 인간이 되어 가는 과정의 특징을 5가지로 설명하였다.

첫째, 모든 경험을 방어 없이 받아들이는 '경험에 대한 개방성(openness to experience)'이다. 이러한 사람은 자신이 하고 있는 경험에 대하여 보다 정확하게 인식하며, 자신의 감정을 있는 그대로 느끼며, 상황에 적절하게 대처한다.

둘째, 삶의 매 순간을 보다 충실하게 살고자 하는 경향인 '실존적 삶(existential living)'이다. 이러한 사람은 삶의 순간순간을 새로운 것으로 받아들이며, 매 순간 자신이 어떤 존재이고, 자신이 무엇을 할 것인가를 알고, 그러한 삶에 충실한다.

셋째, 타인보다는 자기 자신을 믿고 의지하는 '유기체에 대한 신뢰(organismic trusting)'다. 이러한 사람은 주어진 상황의 여러 측면을 모두 고려할 수 있으며, 결과적으로 상황의 모든 측면을 가장 만족시켜 줄 결정을 하여 자신에 대한 믿음을 갖게 된다.

넷째, 자신이 선택한 인생을 자신이 원하는 대로 자유롭게 살아가고 있다는 느낌인 '경험적 자유(experiential freedom)'다. 이러한 사람은 모든 선택을 스스로 하며, 자기 자신이 모든 일을 주도하고, 자신이 원하는 것을 행동으로 옮길 수 있으며, 자신의 행동의 결과에 대하여 스스로 책임을 질 수 있는 사람이다.

다섯째, '창의성(creativity)'이다. 이러한 사람은 타인과 다른 자기 자신만의 고유한 삶을 영유하며, 삶 속에서 창의적인 결과물을 생산하고, 주어진 환경에서 창의적으로 살아간다.

3) 부적응의 원인

로저스는 인간의 부적응의 원인을 크게 두 가지로 보고 있다. 첫째는 자기와 유기체 경험의 불일치이며, 둘째는 현실적 자기와 이상적 자기의 불일치다. 이와 같은 불일치가 심해지면 부적응이 발생한다는 것이다. 구체적으로 살펴보면 다음과 같다.

(1) 자기와 유기체 경험의 불일치

개인이 실제 경험한 내용과 다르게 받아들이는 '왜곡'이나 혹은 경험한 내용을 받아들이지 않는 '부인'이 일어나면, 개인은 환경과 충분한 상호작용을 할 수 없게 되어 자기 개념과 유기체 경험(자신이 경험한 모든 것)의 불일치(incongruence)가 발생한다. 로저스는 이러한 자기 개념과 유기체적 경험 간의 불일치 상태를 부적응이라고 보았다. 그는 자기 개념과 유기체 경험이 불일치하게 되면 인간은 불안을 느끼며, 신경증이 나타난다고 하였다. 또한 이와 같은 불일치가 심해지면 왜곡과 부인 등의 방어기제조차도 사용할 수 없게 되어 성격장애와 정신병리가 나타나는데, 로저스는 이를 정신병이라고 하였다. 하지만 치료자가 아무런 조건 없이 내담자를 있는 그대로 수용하는 '무조건적 긍정적 존중(unconditional positive regard)'을 보이면, 내담자는 자신이 왜곡하고 부인했던 경험을 포함한 모든 경험을 있는 그대로 받아들일 수 있게 된다. 이러한 과정을 통해 내담자의 자기 개념과 유기체 경험이 일치하게 되어 적응을 잘하는 사람이 되고 결국 자신의 잠재력을 충분히 발휘하는 인간이 된다.

실현 경향성을 가진 인간이 자기 개념과 유기체 경험의 불일치로 인해 부적응에 이르는 과정과 치료 과정을 예를 들어 설명하면 다음과 같다.

여기 예능에 재능이 있는 명수가 있고, 그런 아들이 의사가 되기를 원하는 명수의 부모가 있다고 하자. 명수는 춤과 노래와 연기 쪽에 뛰어난 잠재력이 있기 때문에, 그의 자기실현은 연예인이 되는 것이다. 그는 유기체의 평가 과정에 따라 연예인이 되는 데 도움이 되는 행동(예: 교회에서 연극을 연습하는 것)은 긍정적으로 평가하고, 방해가 되는 행동(예: 연극 연습을 빠지고 속셈학원에 가는 것)은 부정적으로 평가하는 과정을 겪게 된다. 하지만 그의 부모는 '공부를 잘하는 것이 최고다.'라는 가치 조건을 가지고 있어서 학교 성적이 좋을 때만 칭찬과 인정을 한다. 부모에게서 긍정적 존중을 받으려는 욕구가 연예인이 되려는 욕구보다 더 강해 그는 공부 쪽에 매달리게 된다. 그가 초등학교 시절에 장기자랑 대회에 나가서 1등을 해서 상품을 타 왔을 때, 부모는 시큰둥하고 칭찬을 하지 않는다. 하지만 그가 기말고사에서 처음으로 반에서 3등을 했을 때, 부모는 아주 좋아하며 칭찬을 해 준다. 그는 "장기자랑에서 1등 하는 것은 중요하지 않고, 운이 좋아서 1등 했다."라고 생각하면서, 춤과 노래와 연기에 재능이 있어서 인정받은 자신의 유기체 경험을 자기의 것으로 받아들이지 않는 '부인(denial)'의 방어기제를 사용한다. 또한 초등학교 고학년이 되면서 실제로 성적이 별로 좋지 않았지만, 초등학교 저학년 시절 공부를 잘했던 순간에 집착하여 자신은 공부를 잘하는 똑똑한 아이라고 생각한다. 중학교 때 학교성적이 반에서 중간 정도로 나왔을 때, 그는 '왜곡(distortion)'의 방어기제를 사용하여 선생님이 가르쳐 주지 않은 문제를 출제해서 성적이 잘 나오지 않았다고 불평불만을 한다. 이와 같이 예능 방면에 대한 자신의 실제 경험은 받아들이지 않고, 공부 장면에 대한 경험은 사실과 다르게 받아들임으로써 자기개념과 유기체 경험 간의 불일치가 커진다. 대학입시에서 그는 의대에 입학원서를 냈지만 떨어지고, 성적에 맞추어서 다른 학과에 들어갔지만 늘 의대를 꿈꾸며 재수할 생각까지 하게 된다. 대학을 다니면서는 연극 동아리에 들어가고 싶은 생각도 들었지만 그러면 안 될 것 같아서 포기한다. 왜냐하면 실망하는 부모님의 얼굴이 떠올랐기 때문이다. 결국 그는 학교를 그만두고 의대를 목표로 재수를 하지만, 또 떨어진다. 의사가 되기는커녕 대학 진학도 못한 그는 삶의 의욕을 상실한 채 자기비하와 우울증에 빠지게 된다.

이러한 명수의 경우, 치료자가 아무런 조건 없이 있는 그대로의 그를 수용하는 '무조건적 긍정적 존중'의 태도를 보이면, 그는 자신이 공부 쪽에 재능이 없음을 보여 주는 모든 경험뿐만 아니라 연예인 쪽에 재능이 있음을 보여 주는 모든 경험을 자신의 것으로 받아들이게 된다. 상담을 통해 결국 명수는 연극영화과에 진학하거나 연기학원을 다니게 되고, 연예 분야의 직업을 갖게 되어 자신의 잠재력을 실현하게 된다.

이와 같은 내용을 그림으로 나타내면 [그림 9-1]과 같다.

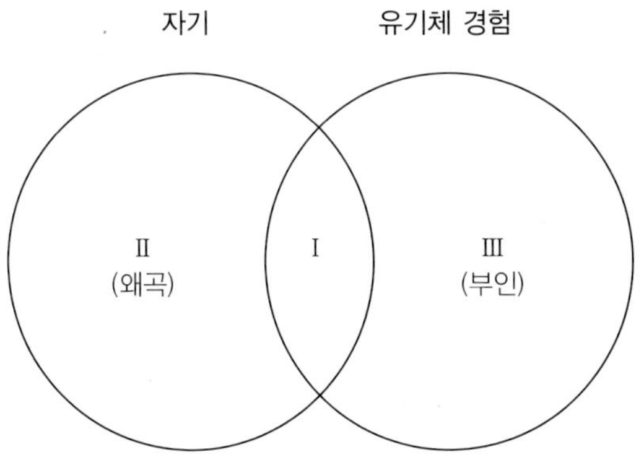

• 그림 9-1 • 자기와 유기체 경험의 불일치

첫째, 유기체 경험을 표시하고 있는 원은 인간의 전체적인 경험으로서 한 개인이 성장해 오면서 경험한 모든 것을 뜻한다. 명수의 경우는 '춤을 잘 춘다, 노래를 잘한다, 연기력이 뛰어나다, 공부는 중간 정도다.' 등과 같이 실제 겪은 모든 경험이 이에 해당한다.

둘째, 자기 개념은 개인의 성격과 가치관 등을 포함하는 여러 가지 자기 모습이 통합된 특성을 의미한다. 즉, 주어진 현실적 장 속에서 자신의 특성으로 받아들인 내용이다. 명수의 경우는 '공부 잘하는 나, 춤이나 노래나 연기는 운이 좋아 잘하는 것처럼 보이는 나' 등이 이에 해당한다.

셋째, 영역 I은 자기 개념과 유기체 경험이 일치하는 부분이다. 영역 I의 크기가 적응과 부적응을 결정한다. 부적응은 영역 I이 작아서 자기 개념과 유기체 경험의 불일치가 큰 경우를 뜻한다. 명수가 실제로 공부에 재능이 없는데 자신은 공부에 재능이 있다고 잘못 받아들이거나(왜곡), 혹은 실제로 연기에 재능이 있는데도 재능이 없다고 생각하여 연기에 재능이 있다는 것을 보여 주는 경험을 받아들이지 않는(부인) 모습이 이에 해당한다. 이와는 반대로 적응은 영역 I이 커서 자기 개념과 유기체 경험의 일치가 큰 경우를 뜻한다. 치료자가 명수에게 무조건적 긍정적 존중을 보임으로써 그가 과거에 장기자랑 대회에 나가서 1등한 경험과 공부를 보통 정도로 한 경험을 자신의 특성으로 받아들이게 되는 것이 이에 해당한다.

넷째, 영역 II는 자기 개념 중 유기체 경험과 일치하지 않는 부분이다. 이것은 '왜곡'에 의해 실제 경험하지 않은 내용을 사실과 다르게 자신의 것으로 받아들인 부분이다. 명수가 중·고등학교 시절 성적이 보통으로 나왔을 때 시험 문제나 교사 탓을 하며 자신의 실력만큼 성적이 나오지 않았다고 생각하여 그릇되게 받아들인 것이 이에 해당한다.

다섯째, 영역 III은 유기체 경험 중 자기 개념과 일치하지 않는 부분이다. 이것은 '부인'의 방어기제를 사용함으로써 실제 경험한 내용의 의식화를 거부하는 부분이다. 명수가 과거에 장기자랑 대회에 나가서 1등을 한 경험을 잊어버리고 기억하지 못한다거나 혹은 실제로 자신이 잘해서가 아니라 단지 운이 좋아서 1등을 했다고 생각하는 것이 이에 해당한다.

(2) 현실적 자기와 이상적 자기의 불일치

로저스의 이론에서 자기(self)는 가장 중요한 구성 개념이다. 자기는 개인이 자신에 대해 의식하는 지각과 가치를 의미한다. 즉, 현재의 나는 어떠한 사람인가에 대한 자신의 생각이다. 그런데 이러한 자기는 자신의 현재 모습에 대한 지각뿐만 아니라 자기가 되고 싶거나 또는 되어야 한다고 생각하는 것까지도 포함한다(이훈구 역, 1998, p. 457). 현재의 자신에 대한 지각은 '현실적 자기(real self)'이며, 앞으로 되고 싶은 자신의 모습에 대한 지각은 '이상적 자기(ideal self)'이다. 로저스는 이러한 현실적 자기와 이상적 자기의 불일치 정도가 심해지면 부적응이 발생할 수 있다고 하였다. 예를 들어, 유명한 운동선수가 되고 싶은 사람이 있다고 하자. 그런데 이 사람은 운동신경이 그리 뛰어나지 않아 운동으로 성공을 할 가능성은 희박하다. 이 사람에게 운동신경이 좋지 않은 자기는 현실적 자기이며, 유명한 운동선수는 이상적 자기다. 이 사람은 현실적 자기와 이상적 자기의 차이가 커서 유명한 운동선수가 될 가능성이 희박하기 때문에 결국 부적응이 발생한다는 것이다.

4) 도식화

로저스의 인간중심이론의 핵심 개념들의 관계를 도식화하면 [그림 9-2]와 같다.

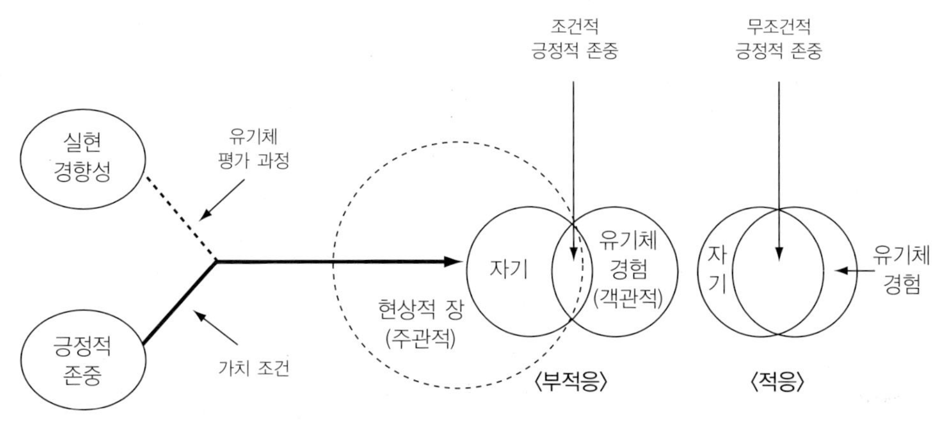

• 그림 9-2 • 로저스의 인간중심이론의 도식화

[그림 9-2]를 설명하면 다음과 같다.

첫째, 인간은 유기체로서의 '실현 경향성'과 '긍정적 존중'을 받고자 하는 욕구를 선천적으로 가지고 태어난다. 인간은 한편으로는 실현 경향성에 부합하는 경험은 긍정적으로 평가하는 반면, 방해가 되는 경험은 부정적으로 평가하는 '유기체의 평가 과정'을 겪는다. 다른 한편으로는 타인에게 긍정적 존중을 받고자 하는 욕구를 충족시키기 위해 타인이 제시한 '가치의 조건'을 따르게 된다.

둘째, 인간은 태어나서 주어진 현상적 장 속에서 자신과 자신이 아닌 것을 구분하면서 자신의 특성으로 받아들이게 되는 '자기'가 형성된다. 자기는 자신이 실제로 경험한 모든 내용인 유기체 경험과 일치하지는 않는다. 현상적 장은 개인의 주관성이 작용하여 현재 경험하고 지각하는 세계를 의미하는 반면에, 유기체 경험은 객관적인 경험과 지각을 의미한다.

셋째, 부모의 '조건적 긍정적 존중'에 의해 자기와 유기체 경험의 불일치가 크면 부적응 증상이 발생하는데, 이는 자신의 실제 경험을 그릇되게 잘못 받아들이는 '왜곡'과 자신의 실제 경험을 자신의 것으로 받아들이지 않는 '부인'의 방어기제가 원인이다.

넷째, 치료자가 내담자를 평가하지 않고 있는 그대로의 모습을 수용해 주는 '무조건적인 긍정적 존중'을 보이면, 내담자는 왜곡과 부인이 줄어듦으로써 자기와 유기체 경험이 일치하게 되어 자신의 모든 경험을 있는 그대로 받아들여 충분히 기능하는 사람이 될 수 있다.

제3절 평 가

1. 성격 연구 및 적용

1) 성격 연구

(1) 자기 개념 실험 연구

로저스 이론의 주요 개념인 자기 개념이 어떤 조건하에서는 변화될 수 있다는 버긴(Bergin, 1962)의 연구가 있다. 먼저 피험자들은 남성미에 관하여 자기평가를 하였다. 그런 다음에 다른 사람들은 자신의 자기평가와 다르게 평가했다는 사실을 전달받았다. 이때 자신에 대해 평가한 다른 사람들을 믿을 수 있다고 느끼는 피험자들은 다른 사람들의 의견과 일치시키기 위해 자기평가를 바꿨다. 하지만 전달된 견해가 믿을 수 없는 것으로 간주되었을 때는 자기평가를 바꾸지 않았다(이상로 공역, 1997, p. 326). 이 연구는 타인의 정보가 믿을 수 있다고 여겨질 때는 자기 개념이 바뀔 수 있다는 사실을 보여준다.

(2) 내담자 중심 치료의 비교 연구

로저스의 내담자 중심 치료 접근의 효과가 다음과 같은 연구를 통해 입증되었다. 그가 위스콘신 대학교에 있을 때, 정신분열증을 가진 28명의 내담자를 절반은 실험집단에 배정하고, 절반은 통제집단에 배정하여 연구하였다. 연구 목적은 내담자 중심 치료가 입원 기간에 미치는 영향이었다. 연구 결과, 높은 수준의 공감과 수용 및 진솔성을 경험했던 실험집단의 내담자들은 이러한 경험을 하지 않았던 통제집단의 내담자들에 비해 병원에서 더 적은 시간을 보낸 것으로 나타났다. 9년 후에 이루어진 추수연구에서도 같은 결과가 확인되었다(Truax, 1966; 천성문 공역, 2013, p. 236). 이와 같은 연구 결과는 내담자 중심 치료 방법이 정신분열증 환자에게 치료 효과가 있다는 것을 보여준다.

2) 평가 기법

로저스는 심리평가 도구를 사용하는 것을 선호하지 않았다. 왜냐하면 그는 각 개인의 주관적인 지각으로 인해 똑같은 수치의 결과가 나왔다고 해도 그 결과는 다르게 해석될 수 있다고 보았기 때문이다. 그가 주로 사용한 평가 기법에는 면접과 내용 분석, 평정척도, Q분류 기법, 의미미분척도 등이 있다.

(1) 면접과 내용 분석

면접(interviews)은 다른 성격이론에서 내담자를 면접하는 방법과 별로 다르지 않다. 하지만 면접을 통하여 내담자가 기술한 말을 객관적으로 정리하는 방법이 필요하여 나온 것이 면접 자료의 '내용 분석(content analysis)'이다. 내용 분석의 예로, 레이니(Raimy, 1948)의 연구가 있다. 그는 2～21회의 면접을 받은 14명의 내담자를 대상으로 각각의 녹음 내용을 검토하여 각 내담자의 말을 6개의 자기 언급 범주, 즉 긍정적 자기 진술, 부정적 자기 진술, 양가적 진술 등으로 구분하였다. 연구 결과, 내담자들은 치료 초기에는 대체로 부정적이거나 양가적 감정을 나타내는 자기 언급을 많이 한 반면에, 치료가 끝나갈 무렵에 증세가 호전되었다고 평가된 내담자들은 대체로 긍정적인 자기 언급을 많이 하였다. 하지만 증세가 호전되지 않은 내담자들은 여전히 부정적이고 양가적으로 자기를 언급하고 있는 것으로 나타났다(홍숙기 역, 2008, p. 189).

(2) 평정척도

평정척도(rating scale)란 내담자의 면접 자료 중에서 녹음 기록을 가지고 평정자들이 내담자의 면접 과정을 하위 범주별로 평정하는 것을 말한다. 대표적인 예로 탐린슨과 하트(Tomlinson & Hart, 1962)의 7개의 하위 범주, 즉 느낌과 개인적 의미, 체험, 불일치, 자기의 표현, 체험의 이해, 문제에 대한 관계, 사물이나 사람을 이해하는 태도 등이 있다. 10개의 치료 사례에 적용하여 평정자들을 통하여 평정한 결과, 평정자 간 신뢰도는 높게 나타났으며, 이 척도는 성공 사례와 실패한 사례를 변별해 주었으며, 성공 사례에서 더 많은 면접 과정의 변화가 나타났다(홍숙기 역, 2008, p. 191).

(3) Q 분류 기법

'Q 분류 기법(the Q-sort technique)'은 스티븐슨(Stephenson, 1953)에 의해 처음 개발되었다. Q 분류란 피험자에게 자기에 대한 다수의 진술(예: "나는 대체로 행복한 편이다." "나는 보통 내 생각을 많이 한다." 등)이 적힌 카드들을 제시하여 몇 개의 범주로 분류하는 기법을 말한다. 피험자는 카드에 적힌 문장들이 자신을 얼마나 잘 나타낸다고 생각하는지에 따라서 카드들을 분류하되 연속적으로 나열하는 방식을 취한다. 예를 들면, '나의 가장 뚜렷한 특징'부터 '전혀 나의 특징이 아님'에 카드들을 놓으며 분류한다. Q 분류 기법은 로저스의 주요 개념인 현실적 자기와 이상적 자기의 비교에 흔히 사용된다.

버틀러와 헤이(Butler & Haigh, 1954)는 실험집단과 통제집단을 선정하여 치료 전, 치료 종료 시 그리고 치료 후 6개월~1년 뒤 등 총 3회의 Q 분류를 실시하였다. 연구 대상은 성, 연령, 사회경제적 지위 등의 특징이 비슷한 성인 내담자 각각 16명이었다. 연구 결과, 통제집단은 시기에 따른 현실적 자기와 이상적 자기 사이의 상관에 변화가 없었으나 실험집단에서는 현실적 자기와 이상적 자기의 상관이 증가하는 것으로 나타났다(홍숙기 역, 2008, p. 193).

(4) 의미미분척도

의미미분척도(the semantic differential)는 Q 분류와 관련된 방법으로, 한 개인에게 개념이나 사물이나 현상이 어떤 의미를 지니는지를 측정하는 도구다. 즉, 개인이 현상에 대해 지각하는 정도를 객관적인 방법으로 측정하는 방법이다. 예를 들면, 어떤 개념(예: 이상적 자기, 아버지, 자기도취 등)을 일련의 7점 척도상에서 평가한다. 각 척도는 강하다-약하다, 단단하다-부드럽다, 능동적이다-수동적이다 등과 같은 형용사 쌍으로 구성되며, 한 개념에 대한 개인의 지각 정도를 나타낸다. 이 척도는 피험자가 자기의 실제 지각과 다르게 표시할 수 있다는 제한점이 있다.

3) 치료 기법

로저스는 활동 초기에는 상담 기술에 대해 관심이 많았다. 1942년에 출판된 『상담과 심리치료(Counseling and Psychotherapy, 1942)』에서 그는 전통적인 지시적 상담과 자신의 비지시적 상담의 차이에 대하여 상담 기술의 측면에 중점을 두고 설명하였다. 그러나 1951년에 출판한 『내담자 중심치료(Client-centered Therapy, 1951)』에서 그는 상담의 기술보다는 상담자의 태도와 철학에 더 관심을 갖게 되었다고 하였다. 로저스는 자신의 이론을 '만일 ~하면 ~한다(if ~then).'라는 문장으로 설명할 수 있다고 하였다. 즉,

상담자와 내담자 간에 이루어지는 상담 관계에서 진실성, 무조건적 긍정적 존중 및 공감적 이해와 같은 상담자의 태도가 나타나면, 내담자가 긍정적인 방향으로 성장하고 변화하며, 내담자 스스로 자신의 문제를 해결할 가능성이 커진다는 것이다. 인간중심 상담에서 상담의 기술이란 상담자가 내담자와 더불어 상호작용하는 상담 과정에서 상담자가 자신의 진실성, 무조건적 긍정적 존중 및 공감적 이해의 태도를 내담자에게 표현하고 전달하는 방법을 말한다.

이 세 가지 촉진적 상담 관계의 조건은 각각 독립된 별개의 조건이 아니고, 실제로 서로 얽혀 있고, 논리적으로 연결되어 있다. 무조건적 긍정적 존중과 공감적 이해도 상담자 자신의 경험 속에 진실성이 없으면 내담자에게 무의미할 수 있으며, 상담자에게 무조건적 긍정적 존중의 태도가 없으면 내담자는 상담자가 자신을 공감하고 있다고 느낄 수 없기 때문이다. 다음 내용은 김헌수 공저(2001)의 『상담심리학』을 참조하였음을 밝힌다.

(1) 진실성

로저스는 내담자의 변화를 촉진하는 상담 관계의 조건으로 진실성, 무조건적 긍정적 존중, 공감적 이해 등을 제시하고 있는데, 그중에서도 특히 다른 두 가지의 전제조건으로 진실성(genuineness)을 들고 있다. 이 세 가지 조건을 언급할 때 항상 진실성을 맨 앞에 둘뿐만 아니라 상담 관계를 결정짓는 가장 중요한 요인이 진실성이라고 말할 정도로, 그는 바람직한 상담 관계의 토대로 진실성을 강조하였다(Rogers & Stevens, 1967). 즉, 내담자에 대한 진지한 관심과 자세가 선행되어야 상담자의 무조건적 긍정적 존중과 공감적 이해의 태도가 비로소 제 기능을 발휘할 수 있다는 것이다.

로저스는 진실성을 '상담자가 일관성 있는 모습으로 내담자와의 관계에서 아무런 겉치레나 가면 없이 순간순간 자기 안에서 흐르는 느낌과 태도에 열려 있는 것'으로 설명한다. 그는 진실성을 신뢰성, 일치성, 투명성, 순수성, 성실성 등 여러 용어로 표현하고 있는데, 이 용어들은 크게 두 가지로 요약할 수 있다. 즉, '최선을 다하여 성실하게 다른 사람을 대하는 것'과 '겉과 속이 일치하여 거짓이 없이 솔직하게 자신을 드러내는 것'이다. 이와 같은 성실성과 일치성에 대해 알아보고자 한다.

① 성실성

우리는 일상생활에서 어떤 일이나 사람에게 온 정성을 다하면 엄청난 힘이 발휘되고 상대방을 감동시키는 경우를 종종 발견할 수 있다. 다음과 같은 일화가 있다. 초나라의 양유기라는 사람은 돌을 들소로 잘못 보고 활을 쏘았는데, 화살이 돌에 맞으니 화살의

날개까지 돌에 박힐 정도로 깊이 돌을 파고 들어가 꽂혔다. 그것은 돌을 진짜 들소로 생각하고 오직 그 돌을 맞추어야겠다는 일념으로 쏘았기 때문이다(정영호 역, 1992, p. 277).

이 일화처럼 상담자는 내담자와 더불어 문제를 해결하겠다는 일념으로 온 정성을 다해 내담자의 세계 속으로 들어가야 한다. 적어도 내담자와 함께 하는 시간만큼은 내담자가 상담자의 모든 것이 되어야 한다. 상담자의 눈에는 오직 내담자만 보여야 하고, 상담자의 모든 동작 하나하나는 내담자를 대상으로 한 것이어야 한다. 내담자의 생각과 감정이 자신에게 스며들 때까지 상담자는 자기 마음에 내담자를 담고 있어야 한다. 이렇게 할 때 내담자는 일상의 관계에서 느껴보지 못한 새로운 관계를 경험하게 되고, 상담자와 더불어 문제해결에 적극적으로 나서게 될 수 있다.

자살을 시도하기 직전, 세상에 하직 인사를 하는 셈 치고 '생명의 전화'에 전화를 걸었던 사람이 밤이 새도록 자신의 이야기를 열심히 들어 준 상담자의 정성에 감동하여 자살을 포기하였다는 사례나 사춘기 여고생이 상담실에 찾아와 아무 말 없이 40분간을 실컷 울다가 돌아갔는데 나중에 편지로 너무 열심히 함께 해 준 상담자에게 고맙다는 감사 편지를 보냈다는 사례 등은 상담자의 성실성이 내담자의 변화에 얼마나 중요한지를 잘 보여 준다.

상담자는 내담자를 성실하게 대하는 만큼 자신의 체험 내용에도 성실해야 한다. 상담자가 내담자와 함께 시간을 보내는 동안 상담자의 내면에는 여러 생각과 느낌이 들기 마련이다. 상담자는 자신의 내면에 흐르는 온갖 상념을 무시하거나 과장하지 않고, 열린 마음으로 생생하게 경험해야 한다. 상담자는 내담자와 관련된 자신의 체험을 충실히 느끼기 위하여 무엇보다도 마음을 비워야 한다. 상담자는 자신의 느낌을 존중함과 아울러 내담자에게서 전해 오는 느낌을 순간순간 있는 그대로 진실하게 받아들이도록 최선을 다할 필요가 있다. 결국 상담자의 진실성은 내담자의 진실성을 촉진시키는 기폭제 역할을 한다.

② 일치성

일치성은 외적인 표현과 내면의 느낌을 하나로 통일하는 것이다. 상담자의 체험 내용은 언어와 비언어적 행동을 통해서 내담자에게 전달된다. 상담자의 비언어적 행동은 체험 내용을 거짓이나 왜곡 없이 있는 그대로 드러내게 된다. 하지만 상담자가 언어를 통해 자기 체험을 표현할 때는 일종의 검열 과정을 거치는데, 이 과정에서 일치성이 사라질 가능성이 있다. '이 말을 하면 내담자가 충격을 받겠지.' '이 말은 내담자를 실망시킬 거야.' '상담자로서 이런 말은 하지 않는 편이 나아.' 등의 이유 때문에 상담자는 자기의 체험 내용을 진실하게 털어 놓지 못하게 된다.

일치성을 어렵게 하는 또 다른 이유는 상담자가 항상 부드럽고 따뜻해야 한다는 잘못된 신념 때문이다. 내담자에 대한 따뜻한 온정은 상담자가 취해야 할 중요한 태도다. 하지만 온정을 가지라는 것이 항상 내담자를 부드럽고 따뜻하게 대하라는 뜻은 아니다. 예를 들어, 대부분의 부모는 기본적으로 자녀에게 따뜻한 온정을 지니고 있다. 하지만 일상생활에서 부모는 자녀를 야단치기도 하고, 심한 말을 할 수도 있다. 그렇다고 해서 부모의 따뜻한 애정을 의심하는 자녀는 거의 없다. 상담 관계에서도 마찬가지다. 내담자가 상담자를 신뢰하는 관계가 형성되어 있다면, 상담자가 내담자에게 잘 보이기 위해 속마음과 다르게 표현하는 것은 바람직하지 못하다. 상담자가 내담자에게 어떤 감정이 느껴질 때 그러한 감정을 감추지 않고 표현하는 것이 훨씬 더 내담자의 신뢰를 받을 가능성이 높다. 상담자의 겉과 속이 같은 태도가 치료에서 얼마나 중요한지를 보여 주는 한 가지 상담 사례를 소개한다.

• • •

나는 정신병동에 함께 근무하던 동료 치료자와 함께 어떤 한 환자를 치료하게 되었다. 그 환자가 내 치료실에 들어왔을 때, 그는 우스꽝스런 외모를 하고 있었다. 틀니에, 전기 철망을 둘러싼 듯한 머리 위에 삐죽이 세워진 빨간 머리카락, 돼지를 닮은 작은 사팔뜨기 눈, 토마토처럼 생긴 둥그런 코, 더듬거리는 말투 등 정말 가관이었다.

나는 그를 보자마자 배를 잡고 얼굴에 눈물이 흐를 때까지 웃고 또 웃었다. 동료는 바짝 긴장해서 나에게 눈살을 찌푸리며 "지금 뭐 하는 거야?"라고 말했다. 나는 터져 나오는 웃음으로 숨을 헐떡이며, "어쩔 수가 없어. 이 사람은 기절할 정도로 우습잖아!"라고 말했다.

환자는 나와 동료를 번갈아 보며, "아니요, 괜찮아요. 바로 이것이 문제였어요. 나는 사람들을 웃기려고 노력해요. 그런데 그들은 내가 원할 때는 웃음을 숨기고, 오히려 내가 원치 않을 때 웃어서 나는 상처를 받고 사고를 치지요."라고 말했다. 겉과 속이 일치하는 솔직한 웃음으로 인해 환자는 나를 신뢰하게 되었고, 신뢰를 바탕으로 치료가 성공적으로 이루어져 그는 두 달 후에 퇴원하였다.

내 마음 속에 한 가지가 매우 분명해졌다. 즉, 치료자가 일치성을 지속적으로 보이면, 환자에게 믿음을 준다는 것이다. 나는 환자에게 내 느낌을 있는 그대로 표현하여 웃었고, 나의 솔직함은 환자의 치료에 도움이 되었다. 내담자로 인해 생기는 치료자의 생각과 느낌을 숨기는 것보다 솔직하게 표현하는 것이 때로는 치료에 도움이 된다는 것을 깨닫게 해 준 사례였다 (Frank, F & Jeff, B, 1974, Provocative Therapy, pp. 13–14).

• • •

이 예화에서 상담자는 상상할 수 없을 정도로 솔직하게 내담자에게서 받은 느낌을 드러내고 있다. 내담자의 우스꽝스러운 외모를 보고 숨김없이 내담자 앞에서 폭소를 터뜨린 것이다. 상담자의 이러한 솔직함은 내담자에게 신뢰감을 주는 결정적인 계기가 되었고, 상담을 성공으로 이끄는 토대가 되었다. 내담자가 지금까지 만난 적이 있는 대부분의 사람들도 내담자의 외모를 보고 웃음이 터져 나왔겠지만, 내담자에게 상처를 줄지도 몰라서 속으로 참고 아무렇지 않은 척했을 가능성이 높다. 사실 내담자 스스로 자신의 외모가 남들에게 웃음을 살 것이라는 점을 아는데, 자기를 보고 아무렇지도 않은 척하는 사람들에게 신뢰감을 느끼기는 어려웠을 것이다. 상담자의 거짓 없는 솔직한 반응으로 내담자는 잠시 어리둥절할 수 있었겠지만, 이 반응은 내담자에게 적어도 그가 자기를 속이지 않는 사람이라는 신뢰감을 심어 주었고, 상담자는 이러한 신뢰감을 바탕으로 치료에 성공할 수 있었던 것이다.

(2) 무조건적 긍정적 존중

무조건적 긍정적 존중(unconditional positive regard)이란 상담자가 내담자를 평가하거나 판단하지 않고, 내담자가 보이는 어떤 감정이나 행동도 있는 그대로 수용하며 받아들이는 태도를 말한다. 로저스는 내담자가 어떤 상태에 놓이든 간에 상담자의 무조건적 긍정적 존중의 태도를 경험하면, 변화가 일어난다고 주장한다. 그는 "상담자가 내담자를 무한한 잠재 가능성을 지닌 하나의 인격체로 대하고, 어떤 것도 요구하지 않으며, 내담자의 어떤 모습은 수용하고 어떤 모습은 수용하지 않는 것이 아니라 모든 것을 인정하고 수용할 때, 내담자에게 바람직한 변화와 성장이 일어난다."라고 하였다. 무조건적 긍정적 존중은 소유하지 않으며, 조건이 없고, 따뜻한 마음이 배어 있다는 의미를 담고 있다.

① 비소유성

흔히 사람들은 누군가를 좋아하면 그를 소유하려고 한다. 좋은 물건이 있으면 갖고 싶어 하는 것과 마찬가지로 좋아하는 사람이 생기면 그를 자기 사람으로 만들고 싶어 한다. 하지만 어떤 사람을 자신의 소유로 만들려는 순간, 그는 독립적인 인격체로서의 가치를 상실하게 된다. 그는 다른 대상과 마찬가지로 나의 욕구를 충족시키는 하나의 도구이자 수단으로 전락한다. 이렇게 되면 자신의 목적을 위해 상대방을 쉽게 이용하게 된다. 즉, '나와 너'의 인격적 관계가 '나와 그것'의 수단적 관계가 되면서 상대방의 인격에 대한 배려가 사라지는 것이다.

문제는 이와 같은 소유욕이 무의식적으로 일어난다는 데 있다. 대부분의 부모는 자녀가 자신의 소유물이 아니라고 말한다. 그러나 실제로 자녀에게 보이는 언행은 자녀를 자신의 소유물로 여기고 있음을 드러낸다. 자녀의 적성이나 흥미를 무시하고 부모 자신이 젊은 시절에 이루지 못한 꿈을 자녀를 통해 달성하기 위해 자녀에게 자신의 꿈을 강요하는 부모가 대표적인 실례다. 물론 소유적인 관계는 부모와 자녀 관계뿐만이 아니다. 우리 사회의 도처에서 이루어지고 있는 관계는 대부분 소유적인 속성이 있다. 상사와 부하의 관계, 남편과 아내의 관계, 동료 간의 관계에서 비소유적인 관계를 찾기란 그리 쉽지 않다. 소유적인 관계가 문제가 되는 것은 상대방이 하나의 인격체로 대우받지 못한다는 데 있다. 비인격적인 대우를 받으면 상처를 입고 마음의 문을 닫게 된다. 또한 다른 사람들에 대한 신뢰감이 깨어져 정신적으로 건강한 생활을 영위하기 어려워진다. 상담자를 찾는 많은 내담자가 소유적인 인간관계의 희생양임을 생각해 볼 필요가 있다.

따라서 비소유적이라는 말은 자신이 하나의 인격체로서 소중한 존재인 것처럼 다른 사람도 똑같은 대우를 받아야 하는 독립된 인격체로 인정한다는 뜻이다. 즉, 나에게 좋아하는 것과 싫어하는 것이 있는 것처럼 상대방에게도 좋고 싫음이 있으며, 내게 장점과 단점이 있는 것처럼 상대방에게도 장점과 단점이 있다는 것을 받아들이는 것이다. 비록 내 마음에 들지 않더라도 상대방은 자신만의 고유한 개성을 가지고 있음을 인정하고 존중하는 것이다. 예를 들어, 나의 팔처럼 강하지는 않지만 자녀의 여린 두 팔에도 힘이 생겨날 수 있음을 인정하고, 답답하더라도 현재의 그 여린 팔을 지켜볼 줄 아는 것이 비소유적인 존중이다. 상담 장면에서 상담자가 자신의 가치나 생각을 내담자에게 일방적으로 강요하는 것은 바람직하지 않다. 현재 내담자의 상태를 인정하고, 그 상태에서 내담자 스스로에게 맞는 방식으로 성장하도록 지켜보고 도와주는 것이 상담자의 역할이다. 비록 내담자가 현재는 힘들고 고통스럽지만, 스스로 자신의 고통을 이겨 냄으로써 얻는 성장의 경험이야말로 내담자의 삶을 뒤바꿀 수 있다. 내담자의 이런 성장 경험은 참고 기다릴 줄 아는 상담자의 비소유적인 존중을 통해 비로소 가능해진다.

② 무조건성

'무조건'이라는 말은 말 그대로 아무런 조건이 없다는 뜻이다. 아무런 조건 없이 사람들을 수용한다는 것은 과연 가능할까? 로저스(1957b)도 인정하듯이 완전한 '무조건적' 존중은 이론적으로나 가능하다. 하지만 상담 과정에서 무조건적 존중이라고 부를 수 있는 순간이 있다. 특히 성공적인 상담의 경우, 조건적 존중의 사이사이에 무조건적 존중이라고 부를 수 있는 순간이 자주 발견된다. 따라서 무조건적 존중은 상담 관계의 질을 나타내는 개념으로 이해할 수 있다.

사람들은 태어나면서부터 조건화라는 굴레를 안고 살아간다. 때로는 적응이라는 이름으로, 때로는 성장이라는 이름으로, 때로는 사회화라는 이름으로 사람들은 끊임없이 무엇인가에 의해서 강요받는다. 따라서 아무런 조건 없이 자신이나 남을 수용한다는 것은 상상하기 쉽지 않다. 특히 부정적인 행동이나 특성을 조건 없이 수용한다는 것은 사람으로서는 불가능해 보일 수 있다. 하지만 원래 수용이라는 말은 긍정적이고 밝은 측면보다는 부정적이고 어두운 측면과 연관되어 더 많이 사용된다. 잘생긴 자기 얼굴을 수용한다는 말보다는 못생긴 자기 얼굴을 수용한다는 말이 더 어울린다. 사실 자신의 좋은 측면, 바람직한 측면, 잘하는 측면, 내세우고 싶은 측면을 수용하지 못할 이유는 없다. 문제는 무엇인가 부족하고 모자라서 피하고 싶은데도 그것을 받아들여야 한다는 데 있다. 진정한 수용은 바로 이처럼 자신의 모자라고 어두운 부분 혹은 숨기고 싶고 바꾸고 싶은 부분, 심지어는 없애고 싶은 부분을 받아들이는 것이다. 자신에 대해서는 물론 타인에 대해서도 마찬가지다. 상대방의 긍정적 측면을 수용하는 것은 그리 어렵지 않다. 하지만 상대방이 범죄를 저지르고, 남에게 피해를 주는 등의 부정적 행동을 했을 때에도 그를 수용할 수 있을까? 그런 행동조차도 있는 그대로 받아들이는 태도가 바로 진정한 수용이다. 이런 측면에서 '무조건적'이라는 용어는 수용과 잘 어울린다. 상대방의 행위의 옳고 그름이나 좋고 나쁨에 상관없이 그를 있는 그대로 인정하고 받아들이는 것이 바로 무조건적 수용이다. 진정한 수용이란 상대방의 어떤 부분은 인정하고 어떤 부분은 거부하는 것이 아니다. 어떤 기준을 세워 판단하거나 평가하지 않고, 상대방의 생각, 느낌, 행동을 하나의 고유한 전체로서 있는 그대로 모두 받아들이는 것이다.

③ 온정성

수용에는 따스함이 배어 있다. 이 따스함은 부모가 자녀에 대해 느끼는 감정과 유사하다. 부모는 기본적으로 자녀에 대해 따뜻한 감정을 가지고 있다. 자녀가 부모의 기대를 채워 줄 때는 물론 기대를 저버리고 잘못된 길을 가더라도 자녀에게 향하는 부모의 애정은 변함이 없다. 자녀가 잘하거나 잘못하는 것을 떠나서 부모는 항상 자녀를 진정으로 위하려는 마음이 있다. 자녀의 잘못을 나무라는 순간에도 부모의 마음속에는 자녀에 대한 사랑이 흐르고 있다. 자녀에게 보내는 이 같은 부모의 깊은 애정이 바로 자녀를 성장하게 하는 원동력이 된다.

상담자의 온정 어린 따뜻한 배려는 내담자에게 동일한 기능을 한다. 상담자의 따뜻한 수용은 내담자로 하여금 편안함을 느끼게 해 주고, 마음의 안식처를 찾은 느낌을 준다. 이런 안정된 분위기는 관계 형성을 돕고, 내담자가 자기 탐색을 하도록 촉진해 준다. 상담자가 보여 주는 따뜻한 관심은 내담자에게 성장의 밑거름으로 작용한다. 상처입고 아픈 마음을 치료하기 위해 먼저 필요한 것은 새로운 목표를 향해 다그치고 몰아가는 것이 아니라 상처를 감싸고 위로하는 일이다. 상처가 아물면서 내담자는 자연스럽게 자기 탐색을 시작하고, 새로운 목표를 향하여 나아가게 된다. 상담자의 온정 어린 수용은 상담의 초기에만 필요한 것이 아니다. 상담의 시작부터 끝까지 상담의 전 과정에 일관성 있게 나타나야 한다.

수용은 사람을 변화시키는 커다란 영향력을 지니고 있다. 다음의 예화를 통해서 수용의 놀라운 효과를 이해할 수 있을 것이다.

• • •

장발장과 주교

다음날 아침, 미리엘 주교는 여느 때처럼 일찍 일어나 정원을 거닐고 있었다.

그때 마를루아르가 숨을 헐떡이며 달려왔다. "주교님, 은식기, 은촛대가 보이질 않아요! 주교님께서 어디 다른 곳에 두셨어요?" "아니, 나는 모르는 일이오." "그럼 역시 도둑맞은 것이 분명하군요. 그 남자예요. 바로 그 남자가 훔쳐 갔다고요!" 정원의 화초가 누군가의 발에 의해 무참하게 짓밟혀 있었다. 주교가 그것을 애처로운 눈길로 쳐다보고 있는데, 그 자리를 떠났던 마를루아르가 다시 돌아와 말했다.

"그 남자는 없어요. 도망가 버렸어요. 저길 보세요. 저기에서 담을 넘어간 것이라니까요." 담에는 누군가가 넘어간 자국이 선명했다. 주교는 한동안 잠자코 있다가 이윽고 부드러운 목소리로 이야기했다. "그 은식기가 원래 우리 것이었다고 할 수 있을까요? 아무래도 내가 잘못 생각하고 있었던 것 같군요. 그것은 우리 같은 사람의 것이 아니라 더욱더 가난한 사람이 가져야 할 것이었다는 생각이 드는군요. 어젯밤의 그 남자도 그렇게 가난한 사람 중 한 사람이었으니까요." 마를루아르는 놀란 얼굴로 주교를 향해 말했다. "어떻게 그런 말씀을 하실 수가 있어요, 주교님? 앞으로 식사를 하실 때는 어떻게 하지요?" "난 나무 그릇만 있으면 그것으로 충분해요."

세 사람이 식탁에 앉았을 때, 누군가 현관문을 두드리는 소리가 들렸다.

"예, 들어오세요." 하고 주교가 대답하자 문이 거칠게 열리며 경찰처럼 보이는 세 남자가 한 남자의 목덜미를 잡고 들어왔다. 붙잡혀

온 사람은 바로 장발장이었다. 그중에 계급이 높은 경찰이 무엇인가 이야기를 시작하려 했을 때, 주교는 벌떡 일어나 장발장 곁으로 다가가 말했다. "아, 난 또 누구신가 했군요. 은촛대 한 짝을 잊고 가셨더군요. 그것도 당신에게 드리려고 했는데." 장발장은 깜짝 놀라 무엇인가 이야기하고 싶은 듯한 표정을 지었으나, 주교는 모르는 척 했다. "그러면 이 남자가 이야기한 것이 사실이란 말입니까? 이상한 차림새가 눈에 띄어 붙잡아 조사해 보니 은식기와 은촛대를 가지고 있기에." "이렇게 말씀드렸겠지요. 이곳에서 묵었는데 선물로 받았다고요." "예, 그 말씀대로입니다. 그럼 이대로 놓아 주어도 되겠습니까?" "물론입니다."

장발장은 꿈을 꾸고 있는 것이 아닌가 하는 생각이 들었다. 주교가 내미는 은촛대를 받아 들면서 그는 부들부들 몸을 떨었다. 주교는 속삭이듯이 그러나 엄숙한 목소리로 말했다. "내 말을 잘 들으십시오. 이것들은 당신이 참된 인간이 되기 위해 쓰이는 것입니다. 당신은 이미 악의 세계가 아니라 선의 세계에 속한 사람입니다. 이 사실을 결코 잊어서는 안 됩니다."

장발장은 주교의 집을 나서자 도망치듯이 다뉴 마을을 빠져 나왔다. 그리고 앞뒤 생각할 것도 없이 무작정 들길을 걷기 시작했다. 아침부터 아무것도 먹지 않았는데 조금도 시장기를 느낄 수 없었다. 그의 머릿속은 몹시 어지러웠다. 그때까지 가지고 있던, 인간을 믿지 못하던 생각이 흔들리기 시작하는 것을 그는 느끼고 있었다. 이러한 흔들림이 그를 괴롭게 만들었다. 차라리 경찰에게 끌려가는 편이 낫지 않았을까 하는 생각도 들었다. 그러면 이렇게 마음이 흔들리는 일도 없었을 텐데. 멀리 저편에는 알프스 산들이 이어져 있고 태양은 서쪽으로 기울고 있었다. 장발장은 어찌할 바를 모르고 혼자 들판에 웅크리고 앉아 있었다(강명희 역, 1993, pp. 22-25).

• • •

우리가 잘 알고 있는 장발장의 이야기다. 은촛대를 훔친 장발장을 사랑으로 수용하는 주교의 태도는 눈물겹도록 감동적이다. 주교는 장발장의 도둑질을 비난하지도 처벌을 원치도 않았다. 오히려 장발장의 도둑질을 덮어 주고 한 걸음 더 나아가 장발장 본인도 모르는 선한 인간성을 수용하고 있다. 이러한 주교의 태도로 장발장의 내심은 충격과 혼란으로 떨게 되고, 지금까지 사람들에 대해 가지고 있던 생각이 흔들리게 된다. 주교는 전혀 예상치 못했던 수용의 경험을 장발장의 가슴속에 깊이 새겨 장발장의 인생을 전환시키는 역할을 한 것이다. 단 한 번의 깊이 있는 인정과 수용이 한 사람의 인생을 뒤바꾸어 놓은 것이다. 우리는 주변에서 장발장과 유사한 이야기를 가끔 접한다. 초등학교 시절 어느 선생님의 칭찬 한마디로 인생의 진로를 결정한 사람 혹은 힘들고 어려운 시절에 자신의 가능성을 인정하고 도움을 준 사람을 감격스럽게 기억하는 사람을 떠올릴 수 있다.

장발장을 수용한 주교의 태도를 살펴보자. 먼저 주교는 이미 저질러진 도둑질에 대한 옳고 그름을 따지지 않았다. 한걸음 더 나아가 주교는 은촛대가 장발장이 참된 인간이 되기 위해 사용될 물건으로 간주하고, 그가 이미 선의 세계에 속한 사람이기 때문에 그의 변화가 기정사실이라고 선포하여 장발장의 현 상태와 미래를 긍정적으로 해석하고 수용한 것이다. 장발장으로서는 달리 선택할 여지가 없이 주교의 수용 방식에 자신을 맡길 수밖에 없었다. 그는 도둑질을 한 것이 아니라 선물로 받은 것이므로, 처벌이 아니라 기쁨을 누려야 하는 것이다. 그리고 이미 선의 세계에 속한 자이므로 그에 합당한 인생을 살아가는 것이 당연하다. 물론 이런 결론을 얻을 때까지 장발장은 많은 혼란을 경험하지만, 결국 그가 살아간 인생은 이때 방향이 정해진 것이나 다름없다. 주교가 행한 타인 수용은 장발장의 자기수용으로 이어졌다. 이로 인해 한 사람의 새로운 성장과 변화가 나타나는 과정을 보여 준 장발장 이야기는 수용의 효과를 잘 보여 준다.

수용은 다음과 같은 특성이 있다.

첫째, 수용에는 사람의 인생을 변화시키는 엄청난 힘이 있다. 수용이 일어나는 순간은 짧지만, 그 효과는 사람의 일생을 극적으로 반전시키는 힘이 있다.

둘째, 잘못된 점을 수용해 주는 예상치 못한 수용은 당사자에게 혼란을 야기하여 내면에 커다란 충격을 주지만 결국 긍정적인 방향으로 변화를 유도한다.

셋째, 타인에 대한 수용은 자기 자신을 수용하도록 이끌어 주고, 결국은 문제에서 벗어나도록 도와준다.

넷째, 수용의 자세에는 비소유적이고 무조건적이며 판단을 하지 않는 속성이 포함되어 있으며, 사람들에 대한 따뜻한 온정이 스며 있다.

다섯째, 수용에는 현재의 상태를 받아들임과 동시에 이를 극복하고 새로운 경지로 나아갈 수 있다는 미래의 가능성을 존중하는 자세가 포함되어 있다.

(3) 공감적 이해

내담자의 내면세계를 이해하기 위한 상담자의 태도는 '공감적 이해'다. 공감적 이해(empathic understanding)는 상대방의 눈으로 보는 것처럼 보고, 상대방의 귀로 듣는 것처럼 듣고, 상대방의 코로 냄새 맡는 것처럼 냄새 맡는 것을 말한다. 자신을 잠시 제쳐 놓고 상대방의 내면으로 들어가 마치 자신이 상대방인 것처럼 생각하고 느끼고 행동하는 것이다. 그러기 위해서는 모든 선입견을 버리고 상대방의 이야기를 경청하고 그 속으로 뛰어 들어야 한다. 그러다 보면 한순간 메아리가 되돌아오듯 하나가 된 느낌이

드는데, 이것이 바로 공감인 것이다(박성희, 1997).

① 공감의 의미

필자는 두 가지 예화를 통해서 공감의 의미를 생각해 보고자 한다.

첫째는 광대가 자신의 입장을 버리고 공주의 입장에서 느끼고 생각하고 행동하여 문제를 해결한 '달과 공주'라는 이야기다.

• • •

어린 공주가 하늘에 떠 있는 달이 갖고 싶어서 왕과 왕비에게 달을 따다 달라고 보챘다. 왕과 왕비는 공주에게 달은 따올 수 없는 것이라고 열심히 타일렀다. 하지만 공주는 들은 체만 체하며 달을 따다 달라고 졸랐다. 공주가 쉽게 물러서지 않자 왕은 유명하다는 학자들을 불러들여 공주를 설득하도록 했다. 그들은 한결같이 공주에게 달은 따올 수 없는 것이라고 말하였다. "공주님, 달은 너무 멀리 있어서 가까이 다가갈 수도 없습니다. 달을 따온다는 것은 불가능합니다." "공주님, 달은 너무 커서 가까이 간다 하더라도 따올 수 없습니다." "공주님, 달에 대해 너무 많이 생각하셔서 병이 든 것 같습니다. 제발 더 이상 달을 생각하지 마세요." 라고 말하였다. 하지만 공주는 뜻을 굽히지 않았다. 달을 따다 달라는 요구를 들어주지 않자 공주는 음식은 물론 물조차 먹지 않았다. 왕과 왕비는 설득과 협박을 반복했지만 공주는 서서히 말라가기 시작했다. 그러던 어느 날 공주와 친하게 지내던 광대가 이 소식을 듣고 공주를 만나서 몇 가지 질문을 던졌다.

광대: 공주님! 달은 어떻게 생겼나요?
공주: 달은 동그랗게 생겼지 뭐.
광대: 그러면 달은 얼마나 큰가요?
공주: 바보! 그것도 몰라? 달은 내 손톱만 하지. 손톱으로 가려지잖아!
광대: 그럼 달은 어떤 색인가요?
공주: 달이야 황금빛이 나지.
광대: 알겠어요, 공주님. 제가 가서 달을 따올 테니 조금만 기다리세요.

공주의 방을 나온 광대는 왕에게 아뢰어 손톱 크기만 한 동그란 황금 구슬을 만들어 공주에게 가져다주었다. 공주는 뛸 듯이 기뻐하였다. 음식을 먹지 않으면서까지 그렇게 원하던 '달'을 드디어 손에 넣은 것이다. 기뻐하는 공주를 바라보며 광대는 슬그머니 걱정이 되었다. 달을 따왔는데 마침 보름달인 오늘밤 달이 또 뜨면 공주가 뭐라고 할지 염려가 된 광대는 공주에게 말을 건넸다.

광대: 공주님, 달을 따왔는데 오늘밤 또 달이 뜨면 어떻게 하지요?

공주: 이런 바보! 그것을 왜 걱정해! 이를 빼면 새 이가 또 나오지? 그것과 같은 거야. 달은 하나를 따오면 또 나오게 되어 있어. 그리고 달이 어디 하나만 있어? 달은 호수에도 떠 있고, 물 컵에도 떠 있고, 온 세상 천지에 가득 차 있어. 하나쯤 따온다고 문제될 게 없지(김헌수 공저, 2001, pp. 222-223).

• • •

이 예화에는 공감적 이해의 본질이 담겨 있다. 공감이란 상대방이 사용하는 어휘의 참된 의미를 밝히는 작업이다. 예화에서 왕과 왕비는 물론 초청받은 학자들은 한결같이 공주가 말하는 '달'을 으레 자신이 생각하는 '달'과 같은 것이라고 여겼다. 그러다 보니 달에 대한 자신의 입장을 고집하면서 공주를 설득하는 일로 일관할 수밖에 없었다. 학자들이 한 말을 잘 살펴보면, 결국 학자들은 자기 방식대로 공주가 말하는 '달'에 대해 판단하고 해답을 내놓고 있다. 자신이 가지고 있는 달에 대한 이해의 틀을 벗어나지 못한 것이다. 사람의 내면에 있는 주관적 세계는 그야말로 그 세계 속으로 뛰어들어야 이해할 수 있는데, 자신의 틀을 고집함으로써 상대방의 주관적 세계를 이해할 수 없게 된 것이다. 남을 진정으로 공감하려면 그만큼 상대방이 사용하는 말의 의미, 그 말에 담겨 있는 그 사람만의 감정 등을 정확하게 파악하여야 한다. 이를 위해 상담자는 내담자에게 직접 물어 볼 필요가 있다. 광대가 한 일은 그리 대단한 것이 아니다. 그저 그는 공주가 생각하는 '달'이 무엇인지 확인하기 위해 몇 가지 질문을 던졌을 뿐이다. 하지만 그 간단한 질문을 통해 공주가 생각하는 달이 무엇인지 분명하게 드러났고, 결과적으로 해결의 실마리를 찾을 수 있었던 것이다.

공감적 이해란 상담자가 내담자 스스로 문제를 해결할 수 있다는 믿음을 가지고 내담자의 흐름을 따라가는 것을 의미한다. 문제해결은 결국 상담자가 아니라 내담자가 하는 것이다. 상담자는 내담자의 문제해결 능력을 믿고 문제를 정확히 이해하기 위해 노력하면 된다. 내담자의 내면세계를 열심히 따라가며 함께 해 줄 때 내담자는 자신의 방식으로 문제를 스스로 해결할 수 있게 된다. 광대가 특별한 설명을 붙이지 않았지만, 공주는 자신의 수준에 어울리는 자신만의 논리로 '달을 따 왔는데 또 뜨는 달'을 훌륭하게 설명하고 있다.

두 번째는 파리가 자신의 몸속에 들어갔다는 상상으로 괴로워하는 한 남자를 치료한 '남자와 파리'라는 예화다.

• • •

한 남자가 입을 벌리고 자는 버릇이 있었는데, 잠을 자던 중에 파리가 뱃속으로 들어갔다고 생각을 하였다. 그는 거의 미칠 지경이 되었다. 그는 여러 명의 의사를 찾아가 보았지만 전혀 도움이 되지 못했다. 의사들은 한결같이 웃음을 터뜨리며, "그것은 당신의 상상일 뿐입니다."라고 말했던 것이다. 마침내 그는 치료를 잘하기로 이름난 의사가 있는 병원에 찾아갔다. 그 의사는 남자의 배를 만지면서 "그렇군요. 그 놈들이 여기에 있군요!"라고 말했다. 남자는 그 말을 듣고 매우 기뻐했다. 그는 의사의 발을 만지며 경의를 표하고는 이렇게 말했다. "당신은 제 고충을 알아주는 유일한 분입니다. 지금까지 치료를 잘한다는 의사는 거의 다 만나보았지만 그들은 모두 제 말을 믿지 않았습니다. 그래서 나는 그들에게 '여보시오, 치료 방법이 없으면 없다고 말하시오. 왜 자꾸 내가 상상에 빠져 있다고 말하는 것이요?' 라고 말했습니다. 이제야 드디어 제 고충을 알아주는 분을 만났습니다. 당신은 아시지요?" 그러자 의사는 "나는 알 수 있어요. 분명히 파리가 그대 뱃속에 있어요. 자, 여기에 누워 눈을 감아요. 내가 그대에게 눈가리개를 하고 그 놈들을 꺼낼 겁니다. 입을 벌리세요. 그러면 내가 그 놈들을 꺼내겠습니다."라고 말했다. 남자가 매우 행복해하며 자리에 누웠다. 의사는 잠시 그를 놔두고 재빨리 집으로 뛰어 갔다. 파리 두 마리를 잡기 위해서였다. 그가 눈을 떴을 때, 의사는 병속에 갇힌 파리 두 마리를 보여 주었다. 남자는 "이 병을 제게 주십시오. 그 바보들에게 가서 보여 주어야겠습니다."라고 말하고 나서 완전히 회복되었다(김헌수 공저, 2001, pp. 224-225).

• • •

예화의 주인공이 '뱃속에 파리 두 마리가 들어가서 날아다니고 있다.' 라고 생각하는 것은 현실적 기준에서 보면 우스꽝스럽기 짝이 없다. 파리가 입으로 들어가기도 어려울 뿐만 아니라 입으로 들어갔다 하더라도 뱃속에서 이미 소화되고 말았을 것이다. 남자가 만난 모든 의사가 '그것은 당신의 상상일 뿐'이라고 말한 것은 지극히 당연한 반응이다. 문제는 남자가 바로 이 비현실적인 생각 때문에 괴로워하고 있다는 사실이다.

의사는 남자의 논리를 인정하고 여기서부터 해결책을 찾아내고 있다. 남자의 논리는 파리가 입을 통해 자신의 뱃속으로 들어갔고, 그 파리는 여전히 살아서 이리저리 움직이고 있다는 것이다. 남자의 이 논리를 그대로 따라가면, 그의 입을 벌려 파리를 꺼내는 것이 문제를 해결하는 유일한 방법이다. 의사는 자신의 특별한 어떤 생각을 덧붙이지 않고 남자의 생각을 있는 그대로 거울처럼 반영하면서 행동했을 따름이다. 하지만 그 효과는 놀라울 정도로 확실하고 빠르게 나타났다.

상담에서 문제를 호소하는 내담자의 문제 안에 해답의 실마리가 담겨 있는 경우가 많다. 상담자는 내담자의 어떤 것을 바꾸려고 애쓰기보다는 내담자의 논리와 생각을 인정하는 것이 바람직하다. 마치 유도 경기에서 상대방을 자기 힘으로 넘기려고 애쓰다가 상대방의 저항에 부딪쳐 곤혹을 치르는 대신, 상대방의 움직임을 따라가다가 그의 힘을 역이용하여 한판승을 얻는 것처럼 내담자가 골똘해 있는 문제의 핵심에 들어가 내담자의 논리를 따라가면서 내담자 안에 있는 치유의 힘을 발동시켜 문제를 해결하는 것이 바로 공감인 것이다.

② 역지사지

상담자가 내담자를 공감하기 위해서는 역지사지(易地思之)의 자세가 필요하다. 역지사지란 글자 그대로 상대방의 입장에 서 보는 것이다. 상담자가 내담자를 진정으로 이해하고 공감하며 내담자를 있는 그대로 받아들이기 위해서는 내담자의 입장에 서는 역지사지의 자세가 필요하다. 역지사지의 의미를 이해하는 데 도움이 되는 예화를 소개한다.

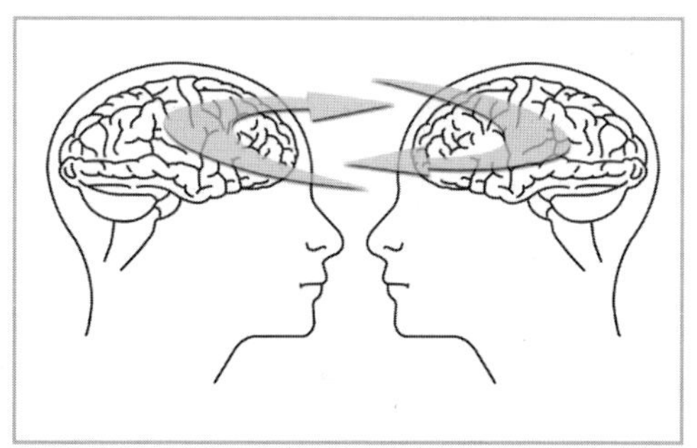

• • •

두 사람이 깜깜한 동굴 안에서 막대기를 가지고 발밑을 더듬는다고 하자. 한 사람은 짧은 막대기를, 다른 사람은 긴 막대기를 가지고 있다고 하자. 두 사람이 자기가 가지고 있는 막대기가 어떤 막대기인지를 모른다면 어떤 일이 일어날까? 짧은 막대기를 가지고 있는 사람은 막대기가 땅에 닿을 때까지 한참을 구부려야 하기 때문에 앞이 내리막길이라고 주장할 것이고, 긴 막대기를 가진 사람은 막대기가 금방 땅에 닿기 때문에 앞이 오르막길이라고 주장할 것이다. 이들은 동굴에 대한 지각이 막대기에 의해 구속되었다는 것을 모르고, 동굴의 모양이 원래 그렇게 생겼다고 생각할 수 있다는 것이다.

• • •

상담자가 내담자를 진정으로 이해하기 위해서는 먼저 상담자 자신이 가지고 있는 막대기를 통해 내담자를 이해하고 있다는 것을 깨달아야 한다. 또한 상담자가 가지고 있는 막대기가 절대적이 아니라는 것을 인정할 필요가 있다. 다음으로 상담자는 내담자가 가진 막대기를 통해 세상을 이해하려고 노력해야 한다. 여기서 막대기란 각자가 세상을 바라보고 이해하는 관점이나 시각이라고 할 수 있다. 이러한 상담자의 자세가 바로 역지사지라고 할 수 있다.

역지사지에 대한 이해를 돕기 위해 두 가지 일화를 소개한다.

첫째는 연암 박지원의 글에 실린 일화다. 백호 임제가 잔치 집에 갔다가 술이 거나하게 취하였다. 집에 돌아가려고 잔치 집을 나와 말을 타려는데 하인이 말하였다. "나리! 신발을 잘못 신으셨습니다요. 왼발에는 가죽신을, 오른발에는 나막신을 신으셨습니다요." 그러자 백호가 대답하였다. "이놈아! 길 왼편에서 보는 자는 내가 가죽신을 신은 줄 알 터이고, 길 오른편에서 보는 자는 내가 나막신을 신은 줄 알 터이니 무슨 상관이란 말이냐? 어서 가자."라고 말하였다 한다. 이 일화는 우리가 사물을 바라볼 때 어느 한쪽에서만 바라보면 안 되며, 양쪽에서 동시에 바라보아야 한다는 것을 깨닫게 해 준다.

두 번째는 조선시대 명재상이었던 황희 정승의 일화다. 어느 날 집에서 부리는 하인들이 싸움을 하다가 한 하인이 황희 정승에게 가서 자기의 옳음을 하소연하였다. 그러자 황희 정승은 "네가 옳구나!"라고 말하고 돌려보냈다. 그런데 이번에는 상대방 하인이 와서 자기가 옳다고 주장하였다. 그러자 황희 정승은 다시 그에게도 "네가 옳구나!"라고 말하였다. 옆에서 이를 지켜보던 정승의 부인이 어이가 없어서 "한쪽이 옳으면 한쪽이 그른 것이지 어떻게 양쪽이 다 옳을 수 있습니까?"라고 한마디 하자 황희 정승은 다시 부인에게도 "그 말도 옳구려!"라고 말하였다 한다. 황희 정승은 두 하인과 부인의 입장에서 생각하는 역지사지의 자세를 가졌기 때문에 이와 같은 말을 할 수 있었던 것이다.

2. 공헌점 및 한계점

1) 공헌점

첫째, 로저스의 인간중심이론은 인본주의 관점에 입각한 이론으로서 심리학의 제3세력이라고 불릴 만큼 성격이론에서 중요한 위치를 차지한다. 심리학의 제1세력인 정신분석이론은 인간을 비관적인 존재로 바라보았다면, 제2세력인 행동주의이론은 인간을 기계적이고 수동적인 존재로 이해하였다. 반면에 인본주의이론에서는 인간을 자유와 존엄성을 지닌 긍정적인 존재로 부상시켰다.

둘째, 로저스의 인간중심이론은 '자기(self)'이론이라고 불리며, 성격이론의 연구 분야에서 자기에 관한 연구를 활성화하는 데 기여하였다. 뿐만 아니라 상담 및 심리치료 장면에서도 내담자 자신이 가지고 있는 자기를 발견하고 실현할 수 있도록 돕는 것이 유용하다는 것을 밝혔다.

셋째, 인간중심이론은 치료에서 상담자와 내담자 간의 관계의 중요성을 부각시켰으며, 이를 위해 상담자의 진실성, 수용 및 공감을 강조함으로써 상담자가 지녀야 할 기본 철학과 태도를 제시하였다. 또한 상담 장면의 주체는 내담자임을 강조하여, 내담자 스스로 자신의 문제를 해결하도록 상담자가 조력할 것을 주장하였다.

넷째, 로저스는 『상담과 심리치료』라는 저서를 통하여 상담과 심리치료를 연결하고, 당시까지만 해도 심리치료 영역에서만 다루어지던 내담자 문제를 상담자도 다룰 수 있다는 주장을 하였다. 또한 로저스는 자신의 상담 장면을 테이프에 담아 공개하고 상담기술을 체계화하여 상담을 보편화시켰다.

2) 한계점

첫째, 로저스의 이론은 지나치게 소박한 현상학에 근거하여 의식적으로 표현되는 것을 전적으로 신뢰한다. 그러나 인간은 의식할 수 없는 무의식적인 요인에 의해 행동이 나타날 수 있으며, 인간의 표현은 사실과 다르게 왜곡될 수 있기 때문에 내담자의 말을 그대로 수용하기에는 문제가 있을 수 있다는 점을 간과하였다.

둘째, 로저스는 상담 장면에서 내담자가 주도적인 역할을 하는 상담을 강조하면서 상담자는 가치 중립적이어야 한다고 주장하였다. 하지만 상담 과정에서 상담자의 가치중립이 가능할 수 있는가에 대한 의문이 제기된다.

셋째, 로저스의 인간중심이론은 공감과 수용 등을 통해 내담자의 내면세계의 감정표현을 강조함으로써 내담자의 신념이나 사고 등의 인지적 요인뿐만 아니라 행동의 변화를 경시하는 경향이 있다.

넷째, 로저스의 대표적 개념 중 어떤 것은 상당히 범위가 넓고 모호하다. 예를 들어, 유기체 경험, 자기 개념, 충분히 기능하는 인간이란 용어는 너무 포괄적이어서 이해하기 어렵다. 또한 유기체적 평가 과정이라는 선천적 기제가 있다는 증거를 제시하지 못했다.

3. 정신분석이론, 조작적 조건형성이론 및 인간중심이론의 비교

프로이트의 정신분석이론과 스키너의 조작적 조건형성이론 그리고 로저스의 인간중심이론을 비교하면 〈표 9-1〉과 같다.

〈표 9-1〉을 설명하면 다음과 같다.

첫째, 인간의 본성을 보는 관점은 프로이트는 인간을 비관적이고, 생득적인 성 본능을 타고 나며, 5세 이전의 성과 관련된 경험에 의해 성격이 결정되며, 성격의 세 가지

• 표 9-1 • 정신분석이론, 조작적 조건형성이론 및 인간중심이론의 비교

구분	정신분석이론	조작적 조건형성이론	인간중심이론
인간관	비관론, 유전론, 결정론, 전체론	중립, 환경론, 결정론, 요소론	낙관론, 유전론, 자유론, 전체론
성격의 구조	이드, 자아, 초자아 (id, ego, super-ego)	가정 안함	유기체, 자기
성격의 발달	심리성적 발달 5단계	구체적 단계 가정 안 함	구체적 단계 가정 안 함
인간 이해	정신 구조 (이드, 자아, 초자아)	관찰과 측정이 가능한 행동	주관적 경험과 감정
행동의 원천	성 본능	강화와 처벌	실현 경향성과 긍정적 존중의 욕구
시제	과거	현재	현재와 미래
부적응의 원인	5세 이전의 외상 경험과 세 가지 성격체계의 불균형	바람직하지 못한 행동의 강화	자기와 유기체 경험의 불일치, 현실적 자기와 이상적 자기의 불일치
치료 목표	무의식의 의식화 자아 기능의 강화	바람직하지 못한 행동 소거 바람직한 행동 학습	자기와 유기체 경험의 일치
치료자 역할	중간적 역할	적극적 역할	조력자 역할

정신 구조의 조화와 통합을 중시하는 입장이다. 스키너는 인간은 선하지도 악하지도 않게 태어나며, 행동이 환경에 의해 결정되며, 인간의 행동을 하나하나 분석하는 요소적인 측면이 강한 입장이다. 로저스는 인간은 무한한 잠재력이 있는 긍정적 존재, 즉 생득적인 실현 경향성을 가지고 태어나 무한한 잠재력을 가지고 있으며, 자신의 삶을 창조해 나가는 자유로운 존재이며, 인간을 유기체의 관점에서 전체적으로 이해하려는 입장이다.

둘째, 성격의 구조와 발달을 살펴보면, 프로이트는 성격의 구조를 이드, 자아, 초자아의 세 가지 요소로 보았으며, 성감대의 변화에 따른 5단계의 심리성적 발달을 제시하였다. 스키너는 인간의 성격 자체나 발달단계를 가정하지 않고 있다. 로저스는 유기체와 자기가 성격 구조의 중심이 된다고 하였다. 그는 성격발달단계를 구체적으로 제시하지 않았으나, 적응이나 혹은 부적응에 이르는 성격발달을 제시하고 있다.

셋째, 인간 이해의 방법과 행동의 원천에 대하여 프로이트는 정신 구조와 과정을 통한 이해, 즉 세 가지 성격 구조의 역동과 과거의 무의식을 강조하였으며, 성 본능을 행동과 에너지의 원천으로 보았다. 스키너는 관찰과 측정이 가능한 현재 행동을 통한 인

간 이해를 강조하였으며, 행동의 원천은 강화와 처벌이라고 하였다. 로저스는 지금과 여기의 주관적 경험과 감정을 통한 인간 이해를 중시했으며, 행동의 원천은 실현 경향성과 타인에게 긍정적 존중을 받고자 하는 욕구로 보았다.

넷째, 부적응의 원인으로 프로이트는 5세 이전의 성과 관련된 억압된 경험과 세 가지 성격체계의 불균형 그리고 발달단계의 고착을 들었다. 스키너는 행동에 대한 바람직하지 못한 강화로 부적응이 생긴다고 하였다. 로저스는 유기체의 경험과 자기가 불일치하거나 혹은 현실적 자기와 이상적 자기의 차이가 커지면 부적응이 발생한다고 보았다.

다섯째, 치료의 목표와 치료자의 역할을 살펴보면, 프로이트는 무의식에 억압되어 있는 외상을 의식화하고 자아 기능을 강화시키는 것을 목표로 하며, 이러한 치료 과정에서 치료자는 내담자의 연상을 도와서 따라가는 역할을 강조하였다.

스키너는 바람직하지 못한 행동을 소거하고 바람직한 행동을 학습하는 것을 목표로, 치료자가 다양한 치료 기법을 적극적으로 사용해야 한다고 주장하였다. 로저스는 치료자의 세 가지 태도인 진실성, 수용 및 공감을 통해 내담자가 자신의 경험을 개방적으로 받아들여 자기와 유기체의 일치를 돕는 것을 목표로, 상담자는 내담자가 스스로 자신의 문제를 해결하도록 도울 것을 제안하였다.

요 약

1. 인간중심이론의 출현 배경은 인간이 성 본능의 지배를 받는다고 보는 정신분석적 입장과 인간을 자극에 대해 수동적으로 반응하는 존재로 보는 행동주의적 입장에 대한 반작용뿐만 아니라 수많은 사람의 죽음과 세계의 여러 나라를 황폐화시킨 두 번의 세계대전으로 인한 인간성 회복에 대한 자성 등이다.
2. 로저스에게 영향을 미친 이론은 후설의 현상학, 랭크의 의지치료, 듀이의 아동중심 교육사상, 형태주의 심리학, 골드슈타인의 유기체이론 등이다.
3. 로저스의 인간관은 낙관론, 유전론, 자유론, 전체론적인 관점이다.
4. 인간의 성격은 자기(self)이며, 성격의 구조는 유기체와 자기로 이루어져 있다. 그리고 성격발달은 인간의 실현 경향성과 타인에게 긍정적 관심을 얻기 위한 욕구가 갈등하는 과정에서 자기와 유기체적 경험 간의 상호작용으로 이루어진다.
5. 핵심 개념에는 진실성, 무조건적 긍정적 존중, 공감, 자기, 유기체, 실현 경향성, 유기체의 평가 과정, 긍정적 관심, 왜곡과 부인, 충분히 기능하는 인간 등이 있다.
6. 부적응은 개인이 부모의 긍정적 존중을 받기 위해 부모의 가치 조건을 따라감으로써 왜곡과 부인이 일어나 자기와 유기체 경험이 불일치하거나 혹은 현실적 자기와 이상적 자기가 불일치할 때 발생한다.
7. 성격 연구에는 자기 개념 실험 연구와 내담자 중심 치료의 비교 연구가 있다. 성격 평가 기법은 면접과 내용 분석, 평정척도, Q 분류법, 의미미분척도 등이 있다.
8. 공헌점은 인본주의에 입각하여 인간의 자유와 존엄성을 강조하고, 자기에 관한 연구의 활성화에 기여하였으며, 치료자와 내담자의 관계의 중요성을 강조한 점 등이다.
9. 비판점은 내담자와의 관계에서 치료자의 가치중립이 어려우며, 인지적 · 행동적 요인을 간과하였고, 유기체적 경험과 자기 개념 등과 같은 주요 개념이 추상적이라는 점 등이다.

제5부

학습적 관점

제10장

조작적 조건형성이론

심리학의 제2세력이라고 불리는 행동주의이론은 1950~1960년대에 절정을 이루었다. 왓슨(John Watson)이 '행동주의의 아버지'라면, 스키너(Burrhus Frederic Skinner, 1904~1990)는 '행동주의의 장자'라고도 할 수 있을 만큼 스키너가 행동주의이론에 기여한 바는 지대하다. 그는 환경이 인간 행동에 결정적인 역할을 한다는 환경결정론(environmentalism)의 입장을 취하고 있다. 또한 다른 행동주의이론가들과 마찬가지로 인간의 내면에 있는 의식이나 감정보다는 표면적으로 드러나는 행동에 초점을 두었다. 스키너가 인간의 성격을 바라보는 관점은 기존의 다른 성격이론가들과 다르다. 그는 한 개인의 행동에 그 사람의 감정과 사고가 다 포함되어 있기 때문에 행동을 보면 그 사람의 성격을 알 수 있다고 하였다. 반면에 인간 내면의 정신 과정, 즉 무의식, 자아, 초자아, 동기, 욕구, 창의성 등과 같이 일반적으로 거론되는 '성격'의 요소들은 중요하게 여기지 않았다(이수연 공저, 2013, p. 237).

부르스 프레데릭 스키너

이처럼 인간 환경과 행동의 중요성을 강조한 스키너는 환경이 행동의 원인이라는 가정하에 환경적인 조건과 행동 간의 관계를 밝히는 데 주력하였다. 이러한 스키너의 노력은 인간을 둘러싸고 있는 환경의 사회적 · 물리적 조건이 인간의 행동을 결정하는 중요한 요인이라는 것을 밝혀 주었다는 점에서 높이 평가된다. 스키너 이론의 핵심 개념은 조작행동(operant behavior)과 강화(reinforcement)다. 조작행동이란 환경을 조작해서 어떤 결과를 낳는 행동으로써 이때의 행동은 불수의적인 자동반응(예: 눈 깜박거림, 침 분비 등)이 아니라 자발적으로 일어나는 행동을 뜻한다. 강화란 어떤 특정한 행동을 증가시키는 자극을 의미하는데, 스키너는 어떠한 강화가 주어지느냐에 따라 인간의 행동이 영향을 받는다고 보았다.

오늘날 대부분의 심리학자는 인간을 이해하는 면에서든 인간을 변화시키는 방법 면에서든 어느 정도는 행동주의적인 관점을 지니고 있다. 왜냐하면 개인 내적인 특성, 즉 인지, 정신 과정, 감정 등도 인간의 행동을 결정하는 데 영향을 미치지만 개인에게 어떠한 강화가 주어졌는가와 같은 환경의 영향을 배제할 수 없기 때문이다. 스키너의 이론이 비록 인간의 사고와 정서의 중요성을 간과하였고, 인간의 존엄성을 떨어뜨리고 가치를 경시한다는 등의 비판을 받는다 하더라도 겉으로 드러나는 인간의 행동을 객관적인 방법으로 측정하여 인간의 본성을 과학적으로 연구하였다는 점은 높이 평가되고 있다.

제1절 서 론

1. 조작적 조건형성이론의 출현 배경

스키너의 이론은 19세기 후반의 경험과 객관적인 증거, 특히 감각을 통한 지각을 강조하는 경험론의 영향을 많이 받았다. 경험론이란 인간의 이성보다 경험을 중시하는 철학 사상으로 인간은 무엇보다도 직접 경험함으로써 지식을 획득한다는 입장이다. 경험은 좁은 의미로는 색깔, 소리, 냄새 등과 같은 감각이지만, 넓은 의미로는 사실이나 사건에 대한 직접적인 관찰을 가리킨다. 관찰의 과정은 이러한 경험론을 토대로 한 바, 이것은 겉으로 보이는 행동을 관찰하여 인간을 이해하려 한 스키너

1879년 라이프치히 대학교 심리학 실험실

의 조작적 조건형성이론에 영향을 주었다.

20세기 초중반 미국에서 가장 영향력이 있었던 철학 사조는 실용주의(pragmatism)다. 실용주의는 그리스어에 어원을 둔 말로, '행동이나 사건'을 의미한다. 실용주의는 실제로 나타나는 대상을 중요시하였으며, 그 대상에 관념이 같이 나타난다는 입장을 취한다. 관념이나 사고는 겉으로 드러나지 않지만, 행동이나 사건은 실제로 눈에 보이는 대상이 존재한다는 것이다. 자본주의의 영향은 실용주의에서는 실제적인 적용, 효과, 유용성이 중요시된다. 인간이 가진 지식을 도구적·기능적으로 보고 실제에 적용하며, 관찰과 측정이 가능한 과학적인 행동 분석의 필요성을 강조하던 것이 당시 실용주의의 흐름이었던 만큼 이 철학 사조가 스키너의 조작적 조건형성이론에 반영되었다고 볼 수 있다.

2. 조작적 조건형성이론에 영향을 미친 이론

스키너의 조작적 조건형성이론은 행동주의의 가장 대표적인 이론이다. 스키너의 이론을 이해하기 위해 행동주의이론의 발달 과정을 개관하면 다음과 같다. 행동주의의 첫 번째 뿌리가 되는 학자는 파블로프(Ivan Petrovich Pavlov, 1849~1936)다. 파블로프가 소련에서 고전적 조건형성 실험을 시작할 무렵, 미국에서는 손다이크(Edward Thorndike, 1874~1949)를 중심으로 시행착오 실험이 진행되었으며, 이 연구는 후에 스키너의 조작적 조건형성이론에 결정적인 영향을 미쳤다. 파블로프가 개를 대상으로 실험하여 나온 결과는 왓슨(John Broadus Watson, 1878~1985)에게 영향을 미쳤다. 왓슨은 파블로프의 고전적 조건형성이론을 처음으로 인간에게 적용하여 11개월 된 앨버트(Albert)에게 흰쥐에 대한 공포반응을 조건형성시키는 실험을 하였다. 그 후 존스(Mary Cover Jones, 1924)는 피터(Peter)라는 소년에 대한 실험을 통해 공포가 제거될 수 있다는 것을 입증하였다. 1950년대에 들어서면서 헐(Clark Leonard Hull, 1884~1952)의 학습이론을 통해 정신분석에 대한 도전이 일어났다. 특히 달라드와 밀러(Dollard & Miller)는 정신분석학과 사회인류학을 토대로 하고 헐의 학습이론을 주축으로 한 강화이론을 제시하여 심리치료의 새로운 방향을 제시했다. 그리고 1950년대 중반을 넘어서면서 스키너(1953)의 조작적 조건형성이론이 주축이 되어 정신분석이론에 대한 비판이 계속됐다. 실험실의 학습이론을 치료에 적용하여 성공을 거둔 대표적인 경우는 월피(Joseph Jacobson Wolpe, 1958)의 상호제지법이다. 1960년대 중반부터 상담에 영향을 미치기 시작한 반두라(Albert Bandura, 1925~)의 사회인지이론은 스키너와 월피의 이론에 의존하던 행동수정에 새로운 전환점을 가져왔다. 최근에 행동주의는 반두라가 강조한 인지적 측면, 특히 자기지도(self-direction)를 중시하면서 자신의 문제를 스스로 지도할 수 있는 능력을 기르는 데 강조점을 두고 있다.

이와 같이 행동주의를 대표하는 이론들은 다양한 것이 특징인데, 스키너의 조작적 조건형성이론에 영향을 미친 중요한 이론에는 파블로프가 개를 대상으로 실험한 고전적 조건형성, 손다이크가 고양이를 대상으로 실험한 시행착오 학습, 파블로프의 연구를 최초로 인간에게 적용한 왓슨의 실험 그리고 달라드와 밀러의 강화이론 등이 있다(김영환 역, 1985, p. 3). 이러한 이론들을 구체적으로 살펴보고자 한다.

1) 파블로프의 고전적 조건형성이론

파블로프는 어두운 방에 개를 묶어 놓고, 전등을 켠 후 30초가 지난 다음 고기 가루를 개의 입에 넣어주어 개의 입에서 침이 나오게 하는 실험을 하였다. 이러한 과정을 20~40회 반복하면, 처음에는 침과 아무런 관계가 없었던 불빛만 비추어도 개는 침을 흘리게 된다. 이와 같이 조건자극(불빛)과 무조건자극(음식물)을 결합하여 조건반응(침 분비)을 일으키는 것을 '조건형성(conditioning)'이라고 한다. 조건형성은 흥분의 법칙에 근거하고 있다. 조건형성이 되기 전의 중성자극인 불빛과 무조건자극인 음식물을 짝지어 조건반응을 유발하는 것이 조건형성에 있어 흥분하는 속성을 이용하기 때문이라는 것이다. 고전적 조건형성은 행동을 유발하는 힘이 없는 중성자극에 반응 유발 능력을 불어넣어 중성자극을 조건자극으로 변화시키는 과정을 말한다.

파블로프는 다음과 같은 4가지 기본학습 현상을 제시하였다.

첫째, '소거(extinction)'인데, 조건형성이 되었다 하더라도 무조건자극 없이 조건자극만 계속 제공하면 조건반응이 일어나지 않는다. 이러한 소거는 그가 주장한 '내부제지법칙'에 근거하고 있다. 내부제지법칙이란 조건형성이 이루어지고 나서 무조건자극을 제시하지 않고 계속해서 조건자극만 제시하면 이미 확립된 조건반응이 일어나지 않는 것을 말한다. 예를 들어, 먹이를 주는 행위 없이 불빛만 되풀이해서 비춰 주면 개는 점차 침을 흘리지 않게 되고, 나중에는 불빛을 비춰도 더 이상 침이 나오지 않게 되는 것이다.

둘째, '자극 일반화(stimulus generalization)'인데, 조건형성이 된 조건자극과 비슷한 자극에도 조건반응이 일어나는 것을 말한다. 예를 들어, 100Lux 밝기의 전등에 침이 분비되는 조건형성이 이루어졌다면, 90Lux나 110Lux에도 침의 양에 다소 차이는 있지만 조건반응이 일어나는 현상을 말한다. 우리 속담 중 '자라보고 놀란 가슴 솥뚜껑 보고 놀란다.' 라는 말이나 흰 토끼를 무서워하는 아이가 하얀 털 코트를 입은 여자를 보고 울거나, 턱수염이 하얀 할아버지를 보고 도망치는 것이 이에 해당한다.

셋째, '자극 변별(stimulus discrimination)'인데, 이는 조건형성 과정에서 특정 조건자극에만 고기를 주고 그 외의 자극에는 고기를 주지 않을 때, 조건자극과 다른 자극을 구별할 수 있게 되어 처음 조건형성된 조건자극에만 침을 흘리는 현상을 말한다. 예를 들어, 100Lux의 전등이 켜질 때만 고기를 주고 다른 밝기에서는 고기를 주지 않으면, 100Lux의 전등에 침을 흘리는 반면 90Lux나 110Lux의 전등에서는 침을 흘리지 않게 되는 것이다.

넷째, '자발적 회복(spontaneous recovery)'은 조건반응이 소거절차를 통해 소거된 후 일정 기간이 지나서 다시 조건자극을 제시하면 소거되기 이전보다는 약하지만 다시 조건반응을 보이는 현상을 말한다. 자발적 회복은 파블로프가 주장한 '외부제지법칙'에 근거하고 있다. 외부제지법칙이란 새로운 외부자극이 잘 확립된 조건반응의 양을 줄이거나, 잘 소거된 조건반응의 양을 늘리는 데 크게 작용하는 것을 말한다(이형득 공저, 1984, p. 332). 즉, 조건형성이 확립된 후 조건자극과 함께 새로운 방해자극을 제시하면 조건반응의 크기가 줄어든다는 것이다. 또한 잘 소거된 조건반응도 일정 기간이 지나서 조건자극을 제시하면 무시하지 못할 정도의 조건반응이 나타난다는 것이다. 예를 들어, 개가 불빛에 더 이상 침을 흘리지 않게 된 며칠 후, 불빛을 비춰 줬을 때 다시 침이 분비되는 경우다.

파블로프의 이러한 기본학습 현상은 스키너의 조건형성의 기본 원리에 영향을 주었다.

2) 손다이크의 시행착오학습

손다이크의 시행착오학습(trial and error learning)이란 어떤 목표에 도달하기 위한 확실한 방안이 없는 경우, 목표에 도달하기까지 여러 번 실수를 되풀이하다가 우연히 목표에 도달하게 되면서, 그 방법이 학습되는 현상을 말한다. 즉, 시행착오를 거치는 동안에 행동의 학습이 이루어진다는 것이다. 손다이크의 문제 상자를 이용한 고양이 실험이나 쥐를 이용한 미로 실험이 대표적인 사례다. 쥐의 미로 실험을 살펴보면, 입구에서 출구까지 복잡한 미로를 만들어 놓고 출구에는 먹이를 준비해 놓는다. 쥐는 이리 저리 미로 속을 헤매다 우연히 출구에 도달하게 된다. 이와 같은 과정을 되풀이한 쥐를 다시 입구에 놓으면 쥐는 한 번에 출구에 정확히 도착한다. 손다이크는 이와 같이 쥐에게서 새롭고 발전된 행동의 변화가 나타날 수 있는 것은 '효과의 법칙' 때문이라고 보았다. 행동의 결과가 만족스러워야 그 행동이 증가된다는 효과의 법칙의 원리는 스키너의 이론 중 강화 개념에 영향을 주었다.

3) 왓슨의 행동주의

왓슨은 파블로프의 연구를 토대로 아동에게 학습 원리를 적용하였던 최초의 심리학자다. 특히 그는 아동에게 쥐에 대한 공포가 어떻게 조건형성되는지에 대한 유명한 실험으로 분노, 사랑, 공포 등의 정서까지도 조건형성으로 학습될 수 있다는 사실을 보여주었다. 왓슨(1930)은 "나에게 건강한 12명의 유아와 그들을 잘 자라게 할 수 있는 환경만 제공해 준다면 나는 무작위로 그들 중 한 명을 택하여 그의 재능, 기호, 경향, 능력, 직업, 인종에 상관없이 그를 변호사, 예술가, 상인 심지어 거지와 도둑으로도 만들 수 있다."라는 유명한 말을 하였다. 이 말은 강화와 벌이 인간의 행동을 결정짓는 데 얼마나 절대적인지를 알게 해 준다. 왓슨의 이러한 관점은 스키너의 강화이론에 영향을 주었다. 또한 왓슨은 심리학의 목적을 행동을 예측하고 통제하는 것으로 보아 자극을 알면 반응을 예측할 수 있고, 하나의 자극이 원하는 반응을 유발할 수 있도록 자극과 반응 간에 새로운 결합을 형성하여 행동을 통제하는 것이 가능하다고 보았다. 왓슨의 자극과 반응 간 관계에 대한 원리는 스키너의 이론에서 강화물을 언제 어떻게 제시하느냐인 강화 계획에 영향을 주었다.

4) 강화이론

강화이론(reinforcement theory)을 처음으로 제시한 행동주의 이론가는 1950년대 초기의 달라드(John Dollard)와 밀러(Neal Miller)다. 달라드와 밀러는 정신분석 수련을 받은 학자들이다. 그들은 정신분석이 경험적인 연구나 행동을 측정하는 데 한계를 지녔음에도 인간행동을 빈틈없이 관찰한 보고(寶庫) 위에 토대를 둔 이론이라고 생각하였다. 그들은 정신분석이론의 통찰을 객관적인 틀인 헐의 학습이론으로 설명하여, 강화라는 개념을 제시하였다(이형득 공저, 1984, p. 324). 그들에 따르면, 인간에게는 성욕, 배고픔, 고통과 같은 내적 자극과 같은 선천적인 1차 추동과 학습된 자극인 공포, 불안, 죄책감, 인정받으려는 욕구 등의 2차 추동이 있다는 것이다. 2차 추동은 조건적 자극으로서 1차 추동에서 비롯된다고 보았다. 예를 들면, 2차 추동인 불안은 1차 추동인 고통의 경험에서 학습된다는 것이다. 이 관계의 기저에 강화, 즉 보상과 처벌은 중요한 역할을 한다는 것이다. 동물뿐만 아니라 인간도 기쁨을 추구하고 고통은 회피한다. 보상과 처벌은 바로 기쁨과 고통으로 연결되며, 이를 통해 인간행동이 점차 형성된다고 보았다. 그들의 이러한 주장은 스키너의 조작적 조건형성 중 행동의 증가에 중요하게 영향을 미치는 강화라는 핵심 개념에 영향을 주었다.

5) 학습이론

스키너의 조작적 조건형성이론은 학습이론에 근거하여 인간행동의 원리나 법칙을 설명한다. 즉, 인간의 모든 행동은 주어진 환경에 의해 결정된다고 보고 있다. 따라서 그는 인간의 바람직한 행동뿐만 아니라 잘못된 행동도 학습된다고 믿는다. 프로이트의 정신분석이론과는 달리 스키너의 조작적 조건형성이론은 학습 원리를 도출하는 실험실 장면에서 관찰 가능한 행동을 분석할 것을 강조한다. 그의 연구 대부분은 쥐와 같은 동물 실험에 기초한다. 이것은 실험 동물의 실험 결과를 인간에게 일반화시킨다는 문제를 불러일으킴에도 불구하고 특정한 행동이 어떻게 형성되었는가를 구체적으로 보여 줌으로써 문제행동을 변화시키기 위한 이론을 체계화하는 데 공헌하였다.

3. 생애가 이론에 미친 영향

부르스 프레더릭 스키너는 1904년 미국 펜실베이니아 주의 북동쪽에 있는 철도도시 서스퀘안나에서 태어났다. 그의 아버지 윌리엄 스키너(William Skinner)가 법률가였던 만큼 그는 어린 시절 보상과 훈육이 적절하게 주어진 안정된 양육 환경에서 자랐다. 스키너는 어머니 그레이스 스키너(Grace Skinner)를 아름답고 현명하였으며, 가정 일에 몰두하고 근면하며 사랑이 넘쳤다고 회고하였다. 그가 소년시절에 많은 시간을 쏟은 일은 롤러스케이트, 회전목마, 연, 모형 비행기 등과 같이 기계장치가 있는 물건을 만드는 일이었다. 끊임없이 실패하면서도 움직이는 기계에 대한 그의 흥미는 계속되었다. 그의 이러한 관심은 후에 그의 이론에서 관찰 가능한 행동을 변형시키는 데 대한 관심으로 이어졌으리라 생각된다. 스키너가 자신의 이론에서 중요시했던 행동 변화에 대한 관심은 어린 시절 그의 일화에서도 잘 나타나 있다.

> 내가 만든 것 중 몇 가지는 인간 행동에 영향을 주는 것이다. …… 한때 어머니는 내게 파자마를 거는 것을 가르쳤다. 매일 아침 식사 때마다 어머니는 내 방으로 올라와서 파자마가 걸려 있지 않은 것을 발견하면, 즉시 나를 불러 파자마를 똑바로 걸어 놓도록 시켰다. 어머니는 이것을 수주일 동안 계속하였다. 나는 이 일을 더 이상 참을 수 없어서 기계장치를 고안했다. 내 방 장롱 속의 특수한 고리와 방문 위에 거는 표시판을 줄로 연결했다. 파자마가 옷 고리에 걸려 있으면 표시판은 문 위의 높은 곳에 걸리고, 파자마가 고리에 걸려 있지 않으면 문 틀 중앙에 정면으로 걸리는 장치였다. 그 표지판은 마치 "네 파자마를 걸어라."라고 말하는 효과가 있었다(Skinner, 1967, p. 396; 이훈구 역, 1998, p. 224 재인용).

고등학교 졸업 후, 그는 1926년 해밀턴 대학에서 영어를 전공하면서 작가가 되기로 결심하였다. 대략 2년여 동안 소설가의 꿈을 키우며 단편소설을 몇 편 쓰기도 하였지만 신통치 않자 소설가의 꿈을 접은 후 하버드 대학에 입학하여 심리학으로 전공을 바꾼다. 하버드 대학교의 동료였던 켈러(Fred Keller)와 뛰어난 실험생물학자인 크로지어(W. J. Crozier)는 스키너에게 많은 영향을 주었다. 그들 외에도 스키너는 레브(Jacques Loeb), 셰링턴(Charles Scott Sherrington), 파블로프의 영향을 받았으며, 왓슨, 손다이크와도 학문적으로 교류하였다(이상로 공역, 1997, p. 695). 1931년에 박사학위를 받은 스키너는 5년 동안 크로지어 연구소에서 연구 활동을 한 후, 1936년에 미네소타 대학교로 자리를 옮겼다. 미네소타 대학교에서 9년간 많은 학문적인 업적을 쌓았으며, 쥐를 이용하여 개발한 학습 원리를 『유기체의 행동(The Behavior of Organism, 1938)』이라는 책에 처음으로 소개하였다. 이 책은 스키너의 이론적인 핵심이 들어 있는 가장 중요한 저서이며, 특히 '스키너 상자' 라고 불리는 실험이 실려 있다.

또한 이 시기에 심리학의 원리에 입각하여 실험 사회를 그려낸 『웰던 투(Walden Two, 1948)』라는 소설도 저술하였다. 『자유와 존엄성을 넘어서(Beyond Freedom and Dignity, 1971)』는 인간의 자유와 존엄성을 현대사회의 발전에 방해가 되는 것이라 주장하여 많은 논쟁을 불러일으키기도 하였다. 인간에 대한 그의 견해는 그의 이론에 그대로 반영되었다. 인간의 사고와 감정을 부인하고, 인간을 기계론적인 존재로 보아 인간의 자유와 존엄을 경시한다는 이유로 많은 비판을 받았지만 그가 심리학계에 기여한 업적은 그를 비판하던 이론가들도 인정할 만큼 지대하여 그는 심리학자에게 주어지는 많은 상을 수상하였다. 86세 되던 1990년 1월에 그는 백혈병 진단을 받고 투병하던 중에 미국심리학회에서 특별 평생공로상을 수상하고 그해에 생을 마감하였다.

그의 연구는 20세기에 가장 영향력 있는 심리학 연구로 인정받고 있다. 그는 21권의 책과 180편의 논문을 남겼다(이수연 공저, 2013, p. 252). 대표 저서들을 살펴보면, 『유기체의 행동(The Behavior of Organisms, 1938)』, 『과학과 인간행동(Science and Human Behavior, 1953)』이 있다. 『웰던 투(1948)』는 그가 주장한 행동 조절에 기초를 두고 소형의 유토피아적 사회 창조를 묘사한 소설로 유명하다. 『언어행동(Verbal Behavior, 1957)』, 『강화 계획(Schedules of Reinforcement, 1957)』, 『자유와 존엄을 넘어서(Beyond Freedom and Dignity, 1971)』, 『행동주의란?(About Behaviorism, 1974)』, 『나의 인생(Particulars of My Life, 1976)』 등이 있다. 『자서전적 심리학사(History of Psychology in Autobiography, 1967)』는 자서전 성격을 띤다(Skinner, 1967, pp. 387-413; 이훈구 역, 1998, p. 227 재인용).

제2절 주요 개념

1. 인간관

정신과 육체의 관계에서 인간관을 살펴보면, 인지적 관점은 심신이원론이다. 즉, 정신과 육체를 서로 다른 별개의 것으로 설명하며, 행동은 신념이나 사고의 영향을 받는 것으로 본다. 예를 들어, 달려드는 개를 보았을 때, 무서운 생각이 들어서 도망가는 행동이 나타난다는 것이다. 이와는 반대로 스키너의 인간관은 심신일원론이라는 철학적 가정에서 출발한다. 정신과 육체는 서로 별개의 것이 아니라 같은 것으로 간주한다. 행동은 정신에 종속된 것이 아니고 정신과 동등한 관계라는 것이다. 예를 들어, 달려드는 개를 보았을 때, 무서운 생각과 도망가는 행동이 동시에 나타난다는 것이다. 스키너는 개가 달려드는 상황, 즉 자극에 대해 무서운 생각과 도망가는 행동이 같이 일어나는 것으로 보았다.

심신일원론에 기초한 스키너의 조작적 조건형성이론에서 인간을 바라보는 관점은 낙관론과 비관론의 중립적, 환경론적, 결정론적 그리고 요소론적 관점이라고 할 수 있다.

1) 중립적 인간관

스키너는 다른 행동주의이론가들과 마찬가지로 인간은 선하지도 악하지도 않은 상태로 이 세상에 태어난다는 중립적인 인간관을 가지고 있다. 인간의 마음을 '텅 빈 유기체'라고 표현할 정도로 그는 인간 내면의 감정이나 태도에는 관심을 크게 기울이지 않았다. 스키너는 인간이란 선한 속성이나 악한 속성 그 어느 것도 가지지 않은 백지 상태로 태어나며, 어떠한 환경에 처하느냐에 따라서 선하게 될 수도 악하게 될 수도 있다는 중립적인 입장을 취한다.

2) 환경론적 인간관

스키너(1977)는 "인간 행동을 결정짓는 변수는 환경에 달려 있다."라고 주장할 만큼 체질적인 요인보다 환경적인 요인에 더 큰 비중을 두었다. 그는 인간이 환경에 종속되어 있으며, 인간이 서로 다른 것은 체질적인 요인들 때문이 아니라 성장한 환경이 다르기 때문이라고 하였다(이훈구 역, 1998, p. 257). 예를 들면, 어떤 사람이 도박에 중독되었다면 도박에 대한 강한 충동적 성향 때문이 아니라 도박을 쉽게 접할 수 있었던 환경 때문이라는 것이다(이병만 공역, 1996, p. 97). 이렇듯 스키너는 인간이란 내적인 충동보다 환경과 강화의 영향을 받는다는 입장이다.

3) 결정론적 인간관

스키너는 인간행동을 과학적으로 연구할 때 결정론적 가정이 절대적으로 필요하다며 다음과 같이 주장하였다.

> 인간을 연구하는 분야에 과학적 방법을 적용하려면, 행동에는 법칙이 있고 그 법칙에 따라서 행동이 결정된다는 것을 가정해야 한다. 그리고 인간의 행동은 특정한 조건의 결과이고, 이러한 조건이 발견되면 인간의 행동은 예측할 수 있다(Skinner, 1953, p. 6).

스키너가 가정하는 인간관은 인간에게는 행동을 스스로 선택할 자유가 없으며, 그의 행동은 외부 강화에 의해서 결정된다는 것이다(이훈구 역, 1998, p. 253). 즉, 그는 인간의 자유로운 선택을 인정하지 않으며, 인간의 행동이 환경에 의해 결정된다는 점을 강조하고 있다.

4) 요소론적 인간관

스키너는 한 개인의 다양한 행동을 살펴보면 그 사람의 특성을 알 수 있으며, 그 행동의 집합체가 성격이라고 하였다. 그러한 개인의 성격은 비교적 복합적이지만, 독립적으로 학습된 하나하나의 반응, 즉 행동으로 구성되어 있다는 것이다. 그는 하나의 자극에 대한 하나의 반응이 무수히 모여서 한 개인의 성격을 형성한다고 보았다. 그리고 인간의 모든 행동은 조건형성된 상황에서 학습된 결과이기 때문에, 그 개인이 어떻게 조건형성이 되었는지의 역사를 이해하는 것이 필요하다고 하였다. 형태주의에서 주장하는 "전체는 부분의 합 이상이다."라는 전제에 반대하여 스키너는 '전체는 부분의 합이다.'라고 주장한다(이훈구 역, 1998, p. 256). 이렇듯 그는 인간이 보이는 행동을 분석하는 요소주의적인 입장이다.

2. 성격의 구조 및 발달

1) 성격의 개념

스키너는 인간의 성격 자체에 대해서는 그리 관심을 기울이지 않았다. 하지만 스키너의 이론에서 인간의 성격은 자극에 대한 반응으로 나타나는 행동 패턴의 집합체로 볼 수 있다. 그는 하나의 자극에 대한 하나의 반응이 일정한 패턴을 이루어 습관이 되고, 이러한 습관은 그 사람만의 행동 특성으로 나타난다고 하였다. 그는 이러한 행동 패턴이 모든 사람에게 각기 다르게 나타나기 때문에 그 사람의 독특성, 즉 성격으로 간주할 수 있다는 입장이다. 스키너는 인간의 성격을 한 개인의 행동과 강화 결과 사이에 있는 독특한 관계 패턴으로 간주한다. 그는 이러한 패턴이 습득되는 학습 원칙은 누구에게나 동일하게 적용되지만 나타나는 패턴은 서로 다르며, 이 패턴은 행동 분석을 통하여 알 수 있다고 하였다. 스키너는 한 개인의 독특한 유전적 배경이 독특한 환경 조건과 결합되어 하나의 성격인 행동 패턴을 산출하는 것이라고 보았다(홍숙기 역, 2008, p. 301). 그리고 그는 한 개인의 행동에는 사고와 감정이 포함되어 있다고 주장한다. 이것은 인간의 마음과 몸, 즉 정신과 신체가 별개가 아니라 하나의 유기체로 같이 작용한다는 심신일원론(心身一元論)적인 입장과 맥락을 같이 한다고 볼 수 있다.

2) 성격의 구조 및 발달

스키너는 인간의 성격을 별로 중요시하지 않았기 때문에 그의 이론에는 성격이 무엇으로 이루어져 있는지에 대한 구체적인 제시가 없다. 따라서 그의 이론에서 성격의 형성이나 발달에 대해 설명하기는 그리 쉽지 않다. 하지만 굳이 조작적 조건형성의 원리에 따라 인간의 성격 형성 과정을 설명한다면, 성격은 한 개인이 보이는 행동 패턴의 발달로 볼 수 있다. 다시 말하면, 현재의 행동은 이전 삶에서 주어진 강화에 따른 행동의 발달 과정과 동일한 과정으로 일어난다는 것이다. 인간의 성격 형성 과정은 한 개인이 성장 과정에서 경험한 강화와 처벌로 인해 구체적인 행동이 조건형성되고 소거된 과정이라고 할 수 있다(이수연 공저, 2013, p. 264). 즉, 성격의 발달은 개인이 처한 환경에서 강화로 인해 겪은 행동의 변화 과정이라는 것이다.

3. 핵심 개념 및 도식화

스키너 이론의 핵심 개념에는 조작적 조건형성, 강화와 처벌, 강화 계획, 기본 원리 등이 있다. 구체적으로 살펴보면 다음과 같다.

1) 조작적 조건형성

조작적 조건형성(operant conditioning)이란 행동에 뒤따르는 강화를 통해 특별한 행동을 조성하고 유지시키는 과정을 의미한다. 다시 말하면, 조작적 조건형성은 행동과

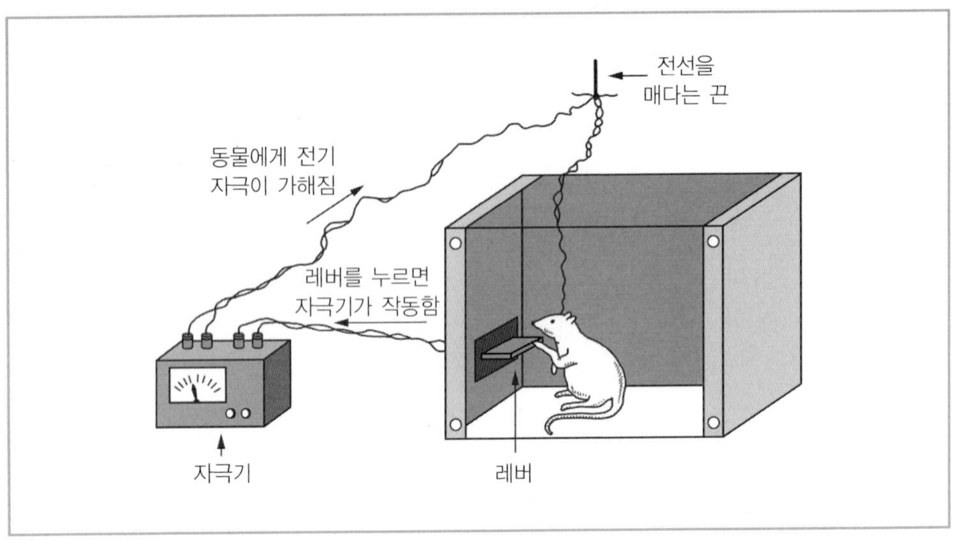

그 결과인 강화를 연합함으로써 조작행동을 형성하는 절차다(노안영 공저, 2013, p. 372). 여기서의 조작행동은 자동적으로 일어나는 반응행동(예: 밝은 불빛에서 동공이 축소되거나 음식물이 주어질 때 타액이 분비되는 것과 같은 자동적 반응)과는 달리 환경을 변화시키는 자발적인 행동으로, 반응에 따르는 사건인 강화물에 의해 강해지거나 약해지는 행동을 말한다. 즉, 행동의 결과가 행동의 증감에 영향을 미치는 행동을 말한다. 스키너는 자신의 이론을 정립하기 위하여 스키너 상자(Skinner box)를 만들어 다음과 같은 실험을 하였다.

먼저 실험쥐는 일정 기간 먹이를 박탈당한 뒤 하루에 한 번만 먹도록 길들여지는 박탈 스케줄(deprivation schedule)에 따라 훈련된다. 이렇게 훈련된 다음 실험쥐는 스키너 상자에 넣어진다. 상자 안에 들어간 실험쥐는 새로운 환경을 탐색하다가 우연히 지렛대를 누르게 되고 그로 인해서 먹이를 얻게 된다. 이때 먹이(강화인, reinforcer)는 지렛대를 누르는 행동을 강화해 주기 때문에 지렛대를 누르는 행동이 증가하게 된다. 이제 실험쥐는 환경을 스스로 바꿈으로써 어떤 결과를 생성해 내기에 이르게 된다. 이것을 조작(operation)이라고 한다.

2) 강화와 처벌

스키너의 조작적 조건형성에서 핵심 개념은 강화다. 강화(reinforcement)란 특정 행동에 뒤따르는 결과 중에서 행동 재현의 가능성을 높여 주는 것을 가리키는 말이다. 즉, 반응행동이 일어날 확률을 증가시키는 것을 뜻한다. 강화는 정적 강화와 부적 강화로 나눌 수 있다.

처벌(punishment)이란 특정 행동에 뒤따르는 결과 중에서 행동 재현의 가능성을 낮추는 것을 가리킨다. 즉, 반응이 일어날 확률을 감소시키는 것으로, 처벌에도 정적 처벌과 부적 처벌의 두 종류가 있다. 하지만 처벌은 행동을 일시적으로 감소시킬 수는 있지만 궁극적인 해결책은 되지 않는다. 스키너는 아동을 처벌하는 것보다 행동을 소거하려고 노력하는 것이 좋다고 하였다. 그는 "만약 어떤 아동의 행동이 단지 부모를 화나게 함으로써 강화된 결과라면, 이제 부모가 더 이상 화내지 않고 그대로 내버려두는 것만으로도 그 행동은 사라질 것이다."라고 하였다(Skinner, 1953; 이수연 공저, 2013, p. 262). 이렇듯 처벌의 궁극적인 목적은 부적절한 행동을 감소시키는 것에 있다. 강화와 처벌의 4가지 유형에 대하여 구체적으로 살펴보면 다음과 같다.

(1) 정적 강화

정적 강화(positive reinforcement)란 특정 반응이 일어난 다음에 어떤 자극인 강화물을 줌으로써 그 반응이 일어날 확률을 증가시키는 것을 말한다. 즉, 유쾌한 자극을 제공하여 바람직한 행동을 증가시키는 것으로, 일반적인 의미의 강화를 말하는 것이다. 정적 강화에 사용되는 강화물에는 음식, 수면 등의 생리적 욕구를 충족시키는 강화물도 있고, 인정, 칭찬 등의 사회적 욕구를 충족시켜 주는 강화물도 있다. 예를 들면, 수업 시간에 교사의 질문에 학생이 대답을 잘했을 때, 칭찬을 해 주면 학생은 수업에 더 집중하고 교사의 질문에도 대답을 더 잘하려고 노력한다는 것이다.

(2) 부적 강화

부적 강화(negative reinforcement)란 특정 반응이 일어난 다음에 어떤 자극을 제거하여 그 반응이 일어날 확률을 증가시키는 것을 말한다. 즉, 불쾌한 자극을 제거하여 바람직한 행동을 증가시키는 것이다. 예를 들면, 수업 시간에 떠들지 않고 수업을 잘 듣는 학생에게는 하기 싫은 교실 청소를 면제해 주는 것이다. 그렇게 되면 그 학생은 수업 시간에 수업에 더 잘 집중할 수 있게 된다.

(3) 정적 처벌

정적 처벌(positive punishment)이란 특정 반응이 일어난 다음에 어떤 자극을 줌으로써 그 반응이 일어날 확률을 감소시키는 것을 말한다. 즉, 불쾌한 자극을 주어 바람직하지 않은 행동을 감소시키는 것이다. 정적 처벌은 일반적 의미의 벌을 뜻한다. 예를 들면, 수업 시간에 수업에 집중하지 않고 장난을 치는 학생에게 교사가 야단을 치거나 다른 학생들보다 과제를 더 많이 내준다면 그 학생은 교사에게 혼나는 것이 기분이 나쁘고, 과제에 대한 부담감 때문에 수업 시간에 떠드는 횟수가 줄어든다는 것이다.

(4) 부적 처벌

부적 처벌(negative punishment)이란 특정 반응이 일어난 다음에 어떤 자극을 제거하여 그 반응이 일어날 확률을 감소시키는 것을 말한다. 즉, 유쾌한 자극을 제거하여 바람직하지 않은 행동을 감소시키는 것이다. 예를 들면, 수업 태도가 불량한 학생에게는 다른 학생들이 귀가할 때, 학교에 혼자 남아서 공부하도록 함으로써 귀가라는 유쾌한 자극을 제거하면 그 학생의 불량한 수업 태도가 줄어든다는 것이다.

4가지 유형의 강화와 처벌을 요약하면 다음과 같다. 정적(positive)이라는 용어의 뜻은 자극을 제공하는 것인 반면에, 부적(negative)의 의미는 자극을 제거하는 것이다. 강화는 바람직한 행동을 증가시키는 것인 반면, 처벌은 바람직하지 않은 행동을 감소시키는 것을 의미한다. 강화와 처벌의 4가지 유형을 〈표 10-1〉에 제시하였다.

• 표 10-1 • 강화와 처벌의 4가지 유형

자극의 종류	행동 증가	행동 감소
자극 제시	정적 강화	정적 처벌
자극 제거	부적 강화	부적 처벌

3) 강화 계획

강화 계획(schedule of reinforcement)이란 행동을 증가시킬 목적으로, 강화물을 제시하는 방법을 의미한다. 강화 계획에 따라 조건형성이 되기까지의 소요 시간인 반응 속도나 강화물이 제시되지 않는 상황에서 동일한 반응이 유지되는 정도가 달라질 수 있기 때문에 강화 계획은 매우 중요하다. 강화 계획은 '시간 간격' 혹은 '반응 횟수' 중 어느 쪽에 기준을 두느냐에 따라 '간격 강화 계획'과 '비율 강화 계획'으로 나뉜다. 먼저 시간 간격에 기준을 두고 강화를 제공하는 방법인 간격 강화 계획에는 '고정 간격 강화 계획'과 '변동 간격 강화 계획'이 있다.

다음으로 반응 횟수에 기준을 두고 강화를 하는 방법인 비율 강화 계획에는 '고정비율 강화 계획'과 '변동비율 강화 계획'이 있다. 4가지 강화 계획을 구체적으로 살펴보면 다음과 같다.

(1) 고정 간격 강화 계획

'고정 간격 강화 계획(fixed-interval reinforcement schedule)'이란 처음 보상을 받은 후 '일정한 시간'마다 강화가 주어지는 것을 말한다. 매월 일정한 날짜에 월급을 준다거나 용돈을 주는 경우가 이에 해당한다. 이러한 경우에 월급을 받기 직전에는 일을 열심히 하지만 월급을 받은 직후에는 일을 열심히 하는 정도가 줄어들 수 있어서 이 강화 계획은 다른 강화 계획에 비하여 전체 행동 빈도가 낮은 경향이 있다.

(2) 변동 간격 강화 계획

'변동 간격 강화 계획(variable-interval reinforcement schedule)'이란 일정한 시간 내에 강화가 주어지지만, 그 시간 간격이 불규칙적인 것을 말한다. 즉, '평균적인 시간'마다 강화가 이루어지지만, 언제 강화가 주어질지는 모르는 경우다. 예를 들면, 버스 정류장에서 버스를 기다리는데 배차 간격이 30분인 버스의 경우에 버스가 25분 만에 올 수도 있고, 35분 만에 올 수도 있지만 평균 시간은 30분 간격으로 온다는 것이다. 이 밖에도 낚시를 하거나 학교에서 수시 시험을 보는 것이 여기에 해당한다. 이 강화 계획은 언제 강화가 주어질지 알 수 없기 때문에 강화 직후 행동이 줄어들지 않으며, 일관성 있게 행동을 하는 경향이 있다.

(3) 고정 비율 강화 계획

'고정 비율 강화 계획(fixed-ratio reinforcement schedule)'은 행동이 일어나는 '일정한 반응 횟수'마다 강화가 주어지는 것이다. 강화가 시간과는 관계없이 '반응의 수'에 근거하여 제공된다. 예를 들면, 자동차 세일즈맨이 자동차 한 대씩 팔 때마다 판매 수당을 지급하거나 혹은 커피숍에서 커피 열 잔을 구매하면 커피 한 잔을 무료로 제공하는 경우다. 이 강화 계획은 강화를 제공하는 비율이 높지 않을 때 행동 빈도가 높은 편이며, 강화 직후에는 행동이 감소했다가 다시 높아지는 경향이 있다.

(4) 변동 비율 강화 계획

'변동 비율 강화 계획(variable-ratio reinforcement schedule)'은 '평균적인 반응 횟수'마다 강화가 주어지지만 몇 번째에 주어질지는 알 수 없는 불규칙적인 강화 방법을 말

한다. 즉, 평균적으로 일정한 횟수 내에 아무 때나 강화가 주어지는 것이다. 예를 들면, 도박을 할 때 평균적으로 열 번 하면 한 번 정도 이긴다고 가정했을 때, 첫 번째에 이길 수도 있고 열 번이 넘어서 이길 수도 있는 경우가 이에 해당한다. 이 강화 계획은 강화 후 행동이 감소하는 현상이 나타나지 않으며, 일반적으로 높은 행동 빈도를 유지한다.

제시한 4가지 유형의 강화 계획을 정리하면 〈표 10-2〉와 같다.

• 표 10-2 • 강화 계획의 유형

구 분	시간 간격	반응 횟수
고 정	고정 간격 강화 계획 (일정 시간 간격, 예: 월급)	고정 비율 강화 계획 (일정 반응 횟수, 예: 성과급)
변 동	고정 간격 강화 계획 (평균 시간 간격, 예: 버스 기다리기)	변동 비율 강화 계획 (평균 반응 횟수, 예: 도박)

4) 기본 원리

(1) 변별 자극과 자극 일반화

'변별 자극(discrimination stimulus)'이란 특정한 반응이 보상되거나 보상되지 않을 것이라는 단서 혹은 신호로 작용하는 자극을 의미한다. 즉, 어떤 행동이나 반응을 보여야 바람직한 결과를 얻을 수 있을 것인지를 알려 주는 신호를 말한다. 변별 자극이 인간의 행동을 완전히 통제할 수 있는 것은 아니다. 하지만 바람직한 결과를 성취하려면 어떤 행동을 선택해야 할지를 미리 알려 주는 기능을 한다. 따라서 변별 자극을 통하여 인간은 외적 세계를 더 잘 관리하고 예측하며 통제할 수 있게 된다. 예를 들면, 아빠가 술을 마시고 들어오는 날에 용돈을 자주 받던 아이라면, 어느 날 아빠가 술을 마시고 온다는 것을 엄마가 아빠와 하는 전화 통화를 듣고 알았을 때 잠을 이겨 가면서 아빠를 기다릴 수 있다. 이때 아빠가 술을 마시는 것은 용돈을 받는 것에 대한 변별 자극이 된다.

'자극 일반화(stimulus generalization)'는 변별 자극과 상대적인 개념이다. 즉, 강화된 어떤 행동이 다양한 유사한 상황에서도 일어날 가능성을 의미한다. 예를 들면, 낯선 남성에게 성희롱을 당한 젊은 여성은 그로 인한 정신적 · 육체적 충격 때문에 모든 남성에게 적대감을 가지게 되는 것이다(이훈구 역, 1998, p. 252). 다른 예로, 말을 배우는 유아가 아빠라는 호칭을 배우면서 길거리에서 만나는 남자 어른들에게도 아빠라고 부를 수 있다.

(2) 소거와 자발적 회복

'소거(extinction)'란 학습된 행동이 없어지는 것을 의미한다. 소거의 원리는 주어진 상황에서 개인이 이전에 강화된 반응을 보일 때 계속해서 강화가 주어지지 않으면, 그러한 반응이 더 이상 나타나지 않는 것이다(Martin & Pear, 1992, p. 49; 노안영 공저, 2013, p. 377). 예를 들면, 떼를 많이 쓰는 아이의 경우에 이런 행동이 어머니의 관심과 보상 때문에 습관화된 것이라면, 아이가 떼를 쓸 때 어머니가 더 이상 관심을 보이지 않고 내버려 두면 결국 그런 행동은 없어진다는 것이다. 어린아이들이 보이는 바람직하지 않은 행동을 제거하기 위해서 소거의 방식을 적용하는 경우가 많다(이재창 공저, 2009, p. 192).

'자발적 회복(spontaneous recovery)'이란 소거로 인하여 나타나지 않던 행동이 다시 나타나는 현상을 말한다. 즉, 소거를 통해 없어진 어떤 행동이 일정한 기간이 지난 후에 다시 나타나는 것을 의미한다. 이러한 현상은 '세 살 버릇 여든까지 간다.'는 말처럼 한번 배운 행동을 완전하게 없애기는 쉽지 않다는 것을 보여 준다.

5) 부적응의 원인

스키너는 인간의 부적응 행동을 단순하게 적절한 반응을 하지 못하는 것으로 보았으며, 부적응 행동 역시 적응 행동처럼 학습된 결과로 보았다. 즉, 잘못된 강화와 조건형성으로 인해 신경증 및 정신병적 행동이 나타난다는 것이다. 그가 주장하는 부적응 행동을 일으키는 원인에는 세 가지가 있다.

첫째, 강화와 처벌을 충분히 받지 못해서 부적절한 행동이 나타난다는 것이다. 이것은 부적절한 사회화를 가져오며, 그로 인해 개인은 환경의 요구에 적절하게 대처하지 못하게 된다. 예를 들면, 어린 시절에 줄을 서서 기다리는 것과 같은 공중도덕을 지키지 않았을 때 적절한 벌을 받지 않은 아이는 어른이 되어서 새치기를 하는 경향이 있다는 것이다.

둘째, 부적절하고 바람직하지 못한 강화를 들 수 있다. 예를 들면, 우울한 사람의 식욕 감퇴가 다른 사람들에게 관심을 받을 뿐만 아니라 책임을 면제해 주는 보상을 받으면, 우울증이 지속될 수 있다는 것이다. 다른 예로, 몸이 약한 아이에게 무엇이든지 다 해 주는 엄마의 과잉보호 때문에 아이는 자신이 할 수 있는 일도 남에게 미루는 의존적인 사람으로 성장할 수 있다. 또 다른 예로 자신을 괴롭히는 특정 강박관념에 시달리는 환자가 심장이 뛰는 횟수를 강박적으로 세는 경우다. 강박증 환자는 심장박동을 세는 동안에는 강박관념이 떠오르지 않기 때문에 심장박동을 세는 것이 강화를 받아 이러한 행동이 지속되는 것이다.

셋째, 단서 변별에 실패할 경우 부적응 행동을 한다. 예를 들면, 정신분열증 환자의 경우에 적절한 단서는 처벌과 연합되고, 부적절한 단서는 보상과 연합이 되어 특이한 행동을 보일 수 있다. 즉, 정신병 환자는 사람들에게 관심을 기울이면 다른 사람들이 자신을 미친 사람으로 취급하여 마음에 상처를 입는 반면에, 무생물인 책에 주의를 기울이면 고통이나 거부를 느끼지 않기 때문에 책을 살아 있는 존재로 생각하고 대화를 나눌 수 있다.

6) 도식화

스키너의 이론에서 행동 과정의 인과관계는 ABC 모형으로 설명할 수 있다. 먼저 A는 선행조건(antecedents)으로 행동이 일어나기 전의 상황을 의미한다. 다음으로 B는 그 상황에서 일어나는 행동(behavior)을 뜻한다. 마지막으로 C는 행동 뒤에 일어나는 결과(consequences)를 말한다. 스키너는 인간이 특정 자극에 대해 반응한 다음 그 뒤에 주어지는 후속 자극인 강화자극으로 무엇을 받느냐에 따라 학습이 이루어진다고 주장했다. 스키너의 이론에서 제시한 핵심 개념을 중심으로 도식화하면 [그림 10-1]과 같다.

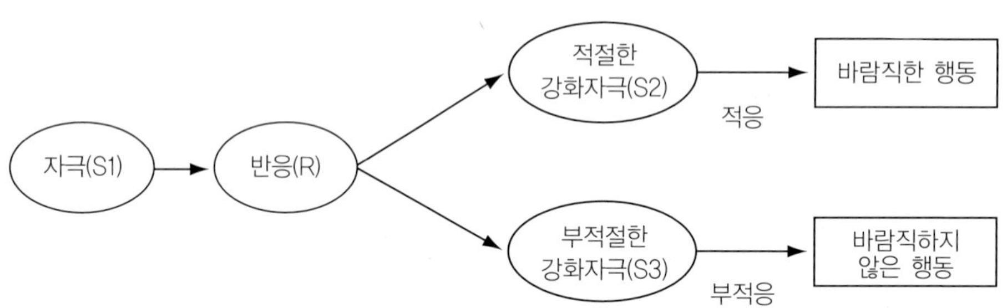

• 그림 10-1 • 스키너의 조작적 조건형성이론의 도식화

[그림 10-1]을 ABC 이론에 적용해 보면 다음과 같다.

첫째, 쥐에게 배고픔이라는 자극(S1)이 제공되면 쥐는 지렛대를 누르는 반응(R)을 한다. 쥐가 지렛대를 누르면 음식물이라는 강화자극(S2)이 주어지는데, 이때 강화자극에 의해 지렛대를 누르는 행동이 조건형성된다는 것이다. 여기에서의 반응(R)은 조작행동을 의미하며, 이것은 스스로 환경을 변화시키는 행동이다. 즉, 지렛대를 누르면 음식이 주어진다는 것을 알기 때문에 지렛대를 누르는 새로운 행동이 학습된다.

둘째, 자극에 대하여 반응을 보일 때 적절한 강화자극을 주면 적절한 행동을 하여 적응을 잘하게 되는 반면에, 부적절한 강화자극을 주면 부적절한 행동을 하게 되어 부적응이 발생한다.

제3절 평 가

1. 성격 연구 및 적용

1) 성격 연구

(1) 아동기의 행동발달 연구

애즈린과 린슬리(Azrin & Lindsley, 1956)는 다음과 같은 실험으로 아동기 협동 행동의 습득과 발달에 관한 연구를 하였다.

연구자들은 7~12세의 20명의 아동을 두 명씩 10개의 팀으로 나누었다. 각 팀의 두 명을 한 테이블의 양편에 앉혔다. 각 아동의 앞에는 3개의 구멍과 하나의 철필(鐵筆)이 있었다. 두 아동이 자기 철필을 서로 마주보는 구멍에 집어넣었을 때는(협동적 반응) 빨간 불이 켜지고 젤리사탕 하나가 나왔다. 철필을 서로 마주보지 않는 구멍에 집어넣었을 때는(비협동적 반응) 아무런 보상도 주어지지 않았다. 열 팀 모두 협동적 반응을 매우 빠르게 학습하였으며, 8개의 팀은 젤리사탕을 서로 나누어 가졌다. 나머지 두 팀에서는 한 아동이 젤리사탕을 모두 가져가서 다른 아동이 협동을 거부하였다. 이때부터 그 팀의 아동들이 젤리사탕을 보상으로 받지 못하게 되자 그들은 서로 타협하게 되고, 협동 반응을 하여 사탕을 나누어 갖기 시작하였다(홍숙기 역, 2008, p. 302).

이 단순한 실험은 아동기의 많은 행동이 단순한 강화를 통하여 어떻게 습득되고 발달될 수 있는지를 잘 보여 주고 있다.

(2) 유아 행동의 강화 연구

앨런 등(Allen et al., 1964)은 새로운 행동을 형성하는 강화에 대한 예를 보여 주고 있다. 즉, 강화를 통해 아동들의 문제행동을 치료할 수 있다는 것이다.

4세 소녀인 앤은 유치원에 들어온 지 얼마 되지 않아서 다른 아동들에게 관심을 기울이지 않고, 선생님들 옆에만 있고 싶어 하였다. 앤은 그냥 선생님 옆에 서 있거나 선생님을 뚫어지게 쳐다보거나, 아랫입술을 내밀거나, 자기 머리카락을 잡아당기거나 혹은 자기 볼을 비빌 뿐이었다. 모든 행동은 교사들의 관심을 끌기 위한 것으로 보였다. 동시에 앤은 이러한 행동 때문에 다른 아동들과 놀지 못하였다. 이러한 문제를 해결하기 위해 앤이 다른 아동과 놀 때마다 교사가 관심을 기울이는 강화 프로그램을 실시하였다. 이렇게 함으로써 앤은 다른 아동들과 어울릴 수 있게 되었다.

앤의 행동 변화를 일으킨 것이 교사들의 강화였다는 것을 입증하기 위하여 강화 패턴을 바꿔서 앤의 수줍어하는 행동에 대해 다시 강화를 하였다. 그러자 앤이 다른 아동들과 어울리는 행동은 처음 수준으로 돌아갔다. 하지만 교사들은 앤이 수줍어하는 행동 대신에 다른 아동들과 놀 때 관심을 기울이자 수줍어하는 행동은 없어지고 다른 아동들과 노는 행동이 다시 나타났다(홍숙기 역, 2008, p. 297).

(3) 자폐아동의 언어 습득 연구

로베스 등(Lovass et al., 1966)은 자폐아동을 대상으로 연구를 하였다. 연구자들은 자폐아동을 대상으로 스키너의 강화, 행동 조성, 변별 및 일반화의 개념에 기초한 언어 훈련 프로그램을 실시하여 자폐아의 언어 습득을 도울 수 있었다.

연구자들은 자폐를 가진 한 아동에게 언어를 가르치는 프로그램을 실시하였다. 그 아동은 어떤 형태의 의사소통에도 참여하지 않고, 기이하고 자기파괴적인 행동을 보이는 상태였다. 로베스 등(1966)은 자폐아동의 자해하는 행동을 없애기 위해 벌을 도입하고, 보다 위험성이 적은 행동을 제거하기 위해 소거 절차를 도입하였다. 그리고 강화, 행동 조성, 변별 및 일반화 등과 같은 개념에 기초하여 언어 훈련 프로그램을 구성하였다. 프로그램의 예를 들면, 처음에는 아동이 어떤 소리를 내더라도 사탕을 주어 강화를 하였다. 이러한 강화를 통해 자폐아는 한마디의 말(예: 인형)을 할 수 있게 되어 행동 조성이 이루어졌다. 이러한 행동 조성을 통하여 여러 개의 낱말이 학습되면, 다음 단계에서는 적절한 자극 대상이 나타날 때 그에 해당하는 말(예: 인형, 트럭 등)을 하도록 아동에게 강화를 주어서 변별 훈련을 시켰다. 그리고 아동의 언어 습관이 일반화될 수 있도록 부모와 가족 등 여러 사람들로 하여금 프로그램에 대한 교육을 받도록 하였다. 자폐아동의 언어 습득 절차는 느리게 이루어졌지만, 자폐아동은 점점 더 복잡한 언어 기술을 습득하게 되었다(이상로 공역, 1997, p. 730).

2) 평가 기법

스키너의 조작적 조건형성의 관점에서 볼 때, 성격이란 일련의 복잡한 행동에 지나지 않는다. 이 행동이 그에 뒤따르는 강화 결과에 의하여 학습되고 유지되므로, 측정평가란 개인이 보이는 행동의 기능적인 분석이라고 할 수 있다. 캔퍼와 세슬로(Kanfer & Saslow, 1965)는 행동측정평가는 다음과 같은 질문에 답을 하는 것이라고 하였다. '특수한 행동 패턴의 발생 빈도, 강도, 지속 시간 혹은 발생 조건 중 무엇을 변화시켜야 하는가?' '이 개인에게 바라는 변화를 유도할 수 있는 최상의 실제 수단은 무엇인가?' '어떤 요인들이 현재 그 행동을 유지하고 있으며, 이 행동은 어떤 조건 아래에서 학습되었는가?' 등이다(홍숙기 역, 2008, p. 318).

(1) SORC

스키너는 SORC, 즉 다음과 같은 네 종류의 변인의 확인과 측정에 관심이 있었다. 첫째, S는 문제의 행동을 일으키는 것으로 보이는 자극(stimuli) 혹은 환경 장면이다. 둘째, O는 관련된 유기체(organismic) 요인들이다. 셋째, R은 관찰할 수 있는 외현적 반응(responses)이다. 이것은 문제 증상을 나타내는데, R변인을 확인하는 것이 스키너 이론에서 핵심 과제다. 넷째, C는 개인의 행동 결과(consequences)다. 이는 내담자의 행동을 유지시킬 수 있는 강화로써 치료자는 이것을 찾아내어 내담자의 행동을 변화시키려 한다(홍숙기 역, 2008, p. 319).

(2) 면접법

스키너의 이론에서는 행동을 측정하기 위해 면접(interviews)을 많이 사용한다. 골드프라이드와 데이비슨(Goldfried & Davison, 1976)은 행동 정보를 끌어내기 위한 면접 절차를 기술하였다. 물론 본질적으로 찾는 정보는 SORC 자료가 중심이 된다. 이 기법은 면접 과정을 통해 어떤 자극이 그 문제와 관련이 있는지, 개인적 요인이 포함되어 있는지, 문제행동 자체는 어떤 것인지, 어떤 사건이 행동에 뒤따라와서 그것을 유지시키는 역할을 하는지 등에 관하여 살펴보는 것이다. 아울러 사례사 자료도 참고하고, 내담자가 보이는 현재의 강점, 문제에 대처하려 했던 과거의 시도행동도 평가한다. 또한 치료에 대해 내담자가 어떤 기대를 갖는지를 말하도록 하는 것도 중요하다(홍숙기 역, 2008, p. 319).

(3) 질문지와 체크 목록

내담자의 행동, 정서 반응, 환경 지각 등을 파악하기 위한 다양한 자기보고 기법이 있다. 먼저 공포조사 계획표(Geer, 1965)는 공포를 유발할 수 있는 51개의 상황을 제시하고, 각각의 상황이 개인에게 야기하는 공포의 정도 혹은 불쾌반응의 정도를 평정하도록 한다. 그리고 상태-특성 불안검사(Spielberger, Gorsuch, & Lushene, 1970)는 만성적으로 체험되는 정서로서의 불안뿐만 아니라 특수한 상황에 대한 보다 일시적인 반응으로서의 불안 두 가지를 측정한다. 맥폴과 릴레샌드(McFall & Lillesand, 1971)는 자신의 주장적 행동을 평가하는 자기보고형 도구를 사용하였다(홍숙기 역, 2008, p. 320).

3) 치료 기법

스키너의 성격이론에서 주된 초점은 행동의 변화에 있다. 그리고 부적응의 원인을 잘못된 강화의 결과로 볼 만큼 그의 이론에서 부적응 행동을 변화시키기 위한 치료 기법은 매우 다양하다. 대표적인 기법을 강화, 처벌, 연습, 만끽 및 심상 등으로 분류하여 예를 들어 설명하고자 한다.

(1) 강화와 관련된 기법

① 토큰 시스템

'토큰 시스템(token systems)'이란 바람직하거나 원하는 행동을 할 때마다 강화물로 토큰을 주고, 사전에 정해진 수만큼 토큰을 모으면 약속된 강화자극을 제공하는 것을 말한다. 예를 들면, 미용실이나 커피숍에서 스티커를 주거나, 주유소나 백화점 및 항공사에서 마일리지를 적립해 주는 것 등이다. 이러한 토큰 시스템은 바람직한 행동을 증가시키는 강화자극으로 사용된다. 예를 들어, 정신지체아에게 수저 사용이나 줄을 서서 식사하는 것을 가르칠 때 혹은 정신분열증 환자에게 얼굴을 씻거나 이부자리를 정돈하는 것을 가르칠 때, 토큰 시스템을 적용하여 목표행동을 할 때마다 토큰을 줄 수 있다. 약속한 분량의 토큰을 모으면 이들에게 외출을 시켜 준다거나 영화 관람이나 운동을 하도록 허용하는 등 이들이 원하는 강화자극을 제공할 수 있다.

토큰 시스템의 장점으로는 다음과 같은 것이 있다.

첫째, 토큰으로 원하는 강화물과 교환할 수 있기 때문에 포만 효과를 제거할 수 있다. 포만 효과란 처음에는 강화물이 효과가 있으나 나중에는 효과가 없어지는 것을 말한다. 예를 들면, 자녀가 심부름을 할 때마다 부모가 과자를 주면 나중에는 과자가 강화물의 효과를 상실하게 되는 경우다.

둘째, 토큰은 휴대가 용이하여 즉각적으로 강화를 제공할 수 있다. 예를 들면, 일반 강화물인 로봇 장난감은 부피가 커서 휴대가 어렵지만 토큰은 언제든지 휴대가 가능하고, 목표행동을 보일 때 그 자리에서 바로 토큰을 제공할 수 있다.

셋째, 일반 강화물은 목표행동을 방해하는 경우가 있는 반면에, 토큰은 그 자체가 소비되는 것이 아니기 때문에 목표행동을 방해하지 않는다. 예를 들어, 공부를 열심히 해서 성적이 오를 경우 일반 강화물인 용돈을 주면, 용돈으로 피시방에 가서 게임을 하게 되어 공부에 방해가 될 수 있지만, 토큰은 피시방에서 사용할 수 없어서 공부에 방해물이 되지 않는다는 것이다.

넷째, 사람마다 효과적인 강화물이 다른데, 토큰으로 일차적 강화물과 교환하도록 하여 이러한 문제점을 해소할 수 있다.

토큰 시스템의 문제점으로는 다음과 같은 것이 있다.

첫째, 목표행동보다 토큰이나 강화물에 관심을 보일 수 있다. 이는 '염불보다 잿밥에 관심이 더 많다.'는 속담과 일맥상통한다.

둘째, 토큰 시스템의 사용은 창의적인 문제해결을 방해할 수 있다. 예를 들어, 한 사람이 과거에 어떤 방법을 시도하여 토큰을 받은 경우, 과거에 토큰을 받았던 방법을 고수함으로써 새로운 방법을 찾으려 하지 않을 수 있다.

셋째, 토큰 시스템은 특정 행동 자체가 좋아서 자발적으로 행동하는 것을 의미하는 '내재적 흥미'를 떨어뜨릴 수 있다. 예를 들면, 처음에는 동화책을 읽는 것이 좋아서 독서를 했던 아동에게 동화책을 읽을 때마다 토큰을 주면, 독서에 대한 자발적 흥미가 사라져서 나중에는 토큰을 주지 않으면 책을 읽지 않게 된다.

② 프리맥의 원리

'프리맥의 원리(principle of premack)'란 미국의 심리학자인 데이비드 프리맥(David Premack)의 이름에서 따온 것으로서 발생 빈도가 낮은 행동, 즉 선호하지 않는 행동의 빈도를 높이기 위해 발생 빈도가 높은 행동, 즉 선호하는 행동을 강화인자로 사용하는 것을 말한다. 예를 들면, 공부(발생 빈도가 낮은 행동)를 싫어하는 학생에게 계획된 학습량을 완수하면 TV 시청이나 컴퓨터 게임(발생 빈도가 높은 행동)을 하도록 허용하는 것이다. 프리맥의 원리를 효과적으로 사용하기 위해서는 낮은 빈도로 나타나는 선호하지 않는 행동이 먼저 일어나야 한다. 또한 적절한 강화인자를 찾아내는 것이 중요하다. 프리맥에 따르면, 강화인자를 선택할 때 개인에게 여러 활동 기회를 제공해 주고, 그의 행동을 관찰하여 가장 자주 하는 활동을 선택하는 것이 적절하다고 하였다.

(2) 처벌과 관련된 기법

① 소 거

'소거(elimination)'는 바람직하지 않은 행동에 대해 강화물을 제거하여 행동의 발생 빈도를 줄이는 것을 말한다. 소거는 바람직하지 않은 행동을 할 때 강화물을 제거함과 동시에 바람직한 행동을 할 때 정적 강화를 제공하는 것이 효과적이다. 학생이 교실에서 소란을 피울 때, 교사가 심한 꾸중을 하여 처벌하였지만 이것이 오히려 관심을 기울이는 강화로 작용하여 꾸중이 효과가 없을 수 있다. 이런 경우에는 학생의 소란을 무시할 뿐만 아니라 학생이 조용히 있을 때 관심을 기울이면 소란스러운 행동을 더 이상 보이지 않을 수 있다.

소거를 효과적으로 사용하기 위해서는, 첫째, 현재 그 행동을 강화하고 있는 것이 무엇인가를 확인해서 제거해야 한다. 예를 들어, 과속을 하면 목적지에 일찍 도착할 수 있어서 자주 과속을 한다면, 과속을 쉽게 차단하기 어렵다. 따라서 경찰이 과속하는 차량을 반드시 단속하여 과속할수록 오히려 목적지에 늦게 도착하도록 만들어야 한다.

둘째, 바람직하지 않은 행동 대신 바람직한 행동을 찾아서 강화를 하는 것이 좋다. 예를 들어, 수업 시간에 소란을 피우는 아동의 경우 조용히 있거나 수업을 잘 들을 때 교사가 적극적인 관심을 기울이는 것이다.

셋째, 주위 사람들에게 바람직하지 않은 행동은 무시하고, 바람직한 행동은 강화하도록 교육하여 모든 사람이 일관성 있게 강화를 제공하여야 한다. 예를 들어, 잠들기 전에 칭얼대는 아이의 문제행동이 부모의 무관심으로 소거되었는데, 어느 날 이모가 와서 칭얼대는 것을 받아 주면 문제행동이 다시 나타날 수 있다.

필자의 경험을 한 가지 소개한다.

• • •

필자는 형님 가족과 함께 에버랜드에 놀러간 적이 있다. 놀이기구를 타기 위해 돌아다니다가 조카는 거품이 나오는 총을 보자 형수에게 그 총을 사달라고 졸랐다. 형수가 총을 사 주지 않자 조카는 갑자기 길바닥에 주저앉더니 몸부림을 치며 울기 시작했다. 어린아이들이 이처럼 떼를 쓰는 것을 템퍼 텐드룸(temper-tendrum)이라고 한다. 그래도 총을 사주지 않자, 조카는 급기야 입에서 거품을 품으며 기절을 하는 것이었다. 형수는 깜짝 놀라서 조카에게 물을 먹이고 온몸을 주무르면서 조카가 깨어나기만을 기다렸다. 조카가 깨어나자마자 형수는 총부터 사서 그의 손에 쥐어주었다. 조카는 그 후에도 자신이 원하는 것을 부모가 들어주지 않을 때마다 발작을 일으키며 기절을 하곤 했다. 필자는 형수에게 '아름다운 무관심(beautiful indifference)' 이라는 방법을 소개해 주었다. 아름답다와 무관심은 서로 어울리지 않는 단어다. 또한 이 세상에 무관심처럼 무서운 것이 없다. 차라리 서로 싸우는 것이 무관심보다는 낫다는 말도 있다. 하지만 문제행동을 치료하기 위해 보이는 무관심을 아름다운 무관심이라고 한다. 자녀가 떼를 쓸 때 부모가 보고 있으면 더 심해지고, 보지 않으면 떼를 쓰는 행동이 줄어들 수 있다고 하면서, 가장 좋은 방법은 조카가 떼를 쓸 때 아예 조카의 시야 밖으로 사라지는 것이라고 말해 주었다. 그 후 아름다운 무관심의 방법으로 조카의 떼쓰는 버릇을 없앨 수 있었다.

• • •

동생이 태어나기 전까지는 말도 잘하고 착하고 대소변을 잘 가리던 아이가 동생이 태어난 후 말을 더듬고 말썽을 피우며 대소변을 제대로 못 가리는 경우가 있다. 이와 같은 현상을 퇴행(regression)이라고 한다. 퇴행이 나타나는 이유는 어린아이와 같은 행동을 보임으로써 동생에게 향해 있는 부모의 관심을 자신에게 돌리려고 하는 것이다. 아이가 퇴행을 보일 때 꾸짖는 것은 아이에게 그 자체가 일종의 부모의 관심으로 받아들여져 결과적으로 꾸짖음이 퇴행을 부추기는 요인으로 작용할 수 있다. 자녀가 이러한 행동을 할 때 부모가 오히려 아무런 관심을 보이지 않으면 퇴행이 없어질 수 있다.

② 타임아웃

'타임아웃(time-out)'이란 개인이 부적절한 행동을 할 때, 그를 격리시켜서 긍정적 강화를 받을 수 있는 기회를 일시적으로 박탈하는 방법을 의미한다. 예를 들면, 수업시간에 떠드는 학생을 복도로 나가도록 해서 다른 학생들 곁에 있지 못하도록 하는 것이다. 또 다른 예로는 자폐아가 발작을 보이는 것은 주위 사람의 관심을 끌기 위한 것이기 때문에 발작을 일으킬 때 아무도 없는 곳으로 격리시키면 발작이 멈출 수 있다.

필자가 군복무를 하면서 타임아웃 기법을 응용한 경험이 있어서 소개하고자 한다.

• • •

전역을 한 달 정도 앞두고 있을 때, 생활반에 신병이 전입해 왔다. 그는 필자와 고향이 같아서 여러 가지로 배려를 해 주었다. 그는 인상이 험악한 편이었는데, 같이 샤워를 할 때 그의 몸을 보니 담배로 지진 자국과 칼을 맞은 자국 투성이었다. 그에게 군 입대 전에 무엇을 했는가 물어보니 조폭이었다고 했다. 그는 군 생활에 적응을 잘 못하고 힘들어 하다가 결국 사고를 일으키고 말았다. 어느 날 밤 깊이 잠들어 있었는데, 갑자기 생활반에서 시끄러운 소리가 들려서 눈을 떠보니 바로 그 신병이 한 손에는 회를 뜨는 생선회 칼을, 다른 한 손에는 반쯤 깨진 소주병을 들고 있는 것이었다. 나중에 들은 이야기로는 그와 함께 보초를 서야 하는 선임병이 일어나지 않아서 혼자 보초를 서다가 담을 넘어가 소주를 두 병 사서 안주도 없이 마셨다는 것이었다. 그는 욕설을 퍼부어 대면서 전투화로 잠을 자고 있는 선임병들의 머리를 걷어차며 소란을 피우고 있었는데, 이 소리에 필자가 잠에서 깬 것이었다. 생활반을 둘러보면서도 필자는 별로 놀라지 않았다. 왜냐하면 신병이 욕설을 하고 선임병들을 걷어찬 이유가 자신을 함부로 대하지 말라는 일종의 엄포라고 여겼기 때문이다. 선임병들을 정말 죽이려고 했으면 굳이 깨울 필요가 없었을 것이다. 그런데 신병이 갑자기 바닥에 있는 깨진 소주병 조각을 입속에 털어 넣고 씹기 시작했다. 입가에 피가 맺혔다. 그는 선임병들의 얼굴을 향해 유리조각을 뱉은 후 팔소매를 걷더니 깨진 소주병으로 팔뚝을 자해하기 시작했다. 팔뚝에서는 피가 흐르는데, 신병이 팔뚝을 흔들어대니 핏방울이 사방으로 튀기까지 했다. 신병의 얼굴을 보니 두 눈이 빨갛게 충혈되어 있었다. 생활반에는 필자를 비롯해 선임병이 열 명 정도 있었는데, 그들의 얼굴은 하얗게 질려 갔다. 어떻게 할지를 고민하던 중 순간적으로 타임아웃이라는 방법이 뇌리를 스쳤다. 타임아웃을 사용하려면 신병을 보쌈이라도 해서 다른 곳으로 격리시켜야 하지만, 그때로선 그렇게 할 수 있는 상황이 아니었다. 그때 '현재 이 신병에게 강화물은 선임병들이 무서움에 떨고 있는 모습이기 때문에 선임병들을 신병의 시야에서 사라지게 하면 된다.'는 생각이 머릿속을 스쳐 지나갔다. 그래서 뒷짐을 지고 한 손으로 출입구 쪽을 가리키며 선임병들에게 나가라는 사인을 보냈다. 그런데 겁에 질힌 선임병들은 아무도 움직이지 않았다. 필자는 용기를 내서 신병 가까이 다가가서 신병을 끌어안았다. 그러고는 신병의 시야를 가리면서 한 손으로 출입구 쪽으로 사인을 보냈다. 그제야 선임병들이 한 명씩 출입구로 나가고 결국 몇 명만 남았다. 강화인자였던 무서움에 떠는 선임병들이 절반 이상 사라지자 신병의 감정이 누그러졌고 필자는 그에게서 칼과 소주병을 빼앗을 수 있어서 다행히 한 명의 부상자도 없이 사건을 잘 무마할 수 있었다.

• • •

(3) 연습과 관련한 기법

① 행동 조성

'행동 조성(shaping)'이란 목표행동을 한 번에 습득하기 어려울 때, 목표행동에 근접하는 행동을 여러 단계로 나누어서 하나씩 습득하게 함으로써 결국 최종적인 목표행동에 도달하도록 하는 방법을 말한다. 행동 조성과 관련된 필자의 경험담을 한 가지 소개하고자 한다.

• • •

오래전에 제주도에서 바다사자 쇼를 본 적이 있다. 인기 있는 쇼여서인지 관람하는 여행객이 많아 필자는 계단에 신문지를 깔고 앉아 구경하였다. 그 쇼는 바다사자들이 악기로 노래를 연주하는 쇼였다. 어떤 바다사자는 오르간 건반을 치고, 다른 하나는 작은북을 치고, 또 다른 하나는 탬버린을 쳤다. 제법 그럴싸하게 연주를 해 나가던 도중 갑자기 모든 바다사자가 연주를 멈추는 것이었다. 그 이유는 바다사자가 연주행동을 한 가지씩 할 때마다 조련사가 먹이를 던져 주었는데, 조련사가 먹이를 주지 않았기 때문이었다. 바다사자가 악기를 연주하게 된 것은 행동 조성의 기법으로 가능했던 것이다. 처음에는 바다사자가 어떤 건반이라도 건반을 두드리면 먹이를 주고, 다음에는 특정 건반을 두드려야 먹이를 주고, 다음에는 특정 건반을 연달아 두드려야 먹이를 주는 식으로 조련을 해서 결국 오르간을 연주하는 바다사자가 된 것이다.

• • •

행동 조성 기법은 이와 같이 동물을 조련할 때 주로 활용된다. 예를 들어, 춤추는 쥐를 만들고 싶으면 먼저 쥐가 오른쪽 발을 들 때 먹이를 주고, 다른 행동을 하면 벌을 준다. 다음에는 왼쪽 발을 들 때 먹이를 준다. 마지막으로는 왼쪽 발을 든 상태에서 한 바퀴 돌 때 먹이를 준다. 이와 같은 훈련을 반복하면, 결국 춤추는 쥐가 만들어지는 것이다. 또 다른 예로 오른 발로 악수하는 개를 조련할 수 있다. 처음에는 개가 두 앞발을 들 때 먹이를 주고, 다음에는 오른쪽 앞발을 들 때 먹이를 주고, 마지막으로는 사람 앞에서 오른쪽 앞발을 들 때 먹이를 주면 악수하는 개로 조련할 수 있다.

행동 조성 기법을 공부하기 싫어하는 학생에게 적용하여 공부하도록 만들 수도 있다. 치료자는 학생과 하루에 두 시간 공부하는 것을 최종 목표로 세우고, 이 목표행동에 도달하기 위해 여러 소단계를 설정할 수 있다. 처음에는 학교를 다녀온 후에 밖으로 나가지 않고 집에 있으면 부모가 강화(예: 맛있는 음식을 주거나 원하는 선물을 준다)를 준다. 다음에는 공부방에서 시간을 보낼 때 강화를 주고, 그다음은 공부방의 의자에 앉아 있을 때 강화를 준다. 그다음은 의자에 앉아서 책을 읽을 때 강화를 주고, 다음은 30분 공부할 때, 그다음은 한 시간 공부할 때, 마지막으로 두 시간 공부할 때 강화를 주는 것이다.

행동 조성 방법을 적용할 때 유의할 점은 목표행동에 도달하기 위한 중간 단계의 목표를 과도하게 강화하면 그 단계에 고착되어 다음 단계로 나아갈 수 없으므로 중간 단계를 적절히 강화해야 한다는 것이다. 그리고 강화는 대상자에게 가장 효과적인 강화물을 찾아서 제공하는 것이 바람직하다.

② 역할 연기

'역할 연기(roleplaying)'는 치료 장면에서 가장 많이 사용하는 기법 중 한 가지다. 이 기법은 다음과 같은 두 단계로 이루어진다.

첫째, 치료자는 내담자가 갈등을 느끼는 대상의 역할을 맡아 내담자의 과거 경험 내용을 재연한다. 이때 내담자가 과거에 표현하지 못했던 감정을 충분히 표현하도록 하는 것이 중요하다. 이렇게 함으로써 내담자의 마음속에 쌓인 감정이 표출되어 감정이 정화되는 효과가 있다.

둘째, 첫 번째 단계에서 했던 역할을 서로 바꾸어서 과거의 경험을 재연한다. 즉, 치료자는 내담자 역할을 하고, 내담자는 과거의 갈등 대상의 역할을 하는 것이다. 내담자가 자신과 갈등 관계에 있는 인물의 역할을 직접 해 봄으로써 상대방의 마음을 느끼고 이해하게 되는 효과가 있다. 역할 연기를 적용하여 상담한 필자의 상담 사례를 한 가지 소개하고자 한다.

• • •

필자는 아버지를 죽이고 싶은 충동 때문에 괴로워하는 남자 대학생을 상담한 적이 있다. 이 내담자를 상담하면서 역할 연기 기법을 적용하였다. 즉, 처음에는 필자가 그의 아버지 역할을 맡고 그가 아들 역할을 맡았으며, 다음에는 역할을 바꿔서 필자가 아들이 되고 그가 자신의 아버지가 되어 과거 경험을 재연하였다. 역할 연기의 내용은 겨울철 매일 새벽 여섯 시에 스케이트를 배웠던 다섯 살 때의 경험이었다. 즉, 아버지는 새벽 여섯 시 전에 먼저 일어나서 아들을 깨워 아들에게 옷을 입히고 아들을 차에 태워서 스케이트장에 데려다준 뒤 집으로 돌아갔다가 강습이 끝날 때쯤 스케이트장에 와서 아들을 태워서 집으로 데려가는 내용이었다. 그는 역할 연기를 하기 전까지는 아버지가 자신을 사랑하지 않는다고 믿고 있었다. 역할 연기 기법을 적용하여 그가 아버지 역할을 하면서 아버지가 자신을 진정으로 사랑하지 않는다면 이와 같은 일을 할 수 없었다는 것을 깨달았다. 결국 그는 아버지와의 관계를 개선하기 위해 여러 노력을 하게 되었고, 그 결과 아버지와 관계가 좋아졌다.

• • •

치료자들이 역할 연기에 대해 충분히 이해하지 못하거나 숙달이 되어 있지 않거나, 내담자들이 역할 연기를 할 준비가 되어 있지 않은 상태에서 성급하게 역할 연기를 실시하면 내담자들이 역할 연기에 대해 어색함과 부담감을 느껴 상담이 실패로 끝날 가능성이 있다. 따라서 치료자는 이 기법에 대해 숙달하고, 내담자와 믿을 수 있는 관계를 형성한 다음, 문제해결 단계에서 적절하게 사용할 필요가 있다.

(4) 만끽(滿喫)과 관련된 기법

① 부적 연습

'부적 연습(negative exercise)'은 문제가 되는 증상을 의식적으로 반복하여 오히려 그 증상이 더욱 나타나도록 하는 방법이다. 따라서 이 기법은 일종의 역설적인 방법이라고 할 수 있다. 역설(paradox)이란 상식과 일반적인 논리에 모순되는 일종의 궤변을 의미한다. 치료란 일반적으로 문제 증상을 없애는 것이 목적인데, 이 방법은 오히려 문제 증상이 더욱 나타나도록 한다는 측면에서 역설적이라고 말할 수 있다. 이 기법은 한 가지 행동을 반복해서 하면 피로감과 권태감이 쌓이는데, 이것이 일종의 벌로 작용하여 그 행동을 더 이상 하지 않게 된다는 원리를 이용한 것이다. 이 기법은 '하던 짓도 멍석을 깔아주면 못한다.'라는 속담과 일맥상통한다고 볼 수 있다. 예를 들어, 밤새 잠을 못 이루는 불면증 내담자가 있다고 하자. 이 내담자는 잠을 자려고 애를 쓰면 쓸수록 더욱 잠이 달아날 수 있다. 이러한 경우에 잠을 자지 말고 차라리 밤을 지새워 책을 읽겠다고 생각하고, 특히 자신이 싫어하는 내용의 책을 읽는다면 자신도 모르는 사이에 잠이 들 수 있다. 부적 연습을 사용한 필자의 상담 사례를 소개한다.

• • •

필자에게 말을 더듬는 내담자가 찾아온 적이 있다. 필자는 이 내담자에게 부적 연습의 기법을 적용하여 상담을 하였다. 그러나 내담자에게 강제로 말을 더듬도록 강요한다고 해서 내담자가 말을 잘 더듬을 수 있는 것은 아니다. 필자는 이 내담자에게 역할극에 참여하도록 한 후 역할극에서 말더듬이 역할을 맡겼다. 역할극에서 이 내담자는 평소처럼 말을 잘 더듬으면 자신의 역할을 잘하게 되는 것이었다. 그런데 이 내담자는 말을 더듬어야 하는 역할극 상황에서 오히려 말을 더듬지 않고 말을 술술 잘하였다.

• • •

부적 연습을 적용할 수 있는 또 다른 예는 얼굴이 빨개지는 '적색 공포증'이다. 이런 내담자들은 길을 걸을 때에도 고개를 숙이고 걷고, 남과 말할 때에도 눈을 마주치지 못한다. 남이 조금만 의식되면 금세 얼굴이 빨개진다. 예를 들어, 이들은 버스를 타서 버스 요금을 낼 때 버스 안에 있는 승객들 중 그 누구도 자신을 쳐다보는 사람이 없건만 모든 승객이 자신을 쳐다본다는 생각에 얼굴이 빨개진다. 적색 공포증 내담자를 상담하는 경우에는 그에게 거울을 보면서 남이 의식되는 상황을 상상하게 해 얼굴을 최대한 빨갛게 달아오르도록 반복해서 연습을 시킨다. 막상 일부러 얼굴을 빨갛게 달아오르게 하려고 노력하면 오히려 얼굴이 빨개지지 않는다는 것이다.

또 다른 예로, 많은 사람 앞에서 발표를 해야 하는 상황에서 얼굴이 빨개지고 식은땀이 나고 목소리가 떨려서 발표에 어려움을 겪는 무대공포증 내담자에게 부적 연습을 적용할 수 있다. 이러한 내담자에게 발표 장면을 떠올리게 한 후 최대한 얼굴이 빨개지고, 목소리가 떨리도록 하면 오히려 떨지 않고 발표를 잘할 수 있게 된다. 남 앞에서 떠는 이유는 자신이 떨고 있는 모습을 감추려고 하기 때문이다. 차라리 이런 자신의 모습을 인정하면 마음이 편해져서 결과적으로 더 잘할 수 있다. 하지만 연습이 행동을 확고하게 하는 면도 있기 때문에 부적 연습을 통해 문제 증상이 더 악화될 수 있으므로 이 기법은 신중하게 적절히 적용해야만 한다.

② 심적 포화

'심적 포화(satiation)' 란 정적 강화자극이라도 그 자극을 너무 많이 받으면 그 자극의 가치가 줄어든다는 원리에 입각한 방법이다. 예를 들면, 애연가에게 담배를 끊게 하기 위해서 혀가 쓰릴 정도로 담배를 피우게 하는 것이다. 또 다른 예로 알코올중독자에게 완전히 의식을 잃어서 못 견딜 만큼 술을 많이 마시게 한다거나, 그가 하고 싶은 일을 할 수 없을 정도로 자주 술을 마시게 하는 것이다. 하지만 이 기법은 잘못하면 건강을 해칠 수도 있기 때문에 치료자가 적절히 활용할 필요가 있다.

(5) 심상과 관련된 기법

① 사고 중지

'사고 중지(thought stopping)' 는 자신이 원하지 않는 생각이 반복해서 떠올라 괴로울 때, 그러한 생각을 억제하기 위해 사용하는 기법이다. 원하지 않는데 자꾸 떠오르는 생각을 '강박적 사고' 라고 한다. 대표적인 강박적 사고에는 불길한 일이 일어날 것 같은 생각(예: 나는 교통사고를 당해서 죽을지 모른다)이나 충동적으로 아주 끔찍한 일을 저지를 것 같은 생각(예: 나는 내 자녀를 죽일지도 모른다) 등이 있다. 사고 중지법은 다음과 같은 세 단계로 이루어진다.

첫째, 치료자는 내담자에게 강박적인 사고를 하도록 요구하고, 내담자는 그 사고가 떠오르면 손가락으로 신호를 하도록 약속한다. 신호를 보자마자 치료자는 아무런 예고도 없이 갑자기 큰소리로 "그만!"이라고 소리치면서 책상을 힘껏 내리친다. 이렇게 하면 대부분의 내담자는 깜짝 놀라서 조금 전까지 머릿속에 떠올랐던 강박적인 사고가 사라진다. 그러고 나서는 사전에 약속된 긍정적이고 즐거운 생각이나 활동을 하게 한다.

둘째, 치료자와 같이하는 것이 어느 정도 숙달되면, 내담자 스스로가 강박적인 생각을 떠올리고 자신에게 "그만!" 이라고 큰소리로 외치면서 책상을 힘껏 치도록 한다. 그러고 나서 내담자는 긍정적이고 즐거운 생각을 한다.

셋째, 내담자가 강박적인 생각을 떠올린 후 큰소리로 외치고 책상을 치는 대신 마음속으로 "그만!" 이라고 외친 다음 긍정적인 생각이나 활동을 하도록 하는 것이다. 사고 중지법을 사용해서 상담한 필자의 상담 사례를 소개한다.

• • •

이 내담자는 귀에서 윙윙거리는 소리가 들리는 '이명 현상' 으로 힘들어 하였으며, 자신이 누군가를 해칠지도 모른다는 강박적인 생각이 떠올라 괴로워하였다. 필자는 먼저 이 내담자에게 이명 현상과 강박적 사고를 떠올리게 하고, 사고 중지법을 세 단계로 적용하여 치료에 성공하였다.

• • •

② 내파법

'내파법(implosive therapy)'이란 치료자가 내담자에게 불안을 느끼는 장면과 관련된 끔찍하고 무시무시한 결과를 아주 생생하게 상상해 보도록 함으로써 실제로는 그런 결과가 일어나지 않는다는 것을 깨닫게 하여 불안을 극복하게 하는 방법을 말한다. 이 기법은 결과에 직접 직면시키기 때문에 '결과 직면 과민성 제거법'이라고도 한다. 이 기법은 근육 이완 훈련을 하지 않고, 내담자에게 무섭고 위험을 느끼는 장면과 관련된 결과를 반복해서 오랫동안 상상하도록 하는 것이 핵심이다. 예를 들어, 뱀을 무서워하는 내담자가 있을 때, 치료자는 내담자에게 "뱀이 당신의 몸통을 감고, 얼굴을 물어뜯고, 피를 빨아 먹는다. 살점이 뜯겨 나가서 피가 흐르고 있는 것을 당신의 두 눈으로 똑바로 보아라."라고 말한다. 이처럼 무서운 결과가 나타날 것이라고 생각되는 장면을 여러 번 생생하게 반복해서 상상해 보게 하면, 아무리 상상해도 예상했던 무시무시한 결과가 실제로 일어나지 않으므로 결국 불안이 없어진다. 내파법을 사용해서 상담한 필자의 상담 사례를 소개한다.

• • •

필자는 심한 대인공포증 때문에 외출을 못하는 내담자를 상담한 적이 있다. 이 내담자는 집 밖으로 나가면 처음 보는 사람들이 자신을 폭행하고 귀중품을 빼앗아 갈지 모른다는 두려움 때문에 외출을 하지 못했다. 필자는 내파법을 활용하여 백화점에 가서 쇼핑을 하는 장면을 상상하게 한 다음, 자신 곁에서 쇼핑을 하던 한 남자가 자신의 얼굴을 주먹으로 치고 발로 걷어차고 나서 지갑을 빼앗는 장면을 여러 번 반복해서 생생하게 떠올리도록 했다. 내담자가 이와 같은 장면을 떠올릴 때 처음에는 얼굴에 두려운 표정이 가득하고 상기되면서 식은땀을 흘렸으나, 반복해서 이 장면을 떠올리자 나중에는 자신에게 아무 일도 일어나지 않는다는 것을 알게 되었으며, 심지어 실제로 일어나지도 않은 일로 두려워하며 떨고 있는 자신이 우스꽝스럽다는 말까지 하였다. 결국 반복해서 이와 같은 끔찍한 장면을 떠올려도 더 이상 두려움을 느끼지 않게 되었으며, 나중에는 혼자서 외출을 할 수 있게 되었다.

• • •

2. 공헌점 및 한계점

1) 공헌점

첫째, 스키너는 인간의 본성에 대한 객관적인 이해를 제공하였다. 그는 행동을 통한 인간 이해를 강조했는데, 행동의 특징은 관찰할 수 있을 뿐만 아니라 측정이 가능하다는 것이다. 따라서 스키너는 객관적인 방법인 수량화를 통해 인간 이해에 기여하였다.

둘째, 스키너의 이론은 행동주의를 대표하는 이론이다. 인간을 이해하는 데 있어서 행동에 초점을 둔 행동주의이론은 20세기 초에 시작되어 심리학의 제2세력으로 부상하였으며, 20세기의 심리학 분야에 커다란 영향력을 행사하였다. 현대의 심리학을 크게 4가지로 구분할 수 있다. 즉, 인간의 무의식과 같은 내적인 정신 과정을 탐구한 정신분석이론, 인간의 주관성과 존엄성을 중시한 인본주의이론, 그리고 인간의 사고가 감정과 행동을 결정한다는 인지이론, 관찰과 측정이 가능한 행동에 초점을 둔 행동주의이론이 그것인데, 행동주의이론은 4가지 심리학의 핵심 세력 중 하나로 인정받고 있다.

셋째, 스키너 이론으로 대표되는 행동주의이론은 인간의 행동을 과학적으로 연구하여 심리학을 과학의 영역으로 끌어올렸다는 점에서 주목받을 만하다. 과학적인 접근이란 객관적인 측정과 수량화가 가능한 것을 말하는데, 다른 심리이론들은 인간의 내적인 정신 과정에 초점을 두기 때문에 측정이 어렵다는 제한점이 있다. 하지만 행동주의이론은 겉으로 드러나는 행동을 관찰하여 측정하는 과학적인 방법을 사용하여 인간의 행동을 객관적으로 밝히고자 하였다.

넷째, 스키너의 이론에 입각한 상담 기법들은 문제행동의 치료에 효과적이다. 그는 강화와 처벌을 통한 행동의 변화를 강조했다. 즉, 그는 개인에게 쾌자극인 강화나 불쾌자극인 처벌을 제공함으로써 즉각적이고 가시적인 행동의 변화가 가능하다고 주장하였다. 또한 그는 특정 문제 증상에 알맞은 상담 기법을 제공하여 치료에 도움을 주었다. 특히 불안, 공포행동, 대인관계 문제, 약물 복용 등의 영역에 효과적인 상담 기법을 제시하였다.

다섯째, 스키너는 치료의 효과를 객관적으로 평가할 수 있게 하였다. 그는 수량화가 가능한 구체적인 행동을 상담 목표로 설정하기 때문에 그의 이론에 근거한 상담 기법이 문제행동의 치료에 효과가 있는지를 객관적으로 평가할 수 있다.

2) 한계점

첫째, 스키너는 인간의 인지와 정서적 측면을 경시하였다. 그는 눈에 보이지 않는 인간 내면의 정신 과정에 관심을 갖지 않았으며, 오로지 겉으로 나타나는 행동에 관심을 두었기 때문에 인간을 사고와 감정 그리고 행동 등의 다양한 측면에서 전체적이고 심층적으로 이해를 하는 데 한계가 있다.

둘째, 스키너의 이론은 인간의 존엄성과 가치를 경시하고 있다. 그는 적절한 강화와 처벌을 사용하여 인간으로 하여금 어떤 종류의 행동도 하게 만들 수 있다고 함으로써 인간을 기계적인 존재로 보고 있다. 즉, 그는 인간을 자유의지를 가지고 스스로 선택하여 결정하는 자율적인 존재이기보다는 환경의 지배를 받는 수동적인 존재로 봄으로써 인간의 자기실현을 돕는 데 적합하지 않다.

셋째, 스키너의 이론은 일반화에 한계가 있다. 스키너의 이론은 기본 원리를 학습이론에 두고 있는데, 학습이론은 주로 동물을 대상으로 이루어진 연구에 근거하고 있다. 그는 실험실 상황에서 나타나는 현상을 인간의 행동 과정에 적용하였다. 동물과 인간은 다르며, 실험실 상황과 인간이 살아가는 현실은 다르기 때문에 동물을 대상으로 실험실에서 이루어진 연구 결과를 인간의 현실에 일반화하는 것은 한계가 있다.

넷째, 조작적 조건형성이론에 근거한 상담 기법으로는 근본적인 문제해결에 한계가 있다. 스키너는 내담자가 현재 보이는 문제행동에만 초점을 두고 있으며, 그와 같은 현재 문제행동에 영향을 미친 과거의 내력을 경시하고 있다. 즉, 일시적으로 사라진 행동은 다른 형태로 다시 나타날 수 있기 때문에 행동의 변화만으로는 내담자의 문제를 근본적으로 해결하기에 한계가 있다는 것이다.

3. 고전적 조건형성이론과 조작적 조건형성이론의 비교

행동주의이론의 근간이 된 파블로프의 고전적 조건형성이론과 스키너의 조작적 조건형성이론은 여러 측면에서 차이가 있다. 두 이론의 차이점을 비교하면 〈표 10-3〉과 같다.

• 표 10-3 • 고전적 조건형성이론과 조작적 조건형성이론의 비교

구 분	고전적 조건형성이론	조작적 조건형성이론
원 리	무조건자극과 조건자극의 연합	조작행동에 뒤따르는 강화
반 응	피험 동물은 수동적 역할, 자극을 실험자가 제시	피험 동물이 능동적인 역할, 피험 동물이 환경을 변화시키는 조작행동을 함
순 서	자극을 먼저 제시한 후 반응 발생	반응이 먼저 발생한 후 자극이 제공
유 지	연합의 빈도	강화의 크기

첫째, 학습이 이루어지는 원리의 측면에서 볼 때, 고전적 조건형성이론에서는 연합에 의해 학습이 이루어진다고 보고 있다. 즉, 무조건자극인 음식물과 조건자극인 불빛이 짝지어졌을 때 학습이 이루어진다는 것이다. 이와는 다르게 조작적 조건형성이론에서는 강화에 의해 학습이 이루어진다고 보고 있다. 즉, 환경을 변화시키는 어떤 행동 뒤에 강화가 따를 때 학습이 이루어진다는 것이다.

둘째, 피험 동물의 역할을 보면, 파블로프의 이론에서 피험 동물은 수동적인 역할을 한다. 즉, 피험 동물의 의사와 상관없이 실험자가 임의로 자극을 제시하기 때문에 파블로프의 이론을 고전적 조건형성이라고 한다. 반면에 스키너의 이론에서 피험 동물은 능동적인 역할을 한다. 즉, 피험 동물이 지렛대를 누르는 것과 같이 환경을 능동적으로 변화시키는 행동을 할 때 강화물이 주어지기 때문에 스키너의 이론을 조작적 조건형성이라고 한다.

셋째, 자극과 반응의 순서를 살펴보면, 고전적 조건형성에서는 자극이 먼저 제시된 후에 반응인 행동이 나타난다. 즉, 무조건자극인 음식물이나 조건자극인 불빛이 제시된 다음 무조건반응이나 조건반응인 타액이 분비된다. 이와는 대조적으로 조작적 조건형성에서는 반응이 먼저 나타난 뒤에 자극이 제공된다. 즉, 지렛대를 누르는 행동인 반응 다음에 강화물인 자극이 보상으로 주어진다.

넷째, 행동을 유지시키는 기제를 고전적 조건형성에서는 연합의 빈도로 보고 있다. 즉, 무조건자극인 음식물과 조건자극인 불빛이 함께 얼마나 자주 제시되는가에 따라 행동의 유지가 결정된다는 것이다. 이와는 달리 조작적 조건형성에서는 강화의 크기를 행동 유지의 기제로 간주하고 있다. 즉, 강화가 얼마나 많이 주어지는지가 행동의 유지를 좌우한다는 것이다.

요 약

1. 조작적 조건형성이론의 출현 배경은 19세기 후반의 경험과 객관적인 증거와 감각을 통한 지각을 강조하는 경험론과 20세기 초중반 미국에서 가장 영향력이 있었던 철학 사조인 실용주의 등이다.
2. 스키너에게 영향을 미친 이론은 파블로프의 고전적 조건형성이론, 손다이크의 시행착오학습, 왓슨의 행동주의 등이다.
3. 스키너의 인간관은 낙관과 비관의 중립적, 환경론적, 결정론적 그리고 요소론적 관점이다.
4. 스키너는 인간의 성격을 중요시하지 않았기 때문에 성격이 무엇이며, 어떻게 발달하는지에 대하여 구체적으로 제시하지 않고 있다. 스키너에게 성격은 자극에 대한 반응으로 나타나는 행동 패턴의 집합체다.
5. 핵심 개념에는 조작적 조건형성, 강화와 처벌, 강화 계획, 기본 원리 등이 있다.
6. 부적응은 바람직하지 않은 행동에 대하여 부적절하게 강화를 주거나 강화와 벌이 충분히 제공되지 않거나 혹은 단서에 대한 변별을 실패할 때 발생한다.
7. 성격 연구는 주로 양적 연구를 하였으며, 아동기의 행동발달 연구, 유아행동의 강화 연구, 자폐아동의 언어 습득 연구 등이 있다. 성격 평가 기법에는 SORC, 면접법, 질문지와 체크 목록 등이 있다.
8. 공헌점은 객관적인 연구를 통해 인간의 행동을 이해하는 데 도움을 주었으며, 심리학을 과학의 영역으로 끌어올렸고, 문제행동의 치료에 대한 다양한 기법을 제시했다는 점을 들 수 있다.
9. 비판점은 인간의 인지와 정서를 경시하였고, 인간을 자극에 반응하는 기계적인 존재로 보아 존엄성을 무시하였으며, 동물에 대한 연구를 인간에게 적용하여 일반화의 문제가 있고, 인간의 현재 행동에 초점을 두어 과거의 원인을 간과한 점 등이다.

제11장

사회인지이론

앨버트 반두라

인간의 행동을 자극과 반응 그리고 강화로 설명하는 왓슨(John B. Watson)과 스키너(Burrhus Frederic Skinner)의 주장에 모든 행동주의이론가들이 동조한 것은 아니다. 인간의 행동을 설명할 때, 인지적인 과정을 함께 고려해야 한다고 주장한 대표적인 이론으로 앨버트 반두라(Albert Bandura, 1925~)의 사회인지이론(socio-cognitive theory)이 있다. 반두라는 줄리안 로터(Julian Rotter)의 사회적 학습이론의 영향을 받아서 1960년대 초에 자신의 이론을 사회학습이론이라고 부르다가 1980년대 중반에 사회인지이론으로 바꾸었다. 반두라가 자신의 이론에 사회란 명칭을 붙인 것은 행동 또는 성격의 결정 요인으로서 사회적 요소를 중요시했기 때문이다. 즉, 그는 대부분의 학습이 사회적인 상황에서 다른 사람의 행동을 관찰하고 모방한 결과라고 본 것이다. 또한 인지란 명칭을 사용한 것도 학습 과정에서 인지적 요인의 중요성을 중시하기 때문이다. 그는 인간은 자극에 대해 기계적으로 반응하는 수동적인 존재가 아니라고 보았다. 물론 인간은 환경의 영향을 받기도 하지만, 자신이 처한 환경에 영향을 주어 환경을 변화시키는 능력이 있는 존재로 보았다. 또한 자신의 행동을 조절하는 인지 능력이 있는 능동적인 존재로 보았다.

반두라는 특히 행동 수행에서 관찰 학습과 대리적 강화 및 자기효능감을 중시하였다. 그는 강화가 특정 행동의 수행에 필요하기는 하지만 행동의 습득에 반드시 필요한 것은 아니며, 강화가 없어도 행동이 학습될 수 있다고 주장하였다. 또한 그는 어떤 특정한 행동을 유발하기 위해서 항상 직접적인 강화를 줄 필요는 없다고 하였다. 인간은 다른 사람을 관찰하고 그들의 행동 결과가 강화를 받는 것을 보기만 해도 행동 습득이 가능하다는 '관찰 학습' 또는 '대리 학습'을 강조하였다. 예를 들면, 학생이 수업 중에 친구들이 교사의 질문에 대답을 잘하여 칭찬을 받는 것을 보는 것만으로도 그 학생의 발표행동의 빈도는 높아질 수 있다는 것이다. 또한 반두라(1977b)는 자기효능감이란 '자신이 원하는 행동을 수행할 수 있는 능력을 가지고 있다는 자신감'이라고 정의하였다. 그는 문제를 가지고 있는 대부분의 사람도 자신이 설정한 목표를 이루려면 무엇을 해야 하는지 알고 있다고 하였다. 하지만 그는 그저 무엇을 해야 하는지를 아는 것만으로는 충분하지 않으며, 자신이 그것을 수행할 수 있다는 자신감이 필요하다고 하였다. 또한, 자기효능감의 여부에 따라서 나타나는 결과는 다르다고 하였다. 이러한 자기효능감이 인간의 적응에 긍정적인 요인이 된다는 것은 훗날 많은 연구에서 밝혀졌다(김교헌 역, 2012, p. 400). 이와 같이 반두라의 사회인지이론은 인간을 이해하는 데 인지의 중요성을 강조하고, 모델링을 통한 관찰 학습과 대리적 강화 그리고 자기효능감 등의 개념을 중시하며, 인간의 학습 과정을 이해하고자 한 대표적인 이론이다.

제1절 서 론

1. 사회인지이론의 출현 배경

학습이론을 기반으로 하고 있는 사회인지이론이 체계적으로 정립된 시기는 반두라가 사회학습이론을 사회인지이론이라고 명명한 1980년대 중반이다. 이 시기는 컴퓨터의 고밀도 집적회로가 개발되고 개인용 컴퓨터가 보급되기 시작하였고, 미국의 아르파넷 업체에서 군사 전용과 연구용 네트워크가 인터넷 환경을 갖추어 인터넷이 시작되던 시기다. 아울러 인간이 외부로부터 인식한 정보를 내적으로 처리하는 과정을 컴퓨터의 정보처리 과정으로 설명하려는 정보처리이론이 대두된 시기이기도 하다. 정보처리이론의 핵심인 정보가 저장되고 인출되는 것을 중시한 당시의 시대적 조류가 인간이 행동을 수행하는 과정에 인지가 작용한다고 주장하는 사회인지이론의 출현에 영향을 미쳤다고 본다.

뿐만 아니라 20세기의 미국은 실용주의(pragmatism)의 철학 사조가 주를 이루어 법, 교육, 정치, 사회, 더 나아가 예술, 종교에 이르기까지 두루 영향을 미치고 있었다. 실용주의라는 말은 '행동' '사건' 등을 뜻하는 그리스어에 어원을 두고 있으며, 기본 전제는 인간의 지식은 실제에 적용되어야 한다는 것이다. 특히 실용주의는 현실 경험을 중요시하고, 인간의 사고의 효율성을 강조한다. 이처럼 실용주의는 사회인지이론이 인간의 행동을 설명하는 데 인지 과정을 중시한 점에 영향을 미쳤다.

2. 사회인지이론에 영향을 미친 이론

1) 로터의 사회적 학습이론

로터(Julian B. Rotter, 1916~)는 인간의 행동을 예측하고 이해하는 데 사회적인 상황을 중시하였다. 그는 인간 행동의 많은 부분은 학습되며, 그 학습의 대부분은 다른 사람들과 상호작용을 하는 상황에서 발생한다고 하였다. 또한 그의 중요한 가정 중 한 가지는 인간의 행동은 보상에 의해서만 학습되는 것이 아니라는 점이다. 그는 인간이 욕구에 의해 동기화되지만 본질적인 인간의 특성은 사고하는 보편적인 성향을 가졌다고 하였다. 즉, 인간의 행동은 강화에 의해 기계적으로 이루어지는 것이 아니라, 강화를 가져올 것이라는 기대로 특정 행동을 학습한다는 것이다(홍숙기 역, 2008, p. 339). 로터의 이런 관점은 사회적 상황에서 이루어지는 관찰 학습과 학습에서 인지 과정을 중시한 반두라의 견해에 영향을 주었다.

2) 사회심리학

사회심리학(social psychology)이란 사회적 상황 속에서 인간의 사고, 감정, 그리고 행동을 연구하는 학문이다. 인간을 이해하는 데 개인 내적인 요인들뿐만 아니라 사회적인 요인들을 함께 고려하여야 한다는 입장에서 19세기 후반에 사회심리학에 대한 연구가 시작되었다. 사회심리학의 주요 관심은 인간이 타인과의 관계 속에서 어떻게 행동하는가에 있다. 이러한 사회심리학의 이론적 배경은 반두라가 내세운 개념인 개인과 환경이 서로 영향을 주고받는다는 상호결정론뿐만 아니라 타인과의 관계 속에서 이루어지는 관찰 학습과 대리 학습에 영향을 주었다.

3) 아들러의 개인심리학

아들러는 인간을 목적론적인 존재로 보았으며, 환경에 대한 개인의 주관적인 지각과 태도가 행동을 결정하는 중요한 요인임을 강조하였다. 이는 반두라가 사회인지이론에서 인간의 행동은 목적이 있다고 주장한 것과 같은 맥락이다. 또한 개인의 사고와 정서 그리고 행동이 그가 가진 신체적 요소 및 그가 처한 사회적 환경과 상호작용하며, 상호간에 영향을 주고받는다는 개인심리학적인 관점은 반두라가 주장한 상호결정론과 일맥상통한다(Crosbie-Brunett & Lewis, 1993; 이수연 공저, 2013, p. 278 재인용). 즉, 개인과 사회적 환경이 서로 밀접한 관련이 있다고 본 아들러의 견해가 반두라가 주장한 상호결정론에 반영되었음을 알 수 있다.

4) 정보처리이론

정보처리이론(information-processing theory)이란 새로운 정보가 투입되고 저장되며 기억으로부터 인출되는 방식에 대한 이론이다. 이 이론에서는 인간의 인지 과정이 컴퓨터의 정보처리 방식과 유사하다고 가정한다. 즉, 인간이 외부에서 받아들인 정보는 단계적으로 처리되며, 학습은 점진적으로 진행된다고 보는 인지학습적인 관점이다. 정보처리이론에서 학습에 대한 기본 가정은 학습이란 학습자가 외부로부터 정보를 획득하여 저장하는 과정이라는 것이다. 이러한 정보처리이론은 반두라의 사회인지이론에서 관찰을 통한 학습의 4가지 과정, 즉 주의 과정, 기억 과정, 운동 재생 및 동기화 과정 등의 개념에 영향을 주었다.

3. 생애가 이론에 미친 영향

앨버트 반두라는 1925년 캐나다 앨버타 주의 작은 농촌 마을에서 태어났다. 그는 폴란드인인 아버지와 우크라이나인인 어머니 사이에서 1남 5녀 중의 막내로 태어났다. 그의 부모님은 정규 교육을 받지 못했지만 교육열은 대단하였으며, 근면하고 성실했다고 전해진다. 그는 자신의 부모님이 삶을 즐길 줄 아는 분이었다고 회고하였다. 그가 자란 곳은 작은 시골 마을이었기 때문에 그는 2명의 교사와 20명 정도의 학생이 전부인 작은 학교를 다녔다. 그의 교육 환경은 그리 좋지 않았지만 그는 어릴 때부터 자신이 개발한 방법으로 공부를 하였으며, 그러한 경험은 후에 그가 '자기 지도'라는 주제에 관심을 갖는 데 영향을 주었다. 그는 고등학교를 다니는 동안에 여러 가지 일을 하면서 다양한 사람과 만나는 경험을 하게 된다. 그는 후에 이러한 경험이 인생에 대한 견문을 넓히는 데 많은 도움이 되었다고 회고하였다(이수연 공저, 2013, pp. 276-277).

1949년에 그는 캐나다의 밴쿠버에 있는 브리티시 콜롬비아 대학교에서 학사학위를 받았다. 또한 그는 대학 시절 우연한 기회에 심리학에 입문하게 되어 1952년 미국 아이

오와 대학교에서 심리학 석사 · 박사학위를 받았다. 아이오와 대학교에서는 학습이론가인 스펜서(Kenneth Spencer)의 영향을 받았으며, 그 대학에서 실험 연구에 주력한 교수들의 영향을 받아 실험적 검증의 중요성을 배웠다(노안영 공저, 2013, p. 403). 1년 후에 그는 스탠퍼드 대학교에서 사회모델링 연구 프로그램에 참여하여 사회학습이론과 관찰 학습의 역할 그리고 인간의 동기, 사고, 행위에 있어서의 사회모델링을 연구하였다(조현춘 공역, 2013, p. 247).

그는 아내인 버지니아와의 사이에 두 딸을 두었으며, 부인과 함께 주말에 산행도 같이하고, 음식점도 다니는 등 평화로운 여가 생활을 보냈다고 전해진다. 초기의 그의 연구는 가족 내 아동의 공격성에 대한 내용이 주를 이루었다. 특히 그는 아동이 사회적 상황에서 모방을 통해 배우게 되는 '모방 학습'에 관심을 가졌다. 1953년부터 스탠퍼드 대학교에서 전통적인 학습이론과 인지이론의 연구에 매진하였으며, 2004년에는 미국심리학회의 '심리학 평생 공헌상'을 수상하기도 하였다. 그의 이론은 인간이 어떻게 자기를 조직화하는지, 그리고 어떻게 미래지향적이고 자기반성적이고 자기규제적인 존재로서 기능하는지에 초점이 맞추어져 있다(조현춘 공역, 2013, p. 226). 특히 그가 주장한 자기효능감은 인간의 행동에 영향을 미치는 중요한 인지적 요인으로 인정받고 있다.

반두라의 대표 저서로는 제자인 월터스(Richard Walters)와 함께 집필한 『청소년의 공격성(Adolescent Aggression, 1959)』, 『사회학습과 성격발달(Social Learning and Personality Development, 1963)이 있다. 그리고 『행동 수정의 원리(Principles of Behavior Modification, 1969)』, 『공격성: 사회학습적 분석(Aggression: A Social Learning Analysis, 1973)』이 있으며, 『사회학습이론(Social Learning Theory, 1977)』에서는 사회학습 분야의 이론적 · 실험적 연구를 통합하고자 시도하였다(홍숙기 역, 2008, p. 351).

제2절 주요 개념

1. 인간관

반두라는 자극과 반응으로 인간의 행동을 설명한 왓슨이나 전통적인 행동주의이론을 펼친 스키너와는 조금 다른 인간관을 가지고 있다. 이는 그가 인간의 내적 사고 과정인 인지의 역할을 강조하고 있기 때문이다. 그의 사회인지이론에서는 인간에 대한 낙관론과 비관론의 중립적, 환경론, 자유론과 결정론의 양자적 그리고 요소론적 관점이라고 할 수 있다.

1) 중립적 인간관

반두라의 사회인지이론은 인간의 본성에 대한 낙관론과 비관론의 측면에서 다른 행동주의이론들과 크게 다르지 않다. 그는 인간이란 선하지도 악하지도 않은 중립적인 존재라는 입장이다. 환경의 중요성을 강조한 그는 한 개인이 태어나서 어떠한 환경에 처해지는가에 따라서 선하게도 될 수 있고 악하게도 될 수 있다고 하였다. 예를 들면, 열악한 가정환경에서 자란 아이와 편안하고 안정된 가정환경에서 자란 아이는 서로 행동 특성이 다를 수 있다는 것이다.

2) 환경론적 인간관

반두라의 사회인지이론은 다른 행동주의이론과 마찬가지로 인간을 환경론적인 관점에서 보고 있다. 그는 생득적으로 타고나는 유전적인 측면보다 후천적으로 주어진 환경적인 요인이 인간의 행동에 더 영향을 미친다고 하였다. 반두라(1971)는 환경이 인간의 행동을 일으키는 유일한 원인은 아니지만 인간에게 환경은 매우 중요하며, 인간은 환경의 영향을 많이 받을 뿐만 아니라 자기가 처한 환경에 영향을 주는 존재라고 주장하였다. 하지만 그는 개인이 가지고 있는 특성 역시 인간의 행동에 영향을 미치고 있음을 인정하고 있기 때문에 유전적인 관점도 어느 정도 가지고 있다고 볼 수 있다.

3) 자유론과 결정론의 양자적 인간관

반두라의 사회인지이론은 자유론과 결정론 양쪽의 입장을 모두 중시하고 있다. 반두라는 모든 인간 활동에 행동과 개인 그리고 환경이 상호작용한다는 것을 강조하는 '상호결정론'을 주장한다. 반두라(1978)는 인간이란 환경의 힘에 의해서 통제되는 무력한 대상도 아니며, 그들이 선택하는 것은 무엇이든지 할 수 있는 완전히 자유로운 행위자도 아니라고 하였다(이훈구 역, 1998, p. 300). 이는 개인이 자유의지에 따라서 행동을 결정할 수도 있고, 어떠한 환경에 처하느냐에 따라서 그의 행동이 결정될 수도 있음을 의미한다. 따라서 반두라의 사회인지이론은 자유론과 결정론 두 가지 관점으로 인간을 이해하려는 입장임을 알 수 있다.

4) 요소론적 인간관

반두라의 사회인지이론은 전통적인 행동주의이론과 마찬가지로 요소주의적인 관점에 가깝다. 그는 개별적인 자극에 대한 반응이 모여서 그 사람의 행동 특성이 된다고 보았다. 또한 그는 인간의 행동을 설명하는 데 전체적인 개념을 제시하지 않았다. 그는 자기평가에 대하여 설명할 때도 전체적인 접근으로 자기평가를 개념화하고 측정하는 것을 반대한다. 그는 모델링에 의해 학습하는 과정도 요소를 이루는 하위 기능의 관점에서만 이해될 수 있다고 하였다(이훈구 역, 1998, p. 301). 따라서 반두라는 인간의 행동을 설명하는 데 요소론적인 관점을 가지고 있음을 알 수 있다.

3. 성격의 구조 및 발달

1) 성격의 개념

반두라는 성격을 '주어진 자극에 대해 인지 과정이 반영된 반응인 행동의 집합체'로 보았다. 기존의 행동주의이론에서는 인간의 행동에만 초점을 둔 반면에, 그의 사회인지이론은 개인적인 요인들, 행동 그리고 사회적 환경의 상호작용으로 성격이 형성된다고 보고 있다. 또한 인간의 행동에 인지 과정이 중요하다고 주장한다. 그리고 인간은 자신의 행동으로 인한 결과를 예측할 수 있는 능력이 있으며, 그 능력은 사회적 경험을 통해 발달한다고 보고, 사회적인 경험 속에서 학습되는 '대리 학습' 이 중요하다고 하였다.

따라서 그의 사회인지이론에서는 인간의 인지적 힘이 자신의 실체를 구성하고, 정보를 선택적으로 부호화하며, 가치관과 기대를 바탕으로 행동을 수행하도록 작용하면서 성격을 형성한다고 설명한다(이수연 공저, 2013, p. 279). 그는 겉으로 드러나는 인간의 행동을 보면 성격을 파악할 수 있다는 입장을 취하며, 성격은 학습된 행동의 패턴으로 보고 있다.

2) 성격의 구조 및 발달

반두라는 다른 행동주의이론가들과 마찬가지로 성격의 구조에 대하여 관심이 없었다. 또한 성격의 발달에 대해서도 구체적으로 제시하지 않고 있다. 그는 인간의 성격을 이해하는 데 단계적인 발달보다는 비슷한 연령대에 있는 개인들의 차이를 연구하는 데 더 관심을 기울였다. 그는 이러한 차이에서 생물학적, 사회경제적, 인종 및 문화적 요인들의 중요성이 나타난다고 보았다. 그는 개인의 목표, 계획, 자기효능감 등의 변화에 관심을 두며, 관찰 학습, 대리 강화, 자기조절의 원리를 중시하고 있다(홍숙기 역, 2008, p. 357).

3. 핵심 개념 및 도식화

반두라는 사회인지이론에서 기존의 행동주의이론인 파블로프의 고전적 조건형성이나 스키너의 조작적 조건형성에서 제시하는 자극과 반응 그리고 강화 등의 기본 개념을 그대로 인정하고 있다. 하지만 그는 인간의 행동을 단순하게 설명하는 차원을 넘어서서 행동에 선행하여 작용하는 인지 능력의 중요성을 강조하였다. 또한 타인들을 관찰하는 것만으로도 행동을 습득한다는 것을 다양한 실험으로 입증하였다. 그의 사회인지이론에서 제시하는 핵심 개념인 상호결정론, 관찰 학습, 대리 강화, 자기조절, 자기효능감 등을 살펴보면 다음과 같다.

1) 상호결정론

'상호결정론(reciprocal determinism)'이란 사람(P)과 그 사람이 처한 환경(E) 그리고 그 사람의 행동(B)의 세 가지 요소가 상호작용하여 후속 행동이 나타난다는 것을 뜻한다. 반두라는 한 인간의 행동이 그 개인의 특성들과 사회적인 환경 사이의 상호작용에 의한 결과로 나타난다는 주장을 넘어서서 인간의 행동, 개인, 환경 세 가지 모두가 서로 영향을 주고받는다고 주장하였다. 다시 말하면, 개인의 특성과 사회적인 환경만이 행동의 원인이 되는 것이 아니라는 것이다. 개인의 행동 역시 개인의 특성과 사회적 환경에 영향을 주어서 결국 인간의 행동, 개인, 환경 세 가지가 상호작용하여 인간 행동이 결정된다는 것이다. 상호작용의 방향을 보면, 첫째, 개인과 환경이 서로 영향을 주고받는다. 예를 들면, 도박꾼(개인)이 도박판(환경)을 찾고, 도박판(환경)을 찾으면 도박꾼(개인)이 된다. 둘째, 개인과 행동이 상호작용한다. 도박꾼(개인)은 도박(행동)을 하며, 도박(행동)을 많이 하면 도박꾼(개인)이 된다. 셋째, 환경과 행동이 상호작용한다. 도박판(환경)을 찾으면 도박(행동)을 하게 되며, 도박(행동)을 하면 도박판(환경)에 머물게 된다. 이와 같은 과정을 그림으로 나타나면 [그림 11-1]과 같다.

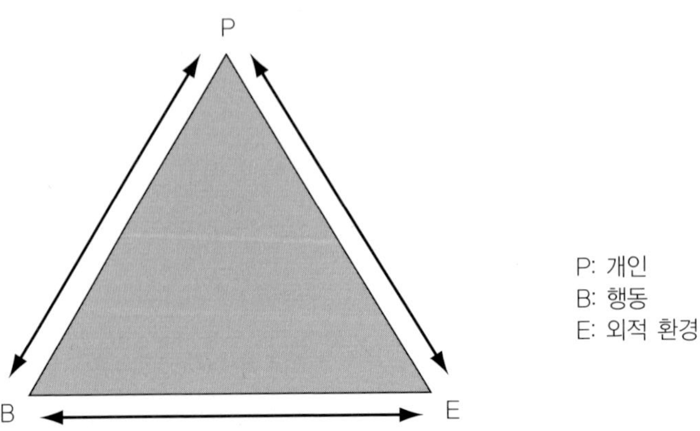

• 그림 11-1 • 반두라의 상호결정론 도식화

2) 관찰 학습

'관찰 학습(observational learning)'이란 사회적 환경 속에서 타인의 행동을 관찰함으로써 새로운 행동을 습득하는 것을 말한다. 반두라는 인간이 보이는 대부분의 행동은 다양한 사회 환경 속에서 다른 사람들의 행동을 관찰하고, 또 그 행동을 모방하여 수행하는 절차를 통해서 학습된다고 하였다. 예를 들면, 모방 범죄 같은 경우다. 사람들이 영화나 뉴스 등에서 살인이나 절도 등을 접한 뒤 범죄에 사용된 구체적인 방법을 그대로 따라서 하는 것이다.

특히 10대 청소년은 폭력 행동이 멋지게 그려진 영화를 보면서 자신도 모르게 친구에게 폭력을 행사하게 되고, 잘생긴 배우가 담배를 피우는 모습이 멋있게 보여서 담배를 배우게 될 수 있다. 물론 타인의 행동을 관찰하면서 부정적인 행동만 학습하게 되는 것은 아니다. 긍정적인 모습도 학습할 수 있다. 부모가 늘 책을 읽는 모습을 본 자녀가 부모를 따라 책 읽는 것이 습관이 될 수 있다. 검도나 태권도를 배울 때 다른 사람들이 연습 경기를 하는 모습을 지켜보면서 운동 기술을 익힐 수도 있다.

(1) 관찰 학습의 과정

관찰 학습은 4가지 과정, 즉 주의, 기억, 운동 재생, 동기화로 이루어지며, [그림 11-2]와 같다. 예를 들면, 스키를 배운다고 할 때 주의 과정에서 관찰자는 스키 선수들이 스키 타는 모습을 유심히 관찰한다. 기억 과정에서는 스키 타는 방법과 행동을 기억에 저장한다. 운동 재생 과정에서는 스키를 타는 행동을 실제로 해 본다. 동기화 과정에서는 스키를 배워 멋지게 타서 뽐내고 싶은 마음이 스키를 더 열심히 배우게 만들 수 있다.

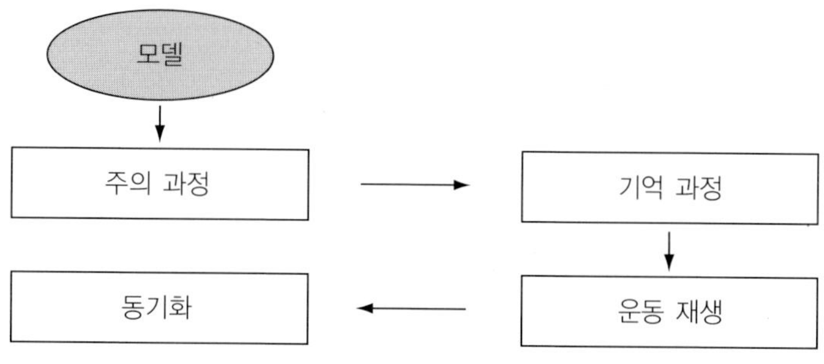

• 그림 11-2 • 관찰 학습의 과정

① 주의 과정

관찰 학습이 이루어지는 첫 번째 단계는 모델에게 '주의집중(attention)'을 하는 것이다. 주의집중은 모델을 따라 하기 위해 모델의 어떤 부분을 선택하여 관심을 기울일 것인지를 결정하는 것으로써, 모델을 단지 지켜보는 것만이 아니라 모델로부터 적절한 정보를 이끌어 낼 수 있을 정도로 모델의 행동을 주의 깊게 관찰하는 단계다. 주의집중에 영향을 미치는 요인에는 '자신과 상호작용이 쉬운 정도' '모델의 개인적인 매력' '권위' '유능성' '성과 연령의 유사성' '종교적 신념' '정치적 태도' 등이 있다. 실제 주변 사람들뿐만 아니라 대중매체 모델에게서도 영향을 받을 수 있다. 예를 들면, TV에서 매력적인 모델이 상품을 광고하면 시청자들이 주의를 집중하는 경우가 그것이다.

② 기억 과정

관찰 학습의 두 번째 단계는 모델의 행동을 장기간 기억하는 것으로서 '파지 과정(retention)'이라고도 한다. 반두라는 이 기억 과정이 심상체계와 언어체계라는 두 가지 주된 방식으로 이루어진다고 하였다. 먼저 '심상체계(image system)'는 모델을 관찰하는 동안에 관찰 대상에 대한 내용을 잘 기억할 수 있도록 심상을 형성하는 것을 말한다. 다음으로 '언어체계(words system)'란 관찰한 내용을 언어로 부호화하여 저장하는 것을 의미한다. 즉, 주의를 집중한 모델의 행동을 기억하는 과정은 주로 심상과 언어적 부호화의 형태로 이루어진다는 것이다. 예를 들면, 다른 사람들이 스키를 타는 모습을 관찰할 때, 머릿속으로 스키를 타는 모습을 떠올리거나 혹은 '~할 때 무릎을 굽히고, 다음으로 몸을 앞으로 하고……' 등과 같이 마음속으로 자기 지시를 한다.

③ 운동 재생

관찰 학습의 세 번째 단계는 '운동 재생(reproduction)'으로서, 이는 기억한 내용을 실제 행동으로 전환하는 것이다. 즉, 심상과 언어를 통해 상징적으로 부호화한 기억을 적절한 행동으로 전환시키는 것을 의미한다. 관찰자는 모델로부터 획득한 기억을 자신의 행동과 비교해 보는 연습 과정을 거친다. 자신의 행동과 모델의 행동에 대한 기억 사이에 괴리가 있으면 자신의 행동을 교정하게 되고, 이러한 교정이 반복되어 결국 운동 동작이 거의 완전히 재생된다.

운동 재생 과정은 4가지 하위 단계로 구성되어 있다. 첫째는 인지 조직화(cognitive organization of response), 둘째는 반응 시작(initiation of response), 셋째는 반응 조성(monitoring of response), 마지막 단계는 반응 정교화(refinement of response)다. 즉, 인

간은 이러한 4가지 단계의 운동 재생 과정을 통해서 시행착오를 거치게 되고, 서투른 행동을 조정하면서 정교한 행동으로 재생할 수 있게 되는 것이다(이재창 공저, 2009, p. 204).

④ 동기화

관찰 학습의 마지막 단계는 '동기화(motivation)'다. 관찰한 것을 행동으로 옮기려면 동기가 있어야 한다는 것이다. 모델 활동에 주의를 기울이고, 기억하고, 행동을 수행할 능력이 있어도 동기가 없으면 행동을 수행하지 않게 된다. 예를 들어, 긍정적 강화(예: 직접적 강화, 대리 강화, 자기강화 등)가 주어지면 동기화가 이루어져서 주의집중을 통해 저장된 기억이 행동으로 전환될 수 있다. 이와 같이 행동의 수행 여부는 강화에 의해 동기화가 이루어졌는지에 좌우될 수 있다.

(2) 관찰 학습의 유형

관찰 학습의 유형으로는 직접 모방 학습, 동일시 학습, 무시행 학습, 동시 학습, 고전적 대리 조건형성 등이 있다. 구체적으로 살펴보면 다음과 같다.

① 직접 모방 학습

'직접 모방 학습'은 모델의 행동을 관찰하고 모델이 한 행동을 했을 때 보상이 주어지기 때문에 학습이 일어나는 것을 말한다. 이때 강화는 직접 강화이든 대리 강화이든 자기강화이든 상관이 없다. 이 학습은 스키너의 조작적 조건형성의 원리가 반영된 것이라고 볼 수 있다. 예를 들면, 춤을 잘 추는 모델을 따라 춤을 출 때, 옆에서 춤을 잘 춘다고 칭찬을 해 주면 그 사람은 더 열심히 춤을 추게 된다는 것이다.

② 동일시 학습

'동일시 학습' 은 모형 학습이라고도 부르는 것으로 모델이 하는 행동을 관찰하여 모델의 행동을 따라함으로써 학습이 일어나는 것을 말한다. 이 학습은 특별한 보상이 주어지지 않는데도 학습이 일어나며, 모델의 특정한 행동보다 일반적인 행동 스타일을 따라하는 것이다. 예를 들면, 아동이 엄마 아빠의 말투나 걸음걸이를 그대로 따라서 하는 경우다.

③ 무시행 학습

'무(無)시행 학습' 이란 말 그대로 행동 없이 학습이 일어나는 것을 말한다. 이 학습에서도 보상이 반드시 필요한 것은 아니다. 이 학습은 모방 학습이 일어난 후 모델이 직접 시범을 보이지 않은 행동도 학습이 이루어지는 경우다. 즉, 이 학습은 실제로 행동을 해 볼 기회가 없거나 보상이 없는데 학습이 이루어진다는 것이다. 예를 들면, TV를 통해 폭력행동을 모방 학습한 경우 모델이 동물을 때리는 행동을 보여 주지 않았는데도 개를 때리는 경우다. 무시행 학습은 순수한 인지주의적인 접근으로 볼 수 있다.

④ 동시 학습

'동시 학습'은 사회적 촉진이라고도 하며, 관찰과 모방이 일어나는 시점이 모델의 행동이 발생하는 시점과 거의 같다. 이 학습에도 보상이 반드시 필요하지는 않다. 즉, 보상이 없어도 행동이 나타나서 모델의 행동과 관찰자의 행동이 거의 동시에 일어나는 것이다. 예를 들면, 길을 지나다가 불쌍한 사람에게 돈을 줄까 말까 망설이다가 다른 사람이 돈을 주는 것을 보면 나도 질세라 돈을 건네는 경우다.

⑤ 고전적 대리 조건형성 학습

고전적 대리 조건형성 학습이란 고전적 조건형성이 대리 강화를 받아 일어나는 것을 말한다. 이 학습은 '모든 학습에 직접 강화가 꼭 필요한 것은 아니며, 행동의 변화 또한 반드시 필요한 것은 아니다.'라는 것을 전제하고 있다. 이 학습 유형은 주로 정서 학습으로서 다른 사람의 정서적 경험을 관찰하고 그와 비슷한 정서적 반응을 하게 되는 경우다. 예를 들면, 슬픈 드라마를 보고 울 수 있다. 즉, 강화도 없고 행동의 변화도 없는데 학습이 이루어진다는 것이다. 이 학습 유형은 파블로프의 고전적 조건형성 개념이 반영된 것이다.

3) 대리 강화

'대리 강화(vicarious reinforcement)'란 관찰자가 모델이 하는 행동이 강화를 받는 것을 보는 것만으로도 강화로 작용하는 것을 말한다. 이는 개인이 어떤 행동을 했을 때 다른 사람에게 직접 강화를 받는 것보다는 덜 하지만 강화를 받는 타인의 모습을 보는 것도 강화 효과가 있어서 학습이 이루어진다는 것이다. 즉, 자신이 직접 강화를 경험하지 않고도 새로운 행동을 습득할 수 있다. 예를 들면, 교통경찰이 지정 속도를 위반한 운전자에게 벌금 스티커를 발부하는 것을 본 사람은 그 운전자의 처벌이 간접 체험이 되기 때문에 과속을 하다가도 속도를 늦추게 된다(홍숙기 역, 2008, p. 356). 이와 같은 대리 강화를 통해 부정적인 결과를 가져오는 행동은 줄어들고, 긍정적인 결과를 가지고 오는 행동은 증가할 수 있다.

4) 자기조절

'자기조절(self-regulation)'이란 사람들이 자기 자신에게 동기를 부여하기 위해 스스로 목표를 설정하여 그 결과에 대해 스스로 보상과 처벌을 함으로써 자신의 행동을 조절하는 것을 뜻한다. 인간의 행동은 외부에서 주어지는 보상과 처벌뿐만 아니라 자신이 스스로 하는 내적 보상과 처벌의 영향을 받는다. 또한 사람들은 끊임없이 자기 자신의 행동을 조절하며, 자신의 행동에 일관성을 부여한다. 인간은 타인들이 자신의 행동에 대하여 부과한 보상 및 처벌을 통해 기준을 학습하며, 타인들로부터 습득한 이 기준은 곧 자신을 평가하는 기준이 된다. 이러한 기준들은 모델의 행동을 관찰해도 습득할 수 있다. 그런데 자신이 스스로에게 주는 내적 강화가 타인이 주는 외적 강화보다 영향력이 더 클 수 있다. 외적 강화로 오히려 동기가 감소되기도 한다. 예를 들면, 매일 일기를 쓰는 습관이 있는 자녀에게 일기를 쓸 때마다 용돈을 줄 때 용돈을 주지 않으면 자녀가 일기를 쓰지 않게 된다.

반두라는 자기조절의 실행 과정을 세 단계로 나누어 설명하였다. 첫 번째는 '자기 관찰(self-observation)'인데, 자신의 행동을 스스로 관찰하는 것이다. 두 번째는 '판단 과정(judgement process)'이다. 이는 인간이 자신의 행동을 어떤 기준을 가지고 비교하는 것으로, 이러한 기준은 사회적인 기준이거나 자신의 개인적인 기준이 될 수 있다. 마지막 단계는 '자기 반응(self-response)'으로서 기준에 의해 스스로를 판단한 후 기준에 비해 수행을 잘하였다고 생각하면 스스로 보상을 주고, 기준에 비해 모자란다고 생각하면 스스로 처벌하는 것을 의미한다.

5) 자기효능감

'자기효능감(self-efficacy)'이란 특정 상황에서 자신에게 주어진 일을 성공적으로 잘 해 낼 수 있다는 자신에 대한 믿음을 의미한다. 자기효능감은 자신의 목표 설정에 영향을 미친다. 또한 자신이 어떤 결과를 기대할지, 목표 성취에 얼마나 많은 노력을 기울일지, 장애물이나 실패 경험에 부딪칠 때 얼마나 견딜지 등에도 영향을 준다. 반두라의 실험 결과, 자기효능감이 높은 사람은 낮은 사람보다 환경을 더 잘 통제하며, 불확실성을 더 적게 경험한다고 하였다. 또한 그들은 노력과 성취 경험을 더 많이 하고, 과제를 더욱 오래 지속할 수 있으며, 두려움을 적게 경험한다고 하였다.

반두라(1977)는 자기효능감의 원천으로 수행 성취, 대리 경험, 언어적 설득 그리고 낮은 정서적 각성 등을 들었다.

첫째, 수행 성취는 과거에 성공한 경험이 높은 기대감을 갖게 하고 높은 효능감을 만들어 낸다는 것이다.

둘째, 대리 경험은 자신의 경험이 아닌 타인의 행동을 관찰하여 자신도 잘할 수 있다는 효능감을 가지게 되는 것이다.

셋째, 언어적 설득은 부모나 친구 그리고 친밀한 타인들의 격려나 칭찬 등이 행동 수행에 대한 자신감을 가지게 한다는 것이다.

넷째, 정서적 각성은 행동 수행에 영향을 미치는 개인의 불안 정도를 의미하는데, 높은 수준의 불안은 자신이 가지고 있는 능력을 제대로 발휘하게 할 수 없도록 하고 자신감을 떨어뜨리기 때문에 낮은 불안 수준이 효능감을 갖는 데 도움이 된다는 것이다.

반두라는 자기효능감에 영향을 미치는 이 4가지 요인 중에서 자신의 성공 경험이 자기효능감을 높이는 데 가장 중요하다고 하였다.

6) 부적응의 원인

반두라의 사회인지이론에서 인간의 부적응을 바라보는 관점은 전통적인 행동주의 이론과 크게 다르지 않다. 하지만 반두라의 이론에서는 인간의 행동에 선행되는 인지 과정을 중시하고 있기 때문에, 전통적 행동주의이론에서 주장하는 부적응에 대한 개념보다 더 넓은 의미에서 이해할 필요가 있다. 부적응의 원인을 구체적으로 살펴보면 다음과 같다.

첫째, 반두라가 학습에서 중요한 요인으로 간주한 '관찰 학습'이 부적절할 때 부적응 증상을 보인다는 것이다. 그는 인간이 직접 경험하지 않아도 타인을 관찰하는 과정인 '모델링'을 통하여 학습한다는 것을 주장하고 있기 때문에 인간의 바람직하지 않은 행동은 부적절하게 강화를 받은 모델에 노출되어 학습된 결과라고 보고 있다. 예를 들면, 남자아이가 어린 시절에 아빠가 엄마를 때리거나 폭언을 하는 장면을 보며 성장했을 때, 그 아이는 나중에 자신의 아내에게도 아빠와 똑같은 폭력이나 폭언을 할 수 있다는 것이다.

둘째는 인간의 인지와 관련된 것으로서 반두라는 인간이 자신에 대해 부정적인 인지적 기대나 신념을 갖게 될 때 부적응 증상을 초래한다고 보았다. 즉, 어떤 행동이나 혹은 상황이 부정적 강화를 가져올 것으로 예상하면, 부적응적인 다양한 방어행동을 하게 된다는 것이다. 예를 들면, 어떤 사람이 자신이 남들에게 거부당할 것으로 예상하거나 자기효능감을 낮게 지각하고 있다면, 타인들을 피하게 된다. 이러한 방어행동은 새로운 학습 상황을 멀리하게 만들고, 새로운 모델과 접촉할 기회를 얻지 못하게 한다.

따라서 반두라의 사회인지이론에서 부적응이란 부적절한 모델링이나 부정적인 인지적 기대로 인해 바람직하지 못한 다양한 행동을 보이는 것을 의미한다.

7) 도식화

반두라의 사회인지이론에서 중요하게 다루는 개념들을 중심으로 도식화하면 [그림 11-3]과 같다.

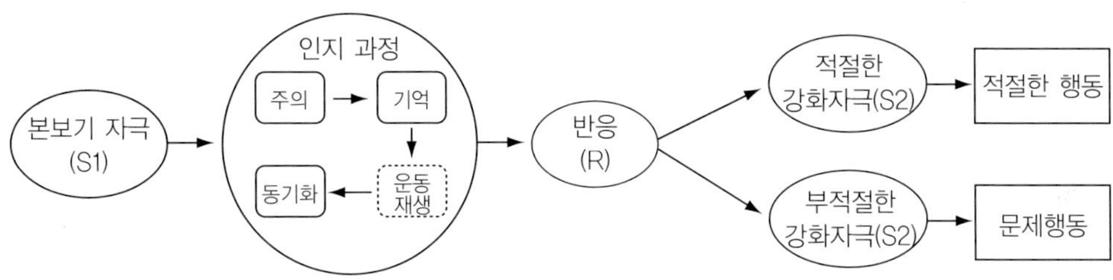

• 그림 11-3 • 반두라의 사회인지이론의 도식화

[그림 11-3]을 설명하면 다음과 같다.

첫 번째 자극(S1)은 개인이 모델을 관찰하는 본보기 자극을 의미한다. 본보기 자극이 바람직하지 않으면 부적응을 초래할 수 있다. 이 자극이 강화를 받는 모습에 대하여 인지 과정이 작용한다. 이러한 인지 과정에는 상징적 부호화, 인지적 재구조화, 인지적 연습 등이 포함되며, 주의, 기억, 운동 재생 및 동기화의 4가지 과정으로 이루어진다. 인지 과정에 뒤이어 반응, 즉 행동이 나타난다. 행동 뒤에 자극이 주어지는데, 이때 적절한 강화자극(S2)을 주면 적절한 행동이 나타난다. 하지만 부적절한 강화자극(S3)을 주면 부적절한 행동이 나타난다.

제3절 평 가

1. 성격 연구 및 적용

1) 성격 연구

(1) 관찰 학습과 공격성에 대한 연구

반두라(1965)의 보브 인형 실험은 타인의 행동을 관찰하거나 다른 사람이 강화를 받는 것을 보는 것만으로도 학습이 가능하다는 것을 보여 주는 대표적인 연구다. 반두라가 실시한 두 가지 실험을 소개하면 다음과 같다.

첫 번째 실험은 스탠퍼드 대학교의 부설 유아원에 다니는 4세 남아와 여아 각각 33명씩 총 66명을 대상으로 실시되었다. 먼저 아동들을 세 집단으로 분류한 후, 모든 집단에게 5분 정도의 영화를 보여 준다. 영화의 앞 부분 내용은 세 집단에게 동일하게 구성되어 있다. 즉, 한 어른이 보브 인형(바람을 넣어 사람 모양으로 만든 풍선)을 주먹으로 때리고 발로 차고 넘어뜨리는 등의 공격적 행동을 하는 내용이다. 하지만 세 집단에게 보여 준 영화의 끝 부분은 각각 서로 다른 내용으로 이루어져 있다. 첫 번째 집단이 본 영화에서는 다른 어른이 보브 인형을 괴롭힌 어른에게 사탕과 음료수를 주며 최고라고 칭찬한다. 두 번째 집단이 본 영화에서는 다른 어른이 보브 인형을 괴롭힌 어른에게 삿대질을 하며 욕을 한다. 세 번째 집단이 본 영화에서는 보브 인형을 괴롭힌 어른에게 아무런 결과도 뒤따르지 않는다. 영화를 본 아동들을 다양한 장난감이 있는 방으로 이동하도록 하여 놀게 하였다. 그 결과, 두 번째 집단이 첫 번째와 세 번째 집단에 비해 공격행동을 훨씬 적게 보였다. 첫 번째와 세 번째 집단의 공격성에는 차이가 없었다. 이 실험은 두 가지 시사점을 제공한다. 첫째, 관찰을 통해 학습이 가능하다는 것이다. 즉, 인간은 타인의 행동을 관찰하는 것만으로도 행동을 습득할 수 있다는 것이다. 둘째, 대리적 강화(vicarious reinforcement)를 통한 학습이 가능하다는 것이다. 즉, 강화를 받는 것을 본 집단은 모방이 촉진되고, 벌을 받는 것을 본 집단은 모방이 감소되며, 벌이 주어지지 않는 것을 본 집단은 대리 강화를 받은 것과 동일하게 모방이 촉진된다는 것이다.

두 번째 실험에서는 먼저 세 집단에게 첫 번째 실험에서와 같은 영화를 보여 주었다. 그다음 실험자가 세 집단의 아동들에게 영화에서 본 내용을 따라서 하면 주스와 예쁜 스티커를 주겠다고 한 후, 장난감 방으로 아동들을 이동시켜 일방경(one-way mirror)으로 아동들의 행동을 관찰하였다. 그 결과, 세 집단 간의 공격행동은 차이가 없었다. 즉, 모든 아동은 영화와 똑같은 정도나 혹은 그 이상으로 공격행동을 보였다. 이 실험의 시사점은 첫 번째 실험에서 처벌을 받은 모델을 관찰한 집단은 새로운 반응의 수행을 방해받았을 뿐 그 행동의 습득을 방해받은 것은 아니라는 것이다. 그 집단은 공격행동을 학습했으나 단지 수행을 보이지 않았을 뿐이라는 것이다. 이러한 결과는 학습과 수행이 구분되어야 한다는 점을 보여 준다.

(2) 자기효능감과 행동 변화에 대한 연구

반두라는 자기효능감과 행동 변화의 관련성을 알아보는 두 가지 연구를 하였다. 연구 결과는 두려움을 느끼는 상황에서 수행을 많이 하거나, 모델과 함께 수행을 할 때 자기효능감이 증가한다는 것을 보여 주었다. 반두라와 동료들의 두 가지 연구를 소개하면 다음과 같다.

첫째, 그는 자신의 동료들과 함께 몇 명의 광장공포증 환자를 대상으로 실시한 연구에서 자기효능감과 수행 간의 관계를 다음과 같이 밝혔다(Bandura, Adams, Hardy, & Howells, 1980). 피험자들에게 다양한 대처 기술(예: 이완 기법)을 훈련시키고 나서, 치료자들이 그들과 같이 시내에 나가 장보기, 혼자 걷기, 높은 계단 올라가기, 식당에 들어가기 등과 같은 활동을 하도록 도와주었다. 이 모든 활동은 전에는 피험자들이 매우 두려워하는 것들이었다. 흥미 있는 결과는 이러한 활동이 증가함에 따라 그들이 표현한 자기효능감도 증가하였다는 것이다(홍숙기 역, 2008, p. 377).

둘째, 반두라는 동료들과 함께 뱀을 무서워하는 33명의 피험자를 대상으로 각기 다른 모델링 상황에서 자기효능감의 변화 수준을 측정하는 연구를 하였다(Bandura, Adams, & Beyer, 1977; 홍숙기 역, 2008, p. 377). 연구자들은 신문 광고를 통하여 뱀을 무서워하는 33명의 피험자를 모집하여 세 집단으로 무선 할당하였다. 첫째 집단은 참여 모델링 집단으로, 치료자가 피험자들에게 뱀을 다루는 방법을 설명한 후, 치료자와 피험자가 같이 뱀을 만지는 것부터 시작하여 뱀을 방에 풀어 놓고 다시 잡는 등의 행동에 직접 참여하였다. 두 번째 집단은 모델링 집단으로, 피험자들은 치료자가 첫째 집단의 행동을 점진적으로 해 나가는 것을 보았으나, 자신이 그 행동을 실제로 수행하지는 않았다. 마지막으로 세 번째 집단은 통제집단으로, 피험자들은 실험 전과 후에 뱀 회피의 정도를 조사하기 위한 검사를 받았으나, 중간에 아무런 모델링 경험도 하지 않았다. 세 집단에서 자기효능감 수준을 측정한 결과, 참여 모델링 집단에서 자기효능감이 가장 많이 증가하였고, 그다음이 모델링 집단이었으며, 통제집단에서는 자기효능감 증가가 가장 적게 나타났다.

2) 평가 기법

반두라의 사회인지이론에서는 평가 기법으로 기존의 행동주의이론에서 주로 사용하는 행동 관찰보다 자기보고식 방법을 더 많이 이용하는 경향이 있다. 왜냐하면 인지학습 관점에서는 사고를 중시하기 때문에 다양한 종류의 사고와 감정을 경험하는 정도에 대한 그 사람의 보고가 적절하고 유용한 정보의 원천이 된다고 보기 때문이다(김교헌 역, 2012, p. 408). 사회인지이론에서 사용하는 평가 기법을 구체적으로 살펴보면 다음과 같다.

(1) 직접 관찰

직접 관찰이란 자연스러운 실제 장면에서 일어나는 행동을 체계적으로 관찰하고 기록하는 것이다. 직접 관찰의 대표적인 예를 살펴보면 다음과 같다. 첫 번째로 바커와 라이트(Barker & Wright, 1951)는 7세 소년을 하루 종일 쫓아다니면서 그가 하는 모든 움직임을 자세히 기록하였다. 그리고 레빈슨과 쉐퍼(Lewinsohn & Shaffer, 1971)는 가정에서 가족과의 상호작용을 체계적으로 기록하였다(홍숙기 역, 2008, p. 631). 기존의 행동주의적 관점에서는 실제 상황에서 발생하는 행동을 기록하고, 상황이 바뀜에 따라 행동이 어떻게 변하는지를 평가하는 것에 관심이 있기 때문에 직접 관찰의 방법을 많이 사용하였다. 하지만 사회인지이론에서는 개인의 사고를 중시하기 때문에 직접 관찰의 방법은 제한적으로 사용되었다.

(2) 자기보고식 평가

전통적 행동측정평가 기법이란 자기보고식 평가 기법을 말한다. 이 기법은 피험자들에게 자기 자신의 행동을 관찰하여 특정 행동이나 자극 조건의 발생을 체계적으로 기록하도록 요청하는 방법이다. 여기에는 일기 쓰기가 포함된다. 최근에는 자신이 지각하는 공포, 불안 등을 측정하기 위하여 다양한 자기보고 질문지들이 개발되어 활용되고 있다(홍숙기 역, 2008, p. 632). 하지만 이 방법은 피험자의 주관성이나 사회적 바람직성 등이 개입되기 때문에 한계가 있다.

(3) 상황 통제

상황을 통제한다는 것은 실험자가 측정하고자 하는 행동에 영향을 주는 외적 요인을 배제하는 것을 말한다. 즉, 실험자의 의도에 맞도록 상황을 인위적으로 통제한 상태에서 관찰하는 것이다. 라자루스(Lazarus, 1961)의 임상 사례를 살펴보면, 폐쇄된 공간에 대한 공포를 측정하기 위하여 환자를 폐쇄된 방에 들어가게 한 후 칸막이를 점점 더 환자 쪽으로 가까이 옮겨 감으로써 방을 점점 더 작아지게 만들었다. 이렇게 함으로써 공포의 정도와 방 크기의 상관을 직접 관찰할 수 있었다(홍숙기 역, 2008, p. 631). 물론 행동이 외적인 요인들의 영향만 받는 것은 아니지만 행동주의적 접근에서는 겉으로 드러나는 행동에 초점이 있기 때문에 내적인 요인들에 대한 통제에는 관심이 없다고 볼 수 있다.

3) 치료 기법

(1) 모델링

'모델링(modeling)'이란 어떤 특정한 사람의 행동이나 말을 그대로 따라하는 행동을 말한다. 바람직한 행동을 따라하는 것은 문제가 되지 않지만, 바람직하지 않은 행동을 그대로 하는 것이 습관화되면 문제행동으로 이어질 수 있다. 사람들은 일상생활에서 많은 모델링을 경험한다. 예를 들면, 10대 청소년이 연예인들을 모방하여 특정 연예인과 같은 머리를 하거나 옷을 입을 수 있다.

이러한 모델링은 세 가지 효과가 있다.

첫째, 새로운 반응이나 기술 그리고 그것을 수행하는 방법 등을 획득할 수 있다. 예를 들면, 배드민턴 레슨 동영상을 보고 배드민턴 기술을 습득하게 된다.

둘째, 공포나 불안이 줄어들 수 있다. 예를 들면, 물리지 않고 뱀을 만지는 사람을 보면 뱀에 대한 두려움이 감소한다.

셋째, 학습된 반응이 촉진될 수 있다. 예를 들어, 초등학교에 다니는 아동이 부모가 운동을 하는 모습을 보고 전보다 운동을 더 자주 하게 된다.

모델링은 세 단계로 이루어진다.

첫째, '동조'로서 단순히 타인의 행동과 똑같은 행동을 하는 것이다. 예를 들면, 모델이 박수를 치면 같이 박수를 치는 것이다.

둘째, '관찰 학습'으로, 모델이 행동하는 것을 관찰한 후에 그것을 비슷하게 재생하는 것이다. 예를 들면, 휘트니스클럽에서 옆 사람이 운동 기구를 사용하는 모습을 보고 따라서 하는 것이다.

셋째는 '비제지'로서, 타인이 처벌을 받지 않고도 위협적인 행동을 하는 것을 본 후, 그 행동을 시도해 보는 것이다. 예를 들면, 시범 조교가 비행기에서 낙하해도 다치지 않은 것을 본 후 직접 낙하를 하는 것이다.

이러한 모델링은 단순히 모델의 행동을 보고 따라하는 차원을 넘어 새로운 행동도 창조해 낸다. 예를 들면, 한 아동이 인형에게 과자를 나누어 주는 것을 모델의 행동을 보고 배웠다면, 그 아동은 친구들과 장난감을 나누어 갖는 행동이나 엄마의 집안일을 도와서 물건을 정리하는 행동도 할 수 있다(이훈구 역, 1998, p. 177). 이처럼 모델링을 통한 학습은 인간의 학습에 많은 부분을 차지하고 있다.

(2) 자기 지도

'자기 지도(self-directed change)'란 자신의 인지적 행동 수정 프로그램을 자기 스스로 이끌어 나가는 것을 말한다. 자기 지도 프로그램에는 다음과 같은 사항들이 포함될 수 있다.

첫째, 목표 설정이다. 측정이 가능하고 긍정적이며 내담자에게 의미 있는 한 가지 목표를 정한다.

둘째, 표적행동의 설정이다. 구체적으로 증가나 감소를 원하는 행동을 정한다.

셋째, 자기행동 기록이다. 자신의 구체적인 행동을 정확하게 관찰하고 기록한다.

넷째, 프로그램 설계다. 프로그램은 자기강화나 자기와의 행동 계약으로 이루어진다. 자기강화는 자기가 직접 강화물과 강화 방법을 정하여 바람직한 행동을 했을 때 자신이 스스로에게 강화물을 주는 것이다. 자기와 행동 계약을 할 때는 자신과의 계약이라는 점이 강조되어야 하며, 계약이 분명하고 구체적이어야 한다. 또한 자신이 원하는 행동을 했을 때 적절한 보상과 처벌이 균형 있게 이루어져야 하고, 긍정적인 면이 강조되어야 한다. 이러한 계약을 글로 써서 관계된 모든 사람이 서명을 하면 더욱 효과적이며, 목표가 도달되어 가는 정도를 한눈에 알 수 있도록 기록하는 것도 좋은 방법이다.

(3) 인지적 행동 수정

'인지적 행동 수정(cognitive behavior modification)'은 인지 구조를 수정하여 개인의 문제행동을 변화시키는 방법이다. 엘리스의 인지 · 정서 · 행동치료는 행동의 수정보다 사고의 변화를 강조하는 반면에, 반두라의 인지적 행동 수정은 사고도 바꾸지만 그보다는 행동을 바꾸는 것에 궁극적인 목적을 둔다. 사회인지이론에서의 인지적 행동 수정의 방법을 살펴보면 다음과 같다.

첫째, 조직화된 사고라고 할 수 있는 인지 구조(cognitive structure)를 바꾼다. 이 단계에서는 주로 비합리적이고 자기파괴적인 생각을 합리적이고 자기 긍정적인 생각으로 바꾼다.

둘째, 자기와의 대화(self-talking)의 내용을 바꾼다. 예를 들면, 이전에 사용하던 "나는 무가치한 인간이야!"라는 자기와의 대화를 "나는 천하보다 더 소중한 사람이야!"라는 대화로 바꾸어 준다. 자기와의 대화는 자기 지시나 자기 진술과 유사하지만 차이점이 있다. 즉, 자기 지시(self-instructional)는 한쪽의 자기가 다른 한쪽의 자기에게 말하는 측면이 강하고, 자기 진술은 독백과 같이 혼자서 말하는 데 초점을 두고 있는 반면에, 자기와의 대화는 한쪽의 자기와 다른 한쪽의 자기가 서로 대화를 주고받는 데 중점을 두고 있다.

셋째, 자신과의 합리적이고 긍정적인 대화 내용에 따라 행동한다. 이와 같은 세 단계를 통하여 인지 구조를 바꾸는 것이 인지적 행동 수정이다.

(4) 자기효능치료

'자기효능치료' 란 자기 자신을 유능하며 세상을 통제할 수 있는 존재로 지각하도록 하여 불안과 방어 증상을 치료하는 것이다. 이러한 자기효능치료는 여러 연구를 통해 긍정적인 효과가 있는 것으로 밝혀졌다. 자기효능치료는 실행 경험과 대리 경험을 하도록 하며, 설득 정보와 생리적 정보 등을 제공하는 방법을 통해 이루어진다. 예를 들어, 심장마비 환자에게 실행 경험으로 러닝머신 달리기를 하도록 하고, 대리 경험으로 능동적인 삶을 다시 시작한 과거의 심장병 환자와 이야기하도록 한다. 설득 정보 제공은 물리치료사가 사실적 정보를 제공하고 환자의 일반적 활동을 격려하며, 생리적 정보 제공은 피로와 스트레스를 심장마비 증상과 구별하는 방법을 알려 주는 것이다.

(5) 자기강화

'자기강화(self-reinforcement)'는 행위자 자신이 자신의 행위에 대하여 강화 인자[1]를 제공하는 방법이다. 예를 들어, 아버지가 자녀에게 과자를 주고(S), 흘리지 않고 먹을 때(R) "착하다."라고 강화(SR+)하면, 자녀는 "나는 착한 아이이다."라고 자기만족을 하는 자기강화(SR++)가 일어난다. 이런 일이 반복되면 나중에는 착하다는 강화(SR+)가 있기 전에 "착하다."를 예상할 수 있게 되는 것이다. 즉, 과자를 먹는 상황에서 먹는 행동(R)을 하기 전에 자기강화의 기대와 예상이 일어나 과자를 흘리지 않고 먹게 되는 것이다.

필자는 중학교 때 공부를 하면서 자기강화 기법을 적용하여 공부를 열심히 한 적이 있다.

• • •

필자가 태어날 즈음에 필자의 집안은 경제적으로 매우 어려웠다. 어린 시절을 회상하면 늘 배가 고팠던 기억이 떠오르며, 맛있는 음식을 마음껏 먹어보는 것이 가장 큰 소원이었다. 그래서 그런지 지금도 식탐이 있다. 지금까지도 필자는 학교에서 점심 식사를 할 때 반찬을 남길 때가 종종 있다. 먹지 않을 것 같은 반찬도 욕심 때문에 식판에 담기 때문에 결국 반찬을 버리면서 후회를 하곤 한다. 또한 필자는 승부욕이 강해서 남에게 지는 것을 아주 싫어한다. 초등학교를 졸업하고 중학교에 입학하면서 처음으로 교복을 입게 되었다. 그 당시 기분이 말

1) 한 행동에 뒤따르는 사건으로서, 그 행동의 발생을 증가시키는 사건을 뜻한다. 일종의 강화물이나 보상을 일컫는다.

할 수 없을 만큼 좋았고, 의욕이 넘쳤으며, 공부를 잘해 보고 싶은 생각으로 가득 찼었다. 고민 끝에 일주일 단위로 공부 계획표를 짜고, 계획대로 공부를 한 경우에는 주말에 유명한 식당에 가서 평소에 모아 놓은 용돈으로 먹고 싶은 음식을 사 먹기로 하였다. 반면에 계획을 지키지 못했을 경우에는 토요일 저녁식사를 한 끼 굶기로 하였다. 계획대로 공부를 했던 주말 어느 날, 식당에 가서 한정식을 시켰는데 반찬이 서른 가지가 넘고 찌개가 세 가지나 되는 밥상을 받고 천하를 얻은 듯이 마냥 흐뭇했던 적이 있다. 하지만 제대로 공부를 못한 주말에는 한 끼를 굶었는데, 바빠서 식사를 거를 때와는 다르게 배고픔을 참기가 아주 힘들었던 기억이 난다. 이렇게 스스로에게 강화와 벌을 적용하여 중학교 때는 거의 모든 교과서를 외우다시피 열심히 공부를 한 적이 있다.

• • •

2. 공헌점 및 한계점

1) 공헌점

첫째, 반두라는 다양한 연구를 통하여 관찰 학습을 경험적으로 입증하였다. 강화가 학습의 주된 요인이라고 주장했던 전통적인 행동주의이론과는 다르게 반두라는 직접적인 강화가 없이도 다른 사람이 강화를 받는 행동을 관찰하는 모델링을 통해서 학습이 가능하다는 것을 많은 실험을 통해 밝혀 주었다. 특히 공포증의 치료에서 모델링을 통한 증상 제거와 아동 교육에 있어 모델링을 통한 학습의 중요성을 부각시켰다는 점은 높이 평가할 만하다.

둘째, 전통적인 행동주의이론에서는 실험실 안에서 동물을 대상으로 연구가 주로 이루어졌다. 하지만 반두라는 인간의 행동이 사회적 맥락에서 습득되고 변화되는 것에 초점을 두고, 사회 환경 속에서의 인간에게 관심을 기울였는데, 바로 이 점이 주목할 만한 점이다. 그는 인간의 생활 속에서 발생할 수 있는 학습의 원리를 구체화하고 모델링을 통한 관찰 학습, 자기효능감 등의 중요성을 강조하였으며, 여러 행동치료 기법을 개발하여 상담 장면에서 활용할 수 있도록 했다.

셋째, 반두라는 학습에서 인지 과정을 인정했다. 그는 전통적 행동주의자들과는 다르게 인간의 학습은 자극에 대한 기계적이고 수동적인 반응으로 이루어지는 것이 아니라 행동에 앞서 자극에 대해 선택적으로 주의를 기울이고 기억하고 동기를 부여하는 등의 인지 과정이 작용하여 학습이 이루어진다는 점을 밝혔다.

넷째, 반두라의 이론은 심리학의 제2세력이라고 불리는 행동주의이론과 심리학의 제4세력이라고 불리는 인지이론의 출현에 가교 역할을 하였다. 반두라의 사회인지이론은 행동주의이론들 중에 가장 후기에 정립된 이론으로서, 기존의 행동주의이론을 인간의 내적인 인지 과정까지 확장하여 설명한 이론이다. 즉, 인간의 행동은 인지 과정의 영향을 받는다는 관점을 제시하였다.

2) 한계점

첫째, 반두라 이론의 핵심 개념들은 설명이 명확하지 않고, 발달의 원인이나 기제에 대하여 구체적인 설명을 제시하지 않고 있다. 예를 들어, 그의 상호결정론에 대한 개념에서 개인의 특성과 환경 그리고 행동이 서로 영향을 주고받는다고 하였는데, 어떤 기제에 의해서 영향을 주고받는지에 대한 설명이 명확하지 않다. 뿐만 아니라 반두라의 주된 연구 대상은 아동이었는데, 연령에 따른 발달을 체계적으로 설명하지 못하고 있다는 지적을 받고 있다.

둘째, 반두라의 이론은 인간에 대한 근본적인 이해와 문제해결에 한계가 있을 수 있다. 그는 현재 보이는 행동에 초점을 두었기 때문에 과거에 대한 탐색에는 큰 의미를 두지 않았다. 이는 인간의 부적응 증상을 이해하고 해결하는 데 한계가 있을 수 있다. 왜냐하면 인간의 전 생애 발달의 관점에서 볼 때 현재는 과거의 연장선상에 있기 때문이다. 즉, 현재 행동의 변화만으로는 근본적인 문제해결이 어려울 수 있다.

셋째, 반두라의 사회인지이론은 자극이나 상황 등의 환경적인 요인을 강조하여 유전적인 요인을 경시하고 있다. 인간의 학습이 사회적 환경 속에서의 모델링을 통해 이루어진다는 점을 지나치게 강조한 나머지 생물학적 및 유전적 요인과 관련된 성격 특성에 대해서는 크게 주의를 기울이지 않았다는 점이 그것이다.

3. 조작적 조건형성이론과 사회인지이론의 비교

스키너의 조작적 조건형성이론과 반두라의 사회인지이론은 모두 행동주의에 속하는 이론이다. 두 이론 모두 행동을 통하여 인간을 이해하려고 한 점에서는 같지만, 여러 측면에서 차이점이 있다. 두 이론을 비교하면 〈표 11-1〉과 같다.

스키너와 반두라의 이론은 인간의 정신의 세 가지 요소인 인지와 정서, 행동 중에서 행동에 초점을 두고 있으며, 학습을 자극에 대한 반응으로 설명하는 점은 같다. 인간은 선하지도 악하지도 않은 중립적인 존재이며, 환경에 의해 행동이 결정되고 인간의 행동을 요소주의적 관점에서 설명한 점 등도 두 이론의 공통점이다. 하지만 두 이론은 여러 가지 차이점이 있다.

첫째, 인간의 본성에 대한 자유론과 결정론의 측면에서 보면, 스키너는 인간을 어떤

• 표 11-1 • 조작적 조건형성이론과 사회인지이론의 비교

구분	조작적 조건형성이론	사회인지이론
인간관	중립론, 환경론, 결정론, 요소론	중립론, 환경론, 결정론과 자유론의 양자론, 요소론
학습 과정	자극에 대한 기계적 반응	자극에 대해 유기체의 인지 과정을 거쳐 반응
행동의 원인	강화가 주어지는 환경	개인, 환경, 행동의 상호결정론
강화의 방법	직접 강화, 타율적 강화	간접 강화, 자율적 강화
부적응의 원인	부적절한 강화	부적절한 모델링, 낮은 자기효능감
치료 방법	강화, 처벌, 연습, 만끽, 심상	모델링, 인지적 행동 수정, 자기강화

강화를 받았는지의 환경에 의해 결정되는 존재로 본 반면에, 반두라는 인간을 환경과 영향을 주고받는 존재로 보아서 자유론과 결정론의 입장을 함께 가지고 있다.

둘째, 인간이 새로운 행동을 습득하는 학습 과정에 대해서 스키너는 주어진 자극에 대한 기계적인 반응이라고 함으로써 인간을 텅 빈 유기체로 간주하고 있다. 이와는 반대로 반두라는 인간의 학습을 자극에 대해 개인이 내적 인지 과정을 거쳐 일어나는 반응으로 봄으로써 인간을 텅 빈 유기체로 보는 것에 동의하지 않았다.

셋째, 행동의 원인에 대하여 스키너는 강화가 주어지는 환경으로 본 반면에, 반두라는 개인적 특성과 환경적 요인 그리고 인간의 행동 간의 상호작용으로 보았다.

넷째, 학습을 가능하게 하는 강화 방법에 대해서 스키너는 타인에 의해 대상에게 직접 주어지는 강화, 즉 타율적이며 직접적인 강화를 주장한 반면에, 반두라는 직접적인 강화 없이 다른 사람이 강화를 받는 모습을 보기만 해도 학습이 이루어진다는 간접적인 강화와 함께 외부에서 주어지는 강화보다는 자기강화가 더 효과적이라고 주장하였다.

다섯째, 부적응의 원인과 치료 방법에 대해서 스키너는 바람직하지 않은 행동에 대한 부적절한 강화가 부적응의 원인이며, 이에 대한 치료 방법으로 강화, 처벌, 연습, 만끽 그리고 심상을 이용한 방법 등을 제시하였다. 이와는 다르게 반두라는 모델이 바람직하지 않은 행동에 대해 부적절한 강화를 받는 것을 관찰한 것이 부적응의 원인이며, 이에 대한 치료 방법으로 모델링, 인지적 행동 수정, 자기강화 등의 방법을 제시하였다.

요 약

1. 사회인지이론의 출현 배경은 1980년대 중반의 컴퓨터의 보급 및 인터넷의 시작과 함께 정보가 저장되고 인출되는 과정을 중시한 정보처리이론의 출현을 들 수 있다. 그리고 현실 경험을 중요시하고 인간 사고의 효율성을 강조한 실용주의적인 시대적인 흐름의 영향을 받았다.

2. 반두라에게 영향을 미친 이론은 로터의 사회학습이론, 사회심리학, 아들러의 개인심리학, 정보처리이론 등이다.

3. 반두라의 인간관은 낙관론과 비관론의 중립론, 환경론, 자유론과 결정론의 양자론 그리고 요소론적인 관점이다.

4. 반두라는 다른 행동주의이론가들과 마찬가지로 성격의 개념과 발달을 구체적으로 제시하지 않고 있다. 그는 성격을 주어진 자극에 대해 인지 과정이 반영된 행동의 집합체로 보고 있다.

5. 핵심 개념에는 상호결정론, 관찰 학습, 대리 강화, 자기조절, 자기효능감 등이 있다.

6. 부적응은 부적절한 행동을 하는 모델이 강화를 받는 관찰 학습이나 혹은 자기효능감이 낮을 때 발생한다.

7. 성격 연구에는 관찰 학습의 공격성에 대한 연구, 자기효능감과 행동 변화에 대한 연구가 있다. 성격 평가 기법에는 직접 관찰, 자기보고식 평가, 상황 통제 등이 있다.

8. 공헌점은 다양한 경험 연구를 통해 관찰 학습을 입증하였으며, 사회 환경 속의 인간 행동에 초점을 두었고, 학습의 인지 과정을 밝혔으며, 행동주의이론과 인지이론의 가교 역할을 한 점 등이다.

9. 비판점은 상호결정론과 같은 핵심 개념에 대한 설명이 명확하지 않으며, 현재 행동에 초점을 두기 때문에 과거에 대한 탐색이 부족하고, 환경적인 요인의 강조로 유전적인 요인을 경시한 점 등이다.

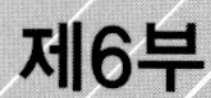

제6부 인지적 관점

제12장

인지 · 정서 · 행동치료이론

앨버트 엘리스

인지 · 정서 · 행동치료(Rational Emotive Behavioral Therapy: REBT)는 정서와 행동이 한 개인이 가지고 있는 신념체계의 영향을 받는다고 주장한 앨버트 엘리스(Albert Ellis, 1913~2007)의 이론이다. 엘리스는 심리학의 주류를 이루던 정신분석과 행동주의 이론이 인간 이해와 치료에 한계를 지니고 있다고 지적하며, 인지 구조나 신념체계에 의한 인간 이해와 인지의 재구성을 통한 치료를 주장하였다. 그는 그리스의 스토아 철학자인 에픽테토스(Epictetus)의 "우리를 당황하게 하는 것은 우리에게 일어난 사건이 결코 아니다. 그것은 이러한 사건을 보는 우리의 관점이다."라는 말을 자주 인용하였다. 즉, 인간을 힘들게 하는 것은 특정한 상황이나 사건이 아니라 인간이 그 상황을 어떻게 바라보고 해석하는가에 달려 있다는 것이다. 불교에서 강조하는 일체유심조(一切唯心造), 즉 "세상사가 마음먹기에 달려 있다."라는 말과도 같은 맥락이다(노안영 공저, 2013, p. 436). 결국 엘리스는 인지가 정서와 행동을 결정한다는 인지적 결정론이라고 할 수 있다.

엘리스는 자신의 이론을 1955년에 '합리적 치료(Rational Therapy)' 라고 세상에 처음 소개하였는데, 여기서 '합리적'이란 용어는 삶의 목표 달성에 도움이 되는 사고, 감정 및 행동을 의미한다. 합리적이란 말은 어떤 목표를 달성하는 방법에서의 합리성이란 의미로 사용한 것인데, 이성을 강조한 합리주의와 연결되면서 인간의 정서를 무시한다는 오해와 비난을 받게 되었다. 그리하여 1961년에는 인간의 정서적인 측면도 중시한다는 것을 알리기 위해 '합리적 · 정서적 치료(Rational Emotive Therapy)'로 바꿨다. 1993년에는 행동적 측면까지 반영한다는 의미에서 합리적 · 정서적 · 행동치료로 바꾸어 사용하였다(박경애, 2008, p. 11). 엘리스는 자신의 이론의 명칭으로 쓴 합리적이라는 용어를 처음부터 '인지'로 하지 않은 것에 대해 후회하였으며, 인지로 이론의 이름을 바꾸기에는 벡(Aaron Beck, 1976)의 인지치료와 마이켄바움(Meichenbaum, 1977)의 인지 · 행동치료가 이미 알려진 상태라 늦은 감이 있다고 하였다(Ellis, 1995). 이렇듯 엘리스의 REBT이론은 인간의 인지, 정서, 행동 중에서 인지를 중시하고 있기 때문에 우리나라에서는 그의 이론을 인지치료이론으로 구분하고 있다. 따라서 '합리적'이라는 용어 대신 '인지' 라는 용어를 사용하여 그의 이론을 인지 · 정서 · 행동치료이론(REBT이론)으로 번역하여 부르고자 한다(박경애, 2008, p. 13).

엘리스의 REBT이론은 인지치료적 관점의 이론들 중에서 가장 먼저 태동하여 심리치료 분야에서 가장 영향력 있는 이론 중의 하나로 널리 사용되고 있다. 엘리스의 이론은 개인의 비합리적인 신념체계를 합리적인 신념체계로 바꾸어 주어 인지, 정서, 행동상의 바람직한 총체적인 변화를 이끌어 내는 데 있다.

제1절 서 론

1. 인지 · 정서 · 행동치료이론의 출현 배경

엘리스가 자신의 이론을 세상에 소개한 1950년대 중반은 환경이 인간의 행동을 결정한다는 입장인 행동주의에 대한 비판이 제기되면서 인간의 행동에 앞서 일어나는 마음의 구조와 작용에 대한 관심이 형성되던 시기였다. 구조란 전체를 구성하고 있는 요소들의 조직을 의미하는 말로, 이는 일정한 체계가 존재한다는 것을 가정하는 개념이다. 구조주의(structuralism)라는 철학 사상에서 나온 이 개념은 본질적인 요소들 사이의 관계 위에 정신적, 언어적, 사회적, 문화적 '구조' 가 성립되며, 그것에서 개인이나 문화의 의미가 만들어진다는 관점이다. 20세기 중반 무렵 학계에 등장한 구조주의는 인문학, 사회과학 등 인간의 문화, 언어, 사회와 관련된 다양한 학문에 영향을 주었다. 이러한 구조주의 사조는 개인이 가지고 있는 신념이 일련의 체계로 구성되어 있다고 주장한 엘리스 이론에 영향을 준 것으로 볼 수 있다.

또한 1956년 MIT공대에서 개최된 정보처리이론에 대한 심포지엄이 기폭제가 되어 인간의 인지 구조와 과정에 대한 연구가 인지혁명이라 불릴 만큼 활발하게 진행되었다. 정보처리이론(information-processing theory)이란 인간이 외부세계로부터 획득한 정보를 어떻게 지각하고 이해하고 기억하는가에 대한 이론이다. 정보처리이론은 인간의 내적인 처리 과정이 컴퓨터의 입력과 출력 시스템과 유사하다는 가정에서 출발한 이론이다. 즉, 인간의 인지적인 흐름도 이러한 시스템하에서 이루어진다고 본 것이다. 인간의 인지가 어떠한 방식으로 작용하는지에 대한 이러한 시대적인 관심이 인지에 초점을 둔 엘리스 이론에 영향을 미쳤다고 볼 수 있다.

2. 인지 · 정서 · 행동치료이론에 영향을 미친 이론

1) 철학적 영향

엘리스는 고대와 현대의 많은 철학자에게서 영향을 받았다. 그중 대표적인 고대의 철학자인 소크라테스와 에픽테토스를 중심으로 엘리스의 이론에 미친 영향을 살펴보고자 한다.

(1) 소크라테스

엘리스의 REBT 기법 중에서 내담자의 비합리적 신념체계를 합리적으로 바꾸기 위해 적용하는 논박 과정이 있다. 논박 과정에서는 내담자가 가진 비합리적 신념을 스스로 논박할 수 있도록 돕기 위하여 소크라테스 식 질문법을 많이 사용한다. 소크라테스(Socrates, B. C 470~399년경)는 "사람들은 자신이 생각하는 것보다 훨씬 더 지적이다."라고 하였다. 이러한 생각 때문에 그는 자신의 학생들에게 기하학의 원리를 가르칠 때 연속적인 질문을 사용했다(박경애, 2008, p. 35). 엘리스는 소크라테스의 영향을 받아서 내담자가 자신의 비합리적 신념을 지지할 수 있는 논리적인 증거가 없다는 사실을 스스로 깨닫도록 내담자에게 계속 질문하는 논박 기법을 사용하였다.

(2) 에픽테토스

그리스 스토아 철학자인 에픽테토스(Epictetus, 55~135년경)는 "인간은 어떤 사물이나 일 때문에 혼란을 겪는 것이 아니라 그것을 대하는 자신의 관점 때문에 혼란을 겪는다."라고 하였다. 뿐만 아니라 그는 인간은 스스로 선택할 수 있는 존재이며, 자신의 관점이나 행동을 결정할 수 있는 선천적인 능력이 있는 존재라고 하였다. 이러한 그의 견해는 엘리스의 이론에서 찾아볼 수 있다. 엘리스는 선행사건에 대한 개인의 비합리적 신념체계 때문에 문제 증상이 나타난다고 보았다. 또한 그는 인간은 합리적인 사고나 비합리적인 사고를 할 뿐만 아니라 자신의 사고를 바꿀 수 있는 능력이 있는 존재라고 보았다. 이와 같은 엘리스의 관점은 에픽테토스의 영향을 받은 것으로 여겨진다.

2) 프로이트의 정신분석이론

한때 자신을 정신분석가로 지칭하기도 했던 엘리스(1957b)가 "REBT는 프로이트의 사고에 상당한 빚을 지고 있다."라고 말한 것에서도 알 수 있듯이 정신분석이론에 영향을 많이 받았다. 그는 프로이트가 종교를 비과학적인 것으로 간주한 것이나 삶의 목적을 사랑하고 일을 하는 것으로 본 것에 대해 동의하고 있다. 프로이트는 현실 원리에 따른 자아의 역할을 강조하고 있는데, 이는 엘리스의 합리적인 사고의 특성인 현실성과 유용성의 관점에 영향을 주었다. 또한 엘리스가 인간의 생득적인 경향성, 즉 유전적인 소인을 인정하며 쾌락을 추구하는 리비도의 원리뿐만 아니라 인간을 성적 기쁨을 추구하는 향락적인 존재로 보는 것 역시 프로이트의 영향을 받았다(박경애, 2008, p. 44).

3) 아들러의 개인심리이론

엘리스(1957b)는 아들러를 가리켜 "나의 주요한 스승 중 한 사람이다."라고 하였다. 이처럼 아들러도 엘리스 이론의 개념적 틀을 형성하는 데 영향을 끼쳤다고 볼 수 있다. 아들러는 인간의 정서적 반응과 생활양식은 개인의 기본 신념과 관련되어 인지적으로 형성된다고 보았다. 아들러가 인간의 행동에 신념이 영향을 미치며, 내담자들이 자신을 열등하다고 여긴다는 견해는 엘리스가 인지를 강조하고, 비합리적 사고를 핵심 개념으로 간주하는 것과 일맥상통한다고 볼 수 있다.

4) 카렌 호나이의 당위적 횡포

카렌 호나이(Karen Horney, 1885~1952)는 신정신분석학자다. 엘리스는 호나이 연구소에서 정신분석훈련을 받은 적이 있다. 그는 신경증 환자가 반드시 되어야만 하거나 혹은 해야만 한다고 느끼는 것들을 '당위성의 횡포' 라고 불렀다(노안영 공저, 2013, p. 147). 엘리스의 이론에서 당위적 사고는 호나이의 당위성 횡포라는 개념의 영향을 받은 것이라고 할 수 있다. 호나이는 사랑을 받아야만 한다는 당위적 사고가 비합리적이라는 것을 깨닫는 것이 비합리적 사고를 포기하는 첫 번째 단계라고 주장하는데, 이와 같은 호나이의 견해는 엘리스가 치료 장면에서 내담자가 자신의 비합리적 사고를 깨닫도록 하는 데 중점을 둔 점과 일맥상통한다.

3. 생애가 이론에 미친 영향

앨버트 엘리스는 1913년 미국 펜실베이니아 주 피츠버그에서 태어났다. 네 살 되던 해, 아버지의 사업 때문에 뉴욕으로 이사를 간 뒤 엘리스는 인생의 대부분을 뉴욕에서 살았다. 그의 아버지인 헨리 엘리스(Henry Ellis)는 사업가였는데, 집에는 별로 신경 쓰지 않고 집을 떠나 있는 시간이 많았다. 어머니 해티 엘리스(Hettie Ellis)도 집에는 있었지만, 집안 살림과 아이들 양육에는 관심이 없었다. 엘리스가 열두 살이 되었을 때 부모는 이혼을 하였으며, 삼남매 중의 장남인 엘리스는 어머니에 대하여 "어머니가 나를 돌본 만큼 나도 어머니를 돌봐야 했다."라고 기술하였다(노안영 공저, 2013, p. 437). 이와 같은 표현은 엘리스가 부모로부터 적절한 양육을 받지 못하였음을 알게 해 준다. 엘리스는 5세쯤에 편도선염 수술을 받았는데 후유증으로 급성신장염이 발병하여 일곱 살 때까지 거의 여덟 번 정도 입·퇴원을 반복하였다. 그는 병원에 있을 때에도 부모의 간호를 거의 받지 못했으며, 혼자서 병원 생활을 한 적이 많았다. 소심한 성격이었던 그는 남 앞에 나서기를 매우 두려워하였다(박경애, 2008, p. 21). 그는 무관심했던 부모, 외향적이나 사려 깊지 못했던 남동생 그리고 불평불만이 많았던 여동생, 잦은 병치레로 불우한 아동기를 보냈다. 그는 그 상황을 다음과 같이 회고하였다.

> 저는 인지·정서·행동치료를 자연스럽게 창안했습니다. 그것은 제가 아주 어린 시절부터 시작된 것이나 다름없습니다. 왜냐하면 그것이 제가 타고난 성향이기 때문입니다(Weiner, 1988, p. 42).

인간의 정신건강은 주어진 상황보다는 그 상황을 어떻게 해석하고 받아들이는가에 달려 있다고 주장한 그의 이론은 자신의 경험이 그대로 반영된 것이라고 볼 수 있다. 그는 자신이 처한 상황에서 독립심과 자율성을 발휘하여 동생들까지도 돌보며 학교생활을 충실히 하였다. 특히 여동생은 우울증과 불안 증세를 보였지만 후에 그는 REBT 기법으로 여동생을 치료하였다. 엘리스는 약한 몸 때문에 늘 건강에도 많은 관심을 가졌으며, 활동적인 일보다는 지적인 일에 주로 몰두하였다. 그는 자신을 극도로 부끄러움을 잘 타는 내성적인 성격으로 묘사하였다. 사춘기를 겪으며 또래 여자아이들과 함께 있는 것을 매우 부끄럽게 여겼던 것이다. 이런 자신의 심리적 어려움을 극복하려고 애쓴 브롱스 식물원의 '위험 무릅쓰기 연습(risk-taking exercise)' 일화가 있다.

> 한 달 동안 100명의 소녀에게 다가가서 말을 걸어보는 것이었다. 단 한 명의 소녀

가 데이트 약속에 동의했지만, 결과적으로 그녀는 약속 장소에 오지 않아서 데이트를 하는 데는 성공하지 못했다(천성문 공역, 2013, p. 341).

이러한 훈련을 통해 엘리스는 남들 앞에 나설 때의 불안이나 공포를 극복하고 강연을 즐길 수 있게 되었다. 이와 같은 그의 경험은 그가 자신의 성장을 위해 얼마나 부단히 노력했는지를 보여 준다. 이런 그의 경험은 후에 그의 이론에 반영된 것 같다.

소설가의 꿈을 가졌던 그는 청소년기를 지나는 동안에 다방면에 걸쳐 많은 책을 읽었으며, 16세 때에는 에픽테토스(Epictetus), 스피노자(Spinoza), 칸트(Kant), 러셀(Russel) 등의 글을 읽었다. 그는 1934년 뉴욕의 시립대학을 졸업하고, 몇 년 동안 작은 회사에 다니며 소설을 썼다. 대학 시절부터 28세가 되어 대학원에 진학하기까지 다수의 책을 저술했지만 그리 성공적인 결과는 얻지 못했다. 특히 그는 그 당시에 소홀히 다뤄지던 성(性)과 가정에 대한 새로운 시각에 관심을 갖고 연구에 매진하였다. 이때 집필한 『무차별 성관계에 관한 사례(The Case for Sexual Promiscuity)』는 그 당시에는 여러 출판사에서 출간을 거부당했지만 20년 후인 1965년에 출판되었다(박경애, 2008, p. 24).

그는 28세에 상담자로서의 꿈을 이루기 위해 콜롬비아 대학교에 입학을 하였다. 1943년 그는 임상심리학 박사학위를 취득한 후에 자신의 관심사였던 상담과 심리치료를 본격적으로 하게 되었다. 많은 연구를 통해 능력을 인정받은 그는 1950년에는 뉴저지 주의 모든 기관 및 연구소를 관장하는 부서의 총책임자가 되었다(박경애, 2008, p. 26).

그는 상담자로서의 기술을 증진하기 위해 '카렌 호나이 정신분석 연구소'의 헐벡(Charles Hulbeck) 박사에게 정신분석 훈련을 받았다(이동귀 역, 2011, p. 38). 그는 내담자를 치료하면서 고전적인 정신분석치료보다 조금 변형된 분석을 활용한 치료의 효과가 높다는 것을 발견하였다. 고전적인 정신분석치료가 경제적 비용이 많이 들고, 치료에 지나치게 장기간이 소모되는 것을 깨닫고는 보다 효율적인 자신만의 치료 이론을 구상하게 되었다.

1956년 그는 자신의 심리치료 이론을 합리적 치료(Rational Therapy)로 처음 소개하였다. 하지만 엘리스가 주장하고자 했던 의도와 달리 정서를 배제하고 있다는 비판을 받게 되어서 1961년에 정서를 추가하여 합리적 · 정서적 치료로, 1993년에는 행동적인 측면의 중요성을 강조하여 합리적 · 정서적 · 행동치료(REBT)로 명칭을 변경하였다(노안영 공저, 2013, p. 436).

엘리스는 3개 대학의 심리학과 부교수로 재직하면서도 개인 및 집단 REBT 실습뿐만 아니라 뉴욕에 있는 자신의 센터인 앨버트 엘리스 연구소에서 심리치료자들을 훈련시키는 일에 몰두하였다. 1959년에 설립된 이 연구소는 워크숍과 심리치료자 훈련, 개인치료 및 집단치료를 하는 비영리 기관이었다(천성문 공역, 2013, p. 341).

그는 두 번의 결혼에 실패하고, 심리학자이면서 REBT 연구소의 행정 감독관이었던 월피(Wolfe)와 1965년부터 동거하였다. 엘리스는 자신이 자녀를 잘 양육할 자신이 없다는 이유로 아이를 낳지 않았지만, 그들은 적절한 관계를 유지하며 서로의 성장을 도우며 살았다(이동귀 역, 2011, pp. 60-63).

그는 평생 동안 다양한 장르에 걸쳐 75권의 책과 800편에 가까운 논문을 집필할 정도로 에너지가 넘치는 사람이었다. 대표 저서로는 『신경증 환자와 같이 사는 방법에 관하여(How to live with a Neurotic, 1957)』, 『죄책감 없는 성교(Sex without Guilt, 1958)』, 『사랑의 기술과 과학(The Art and Science of Love, 1965)』 등이 있다. 초기 논문들을 개정한 『심리치료에서 이성과 정서(Reason and Emotion in Psychotherapy, 1962)』는 현대 인지치료이론의 초기 고전으로 평가되고 있으며, 『합리적 삶을 위한 새로운 지침서(A New Guide to Rational Living, Ellis & Harper, 1975)』는 개인의 삶에 REBT의 개념을 어떻게 적용할 수 있는지를 보여 준다. 또한 특정 문제 영역을 다룬 『알코올과 화학물질 남용에 관한 REBT의 적용(Ellis, Mcinerney, DiGiuseppe, & Yeager, 1988)』, 『불안장애(Warren & Zgourides, 1991)』 등이 있다(이동귀 역, 2011, p. 51). 엘리스가 마지막으로 저술한 책으로 석사 수준의 교과서인 『성격이론: 비평적인 입장(Personality Theories: Critical Perspectives, Ellis, Abrams & Abrams, 2009)』이 있다(천성문 공역, 2013, p. 343).

그는 평생 동안 당뇨, 청각장애 및 시각장애를 비롯한 각종 신체장애를 경험하였지만 자신이 주장한 이론을 적용하여 2007년 93세에 세상을 떠날 때까지 건강하고 활력 넘치는 삶을 살았다(노안영 공저, 2013, p. 437).

제2절 주요 개념

1. 인간관

엘리스의 이론에서는 인간에 대한 관점을 낙관론과 비관론의 중립적, 유전론과 환경론의 양자적, 자유론적 그리고 전체론적 관점이라고 할 수 있다.

1) 중립적 인간관

엘리스는 인간이 합리적인 사고를 할 수도 있고 비합리적인 사고를 할 수도 있다고 가정한다. 즉, 한편으로는 자기를 보호하고, 행복을 누리고, 사랑하며, 다른 사람과 친분을 맺고, 스스로를 성장시키고, 자신의 잠재력을 실현하는 경향성을 가지고 있다는 것이다. 하지만 다른 한편으로는 스스로를 파괴하고, 일을 뒤로 미루고, 실수를 계속 반복하고, 미신에 빠져들고, 참을성이 없고, 완벽하려 하고, 자기를 비난하고, 자신의 성장 가능성을 포기하는 경향성을 가지고 있다는 것이다(이형득 공저, 1984, p. 268). 이와 같이 그는 인간의 본성은 긍정적인 측면과 부정적인 측면을 동시에 가지고 있다고 보기 때문에 그의 인간관은 낙관론도 아니고 비관론도 아닌 중립적인 입장이라고 할 수 있다.

2) 유전론과 환경론의 양자적 인간관

엘리스는 인간은 유전과 환경의 영향을 동시에 받는다는 입장을 취하고 있다. 먼저 그가 유전의 영향을 중시한다는 근거는 인간이 자기파괴적인 성향을 가지고 태어난다는 데 있다. 즉, 인간은 자신에게 이롭지 않은 비합리적이고 자기파괴적인 신념을 가지고 태어난다는 것이다. 다음으로 그가 환경의 영향을 중시하고 있다는 근거는 인간을 사회적인 존재로 간주한 데서 찾을 수 있다. 즉, 그는 비합리적인 신념의 대부분이 부모와 문화에 의해 습득되며, 타인으로부터 사랑과 인정의 욕구가 적절히 충족되지 않으면 신경증적인 성격이 나타날 수 있다고 보았다. 따라서 엘리스는 유전과 환경 둘 다 인간에게 영향을 미친다고 보는 입장이라고 할 수 있다.

3) 자유론적 인간관

엘리스는 인간을 변화가 가능한 존재로 보았다. 인간은 자신의 인지와 정서 그리고 행동을 바꿀 수 있는 능력이 있고, 자신이 늘 하던 방식과는 다른 방식의 반응을 선택할 수 있다는 것이다. 예를 들면, 인간은 자신의 비합리적인 사고를 합리적으로 바꿀 수 있는 능력을 가지고 있다는 것이다. 뿐만 아니라 인간은 자신의 정서적 혼란을 그대로 방치해 두지 않으며, 자신의 여생을 편안한 마음으로 살아가도록 스스로 훈련할 수 있다고 하였다(이형득 공저, 1984, p. 268). 즉, 인간은 자신이 가지고 있는 비합리적인 신념에 의문을 제기하고, 자기 자신을 더 바람직한 방향으로 변화시켜 나갈 수 있다는 입장을 취하고 있기 때문에 그는 결정론보다는 자유론적인 인간관을 가지고 있다고 여겨진다.

4) 전체론적 인간관

엘리스는 인간을 이해할 때 인지와 정서 그리고 행동을 분리하여 이해할 수 없다는 입장을 취하고 있다. 즉, 인간은 사고하는 동시에 느끼고 행동하며, 이들은 서로 영향을 주고받는 관계에 있다는 것이다. 이러한 상호 인과적 관계는 그의 ABC 모델에 잘 나타난다. 최초에 나타난 개인의 정서적 문제가 새로운 사건이 되고, 이 사건에 대한 신념이 또 하나의 다른 정서와 행동이 포함된 결과를 만들어 낸다는 것이다. 예를 들면, 불안 증세가 있는 내담자는 불안 증세가 언제 또 나타날지 모른다는 생각으로 인해 더욱 우울해지고, 사람들을 피하는 행동을 한다는 것이다. 이는 인지와 정서 그리고 행동의 관계가 단순한 일직선상의 원인과 결과로 작용하는 것이 아니고 서로 영향을 주고받는 관계이기 때문에 세 가지 구조를 전체적인 관점에서 이해하여야 함을 의미한다. 따라서 그는 전체론적인 관점에서 인간의 본성을 바라보고 있음을 알 수 있다.

2. 성격의 구조 및 발달

엘리스는 인간의 성격의 구조와 발달에 대하여 구체적으로 설명하지 않았다. 하지만 그의 이론에서 성격이란 신념체계로 볼 수 있다. 엘리스가 말하는 성격의 의미와 성격에 영향을 주는 요인들을 살펴보고자 한다.

1) 성격의 개념

엘리스는 성격에 대한 정의를 명확하게 제시하지 않고 있다. 다만 그는 각 개인의 신념체계가 합리적인지 아니면 비합리적인지에 따라 정서와 행동이 달라진다고 보았다. 다시 말하면, 합리적인 신념체계를 가지고 있는 개인은 특정한 상황, 특히 부정적인 사건을 경험할 때에도 적응적으로 기능하기 때문에 건강한 성격을 가졌다고 볼 수 있다. 반면에 비합리적인 신념체계를 가지고 있는 개인은 부정적인 사건을 경험할 때 부적응적으로 기능하기 때문에 건강하지 못한 성격을 띠게 된다고 볼 수 있다. 결국 엘리스의 이론에서 성격이란 개인의 신념체계를 의미한다.

2) 성격의 구조

엘리스는 성격을 합리적 사고와 비합리적 사고로 보고 있다. 그는 비합리적 사고는 대체로 4가지 수준으로 구성되어 있다고 가정한다. 이 4가지 수준은 자동적 사고, 추론과 귀인, 평가적 인지, 핵심 인지다. 각 수준은 [그림 12-1]과 같다(박경애, 2008, p. 219).

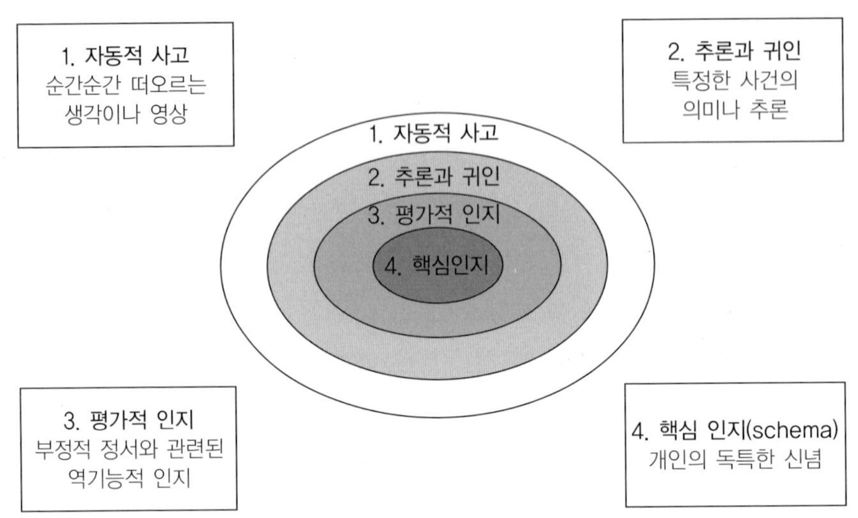

• 그림 12-1 • 비합리적 사고의 수준

출처: 박경애, 2008, p. 219.

[그림 12-1]을 살펴보면, 자동적 사고는 의식의 상태에서 잠깐 생각하면 설명할 수 있기 때문에 자기 진술이라고 부른다. 추론과 귀인 또한 의식 속에 있으며, 질문을 통해서 찾아낼 수 있다. 평가적 인지는 정서적 장애와 관련된 역기능적 인지를 포함하고 있는데, 쉽게 의식할 수 없는 부분이다. 핵심 인지는 개인의 삶에 대한 규칙이나 철학적 가정으로서, 인생의 중요한 스트레스 사건이나 심각한 정서적인 표출 또는 상담 과정이 아니면 잘 드러나지 않는다.

3) 성격의 발달

엘리스의 이론은 주로 성격의 변화와 발달을 다루고 있다. 그리고 성격의 변화와 발달에 영향을 미치는 요인으로 성격의 생득적 경향성, 성격의 사회적인 면 그리고 성격의 심리학적인 면 등을 들고 있다. 하지만 엘리스는 성격의 구체적인 발달단계를 제시하지 않았다.

(1) 성격의 생득적 경향성

엘리스는 인간은 자기파괴적인 정서와 행동으로 이끄는 비합리적인 신념을 구성하는 생득적인 경향성이 있다고 하였다(Ellis, 1976). 또한 엘리스(1962)는 심각한 수준의 특정한 심리 장애는 어느 정도는 생물학적인 요인에 의해 유전된다고 하였다. 즉, 인간은 자신에게 상처를 입히거나 혹은 비합리적인 방식으로 생각하는 경향성을 타고난다는 것이다. 예를 들어, 자신에게 나쁜 결과를 가져오는 일이라 해도 그 일에 대한 생각을 바꾸기 어렵고 바람직하지 못한 목표라 할지라도 이를 버리지 못한다. 또한 인간은 자신의 뜻대로 세상 일이 이루어지기를 바라고 또 그렇게 되어야 된다고 생각하며, 이루어지지 않았을 때에는 자신과 타인 그리고 세상을 비난하는 경향성을 가지고 태어난다는 것이다(이형득 공저, 1984, p. 269).

(2) 성격의 사회적인 면

엘리스는 모든 인간은 사회적 관계를 떠나서는 살아갈 수 없다고 보았다. 인간은 자신의 삶을 풍요롭게 하고, 다른 사람들보다 나아지려는 욕구를 가지고 있기 때문에 자신을 위하여 많은 노력을 한다. 하지만 다른 사람에게 인정을 받고 싶어 하는 욕구 때문에 다른 사람의 기대 수준에 맞추려고 애쓰며 살아가는 측면이 더 많다. 인간은 다른 사람들의 인정을 받을 때, 자신이 쓸모 있고 가치 있는 존재라고 느낀다. 물론 사회적인 관계 속에서 살아가기 때문에 타인을 생각하지 않을 수 없지만 과도하게 타인의 시선과 평가를 염려하면 불안이나 우울 등의 정서적인 어려움을 초래하게 된다(천성문 공역, 2013, p. 345). 이와 같은 엘리스의 주장에 비추어 보면 그는 개인의 성격 형성에 사회적인 요인들의 영향을 인정하고 있음을 알 수 있다.

(3) 성격의 심리학적인 면

엘리스는 슬픔, 유감, 좌절감 등과는 구별되는 정서적 혼란이 비합리적인 신념에서 유발된다고 보았다. 비합리적인 신념은 일반적으로 다음과 같은 진술의 형태를 띤다. '내가 어떤 것을 원하기 때문에 그것이 존재하는 것은 바람직할 뿐만 아니라 절대적으로 존재해야만 하며, 만약 그것이 실제로 존재하지 않는다면 그것은 끔찍한 일이다.' 라고 생각하다 보면, 불안이나 우울한 감정에 빠진 자신을 발견하게 되고, 자신이 바람직하지 않다는 것도 깨닫게 된다. 다시 말하면, 개인이 비합리적인 사고를 통해 불안과 우울을 경험하면 자신이 불안하고 우울한 것에 대해 불안해하고 우울해할 것이다. 그리하여 악순환을 경험하게 된다(노안영 공저, 2013, p. 439). 이처럼 개인이 현재 가지고 있는 우울한 감정은 현재 상황에서 비롯된 것이 아니라 그 사람의 부적절한 신념체계에서 비롯되어 되풀이되는 특성이 있다.

3. 핵심 개념 및 도식화

엘리스의 이론에서 주요하게 거론되는 핵심 개념인 REBT이론의 원리와 특징, ABC

이론, 비합리적 사고, 적절한 정서와 부적절한 정서 그리고 부적응의 원인 등을 살펴보고자 한다.

1) 인지 · 정서 · 행동치료이론의 원리

REBT이론에서 주장하는 여섯 가지 중요한 원리는 다음과 같다(노안영 공저, 2013, p. 442).

첫째, 인지는 인간 정서의 가장 중요한 핵심 요소다.

둘째, 역기능적 사고는 정서장애의 중요한 결정 요인이다.

셋째, REBT의 기본 개념은 우리가 사고하고 있다는 것을 깨닫는 것이기 때문에 REBT는 사고의 분석부터 시작한다.

넷째, 비합리적 사고와 정신 병리를 일으키는 요인들은 유전과 환경의 영향을 포함하는 여러 요소로 이루어져 있다.

다섯째, REBT는 행동에 대해 그 행동에 미친 과거의 영향보다 현재에 초점을 둔다.

여섯째, 비록 쉽지는 않지만, 신념은 변화한다고 믿는다.

엘리스는 인간의 인지, 정서, 행동은 서로 분리되어 존재할 수 있는 것이 아니고 매우 밀접하게 관련이 있으며, 이 세 가지는 서로 상호작용한다고 보았다. 이 세 가지 심리 구조의 상호작용은 [그림 12-2]와 같이 표현할 수 있다(박경애, 2008, p. 41).

벡은 인간의 인지, 정서, 행동이 서로 상호작용하고 있다고 보고 있지만, 특히 인간의 인지가 정서와 행동을 결정하기 때문에 인간의 정신건강에 인지가 가장 중요한

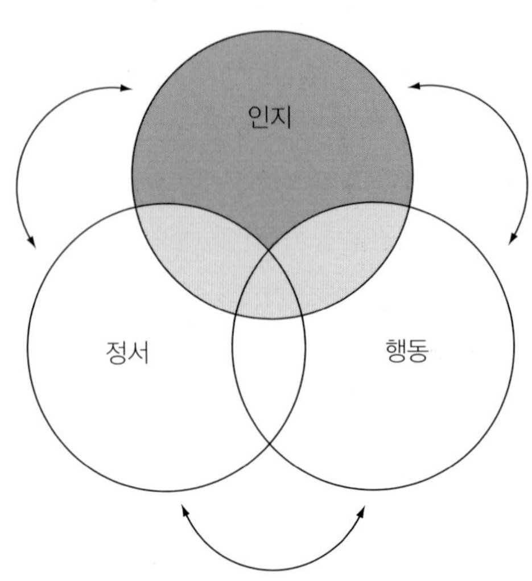

• 그림 12-2 • 인간의 심리 구조

역할을 하고 있다고 보았다(Ellis & Dryden, 1987). '인지' 란 용어는 '영적 세계 또는 미지의 세계를 알다 또는 경험하다.'라는 의미를 지닌 'cognosco' 에서 파생되어 지금은 비교적 넓은 의미로 사용된다. 심리학자들 사이에서도 인지, 사고, 지각, 이해 그리고 기억이라는 용어 사이의 명확한 경계를 내리기는 어렵다고 말하고 있다. 인지는 사고, 신념, 기대, 귀인 등의 인지적 활동과 지각체계를 모두 포함한다고 볼 수 있다.

2) 인지 · 정서 · 행동치료이론의 특징

REBT이론의 특징을 살펴보면 다음과 같다(박경애, 2008, pp. 138-149).

첫째, REBT이론은 인간의 심리적 장애의 원인과 치료에 인지를 강조한다. 인간의 기능적인 측면에 인지가 중요하다는 입장은 엘리스 이전의 다양한 학자에 의해서도 주장되어 왔지만, 엘리스는 역기능적인 인지를 수정하는 이론적인 틀과 방법을 구체적으로 제시하였다.

둘째, REBT이론은 ABC 모델을 제시하고 있다. 엘리스는 내담자를 치료할 때 비합리적인 사고를 찾아내어 논박을 하는 데 초점을 두었다. 대부분의 다른 인지치료자들은 내담자의 인지적 왜곡에 집중하여 인지적으로 왜곡된 생각을 수정하려고 한 반면, 엘리스는 인지적 왜곡의 기저에 깔려 있는 비합리적인 당위적 사고를 찾아내려고 하였다. 이는 그가 인간의 정서적인 장애의 원인이 비합리적이며 역기능적인 신념에 있다고 보았기 때문이다.

셋째, REBT이론은 인간의 심리적 장애의 치료 효과를 지속시키기 위해서 철학적 변화를 강조한다. 철학적 변화란 개인이 자신의 기본적인 삶의 태도와 가치의 변화를 의미한다. 예를 들면, 장기적 향락주의라든지 융통성, 자기수용과 같은 가치를 받아들이는 것은 개인의 행복에 많은 영향을 미친다고 보기 때문이다.

넷째, REBT이론은 심리적 장애를 다루는 자기조력적(self-help) 접근의 중요성을 강조한다. 이는 치료에 내담자 자신의 노력이 중요하다는 것을 의미한다. 엘리스는 내담자를 치료할 때 내담자 혼자서 스스로 할 수 있는 치료적인 접근을 많이 시도하였다. 자가기록지를 사용하도록 하였으며, 수치심 공격하기 연습이나 위험 무릅쓰기 연습 등 내담자가 스스로 할 수 있는 기법을 다양하게 개발하였다.

다섯째, REBT이론은 치료자의 적극적이며 지시적인 역할을 강조한다. 엘리스는 정신분석가나 인간중심이론가들처럼 치료자가 내담자 스스로의 통찰과 변화를 도와야 한다는 소극적인 역할에 찬성하지 않았다. 그는 치료자가 치료 장면에서 보다 적극적이고 지시적인 역할을 할 때 내담자의 변화에 도움이 된다는 것을 발견하였다.

여섯째, REBT이론은 치료자와 내담자의 관계를 강조한다. 엘리스는 치료자가 내담자를 치료할 때 과도하게 따뜻한 마음으로 대하는 것이 바람직하지 않다고 주장한다. 치료자에게서 느끼는 과도한 따뜻함은 라포 형성에는 도움이 되지만 치료자를 의존하게 되고 상담회기도 길어지게 되는 등의 부작용을 유발할 수 있다는 것이다. 하지만 엘리스는 치료자의 무조건적 수용과 자기개방적인 태도 그리고 유머를 사용하는 것과 같이 내담자와의 관계 형성에 도움이 되는 태도를 강조하고 있다.

일곱째, REBT이론은 중다양식적인 접근을 강조한다. 엘리스는 치료적인 접근을 할 때, 다양한 측면의 기법을 활용할 것을 권장하였다. 그는 주로 언어적 논박을 통하여 내담자의 비합리적인 신념을 찾고 수정할 수 있도록 도왔지만, 다른 인지적 · 정서적 · 행동적인 기법도 다양하게 사용하였다. 이는 사람마다 자신의 비합리적인 신념을 찾는 방법이 다르다고 보았기 때문이다.

3) ABC 모델

ABC 이론에서 A(activating events)는 선행사건이며, B(belief system)는 그 사람의 신념체계이고, C(emotional consequence)는 정서적 · 행동적 결과를 의미한다. 엘리스는 어떠한 선행사건 A가 정서적 · 행동적 결과인 C의 직접적인 원인이 되는 것이 아니라, 선행사건 A에 대한 그 사람의 신념체계인 B가 C의 원인이 된다고 하였다. 즉, 어떤 사건이 발생했을 때, 그 사람의 신념체계가 합리적인지 비합리적인지에 따라서 결과가 다르게 나타날 수 있다는 것이다. 이 같은 신념체계는 선행사건이 즐거운 것이고, 자신의 목표에 도움이 되는 것일 때에는 개인에게 유용한 방향으로 잘 기능한다. 하지만 선행사건이 자신의 목표에 도움이 되지 않게 되면 ABC 이론 체계 내에 심리장애의 잠재요인이 촉발된다.

일반적으로 대부분의 사람은 선행사건 때문에 결과가 나타났다고 생각한다. 예를 들면, 성적이 떨어져서 자살하거나, 이성친구와 헤어져서 우울증에 걸렸다고 생각하는 것이다. 하지만 엘리스는 결과가 나타난 것은 선행사건 때문이 아니라 선행사건에 대한 개인의 신념체계 때문이라는 것이다. 앞의 예에서 성적이 떨어진 사람은 더 이상 살아갈 이유가 없다는 신념이나 생각 때문에 자살을 할 수 있으며, 이성친구와 계속 만나지 못하면 삶이 더 이상 의미가 없다는 신념이나 생각 때문에 우울증에 빠진다는 것이다.

이러한 ABC 모델은 [그림 12-3]과 같다(박경애, 2008, p. 68).

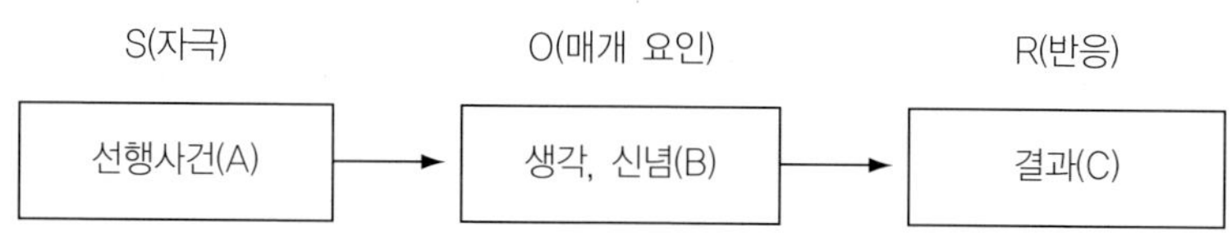

• 그림 12-3 • ABC 기본 모형

ABC 기본 모형에서 신념(B)을 합리적인 것과 비합리적인 것으로 나눌 수 있다. 즉, 어떤 사건이 발생했을 때 그 사람의 신념체계가 합리적인지 아니면 비합리적인지에 따라서 결과인 C가 다르게 나타날 수 있다는 것이다. 합리적인 신념체계와 비합리적인 신념체계에 따라 나타나는 결과는 [그림 12-4]와 같다(박경애, 2008, p. 69).

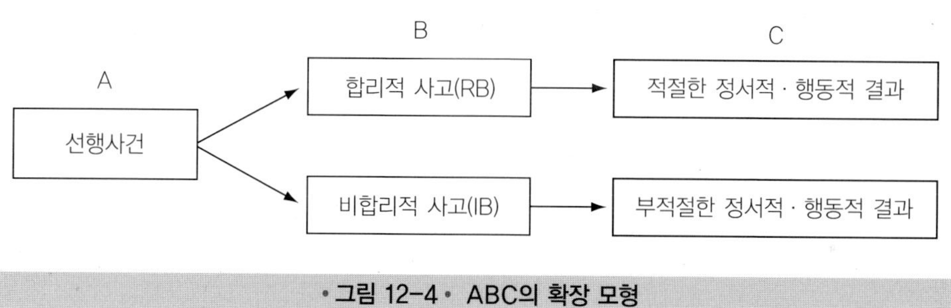

• 그림 12-4 • ABC의 확장 모형

[그림 12-4]를 예를 들어 설명하면, 심리학자가 되려는 목표를 가지고 있는 켈리라는 여자의 경우다(천성문 공역, 2013, p. 348). 켈리가 심리학 시험에서 A학점을 받았을 때(선행사건)는 선행사건이 켈리의 목표에 부합되므로 별 문제가 되지 않는다. 하지만 시험을 망쳤을 때에는 켈리의 신념체계에 따라서 나타나는 결과는 달라진다. 그녀가 합리적인 신념체계를 가지고 있다면, 절망적인 기분이 들더라도 다음 번 시험을 실패하지 않으려고 열심히 공부할 것이다. 하지만 켈리가 비합리적인 신념체계를 가지고 있으면 상황이 달라진다. 시험에 실패했을 때(선행사건), 그녀는 '나는 시험에서 A학점을 받지 않으면 안 돼.' 혹은 '나는 A학점을 받지 못했으니 가치 없는 인간에 불과해.' 등과 같은 신념에 따라 반응하게 될 것이다. 그 결과, 그녀는 깊은 절망감이나 무가치감과 같은 건강하지 못한 정서는 물론 다른 과목의 공부도 포기하는 방식의 행동까지 경험하게 될 것이다.

또한 엘리스는 개인이 최초로 가지고 있는 정서적 문제, 즉 C가 새로운 사건 A의 원인이 되어 또 하나의 ABC 모델을 만들어 낸다고 주장하였다. 이는 1차적 정서적 문제가 2차적 정서적 문제를 만들어 내는 것을 의미한다. 예를 들면, 불안 증세가 있는 내담자는 불안 증세를 가지고 있기 때문에 더욱 우울감을 느끼고 그 우울감으로 인해 불안을 더 느끼게 된다는 것이다. 이러한 2차적 문제의 출현 과정은 〈표 12-1〉과 같다(박경애, 2008, p. 71).

• 표 12-1 • 2차적 문제

사건(A)	내담자의 어머니가 지속적으로 내담자의 행동에 대해서 불평을 한다.
합리적 사고(rB)	내 어머니가 이런 식으로 행동하지 않으면 참 좋겠다.
비합리적 사고(irB)	나는 어머니의 그런 행동을 좋아하지 않기 때문에 어머니는 그런 식으로 행동을 하면 절대로 안 된다.
정서적 행동적 결과(C)	어머니에게 화를 내고 소리를 지른다.
2차적 사건(A2)	내담자가 화를 내는 것과 소리를 지르는 것
2차적 합리적 사고(rB2)	나는 나의 화를 좀 가라앉혔으면 참 좋겠다.
2차적 비합리적 사고(irB2)	나는 반드시 나의 화를 참아야만 한다. 만약 그렇게 하지 못하면 나는 정말로 어머니와 똑같이 한심한 인간이다.
2차적 결과(C2)	자기 자신에 대해서 분노와 수치심을 느낀다.

〈표 12-1〉을 살펴보면, 내담자를 향한 어머니의 불평으로 야기된 내담자의 1차적인 정서적 문제는 2차적 사건의 원인으로 작용하여 또 다른 2차적인 정서적 문제인 자신에 대한 분노와 수치심을 유발한다는 것이다. 이에 엘리스는 내담자의 2차적 문제를 다루는 것이 1차적 문제를 해결하는 데 도움이 된다고 하였다.

4) 비합리적 사고

(1) 비합리적 사고의 예시

엘리스(1962)는 타고난 경향성과 어려서부터 받은 부모나 사회문화적 영향으로 형성된 비합리적 신념을 다음과 같이 제시하고 있다(이형득 공저, 1984, pp. 272-276). 이 신념들은 성격발달, 특히 이상 성격의 발달을 초래한다.

첫째, 자신은 주위의 모든 사람에게 항상 사랑과 인정을 받아야만 한다.

둘째, 가치 있다고 여겨지기 위해서는 완벽하리만큼 유능하고, 적절하며, 성취를 해야만 한다.

셋째, 어떤 사람들은 나쁘고, 사악하며, 악랄하다. 그러므로 그러한 사람들은 반드시 비난과 처벌을 받아야만 한다.

넷째, 일이 바라는 대로 되지 않은 것은 곧 무시무시한 파멸이다.

다섯째, 사람의 불행은 외부 환경 때문이며, 사람으로서는 어쩔 수 없는 일이다.

여섯째, 위험하거나 두려운 일은 항상 일어날 가능성이 있는 것으로 커다란 걱정의 원천이 된다.

일곱째, 인생에서 어떤 어려움이나 주어진 자기 책임을 직면하는 것보다는 피하는 것이 더 쉬운 일이다.

여덟째, 사람은 타인에게 의존해야만 하고, 따라서 누구에게든 자신이 의존할 만한 더 강한 누군가가 있어야만 한다.

아홉째, 과거의 경험이나 사건은 현재의 행동을 결정하며, 사람은 과거의 영향에서 벗어날 수 없다.

열째, 사람은 주위의 다른 사람들이 문제나 혼란에 처하는 경우에 당황할 수밖에 없다.

열한째, 모든 문제에는 가장 적절하고 완벽한 해결책이 반드시 있으며, 그것을 찾지 못한다면 그 결과는 파멸이다.

그는 이상의 11가지 신념 대부분이 부모와 문화의 가르침에서 나온 것이며, 우리 사회에 있는 대부분의 성인이 이러한 신념을 갖고 있다고 하였다. 이는 바꿔 말하면 통계상 정상이라고 하는 대부분의 사람이 비합리적 사고로 특징지어지는 신경증적인 경향을 지니고 있다는 말이 된다(이형득 공저, 1984, p. 276). 이렇듯 엘리스는 인간의 성격이 유전과 환경의 영향을 동시에 받아 형성되며, 그 결과 비합리적인 신념이 형성된다고 보았다.

(2) 비합리적 사고의 요소

엘리스에 따르면 비합리적 사고는 당위적 사고, 과장적 사고, 자기비하적 사고, 낮은 인내성으로 구성되어 있다고 하였다(박경애, 2008, pp. 90-92).

① 당위적 사고

당위적 사고는 영어의 'must'와 'should'로 표현이 된다. 엘리스는 절대적이고 당위적인 사고가 인간 문제의 근원이라고 보았다(박경애, 2008, p. 91). 당위적 사고는 모든 비합리적인 사고의 핵심이 되며, 여기에서 다른 비합리적인 사고가 파생된다고 하였다. 각 개인이 가지고 있는 비합리적 신념의 근원이 되는 세 가지 당위성은 다음과 같다.

첫째, 자신에 대한 당위성(I must)이다. 예를 들면, '나는 반드시 훌륭하게 일을 수행해 내야 한다.' '나는 반드시 중요한 타인에게 인정을 받아야만 한다.' 등이다. 이러한 자신에 대한 당위적인 사고는 '원하는 대로 일이 이루어지지 않을 때 나는 끝이다.' 라는 생각에 빠지게 한다(노안영 공저, 2013, p. 439). 엘리스는 이와 같은 자신에 대한 당위적인 사고가 비합리적인 신념의 원인이라고 보았다.

둘째, 자신과 가까운 타인들에 대한 당위성(others must)이다. 인간은 자신과 밀접하게 관련되어 있는 사람, 즉 부모, 자식, 배우자, 애인, 친구, 직장동료 등에게 당위적인 행동을 기대한다. 예를 들면, '부모니까 나를 사랑해야 한다.' '자식이니까 내 말을 들어야 한다.' '부인이니까 정숙하게 행동해야 한다.' '애인이니까 자나 깨나 나에게 관심을 가져야 한다.' 등이 이에 해당한다. 자신과 가까운 타인에게 바라는 당위적인 기대가 이루어지지 않을 때, 인간에 대한 불신감을 갖게 된다. 그리고 이러한 불신감은 인간에 대한 회의에 빠지게 하여 결국 자기비관이나 파멸을 초래한다(노안영 공저, 2013, p. 440). 엘리스는 친밀한 타인들에게 바라는 당위적인 기대가 비합리적인 신념의 또 다른 원인이 된다고 하였다.

셋째, 세상의 조건에 대한 당위성(conditions must)이다. 이는 개인 각자에게 주어진 조건이 반드시 자신의 기대 수준에 맞아야 한다고 생각하는 것이다. 예를 들면, '우리 집은 반드시 행복해야만 한다.' '나는 반드시 근사한 직업을 가지고 살아가야만 한다.' 등이다. 하지만 각 개인에게 주어지는 조건이 완벽할 수는 없다. 그럼에도 사람들은 이러한 당위적 사고를 가지고 살아가면서 자신의 기대에 부합하지 못하면 정서적인 불편감을 나타낸다(노안영 공저, 2013, p. 440). 엘리스는 이와 같이 자신에게 주어진 상황에 대한 당위적인 사고가 비합리적 신념의 대표적인 원인이라고 하였다.

② 과장적 사고

과장적 사고는 현실을 있는 그대로 직시하기보다는 훨씬 더 과장해서 생각하는 것을 뜻한다. 예를 들면, '……이 끔찍하다.' '……하면 큰일 난다.' '죽을 지경이다' 등이 이에 해당한다. 엘리스는 과장적 사고에 대해 파국화(awfulizing)라는 용어를 사용하였다(박경애, 2008, p. 91). 이러한 과장적 사고는 실제 상황보다 더 심각하게 생각하기 때문에 그로 인하여 야기되는 정서 또한 심각하다는 것이 문제다.

③ 자기비하적 사고

엘리스는 처음에 인간의 가치에 대한 총체적 평가(global rating of human worth)라는 용어를 사용하였다. 이 말은 대체로 사람들은 자신의 잘못된 한 가지 행동을 가지고 자기 자신 또는 타인의 가치를 평가하는데, 그 형태가 자기비하 또는 타인비하로 드러나

는 경향이 있다는 의미다(박경애, 2008, p. 91). 즉, 자기비하는 스스로가 어떤 실패처럼 보이는 상황 때문에 자기 자신을 무가치하게 여기는 것을 의미한다. 이것은 낮은 자존감이나 무기력감, 우울감으로 이어지며, 그 결과 자신감을 잃어서 새로운 시도나 도전을 회피하게 된다. 특히 자기비하는 '……한 것을 보니 나는 무가치한 사람이다.'라는 식으로 자신에 대한 인식을 형성하는 것이다. 자기비하의 예를 들면, 어떤 학생이 시험을 잘 치르지 못했을 때 '또 시험을 망쳤네! 나는 항상 이런 식이야.'라고 생각하는 것이다. 또한 연애에 실패하였을 때 '나는 이성을 사귈 능력이 없는 사람이야. 나는 무가치해!'라고 하면서 좌절과 우울감에 빠지기도 하며, '나는 되는 일이 없어.' '내가 손대는 일은 실패한다니까.' '거 봐, 안 될 줄 알았어.' 라는 식으로 자기를 비하하는 것이다. 계속해서 이런 의식을 갖고 있으면 일처리를 자신 있게 해 나가기 어렵게 된다. 하지만 이러한 자기비하적 사고는 엄연히 인지적인 오류에 해당하는 것이다. 추론은 객관적이고 타당한 것이어야 하는데 객관적인 추론을 거치지 않고 바로 잘못된 신념으로 비약하기 때문에 자기비하가 발생한 것이다. 즉, 자기비하적 사고는 합리적인 추론 없이 특정한 결론을 내려 버리는 임의적 추론에서 발생하며, 1~2개의 사건에 근거하여 일반적인 결론을 내리는 지나친 일반화에서 비롯되는 것이라고 할 수 있다.

④ 낮은 인내성

엘리스는 낮은 인내성을 'Low Frustration Tolerance' 라는 용어를 사용하였다. 이는 줄여서 LFT라고 하는데 욕구가 좌절되는 상황을 충분히 참지 못하는 경우가 이에 해당한다(박경애, 2008, p. 91). 낮은 인내성이란 인간에게는 조급한 성향이 있기 때문인데, 자신의 욕구가 좌절되는 상황을 견디지 못하는 것을 뜻한다. 예를 들면, '이건 너무 어려워.' '나는 이 중압감을 참을 수 없어.' '너무 놀라서 아무것도 할 수 없어.' 등과 같은 진술들이다(천성문 공역, 2013, p. 349). 심리적으로 건강한 사람은 자신의 기본적인 가치나 목표, 선호와 갈등을 일으키는 상황이나 사건에 직면했을 때에도 참을 수 있는 태도를 보인다.

앞에서 살펴본 비합리적 사고의 4가지 요소의 관계는 [그림 12-5]와 같다.

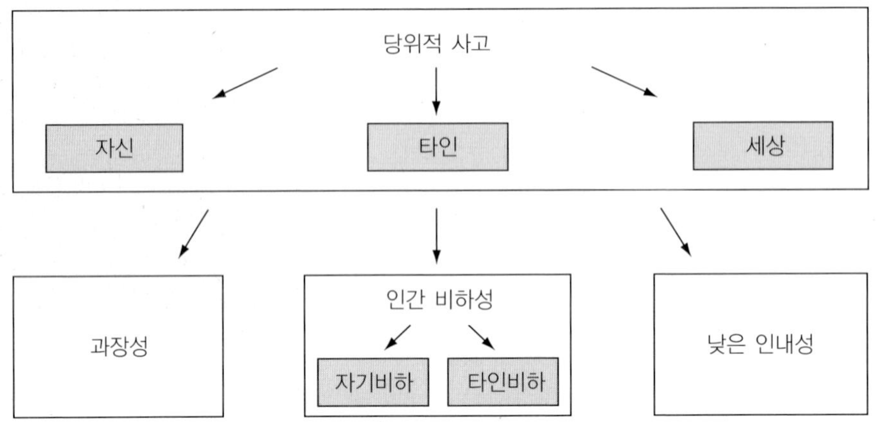

• 그림 12-5 • 비합리적 사고의 구성요소들의 관계

출처: 박경애, 2008, p. 92.

[그림 12-5]에서 볼 수 있듯이 비합리적 사고의 핵심은 자신과 타인과 세상에 대한 당위적 사고이며, 이 당위적 사고에서 과장성, 인간 비하성, 낮은 인내성이 파생됨을 알 수 있다.

(3) 비합리적 사고의 기준

쿠엔(Kuhn, 1970, 1977)은 논리적 일치성(logical consistency: 논리성), 검증 가능성(verifiability: 현실성), 실용성(pragmatic function) 등의 측면에서 합리적 사고와 비합리적 사고를 비교하였다. 이에 더하여 엘리스는 경직성(demandingness: 융통성)과 정서적 · 행동적 결과의 파급 효과 측면을 추가하였다. 엘리스가 말하는 합리적 사고와 비합리적 사고의 차이는 〈표 12-2〉와 같다(박경애, 2008, p. 75).

• 표 12-2 • 합리적 사고와 비합리적 사고의 비교

특 성	합리적 사고	비합리적 사고
논리성	논리적으로 모순이 없다.	논리적으로 모순이 있다.
현실성	경험적 현실과 일치한다.	경험적 현실과 일치하지 않는다.
실용성	삶의 목적 달성에 도움이 된다.	삶의 목적 달성에 방해가 된다.
융통성	융통성이 있고, 경직되어 있지 않다.	절대적 · 극단적이고, 경직되어 있다.
파급 효과	적절한 정서와 적응적 행동에 영향을 준다.	부적절한 정서와 부적응적 행동을 유발한다.

출처: 박경애, 2008, p. 75.

합리적 사고와 비합리적 사고는 다음과 같은 차이가 있다.

첫째, 논리성의 측면에서 합리적 사고는 논리적으로 일치한다. 예를 들면, '대부분의 사람은 자기의 직업에서 성공하는 것을 참으로 좋아한다.' '그러므로 나도 내 일에서 성공하고 싶다.'는 두 문장이 있을 때, 두 번째 문장은 첫 번째 문장으로부터 논리적으로 따라 나온다는 것을 알 수 있다. 하지만 두 번째 문장이 '그러므로 나는 반드시 성공해야만 한다.'는 문장이라면 논리적으로 모순이 있는 불합리한 추론이 된다는 것이다.

둘째, 현실성의 측면에서 합리적 사고는 현실에서 일어날 가능성이 높아서 경험하는 것이 가능하다. 이와는 반대로 비합리적인 사고는 현실에서 일어날 가능성이 낮아서 경험하기가 거의 불가능하다. 예를 들어, 자신이 중요하다고 생각하는 사람들이 자신을 사랑하지 않는다고 해도 행복하게 살아갈 수 있다는 것이다.

셋째, 실용성의 측면에서 합리적 사고는 인간의 삶을 생산적으로 이끌고 삶의 목적을 성취하는 데 도움을 준다. 반면에 비합리적 사고는 인간의 삶을 파괴적으로 이끌거나 궁극적으로 삶의 목적을 달성하는 데 방해가 된다.

넷째, 융통성 측면에서 합리적 사고는 경직되어 있지 않고 융통성이 있어서 바뀔 수 있으며, 개인의 선호, 바람, 소망, 희망 등이 반영되어 있다. 이와는 반대로 비합리적 사고는 경직되어 있으며, 절대적, 극단적이어서 융통성이 없기 때문에 바뀌기 어렵다. 예를 들면, '반드시 ……해야만 한다.' '반드시 …… 해서는 안 된다.' 등이 이에 해당한다.

다섯째, 파급 효과를 살펴보면, 합리적 사고는 적절한 정서를 유발하고, 적응적인 행동을 가능하게 하는 반면에 비합리적 사고는 부적절한 정서를 유발하고 부적응적인 행동에 영향을 준다. 즉, 합리적 사고는 비합리적인 사고에 비해 우울, 불안, 죄책감, 수치심, 분노 등과 같은 부적절한 정서를 유발하는 경향이 적다는 것이다.

(4) 비합리적 사고의 탐색

REBT이론에서는 개인이 가지고 있는 비합리적 사고를 탐색하는 과정을 중요시한다. 비합리적 사고를 탐색하는 방법을 살펴보면 다음과 같다.

① 논 박

엘리스의 이론은 사고, 정서 그리고 행동의 상호작용을 인정하고 있다(Ellis, 1962; Ellis & Whiteley, 1979). 하지만 그는 비합리적인 신념이 역기능적인 정서 및 행동의 원인이라고 보기 때문에 내담자의 비합리적인 신념을 포기하도록 돕는 데 집중하고 있다(이동귀 역, 2011, p. 111). 이때 내담자의 비합리적인 신념을 합리적인 신념으로 변화시키기 위하여 '논박'이라는 인지적인 기술(cognitive techniques)을 사용한다. 논박

(disputing)이란 내담자의 비합리적 신념을 먼저 확인한 후에 다음과 같은 질문으로 내담자가 가진 신념을 반박하는 것이다. "네가 믿는 것에 대한 증거가 어디 있느냐?" "네가 바라던 것이 현실에서 가능한 일인가?" "네가 하는 생각이 네가 원하는 목표를 이루는 데 도움이 되는가?" 등의 질문이다. 그리고 내담자 스스로도 자신의 비합리적인 신념을 택하여 하루에 10분 이상씩 논리성, 현실성 및 유용성 등에 비추어 체계적인 방법을 사용하여 그것에 대해 논박하게 한다. 그리하여 내담자 자신이 더 이상 그 신념에 얽매이지 않거나, 적어도 그 신념이 약하게 될 때까지 이 비합리적 신념에 대한 논박을 반복하는 것이다(이형득 공저, 1984, p. 291). 이러한 논박 과정을 통하여 내담자는 자신의 신념이 합리적이지 않음을 스스로 알게 되어 결국 비합리적 신념이 합리적인 신념으로 바뀌게 된다. 즉, 자신의 당위적인 사고를 소망적인 사고로 바꾸게 되는 것이다. 드라이덴(Dryden, 1995)은 개인의 비합리적인 생각에 가장 빨리 다가갈 수 있는 방법은 논박이라고 주장하였다. 이러한 논박의 구체적인 방법 4가지를 소개한다(이동귀 역, 2011, pp. 89-96).

'기능적 논박(functional disputes)'은 내담자에게 그의 신념과 그에 수반하는 정서, 행동의 실제적 유용성에 대해 의문을 갖도록 하는 것이다. "그것이 당신에게 도움이 됩니까?" 혹은 "이런 방식으로 생각을 지속하는 것이 당신에게 어떤 영향을 줄 것 같습니까?" 와 같은 질문을 통해 내담자는 자신의 신념이 자신이 정말로 원하는 목표를 달성하는 데 방해가 되고 있다는 점을 깨닫게 된다.

'경험적 논박(empirical disputes)' 은 신념의 근거가 현실적이고 사실적인지를 평가하는 것이다. 다시 말하면, 내담자가 가진 신념이 사회적 현실에 부합하는가를 평가하는 것이다. "그런 생각을 뒷받침할 만한 실제 증거가 있습니까?" "그 말이 옳다는 증거가 현실의 어디에 있습니까?" 등과 같은 질문을 통해 내담자는 자신이 근거 없는 믿음, 다시 말해서 현실적으로 전혀 가능성이 없는 신념을 고수해 왔다는 점을 이해하게 된다.

'논리적 논박(logical disputes)'은 내담자의 비합리적인 신념이 기반하고 있는 비논리적인 추론에 의문을 제기하는 것인데, 이런 비논리성은 주로 내담자의 소망이나 바람에 의해 나타난다. "이 일이 사실이기를 바란다거나 당신에게 편하다고 해서 이 일이 반드시 그렇게 되는 것일까요?" 혹은 "X 뒤에 Y가 반드시 나오리라는 논리는 어떻게 나온 것이지요?" 같은 질문을 통해 내담자는 자신의 신념이 비합리적이라는 것을 깨닫게 된다.

'철학적 논박(philosophical disputes)' 은 삶에 대한 만족이라는 주제를 내담자와 함께 다루는 것이다. "이 부분에서 당분간 당신이 원하는 대로 되지 않을지라도 다른 부분에서 만족을 느끼고 행복할 수 있지 않을까요?" 와 같은 질문을 통하여 내담자가 당면한 문제로 인하여 왜곡된 시각을 다른 영역으로 확장할 수 있도록 도움을 줄 수 있다.

② 귀납적 자각

'귀납적 자각(inductive awareness)'이란 내담자의 부적절한 정서와 관련이 있는 자기 진술을 통해 자동적 사고를 파악한 후에 여러 가지 자동적 사고의 공통점을 찾아내고 어떠한 인지적 오류가 있는지를 내담자 스스로 알아차리도록 하는 방법을 의미한다. 이 방법은 효과적이기는 하지만 내담자 자신이 비합리적 신념을 알아차리는 데 시간이 오래 걸린다. 뿐만 아니라 지적인 내담자에게는 유용하지만 지적인 능력이 떨어지거나 정서적으로 혼란된 내담자에게는 적용하기 어렵다.

③ 귀납적 해석

'귀납적 해석(inductive interpretation)'은 치료자가 비합리적 신념에 대해 해석을 하는 적극적인 개입 절차다. 이 방법은 치료자가 먼저 내담자의 다양한 자동적 사고의 추론을 수집한 후에 내담자가 가지고 있는 비합리적 신념을 보여 준다. 이 방법 또한 시간이 많이 걸리며, 치료자가 내담자의 신념에 대하여 가설을 가지고 출발하는 오류를 범할 수 있다.

④ 추론연쇄

'추론연쇄(inference chaining)'란 내담자가 가진 자동적 사고의 논리적 오류를 다루지 않고, 내담자의 해석을 사실이라고 받아들인 후에 내담자가 그 해석을 어떻게 평가하는지를 알아가는 방법이다. 이 방법은 소크라테스 식 대화처럼 치료자의 질문을 통해 내담자 스스로 비합리적인 신념을 찾아가기 때문에 비교적 선호되는 기법이다.

⑤ 접속 구문과 문장완성구문의 활용

'접속 구문(conjunctive phrasing)'이란 추론연쇄에서 활용되는 것으로써 내담자의 말끝에 마침표를 찍지 않고 '그래서' '그리고 그것의 의미는……' 등과 같이 문장을 이어 주는 방법을 의미한다. 이 방법은 내담자가 말하는 내용을 확인할 수 있을 뿐만 아니라 내담자의 사고를 찾아내도록 유도하기 때문에 비합리적 신념을 찾는 데 효과적인 방법이다. '문장완성구문(sentence-completion)'이란 내담자가 말한 진술문에 대해 더 구체적으로 문장을 완성해 주는 기법으로, 말이나 문자 그대로 생각하는 내담자에게는 효과적이다.

⑥ 연역적 해석

'연역적 해석(deductive interpretation)'이란 내담자의 진술을 들은 후에 치료자가 내담자의 사고에 대한 가설을 먼저 제시하는 것이다. 이때의 가설은 추측의 형태로 제시되는데 치료자의 가설은 내담자의 생각과 대부분 비슷한 경향을 보이며 몇 차례의 가설 검증 절차를 거친다. 치료자는 자신의 가설이 반드시 옳다는 생각을 버려야 하고 사실이 아닌 추측일 뿐이며, 항상 내담자에게 그 가설에 대한 피드백을 받아 확인을 해야 한다.

5) 적절한 정서와 부적절한 정서

엘리스의 이론은 인간의 사고에 초점을 두고 있기 때문에 정서 부분은 간과하고 있다는 비판을 받기도 한다. 하지만 그는 인간의 정서 또한 매우 중요시하여 적절한 정서를 가질 수 있도록 도와야 한다는 입장을 취하고 있다. 엘리스(1979b)는 인간의 정서를 적절한 정서와 부적절한 정서로 구분하였다.

(1) 적절한 정서

적절한 정서는 욕망(desiring), 소원(wishing), 선호(preferring) 등과 같은 느낌이 좌절되거나 차단될 때 일어나는 감정이다. 적절한 정서 중에도 긍정적인 것과 부정적인 것이 있다. 긍정적인 정서에는 사랑, 행복, 쾌락, 호기심 등이 있고, 부정적 정서는 불쾌감이나 걱정 등이 있다. 인간이 이 같은 정서를 느끼는 것은 지극히 자연스러운 현상이다. 부정적인 자극을 받는 상황에서는 부정적인 정서를 느끼는 것이 건강하다고 볼 수 있다. 불쾌한 상황에서도 부정적인 정서를 느끼지 않는다면 그러한 상황을 피하거나 줄이려고 노력하지 않을 수 있기 때문이다.

(2) 부적절한 정서

부적절한 정서는 우울, 불안, 절망감, 적개심, 무가치감 등과 같은 감정이다. 이러한 정서의 대부분은 사람이 싫어하는 어떤 상황이나 조건을 바꾸도록 도와주는 것이 아니라 더 악화시키는 경향이 있다. 예를 들어, 길을 가다가 돌멩이에 걸려 넘어졌을 때, 화를 내고 욕을 하다보면 다른 돌멩이에 걸려서 또 넘어질 수 있다. 이러한 부적절한 정서는 강한 욕망이나 소원 그리고 선호 때문이 아니라 '반드시 해야만 한다.'라는 당위적 사고에서 비롯되는 비합리적인 신념에 원인이 있다(이형득 공저, 1984, p. 281).

6) 부적응의 원인

엘리스는 인간이 부적응을 보이는 원인으로 크게 생득적인 경향성과 비합리적 신념을 들고 있다. 구체적으로 살펴보면 다음과 같다.

(1) 생득적인 경향성

엘리스는 인간이 자기파괴적인 성향을 가지고 태어난다고 보았다. 예를 들면, 사람들은 자신이 가지고 있는 사고가 더 나쁜 결과를 가져 올지라도 그 사고를 잘 바꾸지 못하고, 분명히 좋지 않은 습관인데도 버리지 못하는 선천적인 경향을 가지고 있다는 것이다. 또한 어릴 때 배운 신념과 태도에 집착하며, 다른 사람들보다 우월해 보이고 완벽하다는 것을 입증하고자 하는 경향을 가지고 태어난다고 하였다(이형득 공저, 1984, p. 271). 엘리스에 따르면, 심각한 수준의 혼란을 경험하는 사람(정신병, 경계선 성격장애, 강박신경증 등)은 원인이 환경적인 스트레스뿐만 아니라 생화학적 이상도 있다고 하였다(Ellis, 1991; 2001; 2002). 이는 인간의 기질적으로 타고난 성향이 정신적 문제나 부적응에 영향을 미친다는 것을 의미한다.

(2) 학습된 비합리적 신념

엘리스는 인간을 합리적인 올바른 사고를 할 수도 있고 비합리적이고 왜곡된 사고를 할 수도 있는 존재로 보았다. 합리적인 사고는 인간을 성장하게 하고, 행복하게 살 수 있도록 하는 반면에 비합리적인 사고는 인간을 파괴하고, 자신의 성장 가능성을 방해한다. 비합리적인 사고는 주로 당위적인 사고에서 기인한다. 엘리스에 따르면, 대부분의 정서장애의 핵심은 자신이 세운 기준에 미치지 못할 때, 자신을 향해 비난을 하는 데 있다고 하였다. 우리가 정서적 혼란에 빠져 있을 때는 '반드시 해야 한다.'와 '당연히 해야 한다.' 등의 마음속에 있는 당위적인 신념을 주의 깊게 살펴야 한다. 이러한 요구는 분열적인 감정과 역기능적 행동을 만들어 낸다(조현춘 공역, 2013, p. 269). 즉, 생득적인 비합리적인 사고와 아동기의 주요한 타인과의 관계에서 학습된 비합리적 신념으로 인해 자기암시나 자기반복 과정을 겪고, 이것이 곧 정서적 · 행동적인 부적응을 나타내게 된다는 것이다.

7) 도식화

엘리스는 치료 과정에서 내담자의 비합리적 신념을 확인하고 논박을 통하여 비합리적 신념을 합리적 신념으로 변화시키고, 그다음에 긍정적인 효과가 나타나는 일련의 과정을 ABCDEF 모델로 제시하였다. 예를 들면, 한 청년이 입사 시험에 떨어진 사건이 있다고 할 때(A: 선행사건), 그는 우울한 상태에 빠지거나 모든 것을 포기하려는 극단적인 생각을 할 수 있다(C: 결과). 그런데 이러한 결과(C)는 선행사건(A) 때문이 아니라 선행사건(A)에 대한 비합리적 신념(irB: 나는 시험에 떨어지면 절대 안 된다, 시험에 떨어진 나는 살 가치가 없어 등) 때문에 나타난다는 것이다. 이때에 치료자는 논박(D: 이런 생각의 근거가 뭐지?, 다른 사람도 떨어졌어!, 이러한 생각이 어떤 도움이 되지? 등)을 통해서 비합리적인 신념을 합리적인 신념으로 변화시켜 줌으로써 정서적 건강(E)을 꾀하고 이로써 새로운 감정이나 행동(F)을 이끌어 낼 수 있다고 보았다.

REBT이론에서 ABCDEF 모델을 도식화하면 [그림 12-6]과 같다.

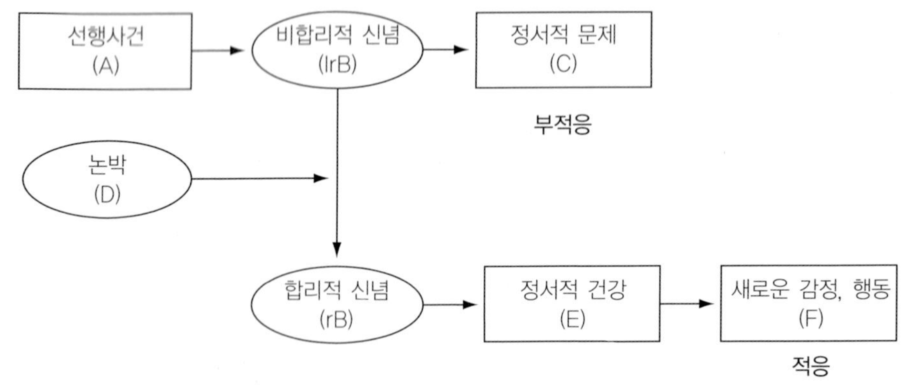

• 그림 12-6 • 엘리스의 REBT이론의 도식화(ABCDEF 모델)

[그림 12-6]을 설명하면 다음과 같다.

A(Activating Event)는 선행사건이며, B(Irrational Belief: IrB)는 사건에 대한 내담자의 비합리적인 신념이다. C(Consequence)는 A(선행사건)에 대한 B(내담자의 비합리적 신념) 때문에 생겨난 내담자의 부정적인 정서적 문제다. D(Dispute)는 부정적인 결과를 가져온 원인이 되는 비합리적인 신념을 논박하는 것이며, E(Effect)는 논박의 결과로 나타난 효과로써 정서적 건강의 회복을 뜻한다. 그리고 F(Feeling)는 논박을 통해 바뀐 합리적 신념에서 비롯된 새로운 감정이나 행동을 의미한다.

ABCDEF 모델에 대한 이해를 돕기 위해 필자가 상담한 사례를 소개한다.

• • •

필자는 부부간의 심한 갈등으로 이혼에 대한 고민을 호소하는 30대 중반의 여자를 상담한 적이 있다. 필자는 그녀에게 ABCDEF 모델을 적용하여 상담하였다. 선행사건(A)은 남편과 의소통이 되지 않아 잦은 부부싸움을 하는 상황이며, 그로 인한 정서적 문제(C)는 화가 나고 하며 무기력한 감정이었다. 선행사건에 대한 내담자의 비합리적인 신념(irB)은 '나의 말과 는 남편에게 반드시 수용되어야 한다.'와 '나는 남편에게 절대로 지면 안 된다.'는 것이 필자는 내담자의 이와 같은 비합리적 신념을 논박(D)하였다. 이러한 논박의 과정을 통 담자는 '타인에게 인정받아야만 한다.'는 핵심 사고를 가지고 있다는 것을 발견하게 되었다. 그리고 그러한 비합리적인 신념이 남편과의 관계뿐만 아니라 다른 인간관계에도 영향을 미치고 있음을 알게 되었다. 이에 내담자는 합리적인 신념(rB)인 '나는 남편에게 인정을 받으면 좋겠지만 인정받지 못할 수도 있다.'로 신념체계가 바뀌어서 분노와 무력감이 없어지고 정서적인 안정을 찾게 되었다(E). 그리고 지속적인 노력을 통하여 부부간의 갈등이 해결되었다(F).

• • •

제3절 평 가

1. 성격 연구 및 적용

엘리스는 모든 정서적 장애의 원인이 비합리적 사고 때문이라고 주장하고 있지만, 이를 과학적으로 설명하기에는 한계가 있다(DiGiuseppe, 1996). 이러한 한계점을 해결하기 위하여 다음과 같은 연구들이 이루어졌다.

1) 성격 연구

(1) 비합리적 신념의 구성 개념 탐색

디귀세페(DiGiuseppe)와 동료들(1988)은 엘리스가 주장하는 4가지 비합리적 신념의 요소, 즉 당위성, 과장성, 자기비하성, 낮은 인내성을 하위 척도로 하고, 이를 측정할 수 있는 문항을 구성하여 각각의 요소들을 측정하였다. 그 결과, 두 가지 요인이 추출되었다. 당위성, 과장성, 낮은 인내성이 하나의 요인으로, 그리고 자기비하성이 또 하나의 요인으로 나타났다(박경애, 2008, p. 106). 이러한 결과로 볼 때 비합리적인 신념의 구성 개념에는 두 가지가 있으며, 특히 자기비하성이 다른 요소들과 구별된다는 것을 알 수 있다.

(2) 비합리적 신념의 가설 검증

디귀세페 등은 당위적 사고가 모든 정서장애의 핵심 인지라는 엘리스의 주장에 대하여 경로 분석과 구조방정식 모형을 활용하여 검증을 시도하였다. [그림 12-7]은 이를 제시한 것이다(박경애, 2008, p. 107).

모델 1은 당위적 사고가 정서적 장애의 원인이 되는 모든 종류의 평가적 신념(과장성, 낮은 인내성, 자기비하성)의 원천이 된다는 것이다. 모델 2는 당위적 사고가 곧바로 정서적 장애를 유발할 뿐만 아니라 정서적 장애를 유도하는 자기비하성, 과장성 그리고 낮은 인내성을 유발한다는 것이다. 모델 3은 당위적 사고가 곧바로 정서적 장애를 유발하고, 정서적 장애를 유발하는 과장성과 낮은 인내성을 유발한다는 것이다. 그리고 자기비하성이 직접적으로 정서적 장애를 유발한다는 것이다(박경애, 2008, p. 108). 이 연구 결과는 당위적 사고가 정서적 장애에 미치는 영향에서 과장성과 낮은 인내성 및 자기비하성 등의 여러 가지 평가적 신념이 다양한 방식으로 매개한다는 것을 보여 주고 있다.

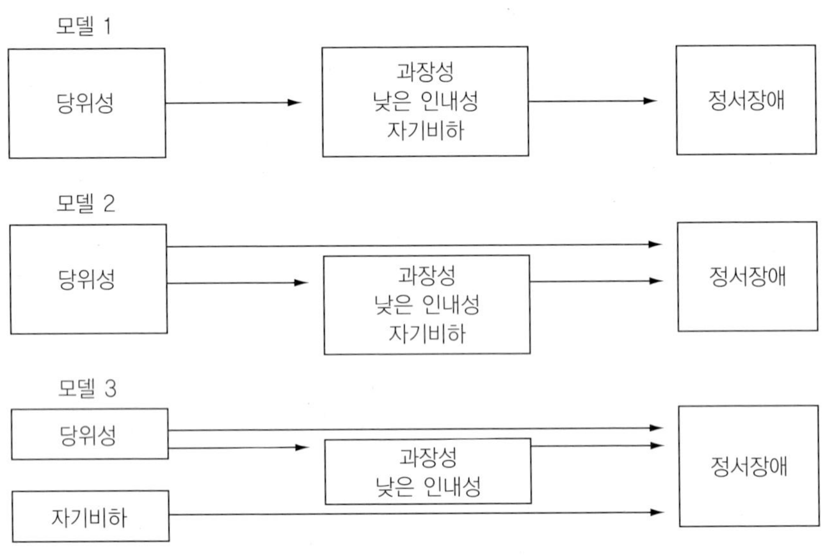

• 그림 12-7 • 비합리적 신념과 정서장애의 관계

출처: 박경애, 2008, p. 108.

2) 평가 기법

(1) 비합리적 신념 검사

엘리스 이론의 핵심 개념인 비합리적 신념을 알아보기 위한 검사는 존스(Jones, 1968)가 개발하였다. 이 검사는 10문항으로 구성되어 있으며, 5점 리커트 척도(1: 전혀 그렇지 않다, 5: 매우 그렇다)로 측정한다. 문항 내용을 살펴보면, '나는 모든 사람으로부터 사랑받고 인정받아야 한다.' '내가 바라는 대로 일이 잘되지 않으면 끔찍하다.' '나는 나보다 더 힘 있는 누군가에게 의존해야 한다.' 등으로 이루어져 있다. 총점은 10~50점에 분포되며, 35점 이상이면 비합리적인 신념을 가지고 있으며, 25~35점은 보통, 25점 이하이면 합리적인 신념을 가지고 있다고 해석한다(노안영 공저, 2013, pp. 452-453).

(2) 인지 · 정서 · 행동치료이론 자조 양식

엘리스는 내담자가 자신의 비합리적 신념에 대해 구조화된 논박을 할 때 사용할 수 있는 활동지인 REBT 자조 양식(self-help form)을 제작하였으며, 이를 뉴욕의 합리적 정서치료 연구소에서 내담자의 치료에 사용하였다(Sichel & Ellis, 1984). 이 양식을 살펴보면, 먼저 내담자에게 정서적 혼란이나 자기 패배적인 행동이 일어난 사건과 결과에 대하여 적게 한다. 그리고 미리 작성된 비합리적 신념들의 목록에서 자신이 가지고 있는 것을 선택하게 한다. 그런 다음 자신이 선택한 비합리적 신념들에 대하여 논박 질문을 적은 후 내담자는 자신이 적은 논박 질문들에 대한 자신의 반응을 합리적 신념에 적는다. 마지막으로 효과적인 합리적 신념에 도달한 후에 경험했던 감정과 행동을 적는다(이동귀 역, 2011, pp. 173-174). 이 검사는 내담자에게 자조 양식을 통해서 자신의 비합리적인 신념을 탐색하고, 합리적으로 사고하는 능력을 기르는 데 목적이 있다. [그림 12-8]은 A-B-C-D-E 기록지의 예시다.

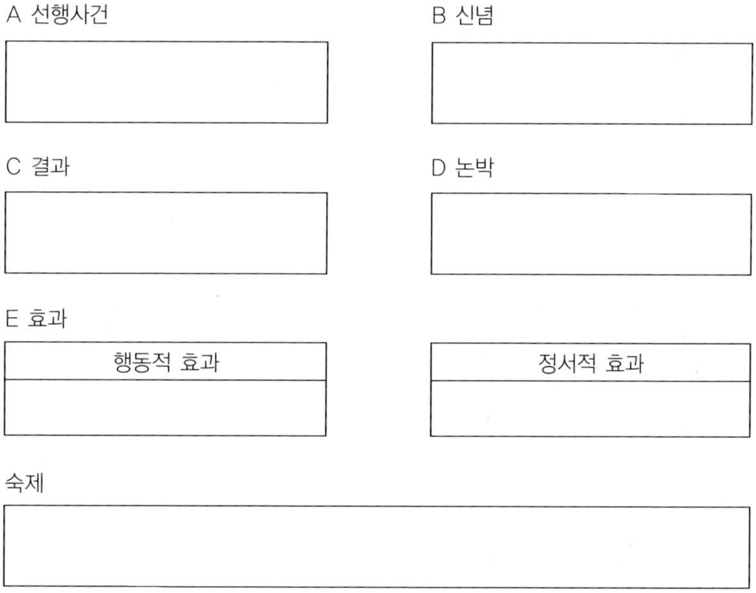

A 선행사건

B 신념

C 결과

D 논박

E 효과

행동적 효과	정서적 효과

숙제

• 그림 12-8 • A-B-C-D-E 기록지

(3) 자전적 정보기록 양식

엘리스(1968)는 내담자의 과거력을 알아보는 일이나 투사검사인 로르샤하검사, 주제통각검사(TAT)를 선호하지 않았다. 대신에 자전적 정보기록 양식(Biographical Information Form)으로 내담자의 기본적인 배경 정보를 수집하였다. 이 양식은 다음과 같은 내용을 적게 하여 전체적으로 내담자를 파악하려는 도구다.

첫째, 내담자의 성별, 나이, 결혼 여부, 자녀, 교육, 종교, 부모 등의 인구학적인 정보다.

둘째, 약의 복용 여부, 현재의 주 호소 문제, 과거의 병력 등이다.

셋째, 좋아하는 일, 강점 및 단점, 사회적 어려움, 생의 목표 등이다(이동귀 역, 2011, pp. 157-161).

2. 공헌점 및 한계점

1) 공헌점

첫째, 엘리스의 이론은 인지적 접근이 심리학의 주류로 자리 매김하는 데 기여하였다. 엘리스는 인간을 이해하는 데 인지의 중요성을 심리학계에 널리 알림으로써 심리학의 제1세력인 정신분석이론과 제2세력인 행동주의이론, 제3세력인 인본주의이론과 함께 인지이론이 심리학의 제4세력으로 인정받는 데 중추적인 역할을 하였다.

둘째, 엘리스의 REBT는 포괄적이고 절충적인 치료를 주장함으로써 대부분의 치료자가 가장 선호하는 이론으로 각광받고 있다. REBT는 중다양식적인 접근으로 인지, 정서, 행동 기법을 모두 사용할 것을 권장한다. 또한 실제적인 치료 장면에서 인지, 정서, 행동의 변화를 유도하는 다양한 기법을 제시하고 있기 때문에 치료자들이 가장 많이 사용하는 접근 중 하나라고 할 수 있다.

셋째, 엘리스는 인간의 정서적인 장애와 문제행동은 비합리적 신념체계가 원인이라는 것을 체계화하였을 뿐만 아니라 이와 같은 장애의 해결 방안을 명확하게 제시했다. 그는 ABCDEF 모델을 통하여 비합리적 신념체계가 장애의 원인이며, 이를 치료하기 위해서는 논박을 통해 비합리적 신념을 합리적으로 바꿔줘야 한다는 것을 밝혔다.

넷째, 엘리스의 REBT는 다른 치료 이론에 비해 짧은 시간에 치료의 효과가 나타난다. REBT에서는 과거의 원인을 탐색하기보다는 지금 현재 내담자가 가지고 있는 인지구조를 변화시키는 것에 목적을 둔다. 이에 엘리스는 치료자가 적극적 · 지시적(active-directive) 태도를 가지고 치료에 대해 심리 교육적 접근을 함으로써 내담자가 겪는 정서적 · 행동적 문제의 원인과 해결책을 신속히 제시하였다(이동귀 역, 2011, p. 130).

2) 한계점

첫째, 엘리스는 내담자가 보이는 부적응 증상의 원인에 대하여 내담자가 현재 어떻게 사고하고 있는지에 치중하여 과거 경험의 영향을 간과하고 있다. 즉, 내담자의 초기 생활사를 탐색하거나 과거 행동과 현재 행동을 연결시키는 데 관심을 기울이지 않는다는 것이다. 또한 부모나 형제 등과의 초기 관계에 대해서도 깊이 탐색하지 않는다(조현춘 공역, 2013, p. 273).

둘째, 엘리스의 이론은 인지 능력이 낮은 내담자에게 적용하기 어렵다. 이 이론에서 치료는 내담자의 인지 구조를 바꾸어야 한다는 것에서 출발한다. REBT는 먼저 부적응 증상을 보이는 내담자의 신념을 파악하고, 비합리적인 신념을 찾아내어 논박을 통하여 합리적인 사고로 바꾸는 치료 과정이다. 따라서 엘리스의 REBT는 지적 능력이 낮거나 현실감이 떨어지거나, 사고가 경직된 내담자에게는 효과를 기대하기가 어렵다.

셋째, 엘리스의 REBT는 치료자의 철학적 관점이나 가치가 내담자에게 강요될 가능성이 있다. 이 이론은 한 사람의 신념체계를 중시하는 철학적인 접근이다. 그러므로 한 사람이 가지고 있는 신념체계를 바꾸어 주는 치료 과정에서 치료자의 철학적 관점이나 가치가 내담자에게 영향을 줄 수 있다는 것이다. 특히 REBT에서는 치료자가 교육자 역할을 할 정도로 치료에 적극적으로 개입하기 때문에 이와 같은 문제점이 나타날 가능성이 높다.

3. 정신분석이론, 특질이론, 조작적 조건형성이론, 인간중심이론 및 인지 · 정서 · 행동치료이론의 비교

프로이트의 정신분석이론, 올포트의 특질이론, 로저스의 인간중심이론, 스키너의 조작적 조건형성이론, 엘리스의 REBT이론을 비교하면 〈표 12-3〉과 같다.

1) 정신분석이론과 인지 · 정서 · 행동치료이론의 비교

프로이트 이론과 엘리스 이론의 공통점을 살펴보면 다음과 같다.

첫째, 엘리스가 주장한 '단기적 향락(short-term hedonism)'과 '장기적 향락(long-term hedonism)'의 개념은 프로이트의 '쾌락 원리' '현실 원리'의 개념과 유사하다. 즉, 단기 향락은 이드의 '쾌락 원리' 그리고 장기향락은 자아의 '현실 원리'의 개념과 비슷하다는 것이다.

둘째, '삶의 목적은 사랑하고 일을 하는 것이다.'라고 보는 것과 인간을 성적 기쁨을 추구하는 향락적인 존재로 보는 점에서 두 사람은 의견을 같이한다(박경애, 2008, p. 44).

셋째, 종교를 비과학적인 것으로 바라보는 관점과 인간의 생득적인 경향성을 주장하는 측면 그리고 인간의 본성을 전체론적 관점에서 보는 측면에서도 두 사람의 견해가 어느 정도 일치하고 있다.

두 이론의 차이점을 살펴보면 다음과 같다.

• 표 12-3 • 각 이론들의 비교

구분	정신분석이론	특질이론	인간중심이론	조작적 조건형성이론	REBT이론
인간관	비관론, 유전론, 결정론, 전체론	낙관론, 유전/환경, 자유론, 전체론	낙관론, 유전론, 자유론, 전체론	중립론, 환경론, 결정론, 요소론	중립론, 유전/환경, 자유론, 전체론
성격의 구조	이드, 자아, 초자아 (id, ego, super-ego)	특질	유기체, 자기	가정 안 함	신념체계
성격의 발달	심리성적 발달 5단계	고유자아의 발달 7단계	구체적 단계 가정 안 함	구체적 단계 가정 안 함	구체적 단계 가정 안 함
인간 이해 방법	정신 구조 (이드, 자아, 초자아)	특질	주관적 경험과 감정	관찰과 측정이 가능한 행동	인지
행동의 원천	성 본능	동기	실현 경향성과 긍정적 존중 욕구	강화	신념체계
중요 시제	과거	현재와 미래	현재와 미래	현재	현재
부적응의 원인	외상 경험 억압, 고착, 성격체계 불균형	고유자아의 부적절한 발달, 기능적 자율성 미발휘	자기와 유기체 경험 불일치, 현실적 자기와 이상적 자기 불일치	바람직하지 못한 행동의 강화	비합리적 사고
치료 목표	무의식의 의식화, 자아 기능의 강화	고유자아의 적절한 발달	자기와 유기체 경험의 일치	바람직하지 못한 행동 소거, 바람직한 행동 학습	비합리적 사고를 합리적 사고로 바꿈

첫째, 인간관에서 프로이트는 인간을 비관적, 유전적, 결정적 측면에서 바라보고 있다. 반면에 엘리스는 중립적이며, 유전과 환경 둘 다의 영향을 받고, 신념체계의 변화가 가능하다고 보는 자유론적 입장이다.

둘째, 인간을 이해하기 위해 프로이트는 무의식에 잠재하고 있는 과거에 경험한 외상의 탐색과 이드, 자아 및 초자아 등 세 수준의 정신 과정에 초점을 두고 있다. 반면에 엘리스는 현재 내담자가 어떤 신념체계를 가지고 있는지와 그 신념체계가 합리적인지와 같은 내담자의 인지에 초점을 둔다.

셋째, 부적응의 원인으로 프로이트는 5세 이전의 외상 경험의 억압과 발달단계의 고착 및 세 가지 성격 구조 간의 불균형을 꼽는 반면에, 엘리스는 현재의 비합리적인 신념체계를 들었다.

넷째, 문제 증상을 치료하기 위해 프로이트는 무의식을 의식화하고 자아가 개인을 지배하도록 치료자가 내담자에게 자유연상이나 꿈 혹은 전이의 해석을 사용할 것을 주장한 반면에 엘리스는 비합리적 신념을 합리적 신념으로 바꾸기 위해 치료자가 논박을 사용하는 교육자 역할을 할 것을 주장하였다.

2) 올포트의 특질이론과 인지 · 정서 · 행동치료이론의 비교

특질이론과 REBT이론의 공통점은 인간을 보는 관점이 유전과 환경을 둘 다 중시하며, 전체론과 자유론적이라는 점이다.

두 이론의 차이점은 다음과 같다.

첫째, 올포트는 인간을 자기를 창조하는 능력이 있는 긍정적인 존재로 보고 있으나, 엘리스는 인간은 선하지도 악하지도 않다는 중립적인 입장을 취하고 있다.

둘째, 성격의 구조와 발달의 측면에서 올포트는 성격의 구성요소는 특질이며, 고유자아를 성격으로 보았으며, 고유자아의 발달을 성격발달로 보았다. 하지만 엘리스는 성격의 구성요소를 신념체계로 보았으며, 구체적인 발달단계는 가정하지 않았다.

셋째, 인간 이해의 방법과 행동 원천의 측면에서 올포트는 특질을 통해 인간을 이해하며, 동기가 행동을 유발한다고 보았다. 이와는 다르게 엘리스는 인지를 통해 인간을 이해하며, 신념체계가 행동을 유발한다고 보았다.

넷째, 부적응의 원인과 치료 목표에 있어서 올포트는 고유자아가 부적절하게 발달하고, 기능적 자율성이 발휘되지 않아서 문제 증상이 발생하며, 이를 치료하기 위해서는 고유자아가 적절하게 발달하도록 도와야 한다고 주장하였다. 하지만 엘리스는 비합리적 사고가 문제 증상을 유발하며, 이를 치료하기 위해서는 비합리적 사고를 합리적 사고로 바꾸어야 한다고 주장하였다.

3) 인간중심이론과 인지 · 정서 · 행동치료이론의 비교

로저스와 엘리스 이론의 공통점을 살펴보면 다음과 같다.

첫째, 인간은 변화가 가능하다고 보았다. 로저스는 인간을 끊임없이 자신의 잠재력을 실현하기 위해 노력하는 존재로 보았으며, 엘리스는 자신의 비합리적 신념을 합리적으로 바꿀 수 있는 존재로 보았다.

둘째, 개인의 주관적 경험과 치료자의 태도, 특히 무조건적인 수용을 강조하였다. 로저스는 개인은 경험을 주관적으로 왜곡하여 자기 개념을 경험과 다르게 형성할 수 있으며, 내담자가 자신의 경험을 왜곡하지 않고 받아들이기 위해서는 치료자가 조건 없이 내담자를 수용하는 태도가 중요하다고 하였다. 엘리스는 개인은 선행사건을 자신의 신념체계를 가지고 주관적으로 해석하기 때문에 내담자가 자신의 신념체계를 이해하고 잘못된 신념체계를 바꾸기 위해서는 치료자의 수용적 태도가 필요하다고 하였다.

셋째, '지금과 여기'의 현재를 중시하였다. 로저스는 지금 현재의 자기와 유기체 경험의 일치 정도가 중요하다고 하였으며, 엘리스는 지금 현재의 신념체계가 중요하다고 하였다.

한편 두 이론의 차이점은 다음과 같다.

첫째, 로저스는 내담자가 가지고 있는 문제보다는 내담자라는 한 인간에 초점을 맞추는 것과는 달리, 엘리스는 내담자의 문제 그 자체와 문제의 해결에 초점을 두고 있다.

둘째, 인간을 이해하고 문제를 해결하는 데 있어서 로저스는 인간의 감정을 중시하기 때문에 공감과 수용을 강조한 반면에, 엘리스는 인간의 인지를 강조하기 때문에 논박을 통한 신념체계의 변화를 강조하였다.

셋째, 로저스는 내담자가 스스로 자신의 문제를 해결할 수 있는 능력이 있기 때문에 상담자는 조력자 역할을 해야 한다고 본 반면에 엘리스는 치료자가 적극적으로 개입하여 가르치는 역할을 함으로써 내담자의 문제해결을 도와야 한다고 보았다.

4) 조작적 조건형성이론과 인지 · 정서 · 행동치료이론의 비교

스키너 이론과 엘리스 이론의 공통점은 다음과 같다.

첫째, 인간의 본성을 선하지도 악하지도 않은 중립적 입장으로 보고 있다.

둘째, 인간의 행동 과정을 자극과 반응으로 설명하였다.

셋째, 과학적인 접근을 하고 있다.

넷째, 치료자가 다양한 기법을 사용하여 적극적으로 개입한다는 점이다.

두 이론의 차이점은 다음과 같다.

첫째, 스키너는 인간이 자극에 대해 수동적으로 반응한다고 본 반면에 엘리스는 자극과 반응 사이에 인간의 인지가 작용한다고 보고 있다.

둘째, 문제해결 측면에서 스키너는 근본적으로 행동을 바꾸는 것에 목적이 있지만, 엘리스는 인지를 바꾸는 것에 초점을 두고 있다.

셋째, 스키너는 부적응의 원인과 치료를 잘못 주어진 강화로 보고 강화를 적절히 제공할 것을 주장한 반면에 엘리스는 비합리적 신념체계로 보고 비합리적인 신념체계를 합리적 신념체계로 바꿀 것을 주장하고 있다.

요 약

1. REBT이론의 출현 배경은 본질적인 요소들 간의 상호 관계를 중시하는 구조주의와 함께, 인간의 내적인 처리 과정이 컴퓨터의 입력과 출력 시스템과 유사하다는 가정에서 출발한 정보처리이론 등이다.

2. 엘리스에게 영향을 미친 이론은 스토아 철학자인 에픽테토스, 프로이트의 정신분석이론, 아들러의 개인심리이론, 호나이의 당위적 횡포 등이다.

3. 엘리스의 인간관은 낙관론과 비관론의 중립적, 유전론과 환경론, 자유론 그리고 전체론적인 관점이다.

4. 엘리스는 인간의 성격을 한 개인의 신념체계로 보았다. 성격은 자동적 사고, 추론과 귀인, 평가적 인지, 핵심 인지 등이 신념체계로 구성되어 있다고 하였다. 그는 성격의 발달단계를 제시하지 않고 있으나, 성격의 형성과 발달에 영향을 미치는 요인은 생득적 경향성, 사회적인 면, 심리학적인 면 등이라고 하였다.

5. 핵심 개념에는 REBT이론의 원리와 특징, ABC 이론, 비합리적 사고, 당위적 사고, 논박, 적절한 정서와 부적절한 정서 등이 있다.

6. 부적응은 당위적 사고, 과장적 사고, 자기비하적 사고 그리고 낮은 인내성이 특징인 비합리적 신념을 갖게 될 때 발생한다.

7. 성격 연구에는 비합리적 신념의 구성 개념 탐색, 비합리적 신념의 가설 검증이 있다. 성격 평가 기법에는 비합리적 신념 검사, REBT 자조 양식, 자전적 정보 기록 양식 등이 있다.

8. 공헌점은 인지적 접근이 심리학의 핵심 세력으로 자리매김 하는 데 기여하였으며, 포괄적이고 절충적인 접근과 다양한 치료 기법을 제시한 것이다. 또한 인간의 문제 증상의 원인이 비합리적 신념체계라는 것을 밝혔으며, 단기간에 치료의 효과가 있다는 점 등이다.

9. 비판점은 현재의 신념체계에 치중하기 때문에 과거 경험의 영향을 간과하였으며, 인지 능력이 낮은 내담자에게 적용하는 데 한계가 있고, 치료자의 가치가 내담자에게 강요될 가능성이 있다는 점 등이다.

제13장

인지치료이론

아론 템킨 벡

인간의 인지가 정서와 행동을 결정한다는 가정하에 출발한 인지치료이론(cognitive therapy theory)은 아론 템킨 벡(Aaron Temkin Beck, 1921~)에 의하여 창시되었다. 그는 정신과 의사였는데, 우울증 환자들을 치료하는 과정에서 환자들이 보이는 특유한 인지 도식, 즉 부정적이고 역기능적인 인지 도식을 발견하게 되었다. 그는 "우울증은 개인이 자신의 경험을 구조화하는 방식에 의해 결정된다."(Beck, 1967, p. 287)고 주장하면서, 우울증 환자들은 특정한 상황 때문이 아니라 그 상황을 인식하는 개인의 역기능적 인지 도식 때문에 우울 증상이 나타난다고 하여 '인지 도식'을 강조하였다.

그는 프로이트의 정신분석이론에서 인지치료의 기본 개념이 되는 인지 수준인 자동적 사고, 중재적 신념, 핵심 신념, 스키마 등을 끌어내었다. 그의 '인지 도식' 개념은 켈리가 주장한 '구성 개념'과 유사하며, 같은 시대의 인지치료 이론가인 엘리스가 중시한 '신념체계' 와도 맥락을 같이 한다. 성장 과정에서 자신의 신체적 · 정서적인 어려움을 인지적으로 극복한 과정은 후에 그의 이론의 토대가 되었다.

그의 인지치료이론은 인지행동적 접근에 속하는데, 인지행동 접근은 1960년대 초에 등장하였으며, 이것은 하나의 단일한 이론이라기보다는 인간 이해에서 인지의 중요성과 인지 구조의 변화를 통해 문제해결의 원리를 공유하는 여러 이론의 집합체라고 할 수 있다. 이러한 접근에 속하는 이론에는 벡의 인지치료를 비롯하여, 엘리스 그리고 마이켄바움의 인지행동치료 등이 있다. 이들은 정신분석에서 시작하여 정신분석의 한계를 발견하고 이를 극복하고자 새로운 이론체계를 정립하였다(이장호 공저, 2013, p. 83). 인지행동적 접근은 비교적 짧은 역사에도 불구하고 심리학의 제4세력으로 확고한 위상을 정립했다고 볼 수 있다.

그의 이론은 우울증을 치료하는 이론으로 출발하였으나 점차로 불안과 공포증, 강박증 등을 포함한 정서적인 문제 전반과 성격적 문제를 치료하는 이론으로까지 확장되었다. 그가 우울을 측정하기 위해 개발한 BDI(우울 척도)는 지금도 다양한 영역의 임상 장면에서 널리 사용되고 있다. 현재 이 이론은 완성된 상태라기보다는 적용 범위가 날로 확대되어 가고 있어서 발전하는 과정 중에 있는 이론이라고 할 수 있다. 따라서 이 이론은 장차 정신분석이론에 못지않은 포괄성을 지닐 것으로 기대된다(이장호 공저, 2013, p. 92).

제1절 서 론

1. 인지치료이론의 출현 배경

20세기 중반인 1950년대 심리학계에는 행동주의에 대한 비판과 아울러 개인의 인지구조와 내적 과정을 강조하는 구조주의이론과 정보처리이론이 출현하였다. 구조주의(structuralism)는 철학 사조의 하나로서 어떤 사물이나 현상을 구조라는 틀 속에서 이해하려는 관점이다. 여기에서 구조란 전체를 구성하고 있는 요소들의 조직을 의미하는데, 이러한 구조에는 일정한 체계가 존재한다는 것이다. 구조주의는 인간 이해와 관련된 여러 분야의 학문에 영향을 미쳤다. 특히 구조주의 사상은 인간의 인지가 자동적 사고, 중재적 신념, 핵심 신념 및 스키마 등의 4가지 구조로 구성되어 있다고 가정한 벡의 인지치료이론의 이론적 배경이 되었다.

또한 이 시기 컴퓨터 기술의 급속한 발달은 전 세계를 정보화시대로 만드는 데 기여하였다. 컴퓨터의 발달은 인간을 이해하는 심리학에도 영향을 미쳐 인간의 내적 처리과정에 컴퓨터 프로그램의 원리를 적용하였고, 인간의 내적인 처리 과정이 컴퓨터의 정보처리 프로그램의 원리와 유사하다는 가정하에 정보처리이론이 출현하게 되었다. 정보처리이론에서는 학습자 내부에서 학습이 발생하는 기제를 새로운 정보가 투입되고 저장되며 인출되는 것으로 설명하고 있다. 이처럼 인간의 인지 과정에 관심을 두었던 시대적인 흐름이 벡의 인지치료이론에 영향을 주었다.

2. 인지치료이론에 영향을 미친 이론

1) 프로이트의 정신분석이론

프로이트의 이론에서는 성격의 구조를 이드, 자아, 초자아로 설명하고 있는데, 이때 이드는 일차적 과정으로 쾌락 원리에 따라 본능적인 욕구를 머릿속에 떠올려서 욕구를 충족한다. 하지만 심상에만 머무르기 때문에 진정한 충족은 이루어지지 않는다. 근본적인 욕구 충족을 위해 이드에서 자아가 생겨나고, 자아는 현실 원리에 따라 심상으로 떠올렸던 욕구를 대상과 현실적으로 접촉함으로써 해결한다. 이때 자아는 지각, 학습, 기억, 현실 검증 등을 포함하는 이차적인 과정을 수행한다. 프로이트의 성격 구조와 발생에 관한 이와 같은 이론은 벡의 인지치료이론에 영향을 주었다. 벡은 인간의 인지 구조를 4가지, 즉 스키마, 핵심 신념, 중재적 신념, 자동적 사고로 설명하고 있으며, 가장 근원적인 인지 도식인 스키마를 중심으로 다른 구조 요인들이 파생된다고 주장하였다.

2) 현상학적 접근

현상학의 기본 가정은 사건 자체가 행동을 결정하는 것이 아니라 그 사건들을 어떻게 지각하고 해석하느냐가 행동을 결정한다는 것이다. 따라서 한 개인이 특정 상황을 어떻게 지각하고 있는지를 알지 못하면 그를 완전히 이해할 수 없다. 예를 들면, 한 사람이 으르렁거리는 개를 보고 움찔하는 것은 그 개 자체 때문이 아니라 그가 개를 위협으로 지각했기 때문이라는 것이다. 주관적인 지각을 중요시하는 이런 현상학적인 관점은 벡의 이론에서 개인의 인지 구조에 따라 같은 상황을 다르게 해석할 수 있다는 관점에 영향을 주었다.

3) 칸트의 구조이론

칸트(Immanuel Kant)는 인간에게는 두 가지의 인식 기능인 '감성'과 '오성'이 선천적으로 존재하며, 이 같은 기능은 고유한 방식에 따라 능동적으로 구성된다고 주장하였다. 감성은 외부로부터 감각적 현상을 받아들여 지각하도록 하는 선천적인 기능이고,

오성은 현상을 나름대로의 범주로 분석하여 보편성을 부여하는 선천적인 인식 기능이다. 그런데 감성을 통해 지각을 할 때, 바깥의 실재를 있는 그대로 이해하는 것이 아니라 인간이 주관적인 방식으로 나름대로 해석하여 받아들인다는 것이다. 그러므로 칸트는 대상에 대한 개인의 이해를 인간 나름대로의 해석이라고 말한다. 이러한 칸트의 구조이론은 인지 도식에 따라 상황을 바라보는 관점이 다르다고 주장한 벡의 이론에 영향을 주었다.

4) 켈리의 개인 구성 개념 이론

켈리(George A. Kelly, 1905~1967)는 '구성적 대안주의'를 성격이론에 적용하여 성격을 개인이 세계를 해석하는 데 사용하는 구성 개념의 체계로 보는 개인 구성 개념 이론을 제안하였다. 구성적 대안주의란 객관적 진실이나 절대적 진리란 존재하지 않으며, 세계는 자신이 해석하는 방식으로 존재한다는 관점이다. 또한 개인 구성 개념이란 개인이 자신의 경험을 표현하거나 세상을 바라보는 방식을 의미한다. 켈리(1955)에 의하면, 인간은 각자에게 주어진 세계를 '이해(construct)' 하려고 노력하는 존재라는 것이다. 그리고 구성 개념을 세상에 대한 개인의 결론, 해석 또는 추론이라고 정의하였다(홍숙기 역, 2008, p. 164). 벡은 켈리의 영향을 받아 개인마다 가지고 있는 틀이 있다고 보았으며, 이 틀에 따라 외부의 정보를 지각하고 해석하는 것이 달라진다고 하였다. 또한 켈리는 행동 변화에 개인이 지닌 신념의 역할을 중요시하였는데, 이는 벡이 인지를 강조한 것에 영향을 주었다.

5) 인지심리학

인지심리학(cognitive psychology)이란 인간의 마음이 어떻게 작용하는가에 대하여 연구하는 학문이다. 더 구체적으로 설명하자면, 인간이 외부의 정보를 어떻게 수집하고 조직화하는지, 또한 저장된 지식을 생활 장면에 어떻게 활용하는지에 대하여 과학적으로 접근하는 심리학의 한 분야다. 벡의 인지치료이론은 인지 모델을 근거로 하고 있다. 인지 모델에서는 사람들의 감정이나 행동이 어떤 사건에 대한 그들의 인지에 영향을 받는다고 가정한다(최영희 공역, 2007, p. 26). 인지심리학자들은 행동주의가 간과했던 인간의 인지, 관념, 감각, 사고와 같이 마음속에서 일어나는 내적 과정을 밝히려고 노력하였다. 이러한 인지심리학적인 접근은 인간의 인지가 정서와 행동에 중요하게 영향을 미친다고 주장한 벡의 이론에 영향을 주었다. 인지 모델의 모형은 [그림 13-1]과 같다.

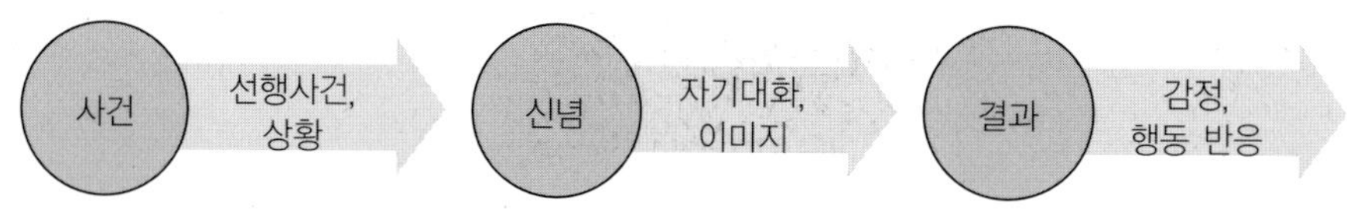

• 그림 13-1 • 벡의 인지 모델

3. 생애가 이론에 미친 영향

아론 벡은 1921년 로드아일랜드 주의 프로비던스에서 아버지 해리 벡(Harry Beck)과 어머니 엘리자베스 템킨(Elizabeth Temkin) 사이에서 삼형제 중의 막내로 태어났다. 그의 부모님은 미국으로 이주한 러시아계 유대인이었다(노안영 공저, 2013, p. 443). 그의 아버지는 자유로운 생각을 지닌 사람으로 지적인 활동을 좋아하였으며, 어머니는 활달한 성격으로 종교 활동이나 사회 활동에 적극적으로 참여하였다(권석만 역, 2010, p. 28). 벡과 그의 형들이 학문에 대해 관심과 열정이 컸던 것은 아버지의 영향 때문이라고 볼 수 있다. 벡의 형제는 원래는 5형제였는데, 그중의 둘은 유아기 때 사망하였다. 두 자녀의 사망으로 벡의 어머니는 여러 해 동안 우울증에 시달리다가 벡이 태어나면서 호전되기 시작하였다. 그의 어머니는 두 자녀를 잃었기 때문에 막내아들인 벡을 과잉보호하며 키웠다. 7세 때 그는 부러진 팔이 감염되는 바람에 오랫동안 병원 생활을 하였는데, 그로 인하여 같은 학년을 두 번이나 다니게 되었다. 그 사건으로 인하여 그는 불안 증세와 공포증을 경험하였으며, 자신이 무능하고 어리석은 사람이라는 신념을 갖게 되었다(권석만 역, 2010, p. 35). 그 당시를 그는 다음과 같이 회고하였다.

> 벡이 초등학교 일학년 때 담임교사는 혹독하고 엄격했는데, 한 번은 하늘을 잘못된 색깔(그는 청색을 사용했다)로 칠했다고 그에게 크게 소리를 지른 적이 있었다. 이것은 단지 하나의 사건에 불과하였지만, 이 사건으로 인해 그는 자신이 매우 바보같이 느껴졌다고 회상하였다. "그 일은 커다란 상처가 되었고, 나는 그것을 잊을 수 없었기 때문에 그 사건은 아마도 나에게 강한 인지 도식을 만들어 준 것 같다."라고 그는 말하였다(권석만 역, 2010, p. 35).

이와 같은 경험으로 인해 그에게는 '역기능적인 인지 도식'이 형성되었다. 하지만 그는 자신이 겪은 어려움을 인지적으로 해결하였고, 이런 경험을 후에 그의 이론과 치료 기법에 적용하여 부정적 신념을 지닌 사람들을 조력하는 데 이용하였다(노안영 공저,

2013, p. 444). 그는 높은 곳에 대한 공포를 극복하기 위해서 피사의 사탑에 올라가기도 하고, 수술 공포증을 극복하는 과정에서 체계적 둔감법을 사용하기도 했다(권석만 역, 2010, p. 41).

그의 집안은 가난하지는 않았지만 검소한 편이었으며, 벡과 형들도 대학을 다닐 때 용돈을 스스로 벌어서 썼다. 그는 1942년 브라운 대학교를 우등으로 졸업하였고, 1946년에 의과대학을 졸업한 후에도 1948년까지 외과, 신경과, 병리학 등의 다양한 분야에서 수련을 받고, 마침내 신경학을 전공분야로 택하였다. 그는 인턴 생활 중에 브라운 대학교의 학생이었던 휘트먼(Phyllis Whitman)을 만나 수년 동안 연애한 끝에 1950년 결혼을 하였다. 그의 아내는 벡이 인지치료이론을 정립하는 데에 많은 도움을 주었는데, 인지적 구조를 '인지 도식'이라고 명명하는 데에도 결정적인 도움을 주었다(권석만 역, 2010, p. 61). 벡은 에릭슨에게서 정신분석 수련을 받았으며, 1954년에는 펜실베이니아 의과대학 정신과 교수가 되면서부터 정신분석치료에 대한 원리를 검증하기 위한 연구를 시작하였다. 이 연구는 결과적으로 인지치료를 발전시키는 계기가 되었다(권석만 역, 2010, p. 51).

그는 우울증 환자를 치료하면서 여러 수준의 인지가 있다는 사실을 알게 되었고, '자동적 사고'를 중시하게 되었다(Diffily, 1991). 특히 우울한 사람들의 경우, 자동적 사고가 부정적으로 편향되어 있음을 발견하였다. 그의 이론은 켈리(George Kelly)의 구성주의, 호나이(Karen Horney), 그리고 아들러(Alfred Adler) 등의 영향을 받아 발전하였다. 1961년에는 벡의 우울 척도(BDI)를 개발하였고, 1963년에는 그 당시 합리적 · 정서적 치료자였던 엘리스(Albert Ellis)와 의견을 교환하며 인지치료이론을 정립하였다. 벡은 대부분의 여생을 펜실베이니아 대학교에서 보냈으며, 대학 내에 벡 인지치료연구소를 설립하였다. 이 연구소에서 벡은 우울, 자살, 불안 그리고 공황장애, 물질남용, 결혼 문제, 성격장애 등에 관하여 연구하였다(노안영 공저, 2013, p. 444). 1982년에는 모교인 브라운 대학교에서 명예의학박사학위를 받았으며 '10명의 가장 영향력 있는 심리치료자'로 인정받는 등 수많은 상을 수상하였다. 또한 그는 인지치료와 다양한 정서장애 심리치료와 관련된 500편이 넘는 논문과 25권의 책을 집필하였다(천성문 공역, 2013, p. 385).

대표 저서들을 살펴보면, 『우울증의 인지치료(Cognitive Therapy of Depression, 1979)』(공저)가 있으며, 『불안장애와 공포증: 인지적 관점(Anxiety Disorders and Phobias: A Cognitive Perspective, 1985)』(공저)은 불안장애에 대한 벡의 이론적 모델과 불안장애를 치료하는 치료 기법을 제시하고 있다. 또한 커플을 위한 인지치료 책인 『사랑만으로는 살수 없다(Love is Never Enough, 1988b)』가 있으며, 1990년에 벡은 제자들과 함께 『성격장애의 인지치료(Cognitive Therapy of Personality Disorders)』를 발간하였다.

제2절 주요 개념

1. 인간관

벡의 인지치료이론에서 인간을 바라보는 관점은 낙관론과 비관론의 중립적, 환경론적, 자유론적 그리고 전체론적 관점이라고 할 수 있다.

1) 중립적 인간관

벡은 인간의 본성을 선하지도 악하지도 않다는 중립적인 관점에서 보고 있다. 개인이 특정한 사건을 경험할 때, 그 개인이 가지고 있는 신념이나 도식에 따라서 바람직한 행동을 할 수도 있고, 바람직하지 않은 행동을 할 수도 있다는 것이다. 예를 들어, 긍정적이거나 기능적인 인지 도식을 가진 사람은 정신적으로 건강하게 살아가는 반면에 부정적이거나 역기능적인 인지 도식을 가진 사람은 여러 문제 증상을 보인다는 것이다.

2) 환경론적 인간관

벡은 세상을 바라보는 틀인 인지 도식이 생애 초기부터 형성되기 시작한다고 보았다. 주 양육자와의 관계에서 여러 경험을 하면서 인지 도식이 적절하게 형성될 수도 있고, 잘못된 인지 도식이 만들어질 수도 있다는 것이다. 그는 이와 같이 형성된 인지 도식으로 인해 부지불식간에 떠오르는 자동적 사고와 스트레스를 주는 생활 사건이 상호작용하여 심리적 장애가 발생한다고 보았다. 이는 인간을 환경의 영향을 받는 존재로 보고 있음을 알게 해 주는 것이다. 하지만 그는 인간이 타고난 기질 때문에 어떤 사람은 공격 성향을, 다른 사람은 회피 성향을 보인다고도 하였다. 즉, 그는 인간의 본성에 대하여 생득적인 측면도 어느 정도 고려하고 있음을 알 수 있다. 하지만 그는 인간의 성격을 주 양육자와의 관계에서 형성된 인지 도식으로 설명하고 있기 때문에 유전보다는 환경을 더 중시한다고 볼 수 있다.

3) 자유론적 인간관

벡은 인간은 일생을 통하여 지속적으로 성장하고 변화할 수 있다는 것을 전제로 하고 있다. 또한 인간은 자신만의 인지 도식으로 현실에서 경험한 내용을 선택적으로 해석한다는 현상학적인 입장을 취하고 있다. 결국 인간은 다른 무엇인가에 의해 결정되는 것이 아니라 자유의지를 가지고 스스로 선택을 하며, 새로운 것을 창조할 뿐만 아니라 변화하려는 의지를 가진 능동적인 존재라는 것이다. 다시 말하면, 인간은 자신의 역기능적 인지 도식을 기능적으로 바꿀 수 있는 능력이 있다. 이와 같은 점을 고려해 볼 때, 벡은 인간을 결정되는 존재이기보다는 성장과 변화가 가능한 자유론적 존재로 보고 있음을 알 수 있다.

4) 전체론적 인간관

벡의 이론에서 인지 도식은 요소로 분리할 수 없는 조직적이고 체계적인 하나의 틀을 의미한다. 그는 인지의 수준을 핵심 신념, 중재적 신념, 자동적 사고, 스키마 등의 4가지로 구분하였으며, 4가지의 인지 수준은 서로 긴밀하게 연결되어 있다고 보았다. 또한 그는 인간의 행동을 '정상' 혹은 '비정상'으로 구분하지 않고 연속적인 것으로 보았으며, 진화론적 이론체계를 적용하여 증상을 포함한 모든 행동을 적응의 맥락에서 전체적으로 이해하고자 하였다(Beck, 1976). 따라서 그는 인간을 전체적인 관점에서 보고 있음을 알 수 있다.

2. 성격의 구조 및 발달

1) 성격의 개념

벡의 인지치료이론에서 성격은 한 개인의 인지 도식이라고 할 수 있다. 즉, 그의 이론에서 성격이란 환경에 대한 반응으로 발달된 기본 도식 또는 대인관계의 전략을 반영하는 것이며, 성격은 선천적인 기질과 환경이 상호작용함으로써 형성된 것으로 볼 수 있다. 결국 성격 특질 혹은 성향이라고 간주할 수 있는 행동 패턴은 타고난 성향과 환경의 상호작용으로 생겨난 대인관계 방략을 의미하는 것이다. 일부에서는 인지적 관점의 성격이론을 놓고 인지심리학을 성격이라는 주제로 옮겨 놓은 것에 지나지 않다고 비판하기도 한다. 이들은 사람의 지식이 조직화되고, 이러한 도식의 작용이 성격과 관련이 없을 수 있다고 주장한다. 하지만 마음의 기능적 측면을 살펴보는 것은 인간의 성격을 이해하는 데 중요하다. 성격은 마음의 복잡성과 그 작용의 반영물이다. 따라서 마음의 작용을 제대로 이해하지 못하면 성격을 완전히 이해할 수 없다(김교헌 역, 2012, p. 515). 따라서 개인의 마음속에서 작용하는 인지 도식이 어떠한지를 살펴보면 그 개인의 성격을 알 수 있다.

2) 성격의 구조

벡은 성격의 가장 기본적인 단위를 도식, 즉 인지적 · 정서적 · 행동적 과정을 좌우하는 기본 구조라고 하였다. 그는 한 개인이 세상을 바라보는 틀인 인지 도식은 스키마, 핵심 신념, 중재적 신념, 자동적 사고 등의 4가지의 인지 수준으로 이루어져 있다고 보았다.

인지 수준을 그림으로 제시하면 [그림 13-2]와 같다(최영희 역, 2007, p. 30). 개인의 자동적 사고는 저변에 위치한 핵심 신념에서 시작되어 중재적 신념을 거쳐 유발되는 것을 알 수 있다. 그리고 특정 상황에서 부지불식간에 떠오르는 자동적 사고로 인해 감정, 행동 및 생리적 증상 등의 반응이 나타난다.

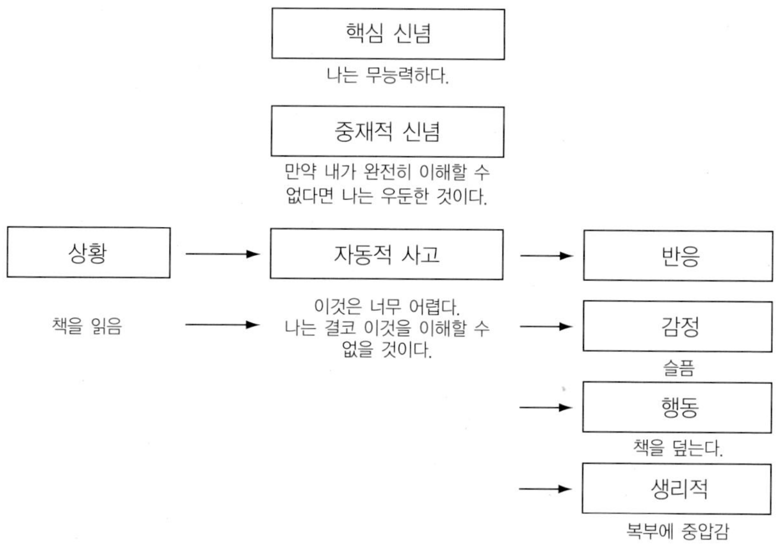

• 그림 13-2 • 인지 모델

출처: 최영희 역, 2007, p. 30.

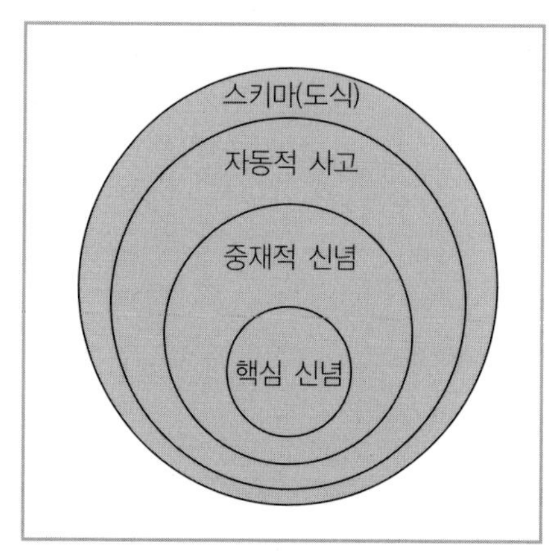

벡은 개인의 인지 수준(levels of cognitions)을 4가지, 즉 스키마, 핵심 신념, 중재적 신념, 자동적 사고 등으로 분류하였다(Seligman, 2001, pp. 333-334). 예를 들어, 결혼을 생각하는 한 남성이 가지고 있는 인지 도식을 4가지 인지 수준으로 설명하면 다음과 같다. 결혼을 생각할 때 부지불식간에 떠오르는 생각인 자동적 사고는 '나는 여자 친구가 원하는 남편이 될 수 없고, 우리의 결혼은 깨질 것이다.'이다. 중재적 신념은 극단적인 규칙과 태도가 반영된 것으로 '좋은 남편은 아내와 아이들을 위해 자신을 기꺼이 희생할 수 있어야 한다.' 또는 '결혼은 아주 소수만 성공하는 어려운 일이다.' 등이다. 핵심 신념은 세계, 타인, 자신, 미래에 대한 자신의 견해가 반영된 것으로 '나는 다른 사람을 사랑할 수 없고, 우리의 관계에서 내가 줄 것은 거의 없다.' 이다. 스키마는 핵심 신념을 수반하는 개인의 특유하고 습관적인 방식으로 '나는 부적절한 존재이고 내가 아무리 노력한다 해도 결국은 실패할 운명이다.' '다가오는 결혼에 대해 실망할 것이다.' '무엇을 하든 실패할 것을 알면서 노력하는 것이 무슨 의미가 있을까?' 등이다(김영혜 공역, 2011, pp. 420-421). 4가지 인지 수준을 구체적으로 살펴보면 다음과 같다.

(1) 스키마

스키마(schema)는 인지 도식이라고도 표현하는데, 자신, 세계 그리고 미래를 보는 개인의 특유하고 습관적인 사고방식을 의미한다. 이는 한 개인이 자신만의 고유한 방식으로 세상을 이해하는 틀이라고 할 수 있다. 벡은 스키마를 정보처리와 행동을 지배하는 구체적인 규칙으로 보았다. 벡과 바이사르(Beck & Weishaar, 2008)는 이러한 스키마는 생애 초기에 개인적인 경험과 다른 사람과의 상호작용에서 발달된다고 하였다.

스키마는 여러 측면에서 개인을 지켜봄으로써 알아낼 수 있다. 즉, 활동 도식, 강요 도식, 변화 도식, 종교적 도식 등의 다양한 관점에서 개인을 관찰한 결과가 개인의 스키마를 파악하는 데 유용한 단서가 된다(천성문 공역, 2013, p. 391). 이러한 스키마가 부정적으로 형성되면 인지적 왜곡이 일어나며, 이것은 정서나 행동에 좋지 않은 영향을 준다. 스키마는 개인적인 것이지만, 같은 장애를 지닌 경우에는 공통적인 면이 있다. 예를 들어, 우울증을 유발하는 인지 도식은 결핍, 패배, 상실, 무가치 등의 주제를 포함한다. 불안장애의 공통적인 인지 도식은 위험이나 위협의 주제를 포함한다.

(2) 핵심 신념

핵심 신념(core beliefs)은 자동적 사고의 바탕이 되는 자신에 대한 아주 근원적이고 깊은 수준의 믿음으로, 보편적이며 과일반화된 절대적인 믿음이다. 그러므로 사람들은 이러한 믿음을 의문 없이 당연한 것으로 여기고 절대적인 진리로 받아들인다. 핵심 신념은 자신, 세계 그리고 미래에 대한 자신의 견해를 반영한다. 예를 들어, 인지치료에 대한 전문서적을 읽게 된 A라는 사람이 있다고 하자. "이건 너무나 어려워, 나는 정말 바보야, 나는 결코 이 치료를 숙달하지 못할 거야, 나는 치료자가 못 될 거야."라고 말하며, 슬픔에 빠질 수 있다. 이 사람의 핵심 신념은 '나는 무능하다.'라는 것이다. 이러한 믿음은 그가 우울한 상태에 있을 때에만 작동할 수도 있고, 생활 대부분에서 활성화될 수도 있다. 또한 자신의 핵심 신념을 입증하는 정보에만 선택적으로 관심을 가지며, 그와 반대되는 정보는 무시하거나 개의치 않을 수 있다. 그리고 핵심 신념이 부정확하고 역기능적이라 할지라도 그것을 계속 믿게 된다. 핵심 신념은 모든 영역에 영향을 미치고 경직되어 있으며 지나치게 일반화되는 특징이 있다(최영희 공역, 2007, p. 27).

(3) 중재적 신념 또는 중간 신념

중재적 신념(intermediate beliefs)은 자동적 사고를 형성하는 극단적이며 절대적인 태도(attitude), 규칙(rule) 그리고 가정(assumption)으로 구성되어 있으며, 핵심 신념의 영향을 받는다. 사람들은 종종 이 중재적 신념을 잘 인식하지 못한다. 앞에서 언급한 인지치료 관련 전문서적을 읽은 A라는 사람은 다음과 같은 중재적 신념을 가지고 있을 수 있다.

첫째, '무능력하다는 것은 끔찍한 일이다.' 라는 태도다.

둘째, '나는 항상 열심히 일을 해야 한다.' 라는 규칙과 기대다.

셋째, '열심히 일을 한다면 다른 사람들이 쉽게 할 수 있는 일을 나도 할 수 있게 될지 모른다.' 라는 가정이다.

이러한 중재적 신념은 주어진 상황을 보는 관점에 영향을 주며, 그렇게 형성된 관점은 또 다시 그 사람이 어떻게 생각하고 느끼고 행동하는가에 영향을 준다(최영희 공역, 2007, p. 28). 즉, 중재적 신념은 핵심 신념이 자동적 사고를 유발하는 데 중간 역할을 한다.

(4) 자동적 사고

자동적 사고(automatic thoughts)란 어떤 사건을 경험할 때, 노력하지 않아도 저절로 떠오르는 생각을 의미한다. 자동적이라는 말이 붙은 것은 자신도 모르게 생각이 떠오르기 때문이다. 즉, 자신의 의지와 상관없이 부지불식간에 생각이 떠오른다는 것이다. 따라서 심리적인 문제를 경험하는 사람은 이러한 생각을 했다는 것조차 자각할 수 없는 경우가 대부분이다. 그럼에도 이러한 왜곡되거나 극단이거나 부정적인 내용의 자동적 사고는 존재하여 심리적 문제와 직접적인 연관성을 갖는다(이장호 공저, 2013, pp. 94-95). 예를 들어, 오랫동안 사귄 여자 친구와 헤어진 한 남자가 있다고 하자. 그가 식욕을 잃고 잠도 못 이루고 사람들을 만나는 것을 꺼려 하루 종일 집에서만 지내는 이유가 사랑하던 여자와의 이별 때문이기도 하지만, 여자와의 이별로 그에게 떠오른 생각, 즉 자동적 사고 때문이기도 하다. 만약 그에게 '정말 속이 후련하다. 잘 됐다.'라는 생각이 떠올랐다면 우울은커녕 쾌재를 불렀을 것이다. 아니면 '그녀와 나는 인연이 아닌가 봐.'라는 생각이 떠올랐어도 최소한 우울에 빠지지는 않았을 것이다. 하지만 그는 '그녀 없이는 삶의 의미가 없어.'라는 생각이 떠오르고, 이로 인해서 심한 우울 증상을 보이게 된 것으로 볼 수 있다.

한 사람에게 내재된 핵심 신념이나 중재적 신념은 어떤 특정한 상황에서 지각에 영향을 주고 자동적 사고로 나타난다. 그리고 자동적 사고는 감정은 물론 행동에까지 영향을 준다. 자동적 사고는 심사숙고하거나 합리적인 판단이 아니기 때문에 아주 빠르고 순간적으로 나타난다. 앞에 제시한 A라는 사람의 경우에 "이 책은 너무 어려워, 나는 이 책을 결코 이해할 수 없을 거야."라며 슬픔에 빠지고 책을 덮어 버리는 행동을 하게 된다는 것이다. 이러한 자동적 사고를 인식하면, 그 사고의 타당성을 평가할 수 있다(최영희 공역, 2007, p. 27). 이러한 자동적 사고는 한순간에 생겨나는 것이 아니라 부정적인 경험이 반복되어 형성된다. 자동적 사고의 특징을 살펴보면 다음과 같다.

자동적 사고는 구체적이며 분리된 메시지이며 언어나 이미지 또는 둘 다의 형태로 나타난다. 자동적 사고는 아무리 비합리적이라 할지라도 거의 믿어지며 자발적으로 일어나며 당위성을 가진 말로 표현된다. 또한 일을 극단적으로 보는 경향이 있으며 개인마다 독특하고 중단하기 쉽지 않고 학습을 통해 형성된다(노안영 공저, 2013, p. 445).

벡은 우울 증상을 경험하는 사람들의 자동적 사고가 세 가지 내용으로 구성되어 있다고 하였으며, 이를 '인지삼제(cognitive triad)'라 불렀다. 인지삼제란 자신과 세상 그리고 미래를 부정적 · 비관적으로 보는 것을 의미한다. 즉, 자신을 실패자로 보고, 세상을 위협적이고 적대적으로 인식하며, 미래를 절망적으로 보는 것이다. 우울증을 경험하는 사람들은 흔히 실패, 상실, 무능감 등과 관련된 부정적이고 비관적인 내용의 자동적 사고를 가지고 있다. 예를 들어, 자신에 대하여 '나는 가치 없는 사람이다.' 세상에 대하여 '세상은 나를 받아 주지 않는다.' 그리고 미래에 대하여 '나의 미래는 절망뿐이다.' 등의 생각을 가지고 있는 사람은 일상생활에서 자동적 사고를 유발하는 사건을 경험할 때, 우울증을 경험한다(김춘경 공저, 2012, p. 344).

3) 성격의 발달

벡은 인간의 성격은 타고난 기질과 환경의 상호작용으로 발달한다고 보았다. 하지만 벡은 성격발달의 단계를 구체적으로 제시하지는 않았다. 예를 들어, 선천적으로 거절당하거나 버림받는 것에 대하여 유난히 과민하게 반응하는 성향을 타고나는 사람은 그와 같은 사건을 경험할 때, 세상은 자신을 결국 버릴 것이라는 역기능적 인지 도식이 형성된다는 것이다. 이렇게 발달된 개인의 인지 도식은 개인이 자신과 타인에 대한 정보를 처리하는 방식에 지속적으로 영향을 미치게 된다.

벡의 인지치료이론에서는 한 개인의 사고가 성격에 중요한 영향을 미친다고 보고 있다. 특히 개인이 자각하지 못하는 자동적 사고는 개인의 성격발달에 중요한 역할을 한다고 본다. 이러한 자동적 사고는 역기능적인 인지 도식에 뿌리를 두고 있으며, 생활 사건을 통하여 촉발되고, 부적응 증상이나 행동을 유발한다고 하였다. 사람들이 현실을 이해하는 방식과 행동 방식은 그 사람의 인지 도식에 따라서 다르다. 긍정적이고 기능적인 인지 도식을 가지고 있으면 일상생활에서 스트레스를 경험할 때도 문제 증상이 나타나지 않는다. 하지만 역기능적인 인지 도식을 가진 개인은 동일한 상황에서 인지적 왜곡이 일어나 부적응 행동이나 증상이 발생하게 된다는 것이다.

3. 핵심 개념 및 도식화

벡의 인지치료의 핵심 개념에는 역기능적 인지 도식, 인지적 왜곡 그리고 부적응의 원인 등이 있다.

1) 역기능적 인지 도식

인간은 삶을 살아가면서 자신이 어떤 사람인지, 인생이 어떤 의미가 있는지 등의 자신이나 세상에 대한 지식을 쌓아 간다. 어린 시절부터 이러한 과정을 통하여 한 개인은 자신의 삶 속에서 체계화된 지식의 복합체인 인지 도식을 형성한다. 인지 도식이란 자기와 세상을 자기 나름대로 이해하는 틀을 의미한다. 이러한 인지 도식의 내용이 긍정적이거나 최소한 중립적이라면 그리 문제가 되지 않는다. 하지만 인지 도식의 내용이 부정적이면 심리적 문제의 원인으로 작용한다.

역기능적인 인지 도식이란 개인이 현실에 적응하는 데 도움이 되지 않는, 부정적인 내용으로 이루어진 생각의 틀을 의미한다. 역기능적인 인지 도식을 가지고 있는 사람은 일상생활에서 스트레스 사건을 경험할 때, 부정적인 내용의 자동적 사고를 하게 되고, 더불어 다양한 유형의 인지적 왜곡이 나타나서 사실과 다르게 지각하거나 아주 극단적인 형태의 오류를 발생시켜 문제 증상을 겪는다. 심리적 문제를 초래하기 쉬운 몇 가지 역기능적 인지 도식의 예를 들면, “사람은 멋지게 생기고 똑똑하고 돈이 많지 않으면 행복해지기 어렵다.” “다른 사람의 사랑 없이 나는 행복해질 수 없다.” “인정을 받으려면 항상 일을 잘해야만 한다.” 등이 있다(이장호 공저, 2004, p. 131).

2) 인지적 왜곡

역기능적 인지 도식은 자동적 사고뿐만 아니라 ‘인지적 왜곡(cognitive distortion)’을

유발시킨다. '왜곡'이란 사건과 상황을 사실과 다르게 해석하거나 그릇되게 받아들이는 것을 의미하며, '인지적 왜곡'이란 개인의 인지 도식에 결함이나 오류가 있어서 특정 상황에 대한 정보를 제대로 지각하지 못하거나 사실과 다르게 해석하고 받아들이는 것을 뜻한다. 예를 들면, 길을 가다 마주 오는 사람과 서로 어깨를 부딪쳤을 때, 사실은 길이 좁아서 부딪쳤는데 상대방이 자신을 넘어뜨리려고 일부러 그랬다고 주관적으로 잘못 해석하는 경우다.

인지적 왜곡이 발생하는 이유는 바로 역기능적 인지 도식 때문이다. 예를 들어, 어릴 때부터 여러 번 다른 사람에게 거부를 당한 한 남자가 있다고 하자. 그가 한 여자와 데이트를 하는데, 한 번은 그 여자가 약속시간보다 30분 늦게 나타나자 자신과 헤어지려고 한다는 자동적 사고가 불쑥 떠올랐다. 사실은 그 여자가 차가 막혀서 약속 시간에 늦게 도착했는데도 자신이 싫어졌다고 해석하여 사실과 다르게 받아들인 것이다. 이와 같은 인지적 왜곡이 일어난 이유는 '사람들은 언젠가는 나를 버릴 것이다.' 라는 그의 역기능적 인지 도식 때문이다. 이는 배고픈 사람 눈에는 먹을 것밖에 안 보이고, 목마른 사람 눈에는 마실 것밖에 안 보인다는 말과 일맥상통한다고 볼 수 있다(이장호 공저, 2013, p. 97).

벡은 정서장애를 가지고 있는 사람들이 현실에 대해 자기를 비하하는 쪽으로 왜곡하는 '논리적 오류'를 범하는 경향이 있다고 하였다(조현춘 공역, 2013, p. 280). 이러한 인지적 왜곡의 대표적인 유형으로 자의적 추론, 이분법적 사고, 선택적 추론, 파국화, 과잉일반화, 잘못된 명명, 극대화 또는 극소화 등이 있다. 이와 같은 인지적 왜곡의 유형을 살펴보면 다음과 같다.

(1) 자의적 추론

'자의적 추론(arbitrary inference)'은 충분하고 적절한 증거가 없는데도 결론을 내리는 것을 의미한다. 이러한 오류는 특정 상황에서 비극적인 결말이나 최악의 시나리오를 생각하게 되어 자신을 괴롭히는 결과를 낳는다. 예를 들면, 직장에서 바쁜 하루를 보낸 엄마가 자녀들에 대해 가지는 미안한 마음을 '나는 정말 나쁜 엄마야.'라는 결론의 증거로 삼는다는 것이다. 자의적 추론의 다른 형태로 독심술과 부정적 예측이 있다. '독심술(mind reading)'이란 인간관계에서 타인이 어떤 생각을 하고 있는지를 자신이 다 알 수 있다고 생각하는 것이다. 예를 들면, 친구에게 쇼핑을 같이 가자고 했는데 친구가 못 간다고 할 때, 자신이 그 친구의 생각을 읽어서 친구가 자신을 좋아하지 않는다고 결론을 내리는 경우다. 친구는 실제로 다른 약속이 있거나 몸이 아프기 때문일 수도 있다. '부정적 예측(negative prediction)'은 타당한 근거가 없는데도 좋지 않은 일이 일어날 것이라고 믿는 것을 의미한다. 예를 들면, 한 학생이 지난 번 시험을 잘 보았고 시험 준비를 충분히 했는데도 이번 시험에 실패할 것이라고 예측하는 것이다. 그러나 실패에 대한 이런 예측은 사실과 무관할 때가 많다(천성문 공역, 2013, p. 393).

(2) 이분법적 사고

'이분법적 사고(all-or-nothing thinking)'란 어떠한 행동으로 인한 결과를 놓고 완전한 성공 아니면 완전한 실패라는 양자택일적인 사고를 하는 것이다. 이러한 이분법적 사고는 자신의 실패 혹은 나쁜 측면만을 생각하도록 하여 자동적으로 부정적인 신념을 유도하고, 낮은 자존감을 불러일으킨다. 특히 사고가 단순하고 상투적이기 때문에 두 범주로 나타나는 특징이 있다. 그래서 이것은 좋거나 나쁘거나, 검거나 희거나, 옳거나 그르거나, 가능하거나 불가능하거나 등과 같이 양극적인 사고인 흑백 논리와 관련이 있다. 예를 들면, 심리학자가 되는 것이 꿈인 대학생이 있다고 하자. 그 학생은 심리학개론 시험에서 A학점을 받지 못하면 '나는 실패자야! 내 꿈인 심리학자는 틀렸어.'라고 생각한다. 이 학생은 A보다 낮은 점수는 실패라고 생각하기 때문에 자책하게 되는 것이다(천성문 공역, 2013, p. 392). 박사 입학시험에 응시한 사람이 있을 때, '내가 교수들이 본 적도 없는 최고의 답안을 쓰지 못한다면 나는 학생으로서 실패자야.'라고 생각하는 것도 이분법적인 사고라고 할 수 있다.

(3) 선택적 추론

'선택적 추론(selective abstraction)'이란 어떠한 상황에서 전체적인 맥락을 고려하지 않고, 세부 사항에 초점을 두는 것을 말한다. 선택적 추론은 정신적 여과(mental filtering)라고도 하며, 특히 관심을 두는 부분이 실패와 부족한 점 등의 부정적인 세부사항인 경우가 많다. 그리고 전체적인 상황 중에서 특정 말이나 특정 사건만 보고 그릇된 해석을 내린다. 예를 들면, 시끄러운 파티 장소에서 친구 여럿이 테이블에 둘러앉아 있을 때, 자신의 여자 친구가 다른 남자 동료의 말을 들으려고 고개를 기울이는 모습을 보고 순간 질투심이 생겨 그 자리를 박차고 나간 남자의 경우가 이에 해당한다. 그는 파티 장소가 너무 시끄러워 말하는 소리가 잘 안 들려서 여자 친구가 고개를 기울일 수밖에 없는 전체적인 상황을 보지 못했기 때문에 그러한 행동을 할 수 있다.

(4) 파국화

'파국화(catastrophizing)'란 어떤 특정 사건에 대하여 모든 것이 끝났다고 과장해서 생각하여 과도한 걱정과 두려움을 보이는 것을 뜻한다. 과장은 특정 사건의 결과가 지닌 심각성을 부풀려 파국으로 몰아간다. 자신을 계속 파국화시키는 사람은 광명 천지에도 먹구름만을 바라보거나 그것을 만들어 내는 특징이 있다. 보통 사람도 '아, 이제 끝이로구나, 망했다!' 라는 생각이 들 때가 종종 있다. 이러한 파국화는 분노나 좌절감을 일으키는 감추어진 공포 때문에 일어나는 경우가 많다. 예를 들면, 유난히 수줍음이 많아서 긴장하면 손이 떨리는 사람이 있다고 하자. 남들 앞에서 강의를 해야 하는 상황에서 아무렇지도 않은 듯 애써 표정을 관리하는데, 포인터를 누르는 손이 떨리는 것을 느낀다. 그러자 "사람들이 내가 떨고 있는 것을 알아채면 어떡하지, 오늘 강의는 완전히 망쳤군!" 이라는 생각이 들게 된다. 그 생각이 들자마자 가슴이 두근거리고 숨이 막혀 온다. 사실 손을 떤다고 강의를 망치는 것은 아닌데도 결국 그는 강의를 제대로 마치지 못하게 된다.

(5) 과잉일반화

'과잉일반화(overgeneralization)' 란 하나의 사건이나 몇 개의 특정한 사건에서 일반적인 규칙을 만든 뒤 그것과는 관련이 없는 다른 상황이나 장면까지 확대 해석하여 적용하는 것을 의미한다. 이는 가장 심각한 인지왜곡 중의 하나라고 볼 수 있다. 과잉일반화에 주로 사용되는 핵심적인 말은 '전혀' '항상' '모두' '한번도' 등과 같이 절대적인 성격을 띤 말이다. 예를 들면, 한두 번의 프러포즈에 실패하고 나서 '남자들은 다 똑같아, 나는 항상 거절당할 거야.'라고 결론을 내리는 여성의 경우다. 또 남편이 회사일로 바빠서 미처 전화를 못한 경우, 부인이 '이제 남편의 사랑이 식었어!'라고 결론을 내리는 경우다.

(6) 잘못된 명명

'잘못된 명명(labeling and mislabeling)'은 과잉일반화의 극단적인 형태로, 개인이 자신의 불완전함을 근거로 자신을 부정적으로 인식하는 것을 뜻한다. 그리고 그 모습이 자신의 진정한 모습이라고 단정지어 버리는 것이다. 예를 들면, 내담자의 기대에 부응하지 못한 상담자는 "나는 전혀 가치 없는 인간이니 지금 당장 상담심리사 자격증을 반납해야 해."라며 자신을 비하하는 것이다(조현춘 공역, 2013, p. 81).

(7) 극대화 또는 극소화

'극대화 또는 극소화(magnification or minimization)'는 어떤 사건의 의미를 지나치게 과장하거나 축소하는 경향을 의미한다. 즉, 무엇인가를 실제로 그런 것보다 훨씬 더 중요하게 또는 훨씬 덜 중요하게 보는 것이다. 이와 같은 사람은 자신의 불완전한 점을 극대화하고 좋은 점을 극소화하기 때문에, 결국 자신이 부적절하며 타인들보다 열등하다고 생각하고 우울을 느끼게 된다(천성문 공역, 2013, p. 392). 예를 들면, 의사가 자신을 위궤양으로 진단을 했는데 위암으로 받아들인다든지, 그 반대의 진단인 위암을 위궤양으로 받아들이는 경우다. 또는 자신의 결점을 극대화하거나 장점을 극소화하기도 한다. 결점을 극대화하는 예를 들면, 시합을 앞두고 근육통으로 고생하는 운동선수가 '나는 오늘 시합을 할 수 없을 것 같아. 운동선수로서의 삶은 끝났어.'라고 생각하는 것이다. 이와는 반대로 장점의 극소화는 시합에서 금메달을 딴 선수가 '오늘 경기에서 우승을 했지만 충분하지 않아. 내가 원하는 기준에 도달하려면 나는 아직 멀었어!'라고 생각하는 것이다.

(8) 개인화

'개인화(personalization)'란 자신과는 아무런 관계가 없는 일을 자신과 관련이 있다고 생각하는 것을 의미한다. 타인의 행동이 모두 자신을 두고 하는 것이라고 습관적으로 믿는 사람이 이에 해당한다. 예를 들면, 한 남자가 붐비는 거리를 건너며 아는 사람이 지나가는 것을 보고 손을 흔들었다. 상대방이 인사를 받지 않고 지나가자 그는 '내가 저 사람에게 무언가 잘못한 게 틀림없어.'라고 결론을 내려 버리는 것이다. 또 다른 예로, 어떤 사람이 길을 걸어가는데 앞에서 마주보고 오던 사람이 웃는 것을 보고 자신을 비웃었다고 화를 내며 시비를 거는 경우다. 사실 마주 오던 사람이 웃은 이유는 어제 밤에 보았던 개그 프로가 떠올라서 혼자서 웃었던 것인데, 이를 자신과 관련이 있다고 받아들인 것이다.

(9) 정서적 추론

'정서적 추론(emotional reasoning)'이란 정서적 경험에 근거해서 자신, 세계 혹은 미래에 관해서 추리를 하는 경우를 말한다. 정서적 추론의 문제점은 정서적 감정이 왜곡으로 보이지 않고, 현실과 진실을 반영하는 것으로 여겨지는 데 있다. 예를 들면, '나는 부적절하다고 느낀다. 고로 나는 쓸모없는 사람이다.'라고 추론하는 것이다(노안영 공저, 2013, p. 447).

(10) 긍정 격하

'긍정 격하(disqualifying the positive)'란 개인이 자신의 긍정적인 경험을 격하시켜 평가하는 것을 말한다. 이는 긍정적인 경험을 감소시키거나 그것을 부정적인 경험으로 전환하게 함으로써 모순되는 증거가 있는데도 왜곡된 신념을 유지할 수 있도록 한다. 선택적 추론은 상황의 부정적인 측면에 초점을 맞추고 긍정적인 측면을 무시하는데 반해서 긍정 격하는 긍정적인 측면을 스스로 무력화시킨다. 긍정 격하야말로 승리의 문턱에서 패배를 자초하는 어처구니없는 왜곡이다(노안영 공저, 2013, p. 447). 예를 들면, 운동 경기에서 우승했을 때 자신의 기량이나 노력에 의한 결과로 돌리기보다는 운이나 자신보다 잘하는 선수가 출전하지 않았기 때문이라고 생각하는 경우다. 이는 겸손한 태도로 보일 수도 있지만 정신건강 측면에서는 이롭지 않다.

> 이러한 인지적 왜곡은 부정적인 자동적 사고로 불릴 만큼 별다른 노력을 하지 않아도 저절로 일어나는 인지 과정이다. 빈번한 인지적 왜곡은 자신의 일을 성공적으로 수행할 수 없게 하며, 우울이나 불안 등의 심리장애를 유발한다(천성문 공역, 2013, p. 394).

3) 부적응의 원인

벡은 인지치료이론에서 인간이 보이는 부적응 증상의 원인은 역기능적인 인지 도식과 인지 과정에서의 왜곡이라고 하였다.

인지 도식은 생애 초기에 구축되기 시작하는데, 특히 부모를 비롯한 중요한 사람들과의 상호작용을 통해 형성된다. 이러한 인지 도식이 바람직하고 긍정적으로 형성되면 문제가 없지만, 역기능적으로 형성되면 부적응을 일으킨다. 즉, 역기능적인 인지 도식은 인간의 잘못된 사고, 적절하지 않거나 올바르지 않은 정보에 근거한 그릇된 추론, 환상과 현실의 구분 실패 등의 인지적인 문제 증상의 원인이 된다(조현춘 공역, 2013, p. 280). 또한 역기능적인 인지 도식은 다양한 유형의 인지적 왜곡을 불러와서 개인의 심리적인 건강을 위협한다. 인지적 왜곡은 인지적 오류라고도 하며, 인간이 정보를 처리하는 과정에서 나타나는 현상으로, 정보에 대한 잘못된 인지 처리 과정을 의미한다. 즉, 일상생활에서 일어나는 상황이나 사건을 객관적으로 보지 못하고 사실과 다르게 잘못된 해석을 내리는 것이다.

따라서 인지치료의 목적은 역기능적인 인지 도식을 수정하여 현재 당면한 문제 증상을 해결하는 데 있다. 사람들은 자신이 가지고 있는 자동적 사고를 인식하고, 자동적 사고의 원인이 되는 역기능적 인지 도식을 변화시키는 방법인 '인지 재구조화(cognitive restructuring)' 또는 '재구성(reframing)'을 배워야 한다(김교헌 역, 2012, p. 513). 따라서 치료자는 내담자의 부적응 행동이나 감정을 유발하는 역기능적 인지 도식을 찾아내고, 내담자의 사고방식이 어떠한 인지적 오류를 가지고 있는지를 확인하여 수정할 수 있도록 조력할 필요가 있다.

4) 도식화

벡의 인지치료이론을 핵심 개념을 중심으로 도식화하여 나타내면 [그림 13-3]과 같다.

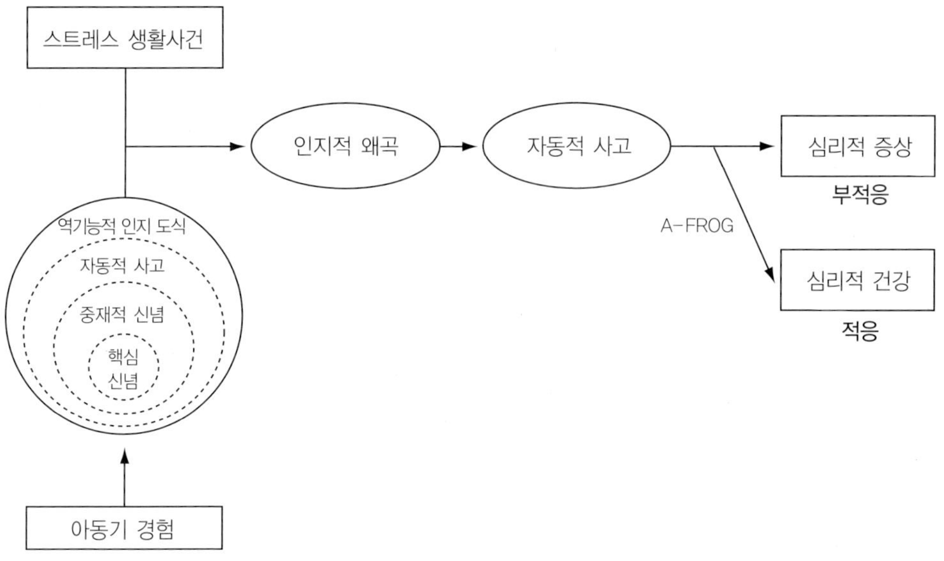

• 그림 13-3 • 벡의 인지치료이론의 도식화

[그림 13-3]을 설명하면 다음과 같다.

첫째, 생애 초기에 주 양육자들과의 상호작용에서 형성된 역기능적 인지 도식을 가진 사람이 현재 스트레스를 주는 생활 사건을 만날 때, 그 사건에 대해 사실과는 다른 잘못된 해석인 인지적 왜곡이 일어나서 순간적으로 자신도 모르는 사이에 불쑥 자동적 사고가 떠오르게 되어 우울증과 같은 심리적인 문제 증상이 발생한다.

둘째, 역기능적 인지 도식은 핵심 신념과 중재 신념 그리고 자동적 사고로 구성되어 있으며, 인지 타당성 평가를 적용하여 역기능적 인지 도식을 기능적 인지 도식으로 바꾸어 주면 정신적으로 건강한 사람이 될 수 있다.

제3절 평 가

1. 성격 연구 및 적용

1) 성격 연구

(1) 인지 타당성 평가

벡과 에머리(Beck & Emery, 1985)는 인지적인 타당성을 평가하는 5단계 과정을 제시하였다. 5단계는 '인지 타당성 평가(A-FROG)' 라고 하는데, 이는 개인이 합리적으로 생각하고 있는가의 여부를 평가하는 것으로 다음과 같은 준거에 따라 사고를 평가하는 것을 말한다(노안영 공저, 2013, p. 448). 즉, 자신의 활력, 기분과 관련된 상태, 현실성, 유용성 그리고 유능성의 측면에서 개인의 인지에 대한 타당성을 평가한다.

A(Alive): 나의 사고는 나를 생기 있게 하는가?
F(Feel): 나는 이러한 사고의 결과로 기분이 더 나아졌는가?
R(Reality): 나의 사고는 현실적인가?
O(Other): 나의 사고는 다른 사람과의 관계에 도움을 주는가?
G(Goals): 나의 사고는 나의 목표를 성취하는 데 도움을 주는가?

(2) 초기 부적응 도식에 대한 연구

영(Young, 1999)은 초기 부적응 도식을 18개의 도식으로 나누고, 다시 이러한 도식들을 단절과 거절, 자율과 수행, 손상된 한계, 타인 중심성, 과잉경계 및 억제의 5가지 범주로 묶어 제시하였다. 대부분의 사람은 이와 같은 초기 부적응 도식을 인식하지 못한다. 이를 구체적으로 살펴보면 다음과 같다.

첫째, 단절과 거절이다. 이에 속하는 사람들은 안정, 돌봄, 허용, 공감에 대한 자신의 욕구가 충족되지 않을 것이라는 신념을 가지고 있다.

둘째, 자율과 수행인데, 이러한 도식을 가진 사람은 책임감이 부족하거나 독립적으로 기능을 하지 못하고, 자신은 늘 실패를 해 왔고 앞으로도 실패할 것이라고 믿는다.

셋째, 손상된 한계다. 이러한 사람들은 타인의 권리를 존중하지 않고, 타인과 협동을 하지 못하며, 자신의 행동을 조절하기 어렵다.

넷째, 타인 중심성이다. 이에 속한 사람들은 타인의 관심을 받기 위해서 자신의 욕구보다 타인의 욕구에 지나치게 매달린다.

다섯째, 과잉경계 및 억제다. 이에 속한 사람들은 감정이나 충동을 지나치게 억제하거나 완벽하고 높은 기준을 제시하여 늘 근심하고 불안해한다.

2) 평가 기법

(1) 벡 우울 척도

벡과 동료들(1961)은 우울감을 측정하기 위해 '벡의 우울 척도(BDI)'를 개발하였다. BDI는 신체 생리적 증상뿐만 아니라 비관주의, 실패감, 죄책감 등과 같은 우울증의 심리적 증상을 측정하고 있다. BDI에 대한 벡 등(1973)의 연구에서는 자살에 대한 소망이 신체 생리적 증상보다 부정적인 태도와 더 밀접한 관련이 있다고 하였다. BDI는 수많은 연구에서 사용되었으며, 타당도와 신뢰도가 입증되었다(Beck & Steer, 1987; 권석만 역, 2010, p. 151). BDI는 현재 우리나라 실정에 맞도록 번안하여 다양한 영역에서 널리 활용되고 있다.

(2) 역기능적 사고의 일일기록표

'역기능적 사고의 일일기록표'란 치료자가 내담자에게 매일매일 문제 증상을 느끼게 되는 사건과 내용을 기록하도록 과제를 내 주고, 다음 상담 시간에 기록지의 내용을 구체적으로 다루면서 내담자의 역기능적 사고를 파악하는 기법을 말한다. 일일기록표에는 사건, 감정, 자동적 사고, 자동적 사고를 지지하는 증거, 자동적 사고와 상반되는 증거, 대안적인 적응적 사고, 결과 등의 내용이 포함된다. 이러한 내용을 반복해서 검토하는 동안 내담자는 자신의 역기능적인 사고를 파악할 수 있게 된다.

(3) 소크라테스의 대화법적 질문

'소크라테스의 대화(socratic questioning)'란 치료자가 내담자의 인지적 왜곡을 찾아내 이를 변화시키기 위해 반복적인 질문을 하는 것을 말한다. 치료자는 다음과 같은 질문을 사용하여 내담자가 스스로 자신의 사고 내용을 평가하여 왜곡을 발견하도록 유도한다. 예를 들면, "그렇게 생각한 근거가 무엇인가?" "다른 사람도 그 상황에서 같은 생각을 할 것인가?" "그런 생각이 삶에 어떤 도움이 되는가?" "다른 해석 방법은 없는가?" 등의 질문이다.

(4) 행동 실험법

'행동 실험법(behavioral experimentation)'은 자동적 사고 때문에 두려워하는 행동을 치료 시간이나 생활 장면에서 실제로 해 보고 그 결과를 실증적으로 확인하는 방법을 말한다. 이 방법은 어떤 행위에 대해 극단적인 부정적 결과에 집착하는 내담자에게 사용된다. 벡의 인지치료는 외현적인 행동의 변화가 아니라 사고의 변화에 초점을 두기 때문에 행동 중 일어나는 자신의 부정적인 자동적 사고를 깨닫게 하는 데 초점을 둔다.

2. 공헌점 및 한계점

1) 공헌점

첫째, 벡의 인지치료이론은 인간의 이해와 치료에서 인지 혁명이라고 불릴 정도로 인지의 중요성을 강조함으로써 이 이론이 정신분석, 행동주의, 인본주의와 함께 심리학의 주류를 이루도록 하는 데 기여하였다. 그는 인지가 어떻게 조직화되고 어떠한 과정을 거쳐서 행동이나 정서에 영향을 미치는지의 인지 과정을 밝혀 주었다. 인지치료이론은 남극을 제외한 모든 대륙에 인지치료센터가 설립될 정도로 전 세계적으로 각광받고 있다.

둘째, 벡의 인지치료이론은 과학적인 방법론을 적용하여 문제 증상을 유발하는 인지적 요인을 밝혔다. 인지치료이론은 정신분석적 입장이 지니고 있는 연구 방법의 과학성 결여라는 한계와 행동주의적 입장에서 문제시되고 있는 설명력 부족의 한계를 극복하였다. 특히 인지와 관련된 주요한 부적응 증상인 우울이나 불안, 자살사고 등을 측정할 수 있는 평가 도구들을 개발하여 과학적 연구에 기여하였다.

셋째, 벡의 인지치료이론은 우울증 치료에 효과적이다. 이 이론은 우울 증상을 보이는 다양한 환자에 대한 임상적 관찰 결과를 반영하여 정립되었으며, 단극성 우울증의 치료에 효과적이라는 연구 결과가 수백 편의 연구를 통해 입증되었다. 뿐만 아니라 인지치료이론은 불안장애, 알코올중독, 섭식장애 등의 다양한 심리장애의 치료에도 효과가 있는 것으로 밝혀졌다.

넷째, 벡의 인지치료이론은 인지의 재구성을 유도할 수 있는 다양한 기법을 제시하고 있다. 이와 같은 기법들은 인간의 심리적인 증상을 파악하여 그에 따른 적절한 개입을 가능하게 하였다. 특히 인지치료이론은 20주 내외의 단기치료로 진행되는데, 최근의 심리치료가 단기화되는 추세이기 때문에 현대사회에 적합하다.

2) 한계점

첫째, 벡의 인지치료이론은 개인의 인지와 현재의 문제 증상에만 초점을 두어서 정서나 무의식의 중요성을 간과하고 있다. 그는 정서를 '인지에 이어 나타나는 결과적 현상(a post cognitive phenomenon)'으로 보아서 인간의 정서 부분을 소홀히 다루었다. 또한 지나치게 현재의 문제 증상의 해결에만 치중하여 숨겨진 갈등이나 무의식을 고려하지 않았다는 지적을 받고 있다.

둘째, 벡의 이론은 개인이 가지고 있는 역기능적 인지 도식이 형성되는 기제를 제시하지 않고 있다. 인지치료이론에서는 인간의 부적응적인 증상의 원인이 역기능적 인지 도식에 있다고 주장한다. 그런데 역기능적 인지 도식의 형성 과정을 구체적으로 설명하지 않았다는 것이다. 물론 인간이 태어나서 타인들 특히 어릴 때 부모와의 경험으로 형성된다는 점을 인정했지만 구체적인 과정은 제시하지 않았다.

셋째, 벡의 이론은 적용할 수 있는 대상에 한계가 있다. 이 이론은 한 개인의 심리적인 증상을 치료할 때, 내담자의 사고에 초점을 둔다. 그런데 내담자가 위기 상태에 있거나 정신병적 증상이나 심한 성격장애의 문제가 있을 때에는 적용하기 어려울 수 있다. 또한, 인지 기능이 저하된 사람은 자신의 인지 도식을 정확히 관찰하는 것이 어려울 수 있으며, 자신이 가진 사고가 기능적인지 아니면 역기능적인지를 판단할 인지 능력이 부족할 수 있다.

3. 인지 · 정서 · 행동치료이론과 인지치료이론의 비교

엘리스의 이론과 벡의 인지치료이론을 비교하면 〈표 13-1〉과 같다.

• 표 13-1 • REBT이론과 인지치료이론의 비교

구 분	REBT이론	인지치료이론
공통점	인간관은 중립(낙관-비관)적, 자유론 및 전체론, 문제 중심, 단기치료, 현재 중심, 치료자가 적극적 역할, 인지 변화 중시	
인간관	유전과 환경	환경(주 양육자)
성격의 개념	신념체계	인지 도식
인간 이해 방법	인지	인지
부적응의 원인	비합리적 신념	역기능적 인지 도식
치료자 역할	지시적 역할(교사)	협력적 역할(조력자)
치료 목표	비합리적 신념을 합리적 신념으로 재구성	역기능적인 인지 도식을 기능적인 인지 도식으로 재구성
치료 기법	논박, 저항 다루기, 유머의 활용	소크라테스의 대화법, 자기 관찰

엘리스와 벡의 공통점을 살펴보면 다음과 같다.

첫째, 인지의 중요성을 강조하고, 성격을 인지체계로 보았다. 즉, 엘리스는 성격을 신념체계로, 벡은 인지 도식으로 보고 있다.

둘째, 인간의 본성을 중립적이며, 자유론적이고, 전체론적 입장에서 보았다.

셋째, 치료 목표는 잘못된 인지 구조를 변화시켜 현재의 문제 증상을 해결하는 데 초점을 두고 있으며, 단기치료를 적용하고, 치료자가 인지 구조의 변화를 시도할 때 현실성과 유용성의 측면을 중시하였다.

엘리스와 벡의 차이점을 살펴보면 다음과 같다.

첫째, 엘리스는 인간의 신념체계가 형성될 때 유전과 환경의 영향을 받는다고 본 반면에 벡은 인지 도식의 형성에서 환경의 영향을 더 중시하였다.

둘째, 엘리스와 벡은 인지적 오류를 바라보는 관점이 서로 다르다. 엘리스는 내담자가 가지고 있는 신념 중의 일부는 생물학적인 원인에 기인하고 있고, 그것이 비합리적이어서 문제 증상이 발생한다고 보았다. 하지만 벡은 내담자의 역기능적 인지 도식은 비합리적이라기보다 정상적인 인지 과정이 방해받고 있는 것이라고 하며, 이것이 문제 증상을 발생시킨다고 보았다(Beck & Weishaar, 2008). 즉, 벡은 역기능적 사고는 비합리적인 신념이 아니라 사고가 지나치게 절대적이거나 포괄적이거나 또는 극단적일 뿐이라고 주장한다.

셋째, 치료자와 내담자의 관계를 바라보는 관점에서도 차이가 있다. 엘리스는 치료자와 내담자의 관계가 필수적이지는 않다고 보았으며, 치료자가 교사와 같은 지시적인 역할을 할 것을 강조한 반면에 벡은 치료자와 내담자의 협력 관계가 필수적이며, 치료자는 조력자 역할을 할 것을 주장하였다.

요 약

1. 인지치료이론의 출현 배경은 사물이나 현상을 구조라는 틀에서 이해하려는 철학 사조인 구조주의(structuralism)와 인간의 내적 처리 과정에 컴퓨터 프로그램의 원리를 적용한 정보처리이론 등이다.
2. 벡에게 영향을 미친 이론은 프로이트의 정신분석이론, 칸트의 구조이론, 켈리의 개인 구성 개념 이론, 인지심리학 등이다.
3. 벡의 인간관은 낙관론과 비관론의 중립적, 환경론적, 자유론적 그리고 전체론적인 관점이다.
4. 벡은 인간의 성격을 한 개인의 인지 도식으로 보며, 성격은 스키마, 핵심 신념, 중재적 신념, 자동적 사고 등의 인지 도식으로 구성되어 있다고 하였다. 그는 성격발달의 단계를 구체적으로 제시하지는 않았지만, 타고난 기질과 환경의 상호작용으로 성격이 발달한다고 본다.
5. 핵심 개념에는 역기능적 인지 도식, 자동적 사고, 인지적 왜곡 등이 있다.
6. 부적응은 개인이 부정적 사건을 경험할 때 어릴 적 형성된 역기능적인 인지 도식으로 인해 나타나는 인지적 왜곡으로 자동적 사고가 떠올라서 발생한다.
7. 성격 연구에는 인지타당성 평가(A-FROG), 초기 부적응 도식에 대한 연구가 있다. 성격 평가 기법에는 벡의 우울 척도, 역기능적 사고의 일일기록표, 소크라테스의 대화법, 행동 실험법 등이 있다.
8. 공헌점은 인지의 중요성과 인지 과정을 밝혔다는 점이다. 또한 과학적인 연구 방법을 적용하였고, 우울증 치료에 기여하였으며, 단기치료여서 현대사회에 적합하다는 점 등이다.
9. 비판점은 현재의 사고에 초점을 두기 때문에 정서나 무의식의 중요성을 간과하였으며, 역기능적인 인지 도식이 형성되는 기제를 밝히지 못했고, 인지 기능이 저하된 내담자에게 적용하기 어렵다는 것이다,

제7부

성격이론의 종합 고찰 및 전망

제14장

성격이론의 종합 고찰 및 전망

제1절 성격이론의 종합 고찰

지금까지 성격의 대표적인 관점인 정신역동, 성향, 현상학, 학습 그리고 인지적 관점과 각 관점에 속한 성격이론들을 살펴보았다. 성격이론들에 대한 종합적인 고찰에 앞서 성격이론을 공부하는 자세에 대하여 몇 가지 제안을 하고자 한다.

첫째, 하나의 성격이론은 인간을 이해하기 위한 한 가지 틀로서 일종의 렌즈에 비유할 수 있다. 즉, 우리가 렌즈를 통해 세상을 보듯이 하나의 이론의 틀로 인간을 이해하는 것이다. 성격을 공부하는 사람들이 잊어서는 안 되는 사실은 각각의 성격이론은 일종의 렌즈로서 인간을 이해하는 도구라는 사실이다. 즉, 성격이론은 인간을 이해하는 하나의 도구이자 수단이지 그 자체가 목적은 아니라는 것이다.

둘째, 성격에 대한 다양한 관점은 더 큰 그림의 다양한 측면을 반영한 것으로 볼 수 있다. 따라서 여러 관점은 상반된 것으로 보기보다는 오히려 상호 보완적으로 보는 것이 필요하다(김교헌 역, 2012, p. 568). 다양한 관점의 성격이론에서 적절한 조각을 선택해서 이해가 필요한 적절한 내용에 사용하는 것이 바람직하다. 따라서 성격이론을 공부할 때에는 여러 개의 거울로 이루어진 만화경(kaleidoscope)의 조망을 갖는 것이 도움이 될 수 있다.

셋째, 성격이론을 공부하면서 성격의 대표적인 관점과 각 이론들을 극단적으로 평가하는 것은 바람직하지 않다. 이와 같은 자세는 한 가지 이론에 대한 선입견으로 작용할 가능성이 높다. 따라서 각 이론에 대해 정확히 이해하려는 노력이 요구된다. 우리는 성격이론을 대하면서 견지망월(見指忘月) 하지는 않는지 되돌아볼 필요가 있다. 정작 중요한 본질은 보지 못하고 지엽적인 내용에 매달려 단편적인 평가를 하는 것은 바람직하지 않기 때문이다.

넷째, 성격심리학자들이 제시한 이론적 체계는 인간과 세상을 이해하는 하나의 시도로 이해할 수 있다(이상로 공역, 1997, p. 762). 따라서 성격이론은 시간과 공간을 초월한 절대 진리는 아니다. 인간과 세상을 더 잘 설명할 수 있는 이론이 등장하면, 설명력이 적은 이론은 사장될 수 있다. 어떤 이론도 확실한 진리는 아니라는 시각에서 더 나은 이론적 체계를 찾아내려고 부단히 노력하는 자세로 성격심리학을 공부할 필요가 있다.

다섯째, 성격심리학을 공부하는 사람들은 특정이론을 선호하여 그러한 입장만을 취하기 전에 각 이론들의 모든 측면을 이해하려고 노력하고, 자신이 선호하는 특정이론에 대한 비판적 입장도 수용하는 자세가 필요하다. 이러한 과정을 통해 특정이론을 선택했으면 끊임없는 경험적 연구를 통해 그 이론을 발달시키고 개선시키는 것이 중요하다. 가장 좋은 이론은 흥미와 매력을 가장 크게 느껴서 자신이 가장 좋아하게 된 이론이라는 주장(김교헌 역, 2012, p. 587)이 있듯이 성격심리학을 공부하면서 자신만의 이론을 찾는 즐거움이 중요하다.

이와 같은 자세를 견지하면서 성격심리학의 5가지 관점과 열두 가지 이론을 전체적인 틀에서 통합하여 이해할 수 있도록 각 이론을 이론가들의 생애, 인간 이해 방법, 인간관, 성격 개념, 성격 연구 및 적용의 측면에서 비교하여 설명하고자 한다.

1. 이론가들의 생애

성격이론가들의 생애를 비교하면 〈표 14-1〉과 같다.

첫째, 각 관점들의 출현 시기를 살펴보면, 프로이트를 시작으로 정신역동적 관점이 가장 먼저 등장하였으며, 그 뒤를 이어 성향적 관점, 현상학적 관점, 학습적 관점 그리고 가장 최근에 인지적 관점이 출현한 것을 알 수 있다. 하지만 각 관점들이 출현한 시점이 거의 중복되어 있는 것을 보면, 어느 특정한 이론이 쇠퇴한 후에 새로운 이론이 생겨난 것이 아니라 여러 이론이 공존하고 있다는 것을 알 수 있다. 대부분의 이론가가 제1, 2차 세계대전을 겪은 세대인 것을 보면, 전쟁으로 인해 인간성을 상실한 경험은 인

• 표 14-1 • 주요 이론가들의 생애 비교

연대	프로이트	아들러	융	에릭슨	올포트	커텔	매슬로	로저스	스키너	반두라	엘리스	벡
현재 2010년 2000년 1990년 1980년 1970년: 컴퓨터 발달 1957년: 스푸트니크호 발사 1956년: 정보처리이론 심포지엄 개최 1950년 1939년: 제2차 세계 대전 1930년 1920년 1914년: 제1차 세계 대전 1907년: 실용주의 1904년: 요인 분석 1901년: 현상학 1879년: 분트 실험실 1870년 1860년 1850년	1856~1939	1870~1937	1875~1961	1902~1994	1897~1967	1905~1996	1908~1970	1902~1987	1904~1990	1925~현재	1913~2007	1905~현재
관점	정신역동적 관점				성향적 관점		현상학적 관점		학습적 관점		인지적 관점	

간에 대한 진정한 이해를 요구하였다는 것을 알 수 있다.

둘째, 각 이론가들을 살펴보면, 정신역동적 관점의 이론가들 중에 프로이트가 가장 먼저 출생하였으며, 아들러와 융은 거의 같은 시대를 살았다. 에릭슨은 이들보다 30년 정도 뒤에 출생하여 가장 최근까지 생존하였던 정신역동적 관점의 이론가다. 에릭슨은 자아를 강조하였는데, 이는 후에 나온 인본주의 관점의 이론가들과 공통되는 점으로써 이것은 에릭슨이 그들과 동시대에 활동했기 때문이라고 볼 수 있다. 성향적 관점의 이론가인 올포트는 프로이트, 아들러, 융 등의 이론가들과 같은 시대에 활동하였다. 커텔은 올포트와 같은 성향적 관점의 이론가인데, 올포트와 활동하였던 시점과는 차이가 많다. 현상학적 관점의 이론가인 매슬로와 로저스는 출생과 활동 시점이 거의 비슷하다. 학습적 관점의 이론가인 스키너는 매슬로, 로저스와 거의 비슷한 시대를 살았으나, 반두라는 스키너보다 20년 후에 출생하여 최근까지 활동하고 있다. 인지적 관점의 이론가인 엘리스와 벡은 반두라와 함께 가장 최근까지 활동하고 있다. 도표에 나타나는 것처럼 각 성격이론가들은 프로이트가 출생한 이후 160여 년 동안에 걸쳐 활동을 해 왔다.

2. 인간 이해 방법

성격에 대한 5가지 관점과 각 관점에 속하는 성격이론에 대하여 인간의 정신을 이루는 요소인 지 · 정 · 의(知情意), 행동의 원천, 중시한 시제를 중심으로 인간을 이해하는 방법을 살펴보면 다음과 같다.

1) 지 · 정 · 의

인간 정신을 이루는 요소로 지 · 정 · 의 세 가지가 있다. 지(知)는 지성, 인지, 사고, 신념 등을 의미하며, 정(情)은 감성, 정서, 감정, 느낌 등을 뜻하며, 의(意)는 의지, 행동, 행위, 활동 등을 말한다. 정신역동적 관점은 정신의 구조와 과정을 통한 인간 이해를, 성향적 관점은 특질의 영향을 받은 행동을 통한 인간 이해를, 현상학적 관점은 주관적 경험과 감정을 통한 인간 이해를, 학습적 관점은 관찰과 측정이 가능한 행동을 통한 인간 이해를, 마지막으로 인지적 관점은 사고를 통한 인간 이해를 주장했다.

각 관점에 속하는 이론을 살펴보면 다음과 같다.

첫째, 정신역동적 관점 중 정신분석이론은 이드, 자아, 초자아를, 개인심리이론은 창조적 자아를, 분석심리이론은 자기와 자아를, 심리사회이론은 자율적 자아를 통해 인간을 이해하고자 했다.

둘째, 성향적 관점 중 올포트와 커텔의 특질이론은 특질로 인해 나타나는 행동을 통해 인간을 이해하고자 했다.

셋째, 현상학적 관점 중 자아실현이론은 욕구를 통해 인간을 이해하고자 했으며, 인간중심이론은 주관적 경험과 감정을 통해 인간을 이해하고자 하였다.

넷째, 학습적 관점 중 조작적 조건형성이론과 사회인지이론은 행동을 통해 인간을 이해하고자 하였다.

다섯째, 인지적 관점 중 인지 · 정서 · 행동치료(Rational Emotive Behavioral Therapy: REBT)이론은 신념체계를 통해, 인지치료이론은 인지 도식을 통해 인간을 이해하고자 하였다.

2) 행동 원천

인간 행동의 원천은 인간을 행동하도록 하는 원동력인 에너지의 원천을 의미한다. 행동의 원천에 대해 살펴보면, 정신역동적 관점에서는 성격 구조들 간의 역동을, 성향적 관점에서는 동기를, 현상학적 관점에서는 성장 욕구를, 학습적 관점에서는 강화를, 인지적 관점에서는 인지체계를 행동의 원천으로 보고 있다.

각 관점에 속하는 이론을 살펴보면 다음과 같다.

첫째, 정신역동적 관점 중 정신분석이론에서는 성 본능을, 개인심리이론에서는 우월성 추구를, 분석심리이론에서는 균형과 조화를, 심리사회이론에서는 자아와 환경의 상호작용을 행동의 원천으로 보고 있다.

둘째, 성향적 관점 중 올포트와 커텔의 특질이론에서는 특질과 상황의 상호작용으로 행동이 나타난다고 하였다.

셋째, 현상학적 관점 중 자아실현이론에서는 인간의 욕구가 행동을 유발하며, 인간중심이론에서는 실현 경향성과 긍정적 존중의 욕구가 행동을 유발한다고 하였다.

넷째, 학습적 관점 중 조작적 조건형성이론에서는 강화가 행동을 유발하며, 사회인지이론에서는 타인이 강화 받는 행동의 관찰이 행동을 유발한다고 하였다.

인지적 관점 중 REBT이론에서는 선행사건에 대한 신념체계가 행동을 유발하며, 인지치료이론에서는 세상을 해석하는 틀인 인지 도식이 행동을 유발한다고 하였다.

3) 중요 시제

중요 시제란 각 이론에서 인간을 이해할 때 과거, 현재, 미래 중 어느 쪽을 중시하는지를 의미한다. 중요 시제의 측면에서 살펴보면, 정신역동적 관점에서는 각 이론별로 상이하며, 성향적 관점에서는 현재와 미래를, 현상학적 관점에서는 지금과 여기의 현재를, 학습적 관점에서는 현재를, 인지적 관점에서도 현재를 중시하고 있다.

각 관점에 속하는 이론을 살펴보면 다음과 같다.

첫째, 정신역동적 관점 중 정신분석이론은 과거를, 개인심리이론과 분석심리이론은 현재와 미래를, 심리사회이론은 현재를 중시하고 있다.

둘째, 성향적 관점 중 올포트와 커텔의 특질이론은 현재와 미래를 중시하고 있다.

셋째, 현상학적 관점 중 자아실현이론과 인간중심이론은 지금과 여기의 현재를 중시하고 있다.

넷째, 학습적 관점 중 조작적 조건형성이론과 사회인지이론은 현재를 중시하고 있다.

다섯째, 인지적 관점 중 REBT이론과 인지치료이론은 현재를 중시하고 있다.

3. 인간관

성격에 대한 5가지 관점과 각 관점에 속하는 성격이론들이 인간의 본성을 어떻게 이해하고 있는지를 낙관론과 비관론, 유전론과 환경론, 자유론과 결정론 그리고 전체론과 요소론의 측면에서 살펴보면 다음과 같다.

1) 낙관론과 비관론

낙관론은 인간을 무한한 잠재력과 성장 동기를 가진 긍정적 존재로 보는 입장이다. 반면 비관론은 인간을 본능의 지배를 받는 부정적인 존재로 보는 입장이다. 정신역동적 관점에서는 이론별로 상이하며, 성향적 관점에서도 이론별로 다르다. 현상학적 관점에서는 인간을 성장 동기와 잠재력이 있는 존재로 보기 때문에 낙관론에, 학습적 관점에서는 인간이 백지로 태어난다고 보기 때문에 낙관론도 비관론도 아닌 중립적 입장에, 인지적 관점에서는 인간이 합리적이거나 기능적 인지체계를 가질 수도 있고, 비합리적이거나 역기능적 인지체계를 가질 수도 있다고 보기 때문에 중립적 입장에 속한다고 할 수 있다.

각 관점에 속하는 이론들을 살펴보면 다음과 같다.

첫째, 정신역동적 관점 중 정신분석이론은 인간이 성 본능의 지배를 받는다고 보기 때문에 비관론에, 개인심리이론에서는 인간이 열등감을 보상하여 우월성을 추구할 수 있을 뿐만 아니라 유전과 환경을 뛰어넘는 창조적 존재라고 보기 때문에 낙관론에, 분석심리이론에서는 인간을 태어날 때부터 조화와 균형을 추구하는 존재로 보기 때문에 낙관론에, 심리사회이론은 환경과 상호작용하는 자율적 자아를 중시했기 때문에 낙관론에 가깝다.

둘째, 성향적 관점 중 올포트의 특질이론에서는 고유자아와 동기의 성장과 발달을 중시하기 때문에 낙관론에 가깝고, 커텔의 특질이론에서는 특질과 환경의 상호작용으로 행동이 유발된다고 보기 때문에 중립적인 입장으로 볼 수 있다.

셋째, 현상학적 관점 중 자아실현이론에서는 인간은 성장 동기가 있다고 보기 때문에 낙관론에, 인간중심이론에서도 인간이 실현 경향성이 있다고 보기 때문에 낙관론에 가깝다.

넷째, 학습적 관점 중 조작적 조건형성이론과 사회인지이론에서는 인간이 백지로 태어난다고 보기 때문에 중립적 입장이라고 할 수 있다.

다섯째, 인지적 관점 중 REBT이론에서는 인간이 합리적 신념체계나 비합리적 신념체계를 가질 수 있다고 보기 때문에 중립적 입장에 가깝고, 인지치료이론에서도 인간이 기능적 인지 도식이나 역기능적 인지 도식을 가질 수 있다고 보기 때문에 중립적 입장이라고 할 수 있다.

2) 유전론과 환경론

유전론은 인간이 선천적으로 타고난 본능이나 기질의 영향을 더 많이 받는다고 보는 관점이며, 환경론은 후천적으로 주어진 환경이나 상황의 영향을 더 받는다고 보는 관점이다. 정신역동적 관점에서는 이론별로 상이하다. 성향적 관점에서는 특질의 유형 중에는 타고난 기질과 관련된 특질이 있는 반면에 환경과 관련된 특질도 있다고 하였기 때문에 유전론과 환경론을 동시에 중시하는 입장이다. 현상학적 관점에서는 선천적으로 타고난 욕구와 실현 경향성을 중시하기 때문에 유전론에 가깝다. 학습적 관점에서는 인간이 어떤 환경이나 상황에 처하는지에 따라서 행동이 결정된다고 보기 때문에 환경론에 가깝다. 인지적 관점에서는 인간의 인지체계는 생득적이거나 환경적인 영향을 모두 받는다고 보기 때문에 유전론과 환경론을 동시에 중시하는 입장이다.

각 관점에 속하는 이론을 살펴보면 다음과 같다.

첫째, 정신역동적 관점 중 정신분석이론은 성 본능을 중시하기 때문에 유전론에, 개인심리이론은 열등감과 사회적 관심 및 출생순위 등의 환경뿐만 아니라 사회적 관심과 우월성을 추구하는 욕구를 선천적으로 가지고 태어난다고 보기 때문에 유전을 중시하지만, 인간은 창조적 존재여서 유전과 환경을 뛰어넘는다고 보았기 때문에 양비론(兩非論)에, 분석심리이론은 집단무의식을 중시하기 때문에 유전론에, 심리사회이론은 성격이 사회와 상호작용으로 형성된다고 보기 때문에 환경론에 가깝다.

둘째, 성향적 관점 중 올포트와 커텔의 특질이론은 유전과 환경 각각과 관련된 특질을 제안하고 있기 때문에 유전론과 환경론을 동시에 중시하는 입장이라고 할 수 있다.

셋째, 현상학적 관점 중 자아실현이론에서는 욕구를, 인간중심이론은 실현 경향성을 중시하기 때문에 유전론에 가깝다.

넷째, 학습적 관점 중 조작적 조건형성이론에서는 강화가 주어지는 상황을 중시하기 때문에 환경론에, 사회인지이론에서는 대리 강화가 주어지는 상황을 중시하기 때문에 환경론에 가깝다.

다섯째, 인지적 관점 중 REBT이론은 신념체계가 생득적인 요인뿐만 아니라 환경의 영향을 받는다고 보기 때문에 유전과 환경을 모두 중시하는 입장이며, 인지치료이론은 인지 도식이 유전뿐만 아니라 환경의 영향을 받는다고 보기 때문에 양쪽을 모두 중시하는 입장이라고 할 수 있다.

3) 자유론과 결정론

자유론은 인간이 자유의지를 가지고 스스로 선택함으로써 성장이나 변화가 가능하다고 보는 관점이다. 결정론은 유전이나 환경에 의해 결정되어 변화가 어렵다는 관점이다. 정신역동적 관점에서는 이론별로 상이하며, 성향적 관점에서는 특질은 시간의 경과에 따라 발달이 가능하다고 보기 때문에 자유론에 가깝다. 현상학적 관점에서는 인간의 동기와 잠재력은 지속적으로 성장할 수 있다고 보기 때문에 자유론에 가까우며, 학습적 관점에서는 이론마다 상이하며, 인지적 관점에서는 인지체계가 바뀔 수 있다고 보기 때문에 자유론에 가깝다.

각 관점에 속하는 이론을 살펴보면 다음과 같다.

첫째, 정신역동적 관점 중 정신분석이론은 인간의 성격이 5세 이전에 성과 관련된 사건에 의해 정해진다고 보기 때문에 결정론에, 개인심리이론은 인간은 끊임없이 자신의 열등감을 보상하며, 우월성을 추구하는 존재로 보기 때문에 자유론에, 분석심리이론은 인간이 출생할 때 집단무의식을 가지고 태어난다고 보기 때문에 결정론에, 심리사회이론은 인간이 전 생애에 걸쳐 성격발달이 이루어진다고 보기 때문에 자유론에 가깝다.

둘째, 성향적 관점 중 올포트의 특질이론에서는 고유자아가 청소년기까지 발달한다고 보기 때문에 자유론에, 커텔의 특질이론에서도 특질이 노년기까지 발달한다고 보기 때문에 자유론에 가깝다.

셋째, 현상학적 관점 중 자아실현이론에서는 인간의 욕구가 지속적으로 성장하고 변화한다고 보기 때문에 자유론에, 인간중심이론에서도 인간은 끊임없이 잠재력을 성취하는 존재로 보기 때문에 자유론에 가깝다.

넷째, 학습적 관점 중 조작적 조건형성이론에서는 인간의 행동이 환경에 의해 정해지기 때문에 결정론에, 사회인지이론에서는 행동과 개인 및 환경이 서로 영향을 주고받는다고 보기 때문에 자유론과 결정론을 동시에 중시하는 입장이다.

다섯째, 인지적 관점 중 REBT이론에서는 신념체계가 변화할 수 있다고 보기 때문에 자유론에, 인지치료이론에서는 인지 도식이 바뀔 수 있다고 보기 때문에 자유론에 가깝다.

4) 전체론과 요소론

전체론과 요소론의 관점에서 인간의 성격을 요소로 나누지 않고 있는 그대로의 전체로 이해해야 한다고 보면 전체론을, 요소로 나누어서 이해할 수 있다고 보면 요소론을 의미한다. 정신역동적 관점에서는 균형과 통합을 중시하기 때문에 전체론에, 성향적 관점에서는 특질들의 통합을 중시하기 때문에 전체론에, 현상학적 관점에서는 인간 유기체를 나눌 수 없다고 보기 때문에 전체론에, 학습적 관점에서는 인간의 행동을 개별적인 자극에 대한 반응으로 보기 때문에 요소론에, 인지적 관점에서는 인지체계를 세상을 이해하는 전체적인 조망으로 보기 때문에 전체론에 가깝다.

각 관점에 속하는 이론을 살펴보면 다음과 같다.

첫째, 정신역동적 관점 중 정신분석이론에서는 이드와 자아와 초자아의 통합과 균형을 중시하기 때문에 전체론에, 개인심리이론에서는 인간을 나눌 수 없는 존재로 보기 때문에 전체론에, 분석심리이론에서는 자기와 자아의 일치와 원형들의 균형과 통합을 중시하기 때문에 전체론에, 심리사회이론은 성격발달 8단계의 통합을 중시하기 때문에 전체론에 가깝다.

둘째, 성향적 관점 중 올포트의 특질이론에서는 고유자아는 나눌 수 없으며 성격을 조직화된 전체로 보기 때문에 전체론에, 커텔의 특질이론에서도 특질들은 통합되어 있다고 보기 때문에 전체론에 가깝다.

셋째, 현상학적 관점 중 자아실현이론에서는 인간의 욕구가 서로 연결되어 있다고 보기 때문에 전체론에, 인간중심이론에서는 인간이라는 유기체는 하나로 연결되어 있어서 분리할 수 없다고 보기 때문에 전체론에 가깝다.

넷째, 학습적 관점 중 조작적 조건형성이론과 사회인지이론에서는 행동을 개별적인 자극에 대한 반응으로 보기 때문에 요소론에 가깝다.

다섯째, 인지적 관점 중 REBT이론에서는 인간의 행동이 조직화된 신념체계에 영향을 받는다고 보기 때문에 전체론에, 인지치료이론에서는 행동이 조직화된 인지 도식에 영향을 받는다고 보기 때문에 전체론에 가깝다.

4. 성격의 구조와 발달

성격에 대한 5가지 관점과 각 관점에 속하는 성격이론을 성격의 개념과 구조 및 발달 측면에서 살펴보면 다음과 같다.

1) 성격의 개념

성격의 대표적인 5가지 관점이 성격을 어떻게 보고 있는지를 살펴보면 다음과 같다. 정신역동적 관점에서는 성격의 구조 간의 역동으로 보고 있으며, 성향적 관점에서는 특질로, 현상학적 관점에서는 욕구나 자기로, 학습적 관점에서는 행동의 집합체로, 인지적 관점에서는 신념체계나 인지 도식으로 간주하고 있다. 각 관점에 속하는 이론에서 성격의 개념을 살펴보면 다음과 같다.

첫째, 정신역동적 관점 중 정신분석이론에서는 이드와 자아 및 초자아의 역동으로, 개인심리이론에서는 생활양식으로, 분석심리이론에서는 자기와 자아로, 심리사회이론은 자아와 환경의 상호작용으로 이루어지는 발달단계별 과업과 위기로 나타나는 특성으로 보고 있다.

둘째, 성향적 관점 중 올포트의 특질이론에서는 성격을 특질들의 집합체인 고유자아로, 커텔의 특질이론에서는 특질로 보고 있다.

셋째, 현상학적 관점 중 자아실현이론에서는 성격을 5가지 욕구로, 인간중심이론에서는 자기로 보고 있다.

넷째, 학습적 관점 중 조작적 조건형성이론에서는 성격을 자극에 대한 반응으로 나타나는 행동 패턴의 집합체로, 사회인지이론은 자극에 대해 인지 과정이 반영된 반응으로 나타나는 행동의 집합체로 보고 있다.

다섯째, 인지적 관점 중 REBT이론에서는 성격을 신념체계로, 인지치료이론에서는 인지 도식으로 보고 있다.

2) 성격의 구조

성격의 대표적인 5가지 관점은 성격의 구조를 제각각 다르게 파악하고 있다. 정신역동적 관점에서는 자아와 같은 성격 구조로, 성향적 관점에서는 특질로, 현상학적 관점에서는 욕구나 자기로, 학습적 관점에서는 행동으로, 인지적 관점에서는 인지체계로 구성되어 있다고 보고 있다.

각 관점에 속하는 이론에서 성격의 구조를 살펴보면 다음과 같다.

첫째, 정신역동적 관점 중 정신분석이론에서는 성격의 구조를 구조론적 관점에서는 이드와 자아 및 초자아로, 지형학적 관점에서는 의식, 전의식, 무의식으로, 개인심리이론에서는 지배형, 기생형, 의존형 및 사회형 등의 생활양식으로, 분석심리이론에서는 선험적인 자기와 경험적인 자아로, 심리사회이론은 자아와 환경의 상호작용으로 이루어지는 8가지 발달단계별 과업과 위기로 보고 있다.

둘째, 성향적 관점 중 올포트의 특질이론에서는 성격의 구조를 특질과 개인적인 성향으로, 커텔의 특질이론에서는 보편성을 기준으로 공통 특질과 독특한 특질로, 안정성을 기준으로 원천 특질과 표면 특질로 그리고 능력 특질, 기질 특질 및 역동적 특질 등으로 성격이 이루어져 있다고 보고 있다.

셋째, 현상학적 관점 중 자아실현이론에서는 성격의 구조를 5가지 욕구로, 인간중심이론에서는 자기와 유기체로 보고 있다.

넷째, 학습적 관점 중 조작적 조건형성이론에서는 성격의 구조를 특별히 제시하지 않고 있으며, 사회인지이론에서도 성격의 구조를 제시하지 않고 있다.

다섯째, 인지적 관점 중 REBT이론에서는 성격의 구조를 신념체계로, 인지치료이론에서는 인지 도식이 스키마, 핵심 신념, 중재 신념 및 자동적 사고로 구성되어 있다고 보고 있다.

3) 성격의 발달

성격의 대표적인 5가지 관점은 성격의 발달을 다음과 같이 제시한다. 정신역동적 관점은 이론별로 다르며, 성향적 관점에서는 특질의 단계적인 발달로, 현상학적 관점에서는 욕구나 자기 개념의 발달로, 학습적 관점에서는 성격 자체에 관심이 없기 때문에 성격발달에 대해 특별히 제시한 바가 없으며, 인지적 관점에서는 성격발달이 타고난 기질과 환경의 상호작용으로 이루어진다고 보고 있으나 별도의 발달단계를 제시하지는 않고 있다.

각 관점에 속하는 이론들이 밝히고 있는 성격의 발달을 살펴보면 다음과 같다.

첫째, 정신역동적 관점 중 정신분석이론에서는 성감대가 존재하는 신체 부위의 변화에 따른 심리성적 발달 5단계, 즉 구강기, 항문기, 남근기, 잠복기, 성기기로, 개인심리이론에서는 가족 구도와 출생순위 등 환경의 영향에 따른 생활양식의 발달로 보고 있으나 구체적인 발달단계는 제시하지 않았다. 분석심리이론에서는 개성화 과정, 즉 아동기, 청소년기, 중년기, 노년기를 거친 자아와 자기의 발달로, 심리사회이론은 점성원칙에 의한 자아와 환경의 상호작용으로 이루어지는 심리사회적 발달 8단계로 설명하였다.

둘째, 성향적 관점 중 올포트의 특질이론에서는 영아기에서부터 청소년기에 걸쳐 고유자아가 7단계로 발달하며, 커텔의 특질이론에서는 특질이 6단계, 즉 유아기, 아동기, 청소년기, 성인기, 성인 후기, 노년기를 거쳐 발달하는 것으로 보았다.

셋째, 현상학적 관점 중 자아실현이론에서는 성격의 발달이 5가지 욕구위계, 즉 생리적 욕구, 안전의 욕구, 소속감 및 사랑의 욕구, 자아존중감의 욕구, 자아실현의 욕구 순으로 발달한다고 보았으며, 인간중심이론에서는 긍정적 존중을 받기 위해 부모의 가치조건에 따라 형성되는 자기 개념의 발달로 성격발달을 설명하고 있으나 구체적인 발달단계는 제시하지 않았다.

넷째, 학습적 관점 중 조작적 조건형성이론과 사회인지이론에서는 성격발달에 대한 설명이나 발달단계를 제시하지 않았다.

다섯째, 인지적 관점 중 REBT이론에서는 성격인 신념체계가 생득적인 요인과 환경의 영향으로 발달한다고 설명하였으나 발달단계를 제시하지는 않았으며, 인지치료이론에서도 인지 도식이 기질과 환경의 상호작용으로 발달한다고 보았으나 발달단계를 제시하지는 않았다.

5. 성격의 연구

성격에 대한 5가지 관점과 각 관점에 속하는 성격이론을 성격 연구의 주요 대상과 성격 연구의 주제 및 구체적인 성격 연구 방법의 측면에서 살펴보면 다음과 같다.

1) 연구 대상

연구 대상이란 성격을 연구하거나 치료 기법을 적용하는 주요 대상을 의미한다. 5가지 대표적 관점의 주요 연구 대상을 살펴보면 다음과 같다. 정신역동적 관점에서는 이론별로 환자나 정상인 등으로 상이하며, 성향적 관점에서는 건강한 정상인을 대상으로 하였으며, 현상학적 관점에서는 소수의 자아실현을 이룬 사람이나 건강한 정상인을, 학습적 관점에서는 개, 고양이, 비둘기, 토끼, 쥐 등의 동물을, 인지적 관점에서는 정상인이나 우울증 환자를 대상으로 연구하였다.

각 관점에 속하는 이론들의 주요 연구 대상을 살펴보면 다음과 같다.

첫째, 정신역동적 관점 중 정신분석이론에서는 신경증 환자를, 개인심리이론과 분석심리이론 및 심리사회이론에서는 건강한 정상인을 대상으로 성격 연구를 하였다.

둘째, 성향적 관점 중 올포트의 특질이론에서는 소수의 건강한 정상인을, 커텔의 특질이론에서는 다수의 건강한 정상인을 연구 대상으로 하였다.

셋째, 현상학적 관점 중 자아실현이론에서는 역사적으로 유명한 인물이나 자아실현을 한 사람 그리고 정상인을, 인간중심이론에서도 건강한 정상인을 연구 대상으로 하였다.

넷째, 학습적 관점 중 조작적 조건형성이론에서는 실험실에서 동물을 대상으로 연구하였으며, 사회인지이론에서는 관찰이 가능한 사회적 상황에서 정상인을 대상으로 연구하였다.

다섯째, 인지적 관점 중 REBT이론에서는 어느 정도 인지 능력이 있는 정상인을, 인지치료이론에서는 주로 우울증 환자를 대상으로 연구하였다.

2) 연구 주제

연구 주제란 이론가의 대표적인 관심 주제를 의미한다. 5가지 관점의 연구 주제는 다음과 같다. 정신역동적 관점에서는 이론별로 주제가 상이하며, 성향적 관점에서는 독특성이나 보편성을 가진 특질을 통한 행동의 예측에, 현상학적 관점에서는 지금과 여기의 경험과 성장 동기에, 학습적 관점에서는 관찰과 측정이 가능한 행동의 변화에, 인지적 관점에서는 비합리적인 신념체계와 역기능적인 인지 도식의 변화에 관심을 기울이고 있다.

각 관점에 속하는 이론들의 연구 주제를 살펴보면 다음과 같다.

첫째, 정신역동적 관점 중 정신분석이론은 자유연상이나 꿈 및 전이의 해석을 통해 무의식을 의식화하여 문제 증상에 대한 치료에, 개인심리이론은 가족 구도와 출생순위 등의 환경이 성격에 미치는 영향과 생활양식의 형성 및 부적절한 생활양식의 변화에, 분석심리이론은 보편적이고 선험적인 심상인 원형에, 심리사회이론은 개인 차원의 정체감과 집단 차원의 문화와 성차에 따른 연구에 관심이 있었다.

둘째, 성향적 관점 중 올포트의 특질이론에서는 각 개인의 독특한 특질이, 커텔의 특질이론에서는 모든 사람에게 보편적인 특질이 대표적인 연구 주제였다.

셋째, 현상학적 관점 중 자아실현이론에서는 자아실현과 절정경험을 한 소수의 사람의 특성이, 인간중심이론에서는 부모의 가치 조건에 의해 형성된 자기 개념과 세 가지 상담자의 태도, 즉 진실성, 수용 및 공감이 관심 주제였다.

넷째, 학습적 관점 중 조작적 조건형성이론에서는 강화가 행동에 미치는 영향에, 사회인지이론은 사회적 맥락에서 대리적 강화가 행동에 미치는 영향과 자기효능감이 관심 주제였다.

다섯째, 인지적 관점 중 REBT이론에서는 비합리적 신념의 구성 개념과 합리적 신념으로 바꿔 주는 방법이, 인지치료이론에서는 역기능적 인지 도식의 구성 개념과 기능적 인지 도식으로 바꿔 주는 방법이 연구의 주 관심사였다.

3) 연구 방법

연구 방법이란 다수의 사례를 대상으로 하는 양적 연구 방법을 주로 사용하는지 혹은 소수의 사례를 대상으로 하는 질적 연구를 주로 사용하는지를 의미한다. 5가지 관점별로 연구 방법을 살펴보면, 정신역동적 관점에서는 주로 사례 연구와 민속학적 연구 등의 질적 연구 방법을 사용하였으며, 성향적 관점에서는 이론별로 주된 연구 방법이 다르며, 현상학적 관점에서는 사례 연구를 활용한 질적 연구뿐만 아니라 평정 척도를 활용한 양적 연구를, 학습적 관점에서는 실험실에서 가외변인을 통제한 독립변인의 처치 효과를 알아보는 양적 연구를, 인지적 관점에서는 척도 개발 및 타당화를 위한 양적 연구 방법을 주로 사용하였다.

각 관점에 속하는 이론을 살펴보면 다음과 같다.

첫째, 정신역동적 관점 중 정신분석이론은 소수의 치료 사례와 프로이트 자신의 자기분석 사례 등의 사례 연구를, 개인심리이론에서는 열등감 극복과 출생순위 및 초기 기억 등에 대한 사례 연구를, 분석심리이론은 원형과 만다라에 대한 민속학적 연구를, 심리사회이론에서는 역사적 인물에 대한 사례 연구와 서로 다른 부족 간의 비교와 같은 민속학적 연구 등의 질적 연구 방법을 주로 사용하였다.

둘째, 성향적 관점 중 올포트의 특질이론에서는 일기, 편지, 자서전, 면담 등의 개인 기록물을 분석하여 사례 연구를 하는 질적 연구 방법을, 커텔의 특질이론에서는 많은 사람을 대상으로 요인 분석을 활용하여 대표적인 특질 요인을 추출하는 양적 연구 방법을 주로 사용하였다.

셋째, 현상학적 관점 중 자아실현이론에서는 역사적으로 유명한 인물을 대상으로 자아실현과 절정경험에 대한 사례 연구뿐만 아니라 개인지향검사를 통한 양적 연구를, 인간중심이론에서는 치료 사례의 효과를 알아보기 위한 면접과 내용 분석 등의 질적 연구와 함께 Q 기법과 의미미분척도를 활용한 자기 개념에 대한 양적 연구 방법을 같이 사용하였다.

넷째, 학습적 관점 중 조작적 조건형성이론에서는 강화와 처벌을 받은 집단과 받지 않은 집단을 비교하는 실험 연구를, 사회인지이론에서는 대리 강화를 받은 집단과 받지 않은 집단을 비교하는 실험 연구뿐만 아니라 자기효능감과 다른 변인과의 관계를 알아보는 조사 연구 등의 양적 연구 방법을 사용하였다.

다섯째, 인지적 관점 중 REBT이론에서는 비합리적 신념체계의 구성 개념을 알아보고 이를 측정하기 위해 비합리적 신념검사를 제작하는 척도 개발을 하는 양적 연구 방법을, 인지치료이론에서는 우울증의 구성 개념을 알아보고 이를 측정하는 도구를 제작하는 양적 연구 방법을 주로 사용하였다.

6. 적 용

성격에 대한 5가지 관점과 각 관점에 속하는 성격이론에 대하여 부적응이 발생하는 원인과 이러한 부적응을 치료하는 목표 및 구체적인 치료 방법 등 성격의 적용 측면에서 살펴보면 다음과 같다.

1) 부적응의 원인

부적응의 원인이란 문제 증상이나 부적응 행동이 나타나는 원인을 무엇이라고 보는지를 의미한다. 5가지 관점별로 부적응의 원인을 살펴보면, 정신역동적 관점에서는 이론별로 부적응의 원인에 대한 설명이 서로 다르며, 성향적 관점에서는 특질이 적절히 발달이 안 되거나 기능을 발휘하지 못해서, 현상학적 관점에서는 욕구 충족이 안 되거나 유기체 경험과 자기가 일치하지 않아서, 학습적 관점에서는 직접 강화나 대리 강화가 부적절하게 주어져서, 인지적 관점에서는 비합리적이거나 역기능적인 인지체계가 형성되어서 부적응이 발생한다고 보고 있다.

각 관점에 속하는 이론들이 보는 부적응의 원인은 다음과 같다.

첫째, 정신역동적 관점 중 정신분석이론에서는 무의식 속에 성 본능이나 트라우마의 억압과 발달단계에서 과잉충족과 과소충족으로 인한 고착 그리고 이드와 자아 및 초자아가 균형을 이루지 못하게 될 때, 개인심리이론에서는 열등감을 보상하여 우월성을 추구하는 데 실패하여 열등 콤플렉스에 빠지거나, 개인적 우월성 수준에 머물러서 사회적 관심을 갖지 못하거나, 부적절하고 파괴적인 생활양식이 형성될 때, 분석심리이론에서는 개성화 과정의 실패로 자아가 무의식 속에 있는 자기를 의식하지 못해 자아와 자기가 불일치하게 되거나, 자기가 제 기능을 발휘하지 못해 모든 성격 요소 간의 균형과 조화를 이루지 못하게 될 때, 심리사회이론에서는 자아가 환경과 상호작용을 통해 발달단계별로 성취해야 할 과업을 달성하지 못하고 위기에 빠질 때 부적응이 발생한다고 보았다.

둘째, 성향적 관점 중 올포트의 특질이론에서는 고유자아가 적절히 발달하지 못해 제 기능을 발휘할 수 없을 때, 커텔의 특질이론에서는 에르그가 충족되지 않거나 제 기능을 발휘하지 못할 때 부적응이 발생한다고 보았다.

셋째, 현상학적 관점 중 자아실현이론에서는 5단계의 욕구가 적절히 충족되지 않아 결핍되거나 좌절될 때, 인간중심이론에서는 부모의 긍정적 존중을 받기 위해 가치 조건을 따라감으로써 왜곡과 부인이 일어나서 자기와 유기체 경험이 불일치하거나 혹은 현실적 자기와 이상적 자기가 불일치할 때 부적응이 발생한다고 보았다.

넷째, 학습적 관점 중 조작적 조건형성이론에서는 바람직하지 않은 행동에 대하여 부적절하게 강화를 줄 때, 사회인지이론에서는 부적절한 행동을 하는 모델이 강화를 받는 잘못된 관찰 학습이 일어나거나 혹은 자신에 대한 부정적인 신념, 즉 자기효능감이 낮을 때 부적응이 일어난다고 보았다.

다섯째, 인지적 관점 중 REBT이론에서는 당위적 사고가 특징인 비합리적 신념을 갖게 될 때, 인지치료이론에서는 부정적 사건을 경험할 때 어릴 적 형성된 역기능적인 인지 도식으로 인해 나타나는 인지적 왜곡으로 자동적 사고가 떠올라서 부적응이 발생한다고 보았다.

2) 치료 목표

치료 목표란 내담자의 문제 증상과 부적응을 치료하기 위한 목표를 뜻한다. 5가지 관점별로 치료 목표를 살펴보면 다음과 같다. 정신역동적 관점에서는 이론별로 치료 목표가 다르며, 성향적 관점에서는 치료에 관심을 기울이지 않아서 특별한 목표를 제시하지 않았으며, 현상학적 관점에서는 성장 동기나 잠재력을 충분히 발휘하도록 하는 데 있으며, 학습적 관점에서는 바람직한 행동을 학습하고 바람직하지 않은 행동을 소거하는 데 있으며, 인지적 관점에서는 비합리적이거나 역기능적인 인지체계를 재구성하는 데 치료 목표가 있다.

각 관점에 속하는 이론들의 치료 목표는 다음과 같다.

첫째, 정신역동적 관점 중 정신분석이론에서는 문제 증상의 원인이 되는 무의식에 내재된 트라우마를 의식화하고, 자아가 이드와 초자아를 적절히 조절하여 기능을 잘 발휘하도록 하는 데 있으며, 개인심리이론에서는 열등감을 적절히 보상하여 우월성을 추구하게 하며, 이를 발전시켜 사회적 관심을 갖도록 할 뿐만 아니라 사회형과 같은 적절한 생활양식과 생활 목표를 갖도록 하는 데 있으며, 분석심리이론에서는 개성화 과정을 통해 무의식 속에 있는 잠재력인 자기를 발견하고 실현할 뿐만 아니라 성격의 모든 요소가 균형을 이루도록 하는 데 있으며, 심리사회이론에서는 자아가 환경과 적절히 상호작용을 하도록 도와서 발달단계별 과업을 성취하도록 하는 데 있다.

둘째, 성향적 관점 중 올포트와 커텔의 특질이론에서는 문제 증상을 치료하는 데 관심이 없었기 때문에 치료 목표를 제시하지 않았다.

셋째, 현상학적 관점 중 자아실현이론에서는 5가지 욕구를 적절히 충족하도록 돕는 데 있으며, 인간중심이론에서는 내담자가 자신의 모든 경험을 자신의 것으로 받아들이도록 하여 자기와 유기체 경험을 일치시켜 자신의 잠재력을 충분히 발휘하도록 돕는 데 있다.

넷째, 학습적 관점 중 조작적 조건형성이론에서는 적절한 행동을 할 때만 강화를 주어 적절한 행동을 학습시키고, 부적절한 행동을 할 때는 벌을 주어 부적절한 행동을 소거시키는 데 있으며, 사회인지이론에서는 모델이 부적절한 행동을 할 때 강화 받는 모습을 봄으로써 관찰 학습이 적절히 이루어지지 않은 경우에 모델이 적절한 행동을 할 때 강화 받는 모습을 보게 하여 관찰 학습이 바르게 이루어지도록 하는 데 있다.

다섯째, 인지적 관점 중 REBT이론에서는 비합리적 신념체계를 합리적 신념체계로 재구성하는 데 치료 목표가 있으며, 인지치료이론에서는 역기능적 인지 도식을 기능적 인지 도식으로 재구성하는 데 치료 목표가 있다.

3) 치료 방법

치료 방법이란 문제를 해결하기 위해 설정한 치료 목표를 달성하는 구체적인 방법을 의미한다. 5가지 관점별로 치료 방법을 살펴보면, 정신역동적 관점에서는 이론별로 치료 방법이 다르다. 성향적 관점에서는 특별한 치료 방법을 제시하지 않았으며, 현상학적 관점에서는 결핍 욕구와 성장 욕구를 충족시킬 뿐만 아니라 치료자의 진실성과 수용 및 공감적 태도를, 학습적 관점에서는 여러 가지 강화와 처벌 기법을, 인지적 관점에서는 부적절한 인지체계를 적절하게 바꾸기 위한 논박의 방법을 제시하고 있다. 각 관점에 속하는 이론들의 치료 방법은 다음과 같다.

첫째, 정신역동적 관점 중 정신분석이론에서는 무의식을 의식화하는 방법으로 자유연상, 꿈이나 전이의 해석 등을 사용하며, 개인심리이론에서는 바람직하지 않은 생활양식을 바람직한 생활양식으로 바꿔 주기 위한 격려, 마치~처럼 행동하기, 내담자의 수프에 침 뱉기, 단추 누르기 방법 등이 있으며, 분석심리이론에서는 꿈을 해석하는 방법인 확충법, 미술치료, 명상법 등을 사용하며, 심리사회이론은 놀이치료, 정체감 강화 등의 방법을 사용하고 있다.

둘째, 성향적 관점 중 올포트와 커텔의 특질이론에서는 문제 증상의 치료에 관심이 없기 때문에 치료 방법을 제시하지 않았다.

셋째, 현상학적 관점 중 자아실현이론에서는 건강한 정상인에게 주로 관심이 있었기 때문에 상담이론으로 발전시키지 않아서 구체적인 치료 방법을 제시하지 않았으며, 인간중심이론에서는 치료자가 내담자에게 진실성과 수용 및 공감의 태도를 보이는 것을 중시하였다.

넷째, 학습적 관점 중 조작적 조건형성이론에서는 강화, 처벌, 심상, 만끽, 연습 등의 방법을 사용하였으며, 사회인지이론에서는 모델링과 자기강화 및 자기효능감 치료 등의 방법을 사용하였다.

다섯째, 인지적 관점 중 REBT이론에서는 당위적 사고를 소망적 사고로 바꿔 줄 수 있도록 논리성, 현실성, 실용성 및 융통성 등의 측면에서 논박하는 방법을, 인지치료이론에서는 역기능적 인지 도식을 기능적으로 바꿔 줄 수 있는 인지타당성평가(A-FROG) 방법을 사용하였다.

제2절 성격심리학의 전망

성격심리학 연구의 전망과 추세를 생리학과 생화학, 통합적 접근, 혼합 연구 방법, 인지적 접근, 긍정심리학, 가족체계, 다문화, 사회구성주의적 접근 등의 측면에서 살펴보면 다음과 같다.

1. 생리학 및 생화학적 접근

프로이트와 말러 이외의 대부분의 성격이론가들은 성격의 신경 생리적·생화학적 측면을 간과하고 있다. 현대는 생명과학의 발달로 성격에 미치는 생물학적 요인의 영향에 대한 관심이 증가되고 있는 추세다. 행동유전학의 발달과 더불어 인간 염색체 지도를 탐구하는 게놈 프로젝트에서 볼 수 있듯이 인간의 생물학적 특성에 대한 중요성이 강조되고 있다(노안영 공저, 2013, p. 460). 앞으로는 진화심리학자들을 중심으로 생물학과 환경이 함께 행동에 영향을 미친다는 내용의 연구가 활발히 진행될 것으로 여겨지며, 특히 생화학적·신경생리학적 과정이 어떻게 심리적 기능과 관련이 있는지에 대한 연구가 주된 관심사가 될 것으로 전망된다.

2. 통합적 접근

지금까지 많은 성격이론가들은 각기 다른 성격이론들을 주장하였다. 각 성격이론들은 인간이 보다 성숙하고 건강하게 살아가는 방법을 밝히려는 다양한 시도라고 볼 수 있다. 다양한 관점에 입각한 성격이론들이 제시하는 이론적인 틀이 각기 다르다고 해도 인간을 보다 잘 이해할 뿐만 아니라 인간이 적응적인 삶을 살아가는 데에 도움이 되고자 하는 궁극적인 목적은 같다고 볼 수 있다. 이러한 측면에서 최근에는 여러 이론을 통합하거나 절충하려는 움직임이 나타나고 있다. 노크로스와 골드프라이드(Norcross & Goldfried, 2005)는 공통요인이론, 기술적 절충주의, 동화적 통합, 이론적 통합 등의 4가지 접근 방법을 제시하였다.

첫째, 공통요인이론이란 대부분의 이론에서 중요시하는 공통 요인이 있다는 것이다.

둘째, 기술적 절충주의란 한 가지 이론에서 제시하는 방법보다는 다양한 이론에서 제시하는 방법을 적절히 활용하여 개인의 적응을 돕는 가장 효과적인 방법을 사용하는 것이다.

셋째, 동화적 통합이란 한 가지 이론에 바탕을 두고 다른 이론의 관점을 흡수하거나 통합하는 것이다.

넷째, 이론적 통합이란 하나의 이론보다 두 가지 혹은 그 이상의 이론을 통합하는 개념적인 통합을 지향하는 것이다(권석만, 2013, pp. 525-526).

앞으로는 인간을 보다 잘 이해하고 적응적인 삶을 살아가도록 돕기 위하여 하나의 성격이론보다는 다양한 이론을 적절히 통합하는 접근 방법의 모색이 이루어지리라 여겨진다.

3. 혼합 연구 방법 접근

개인의 성격을 연구하는 방법론적인 접근에는 크게 양적 방법과 질적 방법 그리고 혼합 방법이 있다. 먼저 양적 연구 방법은 주로 조사 연구와 실험 연구로 이루어진다. 이 방법은 모집단의 표본을 대상으로 질문지법이나 실험 처치를 통하여 변인 간의 상관이나 인과관계를 밝히거나 혹은 소수의 집단을 대상으로 특별한 처치의 효과를 알아보는 데 목적이 있다.

다음으로 질적 연구 방법은 개인의 삶을 보다 심층적으로 탐구하여 그 개인의 삶을 이해하고자 하는 방법이다. 한 개인의 성격은 그 개인의 삶에 많은 영향을 미치기 때문에 질적 연구 접근은 개인의 성격을 파악하기에 용이하다(노안영 공저, 2013, p. 460). 질적 연구는 편지, 일기, 자서전, 전기 자료, 임상적 사례 연구 등과 같은 개인 자료를 활용한다. 질적 연구에는 개인의 독특성을 알아내기 위한 사례 연구법 이외에도 현상학적 접근, 근거이론, 민속학적 연구 그리고 내러티브 연구 등의 다양한 방법이 있다.

최근에는 이 두 가지 연구 방법을 절충한 혼합 연구 방법의 접근이 이루어지고 있다. 양적 방법 자료와 질적 방법 자료를 통합하거나 연결하여 사용하는 것이 연구에 도움이 된다는 면에서 연구자들의 관심이 모아지고 있다. 예를 들어, 한 방법으로부터 얻은 결과는 다른 방법을 위한 연구 참여자나 연구 질문을 확인하는 데 도움이 된다(Tsahakkori & Teddie, 1998; 김영숙 공역, 2011, p. 16 재인용). 또한 질적 자료와 양적 자료는 서로 보완해 주는 효과가 있다(Creswell & Plano Clark, 2007; 김영숙 공역, 2011, p. 16 재인용). 이러한 혼합 연구 방법에는 순차적, 동시적 그리고 변형적 방법 등이 있으며, 앞으로의 성격 연구 장면에서 널리 활용되리라 여겨진다.

4. 인지적 접근

인간의 행동을 결정하는 요인으로 인지가 중요하다는 관점은 인지 혁명이 일어난 1960년대 이후로 강조되어 왔다. 그동안 급속도로 이루어진 컴퓨터 공학의 발달로 인해 인간이 외부로부터 인식한 정보를 내적으로 처리하는 과정을 컴퓨터의 정보처리 과정으로 설명하려는 정보처리이론이 대두되었다. 즉, 인간의 인지 과정이 컴퓨터의 정보처리 방식과 유사하다는 것이다. 이러한 정보처리적 접근으로 인해 앞으로 인간 행동에서 인지가 중요하다는 연구가 주를 이룰 것으로 기대된다. 특히 성격심리학 분야에서도 인지심리학적인 관점의 영향을 받아 인간의 인지, 관념, 감각, 사고와 같이 마음속에서 일어나는 내적 과정을 밝히려는 노력이 이어질 것으로 예견된다.

5. 긍정심리학적 접근

프로이트로부터 시작된 현대의 성격심리학은 인간 행동의 문제와 치료에 관심을 가지고 연구되어 왔다. 프로이트 이후 대다수의 성격심리학자들은 인간의 부정적인 정서와 정신장애에 대한 연구에 집중하였다. 그러나 그들은 부적응 증상을 해결하는 데에 주된 관심을 기울였을 뿐 정작 개인의 행복과 성장을 증진시키는 것에는 깊은 관심을 가지지 못하였다. 즉, 특정 문제 증상이 개인의 어떠한 성격 특성과 관련이 있는지를 밝히는 데에 주력하였다. 하지만 인간은 자신을 발전시키고 풍요롭게 하고 실현할 수 있는 능력을 가진 긍정적 존재라는 인간 본성에 대한 낙관적인 관점의 등장으로 앞으로는 인간의 문제와 치료보다는 예방에 관심을 가지고 건강한 인간의 성격 연구에 보다 많은 노력을 기울이게 될 것으로 여겨진다(박아청, 1999, p. 28). 따라서 앞으로의 성격에 대한 연구는 인간의 갈등이나 정서적 고통이나 문제 증상보다는 인간의 잠재력, 창의성, 동기 등 인간의 성장과 변화와 발달에 초점을 두어 이루어질 것으로 예견된다. 즉, 건강한 성격에 대한 연구가 성격심리학의 초점이 될 가능성이 높다는 것이다(이상우 공역, 1995, p. 8).

최근에 마틴 셀리그만(Martin Seligman)이 주창한 긍정심리학(positive psychology)은 인간의 긍정적인 측면을 과학적으로 탐구하는 학문 분야로 자리매김하고 있다. 긍정심리학에서는 '타고난 적응 능력과 학습 기술을 성공적으로 활용하면서 효율적으로 살아가는 사람의 특징은 무엇인가?' '여러 역경에도 불구하고 목적의식을 가지고 의연하게 살아가는 많은 사람의 삶을 어떻게 심리학적으로 설명한 것인가?' 등에 대한 의문을 제기한다. 이처럼 인간의 건강한 성격에 대한 관심에서 출발하여 21세기 초에 인간의 강점에 초점을 두고 인간의 보편적 목적으로서의 안녕을 추구하는 존재로 보는 긍정심리학적인 접근이 앞으로 성격심리학 영역에서도 주목을 받으며 더욱 입지를 넓혀 나갈 것으로 보인다.

6. 가족 체계적 접근

대부분의 성격이론가는 인간의 성격 형성에 초기 부모의 역할이 매우 중요하다고 보고 있다. 프로이트의 구강기, 항문기, 남근기의 성격과 에릭슨의 신뢰감, 자율성, 주도성 형성 그리고 최근의 대상관계이론 등은 아동이 인생 초기에 갖는 부모와의 관계가 성격 형성에 얼마나 중요한 영향을 미치는지를 보여 준다(노안영 공저, 2013, p. 461).

가족 체계적 접근이란 개인의 문제를 그 개인의 내적인 측면에만 초점을 맞추는 것이 아니라 그 개인을 둘러싼 전체로서의 가족이라는 맥락에서 이해하려는 접근이다. 아울러 개인과 가족 구성원들 사이에 존재하는 상호작용을 평가함으로써 개인을 보다 잘 이해할 수 있다는 입장이다. 가족 체계적 접근의 기본 가정은 가족을 하나의 체계로 보기 때문에 체계 속의 하나하나의 가족 구성원들은 서로 영향을 주고받는다는 것이다. 이는 한 개인의 성격 형성에도 가족 구성원들이 서로 영향을 미치며, 서로 간의 상호작용을 파악하지 않고서는 그 개인을 정확하게 이해할 수 없다는 것을 의미한다. 뿐만 아니라 가족은 하나의 역동적인 구조이기 때문에 독특한 역할이나 규칙을 만들어 내는 특성을 가지고 있다. 이와 같은 이유로 한 개인이 속한 가족마다 보이는 특성이 다르기 때문에 개인의 성격을 파악하려면 가족 체계적인 접근이 필요하다. 뿐만 아니라 급격한 사회 변화로 인한 물질 만능과 경쟁 위주의 인간성 상실과 가치의 혼란, 핵가족으로 인한 양육 태도의 변화, 여성의 취업으로 인한 아동의 방치, 이혼의 증가로 인한 가족 해체 등의 여러 요인은 개인의 성격 형성에 적지 않은 영향을 미치고 있는 실정이다. 앞으로 성격심리학 연구에서는 이와 같은 가족 체계적 접근의 영향을 받아 가족과의 상호작용과 관련된 연구가 활발히 이루어지리라 여겨진다.

7. 다문화적 접근

성격이론 및 연구에서 문화의 중요성은 20세기 후반 문화상대주의의 출현과 함께 강조되었다. 문화상대주의란 세계 문화의 다양성을 인정하고, 각 문화를 그 문화의 독특한 환경과 역사적 · 사회적 상황에서 이해해야 한다는 관점이다. 또한 사회의 환경과 맥락을 고려하여 문화를 판단해야 한다고 보며, 어떤 문화 요인도 나름대로 존재 이유가 있는 것으로 본다. 인류가 살고 있는 사회는 각각 특수한 문화를 가지고 있으며, 다양한 문화를 올바르게 이해하기 위해서는 그 사회의 입장에서 이해하려는 태도가 필요하다. 이와 같은 학문적 추세는 인간을 이해하는 데 다문화적인 접근이 필요하다는 점을 주목하게 하였다. 즉, 인간의 성격에도 문화적인 영향이 크게 미친다는 것이다. 인간은 특정한 사회적 상황의 문화에서 인지 · 정서 · 행동적인 측면을 학습한다. 이는 문화적 환경이 다르면 인간의 정신 구조도 다르게 형성될 수 있음을 의미한다. 다시 말하면, 개인이 처한 사회의 문화를 알면 그 사람의 행동이나 반응 등을 이해하고 예측할 수 있다는 것이다.

뿐만 아니라 20세기 후반부터 세계는 지구촌이라고도 부를 만큼 급속하게 글로벌 시대가 되었다. 이는 다양한 문화적 배경을 지닌 사람들이 함께 어우러져 살아가야만 하는 세상이 되었다는 의미이기도 하다. 21세기는 사회경제적인 이념이 쇠퇴하고 다양한 삶의 양식이 표출되며, 급속한 과학기술 문명의 파급과 문화의 개방 및 교류가 전 세계적으로 보편적 문화를 창출하면서 인간을 문화 의존적인 존재로 만들고 있다(원승룡 공저, 2001; 한재희, 2012). 따라서 앞으로 인간의 성격 연구 또한 다문화적인 접근을 통하여 영역을 확장해 나갈 것으로 여겨진다.

8. 사회구성주의적 접근

현대사회는 핵가족화되고, 신체적인 일보다는 정신적 기능이 주를 이루고, 서비스 산업이 발달하고, 컴퓨터 기술의 발달로 인해 인간관계의 양상이 달라지는 등 여러모로 변화를 겪고 있다. 사회의 구조가 변화함에 따라 사람들이 추구하는 성격 양상도 달라지고 있다(노안영 공저, 2013, p. 461).

사회구성주의에서는 한 개인의 실재가 정확한지 혹은 합리적인지를 평가하지 않고 그 개인의 실재를 인정한다(Gergen, 1999). 또한 실재는 사회적으로 구성되어 있다고 본다. 즉, 사람들이 다루어야 하는 문제가 있다고 생각하면 문제가 존재하는 것으로 본다. 또한 사회구성주의자들은 이야기에서의 언어 사용이 의미를 창조한다고 본다. 그들은 사람들이 사용하는 말과 개념이 역사와 문화의 영향을 받는다고 보고 있다. 그들은 지식이 사회적 과정을 통해 구성된다고 주장한다. 즉, 우리가 진실이라고 생각하는 것은 일상생활에서 사람들 간의 일상적 상호작용의 결과라는 것이다. 이와 같은 사회구성주의적 접근이 앞으로 성격심리학 연구에 많은 영향을 주리라고 여겨진다.

요 약

1. 각 관점들의 출현 시기는 프로이트를 시작으로 정신역동적 관점이 가장 먼저 등장하였으며, 그 뒤를 이어 성향적 관점, 현상학적 관점, 학습적 관점 그리고 가장 최근에 인지적 관점이 출현하였다.

2. 지 · 정 · 의의 측면에서 인간을 이해하는 방법을 살펴보면, 정신역동적 관점은 정신의 구조와 과정, 성향적 관점은 특질의 영향을 받은 행동, 현상학적 관점은 주관적 경험과 감정, 학습적 관점은 관찰과 측정이 가능한 행동, 인지적 관점은 인지체계를 통해 인간을 이해하고자 한다.

3. 정신역동적 관점에서는 성격 구조 간의 역동, 성향적 관점에서는 동기, 현상학적 관점에서는 성장 욕구, 학습적 관점에서는 강화, 인지적 관점에서는 인지체계를 인간 행동의 원천으로 보고 있다.

4. 정신역동적 관점에서는 성격 구조들 간의 역동, 성향적 관점에서는 특질, 현상학적 관점에서는 욕구나 자기, 학습적 관점에서는 행동의 집합체, 인지적 관점에서는 신념체계나 인지 도식을 성격으로 보고 있다.

5. 정신역동적 관점 중 프로이트는 신경증 환자, 아들러와 융 그리고 에릭슨은 정상인, 성향적 관점에서는 건강한 정상인, 현상학적 관점에서는 소수의 자아실현자나 정상인, 학습적 관점에서는 동물, 인지적 관점에서는 정상인이나 우울증 환자를 주된 연구 대상으로 하였다.

6. 정신역동적 관점 중 프로이트는 무의식을 의식화하여 문제 증상을 치료하는 것에, 아들러는 부적절한 생활양식의 변화, 융은 원형과 만다라, 에릭슨은 정체감과 문화와 성차에 따른 연구에 관심이 있었다. 성향적 관점에서는 독특성이나 보편성을 가진 특질을 통한 행동의 예측, 현상학적 관점에서는 지금과 여기의 경험과 성장 동기, 학습적 관점에서는 관찰과 측정이 가능한 행동의 변화, 인지적 관점에서는 비합리적인 신념체계와 역기능적인 인지 도식의 변화에 관심을 기울였다.

7. 정신역동적 관점에서는 사례 연구와 민속학적 연구 등의 질적 연구, 성향적 관점 중 올포트는 사례 연구를 통한 질적 연구, 커텔은 요인 분석을 통한 양적 연구, 현상학적 관점에서는 사례 연구를 활용한 질적 연구뿐만 아니라 평정 척도를 활용한 양적 연구, 학습적 관점에서는 실험실에서 가외변인을 통제하고 독립변인의 처치 효과를 알아보는 양적 연구, 인지적 관점에서는 척도 개발 및 타당화를 위한 양적 연구 방법을 주로 사용하였다.

8. 정신역동적 관점 중 프로이트는 트라우마의 억압과 발달단계에서 고착 및 성격 구조의 불균형, 아들러는 열등 콤플렉스와 사회적 관심을 갖지 못하거나 파괴적인 생활양식, 융은 자아와 자기의 불일치와 성격 요소들 간의 불균형, 에릭슨은 과업을 달성하지 못하고

위기에 빠질 때 부적응이 발생한다고 보았다. 성향적 관점에서는 발달단계에서 특질의 고착, 현상학적 관점에서는 유기체 경험과 자기의 불일치, 학습적 관점에서는 부적절한 직접 강화나 대리 강화, 인지적 관점에서는 비합리적이거나 역기능적인 인지체계로 인해 부적응이 발생한다고 보았다.

9. 정신역동적 관점 중 프로이트는 무의식에 내재된 트라우마의 의식화와 자아 기능의 강화, 아들러는 사회적 관심과 적절한 생활양식과 생활 목표의 재구성, 융은 무의식 속에 있는 자기 발견과 성격의 모든 요소 간의 균형, 에릭슨은 발달단계별 과업을 성취하는 데 치료 목표가 있다. 성향적 관점에서는 치료에 관심을 기울이지 않아서 특별한 목표를 제시하지 않았으며, 현상학적 관점에서는 성장 동기나 잠재력의 발휘, 학습적 관점에서는 바람직한 행동을 학습하고 바람직하지 않은 행동을 소거, 인지적 관점에서는 비합리적이거나 역기능적인 인지체계를 재구성하는 데 치료 목표가 있다.

10. 앞으로 성격심리학 분야의 연구는 생리학과 생화학, 통합적 접근, 혼합 연구 방법, 인지적 접근, 긍정심리학, 가족 체계, 다문화, 사회구성주의적 접근 등이 활발하게 이루어지리라 예상된다.

참고문헌

강명희 역(1993). 장발장. 서울: 지경사.

국립특수교육원(2009). 특수교육학 용어사전.

권석만 역(2010). 아론 벡. 서울: 학지사.

권석만(2013). 현대심리치료와 상담이론. 서울: 학지사.

김완일(2006). 군 상담의 이론과 실제. 서울: 학지사.

김교헌 역(2012). 성격심리학: 성격에 대한 관점. 서울: 학지사.

김영숙 공역(2011). 연구 방법: 질적, 양적 및 혼합적 연구의 설계. 서울: 시그마프레스.

김영환 역(1985). 행동치료의 원리. 서울: 중앙적성출판사.

김영혜, 박기환, 서경현, 신희천, 정남운 공역(2011). 상담 및 심리치료의 이론(제2판). 서울: 시그마프레스.

김춘경, 이수연, 이윤주, 정종진, 최웅용(2012). 상담의 이론과 실제. 서울: 학지사.

김헌수, 김옥엽, 원유미, 이난(2001). 상담심리학. 경기: 학술정보.

김현택 공저(2001). 심리학: 인간의 이해. 서울: 학지사.

김형섭 역(2004). 융 심리학 입문. 서울: 문예출판사.

노안영(2011). 상담심리학의 이론과 실제. 서울: 학지사.

노안영, 강민철, 오익수, 김광운, 송현종, 강영식, 오명자 공역(2012). 아들러 상담이론과 실제. 서울: 학지사.

노안영, 강영신(2013). 성격심리학. 서울: 학지사.

노환옥, 유정희, 이의주(2010). 정신과 육체의 유형학–통일성과 다양성을 중심으로: 동양의학의 유형론과 사상의학의 유형 원리. 인문학 연구, 17, 249-264.
민경환(2002). 성격심리학. 서울: 법문사.
박경애(2008). 인지 · 정서 · 행동치료. 서울: 학지사.
박성희(1997). 공감과 친사회 행동. 서울: 문음사.
박아청(1999). 성격심리학: 성격과 인간 이해. 서울: 교육과학사.
박아청(2010). 에릭슨의 인간 이해. 경기: 교육과학사.
박종환(2001). 기독교 신앙과 청소년의 자아정체감 및 성(性)의식의 관계. 숙명여자대학교 석사학위논문.
서봉연(1975). 자아정체감 형성에 관한 연구. 경북대학교 박사학위논문.
손정락 역(1997). 성격심리학. 서울: 교육과학사.
송재훈 역(2014). 유년기와 사회. 서울: 연암서가.
심상영, 김영중 역(2013). 융, 그의 삶과 저작. 서울: 한국심층심리연구소.
원승룡, 김종헌(2001). 문화이론과 문화읽기. 경기: 서광사.
오제은 역(2011). 칼 로저스의 사람-중심 상담. 서울: 학지사.
윤순임 공저(2011). 현대상담 · 심리치료의 이론과 실제. 서울: 중앙적성출판사.
이남원 역(1998). 실용적 관점에서 본 인간학. 울산: 울산대학교출판부.
이동귀 역(2011). 앨버트 엘리스. 서울: 학지사.
이병만, 유병관 역(1996). 심리학과 인간 이해: 프로이트 · 스키너 · 로저스. 서울: 중앙적성출판사.
이부영(2012). 분석심리학. 서울: 일조각.
이상로, 이관용 역(1997). 성격의 이론. 서울: 중앙적성출판사.
이상우, 정종진 역(1995). 인간성격의 이해: 건강한 성격에 관한 제 접근. 서울: 중앙적성출판사.
이수연, 권혜수, 김현아, 김형수, 문근식, 서경현, 유영달, 정종진, 한숙자 공저(2013). 성격의 이해와 상담. 서울: 학지사.
이장호, 정남운, 조성호(2004). 상담심리학의 기초. 서울: 학지사.
이종승(2010). 연구 방법론. 경기: 교육과학사.
이재창, 정진선, 문미란(2009). 성격심리학. 서울: 태영출판사.
이현수, 강은영, 이주영 역(2006). Pervin의 성격심리학 이론과 연구. 서울: 중앙적성출판사.
이형득(1984). 상담의 이론적 접근. 서울: 형설출판사.
이훈구 역(1998). 성격심리학. 서울: 법문사.
정영호 역(1992). 여씨 춘추. 서울: 자유문고.
조대봉 역(1992). 인간의 동기와 성격. 서울: 교육과학사.
조현춘, 조현재, 문지혜 공역(2013). 심리상담과 치료의 이론과 실제. 서울: 센게이지러닝코리아(주).
천성문, 김진숙, 김창대, 신성만, 유형근, 이동귀, 이동훈, 이영순, 한기백 공역(2013). 심리치료와 상담이론: 개념 및 사례(제5판). 서울: 센게이지러닝코리아(주).
천성문, 박명순, 박순득, 박원모, 이영순, 전은주, 정봉희 공저(2014). 상담심리학의 이론과 실제. 서울: 학지사.
최영희, 이정흠 역(2007). 인지치료: 이론과 실제. 서울: 하나의학사.

한재희(2012). 한국적 다문화상담. 서울: 학지사.

현성용, 김교헌, 김미리혜, 김아영, 김현택, 박동건, 성한기, 유태용, 윤병수, 이봉건, 이순묵, 이영호, 이재호, 이주일, 진영선, 채규만, 한광희, 황상민 공저(2013). 현대심리학의 이해(3판). 서울: 학지사.

홍숙기 역(2008). 성격심리학. 서울: 박영사.

Adler, A. (1917). *The neurotic constitution*. New York: Moffat.

Adler, A. (1927). *Understanding human nature*. Garden City, New York: Garden City Publishing Co.

Alder, A. (1956). *The individual psychology of Alfred adler: A systematic presentation in selections from his writing*. Edited by H. R. Ansbacher. New York: Basic Books.

Alder, A. (1964). *Problems of neurosis (original work published 1929)*. New York: Harper Torchbooks.

Allen, K. E., Hart, B., Buell, J. S., Harris, F. R., & Wolf, M. M. (1964). Effects of social reinforcement on isolate behavior of a nursery school child. *Child Development*, *35*, 511-518.

Allport, G. (1961). *Pattern and growth in personality*. New York: Holt, Rinehart and Winston.

Allport, G. (1965). *Letters from jenny*. New York: Harcourt, Brace & World.

Allport, G. (1967). Autobiography. In E. Boring & G. Lindzey (Eds.). *A history of psychology in autobiography* (5). New York: Appleton Century Crofts.

Allport, G. (1968). *The person in psychology: Selected essays*. Boston Beacon, Press.

Allport, G. W., & Odbert, H. S. (1936). Trait names: A psychological study. *Psychological Monographs*, *17*(1).

Allport, G. W., & Vernon, P. E. (1933). *Studies in expressive movement*. New York: Macmillan.

Azrin, N. H., & Lindsley, O. R. (1956). The reinforcement of cooperation between children. *Journal of Abnormal and Social Psychology*, *52*, 100-102.

Baldwin, A. (1942). Personal structure analysis: A statistical method for investigating the single personality. *Journal of Abnormal and Social Psychology*, *373*, 163-183.

Bandura, A. (1965). Influence of models' reinforcement contingencies on the acquisition of imitative responses. *Journal of Personality and Social Psychology*, *1*, 589-595.

Bandura, A. (1971). Vicarious and self-reinforcement processes. In R. Glaser (Ed.), *The nature of reinforcement*. New York: Academic Press.

Bandura, A. (1977b). *Social learning theory* (2nd ed.). Englewood Cliffs, NJ: Prentice-Hall.

Bandura, A., Adams, N. E., & Beyer, J. (1977). Cognitive processes mediating behavioral change. *Journal of Personality and Social Psychology*, *35*, 125-139.

Bandura, A. (1978). The self system in reciprocal determinism. *American Psychology*, *33*, 344-358.

Bandura, A., Adams, N. E., Hardy, A. B., & Howells, G. N. (1980). Tests of the generality of self-efficacy theory. *Cognitive Therapy and Research, 4*, 39-66.

Barker, R. G., & Wright, H. F. (1951). *One boys' s day*. New York: Harper & Row.

Beck, A. T. (1967). *Depression: Clinical, experimental, and theoretical aspects*. New York: Harper and Row. Republished as depression: Causes and Treatment. Philadelphia: University of Pennsylvania Press.

Beck, A. T. (1976). *Cognitive therapy and the emotional disorder*. New York: New American Library.

Beck, A. T., Ward, C. H., Mendelson, M., Mock, J., & Erbaugh, J. (1961). An inventory for measuring depression. *Archives of General Psychiatry, 4*, 561-571.

Beck, A. T., Davis, J. H., Frederick, C. J., Perlin, S., Pokorny, A. D., Schulman, R. E., Seiden, R. H., & Wittlin, B. J. (1973). Classification and nomenclature. In H. L. P. Resnik, & B. C. Hathorne (Eds.), *Suicide prevention in the seventies*. Washington, DC: US Government Printing Office, pp. 7-12.

Beck, A. T., & Steer, R. A. (1987). *Manual for the revised beck depression inventory*. San Antonio, TX: The Psychological Corporation.

Beck, A. T., & Emery, G. (1985). *Anxiety disorders and phobias: A cognitive perspective*. New York: Basic Books.

Beck, A. T., & Weishhaar, M. E. (2008). Cognitive therapy. In R. J. Corsini & D. Wedding (Eds.), *Current psychotherapies* (8th ed, pp. 263-294). Belmont, CA: Brooks/Cole.

Bergin, A. E. (1962). The effect of dissonant persuasive communications upon changes in a self-referring attitude. *Journal Personality, 20*, 423-438.

Bischof, L. (1970). *Interpreting personality theories* (2nd ed.). New York: Harper & Row.

Butler, J. M., & Haigh, G. V. (1954). Changes in the relation between self-concepts and ideal concepts consequent upon client-centered counseling. In C. R. Rogers & R. F. Dymond (Eds.), *Psychotherapy and personalty change: Coordinated studies in the client-centered approach*. Chicago: University of Chicago Press.

Carl, J. (1933). *Psychological types*. New York: Harcourt, Brace, & World.

Cattell, R. B. (1950). *Personality: A systematic, theoretical, and factual study*. New York: McGraw-Hill.

Cattell, R. B. (1957). *Personality and motivation structure and measurement*. New York: Harcourt Brace Jovanovich.

Cattle, R. B. (1965). *The scientific analysis of personality*. Baltimore, Md.: Penguin.

Corcoran, D. W. J. (1964). The relation between introversion and salivation. *American Journal of Psychology, 77*, 298-300.

Creswell, J. W., & Plano Clark, V. L. (2007). *Designing and conducting mixed methods research*. Thousand Oaks, CA: Sage.

Crosbie-Brunett, M., & Lewis, E. A. (1993). Theoretical contributions from social and cognitive behavioral psychology. In p. G. Boss, W. J. Dohetry, R. LaRossa, W. R. Schumm & S. K. Streinmetz(Eds.), *Sourcebook of family theories and methods: A contextual approach*. New York: Plenum Press.

Csikszentmihalyi, M. (1975). *Beyond boredom and anxiety*. San Francisco, CA: Jossey-Bass.

Daris, C. (1933). Studies in the self-selection diet by young children. *American Journal of Diseases of Children, 46*, 743-750.

Diffily, A. (1991). Father and child: Tim beck and his uncommon sense. *Denn Medicine, 4*, 20-27.

DiGiuseppe, R. (1996). The Nature of irrational and rational beliefs: Progress in rational emotive behavior theory. *Journal of Rational-Emotive & Cognitive-Behavior Therapy, 14*(1), 5-28.

DiGiuseppe, R. D., Exner, T., Leaf, R., & Robin, M. (1988). *The development of a measure of rational/irrational beliefs*. Poster session presented at the World Congress on Behavior Therapy, Edinburgh, Scotland.

Dignan, M. (1965). Ego identity and maternal identification. *Journal of Personality and Social Psychology, 1*, 476-483.

Disher, D. R. (1959). Improvement without fundamental change. In K. A. Adler & D. Deutsch (Eds.), *Essays in individual psychology: Contemporary application of Alfred Adler's theories*. New York: Grove Press.

Domino, G., & Affonso, D. D. (1990). A personality measure of Erikson's life stages: The Inventory of social balance. *Journal of Personality Assessment, 54*, 576-588.

Dryden, W. (1995). *Brief rational emotive behavior therapy*. John Wiley & Sons Ltd.

Erikson, E. (1963). *Childhood and society* (2nd ed.). New York: Norton.

Ellis, A. (1957b). Outcome of employing three techniques of psychotherapy. *Journal of Clinical Psychology, 13*, 334-350.

Ellis, A. (1962). *Reason and emotion in psychotherapy*. Secaucus, NJ: Citadel.

Ellis, A. (1968). Is Psychoanalysis harmful? *Psychiatric Opinion, 5*, 16-25.

Ellis, A. (1976). The biological basis of human irrationality. *Journal of Individual Psychology, 32*, 145-168.

Ellis, A. (1991). The revised ABC's of Rational-Emotive Therapy (RET). *Journal of Rational-Emotive & Cognitive-Behavior Therapy, 9*(3), 139-172.

Ellis, A. (1995). Changing Rational-Emotive Therapy (RET) to Rational Emotive Beharior Therapy(REBT). *Rational-Emotive & Cognitive-Beharior Therapy, 13*(2), 85-89.

Ellis, A. (2001). *Overcoming destructive beliefs, feelings, and behaviors*. Amherst, New York: Prometheus Books.

Ellis, A. (2002). *Overcoming resistance: A rational emotive behavior therapy integrated approach* (2nd ed.). New York: Springer.

Ellis, A., & Whiteley, J. M. (Eds.). (1979). *Theoretical and empirical foundations of rational-emotive therapy.* Monterey, CA: Brooks/Cole.

Ellis, A., & Dryden. W. (1987). *The Practice of rational emotive therapy.* Springer Publishing Company: New York.

Funder, D. C. (1991). Global traits: A Neo-Allportian approach to personality. *Psychology Science, 2*, 31-39.

Frank, F., & Jeff, B. (1974). *Provocative therapy.* Meta Publications: California.

Freud, S. (1938). *The basic writings of Sigmund Freud.* New York: Modern Library.

Freud, S. (1955). *Analysis of a phobia in a five-year-old boy, 1909.* In Collected works of Sigmund Freud (Vol. 10). London: Hogarth Press.

Geer, J. H. (1965). The development of a scale to measure fear. *Behavior Research and Therapy, 3*, 45-53.

Gergen, K. (1999). *An invitation to social construction.* Thousand Oaks, CA: Sage.

Goelitz, A. (2007). Exploring dream work at end life. *Dreaming, 17*(3), 159-171.

Goldberg, L. R. (1981). Language and individual difference: The search for universals, in personality lexicons. In L. Wheeler(Ed.), *Review of Personality and Social Psychology* (pp. 141-166). Beverly Hills, CA: Sage.

Goldfried, M. R., & Davison, G. C. (1976). *Clinical behavior therapy.* New York: Holt, Rinehart & Winston.

Graham, W., & Balloun, J. (1973). An empirical test of Maslow's need hierarchy theory. *Journal of Humanistic Psychology, 13*, 97-108.

Hall, M. H. (1968). A Conversation with Abraham B. Maslow. *Psychology Today*, 54-57.

Hall, C. S., & Lindzey, C. (1957). *Theories of personality* (3rd ed.). New York: John Wiley and Sons.

Hjelle, L. A., & Ziegler, D. J. (1981). *Personality theories: Basic assumptions, research, and application* (2nd ed.). New York: McGraw-Hill.

Hjelle, L. A., & Ziegler, D. J. (1992). *Personality theories: Basic assumptions, research, and applications* (2nd ed.). New York: McGraw-Hill.

Hoffman, E. (1988). *The right to be human: A biography of Abraham Maslow.* Los Angles, CA: Jeremy p. Tarcher.

Jones, R. G. (1968). *A factored measure of Ellis irrational belief system with personality and maladjustment correlates.* Wichita, KS: Test Systems.

Jung, C. G. (1944). *Psychologie and alchemie.* Walter-Verlag.

Jung, C. G. (1970). *Four archetypes: Mother, rebirth, spirit and trickster.* Princeton, NJ: Princeton University Press.

Kanfer, F. H., & Saslow, G. (1965). Behavioral analysis: An alternative to diagnostic classification.

Archives of General Psychiatry, 12, 529-538.

Kelly, G. (1955). *The Psychology of personal constructs* (2 vols). New York: Norton.

Kuhn, T. (1970). *The Structure of scientific revolutions*(2nd ed.). Chicago: University of Chicago Press.

Kuhn, T. (1977). *The Essential tension: Selected studies in scientific tradition and changes.* Chicago: University of Chicago.

Lazarus, A. A. (1961). Group therapy of phobic disorders by systematic desensitization. *Journal of Abnormal and Social Psychology, 63*, 504-510.

Lazarus, A. A. (1971). *Behavior therapy and beyond.* New York: McGraw-Hill.

Levinson, D., Darrow, C., Klein, M., Levinson, M., & McKee, B. (1978). *The seasons of a man's life.* New York: Knopf.

Leith, G. O. M. (1972). The relationships between intelligence, personality, and creativity under two conditions of stress. *British Journal of Educational Psychology, 42*, 240-247.

Lewinsohn, P. M., & Shaffer, M. (1971). Use of home observations as an integral part of the treatment of depression: Preliminary report and case studies. *Journal of Consulting and Clinical Psychology, 37*, 87-94.

Lovass, O. I., Berberich, J. P., Perloff, B. F., & Schaefer, B. (1966). Acquisition of imitative speech in schizophrenic children. *Science, 151*, 705-707.

Maddi, S. R. (1996). *Personality theories: A comparative analysis*(5th ed.). New York: Brooks/Cole.

Maslow, A. (1950). *Self-actualizing people: A study of psychological health. Personality symposia: Symposium 1 on values.* New York: Grune & Stratton.

Maslow, A. (1955). Deficiency motivation and growth motivation. In M. Jones (Ed.), *Nebraska symposium on motivation.* Lincoln, Neb.: University of Nebraska Press.

Maslow, A. (1962). *Toward a psychology of being.* Princeton: Van Nostrand.

Maslow, A. (1966). *The psychology of science: A reconnaissance.* New York: Harper & Row.

Maslow, A. (1967a). A theory of meta motivation: The biological rooting of the value-life. *Journal of Humanistic Psychology, 7*, 93-127.

Maslow, A. (1968). *Toward a psychology of being* (2nd ed.). New York: Van Nostrand.

Maslow, A. (1970). *Motivation and personality* (2nd ed.). New York: Harper & Row.

Maslow, A. (1971). *The father reaches of human nature.* New York: Viking.

McFall, R. M., & Lillesand, D. V. (1971). Behavior rehearsal with modeling and coaching in assertive training. *Journal of Abnormal Psychology, 77*, 313-323.

Meichenbaum, D. (1977). *Cogitive-behavior modification.* New York: Plenum.

Mischel, W., Shoda, Y., & Smith, R. (2004). *Introduction to personality: toward an integration* (7th ed.). Hoboken: John Wiley & Sons, Inc.

Mosak, H. H., & Dreikurs, R. (1967). The life tasks Ⅲ, the fifth life task. *Individual Psychologist,*

5, 16–22.

Norcross, J. C., & Goldfried, M. R. (2005). *Handbook of psychotherapy integration* (2nd ed.). New York: Oxford.

Patterson, C. H. (1980). *Theories of counseling and psychotherapy*(3rd ed.). New York: Harper & Row Publishers.

Privette, G., & Landsman, T. (1983). Factor analysis of peak performance: The full use of potential. *Journal of Personality and Social Psychology, 44*, 195–200.

Pervin, L. A., & John, O. P. (2001). *Personality: Theory and research* (8th ed.). New York: John Wiley & Sons.

Raimy, V. C. (1948). Self-reference in counseling interviews. *Journal of Consulting Psychology, 12*, 153–163.

Rogers, C. R. (1942). *Counseling and psychotherapy.* Boston: Hought Mifflin Company.

Rogers, C. R. (1951). *A theory of therapy.* Boston: Houghton Mifflin Company.

Rogers, C. R. (1957b). The necessary and sufficient conditions of therapeutic personality change. *Journal of Consulting Psychology, 21*, 95–103.

Rogers, C. R. (1961). *On becoming a person.* Boston, MA: Houghton Mifflin.

Rogers, C. R., & Stevens, B. (1967). *Person to person: The problem of being human.* New York: Simon & Schuster.

Ryckman, R. M. (2000). *Theories of personality* (7th ed.). Belmont, CA: Wadsworth.

Samuels, A., Shorter, B., & Plaut, F. (2000). *A Critical dictionary of jungian analysis.* London: Routledge.

Schachter, S. (1959). *The psychology of affiliation.* Stanford, Calif.: Stanford University Press.

Schultz, D., & Schultz, S. E. (1998). *Theories of personality* (6th ed.). California: Brooks/Cole Publishing Company.

Seligman, L. (2001). *Systems, strategies, and skills of counseling and psychotherapy.* Upper Sadddle River, NJ: Prentice-Hall, Inc.

Sheldon, W. H. (1940). *The varieties of human physique.* New York: Harper & Bros.

Sheldon, W. H. (1942). *The varieties of temperament.* New York: Harper & Bros.

Shostrom, E. L. (1963). *Personal orientation inventory.* San Diego: Edits/Educational and Industrial Testing Service.

Sichel, J., & Ellis, A. (1984). *Self-help report form.* New York: Institute for Rational-Emotive Therapy.

Skinner, B. F. (1953). *Science and human behavior.* New York: Macmillan.

Skinner, B. F. (1967). Autobiography of B. F. Skinner. In E. Boring & G. Lindzey (Eds.), *History of psychology in autobiography, 5*, 387–413. New York: Appleton-Century-Crofts.

Skinner, B. F. (1977). Why I am not a cognitive psychologist. *Behaviorism, 5*, 1–10.

Spielberger, C. D., Gorsuch, R. L., & Lushene, R. E. (1970). *The State-trait anxiety inventory*

(STAI) Test Manual for Form X. Palo Alto, Calif.: Consulting Psychologists Press.

Stephenson, W. (1953). *The study of behavior.* Chicago: University of Chicago Press.

Tomlinson, T. M., & Hart, J. T. (1962). A validation study of the process scale. *Journal of Consulting Psychology, 71*, 1-9.

Tashakkori, A., & Teddie, C. (1998). *Mixed methodology: Combining qualitative and quantitative approaches.* Thousand Oaks, CA: Sage.

Truax, C. B. (1966). Reinforcement and nonrein for cement in Rogerian psychotherapy. *Journal of Abnormal Psychology, 71*(1), 1-9.

Watson, J. B. (1930). *Behaviorism* (2nd ed.). Chicago: University of Chicago Press.

Weiner, D. (1988). *Albert Ellis: Passionate skeptic.* New York: Praeger.

Wiggins, D. (1984). The Sense and reference of predicates: A Running repair to frege's doctrine and a plea for the copula. *The Philosophical Review, 34*(136).

Wiggins, J. S. (1968). Personality structure. In P. R. Farnsworth (Ed.), *Annual review of psychology.* Palo Alto, Calif. Annual Reviews.

Winter, D. G., & Barenbaum, N. B. (1999). History of modern personality theory and research. In L. A. Pervin & O. P. John(Eds.), *Handbook of personality: Theory and research* (2nd ed., 3-27). New York: Guilford Press.

Young, J. E. (1990). Cognitive therapy for personality disorders: A Schema-focused approach. Sarasota, FL: Professional Resource Exchange. Adler, A. (1917). *The neurotic constitution.* New York: Moffat.

찾아보기

《인 명》

《내 용》

저자 소개

◆ 김완일(Kim Wanil)

한양대학교 대학원 교육학과 석 · 박사(상담심리학 전공)
한국상담심리학회 상담심리사 1급, 정신보건상담사 1급
한국상담학회 아동 및 청소년상담 수련감독자
대한군상담학회 수련전문가
육군사관학교 상담교수 역임
국방부 병영문화혁신위원회 전문위원 역임
현 상지대학교 평화안보 · 상담심리대학원 상담심리학과 교수
　한국상담심리학회 이사
　대한군상담학회 부학회장
　상지대학교 상담교육연구원장

〈저서 및 역서〉
군상담의 이론과 실제(학지사, 2006)
군상담교육의 실제(씨엠투, 2011)
군상담 모형 및 기법(씨엠투, 2011)
상담의 이론과 실제(씨엠투, 2013)
군 스트레스 심리학(공역, 교문사, 2014)

◆ 김옥란(Kim Okran)

상지대학교 평화안보 · 상담심리대학원 상담심리학과 석사
상지대학교 대학원 교육학과 박사(상담심리학 전공)
대한군상담학회 군상담심리사 1급
한국상담심리학회 상담심리사 2급, 정신보건상담사 2급, 청소년상담사 2급
현 상지대학교 평화안보 · 상담심리대학원 상담심리학과 외래교수
　대한군상담학회 이사
　(사회복지법인)그루터기 이사

〈논문〉
군 병사의 자기개념 복잡성과 심리적 건강의 관계: 복합적 자아해석의 조절효과(공동, 2013). 한국심리학회지: 상담 및 심리치료.
군 병사의 자기복잡성과 우울간의 관계: 자기결정성의 매개효과(공동, 2013). 상담학연구.
군 병사의 군 생활 적응 척도 개발 및 타당화(공동, 2014). 상담학연구.
군 병사의 자기복잡성과 군 생활 적응의 관계: 대인존재감과 조망수용의 매개효과(공동, 2015). 한국심리학회지: 상담 및 심리치료.

성격심리학

Personality Psychology

2015년 9월 25일 1판 1쇄 발행
2020년 4월 10일 1판 4쇄 발행

지은이 • 김완일 · 김옥란

펴낸이 • 김 진 환

펴낸곳 • (주) 학지사

04031 서울특별시 마포구 양화로 15길 20 마인드월드빌딩 5층

대표전화 • 02) 330-5114 팩스 • 02) 324-2345

등록번호 • 제313-2006-000265호

홈페이지 • http://www.hakjisa.co.kr
페이스북 • https://www.facebook.com/hakjisabook

ISBN 978-89-997-0789-6 93180

정가 **22,000원**

이 도서의 국립중앙도서관 출판시도서목록(CIP)은 서지정보유통지원시스템 홈페이지(http://seoji.nl.go.kr)와 국가자료공동목록시스템(http://www.nl.go.kr/kolisnet)에서 이용하실 수 있습니다.
(CIP제어번호: CIP2015024016)